KB076526

워런 버핏의
주주 서한

워런 버핏의
주주 서한

워런 버핏 원저 | 로렌스 커닝햄 편저 | 이건 편역

에프엔미디어

이 책에 쏟아진 찬사들

워런 버핏은 '투자의 신'이다. 그는 매년 초 구름을 타고 투자의 올림포스산에서 내려와 우매한 투자자들에게 편지를 남겨주신다. 이 편지에는 투자뿐 아니라 경영, 경제, 인생에 대한 주옥같은 명언이 가득 차 있다. 그런데 매년 다루는 주제가 다르고 양이 워낙 방대해서, 누군가 한번 제대로 정리해주면 좋겠다는 아쉬움이 컸다. 지금 여러분이 들고 있는 책이 바로 그 책이다!

강환국(《하면 된다! 퀀트 투자》 저자)

경험 많고 성공한 거의 모든 투자자가 워런 버핏의 투자를 이해하는 데 가장 중요한 책으로 이 책을 꼽는 데는 그만한 이유가 있을 것이다. 요즘처럼 혼란스러운 투자 환경에서 그의 지혜는 당신의 투자 멘털도 강인하게 만들어줄 것이다.

구도형('현명한 투자자들의 모임' 운영자)

인류 역사에 많은 현자가 있었으나 시민 스스로 경제적 자유를 얻을 수 있는 '구원의 길'을 제시하고 또 스스로 입증해 보인 분은 워런 버핏이 유일하다. 우리는 '투자 역사의 예수 그리스도'와 같은 분과 동시대에 살면서 그의 '육성 설교'를 들을 수 있는 축복받은 세대다. 버핏의 주주 서한을 정리한 이 책은 투자자의 성서다.

김규식(한국거버넌스포럼 회장)

사상 최고의 투자자 워런 버핏이 직접 쓴 글이 최고의 투자서 번역가 이건 선생을 통해 번역된 것은 국내 투자계의 엄청난 행운이다. 묻지도 따지지도 말고 읽어야 할, 꼭꼭 씹어서 완전히 소화해야 할 주식 투자의 교과서다.

김동주(업라이즈투자자문 대표)

2022년 버크셔 주주총회를 인터넷으로 다섯 시간 동안 보면서 버핏이 얼마나 주주들을 사랑하고 자신의 지혜를 나누고 싶어 하는지 느꼈다. 주주 서한은 자신의 돈보다 주주들의 돈을 더 소중히 여기는 버핏이 온 힘을 기울여 쓴 편지다. 독자 여러분도 이 책에서 버핏의 진심과 지혜를 느껴보길 바란다.

김재현(머니투데이 국제부 전문위원, 《찰리 멍거 바이블》 저자)

성경을 읽지 않는 신실한 크리스천, 불경을 읽지 않는 독실한 불자, 수험서를 보지 않는 수험생. 이상하지 않은가? 워런 버핏의 주주 서한을 엮어서 펴낸 이 책도 마찬가지다. 이 책을 읽지 않지만 가치투자자다? 이상하다! 빨리 정상으로 돌아오길 바란다.

김철광(유튜브 채널 '김철광' 운영자)

투자만 잘하고 싶은 사람에게는 다른 선택지도 있겠지만 투자뿐 아니라 경영, 철학, 삶의 지혜까지 한번에 배우고 싶다면 워런 버핏은 세계에서 유일한 스승이다. 버핏이 직접 쓴 주주 서한을 주제별로 묶어 정리한 이 책보다 더 큰 스승은 없다고 나는 확신한다.

김태석(가치투자연구소 운영자)

시장이 늘 합리적인 것은 아니다. 때론 열광이 지나치고 때론 비관이 과하다. 투자 대상을 깊게 알아야 시장의 변덕스러움을 견뎌낼 수 있다. 워런 버핏의 주주 서한은 '앎'에 대한 통찰로 가득 찬 보물 창고다.

김학균(신영증권 리서치센터장)

43년 동안 버핏이 직접 쓴 주주 서한을 체계적으로 가장 잘 정리한 책이다. 경영과 투자에 관한 버핏의 생각을 알고 싶은 이에게 단 한 권을 추천한다면 단연코 이 책을 꼽겠다. 완독하고 나면 읽기 전과는 달라진 자신을 느끼게 될 것이다.

박성진(이언투자자문 대표)

나는 자신 있게 재산의 상당 부분을 주식에 투자하며 가치투자 전문가를 자처하지만, 증시 하락의 골이 깊어지면 자연스레 버핏의 주주 서한을 찾게 된다. 하락장에 나를 위로하고 격려하고 용기를 북돋는 촌철살인 조언이 담겨 있기 때문이다. 이 책은 구판 번역본보다 최근 10년 치의 주주 서한이 더해져 최근 진화하는 버핏의 생각도 읽을 수 있다.

서준식(숭실대학교 경제학과 교수)

워런 버핏은 어떤 사람으로 기억되고 싶으냐는 질문에 '선생님'이라고 답했다. 스승 벤저민 그레이엄이 그랬듯이 버핏은 매년 버크셔 주주들에게 보고하는 연차보고서를 통해 자신의 모든 지식과 지혜를 아낌없이 들려준다. 주주 서한을 엮은 이 책은 투자자에게 최고의 스승이 쓴 최고의 교과서다. 이 책을 읽어야 할 또 다른 이유가 있을까?

숙향(《이웃집 워런 버핏, 숙향의 주식 투자 이야기》 저자)

고대 바빌론 부자들의 황금 법칙 중 '현명한 사람의 조언에 따라 신중하게 투자하는 사람은 황금을 잃지 않는다'라는 구절이 있다. 현존하는 가장 현명한 투자자 한 명을 꼽으라면 당연히 워런 버핏일 것이고, 그의 조언을 가장 생생하게 접하는 방법은 그가 직접 쓴 주주 서한을 읽는 것이 아닐까?

신민철(유튜브 채널 '멘탈이 전부다' 운영자)

조금이라도 더 어렸을 때 버핏의 주주 서한을 읽지 않은 게 후회된다. 시간은 한정된 재화다. 독서에 들이는 시간을 소중히 여겨야 한다. 현대 자본주의 사회에서 가장 위대한 사상가는 버핏이다. 이 책은 버핏의 정수다. 읽어라. 무조건.

심혜섭(《주식시장을 더 이기는 마법의 멀티플》 역자)

버핏의 말은 한 마디 한 마디가 상식에 기초하고 합리적이기 때문에 반박할 거리를 찾을 수 없다. 그의 이야기에는 투자의 본질이 가감 없이 담겨 있다. 그는 세계 최고의 투자자가 되었지만, 철학자를 택했다면 세계 최고의 철학자가 되었을 것이다. 단 한 문장도 버릴 게 없는 책이다.

이건규(르네상스자산운용 대표)

'투자란 무엇인가?'라는 질문을 던지는 모든 이에게 이 책 한 권을 간절하게 권하고 싶다. 이 마음을 세상에서 가장 멋진 말로 표현하고 싶지만 도무지 더 이상의 말이 떠오르지 않는다. 워런 버핏의 주주 서한은 '투자'에 대한 그의 가장 솔직한 생각을 배울 수 있는 유일한 통로다.

이경수(메리츠증권 리서치센터장)

30대 초에 워런 버핏의 주주 서한을 처음 읽었고 40대, 50대에도 읽었다. 30대보다 40대, 그리고 지금 50대에 읽는 내용이 더 좋다. 60대, 70대에 읽는다면 지금보다 더 많이 배울 것 같다. 한 사람의 글을 다른 사람이 인생 전반에 걸쳐 되새김질하는 일이 어디 흔한가. 그것도 투자 분야에서 말이다. 이 책은 투자뿐 아니라 삶의 지혜를 얻고자 하는 모든 이의 책장에 꽂혀야 한다.

이상건(미래에셋투자와연금센터 대표)

버핏의 주주 서한은 주주를 배려해서 쓰였음에도 불구하고 웬만한 투자 전문가도 제대로 이해하기가 쉽지 않다. 그러나 이 책은 초보 투자자도 이해할 수 있도록 43년간의 주주 서한을 10개 주제로 재구성했다. 게다가 자타공인 버핏 마니아 이건 번역가가 원전에도 없는 최근 주주 서한까지 보완해서 완성도를 높였다. 버핏의 어깨 위에서 투자를 배우기에 이 책 한 권이면 충분하다.

이은원(《워런 버핏처럼 적정주가 구하기》 저자)

누가 감히 평할 것이며 그 무슨 설명이 필요하겠는가. 그저 그 가르침을 따르면 될 것을. 역사상 가장 위대한 투자자의 생생한 지혜를 접할 절호의 기회를 절대 놓치지 말기를 바랄 뿐이다.

이채원(라이프자산운용 이사회 의장)

워런 버핏이 직접 쓴 주식 투자의 교과서라고 할 만한 책이다. 여러 번 읽어 자신의 방식으로 완전히 소화할 수 있다면, 일견 위험해 보이는 주식시장을 황금알을 낳는 거위로 바꾸는 지혜를 얻게 될 것이다.

정채진(《마이클 모부신 운과 실력의 성공 방정식》 역자)

버핏은 인류 역사상 보기 드물게 성공한 기업가이자 투자자인 동시에, 자신의 생각을 전달하고 교육하는 천재적인 문장가다. 게다가 이 활동을 40년 넘게 지속해온, 세상에서 가장 꾸준한 선생님이기도 하다. 자신의 생각을 가장 잘 정리했다고 버핏이 인정한 이 책으로 그에게 배워보자.

천영록(두물머리 대표)

위대한 스승 워런 버핏이 MZ 세대를 포함한 모든 투자자에게 남긴 주식 투자의 영원한 마스터클래스. 로렌스 커닝햄과 이건 선생은 장대한 버핏 유니버스에서 단순하면서도 복잡한 버핏의 지적 체계를 모순 없이 질서 있고 명쾌하게 구성해 풀어놓았다. 이 책에서 우리는 버핏뿐 아니라 벤저민 그레이엄, 필립 피셔, 찰리 멍거의 지혜까지 배울 수 있다.

홍영표(《워런 버핏 바이블 2021》 공저자)

요즘처럼 온갖 비관론이 제기되고 공포가 시장을 뒤덮을 때 우리는 어떻게 해야 할까? 이에 대해 워런 버핏은 "자산의 미래 생산성에 초점을 맞추십시오. 그 자산의 미래 이익을 대강이라도 추정하기가 어렵다면 그 자산은 포기하고 다른 자산을 찾아보십시오"라고 말한다. 부디 많은 독자가 이 책을 통해 어려운 시기를 이겨낼 수 있기를 기원한다.

홍춘욱(리치고인베스트먼트 대표)

* 추천자명 가나다순

추천사

오리지널의 힘

"역사상 경영을 가장 잘한 사람은 누구인가?"

이런 질문을 받으면 여러 경영 대가들이 떠오르지만 딱 한 명만 꼽기에는 주저되는 것이 사실이다. 하지만 다음 질문에는 고민 없이 바로 대답할 수 있다.

"역사상 투자를 가장 잘한 사람은 누구인가?"

바로 워런 버핏이다. 지금까지 어떤 투자자도 그가 쌓은 업적에 필적할 수 없다.

논리를 좀 더 확장해보자. 그렇다면 투자를 잘하고 싶은 사람은 투자를 가장 잘하는 사람이 쓴 책을 읽으면 된다. 하지만 문제가 하나 존재한다. 안타깝게도 버핏이 직접 저술한 책이 없다는 것이다. 그러나 다행스럽게도 버핏은 자신의 회사 버크셔 해서웨이의 주주들을 위해 매년 서한을 쓴다. 여기에는 투자와 사업에 관한 온갖 지혜가 담겨 있다.

다만 주주 서한을 시간순으로 읽는 건 도전해볼 만은 해도 효율적이진 않다. 특히 초보 투자자에게는 40년 넘게 누적된 방대한 양이 부담스러울 뿐 아니라, 음미해보면 분명히 좋은 내용이긴 해도 파편적인 데다 어떤 맥락에서 나왔는지 이해하기 어려운 탓이다. 이런 어려움을 풀어주고자 나온 책이 바로《워런 버핏의 주주 서한》이다.

워런 버핏 전문가이자 투자 분야의 권위자 로렌스 커닝햄은 주주 서한을 10개 주제로 분류해 재배치하는 엄청난 작업을 성공적으로 해냈다. 그 결과 방대한 분량의 교과서가 컴팩트한 일타 강사의 교재로 탈바꿈했다. 이를 통해 투자 스쿨 학생들은 버핏이 말하고자 하는 바를 맥락과 더불어 쉽게 이해할 수 있게 되었다. 주제별로 다시 찾아보기 용이하게 된 점은 덤이다.

편집본에 대한 원저자의 반응은 어땠을까? 버핏은 1998년과 2000년 두 번의 버크셔 주주총회에서 자신의 투자 철학과 견해를 가장 잘 알 수 있는 책이라며, '원 픽(one pick)'이라 극찬했다. 버핏에 관한 거의 모든 책을 읽어온 나 역시 이에 동의한다. 버핏을 공부하던 초창기에는 솔직히 그의 성공 이력을 담은 전기가 더 끌렸다. 쉬우면서도 흥미진진했기 때문이다. 하지만 투자를 거듭할수록 주주 서한으로 손이 갔다. '오리지널의 힘'이란 이런 것이다.

주주 서한이 실리는 버크셔 연차보고서에는 버핏이 작성한 소유주 안내서(Owner's Manual)도 있다(이 책에도 수록되어 있으며, 원문은 버크셔 홈페이지에 공개되어 있다). 주주 서한만큼이나 유명한데, 버크셔의 기본 운영 방침을 알리는 글로서 주주들이 버크셔를 올바로 활용하기 위한 팁을 담고 있다. 나는 소유주 안내서의 형식을 빌려 독자들이《워런 버핏의 주주 서한》을 더 잘 읽기 위한 매뉴얼을 제시하고자 한다.

1. 주주 서한은 말 그대로 워런 버핏이 버크셔 주주들에게 쓴 편지다. 즉, 버크셔의 경영 상태를 알리고 운영 방식을 전달하는 것이 제1목적이다. 그러므로 투자 비법을 찾는 사람이라면 버크셔 주주도 아닌데 왜 이러한 내용을 읽어야 하는지 납득이 되지 않을 수 있다. 하지만 올바르게 운영되는 기업의 모범을 보여줌과 동시에, 버핏 역시 투자할 때 유사한 속성의 회사를 선호한다는 점에서 기업 선택 기준에 관한 통찰을 얻을 수 있다.

2. 일반 투자자는 기업 소유권의 일부, 즉 상장된 주식을 주로 거래한다. 버핏은 기업 인수까지 병행하는 양손잡이다. 기업 인수는 조막손인 나와 관계가 없다고 생각해 건너뛰고 싶은 마음이 들 수도 있으나, 꾹 참고 한번 끝까지 읽어보자. 버핏은 기업을 전체로 사나 부분으로 사나 어차피 같은 태도로 접근한다고 하니, 기업 인수 시 살펴보는 면면들과 아이디어가 결국 상장주식을 고르는 기준과 연결되어 있는 셈이다.

3. 역시 이 책의 핵심은 2장(투자)과 4장(주식), 그리고 6장(가치 평가)이다. 시간이 없다면 이 3개 장이라도 먼저 읽어보자. 미스터 마켓, 경제적 해자, 플로트, 자사주 매입 등의 용어가 주식 투자자들에게 일반명사처럼 사용되는 건 순전히 버핏의 설파 덕분이다. 해설이 아닌 원전으로 만나는 기쁨을 누려보길 바란다.

4. 버핏의 주주 서한을 처음 접하는 투자자들에게 7장(회계)과 8장(세금)의 내용은 단번에 이해하기 쉽지 않다. 한국과 미국의 제도 차이가 존재할 뿐 아니라 배경지식을 요하기 때문이다. 그러나 답답해하지 말고 그냥 쓱 읽어나가거나 아예 건너뛰어도 좋다. 다만 이 책을 책꽂이에 꽂아뒀다 도전 욕구가 들 때 꺼내서 다시 읽어보자. 투자 연수가 쌓이면 어느 순간 "유레카!"를 외치는 순간이 올 것이다.

역사상 최고의 투자자와 동시대를 살아가는 건 우리에게 큰 축복이다. 그런 대가가 자신의 통찰을 직접 쓴 글로 자신의 투자 철학을 아낌없이 공유하는 건 더 큰 축복이다. 그런 통찰을 잘 편집해낸 이 책은 더더 큰 축복이다. 믿고 보는 투자 번역가 이건 선생의 편역이 더해진 건 더더더 큰 축복이다. 책장을 열고 축복을 누려보자.

최준철
VIP자산운용 공동대표

추천사

왜 버핏인가

워런 버핏의 주주 서한에 추천사라니, 도대체 무슨 말을 더할 수 있을까? 추천사를 쓸 수 있다는 것만으로도 투자를 업으로 삼고 있는 사람에게는 무한한 영광이다.

버핏은 전 세계 역사를 통틀어 최고의 투자자다. 투자 행위를 통해 세계 최고 부호 반열에 올랐을 뿐 아니라 경제 및 금융 위기 때마다 수호성인처럼 등장하여 시스템을 회생시키는 데에 조력했다. 게다가 거의 전 재산을 사회에 환원하고 다른 자산가들에게도 기부에 나설 것을 촉구했다. 그는 한 명의 투자자로서뿐만 아니라 기업가로서, 성공한 사람으로서, 이 사회가 어떻게 해야 건강하게 유지될 수 있는지를 누구보다 치열하게 고민하고 실천한 사람이다.

한편으로는 아이러니하게도 여전히 버핏은 그 진가를 인정받지 못하고 있는 느낌이다. 신생 투자자들은 그를 '구세대 늙은이' 정도로 취급하고, 어느 정도 경험이 쌓인 투자자들은 '버핏의 스타일'이 '시대에

뒤처졌다'든가 '고루한 투자법'이라고 단정 짓는다.

2020년 주식 투자 붐이 일면서 주변에 주식 투자자가 상당히 늘어났다. 주식시장에 참여하지 않는 것은 자본주의 사회를 살아가는 구성원으로서 상당히 위험하다는 생각을 가지고 있는 나로서는 꽤 반가운 일이었다. 그러나 한 차례 붐을 겪고 난 후 침체기가 도래했을 때 이들은 누구에게 조언을 구해야 할지 몰라 당황했다. 나는 그 모습이 참으로 안타까웠다.

'투자를 어떻게 공부해야 하느냐'는 질문에 나는 당연하게도 피터 린치나 워런 버핏의 책을 권한다. 나 스스로가 그렇게 커왔고, 그들의 도움으로 지금까지 살아남았기 때문이다. 그러나 나에게는 당연한 것이 남들에게는 당연하지 않다는 것을 깨닫는 데에는 그리 오랜 시간이 걸리지 않았다.

투자업계에 종사하다 보니 간혹 버핏이 어떤 사람인지 소개해야 할 때가 있다. 이때 단지 성공한 사람이라는 것만으로는 부족해 보인다. '유명한 사람이니까 한번 공부해봐' 정도로는 현세대의 '똑똑한' 투자자들에게 어필하기 어려운 것 같다.

이 추천사에서는 버핏을 잘 모르는 사람, 혹은 막연히 알고 있는 사람을 대상으로, 투자자로서 성장하려면 왜 반드시 버핏을 읽어야 하는지 원점에서부터 되짚어 보겠다(버핏을 이미 잘 알고 있고 그를 존경하는 사람들에게 내 추천사가 무슨 의미가 있겠는가).

무언가를 배우고자 할 때 우리는 어떤 사람을 스승으로 선택하는가? 첫째, 좋은 성과를 냈어야 한다. 성과가 없는 사람에게도 배울 점이 없지는 않겠지만, 그건 일단 '잘하는' 사람에게 배워서 기초가 닦인 이후에야 가능한 일이다. 둘째, 잘 가르쳐야 한다. 훌륭한 선수와 훌륭한 코치는 다르다. 좋은 성과를 냈더라도 스스로 그 요인을 잘못 파악하고 있거나 남에게 알려줄 의도가 없다면 우리는 배울 수 없다. 셋째, 우리가 활용할 수 있어야 한다. 정말 훌륭한 성과를 냈고 그 기법을 알려주려는 의사가 있다 하더라도 근본적으로 그것이 그 사람의 '감각', '경험', '지능', '재산' 등 혼자서만 고유하게 사용할 수 있는 자원에서 비롯되었다면 우리는 배울 수 없다.

투자의 세계에서 이 모든 요소를 만족하는 스승은 의외로 얼마 되지 않는다. 우선 투자 성과는 운이 상당히 많이 좌우한다. 그래서 성과를 공개하지 않은 '자칭 투자의 대가'가 매우 많다. 공개했다 하더라도 이 성과에는 운이 많이 작용하기 때문에 한두 해만으로는 실력을 논하기 어렵다. 따라서 공개적으로 검증된 성과를 적어도 10년 이상 확보한 투자자여야 스승의 일차 조건을 만족한다.

그러나 이 조건을 통과했더라도 자신의 기법을 남에게 알려주는 사람은 많지 않다. 단편적인 인터뷰나 기고문을 통해서는 전체 맥락을 알기 어렵다. 훌륭한 트레이더의 '매매 기법'을 소개한 책도 상당히 많다. 그러나 그 책에서 성공 기법을 관통하는 이론적인 체계를 파악하기는 어렵다. 훌륭한 퀀트 투자자가 많지만 그들 또한 핵심 알고리즘을 공개하지 않으며, 공개한다 하더라도 코딩을 공부하지 않은 사람이 따라 하기는 어렵고, 따라 할 수 있다면 결국 그 알고리즘의 초과수익은 희석될 수 있다.

결국 이런 요소들을 배제하고 나면 남는 사람은 얼마 되지 않는다. 유명한 헤지펀드 트레이더들은 물론이고, 내가 무척이나 존경하는 필립 피셔나 존 템플턴도 위 조건들을 모두 통과하지는 못한다. 그나마 벤저민 그레이엄, 피터 린치, 랠프 웬저 등이 우리가 생각하는 조건을 충족하는 스승이라 할 수 있다.

이 몇 안 되는 '스승'의 후보군 중에서도 워런 버핏은 단연 압도적이다.

성과를 냈는가

버핏은 1956년부터 1969년까지의 투자조합 실적, 1965년부터 현재까지의 버크셔 해서웨이 실적으로 만천하에 자신의 성과를 알렸다. 이렇게 '장기간' '검증된' 수익률을 보여주는 사람은 단언컨대 '없다'.

현재 버크셔 해서웨이의 총자산은 9,500억 달러가 넘고, 시장성 증권만 3,500억 달러에 달한다. 1조 달러를 넘는 자산운용사가 없진 않지만 블랙록, 뱅가드 등 ETF 전문 운용사와 피델리티, 캐피탈 그룹 등 종합 자산운용사들이다. 이들은 다양한 '상품 라인업'을 제공하는 금융회사이기 때문에 특정 '철학'에 기반한 '운용 성과'를 논하기에는 범주가 다르다.

특정인이 운용하는 회사들은 어떨까. 켄 피셔의 피셔 인베스트먼트가 2,080억 달러, 하워드 막스의 오크트리 캐피털이 1,580억 달러, 레이 달리오의 브리지워터가 1,400억 달러, 제임스 사이먼스의 르네상스 테크놀로지스가 1,300억 달러 정도다. 그러므로 '투자사업'을 하는 사람의 범주로 보았을 때 버핏이 이룬 성과는 글로벌 탑클래스 중에서도 압도적으로 큰 규모다.

혹자는 버크셔 해서웨이의 규모가 너무 커졌기 때문에 더 이상 초과수익을 낼 수 없다고 말한다. 이 주장은 버핏도 상당 부분 인정한다. 그러나 규모가 커진 것 자체가 버핏이 그 정도로 훌륭한 성과를 낸 결과이므로 그의 투자법을 '배워야 할 이유'이지, '배우지 말아야 할 이유'는 될 수 없다. 1조 달러가 넘어가도 버핏의 방법대로 투자해서 초과수익을 낼 수 있는지는 1조 달러를 벌고 난 다음에 고민해보자.

알려주고자 하는가

버핏은 자신이 어떻게 세상을 바라보고 어떤 기준으로 투자 결정을 하는지 오랜 기간 적극적으로 알려왔다. 그가 직접 참여한 '일차 사료'만 하더라도 거의 반세기에 달하는 주주 서한, 매년 오랜 시간에 걸쳐 진행되는 주주총회 Q&A 자료, 강연과 기고문, 인터뷰 등 방대하다. 특히 버핏이 매년 직접 작성하는 주주 서한과 버크셔 해서웨이 주주총회의 Q&A 자료는 그 자체로 경제와 금융의 역사를 연구하는 데에 좋은 사료가 된다. 모든 분야를 통틀어 매년 자신이 어떤 일을 해왔고 무슨 생각을 하는지 주기적으로 공개하는 사람이 얼마나 되는가?

배울 수 있는가

아직도 '효율적 시장 가설' 등을 언급하면서 지속적으로 초과수익을 낼 수 있는 방법이란 존재하지 않는다고 굳게 믿는 사람이 많다. 효율적 시장 가설의 '대부'인 유진 파마조차 시장이 효율적이지 않을 수 있음을 인정했음에도(《돈의 물리학》 참고) 초과수익이란 존재할 수 없다고 치부하는 것은 '지적 게으름'일 뿐이다.

통계적으로 버핏의 존재는 '5-시그마' 사건(350만분의 1의 확률로 일어나는 사건)이다. 버핏은 '그레이엄-도드 마을의 위대한 투자자들'이라는 글을 통해, '5-시그마' 사건은 생각보다 자주 일어나며 심지어 동일한 '사고 체계'를 공유하는 사람들 사이에 훨씬 더 빈번히 발생한다고 주장했다.

다른 모든 투자자와 마찬가지로 버핏도 그만이 활용할 수 있는 자원이 있었다. 뛰어난 지능과 암기력, 가문의 조력 등이 그의 성공에 기여한 바는 무시할 수 없다. 그러나 전혀 다른 환경에 있는 수많은 투자자도 버핏을 따라 훌륭한 성과를 냈다면 여기에는 무언가 있을 거라고 생각해도 되지 않겠는가?

그의 스승 벤저민 그레이엄은 훌륭한 성과를 위해서는 뛰어난 지능이나 대단한 정보가 아니라 '건전한 사고방식'과 '감정 통제'가 중요하다고 강조했다. 버핏을 포함해 그레이엄과 사고 체계를 공유하는 수많은 투자자가 좋은 성과를 연이어 냈다. 진지하게 투자를 공부하는 사람이라면 이 현상을 단지 '운'이라고 간주할 수 있는가? 버핏의 기법을 배우고자 노력하는 태도와 무작정 무시하는 태도 중 무엇이 더 위험할까?

초과수익을 내는 것은 분명 어려운 일이다. 그러나 이는 시장의 특성과 인간의 본성 때문이지, 시장이 효율적이어서가 아니다(시장이 효율적이면 초과수익을 낼 수 없지만, 초과수익을 내는 빈도가 낮다고 해서 시장이 효율적이라고 입증되는 건 아니다. 'A이면 B이다'가 참이라 하여 'B이면 A이다'가 참이라고 할 수 없다는 것은 논리학의 기본이다).

누군가 지속적인 초과수익으로 세계 최대 자산가가 되고, 본인이 어떻게 그 반열에 올랐는지 수십 년에 걸쳐 매년 공개하고 있으며, 그의 투자법을 따르는 다수의 투자자가 이례적인 성과를 내고 있다면, 그 기법은 그저 지나치기에는 너무 달콤한 과실 아닐까?

여전히 저 밖에는 "그런 게 있을 리가 없다"라며 공부하기를 거부하는 사람이 많다. 이는 우리에게 오히려 좋은 일이다. 버핏의 말을 빌리면 "더 많이 아는 게 불리하다고 믿는 사람이 많은 세상이라면 돈을 벌기 편하다".

그러나 버핏의 투자법을 공부하기란 쉽지 않다. 버핏의 스승인 필립 피셔는 "어떤 투자 방식이든 그것이 엄격한 훈련을 통해 수립된 것이라면 먼저 왜 그 같은 투자 방식을 고안하게 됐는지 분명히 알아야 그 투자 방식의 진정한 의미를 이해할 수 있다"라고 했다(《보수적인 투자자는 마음이 편하다》참고).

앞서 말했듯이 버핏의 '일차 사료'만도 분량이 엄청나게 방대하다. 그 전후의 맥락을 파악하고자 한다면 버핏의 두 스승인 그레이엄과 피셔의 사고 체계 및 주변인들의 투자 기법, 대조적인 다른 사람들의 투자법, 버핏이 투자한 회사들의 상황 등 막대한 공부가 필요하다.

버핏의 투자법을 요약 정리한 책은 많다. 그러나 직접적인 투자 경험과 더불어 좋은 투자자가 되기 위해 진지한 고민을 거친 사람이 쓴 책이 아닌 한, 버핏의 투자법을 피상적으로 이해하는 데에 그치는 경우가 많다. 그 같은 필터를 거쳐 버핏의 기법을 이해하려는 시도는 오히려 위험할 수 있다.

그래서《워런 버핏의 주주 서한》이 소중하다. 1998년과 2000년 두 번의 주주총회에서 버핏의 투자법을 다룬 책에 대한 질문이 나왔다.

버핏은 "내가 쓴 책이 아니다"라며 "다른 어떤 책보다도 버크셔의 주주 서한을 읽는 게 나의 투자 철학을 이해하는 데에 도움이 될 것"이라고 했다. 아울러 로렌스 커닝햄이 편집한 바로 이 책이 "나의 투자 철학을 훌륭한 형태로 재구성한 작품"이라면서 "아주 훌륭한 일을 해냈다"라고 평했다.

버핏을 공부하는 데에 가장 큰 걸림돌은 그가 직접 저술한 책이 없다는 점이다. 그는 본인의 투자 철학이 궁금하다면 주주 서한을 읽으라고 늘 권한다. 그러므로 주주 서한을 아주 잘 편집했다고 평가한 이 책이야말로 사실상 '그가 직접 저술한 유일한 서적'이 된다. 이 책을 읽지 않은 사람은 '버핏의 투자법'을 입에 담아서는 안 된다. 버핏의 투자법을 공부하고자 하는 사람은 반드시 이 책으로 시작해야 한다. 나도 이 책으로 시작했다. 투자자로서의 내 삶에서 가장 큰 행운이었다.

나에게는 동시대를 살았다는 것만으로 가슴이 벅차오르는 사람이 2명 있다. 마이클 잭슨과 워런 버핏이다. 한 사람은 안타깝게 떠났지만, 한 사람은 아직도 함께 호흡하고 있다. 부디 오랫동안 그의 말을 들을 수 있기를 바라며 글을 마친다.

홍진채
라쿤자산운용 대표

엮은이 서문

이 책의 초판은 내가 1996년 준비한 심포지엄에서 사용한 중심 자료였다(당시 나는 헤이먼 기업 지배구조 연구센터Samuel and Ronnie Heyman Center on Corporate Governance 소장이었다). 이틀 동안 열린 이 심포지엄에서는 저명한 학자, 투자자, 경영자 약 30명이 이 책에 담긴 모든 아이디어를 놓고 활발한 토론을 벌였는데, 학생 수백 명이 참석했고 워런 버핏과 찰리 멍거도 맨 앞줄에 앉아 내내 지켜보았다.

이후 수십 년 동안 나는 4개 대학의 내 수업과 세미나에서 이 책을 자주 교재로 사용했다. 그리고 다른 대학교 교수 수십 명도 투자, 금융, 회계 수업에서 이 책을 교과서로 채택했다. 일부 투자회사에서는 이 책을 직원과 고객들에게 연수 자료로 배포하기도 했다.

이 책 6판은 이전 개정판과 마찬가지로 초판의 구조와 철학을 그대로 유지하면서 최근 발간된 버핏의 주주 서한을 일부 추가했다. 기존의 주주 서한과 마찬가지로 추가한 서한들 역시 건전한 경영 철학과 투자 철학을 일관성 있게 읽어나갈 수 있도록 구성했다. 또한 이전 판을 읽어본 독자들이 새로 추가된 서한이 무엇인지 알 수 있도록 본문에 주주 서한의 발간 연도를 밝혔다. 그리고 글의 흐름이 끊어지지 않도록, 인용한 서한의 생략 부분을 별도로 표시하지 않았다.

이런 개정판이 필요한 이유는 버핏의 건전한 경영 및 투자 철학의 근본이 바뀌어서가 아니라, 그가 항상 최근 사건과 최근 사업 환경의 맥락에서 이런 철학을 설명하기 때문이다. 그래서 그의 최근 생각을 따라가려면 주기적으로 개정판이 필요하다.

나는 이전 개정판들을 낼 때 도와준 수많은 사람에게 감사의 말씀을 전했는데, 이분들에게 다시 한번 감사한다. 그중에서도 특히 버핏에게 감사한다. 그가 너그럽게 도와준 덕분에 심포지엄을 열 수 있었으며, 그가 참석해준 덕분에 심포지엄의 내용이 몇 곱절이나 풍부해졌다. 영광스럽게도 그는 내게 주주 서한을 재배열하여 출간하도록 기꺼이 허락해주었다. 지난 25년 동안 이 책을 열심히 읽어주신 수많은 팬과 친구들에게도 감사하며, 앞으로도 변함없는 성원을 부탁드린다.

로렌스 커닝햄

차례

일러두기

- 이 책의 원서는 2021년에 발간된《The Essays of Warren Buffett: Lessons for Investors and Managers(6th Edition)》입니다.
- 이 책은 워런 버핏이 1979년부터 2021년까지 43년에 걸쳐 직접 쓴 주주 서한을 워런 버핏 전문가인 로렌스 커닝햄이 주제별로 분류하고 편집한 다음 해설을 덧붙인 최신판입니다. 원서에는 2018년까지의 주주 서한이 있으나, 한국어판에서는 최근 내용이 궁금한 독자들을 위해 2019년부터 2021년까지의 주주 서한을 편역자가 번역해 추가했습니다.
- 로렌스 커닝햄의 '각 장의 요약'은 원서에는 앞부분에 있으나, 한국어판에서는 독자들의 이해를 돕기 위해 뒷부분에 배치했습니다.
- 각 글의 끝에 나오는 대괄호 안 숫자는 주주 서한의 해당 연도입니다.
- 본문의 별(•) 선은 워런 버핏이 주주 서한에서 직접 나눈 단락 표시입니다.
- 등장하는 인물의 이름(first name)은 대부분 주주 서한에 쓰인 그대로 실었고 정식과 약식 표현이 섞여 있습니다.
- 본문에서 언급하는 페이지는 해당 주주 서한이 실린 연차보고서의 페이지이고, 본문 중의 강조 표현은 원서에서 강조한 것입니다.
- 외국 책 중 한국에 번역 출간된 것은《한국 책 제목(원어 제목)》, 출간되지 않은 책은《원어 제목(한글 해석)》형식으로 표기했습니다.
- 원칙적으로 한글맞춤법과 외래어표기법을 준수했으나, 필요한 경우 대중적으로 널리 쓰이는 표기를 따랐습니다.

서언

소유주 관련 사업 원칙*

어떤 면에서 우리 주주 집단은 다소 특이합니다. 그래서 우리가 보고하는 방식도 다소 특이합니다. 예를 들어 해마다 연말에 주식 보유 현황을 보면 우리 주식의 약 98%를 연초부터 보유하던 주주들이 갖고 있습니다. 그래서 우리는 전년도에 보고했던 수많은 자료를 되풀이하지 않고, 새로운 내용만을 연차보고서에 소개합니다. 이런 방식으로 주주 여러분은 더 유용한 정보를 얻게 되고, 우리는 지루한 설명을 생략하게 됩니다.

게다가 아마도 우리 주식의 90%를 보유하는 투자자들은 다른 주식

---

* Owner-Related Business Principles: 워런 버핏이 버크셔 해서웨이 주주에게 버크셔의 사업, 목표, 철학을 알리기 위해 작성한 글로서, 1983년 주주 서한에 처음 공표되었고 1985년부터 1995년까지 '소유주 관련 사업 원칙'이라는 제하로 연차보고서에 실렸다. 1996년 소유주 안내서(Owner's Manual)가 이 원칙을 흡수했고, 이후 2017년까지 내용이 간혹 수정되면서 매년 연차보고서에 실렸다. 소유주 안내서에는 '소유주 관련 사업 원칙' 외에도 내재가치와 버크셔 운영 방침 등이 수록되었다.

을 많이 갖고 있지 않습니다. 대개 버크셔 주식이 절대적인 비중을 차지합니다. 그래서 우리 주주들은 기꺼이 많은 시간을 들여 버크셔 연차보고서를 읽습니다. 따라서 우리는 관점을 바꾸어, 우리가 주주라면 유용하리라 생각하는 정보를 주주들에게 제공하려고 노력합니다.

반면에 분기보고서에는 설명을 덧붙이지 않습니다. 우리 주주와 경영자들 모두 사업을 보는 관점이 매우 장기적이어서, 장기적으로 중요한 사건을 분기마다 새로 보고할 일은 좀처럼 없기 때문입니다.

그러나 주주 여러분이 버크셔와 소통하게 된다면 여러분은 버크셔의 CEO와 직접 소통하게 될 것입니다. 사업 실적과 전망에 관해서 나는 주주들이 CEO에게서 직접 들을 자격이 있다고 확신합니다. 주주들은 상장기업에서 기대하는 것 못지않게 비상장기업에 대해서도 요구할 수 있습니다. 1년에 한 번 제출하는 실적보고서를 회사 직원이나 홍보 전문가들에게 맡길 수는 없는 노릇입니다. 이들은 경영자를 대신해서 주주들에게 솔직하게 말할 수 있는 처지가 아니기 때문입니다.

버크셔가 산하 자회사의 경영자들로부터 솔직한 보고를 받아야 하는 것처럼 주주 여러분도 버크셔의 경영자들로부터 솔직한 보고를 받아야 마땅합니다. 물론 정보의 상세한 정도는 달라져야 하며, 특히 경쟁 기업이 이용할 만한 정보라면 더욱 그러합니다. 그러나 전반적으로 솔직성 면에서는 큰 차이가 없어야 합니다. 우리가 자회사 경영자들로부터 현황을 보고받을 때 겉치레 홍보 자료를 원하지 않는 것처럼 주주 여러분도 홍보 자료를 받아서는 안 됩니다.

대개 기업들은 자신의 행동에 걸맞은 주주들을 얻게 됩니다. 단기 실적과 단기 주가 등락을 집중적으로 생각하고 소통하는 기업들은 이런 요소에 집중하는 주주들을 끌어모으게 됩니다. 그리고 투자자들에게 냉소적인 기업들은 결국 투자자들로부터 냉소 받기가 매우 쉽습니다.

존경받는 투자가 겸 저자 필립 피셔Philip Fisher는 주주를 끌어모으는 회사의 정책이 고객을 끌어모으는 음식점의 정책과 같다고 말했습니다. 음식점들은 패스트푸드, 고품격 정찬, 동양 음식 등으로 단골손님을 확보하려고 노력합니다. 이런 음식점들이 능숙하게 영업한다면 단골손님들은 서비스, 메뉴, 가격에 만족해 계속 찾아올 것입니다. 그러나 음식점이 그 특성을 끊임없이 바꾼다면 단골손님을 안정적으로 유지할 수 없습니다. 어떤 음식점이 프랑스 요리점과 테이크아웃 치킨점 사이를 오간다면 고객들은 혼란에 빠져 계속 떠나갈 것입니다.

기업과 주주의 관계도 마찬가지입니다. 기업은 모든 사람에게 만족을 줄 수 없습니다. 예컨대 높은 배당수익률을 추구하는 주주와 화려한 장기 자본이득을 추구하는 주주를 동시에 섬길 수가 없기 때문입니다.

자사 주식의 거래량을 늘리려는 경영진의 논리를 우리는 도무지 이해할 수 없습니다. 실제로 이런 경영진은 수많은 기존 주주가 주식을 팔고 떠나길 바라는 셈입니다. 새로운 주주들을 대규모로 얻으려면 기존 주주들을 버려야 하기 때문입니다.

우리는 주주들이 서비스와 메뉴에 만족해서 해를 거듭해 찾아오는 편을 훨씬 선호합니다. 그런 면에서 버크셔의 기존 주주보다 더 좋은 주주를 찾기는 어려울 것입니다. 그래서 우리는 주주 변동률이 계속 낮은 상태로 유지되기를 희망합니다. 주주들이 우리의 사업을 이해하고, 정책을 인정하며, 기대를 공유하기를 바랍니다. 아울러 우리도 주주들의 기대에 부응하기를 희망합니다.

1. 버크셔의 형식은 주식회사이지만, 우리의 마음 자세는 동업자입니다. 찰리와 내가 생각하기에 주주들은 소유-동업자이고 우리는 경영-동업자입니다(우리는 보유한 주식이 많아서 좋든 나쁘든 지배-동업자이기도 합니다). 우리는 사업자산을 궁극적으로 보유하는 주체가 회사라고 보지 않습니다. 회사는 주주들이 자산을 보유하는 수단에 불과합니다.

찰리와 나는 주주 여러분이 주식을 종잇조각으로 보지 않기를 바랍니다. 매일 가격이 변덕스럽게 오르내리고, 정치경제적 사건으로 여러분이 근심에 휩싸이면 던져버릴 종잇조각 말입니다. 대신 영원히 함께할 기업의 한 부분을 보유한다고 생각하시기 바랍니다. 가족과 함께 농장이나 아파트를 보유하는 것처럼 말입니다. 우리는 버크셔 주주들이 끊임없이 바뀌는 얼굴 없는 대중이 아니라, 우리를 믿고 평생 돈을 맡겨준 동업자라고 생각합니다.

대부분의 버크셔 주주들은 장기 동업자처럼 생각한다는 증거가 있습니다. 버크셔 주식의 연간 회전율은 내가 보유한 주식을 제외하더라도 주요 미국 기업들 회전율의 극히 일부에 불과합니다.

실제로 우리 주주들은 버크셔가 투자한 회사들을 대하듯이 버크셔 주식을 대합니다. 예를 들어 우리는 버크셔가 코카콜라와 질레트 Gillette의 소유-동업자라고 생각합니다. 그래서 우리는 두 회사 주식의 월별 움직임이 아니라 두 회사의 장기 발전을 보고 우리의 성과를 평가합니다. 사실 우리는 두 회사의 주식이 몇 년 동안 거래되지 않거나 호가가 형성되지 않더라도 전혀 걱정하지 않을 것입니다. 장기 전망이 밝다면 단기적인 주가 움직임은 아무 의미가 없기 때문입니다. 가격이 내려가면 싼값에 지분을 늘릴 기회가 될 뿐입니다.

2. 버크셔는 실제로 주주 중심으로 운영되고 있으므로 버크셔의 이사 대부분이 재산의 상당 부분을 회사에 투자했습니다. 우리는 우리가 만든 음식을 먹는 셈입니다.

찰리의 가족은 재산의 80~90%를 버크셔 주식에 투자했습니다. 나의 아내 수지와 나는 98~99%를 투자했습니다. 게다가 누이와 사촌을 포함한 내 친척들도 재산의 큰 몫을 버크셔 주식에 투자하고 있습니다.

찰리와 나는 달걀을 한 바구니에 담아두고 있지만 전혀 걱정이 없습니다. 우리는 진정으로 탁월한 기업들을 다양하게 보유하고 있기 때문입니다. 버크셔는 지분의 과반수를 보유하든 소액만 보유하든, 보유 기업의 질과 다양성이 정말이지 독특하다고 생각합니다.

찰리와 나는 여러분에게 높은 투자 실적을 보장하지 못합니다. 그러나 여러분이 주식을 보유하는 기간이 얼마가 되든 여러분의 투자 실적이 우리의 투자 실적과 같으리라는 점은 보장할 수 있습니다. 우리는 거액의 연봉이나 옵션 등으로 여러분을 제치고 이득을 얻을 생각이 없습니다. 우리는 동업자인 여러분이 돈을 벌 때에만 돈을 벌고자 하며, 여러분과 똑같은 비율로 돈을 벌 것입니다. 마찬가지로 내가 어리석은 판단으로 여러분에게 손실을 끼친다면 나도 똑같은 비율로 손실을 보게 된다는 사실을 기억하시기 바랍니다.

3. 우리의 장기 목표(뒤에 설명)는 버크셔 주당 내재가치의 연평균 증가율을 극대화하는 것입니다. 우리는 회사의 규모로 실적을 평가하지 않고 주당 내재가치 증가율로 평가합니다. 장래에 주당 내재가치 증가율은 틀림없이 감

소할 것입니다. 자본이 대폭 증가할 것이기 때문입니다. 그렇더라도 미국 대기업의 평균 실적을 능가하지 못한다면 우리는 무척 실망할 것입니다.

4. 우선 우리는 자본이익률이 계속해서 평균을 초과하는 다양한 기업들을 직접 보유하는 방법으로 목표를 달성하려고 합니다. 두 번째 방법은 보험 자회사들을 통해서 이런 기업의 주식을 시장에서 사는 것입니다. 우리는 이런 기업의 주가와 보험금 필요금액을 고려해 매년 자본을 배분할 것입니다.

최근 몇 년 동안 우리는 여러 기업을 인수했습니다. 기업을 전혀 인수하지 못하는 해도 있겠지만, 우리는 앞으로 수십 년 동안 많은 기업을 인수할 것으로 예상하며, 가능하면 대기업이길 바랍니다. 이렇게 인수하는 기업의 질이 과거에 인수한 기업과 비슷하다면 버크셔는 좋은 실적을 거두게 될 것입니다.

우리의 과제는 벌어들이는 돈만큼이나 아이디어를 많이 창출하는 것입니다. 이런 면에서 보면 주식시장이 침체해야 우리에게 유리합니다. 첫째, 기업을 통째로 인수하는 가격이 내려가기 때문입니다. 둘째, 시장이 침체하면 우리가 이미 보유한 주식을 포함해서 탁월한 기업의 주식을 시장에서 매력적인 가격으로 사들일 수 있습니다. 셋째, 코카콜라와 웰스 파고Wells Fargo 같은 탁월한 기업들은 계속해서 자사주를 사들이고 있는데, 이들이 사들이는 주가가 내려가므로 우리가 이득을 보게 됩니다.

식료품 가격이 내려가면 소비자가 이득을 보듯이 주식시장이 내려가면 결국 버크셔의 장기 주주들이 이득을 보게 됩니다. 따라서 주식시장이 폭락한다면 이는 두려워하거나 슬퍼할 일이 아닙니다. 버크셔 주주들에게는 좋은 소식입니다.

5. 버크셔는 '이중 전략'*으로 기업을 보유하지만, 전통적인 회계 방식이 지닌 한계 탓에 우리 연결이익에는 진정한 실적이 거의 나타나지 않습니다. 주주 겸 경영자인 찰리와 나는 이런 연결이익을 거의 무시합니다. 그러나 우리가 보유한 주요 기업들에 대해서 중요하다고 생각되는 숫자들은 추가로 보고할 것입니다. 다른 정보와 함께 이런 숫자들을 이용하면 기업을 평가할 때 유용할 것입니다.

간단히 말해서 우리는 정말로 중요한 숫자와 정보를 연차보고서에 담아 제공할 것입니다. 찰리와 나는 우리 회사의 현황에 큰 관심을 쏟고 있으며, 보유 기업의 영업 환경도 이해하려고 노력합니다. 예를 들어 보유 기업이 해당 산업에서 순풍을 맞는지 역풍을 맞는지 파악하려고 합니다. 찰리와 나는 현황을 정확하게 파악해서 이에 따라 기대 수준을 조절해야 합니다. 우리가 내린 평가는 여러분에게도 전달해드릴 것입니다.

그동안 우리가 보유한 기업들은 거의 다 기대를 뛰어넘는 실적을 기록했습니다. 그러나 간혹 실망스러운 실적도 있었습니다. 우리는 좋은 실적과 마찬가지로 나쁜 실적에 대해서도 솔직하게 전하겠습니다. 우리는 새로운 방식으로 실적을 평가하고 있는데, 그 개념과 아울러 이 방식을 중시하는 이유도 설명하고자 합니다. 다시 말해서 여러

---

*　double-barreled approach: 기업의 지분 100%를 공정 가격에 인수하는 방법을 선호하지만, 훨씬 싼 가격에 살 수 있다면 공개시장에서 100% 미만의 지분을 사들이기도 하는 버크셔의 전략.

분이 버크셔의 실적은 물론, 우리가 자본을 배분하고 경영하는 방식도 평가할 수 있도록 우리의 사고방식도 설명하려고 합니다.

6. 회계 실적은 우리의 경영이나 자본배분 방식에 영향을 미치지 않습니다. 취득원가가 비슷하다면 우리는 '회계 기준에 따라 이익 1달러로 평가되는 자산' 대신, 이익으로 평가되지 않더라도 '2달러의 가치가 있는 자산'에 투자합니다. 그러나 흔히 시장에서 기업을 통째로 인수할 때(이익이 전부 평가됨)에는 지분 일부를 살 때(이익이 평가되지 않음)보다 가격이 2배나 될 때가 많습니다. 하지만 우리는 시간이 흐르면 평가되지 않았던 이익도 자본이득의 형태로 내재가치에 모두 반영된다고 생각합니다.

우리는 오랜 경험을 통해서 미분배 이익도 실제 배당만큼이나 버크셔에 이득이 되었음을 확인했습니다(그래서 우리 공식 보고서에 이익으로 포함했습니다). 이런 결과가 나온 것은 우리 투자 기업의 사업 대부분이 매우 탁월한 덕분에, 늘어난 자본금을 사업에 투입하든가 자사주 매입에 투입해 유리하게 활용하기 때문입니다.

물론 투자 기업의 자본배분이 모두 우리에게 유리했던 것은 아니지만, 전반적으로 이익이 1달러 유보될 때마다 축적된 가치는 1달러가 훨씬 넘었습니다. 따라서 우리는 포괄이익*이 연간 실적을 현실적으로 나타낸다고 간주합니다.

---

*   look-through earnings: 일반회계원칙(GAAP)에 의하면 지분이 20% 미만인 투자 기업의 이익은 배당으로 받은 부분만 지배회사의 이익으로 계상하지만, 지분 규모에 관계없이 미분배 이익도 지배회사의 이익으로 계상하는 주주 중심의 실적 계산법.

7. 우리는 부채를 좀처럼 일으키지 않으며, 일으키더라도 장기 고정금리 기준을 사용합니다. 우리는 과도한 부채를 질 바에는 차라리 매력적인 투자 기회를 포기합니다. 이런 보수주의 때문에 실적이 나빠지기도 했지만 보험 가입자, 대출자, 그리고 재산의 상당 부분을 우리에게 맡겨준 수많은 주주에 대한 수탁 책임을 고려하면 이것이 우리가 마음 편하게 선택할 수 있는 유일한 방법입니다(인디애나폴리스 500마일 자동차경주 우승자는 말했습니다: "1등을 하려면 일단 완주부터 해야 합니다").

찰리와 나는 투자수익률 몇 퍼센트를 높이려고 불안감에 밤잠을 설치는 식의 투자는 절대 하지 않습니다. 가족과 친구들에게 필요하지도 않은 것을 얻으려고 가족과 친구들의 재산을 위태롭게 해서는 절대 안 되기 때문입니다.

게다가 버크셔에는 안전하고도 저렴한 자금의 원천 두 가지가 있어서 자본금보다도 훨씬 많은 자산을 안전하게 보유할 수 있습니다. 그것은 이연법인세와 '플로트'**입니다. 두 자금 모두 대폭 증가해 현재 1,000억 달러를 넘어섰습니다.

이런 자금이 좋은 점은 지금까지 비용이 전혀 들어가지 않았다는 점입니다. 이연법인세부채에 대해서는 이자를 물지 않습니다. 우리가 보험을 인수해 본전만 하더라도 플로트에 들어가는 원가는 제로입니다. 둘 다 주식이 아니라 부채라는 점에 주목하시기 바랍니다. 그러나

**   float: 보험사가 일시적으로 보유하는 남의 돈으로서, 투자해서 얻는 수익은 보험사의 몫이 됨. 보험료는 먼저 받고 손실은 나중에 발생해 시차가 몇 년까지 벌어지기도 하므로 플로트가 창출됨. 플로트 = 손해액준비금 + 손실조정비용준비금 + 미경과보험료 – 대리점 미수금 – 선급취득원가 – 수재보험료 이연비용. – 옮긴이

이자도 없고 만기도 없는 부채입니다. 실제로 더 많은 자산을 보유하게 해주므로 혜택은 있지만 결점은 전혀 없는 부채입니다.

물론 우리가 장래에도 플로트를 공짜로 얻는다는 보장은 없습니다. 그러나 우리는 다른 어떤 보험사보다도 목표를 달성할 가능성이 크다고 생각합니다. 우리는 과거에도(내가 중대한 실수를 여러 번 저질렀는데도) 목표를 달성했을 뿐 아니라, 가이코GEICO Corporation를 인수한 지금은 목표를 달성할 전망이 더욱 밝아졌습니다.

[2011년 이후] 앞으로 추가 차입은 우리 공익기업utilities과 철도회사에서 집중적으로 일어날 전망이며, 버크셔는 그 상환을 책임지지 않습니다. 따라서 우리는 장기 고정금리 차입을 선호합니다. 그러나 벌링턴 노던 산타페Burlington Northern Santa Fe: BNSF처럼 거대기업을 인수할 때는 신속하게 차입금을 상환하고자 하므로 모회사 차원에서 자금을 차입할 것입니다.

8. 우리 경영진이 주주에게 비용을 떠넘기면서 '실속'을 채우는 일은 없을 것입니다. 우리 주주들에게 장기적으로 이득이 되지 않는 높은 가격에 기업을 인수하는 일은 없을 것입니다. 우리 돈을 투자할 만큼 가치 있는 곳에만 여러분의 돈을 투자할 것입니다. 주식시장에서 매입하여 포트폴리오를 구축할 때 얻는 가치를 충분히 고려할 것입니다.

찰리와 나는 버크셔 주식의 주당 내재가치를 높여줄 만한 인수에만 관심이 있습니다. 버크셔의 자산 규모가 증가하더라도 우리의 연봉이나 사무실 규모는 절대 증가하지 않을 것입니다.

9. 경영진의 의도가 순수한지 확인하려면 정기적으로 실적을 평가해야 합니다. 이익을 유보하는 기준은 이익 1달러를 유보할 때마다 장기적으로 주주들에게 시장가치를 1달러 이상 제공하느냐가 되어야 합니다. 지금까지 우리는 이 기준을 충족했습니다. 앞으로도 우리는 최근 5개년에 대해 이 기준을 계속 적용하려고 합니다. 그러나 순자산이 증가할수록 유보이익을 현명하게 사용하기가 더 어려워집니다.

내가 쓴 '최근 5개년 기준'이라는 표현이 잘못되었습니다. 나는 2009년 주주총회에서 질문을 받고서야 이 잘못을 깨달았습니다.

주식시장이 5년 연속 급락하면 순자산가치 대비 버크셔 주가 프리미엄이 감소하기도 합니다. 그러면 우리 실적은 내가 설정한 기준을 통과하지 못합니다. 1983년에 내가 이 기준을 설정하기 훨씬 전인 1971~1975년에도 실제로 우리는 이 기준에 훨씬 미달했습니다.

최근 5개년 기준은 다음과 같아야 합니다. (1) 이 기간 순자산가치 증가율이 S&P500 지수 상승률을 초과했고, (2) 버크셔 주가가 계속 순자산가치보다 높아서 유보이익 1달러의 가치가 항상 1달러를 초과했는가? 이 기준을 충족한다면 이익을 유보해야 이치에 맞습니다.

10. 우리는 합당한 가치를 받을 수 있을 때만 주식을 발행할 것입니다. 이 원칙은 모든 발행 형식에 적용됩니다. 합병과 주식 공모뿐 아니라 주식-부채 교환, 스톡옵션, 전환사채에도 적용됩니다. 버크셔의 기업가치와 일치하는 기준이 아니라면 우리 주식을 소량이라도 팔지 않을 것입니다.

1996년 우리가 클래스B 주식을 판매할 때 우리는 버크셔 주식이 저평가되지 않았다고 발표했습니다. 그런데 이 발표에 충격받은 사람들이 있었습니다. 그러나 이런 반응은 잘못된 것이었습니다. 우리가 버크셔 주식이 저평가되었다고 발표할 때 오히려 충격을 받아야 마땅합니다. 주식을 공모할 때 자사주가 저평가되었다고 말하는 경영진은 정직하지 않든가 아니면 기존 주주의 돈을 낭비하든가, 둘 중 하나입니다. 실제로 가치가 1달러인 자산을 경영진이 의도적으로 80센트에 판다면 주주들이 부당하게 손해를 보기 때문입니다. 우리는 최근 주식 공모에서 그런 범죄를 저지르지 않았고, 앞으로도 절대 저지르지 않을 것입니다(언론에서는 우리가 버크셔 주식이 고평가되었다고 말했다고 보도했지만, 우리는 고평가되었다는 말은 하지 않았습니다).

11. 재무 실적에 짐이 되는 자회사더라도 우리의 입장은 분명하다는 점을 인식하시기 바랍니다. 가격이 얼마가 되더라도 우리가 보유한 우수한 회사를 팔 생각은 전혀 없습니다. 그리고 경영진이 훌륭하고 노사관계가 원만하다고 판단되면 이익이 발생하는 한 평균 이하의 기업이라도 팔 마음이 거의 없습니다. 그러나 평균 이하의 기업에 자본을 추가로 배분하는 실수는 되풀이하지 않을 생각입니다. 부실한 기업이지만 자본을 대량으로 투입할 경우 수익성을 대폭 개선할 수 있다는 제안을 받는다면 우리는 이런 제안을 극도로 경계할 것입니다(그 예측이 아무리 화려하고 진지해도 형편없는 산업에 대규모로 자본을 더 투입하는 행위는 결국 밑 빠진 독에 물 붓기가 되고 맙니다). 그렇더라도 전망이 어두운 회사를 아무 때나 내던지는 것은 우리 투자 스타일이 아닙니다. 우리 실적이 전체적으로 다소 낮아지는 한이 있더라도 회사를 함부로 내던지지는 않을 것입니다.

우리는 앞으로도 자회사를 내던지지 않을 것입니다. 물론 우리가

20년 동안이나 회생시키려고 애쓰다가 1980년대 중반에 직물사업을 포기한 것은 사실입니다. 그러나 이는 영업손실이 계속 이어질 수밖에 없다고 판단했기 때문입니다. 하지만 제품 가격을 환상적으로 유지할 수 있는 기업이라면 매각을 고려해본 적이 없으며, 다소 처지는 기업이더라도 내던질 생각이 없습니다. 대신 우리는 문제 해결에 노력을 집중할 것입니다.

12. 우리는 평가에 중요한 가감 요소를 강조해가면서 여러분에게 솔직하게 보고할 것입니다. 우리는 우리가 주주라면 알고 싶어 할 사실들을 보고할 것입니다. 우리는 그럴 의무가 있습니다. 대규모 뉴스회사를 보유한 버크셔가 우리 회사에 대해 정확하고 날카로우며 균형 잡힌 보고를 하지 못한다면 뉴스회사 직원들이 다른 회사에 대해 어떻게 제대로 보도할 수 있겠습니까? 정직한 보고가 경영진에게도 이롭습니다. 대중을 오도하는 CEO는 결국 자신도 잘못된 길로 들어서게 됩니다.

버크셔는 '빅 배스(big bath: 향후 실적을 높이려고 부실을 한꺼번에 털어내는 행위)'를 하지 않을 것입니다. 분기별 실적이나 연도별 실적을 매끄럽게 다듬지도 않을 것입니다. 우리가 집계한 실적이 들쭉날쭉하다면 여러분이 보고받는 실적도 들쭉날쭉할 것입니다. 보험금지급준비금 속성상 실적 추정이 매우 어렵다면 우리는 일관되고도 보수적인 방법을 적용할 것입니다.

우리는 여러분과 다양한 방법으로 소통할 것입니다. 연차보고서를 통해서 평가에 중요한 정보를 모든 주주에게 가능한 한 충분히 전달하고자 합니다. 분기보고서를 통해서도 중요한 요약 정보를 충분히 전달하려고 노력합니다(분기보고서는 제가 쓰지 않습니다. 제 리사이틀은 1년에 한 번으로 충분하니까요). 그리고 소통에 중요한 행사로 주주총회가 있습니다. 여기서 찰리와 나는 버크셔에 관한 질문에 5시간 이상 쓰면서 기꺼이 답하고 있습니다. 그러나 우리는 일대일로 소통하지는 않습니다. 버크셔 주주가 수천 명이라서 이 방법은 현실적으로 가능하지 않습니다.

이 모든 소통 과정에서 남보다 앞서 이득을 보는 주주는 단 한 사람도 없습니다. 업계에서는 분석가나 대주주들에게 실적을 귀띔해주는 것이 관행이지만, 우리는 이런 관행을 따르지 않습니다. 우리의 목표는 모든 주주에게 최신 정보를 동시에 전달하는 것입니다.

13. 우리의 정책은 정직한 보고이지만 유가증권 거래에 관해서는 법에서 정한 수준으로만 논의할 것입니다. 좋은 투자 아이디어는 흔치 않고 소중하기 때문에, 좋은 제품이나 기업 인수 아이디어처럼 경쟁자들에게 빼앗기기 쉽습니다. 따라서 통상적으로 투자 아이디어에 대해서는 논의하지 않을 것입니다. 우리가 이미 판 증권이나(다시 사들일 수도 있으므로) 우리가 산다고 잘못된 소문이 퍼진 증권에 대해서도 마찬가지입니다. 우리가 이런 소문을 부인하더라도 "노 코멘트"라는 말이 때로는 시인이 될 수 있기 때문입니다.

우리는 특정 종목에 대해서는 언급하지 않겠지만 사업과 투자 철학에 대해서는 자유롭게 논의할 것입니다. 나는 금융 역사상 가장 위대한 스승인 벤저민 그레이엄이 아낌없이 베풀어준 지성 덕분에 엄청난 혜택을 입었습니다. 그래서 설사 강력한 경쟁자들이 생겨나더라도 내가 스승으로부터 배운 바를 널리 알려야 한다고 생각합니다.

14. 우리는 버크셔 주주들이 주식을 보유한 기간에 버크셔의 주당 내재가치가 변동한 것만큼 투자 실적을 얻으면 좋겠습니다. 이렇게 되려면 버크셔 주식의 내재가치와 시장가격이 똑같이 움직여야 합니다. 이는 버크셔 주가가 높은 수준이 아니라 공정한 수준으로 유지되기를 바란다는 뜻입니다. 물론 찰리와 나는 주가를 통제할 수 없습니다. 그러나 우리는 정책과 소통을 이용해서 주주들이 지성적이고 합리적으로 판단하도록 촉구할 수 있고, 그러면 주가도 합리적으로 형성될 것입니다. 주식이 저평가되는 것도 나쁘지만 고평가되는 것도 나쁘다는 우리 태도에 대해 주식을 팔려는 일부 주주들은 실망할지도 모르겠습니다. 그러나 이런 태도를 견지해야 다른 투자자들의 실수보다는 회사의 발전을 통해서 이익을 얻으려는 장기 투자자들을 끌어모을 수 있습니다.

15. 우리는 정기적으로 버크셔 주당순자산 증가율과 S&P500 지수 상승률을 비교합니다. 우리는 장기적으로 지수 상승률을 초과하고자 합니다. 만일 지수 상승률을 초과하지 못한다면 왜 우리가 필요하겠습니까? 물론 이 척도에는 결함이 있습니다. 게다가 이제는 1년 단위 실적 비교의 의미가 전보다 감소했습니다. 이는 우리가 보유한 주식이 순자산에서 차지하는 비중이 전보다 훨씬 감소했기 때문입니다. 게다가 S&P500 종목의 주가 상승분은 지수에 100% 반영되지만, 버크셔가 보유한 종목의 주가 상승분은 연방소득세 탓에 65%만 반영됩니다. 따라서 주식시장이 부진한 해에는 우리 실적이 S&P500을 능가하겠지만, 주식시장이 강세인 해에는 우리 실적이 S&P500에 뒤처질 것입니다.

The Essays of

WARREN BUFFETT

I. Governance

1장
기업 지배구조

주주에게나 경영진에게나 시간 낭비인 주주총회가 많습니다. 경영진이 사업의 실상에 대해 솔직하지 않아서 그런 일도 있습니다. 그러나 회사의 업무는 무시하고 자신의 주장만 펴려는 주주 탓에 시간이 낭비될 때가 더 많습니다. 회사의 사업을 논해야 하는 자리가 과장과 화풀이와 주장을 펼치는 자리로 바뀌었습니다(주총은 정말이지 매력적인 기회입니다. 주식 한 주만 있어도 청중을 붙들고 자신의 세계관을 주장할 수 있기 때문입니다). 이런 상황에서는 자기주장만 펴려는 사람들의 광대 짓 때문에 사업에 관심 있는 주주들이 참석을 꺼리게 되므로 해가 갈수록 주주총회의 질이 떨어집니다.

그러나 버크셔의 주주총회는 전혀 다릅니다. 참석하는 주주의 수가 매년 조금씩 증가하고 있으며, 지금까지 실없는 질문이나 이기적인 주장이 나온 적도 없습니다.* 오히려 사업에 관한 사려 깊은 질문이 다양하게 나왔습니다. 주주총회는 이런 질문에 답하는 자리이므로 찰리와 나는 아무리 시간이 오래 걸리더라도 모두 기꺼이 답하고 있습니다(그러나 평소에는 서면이나 전화 문의에 답해드리지 못합니다. 주주가 3,000명에 이르는 회사에서 한 사람 한 사람에게 별도로 답하는 것은 시간 낭비이기 때문입니다). 주주총회에서 답하지 않는 유일한 질문은, 솔직하게 답변하면 회사에 실제로 손실이 발생하는 질문입니다. 우리의 증권 거래 현황이 대표적인 사례입니다.   〔1984〕

A.   완전하고 공정한 공시

버크셔에게 완전공시full reporting란 입장이 뒤바뀌었을 때 우리가 받고자 하는 정보를 여러분에게 제공한다는 뜻입니다. 우리가 정보를 받는 처지라면 우리는 현재 영업에 관한 주요 사실 전부에 더해서 사업의 장기 경제성에 대한 CEO의 솔직한 견해를 원할 것입니다. 우리는 자세한 재무 정보와 더불어 이들 해석에 필요한 주요 데이터 논의도 원할 것입니다.

찰리와 나는 보고서를 읽을 때 임직원, 공장, 제품의 사진 따위에는 관심이 없습니다. EBITDA**를 보면 몸서리까지 치게 됩니다. 경영진

이 자본을 공짜로 생각한다는 뜻이니까요.*** 우리는 회계가 불투명한 기업은 극도로 의심합니다. 이는 경영진이 뭔가를 숨기려 한다는 뜻이기 때문입니다. 우리는 홍보부서나 홍보 전문가가 작성한 자료는 읽고 싶지 않습니다. CEO로부터 직접 설명을 듣고 싶습니다.

버크셔에게 공정공시fair reporting 란 30만 동업자에게 거의 동시에 정보를 전달한다는 뜻입니다. 그래서 우리는 연차보고서와 분기보고서를 금요일 폐장 후 자정 전에 인터넷에 올립니다. 이렇게 하면 주주와 기타 투자자들은 주요 발표 자료를 적시에 입수할 수 있고, 주요 내용을 월요일 개장 전까지 충분히 소화할 수 있습니다. 올해에는 분기 정보가 5월 12일, 8월 11일, 11월 10일 토요일에 공개됩니다. 2001년 연차보고서는 3월 9일 게시됩니다.

우리는 최근까지 증권거래위원회SEC 위원장을 맡았던 아서 레빗 2세Arthur Levitt, Jr.의 업적에 찬사를 보냅니다. 그는 최근 몇 년 동안 암처럼 퍼져나가던 '선택적 정보 공개'라는 관행을 분쇄했습니다. 실제로 대기업들이 증권분석가나 대주주들에게 기업이 예상하는 이익 근사치를 '귀띔'해주는 것이 거의 표준 관행이 되다시피 했습니다. 이렇게 기업들이 선택적으로 귀띔해준 탓에 투기적인 기관과 분석가들이 개인 투자자들보다 정보 면에서 우위를 차지했습니다. 이는 월스트리트와 미국 기업계가 함께 저지른 부패 행태였습니다.

투자자들을 위해 끊임없이 효과적으로 노력을 기울인 레빗 위원장 덕분에 이제 기업들은 모든 주주를 평등하게 대우해야 합니다. 이런

*** 6장 'E. 주주 이익과 현금흐름 오류' 참조.

개혁이 양심이 아니라 강요에 따라 이루어졌다는 사실은 CEO와 홍보부서들의 수치입니다.

내친김에 한마디 더 하겠습니다. 찰리와 나는 CEO들이 자사의 성장률을 예측하는 행위가 사람들을 오도하기 쉬우며 위험하다고 생각합니다. 물론 증권분석가와 홍보부서에서는 CEO에게 성장률을 예측하라고 부추깁니다. 그렇더라도 CEO는 예측을 자제해야 합니다. 대개 화를 불러오는 일이니까요.

CEO가 성장률 내부 목표를 세우는 것은 좋습니다. 그리고 상당한 경고를 덧붙인다면 CEO가 회사의 장래에 관해서 공개적으로 희망을 피력하는 일이 적절할 수도 있습니다. 그러나 대기업이 주당 이익이 장기적으로 예컨대 연 15% 증가할 것으로 예측한다면 이는 화를 자초하는 일입니다. 대기업 가운데 이렇게 높은 성장률을 유지할 수 있는 회사는 극소수에 불과하기 때문입니다. 한번 확인해봅시다.

예를 들어 1970~1980년에 주당 이익이 가장 많았던 회사 200개를 뽑은 다음, 이후 이익이 연 15% 이상 증가한 회사가 몇 개나 되는지 분석해봅시다. 그 숫자는 한 줌에 불과할 것입니다. 장담하건대 2000년에 이익을 가장 많이 낸 기업 200개 가운데 앞으로 20년 동안 주당 이익이 연 15% 이상 증가하는 기업은 10개도 안 될 것입니다.

높은 예측치를 제시하는 것은 무책임한 낙관론에 그치지 않습니다. 더 심각한 문제는 CEO의 부당행위로 이어진다는 사실입니다. 그동안 우리는 CEO들이 자신이 발표한 이익 목표를 달성하려고 경영을 비합리적으로 하는 모습을 여러 번 보았습니다. 게다가 비합리적인 경영으로도 한계에 도달하게 되면 CEO들은 '숫자를 만들어내려고'

다양한 회계 기법을 동원하기도 했습니다. 이런 회계 속임수는 눈덩이처럼 갈수록 커지는 속성이 있습니다. 다음 해 이익을 끌어다 올해 이익을 늘리면 이듬해에는 그 틈을 메우려고 더 대담하게 회계를 조작해야 하기 때문입니다. 그래서 가벼운 속임수가 본격적인 사기극으로 바뀝니다(아시다시피 강도들이 총으로 강탈한 돈보다 CEO들이 펜으로 훔친 돈이 더 많습니다).

찰리와 나는 환상적인 예측치로 투자자들을 끌어모으는 CEO들을 경계합니다. 이들 가운데 몇몇 CEO의 예측치는 적중하겠지만, 다른 CEO들은 타고난 낙관론자나 사기꾼으로 드러날 것입니다. 그러나 안타깝게도 누가 정확하고 누가 사기꾼인지를 미리 알기는 쉽지 않습니다.

[2000]

✕✕✕✕✕✕✕✕

투자자들에게 세 가지를 제안합니다. 첫째, 회계가 취약한 회사를 주의하십시오. 스톡옵션을 여전히 비용으로 처리하지 않거나 연금에 대한 가정이 환상적이라면 조심하십시오. 눈에 띄는 분야에서 편법을 동원하는 경영진이라면 눈에 띄지 않는 분야에서도 편법을 사용하기 쉽습니다. 주방에 바퀴벌레가 한 마리만 있는 경우는 드뭅니다.

EBITDA를 논하는 것은 매우 위험합니다. 이는 감가상각비가 '비현금' 비용이라서 실제로는 비용이 아니라고 보는 것입니다. 터무니없는 생각입니다.

사실 감가상각비는 매우 나쁜 비용입니다. 자산을 구입하면서 돈은 먼저 지출했지만 그 자산에서 이득은 아직 얻지 못했기 때문입니다. 올해 초 한 회사에서 직원들에게 10년 치 급여를 미리 지급했다고 상상해봅시다(내용연수가 10년인 고정자산을 현금으로 구입하듯이 말입니다). 이후 9년 동안 급여는 '비현금' 비용이 됩니다. 올해 설정한 선급급여 자산을 줄여주면 되니까요. 그러면 2~10차 연도의 비용 처리는 단지 형식상의 회계 절차에 불과할까요?

둘째, 주석을 이해할 수 없다면 경영진을 신뢰할 수 없습니다. 투자자가 주석이나 경영진의 설명을 이해할 수 없다면 이는 투자자가 이해하는 것을 CEO가 원치 않기 때문입니다. 나는 일부 거래에 대한 엔론Enron의 설명을 아직도 도저히 이해할 수가 없습니다.

끝으로 이익 추정치와 성장률 예상치를 떠들어대는 회사는 믿지 마십시오. 사업 환경은 평온하기가 어렵고, 이익은 순조롭게 증가하기가 어려운 법입니다(물론 증권회사에서 제공하는 자료는 예외입니다).

찰리와 나는 우리 회사의 내년 이익도 모를뿐더러 다음 분기 이익조차 알지 못합니다. 우리는 미래를 안다고 항상 주장하는 CEO를 믿지 않습니다. 그리고 목표를 계속해서 달성했다고 주장하는 CEO는 전적으로 불신합니다. 목표를 달성하겠다고 항상 약속하는 경영자는 언젠가 분식회계의 유혹에 빠지기 때문입니다.   [2002]

※※※※※※

아마 버크셔는 포춘Fortune 500대 기업 중 월 단위로 이익보고서나 재무상태표(balance sheet, 대차대조표)를 작성하지 않는 유일한 기업일 것입니다. 물론 나는 우리 자회사 대부분의 월간 재무보고서를 정기적으로 들여다봅니다. 그러나 찰리와 나는 오로지 분기 단위로만 버크셔 전체의 이익과 재무 상태를 파악합니다.

게다가 버크셔는 전사全社 예산을 수립하지 않습니다(자회사 단위로 예산을 수립하는 사례는 많습니다). 버크셔가 전사 예산을 수립하지 않는다는 말은 모회사 차원에서 분기 목표를 설정한 적이 없다는 뜻입니다. 이렇게 우리가 모회사 차원에서 분기 목표를 설정하지 않으므로 자회사 경영자들 역시 함부로 분기 목표를 설정하지 않으며, 우리가 아끼는 기업문화가 강화됩니다.

그동안 찰리와 나는 경영자들이 월스트리트 사람들의 기대를 충족시키려고 회계와 운영 분야에서 벌이는 온갖 불건전한 행태를 지켜보았습니다. 월스트리트 사람들을 실망시키지 않으려고 시작한 '순진한' 속임수(예컨대 손해액 증가를 외면하거나 손해액준비금 감소까지 감수하면서 분기 말에 대리점 실적을 부풀리는 행위)가 본격적인 사기를 벌이는 첫걸음이 되기도 합니다. 처음에는 CEO가 숫자 조작을 '이번 한 번만'으로 끝내려고 했어도, 한 번으로 끝나는 경우는 거의 없습니다. 약간의 속임수는 괜찮다고 상사가 생각하면 부하들도 속임수를 손쉽게 합리화합니다.

찰리와 나는 애널리스트나 해설자들이 아니라 우리 주주 동업자들을 위해서 일하고 있습니다. 그래서 우리가 받는 숫자들을 고스란히 여러분에게 전해드립니다.

〔2018〕

B.   이사회와 경영자

우리 자회사 CEO들의 실적은 다행히 우리가 멀리했던 회사 CEO들의 실적과 뚜렷하게 대조를 이룹니다. 우리가 꺼렸던 CEO들은 분명히 자질이 부족한데도 대개 자리를 보존합니다. 기업 경영에서 나타나는 커다란 역설은 무능한 CEO가 무능한 직원들보다도 훨씬 쉽게 자리를 보존한다는 사실입니다.

분당 80단어를 쳐야 하는 비서직에 분당 50단어밖에 못 치는 직원이 고용되면 그 직원은 곧바로 쫓겨납니다. 그 업무에 합리적인 기준이 정해져 있고 실적이 쉽게 측정되므로 기준을 충족하지 못하는 직원은 해고당합니다. 마찬가지로 신입 판매원도 이른 시일 안에 충분한 실적을 올리지 못하면 해고당합니다. 부진한 실적에 대한 변명 따위는 통하지 않습니다.

그러나 CEO는 실적이 부진해도 무한정 자리를 보존하는 사례가 많습니다. 한 가지 이유는 실적을 평가하는 기준이 없기 때문입니다. 실적 기준이 존재하더라도 흔히 불명확해서, 실적이 거듭 매우 부진해도 교묘한 변명으로 발뺌하기 일쑤입니다. CEO의 실적 목표를 사후에 서둘러 끼워 맞추는 기업이 너무도 많습니다.

흔히 간과되는 CEO와 직원 사이의 중요한 차이 또 하나는 CEO에게는 실적을 평가하는 직속상관이 없다는 사실입니다. 무능한 판매원을 잔뜩 거느린 판매관리자는 머지않아 곤경에 빠지므로 무능한 직원들을 서둘러 솎아내야 유리합니다. 그렇게 하지 않으면 자신이 제거됩니다. 서투른 비서를 고용한 관리자도 사정은 마찬가지입니다.

그러나 CEO의 상관인 이사회는 자신을 평가하지 않을뿐더러 기업의 실적이 부진해도 CEO를 추궁하는 경우가 드뭅니다. 이사회가 CEO를 잘못 선정하여 그 여파가 장기간 이어진다면 어떻게 될까요? CEO를 잘못 선정한 탓에 회사가 인수당해도 대개 물러나는 이사들은 이 거래를 통해서 막대한 혜택을 받을 것입니다(거래 규모가 클수록 혜택도 큽니다).

끝으로 이사회와 CEO의 관계는 '그 나물에 그 밥'입니다. 이사회에서 CEO의 실적을 비판하면 흔히 고자질하는 것으로 비칩니다. 관리자가 서투른 비서에게 나쁜 점수를 매기는 것은 허용하면서도 말입니다.

그렇다고 우리가 모든 CEO와 이사회를 싸잡아 비난하는 것은 아닙니다. 대부분은 유능하고 근면하며 탁월한 분들입니다. 그러나 다른 기업 경영자들의 실패 사례를 볼 때면 우리는 3대 영구 보유 회사 경영자들에게 감사하게 됩니다. 이들은 회사를 사랑하고, 주인처럼 생각하며, 매우 성실하고 유능하기 때문입니다.　　　　　　〔1988〕

※※※※※※

주주총회 때마다 누군가는 늘 내게 이런 질문을 던집니다. "당신이 교통사고를 당하면 버크셔는 어떻게 됩니까?" 나는 아직도 이런 식으로 질문을 받게 되어서 기쁩니다. 그러나 머지않아 질문은 이렇게 바뀔 것입니다. "당신이 교통사고를 당하지 않으면 버크셔는 어떻게 됩니까?"

어쨌든 이런 질문을 계기로 지난 한 해 관심을 끈 주제인 기업 지배구조를 논하게 되었습니다. 덕분에 최근 이사들은 중심을 바로잡게 되었고, 주주들은 얼마 전과 비교해서 더 진정한 주인으로 대접받게 되었다고 생각합니다. 그러나 상장회사의 기업 지배구조는 경영진-주주 구성의 세 가지 유형에 따라 특성이 근본적으로 달라지는데도 사람들은 거의 구분하지 못하고 있습니다. 세 가지 유형 모두에서 이사들의 법적 책임은 똑같지만, 이사들이 변화를 일으키는 능력은 다릅니다. 사람들은 대개 첫 번째 유형에 관심을 기울입니다. 가장 많은 기업에서 나타나는 유형이기 때문입니다. 그러나 버크셔는 두 번째 유형에 속하며, 언젠가 세 번째 유형에 속하게 될 것입니다. 그래서 우리는 세 가지 유형 모두 논의하고자 합니다.

압도적으로 많이 나타나는 첫 번째 유형은 회사에 지배주주가 없는 경우입니다. 이런 유형이라면 이사들은 주인 한 사람이 존재한다고 가정하고, 모든 방법을 동원해서 주인의 장기 이익을 증진하도록 노력해야 합니다. 그러나 '장기'라는 말에 이사들이 빠져나갈 구멍이 많습니다. 이사들이 성실하지 않거나 독자적인 사고력이 부족하다면 이들은 말로는 주주의 장기 이익을 도모한다고 주장하면서 실제로는 주주에게 커다란 폭력을 행사할 수도 있습니다.

제 역할을 다하는 이사회가 무능한 경영자를 감시하는 상황을 가정해봅시다. 이런 상황에서 현명한 주인이라면 경영자를 바꿀 것이므로 이사들도 경영진을 바꿀 책임이 있습니다. 만일 탐욕스러운 경영자가 권한을 남용하여 주주의 돈을 마구 쓰려 한다면 이사들은 그를 제지해야 합니다.

이런 상황에서 경영자의 부당행위를 발견한 이사는 다른 이사들을 설득해야 합니다. 그가 다른 이사들을 제대로 설득하면 이사회는 권한을 행사하여 적절한 변화를 일으킬 것입니다. 그러나 그 이사가 다른 이사들을 설득하지 못했다고 가정해봅시다. 그러면 그는 자신의 견해를 주주들에게 거리낌 없이 밝혀야 합니다. 물론 이사들이 이렇게 하는 경우는 거의 없습니다. 실제로 이사들은 속성상 이런 비판적인 행동을 하기가 어렵습니다. 그러나 사안이 심각하다면 이런 행동은 전혀 잘못된 것이 아닙니다. 물론 문제를 제기한 이사는 다른 이사들에게 강하게 반박당할 것이므로 사소한 이유로 문제를 제기하는 일은 드물 것입니다.

이렇게 지배주주가 없는 회사의 이사회라면 이사는 예컨대 10명 이하로 소수가 되어야 하며, 대부분 사외이사로 구성되어야 합니다. 사외이사들이 CEO의 실적 평가 기준을 수립해야 하며, 주기적으로 모여 CEO를 배제한 상태에서 그의 실적을 평가해야 합니다.

이사가 되는 사람은 사업을 잘 알고, 직무에 관심이 있으며, 주주 지향적이어야 합니다. 그러나 단지 명성이 높다거나 이사회의 다양성을 높여준다는 이유만으로 이사로 선정되는 사례가 너무도 많습니다. 이런 관행은 잘못입니다. 이사 선정 과정에서 실수를 저지르면 되돌리기가 매우 어려우므로, 그 여파는 매우 심각합니다. 얼빠진 이사조차 쫓겨나는 일이 없습니다.

두 번째 상황은 버크셔처럼 지배주주가 경영도 하는 경우입니다. 의결권에 압도적인 차이가 나는 주식 두 종류가 있을 때 이런 상황이 발생하기도 합니다. 이런 유형에서는 이사회가 주주와 경영진 사이에서 대리인 역할을 하지 못하며, 이사들은 설득을 통해서만 변화를 일으킬 수 있습니다. 따라서 소유-경영자가 무능하거나 심지어 월권행위를 하더라도 이사는 단지 반대만 할 수 있을 뿐입니다. 소유-경영자와 무관한 이사들이 한목소리로 주장한다면 어느 정도 영향을 미칠 수도 있습니다. 그러나 십중팔구 영향을 미치지 못할 것입니다.

변화가 일어나지 않고 사태가 매우 심각해지면 사외이사들은 사임해야 합니다. 이들의 사임은 경영진을 불신한다는 신호이며, 외부인은 소유-경영자의 결함을 바로잡을 수 없다는 뜻입니다.

세 번째 유형은 이사회에 지배주주가 있는 경우입니다. 허쉬푸드Hershey Foods와 다우존스Dow Jones가 그런 사례로서, 사외이사의 역할이 유용해질 수 있습니다. 사외이사들이 경영자의 능력이나 성실성에 불만을 품으면 이들은 지배주주인 이사를 직접 찾아가서 불만을 털어놓을 수 있습니다. 이것은 사외이사에게 이상적인 유형입니다. 지배주주인 이사 한 사람만 설득하면 즉시 변화를 일으킬 수 있기 때문입니다. 그렇더라도 사외이사가 선택할 방법은 이 한 가지뿐입니다. 주요 사안에 대해 여전히 불만스럽다면 그는 사임하는 수밖에 없습니다.

논리적으로 보면 세 번째 유형이 일류 경영자 확보에 가장 효과적입니다. 두 번째 유형에서는 소유-경영자가 자신을 해고할 리 없고, 첫 번째 유형에서는 이사들이 무능한 경영자를 처리하기가 매우 어렵기 때문입니다. 불만스러운 이사들이 이사회의 절반을 넘어서지 않는 한, 이들은 사실상 속수무책입니다(특히 경영진의 행태가 단지 밉살스러운 정도라면 더 그렇습니다). 실제로 이사들이 이런 상황에 빠지게 되면 이들은 이사회에 남아 있는 것만으로도 역할을 한다고 생각합니다. 그러나 경영자는 아무 속박 없이 회사를 주무르게 됩니다.

세 번째 유형에서 지배주주인 이사는 스스로 판단을 내릴 필요도 없고, 과반수를 모으려고 애쓸 필요도 없습니다. 그는 이사회에 유용한 자질을 갖춘 사외이사들을 선별해서 영입할 수도 있습니다. 그리고 이런 사외이사들은 이제 고집스러운 경영자를 설득하려고 애쓸 필요 없이, 지배주주 이사에게만 바른 조언을 하면 됩니다. 지배주주가 현명하고 자신감 넘치는 사람이라면 유능하고 주주 지향적인 경영자를 선택할 것입니다. 게다가 그가 경영자의 실수를 즉시 바로잡을 수 있다는 사실이 지극히 중요합니다.

버크셔는 현재 두 번째 유형이고, 내가 역할을 유지하는 한 계속 이런 형태가 될 것입니다. 덧붙이자면 나는 건강 상태가 아주 좋습니다. 따라서 좋든 싫든 내가 앞으로도 상당 기간 버크셔의 소유-경영자로 남아 있을 것입니다.

내가 죽은 다음 내 모든 주식은 아내 수지Susie Buffett가 살아 있다면 수지에게 갈 것이고, 아니라면 재단으로 갈 것입니다. 어떤 경우에도 세금이나 유산 때문에 내 주식이 매각되는 일은 없을 것입니다.

내 주식이 아내나 재단에 넘어가면 버크셔의 지배구조는 세 번째 유형이 되어, 관심은 지극히 많으나 경영에 참여하지 않는 지배주주와 회사 운영을 담당하는 경영진으로 지배구조가 형성됩니다. 이런 상황에 대비해서 몇 년 전 수지가 이사로 선출되었고, 1993년에는 우리 아들 하워드Howard Buffett도 이사회에 합류했습니다. 이들 가족은 장래에 경영자가 되지 않을 것이며, 사안이 발생하면 지배주주로서 역할을 맡을 것입니다. 버크셔의 다른 이사들도 대부분 버크셔 주식을 대량 보유하고 있으며 모두 매우 주주 지향적입니다. 우리는 '교통사고'에 대비하고 있습니다. 〔1993〕

※※※※※※※

경영진의 능력과 충성도는 오래전부터 감시가 필요했습니다. 실제로 약 2,000년 전 예수 그리스도는 이 주제에 대해 말씀하시면서 '어떤 부자'를 칭찬하셨습니다[누가복음 16:2]. 그 부자는 청지기에게 말했습니다. "자네가 맡아보던 청지기 일을 정리하게. 이제부터 자네는 그 일을 볼 수 없네."

지난 10년 동안 경영진의 책임과 관리 의식은 쇠퇴했고, 인터넷 거품에 휩쓸린 사람들은 경영진의 자질을 대수롭지 않게 여겼습니다. 주가가 상승할수록 경영진의 행동규범은 타락했습니다. 그 결과 1990년대 말이 되자, 정도를 따라가는 CEO들은 외로움을 느낄 정도였습니다.

물론 대부분의 CEO는 우리 자녀의 돈을 기꺼이 맡길 수도 있고 좋은 이웃도 될 만한 사람들입니다. 그러나 최근 몇 년 동안 성과는 신통치 않으면서도 실적을 날조하여 터무니없는 보상을 받는 등 회사에서 나쁜 행실을 보이는 사람이 지나치게 많았습니다. 다른 면에서는 예의 바른 이들이 "나는 백설공주였지만, 눈발처럼 방황했다네"라고 말한 여배우 메이 웨스트Mae West의 길을 따라갔습니다.

이론상으로는 기업의 이사회가 이런 퇴폐적 행태를 방지했어야 합니다. 나는 1993년 연차보고서에서도 이사들의 책임에 대해서 언급했습니다(요청하시는 분에게는 이 논의 사본을 보내드리겠습니다. 아니면 인터넷에 올린 1993년 주주 서한 중 '기업 지배구조' 섹션을 읽어보시기 바랍니다). 이 보고서에서 나는 이렇게 썼습니다. "이사들은 한동안 자리를 비운 1인 소유주를 대신하는 것처럼 처신해야 하므로, 적절한 방법을 모두 동원해서 소유주의 장기 이익을 높이도록 노력해야 합니다." 이는 아무리 호감 가는 경영자일지라도 실적이 신통치 않거나 나쁘다면 이사들이 쫓아내야 한다는 뜻입니다. 이사들은 뮤지컬 〈코러스 걸(Chorus-girl)〉에 등장하는 85세 갑부의 신부처럼 반응해야 한다는 말입니다. 이 갑부는 자기가 돈을 모두 잃더라도 사랑하겠느냐고 그녀에게 물었습니다. 그 젊고 아름다운 신부가 대답했습니다. "당신을 그리워하겠지만, 그래도 계속 사랑할 거예요."

1993년 연차보고서에서 나는 이사들의 다른 임무에 대해서도 말했습니다. "유능하지만 탐욕스러운 경영자가 도를 넘어 주주들의 돈에 손을 대려 하면 이사들이 그 손을 찰싹 때려야 합니다." 내가 그렇게 쓴 이후 도를 넘는 경영자는 흔해졌지만 손을 맞은 사람은 거의 없었습니다.

똑똑하고 예의 바른 이사들이 왜 그토록 비참하게 실패했을까요? 적절한 법이 없어서가 아니라(이사들은 주주들의 이익을 대변해야 한다고 법에 항상 명시되어 있습니다) 이른바 '이사회실 분위기' 때문입니다. 예를 들어 예의 바른 사람들이 앉아 있는 이사회실에서 CEO 교체 필요성을 제기하기는 거의 불가능합니다. CEO가 지지하는 기업 인수 안건에 의문을 표하기도 마찬가지로 거북합니다. 특히 회사 실무진과 외부 고문들이 참석해 만장일치로 지지할 때는 더욱 그렇습니다(그들은 인수 안건을 지지하려고 이사회실에 들어온 사람들인데도 말입니다). 끝으로 보상위원회가 (고급 컨설턴트의 지원을 받아) CEO에 대한 대규모 스톡옵션 부여 방안을 보고할 때 이사가 위원회에 재고를 요청하는 것은 만찬 식탁에서 트림하는 행위와 같을 것입니다.

이런 '분위기' 문제를 해결하려면 CEO를 제외하고 사외이사들이 정기적으로 회의를 열어야 합니다. 나는 이 방식을 적극 지지하면서 제도화를 진행하고 있습니다. 그러나 다른 기업 지배구조 법률과 추천 사항들도 비용이 들어가는 만큼 효과가 있을지는 의문입니다.

현재 유행하는 구호는 '독립'이사입니다. 독립적으로 생각하고 말하는 이사들을 보유하는 편이 바람직하다는 주장은 분명히 옳습니다. 그러나 이사들은 사업에 박식하고, 관심 있으며, 주주 지향적이어야 합니다. 1993년 연차보고서에서 나는 이 세 가지 자질이 필수적이라고 말했습니다.

지난 40년 동안 나는 19개 상장회사(버크셔 제외)의 이사로 활동하면서 이사 약 250명을 만나보았습니다. 대부분이 현재 법률에서 정의하는 '독립'이사였습니다. 그러나 이사 대다수는 내가 중시하는 자질 세 가지 중 적어도 하나가 부족했습니다. 그 결과 이들이 주주 이익에 이바지한 바는 극히 미미하거나 심지어 마이너스였습니다. 이들은 예의 바르고 똑똑한 사람들이었지만 사업에 대한 지식이나 주주에 대한 관심이 부족한 탓에, 어리석은 기업 인수나 터무니없는 보상에 대해 의문을 제기하지 못했습니다. 유감스럽게도 나 자신의 행동 역시 많이 부족했습니다. 경영진의 제안이 주주들의 이익과 충돌한다고 판단할 때도 나는 자주 침묵을 지켰습니다. 이런 상황이 벌어지면 동료와의 관계가 독립성보다 중요했습니다.

'독립'이사들의 실패 사례는 수천 개 기업에 걸쳐 62년 동안 축적된 사례 연구에 잘 드러납니다. 1940년부터 연방법은 투자회사(대부분 뮤추얼펀드) 이사의 다수가 독립적이어야 한다고 규정했습니다. 처음에 규정한 독립이사 비중은 40%였으나 지금은 50%입니다. 아무튼 전형적인 펀드에서는 오래전부터 대부분의 이사가 독립적이었습니다.

이런 이사들에게는 형식적인 책임이 많이 있었지만, 실제로 중요한 책임은 두 가지뿐이었습니다. 최고의 펀드매니저를 확보하고, 그 펀드매니저와 협상해 최대한 낮은 운용보수를 지급하는 일이었습니다. 사람들이 투자 자금을 맡기고자 할 때 중요한 과제는 이 두 가지뿐이므로 투자자들을 대리하는 이사들 역시 두 가지 과제를 우선해야 합니다. 그러나 독립이사들이 이 과제를 처리한 실적은 절대적으로 부실했습니다.

수천 개 투자회사는 매년 회의를 열어 수백만 소유주의 저축을 운용할 자산운용사를 선정했습니다. 그런데 해마다 펀드A의 이사들은 자산운용사A를 선정하고, 펀드B의 이사들은 자산운용사B를 선정하는 식이었습니다. 관리 책무를 조롱하는 무기력한 행태였습니다. 이사회가 저항하는 일도 아주 가끔 있었습니다. 그러나 대개는 기존 자산운용사의 실적이 계속해서 기준에 미달했을 때 '독립'이사들이 다른 자산운용사를 찾아보자고 제안하는 것보다, 원숭이가 자판을 두들겨 셰익스피어 희곡을 써내는 편이 빠를 정도였습니다. 물론 이사들이 자기 돈을 이 펀드에 넣었다면 이들은 다른 운용사를 찾아볼 것입니다. 그러나 이들이 수탁자가 되었을 때에는 이런 생각이 도무지 떠오르지 않는가 봅니다.

이 시스템에 배어든 위선은 자산운용사A가 비싼 가격에 자산운용사B에 팔렸을 때 생생하게 드러납니다. 이제 '독립'이사들은 '뜻밖의 사실'을 깨달아 자산운용사B가 최고라고 판단하게 됩니다. 오래전부터 자산운용사B를 선택할 수 있었는데도 말이죠. 게다가 전에는 훨씬 더 낮은 보수에 자산을 맡길 수 있었습니다. 바로 이런 이유로 인해 자산운용사B는 비싼 가격에 자산운용사A를 인수한 것입니다. 이제부터 자산운용사B는 인수 조건으로 확보한 펀드A 주주들에게서 비싼 보수를 받아내어 비용을 회수해야 합니다(뮤추얼펀드 업계를 훌륭하게 논의한 책으로, 존 보글John Bogle의 《승자의 게임(Common Sense on Mutual Funds)》이 있습니다).

몇 년 전 내 딸은 주요 펀드회사에서 관리하는 펀드 패밀리의 이사 자리를 제안받았습니다. 이사 보수가 상당한 거액이어서 딸의 연간 소득이 50%나 늘어날 정도였습니다(엄청난 소득 증가입니다!). 그런데도 법률상으로 내 딸은 독립이사가 될 수 있었습니다. 그러나 제안한 회사는 내 딸이 자산운용사 선정에 대해서 독립적으로 판단할 가능성이 조금이라도 있다고 생각했을까요? 물론 아닐 겁니다. 자랑스럽게도 내 딸은 이 제안을 거절하여 진정한 독립성을 보여주었습니다. 그러나 펀드회사가 이사 자리를 채우기는 어렵지 않았을 것입니다(그리고 펀드회사는 자산운용사를 바꾸지 않았습니다).

펀드회사 이사들은 운용보수 협상에도 실패했습니다(미국 기업들의 보상위원회가 CEO에 대한 보수를 합리적인 수준으로 유지하지 못한 것과 마찬가지입니다). 여러분이나 내가 권한을 위임받으면 확신하건대 우리는 대부분 펀드의 자산운용사와 협상하여 운용보수를 대폭 낮출 수 있습니다. 그리고 장담컨대 절감되는 보수 중 일부를 이사들에게 지급한다고 약속하면 떨어지는 보수가 하늘을 가득 채울 것입니다. 그러나 현재 시스템에서는 보수 인하가 '독립'이사들에게는 아무 의미가 없지만, 자산운용사에는 가장 중요한 사안입니다. 누가 이길까요?

물론 올바른 자산운용사를 확보하는 일이 운용보수를 낮추는 것보다 훨씬 더 중요합니다. 그러나 둘 다 이사들이 해야 할 일입니다. 하지만 지난 60여 년 동안 수만 명에 이르는 이사들이 이 중요한 책무 이행에 참담하게 실패했습니다(그러나 자기 밥그릇 챙기기에는 성공했습니다. 펀드 패밀리의 이사회 한 곳에서 받는 이사 보수가 흔히 10만 달러를 웃도니까요).

이렇게 자산운용사는 깊이 걱정하고 이사들은 걱정하지 않을 때에는 강력한 대항군이 필요합니다. 이것이 오늘날 기업 지배구조에서 실종된 요소입니다. 신통치 않은 CEO를 쫓아내고 탐욕스러운 CEO를 제거하려면 거대 소유주들의 행동이 필요합니다. 실행은 그다지 어렵지 않습니다. 지난 수십 년 동안 주식 소유가 갈수록 집중되었으므로 이제는 문제 상황이 발생하면 자산운용사 펀드매니저들이 의결권을 행사하기가 쉬워졌습니다. 대규모 자산운용사 20군데 정도가 함께 움직이면 특정 회사의 지배구조를 실질적으로 바꿀 수 있습니다. 혐오스러운 행위를 용인한 이사들에게 표를 주지 않으면 됩니다. 이런 일치된 행동이 기업의 관리 책임을 어느 정도 개선하는 유일한 방법이라고 생각합니다.

[2002]

여러 기관투자가와 그 기관의 고문들은 코카콜라 이사로 역할을 하기에는 내 '독립성'이 부족하다고 평가했습니다. 한 그룹은 나를 이사회에서 내쫓고자 했고, 다른 그룹은 단지 감사위원회에서만 내보내려고 했습니다.

처음에 내가 느낀 충동은 두 번째 그룹에 비밀리에 자금을 제공하는 것이었습니다. 감사위원회에 소속되고 싶어 하는 이사는 아무도 없습니다. 그러나 이사는 어떤 위원회에든 소속되어야 하며, 내가 보상위원회에 소속되기를 바라는 CEO는 아무도 없었으므로 나는 흔히 감사위원회로 배정되었습니다. 그러나 두 번째 그룹의 시도는 결국 실패했고, 나는 다시 감사 업무를 맡게 되었습니다(나는 재검표를 요구하고 싶었지만 참았습니다).

일부 기관은 매클레인McLane과 데어리 퀸Dairy Queen이 코카콜라 제품을 대량 구매한다는 이유로 나의 '독립성'에 의문을 제기했습니다(그러면 우리가 펩시를 구매해야 한다는 뜻인가요?). 그러나 웹스터 사전에서 정의하는 독립성이란 '남에게 통제받지 않는 상태'입니다. 우리의 코카콜라 제품 구매가 나의 의사결정을 통제할 수 있다는 이들의 판단에 나는 어리둥절했습니다. 그러면 버크셔가 보유한 80억 달러에 이르는 코카콜라 주식은 무사할까요? 내가 조금이나마 합리적이어서 간단한 산수만 해보아도 나의 머리와 가슴 모두 코카콜라의 경영진이 아니라 주인인데 말입니다.

문제를 제기한 기관들보다 예수가 독립성을 훨씬 더 명확하게 이해했다는 사실을 언급하지 않을 수 없군요. 예수가 말했습니다. "네 보물 있는 그곳에는 네 마음도 있느니라."[마태복음 6:21] 기관투자가에도 80억 달러는 '보물'이 되기에 충분한 금액입니다. 이에 비하면 판에 박힌 거래를 통해서 버크셔가 코카콜라로부터 벌어들일 수 있는 이익은 아무것도 아닙니다.

성서의 기준을 적용해도 버크셔 이사회는 모범 사례입니다. (a) 모든 이사(또는 이사 가족)가 버크셔 주식을 400만 달러 이상 보유하고 있고, (b) 버크셔로부터 옵션이나 양도로 받은 주식은 한 주도 없으며, (c) 회사로부터 받는 위원회 보수, 자문 보수, 이사회 보수가 연간 소득에서 큰 비중을 차지하는 이사는 한 사람도 없고, (d) 표준 면책 조항은 있어도 이사들에게 책임보험은 제공하지 않습니다.

버크셔에서는 이사가 가는 길도 주주가 가는 길과 다르지 않습니다.

찰리와 나는 성서의 보물 비유를 뒷받침하는 행태를 자주 보았습니다. 우리의 적잖은 이사회 활동 경험에 비추어 볼 때, 독립성이 가장 약한 이사는 이사회 활동에 대해 받는 보수가 연간 소득에서 큰 비중을 차지하는 사람입니다(이들은 다른 이사회에도 선임되어 소득을 더 늘리고 싶어 합니다). 그런데도 바로 이런 이사들이 흔히 '독립'이사로 분류됩니다.

이런 이사 대부분은 예의 바르고 일도 무척 잘하는 사람들입니다. 그러나 매우 인간적이어서 자신의 생계에 위협이 되는 행동은 좀처럼 못 하는 사람들입니다. 따라서 일부는 생계를 유지하기 위해서 유혹에 굴복합니다.

이런 정황 증거를 보여주는 사례가 있습니다. 나는 최근 어떤 인수 제안에 대해 직접 들은 바가 있습니다. 이 제안을 경영진도 좋아했고 투자은행 간부도 축복했습니다. 지난 몇 년 동안 거래된 주가보다 높은 가격에 기업을 인수해주겠다는 제안이었기 때문입니다. 게다가 여러 이사가 이 거래에 호의적이어서 주주들에게 이 제안을 공개하자고 했습니다.

그러나 이사회 보수와 위원회 보수로 매년 약 10만 달러를 받는 여러 이사가 인수 제안을 거부했고, 결국 주주들은 수십억 달러 규모의 이 제안에 대해 들어보지도 못하게 되었습니다. 이들 비상임 이사들은 회사로부터 받은 주식을 제외하면 보유 주식이 거의 없었습니다. 인수 제안 가격이 최근 몇 년 동안의 주가보다 훨씬 높았는데도 이들이 공개시장에서 사들인 주식은 아주 적었습니다. 다시 말해서 이들은 자신의 계좌로 훨씬 더 싼 가격에 주식을 살 기회까지 마다하면서 주주들에게 인수 제안을 공개하려 하지 않았습니다.

어느 이사가 인수 제안 공개에 반대했는지는 알지 못합니다. 그러나 소위 '독립적인' 이사들에게도 10만 달러는 연간 소득의 대부분이어서 마태복음 6장 21절의 '보물' 정의에 분명히 들어맞습니다. 인수 거래가 성사되었다면 이들이 받던 보수는 끊겼을 것입니다.

이들이 반대한 이유는 주주도 나도 절대 알 수 없을 것입니다. 이기심은 자기성찰을 방해하는 법이므로 그들 자신조차 모를 것입니다. 그래도 한 가지는 압니다. 인수 제안이 거부된 그 회의에서 이사 보수를 대폭 인상하는 제안은 통과되었습니다. 〔2004〕

현재 우리 이사 11명 모두 가족 소유 버크셔 주식이 400만 달러가 넘습니다. 게다가 모두 오래전부터 주주였습니다. 이 중 6명은 30년 전부터 가족이 보유한 금액이 수억 달러 이상입니다. 이사 11명 모두 여러분처럼 시장에서 주식을 샀습니다. 버크셔는 옵션이나 양도제한 조건부 주식을 제공한 적이 전혀 없습니다. 찰리와 나는 이런 진정한 주주들을 사랑합니다. 렌터카를 세차할 사람이 어디 있겠습니까?

게다가 버크셔 이사들은 보수가 보잘것없습니다(내 아들 하워드가 주기적으로 이 사실을 일깨워줍니다). 따라서 버크셔 이사 11명이 얻을 수 있는 수익률은 일반 주주와 똑같습니다. 이는 앞으로도 변함없을 것입니다.

그러나 실제로 버크셔 이사들이 떠안을지 모르는 손실률은 일반 주주보다 높습니다. 버크셔는 이사와 경영진에게 책임보험을 제공하지 않기 때문입니다. 따라서 우리 이사들은 맡은 분야에서 대형 사고가 터지면 여러분보다 훨씬 큰 손실을 볼 수 있습니다.

요약하면 여러분이 수익을 얻으면 버크셔 이사들도 큰 수익을 얻지만 여러분이 손실을 보면 버크셔 이사들도 큰 손실을 봅니다. 이런 방식이 이른바 주주 자본주의입니다. 진정한 독립성을 불러온다는 측면에서 이보다 더 좋은 방법을 우리는 알지 못합니다(그러나 이런 구조가 완벽한 행동을 보장하지는 않습니다. 나는 버크셔가 지분을 대량 보유한 회사의 이사로 참여했을 때, 의심스러운 안건들이 자동으로 통과되어도 잠자코 앉아 있었습니다).

독립성에 더해서 이사들은 사업에 대한 지식이 풍부하고, 주주 지향적이어야 하며, 회사에 정말로 관심이 있어야 합니다. 이 중 가장 부족한 자질이 사업에 대한 지식입니다. 그리고 사업에 대한 지식이 부족하면 나머지 두 자질은 큰 도움이 되지 않습니다. 똑똑하고 논리정연하며 존경받는 사람 중에도 사업 지식이 부족한 사람이 많습니다.

지식 부족은 죄가 아니며 다른 분야에서 능력을 발휘할 수도 있습니다. 그러나 이사회에는 적합하지 않습니다. 〔2003〕

※※※※※※※

찰리와 내가 실제로 하는 일은 두 가지뿐입니다. 하나는 탁월한 경영자를 발굴하여 다양한 사업을 맡기는 일입니다. 이 일은 그다지 어렵지 않았습니다. 대개 경영자들은 우리가 기업을 인수할 때 함께 왔고, 다양한 사업 환경에서 경력 기간 내내 재능을 과시한 인물들이었습니다. 우리가 발굴하기 전부터 거물급 경영자들이었고, 우리가 주로 한 역할이라곤 이들을 방해하지 않은 정도였습니다. 이 방법이 기본인 듯합니다. 내가 골프팀을 관리하는데 잭 니클라우스나 아놀드 파머가 기꺼이 선수로 나서준다면 내가 이들에게 스윙에 관해서 지시할 일은 별로 없을 것입니다.

우리의 핵심 경영자 일부는 이미 부자이지만, 그렇다고 해서 이들이 일에 흥미를 잃을 위험은 없습니다. 이들이 일하는 이유는 일을 사랑하고 탁월한 실적을 통해서 전율을 느끼기 때문입니다. 이들은 항상 주인처럼 생각하며(우리가 경영자에게 바치는 최고의 찬사입니다), 사업에

온 힘을 쏟습니다. (우리가 직업적 열정의 본보기로 삼는 인물은 가톨릭 신자인 한 재단사입니다. 그는 여러 해 모은 얼마 안 되는 저축을 털어 바티칸으로 성지순 례를 다녀왔습니다. 그가 돌아오자 교구 신자들은 교황을 만나본 이야기를 직접 들 어보려고 특별 모임을 열었습니다. 독실한 신자가 물었습니다. "교황은 어떤 분이 던가요?" 우리의 영웅은 아주 간결하게 대답했습니다. "44 중간 치수였습니다.")

찰리와 내가 하는 나머지 일 하나는 자본배분입니다.* 버크셔는 대부분의 회사보다 자본배분이 훨씬 더 중요합니다. 다음 세 가지 요소 때문입니다. 우리는 다른 기업들보다 버는 돈이 많고, 우리가 버는 돈을 모두 유보하며, 다행히 대부분의 자회사가 추가 자본을 거의 쓰지 않으면서도 경쟁력을 유지하면서 성장할 수 있습니다. 회사A는 매년 23%를 벌어 모두 유보하고 회사B는 매년 10%를 벌어 절반을 주주들에게 분배한다면, 오늘 자본배분이 미래 실적에 미치는 영향은 당연히 A가 B보다 훨씬 큽니다. 만일 (가이코와 캐피털시티/ABC 등 주요 투자회사를 포함해서) 우리 유보이익이 비효율적으로 사용된다면 버크셔의 경제성은 매우 빠르게 나빠질 것입니다. 그러나 순자산가치 증가율이 연 5%인 회사라면 자본배분이 회사의 경제성에 미치는 영향은 훨씬 느리게 나타날 것입니다.

훌륭한 선수는 어떤 팀을 맡아도 좋은 성적을 냅니다. 우리는 오길비 앤드 매더Ogilvy & Mather's를 설립한 천재 사업가 데이비드 오길비 David Ogilvy의 사업 철학에 동의합니다. "우리가 우리보다 못한 사람들을 뽑는다면 우리 회사는 난쟁이들이 모인 회사가 될 것입니다. 그러

---

* 2장과 4장에서 논의함.

나 우리보다 나은 사람들을 뽑는다면 우리 회사는 거인들이 모인 회사가 될 것입니다."

이러한 경영 스타일 덕분에 우리는 버크셔의 사업을 쉽게 확장할 수 있습니다. 어떤 경영약정서에는 임원 한 사람이 직접 보고받는 사람의 숫자까지 명시되어 있으나, 이는 전혀 사리에 맞지 않습니다. 사업을 열정적으로 운영하고 인품이 뛰어난 경영자들을 거느리고 있다면 10여 명에게 보고를 받더라도 낮잠을 즐길 만큼 여유가 있을 것입니다. 반면에 정직하지 않거나, 서투르거나, 사업에 무관심한 경영자를 거느리고 있다면 단 한 사람에게 보고를 받더라도 상대하기가 수월하지 않을 것입니다. 새 경영자들의 수준이 현재 경영자들처럼 높기만 하다면 찰리와 나는 경영자들의 숫자가 2배로 늘어도 감당할 수 있습니다.

우리는 지금까지 그랬던 것처럼 우리가 좋아하고 칭찬하는 경영자들하고만 함께 일할 생각입니다. 이렇게 하면 높은 실적을 낼 가능성이 커질 뿐 아니라 정말로 즐겁게 일할 수 있습니다. 반면에 속을 뒤집어 놓는 사람과 함께 일하는 것은 돈 때문에 결혼하는 것과 같습니다. 이는 어떤 경우에도 잘못된 생각이며, 이미 부자라면 완전히 미친 짓입니다.

[1986]

※※※※※※※※

버크셔가 토니 나이슬리(Tony Nicely: 가이코 회장-옮긴이)처럼 탁월한 CEO에게 회사 운영 방법을 지시한다면 어리석음의 극치가 될 것입니다. 우리가 쓸데없이 참견한다면 우리 경영자들은 대부분 일을 그만둘 것입니다(우리 경영자의 75%는 이미 부자이므로 굳이 누구 밑에서 일할 필요가 없습니다). 게다가 이들은 야구로 비유하면 마크 맥과이어Mark McGwire 같은 거장이므로 스윙에 대해서 조언할 필요가 없습니다.

그런데도 버크셔가 회사를 인수하면 최고의 경영자조차 더 능력을 발휘하게 할 수 있습니다. 첫째, 우리는 일상적으로 CEO를 따라다니는 형식적이고 비생산적인 일들을 모두 없애줍니다. 우리 경영자들은 자신의 일정을 전적으로 자신이 결정합니다. 둘째, 우리는 아주 단순한 임무만을 부여합니다. (1) 자신이 회사 지분을 100% 보유하고, (2) 회사가 자신의 유일한 자산이며, (3) 100년 이상 회사를 팔거나 합병하지 못한다는 생각으로 회사를 경영해달라고 요구합니다. 따라서 우리는 경영자들이 의사결정할 때 회계 실적을 조금도 고려할 필요가 없다고 말합니다. 우리는 경영자들이 회계 실적이 아니라 중요한 사안에 대해 생각하기를 바랍니다.

상장회사 CEO 가운데 이 정도로 재량권을 행사하는 CEO는 거의 없습니다. 이는 주주들이 단기 전망과 보고이익reported earnings에 집착하기 때문입니다. 그러나 버크셔 주주들은 이와 전혀 달라서, 상장회사 주주들 가운데 투자 기간이 가장 깁니다(앞으로도 수십 년 동안 그럴 것입니다). 실제로 우리 주식 대부분을 보유한 투자자들은 죽는 순간까지도 주식을 팔지 않을 것입니다. 그래서 우리는 경영자들에게 다음 분기 이익이 아니라 최장기 가치를 높이는 방향으로 회사를 경영하라고 요청합니다. 그렇다고 우리가 당기 실적을 무시하는 것은 아닙니다. 당기 실적도 대부분 매우 중요합니다. 그러나 더 강력한 경쟁력을 구축하는 대신 당기 실적을 높이는 것은 절대 원하지 않습니다.

나는 가이코 사례가 버크셔의 경영 방식을 잘 보여준다고 생각합니다. 찰리와 나는 토니에게 간섭을 하는 대신, 그가 재능을 중요한 일에 모두 쏟아 넣을 수 있도록 환경을 조성해주었습니다. 그는 이사회, 언론 인터뷰, 증권사 프레젠테이션, 증권분석가 면담 등에 시간이나 정력을 낭비할 필요가 없습니다. 게다가 자금 조달, 신용등급, 주당 이익에 대한 시장의 기대 등에 대해서 단 한 순간도 고민할 필요가 없습니다. 우리의 지배구조 덕분에 이런 경영 방식이 앞으로도 수십 년 동안 계속 이어진다는 사실을 그도 잘 알고 있습니다. 이렇게 자유로운 환경에서 토니의 회사는 거의 무한한 잠재력을 사업에 투입하여 탁월한 성과를 거둘 수 있습니다.   〔1998〕

❋❋❋❋❋❋❋

우리 기업들은 매일 매우 다양한 방식으로 경쟁력이 조금씩 강해지거나 약해집니다. 고객에게 기쁨을 주거나, 불필요한 비용을 절감하거나, 제품과 서비스를 개선하면 경쟁력이 강해집니다. 그러나 우리가 고객을 냉대하거나 자만심에 빠지면 경쟁력은 약해집니다. 하루 단위로 보면 우리 행동이 미치는 영향은 감지하기 어려울 만큼 작습니다. 그러나 이런 영향이 누적되면 엄청난 결과를 불러옵니다.

이렇게 거의 눈에 띄지 않는 행동이 누적되어 우리의 장기 경쟁력이 개선되면 이를 '해자(垓子, moat) 확대'라고 표현합니다. 지금부터 10~20년 뒤에 우리가 원하는 기업을 보유하려면 해자 확대가 필수적입니다. 물론 우리는 항상 단기에 돈을 벌고 싶어 합니다. 그러나 단기 목표와 장기 목표가 충돌한다면 해자 확대가 우선입니다. 경영진이 단기 이익 목표를 달성하려고 잘못된 결정을 내리고 그 결과 원가, 고객 만족, 브랜드가 손상된다면 이후 아무리 뛰어난 능력을 발휘하더라도 손상을 회복할 수 없습니다. 오늘날 전임자들로부터 물려받은 엄청난 문제에 허덕이는 자동차산업과 항공산업의 경영자들을 보십시오. 찰리가 즐겨 인용하는 벤저민 프랭클린의 말이 있습니다. "예방이 치료보다 10배 낫다." 그러나 때로는 아무리 치료해도 과거의 잘못이 회복되지 않습니다.

우리 경영자들은 해자 확대에 온 힘을 기울입니다. 그리고 여기서 뛰어난 능력을 발휘합니다. 간단히 말해서 이들은 사업에 열정적입니다. 이들 대부분은 우리가 인수하기 오래 전부터 사업을 운영했습니다. 인수한 다음 우리가 한 역할은 방해하지 않은 것뿐입니다. 주주총회에서 여성 4명을 포함한 이 영웅들을 보시면 탁월한 성과에 감사의 뜻을 표하시기 바랍니다. 〔2005〕

※※※※※※※

30년 전 당시 80대이던, 중서부에 사는 내 친구이자 변호사 겸 사업가인 조 로젠필드Joseph Rosenfield는 지역 신문사로부터 짜증 나는 편지를 받았습니다. 조의 부고 기사에 사용할 약력을 보내달라고 직설적으로 요청하는 편지였습니다. 조는 답신하지 않았습니다. 어떻게 되었을까요? 1개월 뒤 그는 두 번째 편지를 받았습니다. 편지 겉봉에는

'긴급'이라는 표시가 붙어 있었습니다.

찰리와 나는 이미 오래전 '긴급' 지대에 진입했습니다. 우리에게는 그다지 좋은 소식이 아니지요. 그러나 버크셔 주주들은 걱정할 필요 없습니다. 여러분의 회사는 우리 사망에 100% 대비되어 있습니다.

우리가 낙관하는 근거는 다섯 가지입니다. 첫째, 버크셔가 보유한 매우 다양한 피지배회사들은 전반적으로 매력적인 자본이익률을 유지하고 있습니다. 둘째, 피지배회사들을 단일 (복합)기업 안에 보유하고 있으므로 버크셔는 커다란 경제적 혜택을 지속적으로 누리고 있습니다. 셋째, 버크셔는 더없이 건전한 재무 구조 덕분에 극단적인 외부 충격도 견뎌낼 수 있습니다. 넷째, 버크셔는 높은 급여나 명성보다도 경영 자체를 훨씬 더 즐기는 유능하고 헌신적인 경영자들을 보유하고 있습니다. 다섯째, (주주들을 보호하는) 버크셔 이사들은 주주들의 이익과 기업문화 발전에 항상 관심을 집중하고 있습니다. 다른 대기업에서는 보기 드문 모습입니다(이런 기업문화의 가치를 탐구한 새 책이 《Margin of Trust(신뢰 마진)》입니다. 로렌스 커닝햄과 스테파니 쿠바가 쓴 이 책은 우리 주주총회에서도 판매될 예정입니다).

찰리와 내가 떠난 뒤에도 버크셔가 계속 번영할 것이라고 우리가 확신하는 데에는 이 다섯 가지 외에도 매우 현실적인 근거가 있습니다. 멍거 가족은 보유 재산 중 버크셔 주식이 압도적인 비중을 차지하고 있으며 나는 보유 재산의 99%가 버크셔 주식입니다. 나는 버크셔 주식을 매도한 적이 한 번도 없으며, 앞으로도 매도할 계획이 없습니다. 자선재단에 기부한 경우와 개인 선물로 제공한 사례를 제외하면 내가 버크셔 주식을 처분한 유일한 시점은 1980년이었습니다. 당시

은행지주회사법이 개정되어 버크셔는 1969년에 인수한 일리노이 내셔널 뱅크 주식을 계속 보유할 수 없었으므로 다른 버크셔 주주들과 함께 나도 버크셔 주식 일부를 일리노이 내셔널 뱅크 주식으로 교환했던 것입니다.

현재 내 유언장에는 (유언 집행자는 물론, 유언장 공개 후 내 유산을 관리해 줄 수탁자에게도) 버크셔 주식을 한 주도 매도하지 말라는 구체적인 지시가 들어 있습니다. 그리고 자산의 극단적인 집중에 대해 유언 집행자와 수탁자의 법적 책임을 면제한다는 내용도 들어 있습니다.

유언장에는 유언 집행자와 수탁자에게 매년 내 A주 일부를 B주로 전환해서 다양한 재단에 기부하라는 지시도 들어 있습니다. 이들 재단은 기부받은 주식을 지체 없이 사용해야 합니다. 사망 후 내 버크셔 주식이 모두 시장에 풀리기까지는 12~15년 소요될 전망입니다.

내 유언장에 기부 시점까지 버크셔 주식을 매도하지 말라는 지시가 들어 있지 않다면 유언 집행자와 수탁자에게 '안전한' 길은 버크셔 주식을 모두 매도해서 그 대금으로 만기가 기부 일정과 일치하는 미국 국채에 재투자하는 방식일 것입니다. 이 전략을 선택하면 이들은 대중의 비난을 면하게 되며, 선량한 관리자로서의 주의 의무도 준수하는 셈이 됩니다.

내 주식을 처분하는 기간에도 버크셔 주식은 안전한 고수익 투자가 될 터이므로 나는 마음이 편안합니다. 그러나 뜻밖의 사건으로 내 생각이 빗나갈 가능성도 (낮지만 무시할 수는 없을 정도로) 상존합니다. 그렇더라도 전통적인 방식보다는 내 지시를 따를 때 사회에 훨씬 더 많은 자원을 전달할 가능성이 높다고 나는 믿습니다.

내가 버크셔 주식을 매도하지 말라고 지시한 것은 향후 버크셔 이사들의 판단력과 충실성을 신뢰하기 때문입니다. 막대한 보수를 받는 월스트리트 사람들은 버크셔 이사들을 자주 시험할 것입니다. 이 탁월한 세일즈맨들은 수많은 기업을 상대로 승리를 거두지만, 버크셔에는 절대 통하지 않을 것입니다.

〔2019〕

C. 공장 폐쇄의 고뇌

7월에 우리는 직물사업을 중단하기로 했고, 연말에는 이 작업이 대체로 마무리되었습니다. 직물사업의 역사는 우리에게 교훈을 줍니다.

21년 전 내가 무한책임사원을 맡은 버핏투자조합Buffett Partnership, Ltd.은 버크셔 해서웨이의 지배주주가 되었습니다. 당시 버크셔 해서웨이는 직물사업에만 전념하고 있었으며, 회계상 순자산가치는 2,200만 달러였습니다. 그러나 회사의 내재가치는 이보다 훨씬 낮았습니다. 직물 관련 자산으로는 회계가치에 걸맞은 이익을 벌어들일 수 없었기 때문입니다. 실제로 지난 9년 동안 총매출액이 5억 3,000만 달러였고, 총손실이 1,000만 달러였습니다. 때때로 이익을 낼 때도 있었지만, 결국은 늘 1보 전진 후 2보 후퇴하는 식이었습니다.

당시 우리는 노조가 없는 남부 직물공장을 샀는데, 중요한 경쟁우위가 있다고 생각했습니다. 북부 직물공장들은 대부분 폐쇄되었고, 사람들은 우리 공장도 폐쇄될 것으로 생각했습니다.

그러나 우리는 즉시 장기 근속자 켄 체이스Ken Chace를 사장으로 임명했고, 실적이 크게 개선될 것으로 생각했습니다. 우리의 인물 선택은 100% 옳았습니다. 켄과 최근 그의 뒤를 이은 게리 모리슨Garry Morrison은 탁월한 경영자였으며, 더 수익성 높은 우리 자회사 경영자들과 비교해도 어느 모로 보나 대등한 실력자들이었습니다.

1967년에는 직물사업에서 창출한 현금으로 내셔널 인뎀너티 National Indemnity를 인수해 보험사업에 진출했습니다. 현금 일부는 이익에서 나왔고, 일부는 직물 재고자산, 매출채권, 고정자산을 축소하여 확보했습니다. 이렇게 직물사업을 축소한 것은 현명한 결정이었습니다. 켄이 경영을 맡으면서 실적이 크게 개선되기는 했지만, 직물사업은 경기회복기에도 큰 이익을 낸 적이 없었기 때문입니다.

버크셔가 계속 사업을 다각화한 덕분에 직물사업의 비중이 점진적으로 낮아졌고, 따라서 직물사업이 총수익률에 미치는 악영향도 감소했습니다. 우리는 1978년 연차보고서에 밝힌 다음 이유로 인해 직물사업을 계속 유지했습니다. "(1) 우리 직물사업이 지역사회의 일자리 유지에 매우 중요하고, (2) 경영진이 문제점들을 솔직하게 보고하고 이를 해결하려고 열정적으로 노력했으며, (3) 근로자들이 우리 문제를 이해하고 해결하는 일에 협조했고, (4) 투자 대비 적정 수익이 나올 것입니다. 이런 조건이 유지되는 한, 우리는 더 매력적인 투자 대안이 나타나더라도 직물사업을 포기하지 않을 것입니다."

그러나 (4)가 매우 잘못된 판단임이 밝혀졌습니다. 1979년에는 적정 이익이 발생했지만, 이후에는 막대한 자금만 소비했습니다. 1985년 중반이 되자 이제는 나도 이런 상황이 절대 개선되지 않는다고 깨닫게 되었습니다. 직물사업을 계속 경영하려는 인수자가 있었다면 나는 더 손해를 보는 한이 있더라도 회사를 청산하는 대신 팔았을 것입니다. 그러나 나와 마찬가지로 다른 사람들도 직물사업의 경제성이 없다는 사실을 명확하게 깨닫고 있었으므로 인수하려는 사람이 전혀 없었습니다.

나는 단지 회사의 수익률을 조금 높이려고, 수익성이 평균에 미치지 못하는 사업을 중단하지는 않습니다. 다만 현재 수익성이 탁월한 회사라도 손실이 무한정 이어질 전망이라면 추가로 자금을 투입하지 않습니다. 첫 번째 생각에는 애덤 스미스가 반대할 것이고, 두 번째 생각에는 카를 마르크스가 반대할 것입니다. 그러나 나는 이렇게 중도적인 입장을 취해야만 마음이 편합니다.

다시 강조하지만 켄과 게리는 기지와 열정과 상상력을 쏟아부으며 직물사업을 회생시키려 노력했습니다. 지속적으로 이익을 내려고 제품 라인을 변경했고, 기계설비를 재배치했으며, 유통 경로를 재구성했습니다. 우리는 커다란 시너지 효과를 기대하고 웜벡 밀즈Waumbec Mills라는 대기업을 인수하기도 했습니다(기업을 인수할 때에는 흔히 시너지를 기대한다고 말하지만, 대개 의미가 없습니다).

그러나 결국 아무 효과도 없었으며, 더 빨리 사업을 중단하지 못한 것은 내 책임입니다. 최근 〈비즈니스위크(Business Week)〉 기사에 의하면 1980년 이후 문을 닫은 직물회사가 250개나 됩니다. 이런 직물회사 주인들은 내가 모르는 정보를 알았던 것이 아닙니다. 단지 더 객관적으로 일을 처리했을 뿐입니다. 나는 "지성은 감정을 섬기되, 감정의 노예가 되어서는 안 된다"라는 콩트의 조언을 무시하고, 내가 믿고 싶은 것을 믿은 셈입니다.

미국 직물산업은 유휴설비가 크게 남아도는 세계 시장에서 동질 상품으로 경쟁을 벌이고 있습니다. 우리가 고전하는 이유는 대개 임금이 미국 최저임금의 몇 분의 일에 불과한 외국 회사들과 경쟁을 벌이기 때문입니다. 그렇다고 해서 공장 폐쇄가 우리 근로자 탓이라는 뜻은 절대 아닙니다. 실제로 미국의 다른 산업 근로자에 비하면 우리 근로자들은 직물산업이 늘 그러했듯 임금이 낮았습니다. 우리가 원가 면에서 불리하다는 사실을 노조 간부와 노조원들도 잘 알고 있었으므로 이들은 비현실적인 임금 인상이나 생산성을 떨어뜨리는 근로 관행을 주장하지도 않았습니다. 오히려 경쟁력을 유지하려고 우리 못지않게 열심히 노력했습니다. 우리가 청산 작업을 진행하는 기간에도 이들은 아주 훌륭하게 업무를 수행했습니다(역설적이지만 차라리 우리 노조가 오래전에 비합리적으로 행동했다면 우리에게 금전적으로는 훨씬 이익이었을 것입니다. 그랬다면 장래가 암담하다는 사실을 일찌감치 깨달아 즉시 공장을 폐쇄했을 것이고, 이후 막대한 손실을 피할 수 있었을 테니까요).

그동안 우리는 직물사업에 대규모 자본을 투입하여 변동비를 다소 낮출 수도 있었습니다. 그러면 즉시 실적이 개선될 것처럼 보였습니다. 실제로 표준 투자수익률 기준으로 측정하더라도 이런 투자는 수익성 높은 캔디사업이나 신문사업보다도 경제성이 높아 보였습니다.

그러나 직물사업 투자에서 기대되는 높은 성과는 착각이었습니다. 우리의 국내외 경쟁자들도 마찬가지로 자본을 투입하여 경쟁력을 강화하고 있었으므로 이들의 원가가 낮아지면 산업 전반적으로 제품 가격도 낮아질 터였습니다. 한 기업 차원에서 보면 자본 투자가 비용효율적이고 합리적인 결정으로 보이지만, 산업 전체로 보면 서로 투자 효과를 상쇄하므로 비합리적인 결정입니다(퍼레이드를 더 잘 보려고 모두가 발꿈치를 들면 아무 소용이 없는 것과 마찬가지입니다). 직물회사들은 갈수록 많은 돈을 투자했지만 수익은 여전히 미미했습니다.

결국 우리는 비참한 선택에 직면했습니다. 계속 막대한 자본을 투입하면 직물사업을 유지할 수는 있지만, 투자수익률은 갈수록 형편없이 낮아질 것입니다. 게다가 이렇게 투자한 다음에도 외국 기업들이 낮은 임금 덕분에 계속 경쟁력을 확보할 것입니다. 그러나 투자하지 않으면 우리 회사는 다른 미국 직물회사보다도 경쟁력이 약해질 것입니다. 나는 우디 앨런Woody Allen이 한 영화에서 묘사한 처지가 되었다고 늘 생각했습니다. "인류는 역사상 어느 때보다도 중대한 갈림길을 맞이했습니다. 하나는 절망으로 가는 길이고, 나머지 하나는 완전한 멸망으로 가는 길입니다. 우리가 현명하게 선택할 수 있도록 기도합시다."

동질 상품 사업에서 투자의 딜레마를 이해하는 데에는 21년 전이나 지금이나 미국에서 단연 최대 직물회사인 벌링턴 인더스트리Burlington Industries의 사례가 유용합니다. 1964년 매출액이 벌링턴은 12억 달러였고 우리는 5,000만 달러였습니다. 벌링턴은 유통과 생산에 모두 강점이 있었으므로 우리는 절대 경쟁 상대가 될 수 없었고 당연히 실적도 압도적이었습니다. 1964년 말에 벌링턴은 주가가 60달러였고 버크셔는 13달러였습니다.

벌링턴은 직물사업을 고수하기로 했고 1985년 매출액은 약 28억 달러였습니다. 1964~1985년에 벌링턴은 약 30억 달러를 투자했는데, 이는 미국의 다른 직물회사들을 압도하는 수준이며, 주가가 60달러인데도 주당 200달러가 넘는 금액을 투자한 셈입니다. 투자 금액 대부분은 틀림없이 원가 개선과 설비 확장에 투입되었을 것입니다. 벌링턴은 직물사업을 고수하기로 했으므로 이런 자본배분은 매우 합리적으로 생각됩니다.

그런데도 실질금액 기준으로 현재 벌링턴의 매출은 20년 전보다도 감소했고 매출이익률과 주가는 훨씬 낮아졌습니다. 1965년에 2 대 1 주식분할을 거쳐 현재 34달러이므로, 이를 고려하면 지금은 1964년에 60달러였던 주가를 조금 넘는 수준입니다. 그동안 소비자물가지수는 3배 넘게 올랐습니다. 따라서 주식 한 주의 구매력은 1964년 말의 약 3분의 1에 불과합니다. 정기 배당이 지급되긴 했지만, 역시 구매력이 대폭 감소했습니다.

이는 잘못된 가정 위에 지능과 정력을 쏟으면 얼마나 참혹한 결과가 나오는지를 보여주는 사례입니다. 새뮤얼 존슨Samuel Johnson의 말에 대한 경구가 떠오르는 대목입니다. "말이 10까지 셀 수 있다면 말로서는 훌륭하지만, 수학을 잘하는 것은 아니다." 마찬가지로 직물산업 안에서 자본을 탁월하게 배분하는 회사는 직물회사로서는 훌륭하지만, 사업을 잘하는 것은 아닙니다.

내가 경험과 관찰을 통해서 내린 결론은, 경영 실적은 노를 얼마나 잘 젓느냐보다는 어떤 배에 타느냐에 좌우된다는 것입니다(물론 어떤 사업에서든지 지성과 노력이 많은 도움이 되는 것은 사실이지만 말입니다). 몇 년 전 나는 이렇게 썼습니다. "실력으로 명성 높은 경영진이 부실하기로 악명 높은 기업을 경영하면 온전히 남는 것은 거의 예외 없이 기업의 악명입니다." 이후에도 나의 관점은 바뀌지 않았습니다. 우리가 상습적으로 물이 새는 배에 타고 있다면, 새는 곳을 막으려고 애쓰는 것보다는 배를 갈아타는 편이 낫다는 뜻입니다. 〔1985〕

※※※※※※

우리 자회사들의 이익이 항상 증가하기만 하는 것은 아닙니다. 산업의 근본적인 경제성이 흔들리면 유능한 경영자라고 해도 실적 둔화 속도를 늦출 수 있을 뿐입니다. 근본적인 경제성이 무너지면 유능한 경영자도 결국 쓰러지게 됩니다(오래전에 지혜로운 친구가 내게 말해주었습니다. "훌륭한 기업가로 명성을 얻고 싶다면 반드시 경제성 좋은 분야로 진출해야 한다네"). 신문산업은 경제성이 확실히 악화하고 있습니다. 그래서 우리 버펄로 뉴스Buffalo News의 실적도 하락 추세로 접어들었습니다. 이런 하락 추세는 거의 틀림없이 계속 이어질 것입니다.

찰리와 내가 젊었던 시절에는 미국에서 높은 수익을 올리기에 신문 사업이 가장 쉬웠습니다. 그다지 똑똑하지 않은 신문 발행인이 유명한 말을 했습니다. "내가 이렇게 출세한 것은 두 가지 훌륭한 미국 제도 덕분입니다. 하나는 족벌주의이고, 하나는 독점입니다." 신문이 아무리 부실하거나 경영진이 아무리 무능해도 도시에 신문이 하나뿐이라면 그 신문은 돈을 쓸어 모을 수밖에 없었습니다.

신문산업이 이렇게 막대한 이익을 올린 이유는 간단합니다. 20세기 대부분의 기간에 신문은 미국 대중이 정보를 얻는 주요 원천이었습니다. 주제가 스포츠든, 금융이든, 정치든, 신문이 최고의 원천이었습니다. 게다가 일자리를 찾거나 동네 슈퍼마켓의 식료품 가격을 파악하기에도 신문 광고가 가장 쉬운 방법이었습니다.

　그래서 대다수 가구가 매일 신문을 보아야 했지만, 두 가지 신문을 구독하려는 마음은 없었습니다. 광고주들은 판매 부수가 가장 많은 신문을 선호했고, 독자들은 광고와 뉴스 지면이 가장 많은 신문을 원했습니다. 이런 순환 논리에 따라 "가장 뚱뚱한 신문이 살아남는다(Survival of the Fattest)"라는 신문산업 정글의 법칙이 만들어졌습니다.

　따라서 주요 도시에 신문이 둘 이상일 때에는(100년 전에는 거의 모든 도시에 신문이 둘 이상이었습니다) 앞서 나가는 신문이 유일한 승자로 떠올랐습니다. 경쟁이 사라진 다음에는 신문사가 광고료와 구독료를 마음대로 정했습니다. 대개 해마다 광고료와 구독료를 모두 인상했으므로 신문사는 돈을 쓸어 담았습니다. 신문 소유주에게는 천국이 따로 없었습니다(신문들은 예컨대 자동차산업이나 철강산업의 엄청난 수익성에 대해서는 못마땅해하는 어조로 자주 보도했지만, 돈을 쓸어 담는 신문산업에 대해서는 절대 보도하는 일이 없었습니다. 흥미로운 일이지요).

　그러나 오래전 1991년 주주 서한에서, 이렇게 세상과 격리되어 호황을 누려온 신문산업의 환경이 바뀌는 중이라고 나는 주장했습니다. "대중매체산업은 불과 몇 년 전까지 나나 산업 관계자나 대출기관들이 생각했던 것보다 경제성이 훨씬 나빠질 것입니다." 이 말과 이후 나의 경고에 일부 신문사는 불쾌감을 드러냈습니다. 그런데도 신문사 소유권은 불멸의 슬롯머신인 것처럼 계속해서 높은 가격에 거래되었습니다. 실제로 주요 세계적 사건들을 분석하고 보도하던 신문사의 똑똑한 간부들조차 자신의 발밑에서 진행되는 상황을 못 보거나 무관심했습니다.

그러나 이제는 거의 모든 신문 소유주가 가입자 획득 전쟁에서 계속 밀리고 있다는 사실을 실감하고 있습니다. 간단히 말하면 사람들은 신문의 존재를 잊어버린 듯 인터넷을 비롯해서 케이블 방송과 위성 방송을 먼저 떠올립니다.

버크셔에서는 스탠 립시Stan Lipsey가 버펄로 뉴스를 훌륭하게 운영 중이고, 나는 그 편집자 마거릿 설리번Margaret Sullivan을 큰 자랑으로 여깁니다. 버펄로 뉴스의 보급률은 미국 대형 신문사 중 최고입니다. 게다가 버펄로시의 인구와 경기가 좋지 않은데도 대부분의 대도시 신문사보다도 좋은 재무 실적을 유지하고 있습니다. 그럼에도 이 사업은 끊임없이 이익률 하락 압박을 받고 있습니다.

물론 버펄로 뉴스는 인터넷 뉴스사업을 선도하고 있으며, 계속해서 더 많은 독자와 광고를 유치할 것입니다. 그러나 클릭 한 번에 무료로 제공되는 대체 정보원과 오락이 많은 탓에, 인터넷 뉴스 사이트의 수익 잠재력은 과거 경쟁이 없던 시절 종이 신문의 극히 일부에 불과합니다.

지금도 지역 거주자가 그 지역 신문을 소유하게 되면 스포츠팀을 소유한 구단주처럼 즉시 저명인사가 됩니다. 그리고 권력과 영향력도 얻게 됩니다. 그래서 부자들은 신문사에 강한 매력을 느낍니다. 게다가 공익 정신이 있는 부자들은 지역 신문을 소유함으로써 지역사회에 이바지할 수 있다고 생각합니다. 바로 이런 이유로 피터 키위트Peter Kiewit는 40여 년 전 오마하 신문을 샀던 것입니다.

따라서 수익성에 상관없이 주요 스포츠팀을 인수하는 사람이 있는 것처럼 앞으로도 수익성에 상관없이 신문사를 인수하는 개인이 나타날 것입니다. 그러나 신문 사주를 꿈꾸는 사람들이 주의할 사항이 있습니다. 신문사의 매출이 비용에도 못 미쳐 손실이 급증하지 말란 법이 없다는 겁니다. 신문사는 고정비 비중이 커서, 판매 부수가 감소하면 타격이 큽니다. 스포츠팀 구단주는 그나마 명성을 계속 유지하겠지만, 신문은 중요성이 감소하면 신문 사주가 누리는 '심리적 가치'도 감소하게 됩니다.

전에도 말했듯이 우리는 신문사가 돌이킬 수 없는 적자 상태에 빠지지 않는 한 계속 보유할 것입니다(연차보고서 76페이지 경제원칙11 참조). 찰리와 나는 신문을 사랑하며(우리는 하루에 5부씩 구독합니다), 자유롭고 열정적인 신문이 훌륭한 민주주의 유지에 핵심 요소라고 믿습니다. 우리는 종이 신문과 인터넷 신문을 결합하면 신문의 파산을 막을 수 있을 것으로 기대하며, 버펄로에서 지속 가능한 사업모델 개발에 노력을 기울일 것입니다. 나는 우리가 성공하리라 생각합니다. 그러나 신문으로 큰돈을 벌던 시대는 지나갔습니다. 〔2006〕

D.   공익기업과 사회계약

철도회사 BNSF와 전력회사 미드아메리칸(MidAmerican: 나중에 '버크셔 해서웨이 에너지'로 회사명 변경)은 주요 특성이 나머지 자회사들과는 확실히 다른 대형 자회사입니다. 따라서 이들의 결합재무제표 실적을 우리의 일반회계원칙Generally Accepted Accounting Principles: GAAP 기준 재무상태표와 손익계산서에서 분리해 별도 섹션으로 다루고자 합니다.

두 회사의 핵심 특성은 버크셔의 보증 없이 거액을 장기 부채로 조달하여 규제 대상 자산에 매우 장기간 투자한다는 점입니다. 두 회사는 침체기에도 이자를 충분히 감당할 만큼 수익력이 강하므로 실제로 우리의 보증이 필요 없습니다. 예를 들어 2010년처럼 경제가 침체해서 운송화물이 절정기보다 대폭 감소했을 때도 BNSF는 이자보상배수가 6배나 되었습니다.

두 회사 모두 엄격한 규제를 받으며, 둘 다 공장과 설비에 대규모 투자를 끊임없이 해야 합니다. 또한 고객에게 효율적이고 만족스러운 서비스를 제공하여 지역사회와 규제 당국으로부터 존경받아야 합니다. 그 대가로 장래 자본 투자에 대해 합리적인 이익을 차질 없이 받아내야 합니다.

앞에서 나는 철도가 미국의 미래에 얼마나 중요한지 설명했습니다. 톤마일(ton-mile: 화물 톤 수와 운송 거리를 곱한 값) 기준으로 철도는 미국 도시 간 화물 운송량의 42%를 담당하며, BNSF는 운송량이 철도회사 중 가장 많아서 전체 철도산업의 약 28%를 차지하고 있습니다. 결과적으로 BNSF는 미국 모든 도시 간 화물의 약 11%를 운송하고 있습니다. 인구가 서부로 이동하는 추세를 고려하면 우리 몫은 당연히 더 늘어날 것입니다.

이런 상황 때문에 우리는 막중한 책임을 지게 됩니다. 우리 철도는 미국 경제 순환계의 핵심 요소이므로 2만 3,000마일에 이르는 철도를 차질없이 유지·보수해야 하며 부속 교량, 터널, 기관차, 화차도 관리해야 합니다. 이런 업무를 실행하려면 사회의 요구에 단순히 반응하는 정도로는 안 되며, 미리 예상해야 합니다. 그리고 사회적 책임을 수행하려면 감가상각비보다 훨씬 많은 금액을 정기적으로 지출해야 하는데, 2011년에는 이 초과 지출액이 20억 달러에 이릅니다. 이 막대한 추가 투자액에 대해서 우리는 적정 수익을 얻을 것이라고 확신합니다. 현명한 규제와 현명한 투자는 동전의 양면이기 때문입니다.

우리 미드아메리칸도 비슷한 '사회계약(social compact: 공동의 이익을 위한 사회적 합의)'에 참여하고 있습니다. 우리는 고객의 미래 수요가 충족되도록 갈수록 많은 자금을 투자하게 될 것입니다. 우리가 효율적이면서도 믿음직하게 사업을 운영한다면 투자로부터 공정한 수익을 얻을 것입니다.

미드아메리칸은 미국의 240만 고객에게 전력을 공급합니다. 아이오와, 유타, 와이오밍 주에서는 최대 공급회사이고, 다른 주에서는 주요 공급회사입니다. 우리 파이프라인을 통해서 미국 천연가스의 8%가 수송됩니다. 매일 우리 서비스에 의지하는 미국인이 수백만이나 됩니다.

미드아메리칸은 주주(버크셔 지분 89.8%)와 고객 양쪽에 탁월한 실적을 안겨주었습니다. 2002년 미드아메리칸이 노던 내추럴 가스Northern Natural Gas 파이프라인을 인수했을 때, 이 분야 전문 기관의 평가에 의하면 이 회사의 파이프라인 사업 실적은 43개 회사 중 43위였습니다. 그러나 최근 보고서에 의하면 2위로 올라섰습니다. 1위는 우리의 다른 파이프라인 자회사 컨 리버Kern River였습니다.

전력사업 분야에서 미드아메리칸도 BNSF와 비슷한 실적을 기록했습니다. 1999년 우리가 미드아메리칸을 인수한 이후 아이오와주에서는 전력요금을 인상하지 않았습니다. 그러나 같은 기간 아이오와주의 다른 대형 전력회사는 요금을 70% 넘게 인상했으므로 현재 우리보다 요금이 훨씬 높습니다. 두 회사가 함께 전력을 공급하는 일부 대도시 지역에서는 우리 고객들이 내는 전기료가 이웃 지역보다 훨씬 쌉니다. 비슷한 주택이더라도 우리가 전력을 공급하는 지역의 주택이 더 비싸게 팔린다는 말이 들립니다.

미드아메리칸이 2011년 말에 생산하게 될 풍력발전량은 2,909메가와트인데, 이는 미국의 규제 대상 전력회사 중 단연 최대 규모입니다. 우리가 풍력발전에 투자했거나 약정한 금액은 무려 54억 달러입니다. 이렇게 막대한 투자를 할 수 있는 것은 미드아메리칸이 이익을 모두 유보하기 때문입니다. 일반적으로 다른 공익기업들은 이익 대부분을 배당으로 지급합니다.

[2010]

⊗⊗⊗⊗⊗⊗⊗⊗

미드아메리칸은 그동안 사회에 끊임없이 책임을 다했고, 사회는 이에 대해 화답해주었습니다. 규제 당국들은 우리가 계속 증액하는 투자자본에 대해 거의 모두 공정한 수익을 즉시 허용해주었습니다. 앞으로도 우리는 고객의 기대에 부응하도록 온 힘을 다해 서비스할 것입니다. 결국 우리는 투자하는 자본에 대해 온당한 수익을 얻을 것으로 믿습니다.

초기에 찰리와 나는 공익기업처럼 자본 집약적인 사업들을 꺼렸습니다. 실제로 주주들에게 단연코 가장 좋은 사업은 자기자본이익률return on equity: ROE은 높으면서 추가 자본은 거의 필요 없는 사업입니다. 다행히 우리에게는 이런 사업이 많으며, 앞으로도 더 인수할 생각입니다. 다만 이를 통해 버크셔에서 창출되는 현금이 계속 증가할 것으로 예상하므로 이제는 정기적으로 대규모 자본지출이 필요한 사업에도 기꺼이 진입할 생각입니다. 단지 우리가 추가로 투자하는 자본에 대해 적당한 수익을 합리적으로 기대할 수 있는 사업이기만 하면 됩니다. 우리 기대가 충족된다면 버크셔가 계속해서 사들이는 양호한 기업과 탁월한 기업들에서 앞으로 수십 년 동안 평균을 초과하는 수익이 나올 것입니다.

우리 BNSF에도 미드아메리칸과 비슷한 주요 경제적 특성이 있습니다. 둘 다 우리 고객, 지역사회, 국가의 경제 발전에 필수적인 기본 서비스를 제공하고 있습니다. 둘 다 앞으로 수십 년 동안 감가상각비를 훨씬 초과하는 막대한 자본을 투자해야 합니다. 둘 다 과거보다 빠르게 증가하는 미래 수요를 멀리 내다보면서 대비해야 합니다. 끝으로 둘 다 현명한 규제 당국들이 적정 수익률에 대해 확신을 심어주어야 우리가 막대한 자본을 투자해서 공장설비를 유지·대체·확장할 수 있습니다.

우리 전력회사들과 규제 당국 사이의 관계처럼 우리 철도회사와 규제 당국 사이에도 사회계약이 존재합니다. 어느 쪽이든 책임을 회피하면 둘 다 고통을 피할 수 없습니다. 따라서 사회계약의 당사자 둘 다 자신의 책임을 다하며, 상대방도 바르게 행동하도록 유도해야 합니다. 미국에 일류 전력 시스템과 철도 시스템이 없는 상태에서 미국이 경제 잠재력을 충분히 발휘하리라고는 상상할 수도 없습니다. 우리는 미국에 이러한 시스템이 유지되도록 우리 몫을 다할 것입니다. 〔2009〕

E.   주주 중심의 기업 자선 활동

최근 조사에 의하면 미국 대기업의 약 50%가 이사들이 내놓는 자선기부금 액수에 맞추어(때로는 3배로) 자선기부금을 제공하고 있습니다. 실제로 이런 이사들은 자신이 선호하는 자선단체에 기부금을 제공하며, 주주들이 어느 자선단체를 선호하는지 물어보는 법이 없습니다(기부 절차가 바뀌어 이사들의 주머니를 털어 주주들이 선호하는 자선단체에 기부하게 된다면 이들의 기분이 어떨지 궁금합니다). A라는 사람이 B에게서 돈을 받아 C에게 줄 때 A가 국회의원이면 이 과정을 과세라고 부릅니다. 그러나 A가 회사의 경영자나 이사라면 이 과정을 자선사업이라고 부릅니다. 우리는 회사가 분명하게 혜택을 받는 경우가 아니면 기업의 자선 활동에 경영자나 이사가 아니라 주주들의 의사를 반영해야 한다고 생각합니다.

[1987]

✕✕✕✕✕✕✕

1981년 9월 30일 버크셔는 주주들의 자선단체 선택에 큰 도움이 되는 조세 판결을 재무부로부터 받았습니다. 이제 버크셔 주주들은 보유 주식 수에 비례해서 우리 회사가 제공하는 자선기부금의 수혜 단체를 지정할 수 있습니다. 여러분이 자선단체를 지정하면 버크셔가 자선기부금을 보냅니다. 조세 판결에 의하면 우리 주주들은 수혜 자선단체를 지정해도 개인의 세금에 아무 영향이 없습니다.

이제 우리 주주들은 수혜 자선단체 지정의 특권을 행사하게 되었습니다. 이 특권을 비상장회사 주주들은 일상적으로 행사하고 있지만, 상장회사에서는 경영자들만이 거의 독점적으로 행사하고 있습니다.

상장회사 경영자들은 특히 다음 두 가지 자선기부금의 수혜단체를 지정할 때 주주들의 의견을 전혀 듣지 않습니다.

(1) 기업이 기부 금액과 비슷한 직접적 혜택을 받을 것으로 예상하는 기부금
(2) 피드백 효과가 장기간 지연되고 측정이 어려워서 기업이 간접적으로만 혜택을 받을 것으로 예상하는 기부금

과거에 나와 버크셔 이사들은 첫 번째 유형으로만 자선기부금을 제공하기로 했습니다. 그러나 이런 기부금 전체 금액은 매우 적었고 앞으로도 매우 적을 것입니다. 이는 제공하는 금액과 비슷한 규모로 버크셔에 직접 혜택이 돌아오는 기부금이 많지 않기 때문입니다.

두 번째 유형으로 버크셔가 자선기부금을 제공한 일은 거의 없습니다. 나는 기업들의 자선 관행을 이해할 수 없으며, 더 나은 대안을 찾지 못했기 때문입니다. 수혜단체의 활동을 객관적으로 평가하는 대신, 기부금을 요청하는 사람이 누구냐와 임직원들이 어떻게 기부하느냐에 따라 기부가 이루어지는 관행이 나는 마음에 들지 않습니다. 원래 관행은 합리적이지 않은 경우가 많지요.

그 결과 대개 경영자가 자신의 친분 관계에 따라 수혜단체를 선택하고 주주의 돈으로 자선기부금을 제공합니다. 이는 앞뒤가 맞지 않는 행동입니다. 경영자들이 정부가 부과하는 세금에 대해서는 애통

해하면서도 정작 자신은 주주의 돈을 가지고 마음대로 기부하려 하니까요.

버크셔에는 다른 방식이 필요하다고 생각합니다. 여러분이 내 돈으로 여러분이 선택한 자선단체에 기부한다면 나는 기분이 언짢을 것입니다. 마찬가지로 여러분의 회삿돈으로 내가 자선단체를 선택해서 기부하는 것도 적절하지 않다고 생각합니다. 자선단체는 여러분의 선택이나 나의 선택이나 똑같이 소중합니다. 그리고 기부금에 대해서 세금공제를 받으려면 개인이 아니라 회사를 통해서 기부해야 합니다.

이런 상황에서 버크셔는 상장 대기업이 아니라 비상장회사의 방식을 따라야 합니다. 여러분과 내가 회사의 지분을 50%씩 갖고 있다면 방법이 간단해집니다. 자선기부금 한도 금액에서 회사의 영업과 직접 관계가 있는 기부금을 먼저 지출합니다. 이후 남은 금액에 대해서는 소유 지분에 비례해서 양측이 지정한 자선단체에 배분합니다. 이때 우리 자회사 경영자가 의견을 제시한다면 우리는 귀담아들을 것입니다. 그러나 최종 결정은 우리가 내립니다. 우리의 형태는 회사이지만, 자선사업에 대해서는 주주와 동업자처럼 일을 처리할 것입니다.

우리는 주주가 잘 분산된 대기업을 경영하고 있지만, 가능하면 이렇게 동업자의 마음 자세를 유지하려고 합니다. 이번에 재무부의 조세 판결 덕분에 자선사업에 대해서는 동업자처럼 일을 처리하게 되었습니다.

나는 버크셔가 주주의 뜻에 따라 기부할 수 있게 되어 기쁩니다. 직원들의 기부금에 맞추어 자선기부금을 제공하는 대기업은 많지만(심지어 이사들의 기부금에 맞추는 회사도 많습니다), 내가 알기로 주주들의 기부금에 맞추는 회사는 하나도 없습니다. 이는 역설적이지만 이해할 수는 있습니다. 내가 이해할 수 있다고 한 것은, 대기업 주식을 보유한 투자자 다수가 '회전문'처럼 잠시 들렀다가 떠나는 단기 투자자여서 장기 주주의 관점이 부족하기 때문입니다.

그러나 우리 버크셔 주주들은 전혀 다릅니다. 해마다 연말에 주식 보유 현황을 보면 주식의 98% 이상을 연초부터 보유하던 주주들이 갖고 있습니다. 이렇게 장기간 주식을 보유한다는 것은 주인 정신이 있다는 뜻입니다. 그래서 나는 가능한 모든 방법으로 이를 인정하고자 합니다. 주주가 지정하는 자선사업 정책이 그 예입니다.

〔1981년 10월 14일 주주들에게 발송한 서한〕

※※※※※※※

버크셔 자선기부금의 수혜자를 주주들이 지정하는 우리 새 프로그램이 열렬한 호응을 얻었습니다. 1981년 10월 14일에 발송한 이 프로그램에 관한 설명은 51~53페이지에 있습니다. 이 프로그램에 참여할 수 있는 적격 주식(실소유주 명의로 주주명부에 등재된 주식) 93만 2,206주 중 95.6%가 응답했습니다. 버핏 관련 주식을 제외해도 응답률이 90%에 이르렀습니다.

게다가 자발적으로 편지나 메모를 보내준 주주가 3%가 넘었는데, 한 명을 제외하고 모두 이 프로그램에 찬성했습니다. 지금까지 직원들과 값비싼 전문 대행기관을 동원해서 집중적으로 답신을 요청했던 경우보다도 참여도와 의견 모두 훨씬 많았습니다. 게다가 회사에서

반송용 봉투조차 보내드리지 않았는데도 이렇게 이례적으로 높은 응답률을 보여주셨습니다. 이런 자발적인 참여가 이 프로그램의 우수성을 입증하며, 나아가 우리 주주들의 우수성을 입증합니다.

우리 회사 주주들은 기부금 수혜단체 지정권을 보유하면서 행사하기를 좋아하는 것이 분명합니다. 버크셔 경영진에게 대신 지혜롭게 선택해달라고 자신의 지정권을 위임한 주주가 한 사람도 없다는 사실을 알게 되면 전통적인 방식으로 자선사업을 펼치는 기업들은 깜짝 놀랄 것입니다. 게다가 우리 회사 이사들이 기부하는 대로 자신의 지정권을 행사해달라는 주주조차 한 사람도 없었습니다(대기업은 흔히 이사들이 내는 기부금에 따라 기부하지만, 이런 정책은 공개되지 않습니다).

모두 178만 3,655달러가 주주들이 지정한 대로 약 675개 자선단체에 배분되었습니다. 여기 더해서 버크셔와 자회사들의 경영자들이 현장에서 판단하여 일정 기부금을 계속 제공할 것입니다.

아마도 10년에 2~3년 정도는 버크셔가 기부금에 대해 세금공제를 충분히 받지 못할 것입니다. 이런 해에는 주주의 수혜단체 지정 프로그램을 실행하지 않을 것입니다. 그러나 나머지 해에는 10월 10일경 여러분이 지정할 주당 기부 금액을 알려드리겠습니다. 답신 양식도 안내서에 동봉할 것이며, 약 3주 이내에 수혜단체를 지정하여 답신하시면 됩니다. 이 프로그램에 참여하려면 9월 30일(토요일이나 일요일이면 그 전 금요일) 우리 주주명부에 여러분의 이름이나 수탁자, 기업, 조합, 단체명이 등재되어 있어야 합니다.

주주 지정 기부금 프로그램은 버크셔의 부회장 겸 블루칩Blue Chip Stamps 회장 찰리 멍거의 아이디어입니다. 공식 직함과 상관없이 찰리와 나는 모든 자회사를 함께 경영합니다. 우리는 경영-동업자로 활동하면서 죄스러울 정도로 업무를 즐기고 있습니다. 그리고 우리는 여러분이 소유-동업자라서 기쁩니다.   〔1981〕

※※※※※※

 버크셔가 주주 지정 기부금을 제공하는 데 더해서, 우리 자회사 경영자들도 상품을 포함해서 연평균 150~250만 달러를 기부하고 있습니다. 자회사들은 이런 기부금으로 유나이티드 웨이The United Way 같은 지역 자선단체를 지원하며, 자회사는 이와 비슷한 규모로 혜택을 받습니다. 그러나 자회사 경영자나 버크셔 경영자가 회삿돈으로 전국 단위의 자선사업이나 개인적 관심에 의한 자선 활동을 하지는 않습니다. 나를 포함한 임직원이 자신의 모교나 애착을 느끼는 기타 기관에 기부하고 싶다면 주주 여러분의 돈이 아니라 자신의 돈을 써야 마땅합니다.   〔1990~1993〕

※※※※※※

 우리 프로그램은 관리하기가 쉽다는 말씀을 덧붙입니다. 지난가을에 내셔널 인뎀너티로부터 한 사람을 두 달 동안 지원받아 등록주주 7,500명의 지시를 실행에 옮겼습니다. 추측건대 일반 기업이 임직원이 내는 기부금에 맞추어 회사 기부금을 배분할 때에는 관리비용이 훨씬 많이 들어갈 것입니다. 사실 우리 회사 간접관리비를 통틀어도 자선기부금의 절반조차 안 됩니다(찰리가 내 옆구리를 찔러서 말씀드리는데, 간접관리비 490만 달러 가운데 140만 달러는 우리 회사 제트기 '인디펜서블'에 들어가는 돈입니다).[1]

다음 목록은 우리 주주들이 기부금을 지정한 단체의 주요 유형입니다.

(a) 347개 교회와 유대교 회당에 기부금 569건

(b) 238개 대학에 기부금 670건

(c) 244개 초·중등학교에 기부금 525건(약 3분의 1은 종교 계통이고 3분의 2는 비종교 학교)

(d) 288개 예술·문화·인권 단체에 기부금 447건

(e) 180개 종교 계통 사회봉사단체(기독교와 유대교가 대략 절반씩)에 기부금 411건

(f) 445개 비종교 사회봉사단체(약 40%가 청년 관련)에 기부금 759건

(g) 153개 병원에 기부금 261건

(h) 186개 보건단체(미국심장협회, 미국암협회 등)에 기부금 320건

이 목록에 나타나는 특징이 매우 흥미롭습니다. 첫째, 이 목록은 자선단체 등으로부터 정서적 호소나 압력이 없는 상태에서 사람들이 선택하는 기부행위를 어느 정도 보여줍니다. 둘째, 거의 모든 상장회사의 기부 프로그램에서는 교회와 유대교 회당에 대한 기부를 절대 허용하지 않지만, 실제로는 주주들 가운데 교회와 회당에 기부하려는 사람이 많습니다. 셋째, 주주들의 기부 철학이 충돌하기도 합니다. 낙

태 허용을 적극적으로 지지하는 단체에 대한 기부금이 130건이었고, 낙태를 반대하는 단체(교회 아님)에 대한 기부금이 30건이었습니다.

작년에 나는 버크셔 주주들의 수혜단체 지정 프로그램 규모 확대를 고려 중이며 여러분의 의견을 구한다고 말했습니다. 우리는 이 프로그램에 전면적으로 반대하는 논리정연한 편지를 몇 통 받았습니다. 경영진의 임무는 사업을 운영하는 것이지, 주주들에게 자선기부금을 강요하는 것이 아니라는 취지였습니다. 그러나 응답 주주들은 대부분 이 프로그램의 세금 효율성을 언급했고 지정 기부금 증액을 지지했습니다. 자녀와 손주들에게 주식을 증여한 여러 주주는 이 프로그램이 젊은이들에게 일찌감치 기부에 대해 생각하게 해주는 매우 좋은 방법이라고 말했습니다. 다시 말해서 이분들은 이 프로그램이 자비로울 뿐 아니라 교육적이라고 생각하는 것입니다.

결론적으로 우리는 1993년 지정 기부금을 주당 8달러에서 주당 10달러로 늘렸습니다. 　　　　　　　　　　　　　　　　　　[1993]

※※※※※※※

낙태에 대한 논란 탓에 2003년 우리는 이 프로그램을 마지못해 중단했습니다. 그동안 우리 주주들이 지정한 단체 중에는 양쪽 편에 선 단체가 수없이 많습니다. 그 결과 낙태 찬성 단체에 기부금을 보내지 말라는 의견이 자주 접수되었습니다. 이런 의견을 보낸 사람이나 단체 몇몇은 우리 자회사 제품 불매운동까지도 벌였습니다. 우리는 개의치 않았습니다. 우리는 주주들의 지정권 행사를 제한하라는 요구는 모두 거절했습니다(수혜자가 501(c)(3) -비영리법인- 지위를 갖추었다면 말이죠).

그러나 2003년 팸퍼드 셰프(The Pampered Chef: 주방용품과 식품 판매 회사)의 제휴 매장들이 불매운동의 영향을 실감하기 시작했습니다. 이는 우리를 믿어준 사람들(버크셔 직원도 아니고 버크셔 의사결정에 아무 발언권도 없는 사람들)이 상당한 소득 손실을 겪었다는 뜻입니다.

우리 주주들은 자신이 직접 기부하는 대신 버크셔를 통해서 기부하면 세금 효율성이 다소 올라갑니다. 게다가 이 프로그램은 소유주 안내서Owner's Manual에 제시된 첫 번째 원칙인 우리의 '동업' 방식과도 일치합니다. 그러나 이런 이점보다도 자신의 노력으로 사업을 일군 충성스러운 제휴점들의 피해가 훨씬 더 큽니다. 우리와 주주들이 세금 효율성을 다소 높이려고 근면하고도 훌륭한 사람들에게 해를 끼친다면 이는 자선과 거리가 멀다고 찰리와 나는 생각합니다.

이제 버크셔는 모회사 차원에서는 더 이상 기부하지 않습니다. 그래도 우리 다양한 자회사들은 버크셔에 인수되기 이전의 관행에 따라 계속해서 자선 정책을 펴고 있습니다. 다만 과거에는 회사 소유주들이 회삿돈으로 개인적 기부행위를 했더라도 지금은 개인 돈으로 기부하고 있습니다.*

[2003]

---

* 2002년까지 각 사업보고서에는 주주 지정 기부금 프로그램에 참여한 주식의 비중, 기부 금액, 수혜단체 숫자가 나와 있다. 참여 주식의 비중은 항상 95%가 넘었고 대개 97%도 넘었다. 기부금도 매년 꾸준히 증가해 1980년대 초에는 100~200만 달러였으나 2000년대 초에는 2,000만 달러 수준이었다. 같은 기간에 수혜단체도 1,000개 미만에서 약 3,500개로 증가했다. 이 프로그램이 종료된 2002년까지의 기부금 총액은 1억 9,700만 달러였다.

F.   경영자 보상에 대한 원칙

특별한 경우가 아니라면 자본을 더 투입해서 이익을 늘린 것은 경영진의 성과가 아닙니다. 그런 식의 성과는 누구나 빈둥거리면서도 올릴 수 있습니다. 누구나 예금액을 4배로 늘리면 이자도 4배로 늘어납니다. 이런 성과는 찬양받을 일이 아닙니다. 그런데도 CEO가 퇴임할 때에는 예컨대 재임 기간 중 회사의 이익을 4배로 늘렸다고 찬양하기 일쑤입니다. 단순히 장기간 적립한 유보이익에서 나온 복리이자 덕분인지 확인하지도 않고 말입니다.

재임 기간 내내 자기자본이익률이 계속 다른 기업들보다 높았거나, 투입자본은 2배만 늘었는데도 이익이 4배로 늘었다면 그 CEO는 찬양받아 마땅합니다. 그러나 자기자본이익률이 저조하고 투입자본이 이익만큼 증가했다면 찬양받아서는 안 됩니다. 복리이자로 예금해도 이자율이 8%면 18년 후에는 이자가 4배로 늘어납니다.

기업들은 이렇게 간단한 계산조차 무시하고 주주들에게 손해를 입힙니다. 주로 유보이익 덕분인데도, 이익이 증가했다고 경영자에게 푸짐한 보상을 제공하는 기업이 적지 않습니다. 예를 들면 배당은 쥐꼬리만큼 지급하면서 10년 동안 기준 주가가 고정된 스톡옵션을 경영자에게 제공하는 회사도 많습니다.

이런 제도가 얼마나 불공정한지 예를 들어 설명하겠습니다. 당신이 이자가 연 8%인 예금계좌에 10만 달러를 넣었고, 수탁자가 매년 이자 가운데 얼마를 현금으로 지급할지 결정한다고 가정합시다. 현금으로 지급하지 않은 이자는 '유보이익'으로서 다시 예금에 가산되어 복리로 증식됩니다. 그리고 이 영리한 수탁자가 연간 이자의 4분의 1만 현금으로 지급한다고 가정합시다.

이런 조건이면 당신 예금은 10년 뒤 17만 9,084달러가 됩니다. 그리고 연간 이자는 8,000달러에서 1만 3,515달러로 약 70% 증가합니다. 현금으로 지급하는 '배당'도 첫해의 2,000달러에서 10년 차에는 3,378달러로 꾸준히 증가합니다. 매년 수탁자가 당신에게 작성해준 연차보고서에는 모든 차트가 하늘 높이 상승하는 모습으로 나타날 것입니다.

이제 재미 삼아 한 가지 시나리오를 덧붙여봅시다. 예금계좌를 관리해준 수탁자에게 첫해 예금의 공정가치를 기준으로 10년 고정가격 옵션을 제공하는 것입니다. 그러면 수탁자는 단지 당신의 예금 이자를 대부분 유보한 덕분에 막대한 이익을 거두게 됩니다. 만일 수탁자가 교활하고 계산에 밝은 사람이라면 그는 옵션 조건이 확정되자마자 현금 배당률을 더 낮출 것입니다.

이것은 전혀 현실성 없는 시나리오가 아닙니다. 업계에서 흔히 제공한 스톡옵션이 바로 이런 식이었습니다. 이런 스톡옵션의 가치가 높아진 것은 경영자가 자본을 잘 활용해서가 아니라 단지 이익을 유보했기 때문입니다.

실제로 경영자들은 옵션에 이중잣대를 적용하고 있습니다. (발행기업에 즉시 커다란 보상을 제공하는) 워런트를 제외하면 업계에서 외부자에게 10년 고정가격 옵션을 제공하는 사례는 둘도 없을 것입니다. 사실 10개월짜리 옵션도 지나치다고 보아야 합니다. 자본금이 어김없이 증가하는 회사의 장기 옵션을 경영자가 외부자에게 준다는 것은 상상할 수도 없습니다. 외부자가 이런 옵션을 확보하고자 한다면 옵션 기간에 증가한 자본금에 대해 가격을 모두 치러야 할 것입니다.

경영자들이 이런 옵션을 외부자에게는 절대 주지 않으면서 자신에게는 잘도 줍니다(사람은 누구나 자기 자신에게는 한없이 너그러운 법이니까요). 경영자들은 흔히 10년 만기 고정가격 옵션을 만들어 동료와 함께 차지합니다. 그러나 이는 첫째, 유보이익을 통해서 자동으로 가치가 증가한다는 사실을 완전히 무시하고, 둘째, 자본비용을 무시하는 행위입니다. 그 결과 이런 경영자들은 앞에서 수탁자가 예금 이자를 유보해서 거저 이익을 얻은 것처럼 유보이익을 이용해서 막대한 이익을 챙깁니다.

물론 탁월한 재능으로 가치를 창출한 경영자에게 정당한 보상으로 스톡옵션이 제공되는 일도 있습니다(사실 정말로 뛰어난 경영자에게는 아무리 보상해도 과하지 않습니다). 그러나 흔치는 않습니다. 옵션은 일단 제공되고 나면 개인의 실적과 무관해집니다. 경영자가 회사에 남아 있는 한 옵션은 취소할 수도 없고 조건도 없으므로 탁월한 사람이나 무능한 사람이나 똑같이 보상을 받게 됩니다. 10년을 졸면서 보낼 무능한 경영자라면 이보다 더 좋은 성과 보상 제도는 없을 것입니다.

(아무래도 '외부자'에게 제공된 장기 옵션에 대해서 한마디 해야 하겠습니다. 크라이슬러는 구제금융을 보증해준 대가로 정부에 스톡옵션을 제공한 적이 있습니다. 정부가 스톡옵션을 행사해 거액을 벌어들이자 크라이슬러는 보상 금액을 줄이고자 했습니다. 정부가 크라이슬러의 회생에 기여한 바에 비하면 보상이 지나치게 크다는 주장이었습니다. 과도한 보상으로 고통받게 된 크라이슬러의 처지가 전국에 뉴스로 보도되었습니다. 이것이 아마도 옵션 때문에 경영자가 고통받

은 유일한 사례일 것입니다. 내가 알기로 경영자가 자신이나 동료에게 옵션으로 지나친 보상을 제공한 탓에 고통받은 사례는 없습니다.)

그러나 얄궂게도 옵션이 경영자와 주주들을 한배에 타게 해준다는 미사여구가 자주 등장합니다. 하지만 실제로 이들이 타는 배는 전혀 다릅니다. 모든 주주는 자본비용을 고스란히 짊어지지만, 고정가격 옵션 보유자들은 자본비용을 전혀 부담하지 않습니다. 주주들은 이익을 볼 수도 있지만, 손실 위험도 떠안아야 합니다. 그러나 옵션 보유자들은 손실 위험이 없습니다. 사실 어떤 사업에 대해 옵션을 보유하고 싶다면 그 사업에 대해 지분을 보유해서는 안 됩니다(나는 복권을 누가 공짜로 준다면 기꺼이 받지만, 내 돈으로는 절대 사지 않습니다).

배당 정책을 보더라도 옵션 보유자에게 가장 유리한 정책은 주주들에게 가장 불리합니다. 예금 이자의 예를 다시 생각해보십시오. 옵션을 보유한 수탁자는 현금 '배당'을 지급하지 않는 편이 가장 유리합니다. 반면에 예금주는 현금 '배당'을 많이 받을수록 수탁자에게 빼앗기는 금액이 줄어듭니다.

이렇게 결함이 있지만 옵션이 타당할 때도 있습니다. 나는 무분별하게 사용되는 옵션을 비난하는 것이며, 이를 피하려면 세 가지 요건이 중요하다고 봅니다.

첫째, 스톡옵션은 반드시 기업의 전반적인 실적과 연계되어야 합니다. 따라서 회사 전체를 책임지는 경영자에게만 제공되어야 합니다. 한정된 분야만을 책임지는 경영자는 담당 분야의 실적에 따라 보상받아야 합니다. 꼴찌팀에서 뛰더라도 타율 3할 5푼을 기록한 타자에게는 큰 보상을 해주어야 합니다. 반면에 우승팀에서 뛰더라도 타율이

1할 5푼인 타자에게는 보상하면 안 됩니다. 팀 전체를 책임지는 사람에게만 팀의 실적에 따라 보상해야 합니다.

둘째, 옵션은 정교하게 구성해야 합니다. 특별한 이유가 없는 한 유보이익이나 자본비용 조항까지 명시되어야 합니다. 가격도 현실적이어야 합니다. 경영자들은 누구나 기업 인수 제안을 받으면 시장가격이 전혀 비현실적이어서 기업의 진정한 가치를 나타내는 지표가 될수 없다고 주장합니다. 그렇다면 이렇게 저평가된 시장가격을 자신이 보유한 옵션의 기준 행사가격으로 삼는 이유는 무엇입니까? (한술 더 뜨기도 합니다. 경영자와 이사들이 세법까지 고려해서 자신에게 가장 유리하게 옵션 행사가격을 결정하기도 합니다. 그러나 이들에게 가장 유리한 세법이 대개 회사에는 가장 불리한 결과를 가져옵니다.) 아주 이례적인 경우를 제외하면 낮은 가격으로 스톡옵션을 제공해서 주주에게 좋을 일은 없습니다. 외부자에게 주든 내부자에게 주든 마찬가지입니다. 분명한 결론은 기업의 진정한 가치에 따라 옵션의 가격을 정해야 한다는 것입니다.

셋째, 내가 무척이나 존경하는 경영자 중에도 고정가격 옵션에 대해 나와 다르게 생각하는 분들이 있습니다(이분들은 나보다도 경영 실적이 훨씬 우수합니다). 이들은 훌륭한 기업문화를 구축했으며, 이 과정에서 고정가격 옵션이 큰 도움이 되었습니다. 이들은 통솔력과 솔선수범을 보였고, 옵션을 유인책으로 활용해서 임직원이 주인처럼 생각하도록 가르쳤습니다. 이런 문화는 흔치 않으므로 잘 지켜야 합니다. 스톡옵션이 아무리 비효율적이고 불공정한 경우가 많더라도 말입니다. 무조건 순수성을 고집하는 것보다는 제대로 돌아가면 내버려 두는 편이 낫습니다.

[1985]

⬦⬦⬦⬦⬦⬦⬦

예를 들어 10년 만기 고정가격 옵션을 생각해봅시다(이런 옵션을 누가 마다할까요?). 스태그넌트(침체되었다는 뜻-옮긴이) 사社의 CEO 프레드 퓨틀이 이 옵션을 한 다발(가령 회사 지분의 1%) 받았다면 어떻게 해야 그에게 유리한지 자명해집니다. 그는 계속해서 회사의 이익으로 배당은 전혀 지급하지 않고 모두 자사주를 사들여야 합니다.

프레드가 이끄는 스태그넌트가 이름값을 한다고 가정합시다. 회사의 순자산은 100억 달러이고 발행주식 수가 1억 주인데, 그가 옵션을 받은 후 10년 동안 매년 벌어들이는 이익이 10억 달러여서 처음에는 주당 10달러가 들어옵니다. 프레드는 계속 배당을 지급하지 않고 이익을 모두 자사주 매입에 사용합니다. 주가가 계속해서 주당 이익의 10배로 유지된다면 10년 뒤 옵션 만기일에는 158% 상승하게 됩니다. 이는 자사주 매입을 통해서 발행주식 수가 3,870만 주로 감소하여 주당 이익이 25.80달러로 증가하기 때문입니다. 회사 실적은 전혀 개선되지 않았는데도 단지 주주들에게 돌아갈 이익을 유보하는 행위만으로 프레드는 무려 1억 5,800만 달러를 벌게 됩니다. 심지어 스태그넌트의 이익이 10년 동안 20% 감소하더라도 프레드가 버는 돈은 1억 달러가 넘어갑니다.

프레드는 회사 이익을 배당으로 주주들에게 지급하지 않고 부실한 프로젝트와 기업 인수에 낭비하더라도 자신은 막대한 돈을 챙길 수 있습니다. 이런 부실 경영으로 투자수익률이 5%에 그치더라도 그는 거금을 벌 수 있습니다. 스태그넌트의 주가수익배수price-earnings ratio:

PER가 10배로 유지된다면 그의 옵션 가치가 6,300만 달러 증가하기 때문입니다. 그러면 주주들은 프레드에게 옵션을 제공한 행위가 과연 주주들의 이익에 부합하는 것이었는지 의심하게 될 것입니다.

물론 '평균적인 배당 정책(예컨대 이익의 3분의 1을 배당으로 지급)'을 따른다면 결과가 이 정도로 극단적이지는 않겠지만, 경영자는 성과 없이도 여전히 푸짐한 보상을 받을 수 있습니다.

CEO들은 배당을 한 푼이라도 지급하면 옵션의 가치가 감소한다는 사실을 이해하고 있습니다. 그런데도 고정가격 옵션 승인을 요청하는 위임장 자료에서 경영자-주주 이해 상충을 설명한 사례를 나는 한 번도 보지 못했습니다. CEO들이 회사 안에서는 자본비용이 높다고 역설하면서도 고정가격 옵션이 CEO들에게 제공하는 공짜 자본이라는 사실은 주주들에게 밝히는 법이 없습니다.

이래서는 안 됩니다. 이익을 유보하기만 해도 가치가 저절로 올라가는 옵션을 발행하는 것은 이사회의 유치한 행태입니다. 나는 유보 이익에 따라 행사가격이 조정되는 옵션은 발행되었다는 말을 들어본 적이 없습니다. 이른바 '보상 전문가'들이 경영진에게 유리한 온갖 기법에는 통달했어도 이런 옵션은 알지 못하는 모양입니다("내게 빵을 주는 사람이 원하는 노래를 부른다"라는 말이 있지요).

CEO는 특히 해고당할 때 푸짐한 보상을 받을 수 있습니다. 실제로 해고당한 CEO가 그날 하루 책상을 치우면서 버는 돈이 미국 근로자가 평생 화장실 청소로 버는 돈보다도 많습니다. "성공이 성공을 부른다"라는 옛 속담 따위는 잊어버리십시오. 오늘날 임원실에서 통용되는 원칙은 "실패가 성공을 부른다"입니다.

[2005]

우리 버크셔는 담당 분야에서 목표를 달성한 핵심 경영자들에게 보상하는 식으로 성과 보상 제도를 운용합니다. 모회사의 실적이 좋다고 해서 자회사에 보상하지 않고, 반대로 자회사의 실적이 좋다고 해서 모회사에 보상하지도 않습니다.

보너스 금액을 정할 때 버크셔의 주가를 고려하지도 않습니다. 버크셔 주가가 오르든 내리든 성과가 좋은 사업부는 보상받아야 한다고 생각합니다. 마찬가지로 버크셔 주가가 치솟더라도 성과가 평범한 사업부에는 보상하지 않습니다. 게다가 경제 환경에 따라 '성과'의 정의도 달라집니다. 운 좋게 순풍을 타는 경영자도 있고, 운 나쁘게 역풍을 맞는 경영자도 있기 때문입니다.

이 성과 보상 제도에 따라 거액의 보상이 지급되기도 합니다. 최고경영자들은 기본 급여의 5배 이상을 보너스로 받기도 하며, 내년에는 한 경영자의 보너스가 200만 달러에 이를 수도 있습니다(그렇게 되기를 바랍니다). 보너스에는 상한선이 없으며, 직급에 따라 한도가 정해지는 것도 아닙니다. 실적이 좋으면 소규모 사업부의 경영자가 대규모 사업부의 경영자보다 훨씬 많이 받을 수도 있습니다. 우리는 근속연수나 연령을 성과 보상에 반영하지 않습니다(기본 보상에는 반영하기도 합니다). 우리에게는 타율 3할인 20세 선수도 타율 3할인 40세 선수만큼 소중합니다.

물론 버크셔 경영자들은 그 보너스로 시장에서 우리 주식을 살 수 있습니다(다른 자금이나 차입금으로 살 수도 있습니다). 실제로 이렇게 한 경영자도 많고, 이제 주식을 대량으로 보유한 경영자도 많습니다. 이들은 손실 위험을 무릅쓰고 자기 돈으로 주식을 샀으므로 진정으로 주주의 입장에 서게 되었습니다. 〔1985〕

※※※※※※※

우리는 자본배분에 합리적인 것만큼 보상도 합리적으로 하려고 노력합니다. 예를 들어 버크셔의 실적이 아니라 스콧 페처Scott Fetzer의 실적을 기준으로 랠프 셰이Ralph Schey에게 보상합니다. 그가 그 회사를 책임지고 있으므로 이렇게 해야 합리적이지 않겠습니까? 그에게 버크셔의 실적에 연동해서 현금 보너스나 스톡옵션을 제공한다면 이는 전혀 일관성 없는 보상이 될 것입니다.

예를 들어 그가 스콧 페처에서 홈런을 날려도 찰리와 내가 버크셔에서 실수를 저질러서 그의 노력을 물거품으로 만들어버릴 수도 있습니다. 반대로 버크셔의 다른 자회사는 좋은 실적을 올리는데 스콧 페처는 부진하다면 랠프에게 보너스나 스톡옵션을 줄 필요가 있을까요?

보상 조건을 설정할 때 우리는 커다란 당근을 제공하되 반드시 그 경영자가 맡은 사업의 실적에 직접 연계합니다. 사업 운영에 들어가는 자본금이 크다면 추가로 사용하는 자본에 대해서는 높은 이자를 부과하고, 반환하는 자본에 대해서는 마찬가지로 높은 이자를 돌려줍니다.

이렇게 자본에 비용을 부과하는 방식은 보상 시스템에 명확하게 반영됩니다. 랠프는 자본을 추가로 투입하여 높은 이익을 내면 더 많은 보상을 받습니다. 추가 투입한 자본으로 기준 비용을 초과하는 이익을 올리면 그의 보너스가 증가합니다. 그러나 이익이 기준 비용에 미치지 못하면 버크셔도 손해를 보지만 랠프도 대가를 치르게 됩니다. 따라서 랠프는 사업에 투입하여 높은 수익을 올릴 수 없으면 자금을 버크셔로 보내야 유리합니다.

상장회사들은 온갖 보상 제도가 경영진과 주주들의 이해관계를 일치시켜준다고 말합니다. 그러나 이해관계가 일치하려면 주가가 상승할 때만이 아니라 하락할 때도 일치해야 합니다. 대부분의 보상 제도는 '앞면이 나오면 내가 이기고, 뒷면이 나오면 네가 진다'라는 식으로 교묘하게 구성되어 있으므로 이런 요건을 충족하지 못합니다.

전형적인 스톡옵션이 이렇게 잘못 구성된 예입니다. 유보이익 덕분에 회사의 순자산이 저절로 증가하는데도 옵션 행사가격이 주기적으로 상승하지 않기 때문입니다. 10년 고정가격 옵션에 낮은 배당률과 복리이자가 결합하면 경영자는 현상 유지만 해도 막대한 이득을 챙기게 됩니다. 냉소적으로 말하면 주주들에게 지급하는 배당이 감소할수록 경영자가 보유한 옵션의 가치가 증가합니다. 옵션에 관해서 이렇게 중요한 요점을 위임장에 명시해서 주주들에게 승인해달라고 요청한 사례를 나는 아직 보지 못했습니다.

내친김에 말씀드리는데 우리는 스콧 페처를 인수한 직후 변호사나 보상 컨설턴트의 도움도 없이 약 5분 만에 랠프 셰이의 보상 조건에 합의했습니다. 이 조건은 매우 단순한 아이디어 몇 개로 구성되었습니다.

보상 컨설턴트들은 대개 보상이 매우 중차대한 문제라고 겁을 주면서 복잡하게 조건을 구성해주고 막대한 비용을 청구합니다(또한 매년 조건을 재검토해야 한다고 주장합니다). 우리가 랠프와 합의한 조건은 지금까지 한 번도 바뀌지 않았습니다. 이 조건은 1986년에도 양자에게 합당했고 지금도 합당합니다. 다른 사업부 경영자들과 합의한 보상 조건도 마찬가지로 단순합니다. 단지 사업의 경제적 특성이나 경영자가 보유한 지분을 다소 반영했을 뿐입니다.

우리는 어떤 경우에나 합리성을 추구합니다. 경영자의 성과와 무관하게 설정한 보상 조건을 환영하는 경영자도 있을 것입니다. 공짜 복권을 누군들 마다하겠습니까? 그러나 그런 조건은 낭비이며, 경영자가 마땅히 집중해야 할 분야를 소홀히 하게 됩니다. 게다가 모회사가 비합리적으로 행동하면 자회사들도 이런 행동을 모방하게 됩니다.

버크셔에서 회사 전체를 책임지는 사람은 찰리와 나뿐입니다. 따라서 회사 전체의 실적을 기준으로 보상받아야 할 사람은 우리 둘뿐입니다. 그렇더라도 우리는 이런 보상 조건을 원하지 않습니다. 우리는 회사와 우리 업무를 세심하게 설계하여 우리가 좋아하는 사람들과 함께 일을 즐기고 있습니다. 게다가 따분하거나 불쾌한 일을 억지로 하는 경우도 거의 없습니다. 우리는 버크셔 본사로 흘러 들어오는 수많은 자료와 편익도 누리고 있습니다. 이렇게 목가적인 조건이라면 돈이 필요하지도 않은 우리에게 주주들이 많은 보상을 해주리라 기대하지도 않습니다.

실제로 찰리와 나는 한 푼도 받지 못하더라도 이 즐거운 일을 기꺼이 할 것입니다. 우리는 전 대통령 로널드 레이건의 신조에 진심으로 동의합니다. "근면해서 죽은 사람은 없는 듯하니 일을 마다할 이유가 있겠는가."

〔1994〕

✕✕✕✕✕✕✕

1991년 우리는 흥미로운 역사가 있는 대기업 H H 브라운H. H. Brown Company을 인수했습니다. H H 브라운(세인트루이스의 브라운 슈Brown Shoe와는 무관한 회사)은 작업화와 부츠를 만드는 미국의 선도적 신발 제조업체로서 이례적으로 높은 매출이익률과 자본이익률을 기록해 온 회사입니다. 신발업은 매우 고된 사업이어서 대부분의 기업이 고전하고 있습니다(미국에서 매년 판매되는 신발 수십억 켤레 가운데 약 85%가 수입품입니다). 신발은 스타일과 치수가 매우 다양해서 제조업체가 재고 부담을 떠안아야 하고, 막대한 자금이 매출채권에 묶이게 됩니다. 이런 환경에서는 헤퍼넌이 육성한 그룹과 프랭크처럼 탁월한 경영자들만이 번창할 수 있습니다.

H H 브라운의 두드러진 점은 매우 이례적인 보상 제도입니다. 나는 이 제도를 보고 마음이 훈훈해졌습니다. 핵심 경영자들은 연봉으로 7,800달러를 받고, 회사 이익에서 투하자본비용을 공제한 금액의 일정 비율을 추가로 받습니다. 따라서 이 경영자들은 진정한 주주의 입장이 됩니다. 반면에 대부분의 경영자는 당근만 많고 채찍은 적은 보상 제도를 채택하므로(이들은 자본이 공짜인 것처럼 취급합니다) 말로만 떠들 뿐, 실제로는 주주의 입장에 서지 않습니다. 그러나 브라운은 독특한 보상 제도 덕분에 회사와 경영자 모두 탁월한 실적을 올렸습니다.

이는 놀랄 일이 아닙니다. 자신의 능력에 열정적으로 승부를 거는 경영자들은 대개 능력이 탁월하기 때문입니다.　　　　　　　　　　〔1991〕

XXXXXXXX

CEO들의 보수가 걷잡을 수 없이 상승한 이유는 쉽게 이해됩니다. 경영진이 직원을 고용하거나 회사가 납품업체와 협상할 때에는 양쪽 당사자 모두 관심이 많습니다. 한쪽에서 이득을 보면 다른 쪽은 손해를 보므로, 양쪽 모두 걸린 돈에 민감해집니다. 그 결과 진정한 협상이 이루어집니다.

그러나 지금까지 CEO와 보상위원회가 만나 협상하면 협상 결과에 대해 늘 CEO의 관심이 훨씬 더 높았습니다. 예를 들어 옵션으로 받는 주식이 10만 주인가 50만 주인가는 CEO에게 엄청나게 중요한 사안이지만 보상위원회는 이 차이를 그다지 중시하지 않습니다. 대부분 기업의 보고이익에 영향을 미치지 않기 때문입니다. 이런 상황이면 협상은 흔히 '친선게임' 수준으로 느슨해지기 마련입니다.

1990년대에는 매우 탐욕스러운 CEO들을 모방하여 과도한 보상을 추구한 CEO가 대폭 증가했습니다('탐욕' 타이틀을 놓고 치열한 경쟁이 벌어질 정도였습니다). 이런 탐욕을 유행병처럼 퍼뜨린 주체는 대개 컨설턴트와 인사부였습니다. 이들은 월급을 주는 사람이 누구인지 잘 알고 있었으니까요. 한 보상 컨설턴트는 이렇게 말했습니다.

"비위를 잘 맞춰야 하는 고객은 두 종류로서, 실제 고객과 잠재 고객입니다."　　　　　　　　　　　　　　　　　　　　　　　　　　〔2003〕

　최근 몇 년 동안 보상위원회는 컨설턴트들이 추천하는 대로 온순하게 따라가면서 꼬리를 흔드는 강아지와도 같았습니다. 이들은 자신에게 보수를 주는 얼굴 없는 주주들에게는 충성할 줄을 몰랐습니다(그 사람이 누구 편인지 모르겠다면 십중팔구 내 편은 아닙니다). 증권거래위원회 규정에 의하면 각 보상위원회는 보상의 근거를 위임장에 밝혀야 합니다. 그러나 대개 회사 고문변호사나 홍보부서에서 쓴 표준 문안으로 대신합니다.

　이런 값비싼 가식행위는 중단해야 합니다. 소유주들을 대리해서 직접 협상할 능력이 없는 이사들은 보상위원회에서 활동해서는 안 됩니다. 보상위원회 이사들은 적정 보수에 대한 생각과 성과 측정 방법을 설명해야 합니다. 주주들의 돈을 다룰 때는 그 돈이 자신의 돈인 것처럼 행동해야 합니다.

　1890년대에 새뮤얼 곰퍼스Samuel Gompers는 노동조합의 목적을 "더 많이!"로 표현했습니다. 1990년대에는 미국 CEO들이 이를 자신의 슬로건으로 삼았습니다. 그 결과 주주들이 재정난을 겪는 동안에도 CEO들은 재산을 축적했습니다.

　이사들이 이런 해적질을 막아야 합니다. 정말로 탁월한 성과에 대해서 크게 보상하는 것은 아무 문제가 없습니다. 그렇지 않다면 이제는 이사들이 "더 적게!"라고 외쳐야 할 때입니다. 최근 몇 년 동안 부풀려진 보상이 장래 보상의 기준점이 되어서는 안 됩니다. 보상위원회는 처음부터 다시 시작해야 합니다.　　　　　　　〔2002〕

G.　　　돈을 잃을지언정 평판을 잃어서는 안 된다

　위험관리는 CEO가 누군가에게 위임할 수 있는 업무가 아니라고 찰리와 나는 믿습니다. 너무도 중요하기 때문입니다. 버크셔의 장부에 오르는 파생상품계약은 모두 내가 개시하고 감시합니다. 다만 미드아메리칸 등 몇몇 자회사의 영업 관련 계약과 제너럴 리General Re Corporation의 사소한 계약 해지는 예외입니다. 만일 버크셔에 문제가 발생한다면 그것은 나의 잘못입니다. 위험관리위원회나 최고위험책임자의 오판 때문이 아닙니다.

　거대 금융기관의 CEO가 위험관리 책임을 모두 떠안지 않는다면 이는 이사회의 직무 유기라고 생각합니다. 만일 CEO가 위험관리 업무를 감당할 수 없다면 그는 다른 직장을 찾아보아야 합니다. 그리고 CEO가 위험관리에 실패한다면(정부가 개입하여 자금 지원이나 보증을 해줘야 한다면) 그와 이사회는 혹독한 대가를 치르게 될 것입니다.

　미국 최대 금융기관 몇 개를 망쳐놓은 사람들은 주주들이 아니었습니다. 그런데도 그 책임은 주주들이 졌습니다. 금융기관이 파산했을 때 흔히 보유 주식의 가치가 90% 이상 날아갔습니다. 지난 2년 동안 발생한 4대 금융 참사에서 주주들이 입은 손실만 해도 5,000억 달러가 넘습니다. 주주들이 구제받았다고 말하면 이들을 우롱하는 셈입니다.

　그러나 파산한 금융기관의 CEO와 이사들은 대체로 멀쩡합니다. 스스로 불러온 재난 때문에 재산이 감소했을지는 모르지만, 이들은 여전히 호화롭게 살고 있습니다. 바뀌어야 하는 것은 이러한 CEO와 이사들의 행태입니다. 이들의 무모한 행위 때문에 국가와 금융기관들이 손해를 입었다면 이들이 비싼 대가를 치러야 합니다. 이들이 망쳐놓은 금융기관이 배상해서도 안 되고 보험사가 배상해서도 안 됩니다. CEO와 이사들은 오랫동안 당근만 과도하게 받았습니다. 이제는 이들의 처우에 어느 정도 채찍도 포함되어야 합니다. 〔2009〕

✗✗✗✗✗✗✗✗

수신: 버크셔 해서웨이 경영자('올스타') 귀중

참조: 버크셔 이사

발신: 워런 버핏

일자: 2010. 7. 26.

버크셔의 최우선 과제를 다시 강조하고 승계 계획(내가 아니라 여러분의 승계!)에 대해 도움을 받으려고 2년마다 발송하는 서한입니다.

최우선 과제는 우리 모두 버크셔의 평판을 계속해서 열심히 지키는 것입니다. 우리가 완벽할 수는 없지만, 완벽해지려고 노력할 수는 있습니다. 나는 25년 넘게 이 메모에서 이렇게 말했습니다. "우리가 돈을 잃을 수는 있습니다. 심지어 많은 돈을 잃어도 됩니다. 그러나 평판을 잃을 수는 없습니다. 단 한 치도 잃어서는 안 됩니다." 우리는 모든 행위를 합법성만으로 평가해서는 안 됩니다. 똑똑하지만 비우호적인 기자가 쓴 기사가 중앙 일간지의 1면에 실려도 당당할 정도가 되어야 합니다.

때로는 동료가 이렇게 말할 것입니다. "남들도 다 그렇게 해." 이 말이 사업 활동에 대한 변명이라면 이는 거의 틀림없이 잘못된 근거입니다. 만일 도덕적 판단을 평가할 때 나온 말이라면 절대로 받아들일 수 없습니다. 언제든 누군가 그런 말로 변명한다면 사실은 타당한 이유를 제시할 수 없다는 뜻입니다. 누군가 그런 변명을 한다면 기자나 판사에게도 그렇게 변명해보라고 말씀하십시오.

정당성이나 적법성 때문에 주저하는 일이 있으면 내게 꼭 전화하십시오. 그러나 그렇게 주저할 정도라면 십중팔구 경계선에 매우 근접했다는 뜻이므로 포기해야 합니다. 경계선 근처에 가지 않고서도 돈은 얼마든지 벌 수 있습니다. 어떤 사업 활동이 경계선에 접근했는지 의심스럽다면 그냥 경계선을 벗어났다고 생각하고 잊어버리십시오.

그 당연한 결과로 나쁜 소식이 발생했다면 즉시 내게 알려주십시오. 나는 나쁜 소식에 대처할 수 있습니다. 그러나 문제가 곪아 터진 다음에는 다루고 싶지 않습니다. 살로몬Salomon은 즉각 대처했으면 쉽게 해결할 수 있었던 나쁜 소식을 외면한 탓에 8,000명이나 되는 직원과 함께 몰락하고 말았습니다.

우리가 알면 화낼 일을 누군가 오늘도 버크셔에서 진행하고 있습니다. 어쩔 수 없는 노릇입니다. 이제 종업원 수가 25만을 넘어가므로 이들의 부당행위가 발생하지 않는 날은 거의 없을 것입니다. 그러나 부당행위의 기미가 조금만 나타나도 즉시 비난한다면 이런 행위를 대폭 줄일 수 있습니다. 부당행위에 대해 말뿐 아니라 행동으로 보여주는 여러분의 태도가 우리 기업문화 발전에 가장 중요한 요소입니다. 규정집이 아니라 문화가 조직의 행태를 더 좌우합니다.

한편 회사의 상황에 대해서는 내게 많이 알려주든 알려주지 않든 여러분 원하는 대로 하시면 됩니다. 여러분 각자 개인 스타일로 회사를 훌륭하게 경영하고 있으므로 내가 도와드릴 필요가 없습니다. 은퇴 후 수당의 변경, 이례적으로 큰 자본지출, 기업 인수에 대해서만 내게 밝혀주시면 됩니다.

〔2010 연차보고서 부록〕

✕✕✕✕✕✕✕

내가 이 섹션을 쓰는 이유는 올해 주주총회에서 기후변화를 논의해 달라는 주주제안을 받았기 때문입니다. 제안자는 기후변화가 우리 보험영업에 미치는 위험을 보고하고 우리의 대응 방안을 설명해달라고 요청했습니다.

기후변화는 지구에 커다란 문제를 일으킬 가능성이 높다고 생각합니다. 나는 "확실하다" 대신 "가능성이 높다"라고 말했습니다. 나는 과학에 소질도 없을뿐더러 Y2K에 대한 '전문가들'의 예측이 비참하게 빗나갔던 사실을 기억하기 때문입니다. 그러나 아무리 문제의 가능성이 높고 즉시 대응하면 그 가능성을 조금이나마 줄일 수 있더라도 지구에 엄청난 위험이 다가온다는 확실한 증거를 요구하는 것은 어리석은 일입니다.

이는 파스칼이 제기한 신의 존재에 대한 내기와 비슷합니다. 실제로 신이 존재할 가능성이 조금이라도 있다면 신이 존재한다고 믿는 편이 타당하다고 파스칼은 주장했습니다. 실제로 신이 존재한다면 믿은 사람은 무한한 보상을 받게 되지만, 믿지 않은 사람은 영원히 고통받기 때문입니다. 마찬가지로 지구에 커다란 문제가 발생할 가능성이 1%에 불과하고 당장 대응하지 않을 경우 기회가 사라진다면 수수방관이야말로 무모한 행위가 될 것입니다. 여기서 이른바 노아의 법칙이 나옵니다. "대홍수가 발생했을 때 반드시 방주가 있어야 생존할 수 있다면 오늘 하늘에 구름 한 점 없어도 당장 방주를 짓기 시작해야 한다."

버크셔는 온갖 위험을 보장하는 거대 보험사이므로 기후변화가 특히 버크셔에 위험하다고 주주제안자가 믿는 것도 충분히 이해할 수 있습니다. 제안자는 기후변화 탓에 재산 피해가 급증한다고 걱정할지 모르겠습니다. 우리가 10년이나 20년 만기 보험을 고정가격에 판매한다면 그렇게 걱정할 만합니다. 그러나 보험은 관례상 1년 단위로 판매하며, 위험도 변화를 고려하여 매년 가격을 다시 책정합니다. 손해 가능성이 증가하면 보험료도 즉시 인상됩니다.

내가 처음으로 가이코에 열광했던 1951년으로 돌아가 봅시다. 당시 가이코의 계약당 손해액 평균은 연 30달러 수준이었습니다. 만일 당시 내가 2015년에는 계약당 손해액이 약 1,000달러로 증가할 것이라고 예측했다면 여러분은 어떤 반응을 보였을까요? 손해액이 그렇게 급증해도 회사가 버틸 수 있느냐고 질문했겠지요. 물론 버틸 수 있습니다.

그동안 인플레이션 탓에, 사고가 발생하면 치료비와 자동차 수리비가 엄청나게 상승했습니다. 그러나 비용이 상승한 만큼 보험료도 즉시 인상되었습니다. 역설적이지만 비용이 계속 상승한 덕분에 보험사들의 가치가 훨씬 높아졌습니다. 비용이 상승하지 않았다면 현재 가이코의 연간 매출은 230억 달러가 아니라 6억 달러에 머물러 있을 것입니다.

사람들은 기후변화를 우려하지만, 지금까지는 허리케인 등 기후 관련 보험사고의 빈도도 늘어나지 않았고 손해도 증가하지 않았습니다. 그 결과 최근 몇 년 동안 대재해보험료도 꾸준히 하락했습니다. 그래서 우리는 대재해보험사업에서 한 걸음 물러났습니다. 대재해의 빈도와 손해가 증가한다면 아마 버크셔의 보험사업은 더 성장하고 수익성도 더 좋아질 것입니다.

시민 입장에서는 기후변화에 대한 걱정 탓에 밤잠을 설치는 것도 당연합니다. 저지대에 사는 주택 보유자라면 이사도 고려할 만합니다. 그러나 대형 보험사 주주의 관점으로만 생각한다면 기후변화는 걱정할 일이 아닙니다.

〔2015〕

H.   주인의식 투철한 기업문화

우리는 유연하게 자본을 배분한 덕분에 지금까지 크게 성장할 수 있었습니다. 예컨대 씨즈캔디See's Candy와 비즈니스 와이어Business Wire(수익성은 탁월하지만 재투자 기회는 부족한 두 회사)에서 벌어들인 이익을 BNSF 인수 자금으로 사용했습니다.

마지막 장점은 버크셔에 뿌리내린 고유의 문화입니다. 사업에는 문화가 중요합니다.

우선 주주를 대표하는 이사들이 주인처럼 생각하고 행동합니다. 이들이 받는 보상은 변변찮습니다. 스톡옵션도 양도제한조건부 주식도 받지 않으며, 현금도 거의 받지 않습니다. 상장 대기업들은 거의 모두 이사들에게 임원배상책임보험을 제공하지만, 우리는 제공하지 않습니다. 이들이 잘못해서 주주들에게 손해를 끼치면 자신도 손해를 보게 됩니다. 내 지분을 제외하고 우리 이사와 가족들이 보유한 버크셔 주식이 30억 달러가 넘습니다. 따라서 우리 이사들은 버크셔의 활동과 실적을 주인의 눈으로 예리하게 지켜봅니다. 이런 관리인을 둔 여러분과 나는 복도 많습니다.

우리 경영자들도 마찬가지로 주인의식이 강합니다. 이들 중에는 가족이 오랜 세월 키운 회사를 버크셔에 매각한 사람이 많습니다. 우리는 이들이 주인의식을 계속 유지할 수 있도록 환경을 조성하고 있습니다. 회사를 사랑하는 경영자는 우리에게 큰 힘이 됩니다.

문화는 스스로 퍼져나갑니다. 윈스턴 처칠이 말했습니다. "우리가 집을 만들면, 이제는 집이 우리를 만든다." 이 말은 사업에도 그대로 적용됩니다. 관료적 절차는 관료주의를 낳고, 오만한 기업문화는 고압적인 행동을 부릅니다("멈춰 선 차 뒷좌석에 앉은 CEO는 이제 CEO가 아니다"라는 말도 있습니다). 버크셔의 '세계본부'는 연간 임차료가 27만 212달러입니다. 게다가 본부의 가구, 미술품, 콜라 자판기, 구내식당, 첨단 장비 등에 투자한 금액이 모두 30만 1,363달러에 불과합니다. 찰리와 내가 여러분의 돈을 내 돈처럼 아끼는 한 버크셔 경영자들도 돈을 아낄 것입니다.

우리의 보상 프로그램, 주주총회, 심지어 연차보고서까지도 모두 버크셔 문화를 강화하도록 설계되었으며, 우리 문화에 맞지 않는 경영자는 쫓아내도록 만들어졌습니다. 이 문화는 해가 갈수록 더 강해지고 있으며, 찰리와 내가 떠난 다음에도 오래도록 온전히 유지될 것입니다.

〔2010〕

1

[1986년 주주 서한에 담긴 내용은 다음과 같다.]

우리는 작년에 업무용 제트기를 샀습니다. 여러분이 제트기에 대해서 들은 이야기는 사실입니다. 제트기는 매우 비싸며, 우리처럼 외딴 지역을 방문할 일이 거의 없는 회사에는 사치품입니다. 비행기는 운영하는 데 비용이 많이 들지만, 쳐다보기만 하는 데에도 돈이 많이 듭니다. 1,500만 달러짜리 새 비행기의 세전 자본비용에 감가상각비를 더하면 연 300만 달러나 들어갑니다. 우리가 85만 달러에 산 중고 비행기는 비용이 연 20만 달러 가까이 들어갑니다.

나는 이렇게 막대한 비용이 들어간다는 사실을 알고 있었으므로 과거에 업무용 제트기 보유에 대해서 과격한 발언을 여러 번 했습니다. 그래서 우리가 업무용 제트기를 사기 전에 침묵을 지킬 수밖에 없었습니다. 그러나 나는 곧바로 변명거리가 될 만한 새로운 사실을 발견했습니다. 비용은 훨씬 많이 들지만 이제 여행하기가 훨씬 쉬워졌다는 사실입니다. 버크셔가 비행기에 들어가는 비용만큼 가치를 뽑아낼 수 있느냐는 논란의 여지가 있지만, 나는 비행기를 활용해서 사업 성과를 내도록 노력할 생각입니다. 벤저민 프랭클린도 비행기에 막대한 비용이 들어가는 줄 알고 있었던 것 같습니다. 이렇게 말했으니까요. "사람은 이성적인 존재라서 참으로 편리하다. 무엇이든 마음만 먹으면 그럴듯한 이유를 갖다 붙일 수 있기 때문이다."

[1989년 주주 서한에 담긴 내용은 다음과 같다.]

지난여름 우리는 3년 전 85만 달러에 샀던 업무용 제트기를 팔고 670만 달러에 중고 제트기를 샀습니다. [박테리아의 기하급수적 성장을 막는 방해물에 관해서 칼 세이건이 말한 흥미로운 일화를 소개한 다음] 주주 여러분 중에는 당황하는 분도 있을 것입니다. 우리 회사 순자산이 현재 추세로 증가하더라도 비행기 교체 비용도 지금처럼 연 100%로 증가한다면 머지않아 버크셔의 순자산이 모두 비행기 교체 비용으로 들어갈 테니까요.

내가 제트기를 박테리아와 비교하는 것을 찰리는 좋아하지 않습니다. 박테리아에 대한 모욕이라고 생각하니까요. 찰리가 생각하는 호화판 여행이란 냉난방이 되는 버스를 타는 것인데, 그것도 할인요금이 적용될 때만 탑니다. 제트기에 대한 나의 태도는 세속적인 생활을 떠나 성직자가 되려고 고민하던 성뿔 아우구스티누스가 했다는 기도로 요약될 수 있습니다. 그는 지성과 본능 사이에서 괴로워하면서 기도했습니다. "주여, 저를 순결케 하소서. 그러나 나중에요."

제트기의 이름을 짓는 일도 쉽지 않았습니다. 나는 처음에 '찰리 T 멍거호'를 제안했으나 찰리는 '애버레이션(The Aberration: 미친 짓이라는 뜻 – 옮긴이)호'를 주장했습니다. 우리는 결국 '인디펜서블(The Indefensible: 변명의 여지가 없다는 뜻 – 옮긴이)호'로 낙찰을 보았습니다.

[1998년 주주 서한에 의하면 버핏은 업무용 제트기를 팔고 이제는 버크셔가 투자한 항공서비스회사를 이용하고 있다.]

The Essays of

WARREN BUFFETT

II. Investing

2장
투자

우리가 보유한 워싱턴 포스트Washington Post Company 주식은 모두 1973년 중반에 당시 주당 기업가치의 불과 4분의 1 가격에 산 것입니다. 당시 이 주식의 가격과 가치를 비교하는 데에는 대단한 통찰력이 필요하지 않았습니다. 대부분 증권분석가와 언론인이 계산했더라도 우리와 마찬가지로 워싱턴 포스트의 내재가치를 4~5억 달러로 평가했을 것입니다. 그리고 시장가치는 신문에 매일 1억 달러로 나왔으므로 누구나 알 수 있었습니다. 그래도 우리가 유리했던 것은 태도 덕분이었습니다. 우리는 벤저민 그레이엄으로부터 성공 투자의 열쇠는 좋은 기업의 주식을 주가가 내재가치보다 훨씬 낮을 때 사는 것이라고 배웠습니다.

그러나 1970년대 초 대부분의 기관투자가는 거래 가격을 정할 때 기업의 가치가 중요하지 않다고 생각했습니다. 지금 돌아보면 믿기 어려운 현상이었습니다. 당시 이 기관투자가들은 일류 경영대학원 학자들이 만들어낸 새 이론에 홀려 있었습니다. 주식시장은 완전히 효율적이어서 기업의 가치를 계산하는 것은 투자에 전혀 중요하지 않다는 이론이었습니다(우리는 학자들의 덕을 톡톡히 보았습니다. 브리지, 체스 같은 시합에서 우리의 경쟁자들에게 생각하는 것은 에너지 낭비라고 가르쳐준 셈이니까요).

[1985]

A.　　　　　　　　　　　　　　　부동산 투자와 주식 투자

1973~1981년에 미국 중서부에서는 농장 가격이 폭발적으로 상승했습니다. 걷잡을 수 없는 인플레이션이 닥친다고 사람들이 믿은 데다가, 소형 지역 은행들의 대출 정책이 부동산 가격 상승을 부채질한 탓입니다. 그러다가 거품이 터지자 농장 가격이 50% 이상 하락했고, 대출받은 농부와 대출해준 은행들 모두 엄청난 타격을 입었습니다. 아이오와와 네브래스카 주에서 이 거품 붕괴로 파산한 은행의 숫자가 최근 금융위기로 파산한 은행 숫자의 5배였습니다.

1986년 나는 오마하 북쪽 50마일 거리에 있는 농장 400에이커(160만 제곱미터)를 연방예금보험공사FDIC로부터 사들였습니다. 가격은 28만 달러였는데, 파산한 은행이 그 몇 년 전 그 농장을 담보로 대출해준 금액보다 훨씬 적은 액수였습니다.

나는 농장 운영에 대해 아는 것이 없었습니다. 그러나 아들 하나가 농사를 좋아했으므로, 아들에게 이 농장에서 산출되는 옥수수와 콩의 양과 농장 운영비용에 대해 배웠습니다. 그 추정치를 바탕으로 계산해보니 당시 이 농장에서 나오는 표준 수익이 약 10%였습니다. 또한 세월이 흐르면 생산성도 향상되고 곡물 가격도 상승하리라 생각했습니다. 두 가지 예상 모두 적중했습니다.

나는 특별한 지식이나 정보 없이도 이 투자가 손실 위험은 없고 수익 가능성은 크다고 판단할 수 있었습니다. 물론 때때로 흉년도 들고 가격이 하락할 수도 있습니다. 그런들 무슨 문제가 있겠습니까? 때로는 풍년도 들 것이고, 나는 서둘러 농장을 팔 필요도 없었습니다. 28년이 지난 지금, 농장에서 나오는 이익은 3배로 불었고 농장 가격은 5배 이상 뛰었습니다. 나는 지금도 농사를 전혀 모르며, 최근에야 두 번째로 농장을 방문했습니다.

1993년에도 나는 소규모로 투자했습니다. 내가 살로몬의 CEO였을 때 회사 건물 소유주이던 래리 실버슈타인Larry Silverstein이 부동산 매물 하나를 알려주었습니다. 정리신탁공사Resolution Trust Corp에서 매각하는, 뉴욕대학교에 인접한 상가 부동산이었습니다. 이번에는 상업용 부동산 거품이 붕괴했습니다. 저축기관들이 낙관적인 대출 관행으로 거품을 키우다가 파산하자 정리신탁공사가 이들의 자산을 처분하려고 내놓은 매물이었습니다.

이번에도 분석은 간단했습니다. 대출금이 없을 때 이 부동산에서 나오는 수익률이 농장과 마찬가지로 약 10%였습니다. 그러나 당시 정리신탁공사가 이 부동산을 제대로 관리하지 못하고 있었으므로 비어 있는 여러 매장을 임대하면 수익이 올라갈 수 있었습니다. 더 중요한 사실은 이 건물의 평균 임대료가 제곱피트당 70달러였는데도, (전체 공간의 약 20%를 점유하는) 최대 세입자가 내는 임차료는 약 5달러에 불과했습니다. 9년 후 이 임대 계약이 만료되면 수익이 대폭 증가할 수밖에 없었습니다. 부동산의 위치도 최고였습니다. 뉴욕대학교가 옮겨 갈 일은 없으니까요.

나는 래리와 내 친구 프레드 로즈Fred Rose가 만든 소규모 그룹에 가담하여 이 부동산을 사들였습니다. 노련한 일류 부동산 투자자 프레드가 가족과 함께 이 부동산을 관리할 예정이었습니다. 그리고 실제로 프레드 가족이 관리했습니다. 기존 계약이 만료되자 수익이 3배로 뛰었습니다. 이제는 연간 분배금이 투자 원금의 35%를 넘어갑니다. 게다가 기존 부동산담보대출금을 1996년과 1999년에 재융자받는 과정에서 특별 분배금까지 여러 번 받았는데, 합계 금액이 투자 원금의 150%가 넘었습니다. 나는 아직 부동산을 구경도 못 했습니다.

앞으로 수십 년 동안 농장과 뉴욕대학교 부동산에서 나오는 수익은 십중팔구 증가할 것입니다. 증가율이 극적으로 높지는 않겠지만, 내 평생에 이어 자녀와 손주들에게도 확실하면서 만족스러운 수익을 안겨줄 것입니다.

나는 투자의 기본을 설명하려고 이 이야기를 꺼냈습니다.

- 전문가가 아니어도 만족스러운 투자수익을 얻을 수 있습니다. 그러나 전문가가 아니라면 자신의 한계를 인식하고 매우 확실한 방법을 선택해야 합니다. 일을 단순하게 유지해야 하며, 일확천금을 노려서는 안 됩니다. 누군가 '즉시' 이익을 내주겠다고 약속하면 '즉시' 거절하십시오.

- 자산의 미래 생산성에 초점을 맞추십시오. 그 자산의 미래 이익을 대강이라도 추정하기가 어렵다면 그 자산은 포기하고 다른 자산을 찾아보십시오. 모든 투자 기회를 평가할 수 있는 사람은 없습니다. 그리고 모든 것을 다 알 필요도 없습니다. 자신이 선택한 것만 이해하면 됩니다.

- 그러나 자산의 장래 가격 변동에 초점을 맞춘다면 그것은 투기입니다. 투기가 잘못이라는 말은 아닙니다. 그러나 나는 투기를 잘하지 못하며, 계속해서 투기에 성공했다는 사람들의 주장을 믿지 않습니다. 여러 사람이 동전 던지기를 하면 첫 회에는 절반 정도가 승리할 것입니다. 그러나 이들이 동전 던지기를 계속한다면 아무도 이익을 기대할 수 없습니다. 따라서 어떤 자산의 가격이 최근 상승했다는 이유로 그 자산을 사서는 절대 안 됩니다.

- 나는 두 부동산에 투자할 때 부동산에서 나오는 수익만을 생각했지, 매일의 가격에 대해서는 전혀 생각하지 않았습니다. 경기는 점수판만 쳐다보는 선수들이 아니라 시합에 집중하는 선수들이 승리합니다. 주가를 보지 않고서도 토요일과 일요일을 즐겁게 보낼 수 있다면 평일에도 그렇게 해보십시오.

- 거시경제에 대한 관점을 세우거나, 남들의 거시경제 예측 및 시장 예측에 귀 기울이는 것은 시간 낭비입니다. 사실은 위험하기까지 합니다. 정말로 중요한 문제의 초점을 흐릴 수 있기 때문입니다(TV 논평자들이 입심 좋게 시장을 예측하는 모습을 보면 나는 야구 선수 미키 맨틀Mickey Mantle의 통렬한 비판이 떠오릅니다. "방송 중계석에만 앉으면 야구가 무척이나 쉬워 보이는가 봅니다").

■ 내가 두 부동산을 산 시점은 1986년과 1993년입니다. 이후 경제·금리·주식시장 흐름이 어떻게 될 것인가는 내 투자 결정에 전혀 중요하지 않았습니다. 당시 신문 머리기사와 전문가들이 무슨 말을 했는지도 기억나지 않습니다. 그들이 무슨 소리를 하든 네브래스카 농장에서는 옥수수가 계속 자라고, 뉴욕대학교 근처 부동산에는 학생들이 몰려들 테니까요.

내가 산 두 부동산과 주식 사이에는 커다란 차이가 하나 있습니다. 주식은 실시간으로 가격이 나오지만, 내 농장이나 뉴욕 부동산의 가격은 한 번도 보지 못했습니다.

이렇게 큰 폭으로 출렁이는 가격이 실시간으로 제공되므로 주식 투자자들은 엄청나게 유리하겠지요? 실제로 일부 투자자에게는 유리합니다. 만일 내 농장 옆에 사는 변덕스러운 농부가 내 농장을 얼마에 사겠다거나 자기 농장을 얼마에 팔겠다고 매일 소리 지른다면, 그리고 이 가격이 그의 기분에 따라 단기간에도 큰 폭으로 오르내린다면, 그의 변덕 덕분에 내가 이득을 볼 수밖에 없겠지요? 그가 외치는 가격이 터무니없이 싸고 내게 여유 자금이 있다면 나는 그의 농장을 살겁니다. 그가 부르는 가격이 말도 안 되게 비싸다면 그에게 내 농장을 팔거나 그냥 농사를 지을 것입니다.

그러나 주식 투자자들은 다른 사람들이 변덕을 부리거나 비합리적으로 행동하면 이들처럼 비합리적으로 행동하기 일쑤입니다. 시장·경제·금리·주가 흐름 등에 대한 말이 수없이 쏟아지는 탓에 일부 투자자는 전문가들의 말에 귀 기울여야 한다고 믿으며, 심지어 이들의 말에 따라 행동해야 한다고 생각합니다.

사람들은 농장이나 아파트는 수십 년 동안 계속 보유하면서도, 주가가 계속 오르내리고 전문가들이 "가만 앉아 있지만 말고 어떻게든 해보세요"라는 취지로 논평을 쏟아내면 흥분 상태에 빠지기 일쑤입니다. 유동성은 절대적인 이점이지만, 이런 투자자들에게는 유동성이 저주가 됩니다.

변덕스럽고 말 많은 이웃이 있어도 내 농장의 가치가 떨어지지 않듯이, 시장이 갑작스럽게 폭락하거나 극단적으로 오르내리더라도 투자자가 손실을 보는 것은 아닙니다. 실제로 진정한 투자자에게는 시장 폭락이 오히려 유리할 수 있습니다. 주가가 터무니없이 내려갔을 때 여유 자금이 있다면 말이죠. 투자자에게 공포감은 친구이고, 행복감은 적입니다.

2008년 말 이례적인 금융공황이 발생하여 심각한 침체가 분명히 다가오고 있었는데도 나는 농장이나 뉴욕 부동산 매각을 전혀 생각해보지 않았습니다. 내가 장기 전망이 밝은 견실한 회사의 지분을 100% 보유하고 있었다면 헐값 매각을 고려하는 것조차 어리석은 짓이었을 것입니다. 그렇다면 내가 여러 훌륭한 기업의 일부 지분인들 팔았겠습니까?

물론 끝내 실망스러운 실적이 나오는 기업도 있었겠지만 전체로 보면 틀림없이 좋은 실적이 나올 터였습니다. 미국의 놀라운 생산 자산과 무한한 창의성이 송두리째 땅속에 파묻힐 것이라고 정말로 믿을 수 있습니까?

[2013]

B.   미스터 마켓

찰리와 나는 버크셔 보험사 계좌로 보통주를 살 때마다(차익거래는 제외-나중에 논의함) 비상장회사를 산다는 생각으로 주식을 삽니다. 우리는 회사의 경제성을 내다보고, 회사 경영자들을 살펴보며, 가격이 적정한지 검토합니다. 언제 얼마에 팔 것인가는 생각하지 않습니다. 사실 우리는 회사의 내재가치가 만족스러운 속도로 증가한다고 예상되는 한, 주식을 무기한 보유할 생각입니다. 투자할 때 우리는 자신을 기업분석가라고 생각합니다. 시장분석가로도, 거시경제분석가로도, 심지어 증권분석가로도 생각하지 않습니다.

우리의 투자 방식은 시장에서 거래가 활발할 때 유리합니다. 가끔 군침 도는 기회가 나타나기 때문입니다. 그러나 거래가 꼭 활발해야만 하는 것은 아닙니다. 우리는 보유 주식의 거래가 장기간 중단되어도 전혀 걱정하지 않습니다. 월드북World Book이나 펙하이머Fechheimer의 주가가 매일 나오지 않아도 걱정이 없는 것과 마찬가지입니다. 결국 투자 실적은 우리가 보유한 기업의 실적에 따라 결정될 것입니다.

나의 친구이자 스승 벤저민 그레이엄은 오래전에 시장의 등락을 바라보는 태도를 가르쳐주었는데, 이것이 투자 성공에 가장 큰 도움이 되었습니다. 그레이엄은 매우 싹싹한 친구 미스터 마켓Mr. Market에 대해서 다음과 같이 설명합니다.

비상장회사를 당신과 함께 경영하는 미스터 마켓은 호가를 제시합니다. 하루도 빠짐없이 찾아와 가격을 제시하면서 당신의 지분을 팔거나 자신의 지분을 사라고 제안합니다.

둘이 함께 경영하는 회사는 실적이 안정적인데도 미스터 마켓이 제시하는 가격은 들쭉날쭉합니다. 안타깝게도 이 가엾은 친구는 불치의 정서질환에 걸렸기 때문입니다. 때로는 행복감에 젖어 사업에 긍정적인 요소만을 바라봅니다. 이렇게 기분이 좋을 때에는 매우 높은 가격을 부릅니다. 당신이 자신의 지분을 헐값에 낚아채서 막대한 이익을 빼앗아갈까 두렵기 때문입니다. 반면에 때로는 우울해져서 사업에 다가오는 난관만을 바라봅니다. 이럴 때에는 매우 낮은 가격을 부릅니다. 당신이 지분을 자신에게 팔아넘길까 두렵기 때문입니다.

미스터 마켓에게는 사랑스러운 면도 있습니다. 당신이 무시해도 그는 서운해하지 않습니다. 그가 오늘 제시하는 호가에 관심을 보이지 않아도, 그는 내일 다시 와서 새로운 호가를 제시합니다. 거래 여부는 전적으로 당신의 선택에 달렸습니다. 이런 조건이면 그의 조울증이 심할수록 당신에게 유리합니다.

그러나 무도회에 간 신데렐라처럼 당신에게도 주의할 사항이 하나 있습니다. 자칫 마차가 호박으로 바뀔 수 있으니까요. 미스터 마켓은 당신의 스승이 아니라 하인이라는 사실입니다. 당신에게 유용한 것은 그의 지혜가 아니라 돈입니다. 언젠가 그가 어리석은 모습으로 나타나면 당신은 그를 무시해도 좋고 이용해도 좋지만, 그의 영향에 휩쓸리면 재난을 당하게 됩니다. 실제로 당신이 미스터 마켓보다 사업을 훨씬 잘 이해하고 평가한다고 확신하지 못한다면 그와 거래해서는 안 됩니다. 포커에는 이런 말이 있습니다. "30분 동안 게임을 하고서도 누가 봉인지 모른다면 자신이 봉이다."

지금은 대부분의 전문가와 학자들이 효율적 시장, 다이내믹 헤징,

베타를 논하는 시대이므로 그레이엄의 미스터 마켓 비유는 시대에 뒤떨어진 느낌일지 모릅니다. 전문가들이 이런 분야에 관심을 기울이는 것도 이해는 갑니다. 신비에 싸인 기법들이 투자 조언을 업으로 삼는 사람들에게는 확실히 가치가 있으니까요. 주술사가 단지 "아스피린을 2알 드세요"라고 말해주고도 부와 명성을 얻을 수 있을까요?

투자 조언을 듣는 사람들에게 시장의 비밀이 과연 가치가 있느냐는 전혀 다른 이야기입니다. 내 생각에 성공 투자는 심오한 공식, 컴퓨터 프로그램, 주가 흐름에서 나타나는 신호로 이루어지는 것이 아닙니다. 사업을 정확하게 판단하는 동시에, 무섭게 확산하는 시장심리에 휩쓸리지 않을 때 성공할 것입니다. 나는 그레이엄이 가르쳐준 미스터 마켓 개념을 마음 깊이 새겨둔 덕분에 시장심리에 휩쓸리지 않을 수 있었습니다.

그레이엄의 가르침에 따라 찰리와 나는 일간 주가나 연간 주가가 아니라 영업 실적을 보고 우리의 투자가 성공했는지 판단합니다. 시장이 영업 실적을 당분간은 무시할 수 있지만 결국은 확인해줄 것입니다. 그레이엄은 말했습니다. "시장이 단기적으로는 인기도를 가늠하는 투표소와 같지만, 장기적으로는 실체를 측정하는 저울과 같다." 기업의 내재가치가 만족스러운 속도로 증가하기만 한다면 사업 실적을 빨리 인정받는 것은 중요하지 않습니다. 사실은 늦게 인정받는 편이 더 유리합니다. 좋은 주식을 싼 가격에 더 살 수 있으니까요.

물론 시장이 기업을 내재가치보다 높게 평가할 때도 있습니다. 이런 경우 우리는 보유 주식을 팔 것입니다. 때로는 공정하게 평가되었거나 저평가된 증권을 팔 수도 있습니다. 더 저평가되었거나 우리가 더 잘 이해하는 증권을 사야 한다면 말이죠.

그러나 단언하건대 단지 주가가 많이 올랐거나 우리가 오래 보유했다는 이유만으로 팔지는 않습니다(월스트리트 격언 가운데 가장 어리석은 것은 "이익을 실현한다고 거덜나는 법은 없다"일 것입니다). 우리는 자기자본이익률이 만족스럽고, 경영진이 유능하고 정직하며, 주가가 과대평가되지 않는 한, 어느 증권이라도 기꺼이 무기한 보유할 것입니다.

그러나 우리 보험사가 보유한 보통주 3종목은 주가가 과대평가되더라도 팔지 않을 것입니다. 사실 우리는 3종목을 우리가 보유한 계열사로 생각합니다. 미스터 마켓이 높은 가격을 제시하면 팔아버릴 상품이 아니라, 영원히 보유할 버크셔의 한 부분으로 보는 것입니다. 그러나 한 가지 조건만 덧붙이겠습니다. 불가피하게 엄청난 보험손실을 충당해야 하는 경우에는 일부 지분을 팔겠습니다. 그러나 우리는 이런 상황이 발생하지 않도록 노력할 것입니다.

찰리와 내가 장기간 보유하려는 것은 우리의 개성인 동시에 실적을 고려한 것입니다. 우리가 괴짜라고 생각하는 분들도 있을 것입니다(찰리와 나는 오랫동안 데이비드 오길비의 다음 조언을 따랐습니다. "젊은 시절에 괴짜가 되라. 그래야 늙었을 때 사람들이 노망들었다고 말하지 않는다"). 거래에 집착하는 월스트리트 사람들에게 우리 태도는 야릇하게 비칠 것입니다. 월스트리트에서는 기업이든 주식이든 사고파는 원자재로만 보니까요.

그러나 우리 태도는 우리의 개성이자 인생을 살아가는 방식입니다. 처칠은 말했습니다. "우리가 집의 모습을 만들어내면, 이후에는 집이 우리의 모습을 만들어낸다." 우리에게는 우리가 되고 싶은 모습이 있습니다. 그래서 우리는 재미없고 불쾌한 사람들과 어울리면서 더 높은 수익을 올리는 대신, 정말로 좋아하고 존경하는 사람들과 어울리면서 적정 수익을 올리고자 합니다. 〔1987〕

※※※※※※※

간단한 퀴즈를 내겠습니다. 당신은 평생 햄버거를 먹을 계획인데 소를 키우지 않는다면 소고깃값이 올라가기를 바랍니까, 내려가기를 바랍니까? 마찬가지로 당신은 간혹 차를 사야 하는데 자동차 제조업자가 아니라면 자동차 가격이 올라가기를 바랍니까, 내려가기를 바랍니까? 물론 답은 질문 안에 있습니다.

이제 마지막 퀴즈입니다. 당신이 앞으로 5년 동안 주식을 사 모은다면 이 기간에 주식시장이 올라가기를 바랍니까, 내려가기를 바랍니까? 이 퀴즈에는 틀리는 투자자가 많습니다. 앞으로 장기간 주식을 사모을 사람들조차 주가가 오르면 기뻐하고 주가가 내리면 우울해합니다. 이는 햄버거를 사 먹으려는 사람들이 소고깃값이 오른다고 좋아하는 셈입니다. 이런 반응은 이치에 맞지 않습니다. 곧 주식을 팔 사람들만 주가가 오를 때 기뻐해야 합니다. 주식을 살 사람들은 주가가 내려가기를 바라야 합니다.

주식을 팔지 않을 버크셔 주주라면 선택은 더욱 분명해집니다. 먼저, 버크셔 주주들은 자신이 번 돈을 모두 써버리더라도 자동으로 저축하는 셈입니다. 버크셔가 이익을 모두 유보하여 그 돈으로 기업과 주식을 사 모으고 있기 때문입니다. 우리가 기업과 주식을 더 싸게 사

모을수록 우리 주주들의 저축은 더 빠르게 증가할 것입니다.

게다가 버크셔는 자사주를 지속적으로 사들이는 회사들을 대량으로 보유하고 있습니다. 자사주 매입의 혜택은 주가가 내려갈수록 커집니다. 주가가 낮으면 우리 자회사들은 같은 돈으로도 주가가 높을 때보다 자사주를 더 많이 사들일 수 있기 때문입니다. 예를 들어 코카콜라, 워싱턴 포스트, 웰스 파고는 요즘처럼 주가가 높을 때보다 과거 주가가 매우 낮을 때 자사주를 많이 매입하여 버크셔에 매우 큰 이익을 안겨주었습니다.

해마다 연말에 버크셔 주식의 보유 현황을 보면 주식의 약 97%를 연초부터 보유하던 주주들이 갖고 있으므로 버크셔 주주들은 저축하고 있습니다. 따라서 주식시장이 내려가면 우리 주주들은 기뻐해야 합니다. 버크셔와 자회사들이 더 낮은 가격에 주식을 사들이기 때문입니다.

그러므로 신문 머리기사에서 "시장 폭락으로 투자자 손실 발생"을 읽게 되면 웃으시기 바랍니다. 그리고 마음속으로 "시장 폭락 때 팔면 손실이지만, 사면 이득"이라고 고쳐 읽으십시오. 사람들은 흔히 이 자명한 이치를 망각하지만 파는 사람이 있으면 사는 사람이 있고, 누군가 손실을 보면 누군가 반드시 이득을 봅니다(골프 시합에서도 이렇게 말합니다. "퍼팅이 어떻게 되든 누군가는 기뻐한다").

우리는 1970년대와 1980년대에 주식과 기업의 가격이 낮았던 덕에 엄청난 이득을 보았습니다. 당시 시장이 변덕스러운 투자자들에게는 적대적이었지만, 장기 투자자들에게는 우호적이었습니다. 근래에 와서 당시 우리의 투자가 옳았다고 밝혀졌지만, 지금은 새로운 기회가 거의 보이지 않습니다. 버크셔는 주주들을 위해 저축하려고 합리적인 투자 기회를 끊임없이 찾고 있지만, 우리가 진정으로 흥분할 만큼 좋은 기회를 찾으려면 시간이 걸릴 듯합니다. [1997]

C. 차익거래의 조건

우리 보험 자회사들은 간혹 현금성자산을 보유하는 대신 차익거래 arbitrage를 하기도 합니다. 물론 우리는 장기로 거액을 투자하는 편이 좋습니다. 그러나 현금은 넘치지만 투자 아이디어는 부족할 때도 종종 있습니다. 이럴 때는 차익거래가 단기 국채보다 훨씬 높은 수익을 약속해주는 데다가, 장기 투자의 기준을 낮추려는 유혹도 막아줍니다(찰리는 차익거래에 대해서 이야기를 나눈 다음 투자를 승인하면서 흔히 이렇게 말합니다. "합시다! 술집 가는 것보다는 낫겠지").

1988년에 우리는 차익거래를 통해서 절대 금액으로나 수익률로나 이례적인 실적을 올렸습니다. 평균 약 1억 4,700만 달러를 투자해서 세전이익 약 7,800만 달러를 기록했습니다.

이 정도 수준이면 차익거래의 개념과 우리의 접근 방식에 대해서 자세히 설명할 필요가 있습니다. 과거에는 차익거래가 서로 다른 두 시장에서 증권이나 외환을 동시에 사고파는 거래를 뜻했습니다. 그 목적은 예컨대 암스테르담에서 길더로, 런던에서 파운드로, 뉴욕에서 달러로 거래되는 로열 더치Royal Dutch 주식의 미세한 가격 차이를 이용해서 돈을 버는 것이었습니다. 이것을 '스캘핑scalping'이라고도 부롭니다. 그러나 실무자들은 프랑스 용어인 '차익거래'를 즐겨 사용합니다.

제1차 세계대전 이후 차익거래의 정의가 확대되면서 회사가 발표한 기업 매각, 합병, 자본 변경, 기업 회생, 청산, 자사주 매입 등을 이용한 이익 추구도 차익거래에 포함하게 되었습니다. 대개 차익거래에서는 주가의 움직임과 무관하게 이익을 얻고자 합니다. 대신 차익거래에서 직면하게 되는 주요 위험은 발표한 사건이 일어나지 않는 위험입니다.

차익거래 분야에서는 색다른 기회가 나타나기도 합니다. 나는 뉴욕의 그레이엄-뉴먼Graham-Newman Corp.에 근무하던 24세에 이런 기회에 참여했습니다. 록우드 앤드 코Rockwood & Co.는 브루클린에 있는 초콜릿 제조회사인데, 수익성이 신통치 않았습니다. 이 회사는 코코아가 파운드당 5센트였던 1941년에 재고자산 평가 방법으로 후입선출법을 채택했습니다. 1954년에 코코아 공급이 일시적으로 부족해지면서 가격이 치솟아 60센트를 넘어섰습니다. 따라서 록우드는 가격이 내려가기 전에 보유 재고자산을 재빨리 처분하고 싶었습니다. 그러나 코코아를 단순히 매각하면 순이익의 거의 50%를 세금으로 내야 하는 처지였습니다.

다행히 1954년 세법이 구해주었습니다. 사업 범위를 축소하는 과정에서 재고자산을 주주들에게 분배하면 후입선출법으로 발생하는 이익이 면제된다는 난해한 조항이 있었습니다. 록우드는 코코아버터 판매사업을 접기로 하고, 코코아 열매 재고자산 1,300만 파운드를 주주들에게 분배한다고 발표했습니다. 이에 따라 회사는 자사 주식을 가져오면 주당 코코아 열매 80파운드로 교환해주겠다고 제안했습니다.

몇 주 동안 나는 부지런히 주식을 사 모은 다음, 주기적으로 슈로더 트러스트Schroeder Trust에 가서 주식증서를 창고증권으로 교환하여 코코아 열매를 팔았습니다. 나는 비용으로 지하철 요금만 들이고도 근사한 이익을 올렸습니다.

록우드의 구조조정을 설계한 사람은, 무명이지만 총명한 시카고 출신의 제이 프리츠커Jay Pritzker로서 당시 32세였습니다. 제이가 올린 이후 실적을 잘 아는 사람이라면 그의 조처가 록우드 주식을 계속 보유한 주주들에게도 유리했다는 점을 이해할 것입니다. 록우드는 대규모 영업손실을 내고 있었는데도 자사주 교환 직전과 직후 사이에 주가가 15에서 100으로 폭등했습니다. 이렇게 때로는 주식 평가에 PER보다 더 중요한 요소가 등장하기도 합니다.

최근 몇 년 동안 차익거래는 적대적이든 우호적이든 대부분 기업 인수와 관련이 있었습니다. 기업 인수는 열풍이 붙었는데 독점금지법은 힘을 쓰지 못하자 인수 호가가 계속 상승했고, 차익거래가 엄청난 이익을 올렸습니다. 특별한 재능이 없어도 돈을 벌 수 있었습니다. 영화 〈찬스(Being There)〉의 피터 셀러스Peter Sellers처럼 단지 그 자리에 있기만 하면 성공할 수 있었습니다. 월스트리트에서는 속담이 이렇게 바뀌었습니다. "생선을 주면 하루를 먹여주는 것이지만, 차익거래 방법을 가르쳐주면 평생을 먹여주는 것이다."(그러나 이반 보스키Ivan Boesky -내부자 거래로 악명을 떨친 주식 트레이더-에게 차익거래를 배우면 국가기관에서 콩밥을 먹여줄 것입니다.)

차익거래 기회를 평가하려면 네 가지 질문에 답해야 합니다. (1) 발표한 사건이 실제로 일어날 가능성은 얼마나 되는가? (2) 자금이 묶이는 기간은 얼마나 되는가? (3) 그 사이 더 좋은 기회(예컨대 경쟁적인 인수 제안)가 발생할 확률은 얼마나 되는가? (4) 독점금지법, 돌발사고 등으로 사건이 일어나지 않으면 어떻게 되는가?

우리에게 더 큰 이익을 안겨주었던 아르카터Arcata Corp. 사례는 차익거래 과정에서 발생하는 우여곡절을 잘 보여줍니다. 1981년 9월 28일 아르카터의 이사들은 회사를 콜버그 크래비스 로버츠Kohlberg Kravis Roberts & Co.: KKR에 팔기로 원칙상 합의했습니다. KKR은 당시나 지금이나 차입매수leveraged-buy out 분야의 선도기업입니다. 아르카터는 인쇄 및 산림 제품업에 속했는데, 한 가지 일이 더 진행되고 있었습니다. 1978년 미국 정부가 레드우드 국립공원을 확장하려고, 오래된 미국삼나무가 있는 임야 1만 700에이커를 아르카터로부터 사들인 것입니다. 정부는 대금으로 9,790만 달러를 분할해서 지급했지만, 아르카터는 턱없이 부족한 금액이라고 항의했습니다. 두 당사자는 분할 납부 기간에 적용하는 이자율에 대해서도 논쟁을 벌였습니다. 관련 법률에는 6% 단리로 명시되었지만, 아르카터는 훨씬 높은 이자율을 복리로 지급하라고 주장했습니다.

매우 투기적인 대규모 소송이 진행되는 기업을 인수할 때에는 그 기업이 원고가 되든 피고가 되든 협상 과정에 문제가 발생하는 법입니다. 이 문제를 해결하려고 KKR은 아르카터 주식 1주당 37달러에 더해서, 정부가 추가로 지급하는 대금의 3분의 2를 제안했습니다.

이런 차익거래 기회를 평가하려면 KKR이 과연 이 거래를 완결할 것인지 자문해보아야 합니다. 무엇보다도 충분한 자금을 조달하지 못하면 거래가 성사되지 않을 수 있기 때문입니다. 이런 거래의 계약 조항은 항상 매도자 측에 불리합니다. 구혼자는 청혼했더라도 결혼하기 전에 열정이 식으면 쉽사리 달아날 수 있기 때문입니다. 그러나 KKR은 과거 거래 완료 실적이 좋았으므로 우리는 이런 가능성에 대해 크게 걱정하지 않았습니다.

우리는 아르카터의 생각이 바뀌어 거래가 수포로 돌아가면 어떻게 되는지도 자문해보았습니다. 이에 대해서도 걱정이 없었습니다. 아르카터의 경영진과 이사들은 인수해줄 기업을 상당 기간 물색해왔으며, 팔려는 의지가 확고했습니다. KKR이 돌아서면 아르카터는 가격이 낮아지더라도 다른 인수자를 찾을 터였습니다.

끝으로 우리는 임야청구권의 가치가 얼마나 될지 자문해보았습니다. 나는 느릅나무와 참나무도 구분하지 못하지만, 아무 문제가 없었습니다. 우리는 청구권 가치가 제로에서 거액 사이라고 냉정하게 평가했습니다.

우리는 아르카터 주식을 33.50달러에 사기 시작하여 8주 후 9월 30일에는 5%에 해당하는 40만 주를 사 모았습니다. 첫 발표에 의하면 1982년 1월에 주당 37달러가 지급될 예정이었습니다. 따라서 만사가 순조롭게 진행되면 우리는 임야청구권을 제외하더라도 연수익률 약 40%를 달성하게 됩니다.

그러나 만사가 순조롭지는 않았습니다. 12월에 거래 완료일이 다소 연기된다고 발표된 것입니다. 그래도 1월 4일 본계약이 이루어졌습니다. 이 소식에 고무되어 우리는 주당 38달러 수준에 더 사들였고, 보유량을 7%에 해당하는 65만 5,000주로 늘렸습니다. 거래 완료일이 연기되었는데도 우리가 인수 가격보다도 높은 금액에 사들인 것은 임야청구권의 가치를 제로보다는 거액 쪽으로 기대했기 때문입니다.

그러던 중 2월 25일 대출기관들이 "주택산업이 매우 침체하여 아르카터의 전망에 악영향을 미치므로 융자 조건을 재검토"한다고 발표했습니다. 주주총회도 4월로 다시 연기되었습니다. 아르카터의 대변인은 "인수 거래 자체가 위태로워졌다고는 생각하지 않는다"라고 말했습니다. 차익거래자들은 이렇게 안심시키는 이야기를 들으면 순간적으로 이런 생각을 하게 됩니다. "환율 평가절하 전날의 재무장관처럼 거짓말하는군."

3월 12일 KKR은 처음 조건으로는 거래할 수 없으니 주당 33.50달러만 지급하겠다고 말했고 이틀 뒤 제안 금액을 35.00달러로 올렸습니다. 그러나 3월 15일 아르카터 이사들은 이 제안을 거절했고, 37.50달러에 덧붙여 임야청구권 회수 금액의 절반을 지급하겠다는 다른 그룹의 제안을 수락했습니다. 주주들은 이 거래를 승인했고 6월 4일에 37.50달러를 받았습니다.

우리는 2,290만 달러를 투자하여 2,460만 달러를 받았습니다. 우리가 보유한 기간은 거의 6개월이었습니다. 이 거래 과정에서 발생한 난관을 고려하면 임야청구권을 제외하고 올린 수익률 연 15%는 매우 만족스러운 실적이었습니다.

그러나 가장 짜릿한 이야기는 지금부터입니다. 재판관이 위원 두 사람을 지명해 임야의 가치와 이자율을 검토하게 했습니다. 1987년 1월 한 위원은 임야의 가치가 2억 7,570만 달러라고 보고했고, 다른 위원은 이자율로 복리 약 14%를 추천했습니다.

1987년 8월 재판관은 이들의 결론을 지지했는데, 이는 약 6억 달러를 아르카터에 지급해야 한다는 뜻이었습니다. 그러자 정부가 항소했습니다. 그러나 1988년 항소 심리가 열리기 전에 5억 1,900만 달러에 합의가 이루어졌습니다. 결국 우리는 주당 29.48달러에 해당하는 약 1,930만 달러를 추가로 받았습니다. 1989년에 약 80만 달러를 더 받게 됩니다.

버크셔의 차익거래는 다른 사람들이 하는 차익거래와 다릅니다. 첫째, 우리는 매년 규모가 큰 거래 몇 건에만 참여합니다. 그러나 대부분의 차익거래자는 매년 아마도 50건이 넘는 거래에 참여합니다. 참여하는 건수가 그렇게 많으면 거래의 진행 과정을 확인하고 관련 주가의 움직임을 지켜보면서 대부분 시간을 소비해야 합니다. 그러나 찰리와 나는 이런 식으로 인생을 소비하고 싶지 않습니다(온종일 주가 등락만 지켜보아야 한다면 돈이 무슨 소용이겠습니까?).

우리는 차익거래도 분산 투자를 거의 하지 않으므로 거래 한 건에서 손실이나 이익이 크게 발생하면 연간 실적이 큰 영향을 받습니다. 지금까지는 실적이 아주 나빴던 적이 없었습니다. 그러나 앞으로는 있을 것입니다. 그런 일이 발생하면 처참한 내용이더라도 자세히 보고하겠습니다.

우리 차익거래의 차이점 또 하나는 공표된 거래에만 참여한다는 사실입니다. 우리는 뜬소문을 듣고 거래하지 않고, 인수기업을 알아맞히려 하지도 않습니다. 단지 신문을 읽고 주요 조건 몇 가지에 대해 생각한 다음, 우리의 확률 감각을 따를 뿐입니다.

연말에 우리가 보유한 유일한 주요 차익거래 포지션은 RJR 나비스코RJR Nabisco 334만 2,000주로서 투자 원금은 2억 8,180만 달러였고 시장가치는 3억 450만 달러였습니다. 1월에는 보유 물량을 약 400만 주로 늘렸고, 2월에는 모두 처분했습니다. 우리는 인수기업인 KKR에 신청해 보유 물량 중에서 300만 주를 팔았고, 나머지 물량은 즉시 시장에서 처분했습니다. 세전이익은 예상보다 많은 6,400만 달러였습니다.

그전에 낯익은 얼굴이 RJR 나비스코 입찰 장소에 나타났습니다. 세금 관련 제안을 주로 하는 퍼스트 보스턴First Boston 소속 제이 프리츠커였습니다. 요기 베라Yogi Berra의 표현을 빌리면 "모두 이미 본 장면"이었습니다.

평소 같았으면 우리는 RJR 주식을 사들였겠지만, 살로몬이 인수단에 참여한 탓에 마음대로 주식을 살 수가 없었습니다. 찰리와 나는 살로몬의 이사이지만, 관례에 따라 살로몬의 인수 및 합병 정보와는 차단되어 있었습니다. 우리가 그렇게 해달라고 요청했습니다. 그런 정보는 우리에게 도움이 되지도 않을뿐더러, 때때로 버크셔의 차익거래를 막기도 하기 때문입니다.

그러나 살로몬은 RJR 거래에 이례적으로 거액을 제안했으므로 이사 전원에게 모든 정보를 제공할 수밖에 없었습니다. 이 때문에 버크셔는 RJR을 두 번만 살 수 있었습니다. 첫 번째는 경영진이 인수 계획을 발표한 직후부터 살로몬이 인수에 참여하기 전까지 며칠이었습니다. 두 번째는 훨씬 뒤 RJR 이사회가 KKR을 선택한 다음이었습니다. 다른 때에는 살 수 없었으므로 우리는 이사직 때문에 막대한 손실을 본 셈입니다.

1988년에 우리가 차익거래로 좋은 실적을 올렸으므로 여러분은 1989년에도 우리가 차익거래를 대규모로 벌일 것으로 기대할지 모릅니다. 그러나 우리는 관망할 생각입니다.

한 가지 이유는 다행스럽게도 보유 현금이 감소했기 때문입니다. 우리가 장기간 보유할 주식이 대폭 증가했다는 말씀입니다. 연차보고서를 정기적으로 읽는 분들은 아시겠지만, 우리는 주식시장에 대한 단기 전망을 바탕으로 투자하지 않습니다. 개별 기업의 장기 사업 전망을 바탕으로 투자합니다. 우리는 주식시장, 금리, 1년 뒤 경기에 대해서는 전망하지도 않고, 전망해본 적도 없으며, 앞으로도 절대 전망하지 않을 것입니다.

우리는 현금이 넘치더라도 1989년에는 차익거래를 거의 하지 않을 것입니다. 기업 인수시장이 이례적으로 과열되고 있습니다. 《오즈의 마법사》에서 도로시가 "토토, 여기는 도무지 캔자스 같지가 않아"라고 말하던 장면이 떠오릅니다.

우리는 이런 과열이 얼마나 이어질지 전혀 모르겠고 과열에 기름을 붓는 정부, 대출기관, 인수기업의 태도가 어떻게 해야 바뀔지도 모르겠습니다. 그러나 다른 사람들이 무분별할수록 우리는 더 신중해야 한다는 점은 분명히 알고 있습니다.

우리는 인수기업과 대출기관들의 과도한 낙관주의를 이용해서 차익거래를 하고 싶은 마음도 없습니다. 우리는 "영원히 이어질 수 없는 것이라면 끝이 오는 법이다"라고 말한 경제학자 허브 스타인Herb Stein의 지혜를 마음에 새기고자 합니다. 〔1988〕

작년 1989년에는 차익거래가 거의 없을 것이라고 말했는데, 실제로도 그러했습니다. 차익거래는 단기 현금성자산의 대안인데, 작년에는 일부 기간에 보유 현금이 비교적 적었습니다. 나머지 기간에는 현금이 매우 많았지만, 그렇더라도 차익거래를 하지 않았습니다. 주된 이유는 기업들의 거래 행태가 이치에 맞지 않았기 때문입니다. 그런 차익거래는 더 멍청한 바보를 찾는 게임과 너무도 비슷합니다(월스트리트의 투자저술가 레이 데보Ray DeVoe는 말했습니다. "바보들은 천사들이 두려워서 하지 않는 거래도 한다"). 우리는 때때로 차익거래를 하겠지만, 승산이 있을 때에만 할 것입니다.

[1989]

D.   효율적 시장 이론에 대한 반박

지금까지 차익거래에 대해서 논의했으므로 이번에는 효율적 시장 이론efficient market theory: EMT에 대해서 간단하게 논의하는 것도 좋을 듯합니다. 이 이론은 1970년대에 학계에서 크게 유행했으며, 거의 성서가 되다시피 했습니다. 이 이론에서는 주식에 관한 일반 정보가 모두 주가에 정확하게 반영되어 있으므로 주식을 분석해도 소용이 없다고 말합니다. 다시 말해서 시장은 항상 모든 것을 알고 있다는 뜻입니다. 따라서 EMT를 가르치는 교수들은 주식 시세표에 다트를 던져서 포트폴리오를 구성해도, 가장 총명한 분석가가 열심히 분석해서 구성한 포트폴리오와 별 차이가 없다고 말합니다. 놀랍게도 학계뿐 아니라 투자 전문가와 기업 경영자들도 이 이론을 받아들였습니다. 이들은 시장이 **자주** 효율적인 모습을 확인한 다음, 시장이 **항상** 효율적이라고 잘못된 결론을 내렸습니다. 그러나 자주와 항상의 차이는 낮과 밤만큼이나 큰 것입니다.

내가 그레이엄-뉴먼, 버핏투자조합, 버크셔를 거치면서 63년 동안 계속 차익거래를 하는 것만 보아도 EMT가 얼마나 어리석은지 드러납니다(다른 증거도 얼마든지 있습니다). 나는 그레이엄-뉴먼에 근무할 때, 회사가 존속한 기간인 1926~1956년의 차익거래 수익률을 분석해보았습니다. 그러자 차입금 없이 거둔 수익률이 연 20%였습니다. 1956년부터 나는 그레이엄의 차익거래 원칙을 먼저 버핏투자조합에, 이어서 버크셔에 적용했습니다. 정확하게 계산해보지는 않았지만, 1956~1988년 수익률이 연 20%를 훨씬 넘을 것입니다(물론 나는 그레이엄보다 훨씬 유리한 환경에서 투자했습니다. 그레이엄처럼 대공황과 씨름할 필요가 없었으니까요).

이제 포트폴리오의 실적을 공정하게 평가할 수 있는 요건이 모두 갖춰졌습니다. (1) 63년에 걸쳐 3개 회사에서 수백 가지 증권을 거래한 실적이 있고, (2) 행운 몇 건 때문에 실적이 왜곡되지도 않았으며, (3) 모호한 사실을 파헤치거나 제품과 경영진에 관해서 예리한 통찰력을 발휘할 필요 없이 단지 공표된 사건만을 이용했고, (4) 차익거래 영역이 명확하게 정의되었습니다(사후에 임의로 선택하지 않았습니다).

63년 동안 전체 시장의 수익률은 배당을 포함해서 연 10%에 조금 못 미쳤습니다. 이는 배당을 모두 재투자했다면 1,000달러가 40만

5,000달러가 되었다는 뜻입니다. 그러나 수익률이 연 20%였다면 1,000달러는 9,700만 달러가 되었을 것입니다. 이 정도 통계적으로 유의미한 차이라면 누구나 호기심을 가질 만합니다.

그런데도 EMT 옹호자들은 이런 증거에 관심이 전혀 없는 듯합니다. 물론 요즘은 이들도 과거처럼 EMT에 대해서 많이 말하지 않습니다. 그러나 내가 알기로는 수천 명이나 되는 학생을 잘못 가르치고서도 자신의 잘못을 인정한 사람이 없습니다. 게다가 EMT는 주요 경영대학원 투자 교과 과정에서 여전히 핵심을 차지합니다. 신비감이 사라질까 두려워 잘못을 덮어두는 행태는 신학자만의 것이 아니더군요.

이들이 학생들을 잘못 가르치고 투자 전문가들을 오도한 덕분에 우리를 포함한 그레이엄 추종자들은 엄청난 혜택을 보았습니다. 어떤 종류의 시합에서든 누군가 경쟁자에게 노력해도 소용없다고 가르쳐준다면 우리는 엄청나게 유리해집니다. 이기적으로 생각하면 그레이엄 추종자들은 이들이 EMT를 영원히 가르치도록 기부금이라도 내야 할 판입니다.

이제 유의 사항을 말씀드리겠습니다. 최근에는 차익거래가 쉬워 보였습니다. 그러나 차익거래는 연 20% 수준의 이익을 보장하는 투자 방식이 아닙니다. 말씀드렸듯이 시장은 매우 효율적인 경우가 많습니다. 우리는 63년 동안 차익거래 기회를 많이 포착했지만, 가격이 타당해서 놓친 기회가 훨씬 많습니다.

특정 투자 유형이나 스타일만 고집해서는 주식으로 탁월한 이익을 거둘 수 없습니다. 사실을 세심하게 평가하고 끊임없이 훈련을 쌓아야만 가능합니다. 아무 차익거래나 이용하는 것은 다트를 던져 포트폴리오를 구성하는 것과 다를 바 없습니다.

탁월한 경영자가 이끄는 탁월한 기업이라면 우리는 그 일부를 영원히 보유하고 싶습니다. 일부 투자자는 기업의 실적이 좋으면 서둘러 팔아 이익을 실현하고 실적이 나쁘면 끈질기게 보유하지만, 우리는 정반대로 투자합니다. 피터 린치Peter Lynch는 일부 투자자의 이런 행태가 꽃을 뽑아내고 잡초에 물을 주는 것과 같다고 말했습니다. 〔1988〕

우리는 이해할 수 있으면서 실적도 견실한 기업의 주식을 판다면 이는 대개 어리석은 짓이라고 여전히 생각합니다. 이런 기업은 찾기가 너무도 어렵기 때문입니다.

흥미롭게도 회사 운영에 몰두하는 경영자들은 이런 이치를 잘 이해합니다. 모회사는 장기 전망이 탁월한 자회사라면 어떤 가격에도 팔지 않을 것입니다. CEO는 "가장 중요한 기업을 왜 팝니까?"라고 말할 것입니다. 그러나 같은 CEO가 주식 포트폴리오를 운용할 때에는 완전히 달라집니다. 주식중개인의 피상적인 주장 몇 마디에 즉시 이 기업에서 저 기업으로 갈아탑니다. 아마도 최악의 사고방식은 "이익을 실현한다고 거덜나는 법은 없다"일 것입니다.

최고의 자회사를 팔자고 CEO가 이사회에서 이렇게 주장하는 모습을 상상할 수 있습니까? 사업에 통하는 이치는 주식에도 통합니다. 탁월한 기업을 보유한 대주주가 주식을 끈덕지게 보유하는 것처럼, 투자자도 탁월한 기업의 주식을 소량이라도 끈덕지게 보유해야 합니다.

앞에서 나는 1919년 코카콜라에 40달러를 투자했다면 얼마가 되었을지 이야기했습니다.* 코카콜라가 소개되고 50년도 더 지나 미국의 상징으로 확고하게 자리 잡은 1938년, 〈포춘〉에 탁월한 기사가 실렸습니다. 두 번째 문단에서 기자는 이렇게 썼습니다. "진지한 거물 투자자가 해마다 몇 번씩이나 코카콜라를 유심히 지켜보면서 실적에 깊은 경의를 표했지만, 투자하기에는 너무 늦었다고 아쉬워했다. 시장이 포화 상태에 이르러 경쟁이 치열해졌다고 두려워한 것이다."

물론 경쟁은 1938년에도 있었고 1993년에도 있습니다. 그러나 1938년에는 코카콜라가 2억 700만 상자 팔렸지만, 1993년에는 50배가 넘는 107억 상자나 팔렸습니다. 1938년에 파티가 끝난 것이 아니었습니다. 1919년에 40달러를 투자해서 1주를 샀다면 1938년 말에 3,277달러가 되었지만, 1938년에 새로 40달러를 투자했다면 1993년 말에는 2만 5,000달러가 되었습니다.

1938년 〈포춘〉 기사를 한 번만 더 인용하겠습니다. "코카콜라와 같은 대기업이 코카콜라처럼 변함없는 제품을 팔아 10년 매출 기록을 세운 예는 찾아보기 어렵다." 이후 55년이 지났고 코카콜라의 제품 종류가 다소 늘어났지만, 이 표현은 여전히 놀라울 정도로 맞아떨어집니다.

---

* [1993년 주주 서한에 별도의 문단으로 다음과 같이 실렸다.] 역사의 교훈 하나를 덧붙이겠습니다. 코카콜라는 1919년 주당 40달러에 공개되었습니다. 1920년 말이 되자 코카콜라는 시장에서 냉정하게 재평가받아 50% 넘게 폭락하면서 19.50달러가 되었습니다. 그러나 이 주식 1주를 보유하면서 배당을 재투자했다면 1993년 말에는 그 가치가 210만 달러를 넘어섰습니다. 벤저민 그레이엄은 말했습니다. "단기적으로 시장은 (어리석고 정서가 불안한 사람도 돈만 있으면 누구나 참여할 수 있는) 투표소와 같지만, 장기적으로는 저울과 같다."

오래전에 찰리와 나는 평생 투자를 해도 현명한 결정을 수백 번 내리기는 너무도 어렵다고 판단했습니다. 이제 버크셔의 자본이 급격히 증가하여, 잘못된 결정을 내리면 실적이 크게 나빠질 수 있으므로 이런 걱정이 더 커지고 있습니다. 따라서 우리는 현명한 결정을 자주 내리지 않아도 되는 전략을 채택했습니다. 사실 이제 우리는 좋은 아이디어를 1년에 한 번만 내기로 했습니다(찰리가 올해는 자기 차례라고 말합니다).

　　우리 전략은 일반적인 분산 투자 이론을 따르지 않습니다. 따라서 전문가들은 우리 전략이 전통적인 분산 투자 전략보다 더 위험하다고 말할 것입니다. 그러나 우리 생각은 다릅니다. 집중 투자 전략을 사용하면 기업을 더 강도 높게 분석할 수 있고 기업의 경제 특성에 대해 더 안심할 수 있으므로 오히려 위험을 낮출 수 있다고 생각합니다. 이때 우리는 위험을 사전과 마찬가지로 '손실이나 피해 가능성'으로 정의합니다.

　　그러나 학자들은 투자 '위험'을 다르게 정의합니다. 이들은 주식이나 포트폴리오의 상대적 변동성, 즉 전체 주식의 변동성과 비교한 변동성이라고 주장합니다. 이들은 데이터와 통계 기법을 사용해서 주식의 '베타'를 정확하게 계산하고, 이를 바탕으로 난해한 투자 이론과 자본배분 이론을 수립합니다. 그러나 단일 통계치로 위험을 측정하려고 집착하다 보니 근본 원리를 망각합니다. "정밀하게 맞히려다 완전히 빗나가는 것보다 대강이라도 맞히는 편이 낫다"라는 원리 말입니다.

　　기업의 대주주가 보기에 학계에서 정의한 위험은 완전히 빗나가서 터무니없을 정도입니다. 예를 들어 베타 이론에 의하면, 어떤 주식이 시장보다 더 가파르게 떨어지면(우리가 1973년에 산 워싱턴 포스트처럼 말입니다) 그 주식은 가격이 싸졌는데도 가격이 높았을 때보다 더 위험해집니다. 훨씬 싼 가격에 기업을 인수하라는 제안을 받아도 과연 이런 식으로 생각할까요?

사실 진정한 투자자는 변동성을 환영합니다. 그레이엄이 《현명한 투자자(The Intelligent Investor)》 8장에서 그 이유를 설명했습니다. 여기서 그레이엄은 '미스터 마켓'을 소개했는데, 매일 찾아와서 당신의 주식을 사주거나 당신에게 주식을 팔아주겠다고 제안하는 부지런한 사람입니다. 이 친구의 조울증이 심해질수록 투자자는 더 큰 기회를 잡을 수 있습니다. 시장이 거칠게 오르내리면 간혹 건전한 기업이 터무니없이 싼 가격에 거래될 수도 있기 때문입니다. 투자자는 이런 가격 움직임을 무시할 수도 있고 이용할 수도 있는데, 단지 변동성이 높다는 이유로 더 위험해졌다고 주장하는 말을 나는 도무지 이해할 수가 없습니다.

위험을 평가할 때 순수하게 베타만을 고집하는 사람은 그 회사가 생산하는 제품이 무엇이고, 경쟁자들의 동태가 어떠하며, 차입금 규모가 얼마나 되는지에 전혀 무관심합니다. 심지어 회사의 이름조차 알려고 하지 않습니다. 그가 중시하는 것은 과거 주가 움직임입니다.

반면에 우리는 과거 주가가 없어도 전혀 상관치 않습니다. 대신 회사를 더 잘 이해하게 해주는 정보라면 어떤 정보라도 탐색합니다. 따라서 우리는 주식을 산 다음 시장이 1~2년 문을 닫아도 걱정하지 않을 것입니다. 지분을 100% 보유한 씨즈캔디나 H H 브라운의 일일 호가가 나오지 않더라도 전혀 상관없습니다. 하물며 지분이 7%에 불과한 코카콜라의 호가가 왜 필요하겠습니까?

투자자가 진정한 위험을 측정하려면 '투자로부터 회수하는 세후 원리금 합계'가 '투자 원금의 구매력에 적정 이자를 더한 금액' 이상인지 계산해보아야 합니다. 이 위험을 아주 정밀하게 계산할 수는 없겠지만, 대개 유용한 수준으로는 판단할 수 있습니다. 이 평가와 관련된 주요 요소는 다음과 같습니다.

(1) 사업의 장기 경제성을 평가할 수 있다는 확신
(2) 경영진이 기업의 잠재력을 충분히 실현하고 현금흐름을 현명하게 활용할 능력이 있는지 평가할 수 있다는 확신
(3) 경영진이 이익을 자신이 챙기지 않고 주주들에게 돌려준다는 확신
(4) 매입 가격
(5) 세금과 인플레이션 수준. 구매력 기준으로 투자 실적을 평가해야 하므로.

이런 요소들은 어떤 데이터베이스에서도 뽑아낼 수가 없으므로 분석가들은 지극히 모호하다고 생각할 것입니다. 그러나 이런 요소들은 계량화하기 어렵다고 해서 중요성이 사라지는 것이 아니고, 극복할 수 없는 문제도 아닙니다. 대법원 판사 스튜어트Potter Stewart가 외설의 기준을 공식화하지 못하면서도 "보면 안다"라고 주장한 것처럼, 투자자들도 복잡한 수식이나 과거 가격 흐름을 알지 못하더라도 투자에 내재하는 위험을 알 수 있습니다.

코카콜라와 질레트의 장기 사업 위험이 예컨대 컴퓨터회사나 소매회사보다 훨씬 낮다고 판단하기가 그토록 어려운가요? 코카콜라는 세계 청량음료시장 점유율이 약 44%이고, 질레트는 세계 면도기시장 점유율이 금액 기준으로 60%가 넘습니다. 리글리Wrigley가 지배하는 껌시장을 제외하면 나는 선도기업이 이렇게 오랜 기간 세계 시장을 지배한 예를 알지 못합니다.

게다가 최근 코카콜라와 질레트는 세계 시장점유율을 더 높였습니다. 막강한 브랜드, 뛰어난 제품 특성, 강력한 유통 시스템을 갖춘 이들은 경쟁력이 엄청나며, 견고한 성채 둘레에 해자를 갖추고 있습니다. 반면에 일반 기업들은 아무 보호 수단도 없이 매일 전쟁을 치러야 합니다. 피터 린치가 말하듯이, 차별화가 안 된 제품을 판매하는 회사의 주식에는 "경쟁 때문에 위험할지도 모릅니다"라는 경고 딱지라도 붙여야 할 것입니다.

코카콜라와 질레트의 경쟁력은 아마추어의 눈에도 뚜렷이 보입니다. 그러나 이들의 베타는 경쟁력이 거의 없는 평범한 기업들의 베타와 비슷합니다. 이렇게 베타가 비슷하다고 해서 사업 위험을 평가할 때 코카콜라와 질레트의 경쟁력을 무시해야 할까요? 또는 주식을 보유하는 위험은 사업에 내재하는 장기 위험과 전혀 다르다고 판단해야 할까요? 우리는 둘 다 잘못이라고 보며, 베타와 투자 위험을 동일시하는 것은 의미가 없다고 생각합니다.

이론가가 만들어낸 베타로는 예컨대 애완용 돌pet rocks이나 훌라후프 한 제품만 판매하는 완구회사가 더 위험한지, 아니면 모노폴리나 바비 인형 한 제품만 판매하는 완구회사가 더 위험한지도 구분하지 못합니다. 그러나 일반 투자자들도 소비자 행동과 장기 경쟁력 요소들을 이해하면 어느 회사가 더 위험한지 구분할 수 있습니다. 물론 투자자들은 누구나 실수를 저지릅니다. 그러나 비교적 이해하기 쉬운 몇몇 사례에 집중할 경우, 어느 정도 현명하고 지식이 있으며 부지런한 사람이라면 투자 위험을 비교적 정확하게 판단할 수 있습니다.

물론 찰리와 나도 그 회사 제품이 애완용 돌인지 바비 인형인지 판단하지 못하는 산업도 많습니다. 이런 산업은 우리가 몇 년씩 집중적으로 연구해도 이해하지 못할 것입니다. 우리의 지적 능력이 부족해서 이해하지 못하는 경우도 있고, 산업의 특성 자체가 걸림돌이 될 수도 있습니다. 예를 들어 빠르게 발전하는 기술을 다루는 기업이라면 장기 경제성을 정확하게 평가하는 일 자체가 부적합할 것입니다. 우리가 30년 전에 텔레비전 제조나 컴퓨터 산업이 어떻게 될지 내다보았습니까? 물론 내다보지 못했습니다(이런 산업에 열정적으로 진입한 투자자와 경영자들도 대부분 내다보지 못했습니다). 그러면 지금 찰리와 나는 왜 빠르게 발전하는 다른 기업들의 미래를 내다볼 수 있다고 생각할까요? 우리는 이해하기 쉬운 분야에 집중하기 때문입니다. 눈앞에 바늘이 보이는데 굳이 건초더미를 뒤질 필요가 있나요?

물론 차익거래와 같은 일부 투자 전략은 폭넓은 분산 투자가 필요합니다. 거래 한 건에 따르는 위험이 크다면 이와 무관한 거래 여러 건으로 분산하여 전체 위험을 낮춰야 합니다. 따라서 확률을 가중평균했을 때 이익이 손실보다 훨씬 크다고 판단되고, 상관관계가 낮은 여러 건으로 분산해서 투자할 수 있다면, 위험이 크더라도 투자를 실행할 수 있습니다. 벤처 투자자들이 대부분 이 전략을 사용합니다. 이 방법을 선택한다면 카지노 룰렛 운영자의 관점을 가져야 합니다. 운영자는 많은 사람이 소액을 베팅하면 확률상 유리하므로 환영하지만, 한 사람이 거액을 베팅하려 한다면 거절할 것입니다.

폭넓게 분산 투자해야 하는 경우가 또 있습니다. 개별 기업의 경제성은 모르지만 어떤 산업에 장기 투자하면 유리하다고 확신할 때입니다. 이 투자자는 여러 시점에 걸쳐 많은 종목을 사야 합니다. 예를 들어 정기적으로 인덱스펀드에 투자하면 아무것도 모르는 투자자라도 대부분의 투자 전문가를 누를 수 있습니다. 역설적이지만 어리석은 투자자라도 자신의 한계를 인식하는 순간 어리석음을 벗어나게 됩니다.

반면에 어느 정도 아는 투자자라서 사업의 경제성을 이해할 수 있고 가격도 합리적이면서 장기 경쟁우위를 확보한 기업 5~10개를 찾아낼 수 있다면 전통적인 분산 투자는 맞지 않습니다. 흔히 실적은 감소하고 위험은 증가하기 때문입니다. 이런 투자자라면 선호도 20위 종목에 자금을 배분하는 대신, 자신이 가장 잘 이해하고 위험이 낮으며 이익 잠재력이 큰 선호도 1위 종목에 자금을 보태야 합니다. 메이 웨스트는 말했습니다. "좋은 것이 아주 많으면 멋지지요." 〔1993〕

※※※※※※

우리가 거래 활동에 거리를 두는 것은, 주식시장에서는 활발하게 거래하는 사람으로부터 인내심 있는 사람에게로 돈이 흘러간다고 보기 때문입니다(굳이 이야기하자면 최근 사건에서 늘 혹평받던 '게으른 부자들'

의 재산은 유지되거나 증가했지만, 적극적으로 부동산을 거래하거나 기업을 인수하거나 석유를 시추하던 '부지런한 부자들'의 재산은 날아갔습니다).

기네스Guinness는 버크셔가 처음 대규모로 투자한 외국 기업입니다. 그러나 기네스가 돈을 버는 방법은 코카콜라나 질레트와 매우 비슷해서, 이익 대부분을 국제영업에서 벌어들입니다. 실제로 대륙별로 벌어들이는 이익을 보더라도 코카콜라와 기네스는 유사성이 높습니다 (그러나 여러분이 두 회사 제품을 혼동할 일은 절대 없을 것입니다. 그리고 여러분의 회장은 일편단심 체리코크 편입니다).

우리는 주주를 생각하는 유능한 경영진이 운영하는 기업으로서 이해할 수 있고, 영속적이며, 군침 돌 정도로 경제성 좋은 대기업을 끊임없이 찾고 있습니다. 물론 이런 기업을 산다고 좋은 실적이 보장되는 것은 아닙니다. 우리가 합리적인 가격에 사야 하고, 그 기업이 실제로 좋은 실적을 내야 합니다. 그러나 이렇게 슈퍼스타를 찾는 투자 방법이 우리가 진정한 성공을 거두는 유일한 기회입니다. 우리가 보유한 막대한 자금을 고려하면 찰리와 나는 그다지 기민하지 못해서, 부실기업까지 능숙하게 사고팔면서 탁월한 실적을 올릴 수가 없습니다. 그러나 이 꽃 저 꽃을 옮겨 다니듯 투자하면서 장기적으로 성공하는 사람은 많지 않을 것으로 생각합니다. 사실 빈번하게 매매하는 사람을 '투자자'라고 부른다면 바람둥이의 하룻밤 관계도 낭만적 사랑이 될 것입니다.

내가 사업 영역을 한정해서, 예컨대 오마하 소재 비상장기업에만 투자한다면 첫째, 각 기업의 장기 경제성을 평가하고, 둘째, 경영자들의 자질을 평가하며, 셋째, 가장 잘 운영되는 몇몇 기업을 합리적인 가격에 사들일 것입니다. 나는 오마하의 모든 기업을 똑같은 분량으로 보유할 생각이 전혀 없습니다. 그러면 상장기업이라고 해서 버크셔가 다른 방법을 써야 할 이유가 어디 있습니까? 그리고 우수한 기업과 탁월한 경영자를 찾아내기가 그렇게 어려운데, 왜 입증된 종목(진짜배기)을 버려야 합니까? 우리 좌우명은 "처음에 성공하면 더 시도하지 마라"입니다.

걸출한 사상만큼이나 투자 솜씨도 걸출했던 존 메이너드 케인스John Maynard Keynes는 1934년 8월 15일 사업 동료 스콧F. C. Scott에게 보낸 편지에 다음과 같이 썼습니다. "시간이 흐를수록 나는 자신이 잘 알고 경영진을 철두철미하게 믿을 수 있는 회사에 거액을 집어넣는 것이 바른 투자 방법이라고 더욱 확신하게 된다네. 아는 것도 없고 특별히 믿을 이유도 없는 기업에 널리 분산 투자하고서 위험이 감소했다고 생각하는 것은 착각이야. 사람의 지식과 경험은 분명히 한계가 있어서, 나는 **완전히** 믿음이 가는 기업을 한 시점에 3~4개 이상 본 적이 없어."

[1991]

⬦⬦⬦⬦⬦⬦

1987년 한 해는 주식시장이 흥분에 휩싸인 기간이었지만, 지수는 거의 바뀌지 않았습니다. 다우지수는 한 해 동안 2.3% 상승했을 뿐입니다. 연중 급등락을 거듭하다가 결국 제자리로 돌아오는 시장을 여러분도 잘 아실 것입니다. 미스터 마켓이 10월까지 열광적으로 날뛰다가 이후 갑자기 발작을 일으켰습니다.

이 혼란은 수십억 달러를 운용하는 '투자 전문가들' 덕분입니다. 명성 높은 펀드매니저들이 기업의 미래에 집중하는 대신, 이제는 다른 펀드매니저들의 며칠 뒤 행동을 예상하는 일에 집중합니다. 이들에게 주식은 게임용 주화에 불과합니다.

이들의 태도를 보여주는 극단적인 예가 '포트폴리오 보험'으로서, 1986~1987년에 선도적 투자자문사들이 사용했던 운용 전략입니다. 소액 투기꾼의 손절매 주문을 단지 이색적으로 포장한 전략인데, 주가가 하락할수록 주식 매도량도 계속 늘려야 한다고 주장합니다. 다른 고려 사항은 없습니다. 따라서 주가가 일정 수준 내려가면 자동으로 대량 매도 주문이 나옵니다. 〈브래디 보고서〉*에 의하면 1987년 10월 중순에 자동 매도 주문이 걸려 있었던 주식이 600~900억 달러였습니다.

투자자문사에 돈을 맡길 생각이었다면 이 이야기에 당황하실 것입니다. 그러나 합리적인 농장 주인이 이웃 농장이 싼 가격에 팔렸다고 해서 자기 농장도 나누어 팔겠습니까? 또는 어느 날 아침 9시 30분에 이웃집이 전날 가격보다 싸게 팔렸다고 해서 당신 집을 9시 31분 매수호가에 무조건 팔아버리겠습니까?

그러나 포트폴리오 보험 이론에서는 포드나 GEGeneral Electric Company를 보유한 연금기금이나 대학에 대해서도 이렇게 하라고 말합니다. 회사의 가치가 낮게 평가될수록 더 적극적으로 팔아야 한다고

---

* Brady Report: 1987년 주가 대폭락 사태를 심층 분석한 미국 대통령 특별 조사단의 연구 보고서 - 옮긴이

말합니다. 뒤집어 말하면(내가 만들어낸 이야기가 아닙니다) 이런 기업의 주가가 대폭 반등한 다음에 다시 사라고 주장합니다. 이렇게 비현실적인 관행을 따르는 펀드매니저들이 막대한 자금을 주무르고 있기 때문에 시장이 때때로 기괴한 행태를 보이는 것도 놀랄 일이 아닙니다.

그러나 최근 사건들을 보고 잘못된 결론을 내린 사람이 많습니다. 이들은 이제 변덕스러운 기관투자가들이 시장을 지배하고 있으므로 소액 투자자들에게는 가망이 없다고 말합니다. 이 결론은 완전히 틀렸습니다. 이런 시장은 자신의 투자 원칙을 지키기만 하면 소액 투자자에게든 거액 투자자에게든 이상적인 기회가 됩니다. 펀드매니저들의 비합리적인 투기에서 비롯되는 변동성은 진정한 투자자에게 현명하게 투자할 기회가 됩니다. 금전적 압박이나 심리적 압박에 못 이겨 잘못된 시점에 팔 때만 변동성에 희생당하는 것입니다.   〔1987〕

E.   '가치투자'는 군더더기 용어

우리는 기업을 통째로 인수하는 것이나 시장에서 일부 지분을 사는 것이나 근본적으로 큰 차이가 없다고 생각합니다. 어느 방법을 선택하든 장기 경제성이 좋은 기업을 사려고 합니다. 우리의 목표는 탁월한 기업을 합리적인 가격에 사는 것이지, 그저 그런 기업을 싼 가격에 사는 것이 아닙니다. 우리는 비단 지갑은 비단으로 만들어야지, 돼지 귀로 만들면 실패한다는 사실을 깨달았습니다(나는 항상 빨리 배우는지라, 좋은 기업을 사야 한다는 사실을 깨닫는 데에 20년밖에 안 걸렸습니다. 그사이에 나는 '싸구려' 기업들을 찾아다녔고, 불운하게도 몇 개를 찾아내고야 말았습니다. 그 대가로 소규모 농기구 제조회사, 3위 백화점, 뉴잉글랜드 직물회사로부터 경제성이 무엇인지 제대로 배웠습니다).

물론 찰리와 나도 기업의 경제성을 잘못 파악할 수 있습니다. 그러면 그 기업이 지분을 100% 보유한 자회사이든 유통시장에서 산 주식이든 우리는 문제에 직면하게 됩니다(실제로 기업은 잘못 파악하기가 쉽습니다. 앤드루 카네기에 관한 기사를 쓰려고 미국으로 출장 온 유럽 기자가 편집자에게 전보를 쳤습니다. "못 믿으시겠지만, 카네기는 도서관 운영에 돈을 퍼붓고 있습니다").

우리는 기업을 인수할 때나 유통주식을 살 때나, 사업이 좋으면서 경영자도 우수하고 호감 가는 기업을 사려고 노력합니다. 기업을 인수하면 우리가 경영자를 잘못 판단했어도 바꿀 수 있다는 장점이 있습니다. 그러나 실제로 이런 장점은 착각에 불과합니다. 경영진을 바꾸는 데에는 이혼과 마찬가지로 고통과 시간과 불확실성이 따릅니다. 우리가 유가증권 3종목을 영원히 보유하기로 한 것도 바로 이런 이유입니다. 캐피털시티의 톰 머피Tom Murphy와 댄 버크Dan Burke, 가이코의 빌 스나이더Bill Snyder와 루 심프슨Lou Simpson, 워싱턴 포스트의 케이 그레이엄Kay Graham과 딕 시몬스Dick Simmons를 대신할 사람들을 우리는 도저히 찾을 수가 없습니다.

자회사 형태로 보유하면 두 가지 커다란 이점이 있습니다. 첫째, 우리가 자본배분을 할 수 있습니다. 대부분 기업의 경영진은 자본배분에 능숙하지 않으므로 이는 커다란 이점이 될 수 있습니다. 이들이 자본배분에 서툰 것은 당연합니다. 이들은 대부분 마케팅, 생산, 엔지니어링, 관리(아니면 간혹 사내 정치) 등에서 두각을 나타내어 정상에 오른 사람들이기 때문입니다.

이들이 CEO가 되면 새로운 책임을 떠맡게 됩니다. 이제 이들은 자본배분이라는 중대한 업무도 수행해야 하지만, 대개 이런 일은 해본 적도 없고 쉽게 습득되는 일도 아닙니다. 이는 실력 있는 음악가가 승승장구하여 카네기홀에서 연주하는 대신, 연방준비제도이사회Federal Reserve Board of Governors: FRB 의장으로 임명되는 꼴입니다.

CEO들이 자본배분에 서툴다는 사실은 사소한 문제가 아닙니다. 10년 동안 회사 순이익의 10%가 유보된다면 CEO는 전체 자본금의 60%가 넘는 자본에 대해 배분 책임을 지게 됩니다.

CEO들은 자신의 자본배분 능력이 부족하다고 인식하면 흔히 직원, 경영 컨설턴트, 투자은행(우리나라의 대형 증권회사와 비슷-옮긴이) 등에 의지합니다. 찰리와 나는 이런 전문가들의 도움이 어떤 결과를 가져오는지 자주 지켜보았습니다. 대개 자본배분 문제를 해결하기보다는 더 키우는 모습이었습니다.

결국 미국 기업에서는 현명하지 못한 자본배분이 수없이 일어나고 있습니다(바로 이런 이유로 인해 '구조조정'이 그토록 많이 일어나는 것입니다). 다행히 버크셔는 운이 좋았습니다. 유통시장에서 주식을 사들인 주요 기업들도 대개 자본배분이 잘되어 있었고 일부는 탁월한 수준이었습니다.

자회사 형태로 보유할 때 얻는 두 번째 이점은 세금입니다. 버크셔는 지주회사이므로 지분 비율이 80% 미만인 주식에 대해서는 상당한 세금 비용을 부담해야 합니다. 이런 세금 부담은 오래전부터 있었지만 1986년 세법이 개정되면서 대폭 증가했습니다. 그 결과 같은 실적이더라도 지분 비율이 80% 이상인 회사에서 나오는 실적이 버크셔의 재무 성과에 50%까지 더 유리해질 수 있습니다.

그러나 시장에서 사들이는 유통주식의 단점을 때로는 커다란 이점이 상쇄해주기도 합니다. 간혹 탁월한 회사의 유통주식을, 기업을 인수할 때 치르는 가격보다 터무니없이 싼 가격에 살 수 있기 때문입니다. 예를 들어 우리는 1973년 워싱턴 포스트 주식을 주당 5.63달러에 샀는데, 이 회사는 1987년 세후 주당 영업이익이 10.30달러였습니다. 마찬가지로 1976, 1979, 1980년에 가이코 주식을 평균 주당 6.67달러에 샀는데, 작년 세후 주당 영업이익이 9.01달러였습니다. 이런 사례를 보면 미스터 마켓은 엄청나게 고마운 친구였습니다.   〔1987〕

⊠⊠⊠⊠⊠⊠⊠

우리의 주식 투자 전략은 1977년 연차보고서에서 말씀드린 내용과 거의 달라지지 않았습니다. "우리는 유통주식을 살 때도 기업을 통째로 인수할 때와 똑같은 방식으로 평가합니다. (a) 우리가 이해할 수 있고, (b) 장기 전망이 밝으며, (c) 정직하고 유능한 사람들이 경영하고, (d) 가격이 매우 매력적인 기업을 고릅니다." 우리는 이 원칙 가운데 하나만 바꿨습니다. 시장 여건과 우리 회사 규모를 고려해서 '가격이 매우 매력적인 기업'을 '가격이 매력적인 기업'으로 변경했습니다.

그러면 가격이 매력적인지를 어떻게 평가할까요? 대부분의 분석가는 가격의 매력도를 평가할 때 '가치'와 '성장' 가운데 하나를 선택해야 한다고 생각합니다. 두 용어를 섞어 쓰는 것은 일종의 변태 행위라고 보는 투자 전문가가 많습니다.

그러나 우리는 이를 유연한 사고로 봅니다(사실 나는 몇 년 전부터 섞어서 사용하고 있습니다). 우리 생각에 가치와 성장은 일심동체입니다. 성장은 가치 평가에 **항상** 포함되는 요소로서, 그 중요성이 미미한 정도부터 엄청난 수준까지 이를 수 있고, 그 영향이 긍정적은 물론 부정적이 될 수도 있습니다.

게다가 우리는 '가치투자'라는 용어 자체가 군더더기라고 생각합니다. '투자'가 지불하는 가격보다 더 높은 가치를 추구하는 행위가 아니라면 무엇이겠습니까? 곧 더 높은 가격에 팔려고, 알면서도 내재가치보다 더 높은 가격을 치르는 행위는 투기로 보아야 합니다(물론 이는 불법도 아니고 부도덕도 아니지만, 부자가 되는 방법도 아니라고 봅니다).

옳든 그르든 '가치투자'라는 용어는 널리 사용되고 있습니다. 대개 주가순자산배수PBR가 낮거나, PER이 낮거나, 배당수익률이 높은 주식에 투자하는 것을 가리킵니다. 그러나 이런 속성을 1~2개 갖춘 종목을 산다고 해서 진정 가격을 웃도는 '가치'를 확보하는 것은 절대 아닙니다. 반대로 PBR이 높거나, PER이 높거나, 배당수익률이 낮은 주식을 산다고 해서 '가치'를 상실하는 것도 절대 아닙니다.

기업의 성장 그 자체는 가치를 알려주지 않습니다. 물론 성장은 흔히 가치에 긍정적 영향을 미치며, 때로는 가치에서 절대적인 비중을 차지하기도 합니다. 그러나 이런 효과는 전혀 확실하지가 않습니다. 예를 들어 투자자들은 미국 국내 항공사에 계속해서 돈을 쏟아부었지만, 쓸모없는 성장만 했습니다. 차라리 라이트 형제가 비행기를 발명하지 않았더라면 이런 투자자들에게 더 좋았을 것입니다. 항공산업이 성장할수록 투자자들의 손실이 더 커졌으니까요.

성장은 늘어나는 이익을 높은 수익률로 재투자할 수 있을 때만 투자자들에게 이득이 됩니다. 다시 말해서 성장에 1달러를 투자했을 때 창출되는 장기 시장가치가 1달러를 넘어야 합니다. 수익률은 낮으면서 계속 자금이 필요한 사업이라면 성장은 투자자에게 손해를 끼칩니다.

50여 년 전 존 버 윌리엄스John Burr Williams는 저서《The Theory of Investment Value(투자 가치 이론)》에서 가치 등식을 설명했는데, 요약하면 다음과 같습니다. **주식, 채권, 기업의 현재가치는 자산의 남은 수명 동안 기대되는 (적정 이자율로 할인된) 현금 유출입으로 결정된다.** 이 공식이 주식과 채권에 똑같이 적용된다는 점에 주목하시기 바랍니다. 그렇더라도 주식과 채권은 중대한 차이가 있습니다. 채권에는 표면금리와 만기가 있어서 미래 현금흐름이 명확합니다. 그러나 주식은 분석가가 미래 '표면금리'를 추정해야 합니다. 또한 채권은 경영진의 자질이 표면금리에 거의 영향을 미치지 않습니다. 주로 경영진이 매우 무능하거나 부정직해서 이자가 연체될 때만 영향을 미칩니다. 반면에 주식은 경영진의 자질이 표면금리에 엄청난 영향을 미칩니다.

투자자는 현금흐름 할인법으로 계산해서 가장 싼 주식을 사야 합니다. 기업이 성장하느냐 않느냐, 이익의 변동성이 크냐 작으냐, 주가가 당기이익과 순자산가치에 비해 높으냐 낮으냐는 상관없습니다. 그리고 가치 등식에 의하면 대개 주식이 채권보다 싼 것으로 계산되지만 항상 그런 것은 아닙니다. 계산 결과 채권이 더 매력적으로 나오면 채권을 사야 합니다.

가격 문제를 떠나 투자하기에 가장 좋은 기업은 거액의 추가 자본을 매우 높은 수익률로 장기간 사용할 수 있는 기업입니다. 투자하기에 가장 나쁜 기업은 그 반대인 기업입니다. 즉, 갈수록 많은 자본을 매우 낮은 수익률로 사용하는 기업입니다. 안타깝게도 가장 좋은 기업은 찾기가 매우 어렵습니다. 수익률 높은 기업들은 대개 필요한 자본이 많지 않습니다. 이런 회사의 주주들은 회사가 이익 대부분을 배당으로 지급하거나 자사주 매입에 사용할 때 유리합니다.

주식을 평가하는 수학 공식이 어려운 것은 아니지만, 노련하고 현명한 분석가도 미래 '표면금리'를 추정할 때에는 틀리기 쉽습니다. 버크셔는 이런 문제를 두 가지 방법으로 해결합니다. 첫째, 우리는 이해할 수 있는 기업에만 투자합니다. 이는 사업의 성격이 비교적 단순하고 안정적이어야 한다는 뜻입니다. 사업이 복잡하거나 끊임없이 바뀐다면 우리는 미래 현금흐름을 예측할 수가 없습니다.

그러나 사실 이런 단점은 문제가 되지 않습니다. 투자에서 중요한 것은 많이 아는 것이 아니라, 자신이 모르는 것을 현실적으로 규정하는 일입니다. 투자자가 커다란 실수만 피할 수 있다면, 단지 몇 번만 바른 판단을 내리면 됩니다.

둘째, 매입 가격에서 '안전마진'*을 확보하는 것도 마찬가지로 중요합니다. 우리가 계산한 가치가 가격을 간신히 웃도는 수준이라면

---

* margin of safety: 벤저민 그레이엄이 가르쳐준 성공 투자의 핵심 원칙으로서 시장가격이 내재가치보다 훨씬 낮은 증권만 매수하는 투자 원칙. 또는 시장가격에서 내재가치를 차감한 값. – 옮긴이

투자에 관심이 없습니다. 우리는 벤저민 그레이엄이 그토록 강조한 이 안전마진 원칙이 성공 투자의 초석이 되어야 한다고 믿습니다.

현명하게 투자하려면 신주 공모보다는 유통시장을 이용하는 편이 낫습니다. 이는 두 시장에서 가격이 결정되는 방식이 다르기 때문입니다. 유통시장은 때때로 어리석은 대중에게 지배당하기도 하지만 그래도 끊임없이 '청산'가격을 제시합니다. 이 가격이 아무리 터무니없어도 주식이나 채권을 팔려는 몇몇 보유자에게는 중요한 가격이 됩니다. 기업가치가 1인 주식이 2분의 1 이하로 팔리는 경우도 많습니다.

반면에 신주 공모시장을 지배하는 세력은 지배주주와 기업들입니다. 이들은 대개 공모 시점을 선택할 수 있으며, 시황이 불리해 보이면 공모를 아예 취소할 수도 있습니다. 신주 공모를 하든 직접 매각 협상을 벌이든, 이들이 헐값에 파는 일은 없을 것입니다. 기업가치가 1인 주식을 2분의 1에 파는 일은 드물다는 뜻입니다. 실제로 주식을 공모하는 경우, 지배주주들은 대개 시장이 과열되었다고 생각될 때에만 물량을 내놓습니다(물론 이들은 자기 주식이 과소평가되어 내키지 않는다고 다른 소리를 할 것입니다). 〔1992〕

연말 직후 버크셔는 캐피털시티 300만 주를 주당 172.50달러에 샀습니다. 이는 계약 시점인 1985년 3월 시장가격입니다. 나는 캐피털시티 경영진에 관해서 여러 해 언급했습니다. 나는 이들이 미국 상장회사 경영진 가운데 최고라고 생각합니다. 톰 머피와 댄 버크는 훌륭한 경영자일 뿐 아니라, 누구라도 사위로 삼고 싶어 할 만한 인물들입니다. 이들과 교제하는 것은 특전이며 커다란 기쁨입니다. 이들을 아는 사람이라면 누구나 내 말을 이해할 것입니다.

우리가 주식을 사준 덕분에 캐피털시티는 ABCAmerican Broadcasting Companies를 35억 달러에 인수했습니다. 캐피털시티가 인수한 ABC는 앞으로 몇 년 동안 실적이 신통치 않을 것입니다. 그래도 우리는 조금도 걱정하지 않습니다. 얼마든지 참고 기다릴 수 있습니다(아무리 뛰어난 재능으로 노력을 기울여도 시간이 걸리는 일이 있습니다. 여자 아홉을 임신시켜도 자식을 한 달 만에 얻을 수는 없습니다).

우리의 신뢰를 보여주는 증거로 우리는 이례적인 계약을 체결했습니다. 우리 주식의 의결권을 오랜 기간 CEO 톰(댄이 CEO가 되면 댄)이 행사한다는 내용입니다. 이 계약은 톰이 아니라 찰리와 내가 제안한 것입니다. 우리는 보유 주식 매각에 대해서도 다양한 방법으로 스스로 제한을 설정했습니다. 이렇게 제한한 목적은 우리 물량이 경영진의 사전 동의 없이 다른 대주주에게 넘어가는 일을 방지하는 것입니다. 우리는 몇 년 전 가이코 및 워싱턴 포스트와도 자청해서 비슷한 계약을 체결한 바 있습니다.

대개 대량 거래에는 프리미엄이 붙으므로 이런 제약 때문에 버크셔가 손해를 입는다고 생각하는 분들도 있을지 모릅니다. 그러나 우리 생각은 반대입니다. 이 계약 덕분에 이 회사, 나아가 주주인 우리들의 장기 경제 전망이 더욱 밝아진다고 생각합니다.

이제 우리 자회사 일류 경영자들이 기업 경영에 전념할 수 있으므로 주주들의 장기 가치가 극대화될 것입니다. 회사를 갖고 장난치려는 '회전문 자본가'들 때문에 우리 경영자들이 혼란에 빠지는 것보다는 훨씬 나은 방법입니다(물론 회사와 주주의 이익보다 자신의 이익을 앞세우는 경영자도 있으므로, 이런 사람들은 정신 차리게 해주어야 합니다. 그러나 우리는 이런 경영자가 있는 기업에는 투자하지 않습니다).

오늘날 기업의 경영권이 불안정해진 것은 의결권 주주들이 광범위하게 확대되었기 때문입니다. 따라서 언제든 대주주가 등장할 수 있고 대개 안심시키는 말을 하지만, 흔히 무례한 의도를 숨기고 있습니다. 우리는 이렇게 보유 주식에 울타리를 둘러침으로써 투자한 회사의 안정성을 높이고자 합니다. 훌륭한 경영자와 훌륭한 기업에 이렇게 확실성을 더해주면 이는 높은 투자 실적을 배양하는 탁월한 토양이 됩니다. 이것이 우리가 이런 계약을 체결하는 경제적 근거입니다.

인간적 측면도 못지않게 중요합니다. 우리는 경영자들이 갑작스러운 경영권 변화를 걱정하면서 밤잠 설치는 일을 원치 않습니다. 나는 경영자들에게 걱정하지 말라고 말했고, 이 계약은 내 말을 버크셔의 행동으로 보여준 것입니다. 또한 이 계약은 버크셔의 약속이므로 내가 버크셔 업무에서 영원히 손을 떼더라도 경영자들이 걱정할 필요가 없다는 뜻도 됩니다(나는 100세 가까이 버틸 생각입니다).

우리는 제값을 다 주고 캐피털시티를 인수했습니다. 이는 최근 미디어 주식과 미디어 자산이 매우 주목받기 때문입니다. 절대 헐값으로 거래되는 분야가 아닙니다. 그러나 우리는 캐피털시티에 투자한 덕분에 이례적인 자산과 인재를 얻게 되었습니다. 그리고 우리는 대규모로 투자하기를 좋아합니다.

물론 1978~1980년에 버크셔가 보유했던 캐피털시티 주식을 주당

43달러에 팔았으면서 왜 지금 와서 주당 172.50달러에 사는지 의아해하는 분들도 있을 것입니다. 나는 이런 질문이 나올 것을 예상하고 1985년에 멋진 대답을 준비하면서 많은 시간을 보냈습니다.

조금만 더 기다려주시기 바랍니다. 〔1985〕

F. 현명한 투자

가만있는 편이 현명한 처신입니다. 연준 재할인율이 소폭 움직인다고 예상되거나 월스트리트 전문가가 자신의 시장 견해를 뒤집었다고 해서 수익성 높은 자회사들을 열광적으로 사고팔 경영자는 없을 것입니다. 그러면 훌륭한 기업의 소수 지분은 다루는 방식이 달라져야 할까요? 상장회사에 투자하는 기법도 자회사를 인수하는 기법과 거의 다르지 않습니다. 어떤 경우든 유능하고 정직한 경영자가 운영하는 경제성 탁월한 기업을 합리적인 가격에 획득해야 합니다. 그다음에는 이런 특성들이 유지되는지 지켜보기만 하면 됩니다.

이 투자 전략을 잘 수행하면 대개 몇몇 종목이 포트폴리오에서 매우 큰 비중을 차지하게 될 것입니다. 이는 예컨대 여러 대학 농구 스타들이 벌어들일 미래 수입의 지분 20%를 사는 것과 같습니다. 이들 가운데 일부는 NBA(미국 프로농구-옮긴이) 스타가 될 것이고, 이들로부터 받는 돈이 투자 수입 대부분을 차지하게 될 것입니다. 만일 포트폴리오에서 차지하는 비중이 너무 커졌다는 이유로 가장 실적 좋은 종목들을 판다면 이는 마이클 조던이 팀에서 차지하는 비중이 너무 커졌다는 이유로 트레이드하는 것과 같습니다.

우리는 인수할 회사나 투자할 주식을 물색할 때 앞으로 큰 변화를 겪지 않을 기업이나 산업을 선호합니다. 그 이유는 간단합니다. 우리는 앞으로 10년이나 20년 뒤에도 막강한 경쟁력을 확실하게 유지할 만한 기업을 찾기 때문입니다. 빠르게 변화하는 산업 환경에서 대박이 터질 수도 있지만 확실성이 부족합니다.

강조하건대 미국 시민으로서 찰리와 나는 변화를 환영합니다. 참신한 아이디어, 신상품, 혁신적 공정 등이 미국의 생활 수준을 높여주며, 이는 분명히 좋은 일입니다. 그러나 투자자로서 끓어오르는 산업을 대하는 우리의 태도는 우주 탐사를 보는 관점과 같습니다. 우리는 우주 탐사에 박수갈채를 보내지만, 우주선에 타고 싶지는 않습니다.

물론 모든 기업이 어느 정도는 변화합니다. 오늘날의 씨즈캔디는 우리가 인수했던 1972년 당시의 씨즈캔디와 여러모로 다릅니다. 판매하는 캔디의 종류도 다르고, 사용하는 기계도 다르며, 유통 경로도 다릅니다. 그러나 오늘날 사람들이 캔디를 사는 이유와, 다른 기업이 아닌 씨즈캔디에서 사는 이유는 시 가족이 사업을 시작한 1920년대와 거의 달라지지 않았습니다. 게다가 이런 이유는 앞으로 20년, 심지어 50년이 흘러도 달라지지 않을 것입니다.

우리는 유가증권에서도 이와 비슷한 예측 가능성을 찾습니다. 예를 들어 코카콜라를 봅시다. 소비자들을 사로잡은 코카콜라 제품의 열정과 상상력은 로베르토 고이주에타Roberto Goizueta가 경영을 맡으면서 키워낸 성과입니다. 그는 주주들에게 정말이지 엄청난 가치를 창출해주었습니다. 돈 키오Don Keough와 더글러스 아이베스터Douglas Ivester의 도움을 받아 로베르토는 다시 생각했고 회사의 면모를 일신했습니다. 그러나 사업의 근본(압도적인 경쟁력과 놀라운 경제성을 뒷받침하는 특성)은 내내 변함이 없었습니다.

최근 나는 코카콜라의 1896년 연차보고서를 읽었습니다(여러분은 독서에 뒤처진다는 생각이 들 것입니다!). 당시 코카콜라는 이미 청량음료 분야의 선도기업이었지만, 사업 개시 10년 차에 불과했습니다. 그러나 이후 100년의 청사진이 이미 완성되어 있었습니다. 사장 아사 캔들러Asa Candler는 그해 매출액이 14만 8,000달러라고 보고하면서 말했습니다. "코카콜라가 건강과 기분을 증진시키는 탁월한 제품임을 세계에 알리는 작업이 일정대로 진행되고 있습니다." '건강'은 다소 과장이었을지 모르지만, 1세기가 지난 지금도 코카콜라가 캔들러의 기본 테마에 의지한다는 사실이 마음에 듭니다. 캔들러는 이어 말했습니다. "대중의 기호에 이토록 단단하게 뿌리내린 제품은 둘도 없습니다." 그해 시럽 판매량은 약 44만 리터였고, 1996년 판매량은 약 121억 리터였습니다.

캔들러의 말 한 가지만 더 인용하겠습니다. "올해 3월 1일부터 우리는 출장 판매원 10명을 고용하여 본사와 체계적으로 연락하면서 미국 거의 전역을 무대로 삼고 있습니다." 이런 판매원이 내가 좋아하는 타입입니다.

코카콜라와 질레트 같은 기업은 '필수소비재 기업'으로 분류할 수 있습니다. 물론 10년이나 20년 뒤 이들의 청량음료나 면도기 판매량에 대해서 분석가마다 예측치는 다를 수 있습니다. 아울러 필수소비재라는 표현이 이들 기업이 계속 수행해야 하는 제조, 유통, 포장, 제품 혁신 등 핵심 업무의 중요성을 깎아내리려는 뜻도 아닙니다. 그러나 합리적인 사람이라면(심지어 가장 강력한 경쟁자조차) 누구나 코카콜라와 질레트가 먼 장래에도 세계 시장을 지배하리라는 예상에 의문을 표시하지 않을 것입니다. 실제로 이들의 지배력은 십중팔구 더 강해질 것입니다. 지난 10년 동안 두 회사 모두 기존의 막대한 시장점유율을 더욱 높였으며, 앞으로 10년 동안에도 같은 실적을 되풀이할 조짐이 역력합니다.

물론 성장률 기준으로는 첨단기술산업이나 유치산업에 속한 기업들이 필수소비재 기업보다 훨씬 빨리 성장할 것입니다. 그러나 나는 탁월한 실적을 막연하게 기대하기보다는 좋은 실적을 확실하게 얻는 편을 택하겠습니다.

찰리와 나는 필수소비재를 평생 찾아다니더라도 겨우 몇 개만 찾아낼 수 있습니다. 리더십만으로는 부족합니다. 오랜 기간 무적의 지위를 누렸던 GM, IBM, 시어스 로벅Sears Roebuck이 몇 년 전 불러온 충격을 생각해보십시오. 일부 사업이나 산업에서는 선도기업이 거의 절대적인 이점을 확보하며 가장 덩치 큰 기업이 살아남는 현상이 거의 자연법칙으로 확립되는 듯하지만, 대부분의 산업에서는 그렇지 않습니다. 따라서 진정한 필수소비재가 하나라면, 지금은 잘나가지만 경쟁에 쉽게 무너지는 사이비는 수십 개나 있습니다. 필수소비재의 요건을 고려할 때 찰리와 나는 '멋진 50종목Nifty Fifty'은 물론 심지어 '반짝이는 20종목Twinkling Twenty'조차 절대 찾아내지 못할 것입니다. 따라서 우리는 포트폴리오의 필수소비재에 '유력 종목' 몇 개를 보탰을 뿐입니다.

물론 최고의 기업이라고 해도 가격이 지나치게 높을 수 있습니다. 이러한 과다 지급 위험은 주기적으로 발생하며, 지금이야말로 필수소비재를 포함해서 거의 모든 종목에 과다 지급 위험이 발생하는 시기로 생각됩니다. 과열된 시장에 투자하면 흔히 탁월한 기업조차 매입 가격을 회복하기까지 오랜 세월이 걸리게 됩니다.

훨씬 더 심각한 문제는 탁월한 기업의 경영진이 탁월한 기반사업을 소홀히 하면서 옆길로 빠져 신통치 않은 기업을 인수할 때 발생합니다. 이런 일이 발생하면 투자자들은 오랜 기간 고통받게 됩니다. 유감스럽게도 바로 이런 일이 오래전 코카콜라와 질레트에 있었습니다(몇십 년 전 코카콜라가 새우 양식을 하고 질레트가 석유 탐사를 했다면 여러분은 믿으시겠습니까?). 전반적으로 탁월해 보이는 기업에 투자를 고려할 때 찰리와 내가 가장 우려하는 것이 '초점 상실'입니다. 자만이나 권태에 못 이긴 경영자가 초점을 잃고 방황하면서 기업의 가치가 침체하는 모습을 우리는 너무도 자주 보았습니다. 그러나 이런 일이 코카콜라와 질레트에는 다시 일어나지 않을 것입니다. 현재 경영진과 차기 경영진을 고려하지 않더라도 말입니다.

****

여러분이 하는 투자에 대해 몇 가지 생각을 말씀드리겠습니다. 기관투자가든 개인이든 대부분의 투자자는 보수가 가장 싼 인덱스펀드를 통해서 주식을 보유하는 방법이 최선입니다. 이 방법을 따르면 대다수 투자 전문가보다 높은 실적(보수와 비용 공제 후 실적)을 확실하게 얻을 것입니다.

그러나 여러분이 손수 포트폴리오를 구성하고자 한다면 몇 가지 사항을 기억하시기 바랍니다. 현명한 투자가 쉬운 것은 절대 아니지만, 그렇다고 복잡한 것도 아닙니다. 투자자에게 필요한 것은 선택한 기업을 정확하게 평가하는 능력입니다. '선택한'이라는 단어에 주목하십시오. 여러분은 모든 기업에 대해 전문가가 될 필요도 없고, 여러 기업에 대해 전문가가 될 필요도 없습니다. 여러분은 '능력범위'* 안에 있는 기업만 평가할 수 있으면 됩니다. 능력범위의 크기는 중요하지 않습니다. 그러나 능력범위는 반드시 알아야 합니다.

여러분은 베타, 효율적 시장, 현대 포트폴리오 이론modern portpolio theory, 옵션 가격 결정, 신흥시장 등을 몰라도 투자에 성공할 수 있습니다. 사실은 이런 것들을 전혀 모르는 편이 나을 수도 있습니다. 물론 이런 말은 대부분의 경영대학원에서 제시하는 견해가 아닙니다. 경영대학원 재무관리 교과 과정에는 이런 과목들이 가득 차 있으니까요. 그러나 투자를 배우려면 심화 과정 두 과목만 공부하면 됩니다. '기업을 평가하는 법'과 '시장가격을 바라보는 법'입니다.

여러분이 투자하는 목적은 지금부터 10년 뒤와 20년 뒤에 이익이 틀림없이 훨씬 높아질 기업이면서 이해하기 쉬운 기업의 지분을 합리적인 가격에 사는 것이 되어야 합니다. 세월이 흘러도 여러분은 이런 기준에 맞는 기업을 몇 개 정도만 발견할 것입니다. 따라서 그런 기업을 찾으면 여러분은 그 주식을 많이 사야 합니다. 또한 지침을 벗어나

---

* circle of competence: 전문 지식과 기량을 갖추고 있어서 투자에서 우위를 확보할 수 있는 영역-옮긴이

려는 유혹도 뿌리쳐야 합니다. 10년 동안 보유하려는 생각이 아니라면 단 10분도 보유해서는 안 됩니다. 장기간 이익이 꾸준히 증가하는 기업으로 포트폴리오를 구성하십시오. 그러면 포트폴리오의 평가액도 장기간 꾸준히 증가할 것입니다.

알아채는 분은 거의 없지만 바로 이 기법이 버크셔 주주들을 부자로 만들어주었습니다. 오랜 기간 버크셔의 포괄이익은 빠르게 증가했고 이에 따라 주가도 빠르게 상승했습니다. 실제로 버크셔의 이익이 증가하지 않았다면 버크셔의 주가도 거의 상승하지 않았을 것입니다.

[1996]

※※※※※※

지난 35년 동안 미국 기업들은 멋진 실적을 올려주었습니다. 따라서 투자자들이 풍족한 수익을 거두기도 어렵지 않았습니다. 잘 분산된 저비용 펀드로 미국 주식을 사 모으기만 하면 충분했습니다. 예컨대 인덱스펀드를 사두고 절대 손대지 않는 방식이 있었습니다. 그러나 실제로 투자자들이 거둔 실적은 평범한 수준에서 비참한 수준까지 다양했습니다.

주된 원인은 세 가지였습니다. 첫째, 높은 비용입니다. 대개 과도하게 매매하거나 지나치게 많은 운용보수를 지급했습니다. 둘째, 기업을 사려 깊게 숫자로 평가하지 않고 비밀 정보나 일시적 유행에 따라 포트폴리오를 구성했습니다. 셋째, 장기간 상승한 다음 시장에 진입하거나 장기간 하락한 다음 시장에서 빠져나오는 식으로 시점 선택을 잘못했습니다.

투자자들은 흥분과 비용이 적이라는 사실을 명심해야 합니다. 그리고 굳이 시장 진입 시점을 선택하려면 남들이 탐욕스러워할 때는 두려워하고, 남들이 두려워할 때만 탐욕스러워해야 합니다.　　　〔2004〕

1999년에는 포트폴리오에 변화가 거의 없었습니다. 앞에서 언급했듯이 우리가 지분을 대량으로 보유한 여러 기업이 작년에 실망스러운 실적을 기록했습니다. 그렇더라도 이런 기업들이 보유한 주요 경쟁우위는 장기간 유지될 것으로 믿습니다. 찰리와 나는 (장기간 좋은 투자 실적을 낳는) 경쟁우위 기업을 간혹 찾아낼 수 있다고 생각합니다. 그러나 찾아내지 못할 때가 더 많습니다. 적어도 강하게 확신하지는 못한다는 뜻입니다. 첨단기술 제품과 서비스가 우리 사회를 바꾸리라는 일반 견해에 동의하면서도 첨단기술주를 우리가 보유하지 않는 이유가 바로 여기 있습니다. 우리의 문제는 기술 분야에서 진정한 경쟁우위를 알아보는 통찰력이 없다는 점입니다(이것은 우리가 공부해서 해결될 문제가 아닙니다).

우리는 기술 분야에 통찰력이 없다고 고민하지 않습니다. 찰리와 내가 자본배분을 하지 못하는 분야는 매우 많습니다. 예를 들어 우리는 특허·제조 공정·지질 평가 등은 전혀 다루지 않습니다. 따라서 이런 분야에서는 판단을 내리지 않습니다.

우리는 능력범위 안에서 활동할 때 강점이 있습니다. 빠르게 변화하는 산업에 속한 기업의 장기 경제성을 예측하는 일은 우리 능력범위를 훨씬 벗어납니다. 누군가 이런 산업에 대해 예측력이 있다고 주장하고 주가 움직임으로 이런 예측력을 뒷받침한다고 해도, 우리는 이들을 부러워하지도 않고 모방하지도 않을 것입니다. 다만 우리가 이해하는 분야를 고수할 것입니다. 만일 우리가 길을 벗어나게 된다면 무심코 벗어나는 것이지, 이성을 버리고 희망에 매달리거나 불안해져서가 아닙니다. 다행히 우리는 능력범위 안에서도 거의 틀림없이 기회를 찾을 수 있습니다.

지금 우리가 보유한 우량기업의 주가는 매력이 없습니다. 다시 말해서 주가는 비싸지만 기업이 워낙 훌륭해서 계속 보유하고 있습니다. 그래서 우리는 주식 보유량을 더 늘리지 않았습니다. 그러나 보유주식을 대량으로 처분하지도 않았습니다. 미심쩍은 기업을 싼 가격에 사거나 우수한 기업을 미심쩍은 가격에 사거나 둘 중에 선택해야 한다면 우리는 서슴없이 우수한 기업을 미심쩍은 가격에 사겠습니다. 그러나 우리가 진정으로 관심 있는 것은 우수한 기업을 싸게 사는 것입니다.

우리는 개별 주가에 대해서 의견을 말하지 않지만, 주가지수에 대해서도 의견을 말하지 않습니다. 우리는 다음 달이나 내년 주식시장이 어떻게 될 것인지 예측한 적이 전혀 없었고, 지금도 예측할 생각이 없습니다. 그러나 동봉한 기사 사본에서도 지적했듯이, 현재 주식 투자자들은 미래 수익을 터무니없이 낙관하는 것처럼 보입니다.

우리는 기업의 이익 증가가 주로 그 나라 경제 활동GDP 수준에 좌우된다고 생각하며, 실질 GDP 성장률을 약 3%로 봅니다. 덧붙여서 인플레이션을 2%로 가정합니다. 찰리와 내가 2%가 정확하다고 특별히 확신하는 것은 아니지만, 이것이 시장의 견해입니다. 물가연동국채 Treasury Inflation-Protected Securities: TIPS 수익률이 일반 국채 수익률보다 약 2% 포인트 낮기 때문입니다. 인플레이션율이 더 높아진다고 믿는 다면 여러분은 TIPS를 사고 국채를 공매도해서 돈을 벌 수 있습니다.

실제로 기업의 이익이 GDP 수준에 맞춰 약 5% 증가한다면 미국 기업의 주가는 현재 수준에서 크게 오를 것 같지 않습니다. 여기에 배당까지 고려하면 주식의 수익률은 대부분 투자자가 과거에 경험했던 수준이나 미래에 기대하는 수준보다 극적으로 낮아집니다. 투자자들의 기대가 더 현실적이 되면(틀림없이 그렇게 될 것입니다) 시장은 심각한 조정을 겪을 것이고, 특히 투기가 집중된 부문의 조정이 더 심각할 것입니다.

언젠가 버크셔가 시장에서 주식을 대량으로 사들일 기회가 올 것입니다. 우리는 확신합니다. 그러나 노랫말에도 있듯이 "언제일지, 어디일지 누가 알까요?" 그사이 황홀경에 빠져 정신 나간 이 시장을 누군가 예측하려 한다면 여러분은 이런 노랫말도 기억하시기 바랍니다. "바보들은 변명하지만, 현자는 손도 안 댄다네."   [1999]

⟨⟨⟨⟨⟨⟨⟨⟩⟩⟩⟩⟩⟩⟩

기업의 인수 가격과 주가가 둘 다 높으면 우리는 테드 윌리엄스 Ted Williams가 제시한 원칙을 적용합니다. 그는 저서 《타격의 과학(The Science of Hitting)》에서 스트라이크존을 야구공 크기의 77개 칸으로 나누었습니다. 가장 좋은 칸으로 들어오는 공에만 스윙하면 타율이 4할이었습니다. 그러나 가장 나쁜 칸으로 들어오는 공(바깥쪽 낮은 공)에 스윙하면 타율이 2할 3푼으로 내려갔습니다. 다시 말해서 가운데 직구를 기다렸다 치면 명예의 전당에 오르지만, 아무 공이나 가리지 않고 휘두르면 마이너리그로 내려간다는 뜻입니다.

현재 주식시장이 스트라이크존 안에 들어온다고 해도, 우리 눈에는 바깥쪽 낮은 공으로 보입니다. 지금 스윙하면 우리 수익률은 낮게 나올 것입니다. 그러나 오늘 공을 모두 걸러 보냈을 때 다음에 오는 공이 우리가 좋아하는 공이라는 보장도 없습니다. 어쩌면 과거의 매력적인 가격이 정상이 아니었는지도 모릅니다. 그러나 야구에서와는 달리 우리는 스트라이크존을 꽉 채워 들어오는 나쁜 공을 세 번 걸러 보내도 아웃당하지 않습니다. 그렇더라도 배트를 어깨에 걸친 채 타석에 서서 매일 공을 걸러 보낸다면 재미는 없겠지요. 〔1997〕

G.   담배꽁초 투자와 제도적 관행

배우이자 작가인 로버트 벤츨리Robert Benchley는 말했습니다. "소년이 개를 키우면 충성과 인내심을 배우지만, 잠들기 전에 세 번 돌아눕는 습관도 배운다." 경험에는 이렇게 결함이 있습니다. 그렇더라도 새로운 실수를 저지르기 전에 과거 실수를 돌아보는 것은 좋은 일입니다. 이제 지난 25년을 간략하게 돌아봅시다.

■ 물론 나의 첫 번째 실수는 버크셔의 지배주주가 된 것입니다. 나는 직물사업의 전망이 어둡다는 사실을 알고 있었지만, 싼 가격에 혹해서 샀습니다. 나의 초창기에는 이렇게 싼 가격에 사면 꽤 괜찮은 수익이 나왔으니까요. 그러나 1965년에 산 버크셔에 대해서는 이 전략이 먹히지 않았습니다.

주식을 아주 싼 가격에 사면, 그 기업의 장기 실적이 형편없더라도 대개 근사한 이익을 남기고 팔 기회가 옵니다. 나는 이것을 '담배꽁초 투자 기법'이라고 부릅니다. 길거리에 떨어진 한 모금만 남은 꽁초는 하찮은 존재이지만 '싼 가격' 덕분에 이익이 나올 수 있습니다.

그러나 청산 전문가가 아니라면 이런 기법을 쓰는 것은 바보짓입니다. 첫째, 처음에는 싼 가격이라고 생각했으나 나중에 십중팔구 싸지 않았던 것으로 밝혀질 것입니다. 난국에 처한 회사는 한 문제가 해결되면 곧바로 다른 문제가 등장합니다. 주방에서 바퀴벌레 한 마리가 눈에 띈다면 한 마리만 있는 것이 절대 아닙니다. 둘째, 처음에 싼 가격에서 얻은 이점은 기업의 낮은 수익률 때문에 곧바로 사라질 것입니다. 예를 들어 1,000만 달러에 되팔거나 청산할 수 있는 기업을 800만 달러에 샀을 때 즉시 팔거나 청산하면 높은 이익을 실현할 수 있습니다. 그러나 10년 동안 투자 금액의 겨우 몇 퍼센트만 벌면서 보유했다가 1,000만 달러에 판다면 실망스러운 실적이 나올 것입니다. 시간은 훌륭한 기업에는 친구이지만, 신통치 않은 기업에는 적입니다.

이 원칙이 당연해 보일지 모르지만 나는 어렵게 배워야 했습니다. 사실은 여러 번 되풀이해서 배웠습니다. 버크셔를 인수한 직후, 나는 볼티모어 소재 백화점 호크실드 콘Hochschild, Kohn도 인수했습니다. 다이버시파이드 리테일링Diversified Retailing이라는 회사를 통해서 인수했는데, 이 회사는 나중에 버크셔에 합병되었습니다. 호크실드 콘은 장부가보다도 훨씬 싼 가격이었고, 사람들이 일류였으며, 다른 덤도 있었습니다. 장부에 누락된 부동산이 있었고, 후입선출법 재고자산에 상당한 여유 금액이 들어 있었습니다. 이런 기회를 놓칠 수 있나요?

그러나 3년 뒤에 운이 좋아 대략 산 가격에 간신히 되팔 수 있었습니다. 호크실드 콘과 가까스로 이혼하고 나서 나는 컨트리송 노랫말 속의 남편이 된 기분이었습니다. "아내는 내 친구와 달아났지만, 나는 아직도 친구가 그립다네."

나는 싼 가격에 혹해서 저지른 실수를 더 열거할 수도 있지만, 이 정도로도 충분히 이해가 될 것입니다. 적당한 기업을 싼값에 사는 것보다 훌륭한 기업을 공정한 가격에 사는 편이 훨씬 낫습니다. 찰리는 이 사실을 일찌감치 이해했지만 나는 뒤늦게야 깨달았습니다. 이제 우리는 인수할 기업이나 주식을 찾을 때 일류 경영자가 있는 일류 기업을 탐색합니다.

■ 이에 대해서 우리가 즉시 얻은 교훈이 있습니다. 좋은 기수는 좋은 말을 타면 성적이 좋지만, 쇠약한 조랑말을 타면 별수 없다는 것입니다. 버크셔와 호크실드 콘 둘 다 유능하고 정직한 경영자가 운영을 맡았습니다. 이 경영자들이 경제성 좋은 기업을 운영했다면 훌륭한 실적을 냈을 것입니다. 그러나 위기에 빠진 기업

을 운영해서는 절대 좋은 실적을 낼 수 없었습니다.*

　여러 번 말씀드렸지만 탁월한 경영자와 경제성 나쁜 부실기업이 맞붙으면 이기는 쪽은 부실기업입니다. 내가 이런 사례를 부지런히 만들어내지 않았다면 얼마나 좋았을까요. 나는 메이 웨스트가 스스로 인정했던 행동을 했습니다. "나는 백설공주였지만, 눈발처럼 방황했다네."

■ 추가로 얻은 교훈은 서두르지 말라는 것입니다. 25년 동안 수없이 다양한 기업들을 사서 관리해보았지만, 찰리와 나는 까다로운 사업 문제에 대한 해결책을 얻지 못했습니다. 우리가 배운 것은 까다로운 문제들을 피해야 한다는 것입니다. 지금까지 우리가 성공할 수 있었던 것은 2미터 높이 장애물 대신 30센티미터 높이 장애물만 골라서 넘었기 때문입니다.

　이렇게 쉬운 상대만 고르는 방식이 불공정해 보일지도 모릅니다. 그러나 사업이든 투자든 어려운 문제를 해결하려는 것보다는 쉽고 명확한 문제에만 집중하는 편이 훨씬 실속 있습니다. 물론 때로는 어려운 문제와 맞서야 할 때도 있습니다. 버펄로 이브닝 뉴스를 시작했을 때가 그런 사례였습니다. 아니면 탁월한 기업이 심각하지만 해결 가능한 일회성 문제에 직면했을 때 엄청난 기회가 오기도 합니다. 오래전 아메리칸 익스프레스American Express와 가이코가 그 사례입니다. 그러나 전체적으로 보면 우리는 용을 죽일 때보다 피할 때 실적이 더 좋았습니다.

---

* 　1장 'C. 공장 폐쇄의 고뇌' 참조.

■ 나의 가장 놀라운 발견은 이른바 '제도적 관행institutional imperative' 이라는 숨겨진 세력의 힘이 엄청나게 중요하다는 사실입니다. 나는 경영대학원에서 제도적 관행에 대해 전혀 들은 바가 없고, 내가 업계에 발을 들여놓을 때에도 직관적으로 이해하지 못했습니다. 당시 나는 펀드매니저들이 품위 있고 지성적이며 노련한 사람들이므로 당연히 합리적으로 판단하리라 생각했습니다. 그러나 차차 그렇지 않다는 사실을 알았습니다. 제도적 관행이 개입되면 합리성은 번번이 힘을 잃었습니다.

예를 들어 (1) 마치 뉴턴의 운동 제1법칙에 지배받듯이 기관은 현재의 진행 방향을 그대로 유지하려 했고, (2) 시간이 남아돌면 업무가 늘어나듯 자금이 남아돌면 프로젝트나 기업 인수가 진행되었으며, (3) 아무리 멍청한 기업이라도 선도기업으로 만들고 싶으면 전문가들이 즉시 상세한 수익률과 전략 자료를 만들어 뒷받침해주었고, (4) 동종업계 기관이 확장하거나, 기업을 인수하거나, 임원 보상 기준을 마련하면 무엇이든 분별없이 모방했습니다.

돈이나 우둔함이 아니라 흔히 제도적 관행이 기관을 잘못된 길로 이끌었습니다. 나는 제도적 관행의 영향력을 무시하여 값비싼 실수를 저지른 다음, 버크셔는 제도적 관행을 최소화하는 방향으로 관리하고 있습니다. 나아가 찰리와 나는 이런 문제를 조심하는 기업에만 집중적으로 투자하고 있습니다.

■ 다른 실수도 더 저지르고 나서 나는 좋아하고 신뢰하며 존경하는 사람만을 상대로 사업하게 되었습니다. 앞에서 언급했듯이 이 정책을 쓴다고 성공이 보장되는 것은 아닙니다. 단지 사위 삼고 싶

은 경영자가 운영한다고 해서 이류 직물회사와 이류 백화점도 번창하는 것은 아니니까요. 그러나 이런 경영자가 경제성이 뛰어난 기업을 맡게 되면 기적을 일궈낼 수도 있습니다. 뒤집어 말하면 기업의 전망이 아무리 밝아도 우리는 존경할 만한 자질이 부족한 경영자와는 손잡을 생각이 없습니다. 우리는 나쁜 사람과 거래해서 성공한 적이 한 번도 없습니다.

- 내가 저지른 최악의 실수 중에는 눈에 띄지 않는 것도 있습니다. 회사의 장점을 이해하고서도 사지 않은 실수입니다. 능력범위 밖에 있는 기회를 놓친다면 그것은 잘못이 아닙니다. 그러나 나는 충분히 이해할 수 있는 정말로 큰 기회를 코앞에서 놓쳤습니다. 그로 인해 손가락을 빨게 된 대가는 나를 포함한 버크셔 주주들에게 너무도 큽니다.

- 우리가 계속해서 보수적인 재무 정책을 유지한 것이 실수로 보일 수도 있지만 내 생각은 다릅니다. 돌이켜 볼 때 버크셔의 부채비율이 통상 수준을 벗어나지 않는 범위에서 지금보다 훨씬 높았다면 우리 수익률은 실제로 거둔 연 23.8%보다 훨씬 높았을 것입니다. 1965년 당시에도 우리가 부채비율을 높였다면 더 이득을 보았을 확률이 99%였을 것입니다. 따라서 대내외적인 충격이 발생해 통상적인 부채비율 때문에 우리가 일시적인 고통을 받거나 심지어 파산할 확률이 겨우 1%였을 것입니다.

그러나 우리는 그 1% 확률도 원치 않았고 앞으로도 그럴 것입니다. 고통이나 치욕을 당할 확률이 조금이라도 있다면 추가 수익의 확률이 높더라도 상쇄되지 않는다고 보기 때문입니다.

분별 있는 행동은 반드시 좋은 결과를 가져옵니다. 대개 부채를 사용하면 일이 빠르게 진행됩니다. 그러나 찰리와 나는 크게 서둘러본 적이 없습니다. 우리는 결과보다 과정을 훨씬 더 즐깁니다. 아울러 그 결과도 감수하게 되었습니다. 〔1989〕

H.   부채는 위험하다

우리는 소액을 제외하고는 부채를 꺼리지만, 오로지 다음 세 가지 목적으로는 부채를 사용합니다.

(1) 가끔 우리는 단기 투자 전략으로 미국 국채(또는 정부기관 채권)를 이용해서 환매조건부채권매매repo를 합니다. 이런 거래에는 좋은 기회가 많으며, 유동성이 매우 높은 증권만을 사용합니다.
(2) 우리는 위험 특성을 이해하는 이자부 매출채권을 담보로 자금을 차입하기도 합니다.
(3) 미드아메리칸은 부채가 많지만, 이는 미드아메리칸이 단독으로 책임지는 부채입니다. 이 부채가 우리 연결재무상태표에 표시되긴 하지만, 버크셔가 보증하지는 않습니다.

이 부채가 규모는 커도 안전성은 걱정할 필요가 없습니다. 미드아메리칸이 보유한 다양하고도 매우 안정적인 공익사업 이익으로 원리금을 상환하기 때문입니다. 만에 하나 미드아메리칸의 공익사업 자산한 곳에 청천벽력 같은 사고가 발생하더라도 다른 자산에서 나오는 이익으로 모든 부채를 충분히 감당할 수 있습니다. 게다가 미드아메리칸은 이익을 모두 유보하고 있는데, 이렇게 주주 지분을 쌓아가는 방식은 공익기업 분야에서 찾아보기 어려운 관행입니다.

위험 관점에서 보면 이자보상배수가 예컨대 2배에 그치더라도 잘 분산된 공익사업 10개를 보유하는 편이, 이자보상배수가 훨씬 높은 공익사업 하나를 보유하는 것보다 훨씬 안전합니다. 부채를 아무리 보수적으로 관리하더라도 단일 공익사업은 재난을 당하면 지급 불능에 빠질 수 있기 때문입니다(카트리나가 닥쳤을 때의 뉴올리언스 전력회사를 기억하십시오). 그러나 미드아메리칸은 한 지역에 재난이 발생하더라도(예컨대 서부에 지진이 발생해도) 이런 영향을 받지 않습니다. 심지어 찰리처럼 걱정 많은 사람조차 미드아메리칸의 이익이 구조적으로 대폭 감소할 만한 사건을 떠올리지 못할 정도입니다. 미드아메리칸은 다양한 공익사업을 계속 확대해나갈 것이므로 앞으로도 항상 부채를 대규모로 사용할 것입니다.

대략 그 정도입니다. 우리는 인수나 사업 목적으로 대규모 부채를 일으킬 생각이 없습니다. 물론 업계에서는 우리가 지나치게 보수적이어서, 적정 레버리지를 일으키면 안전하게 추가 수익을 얻을 수 있다고 주장할 것입니다. 그럴지도 모르지요. 그러나 수십만 투자자 중 버크셔 주식이 재산 대부분을 차지하는 주주가 많아서(우리 이사와 핵심 경영자 다수도 해당), 회사에 재난이 일어나면 이들도 재난을 당하게 됩니다. 게다가 우리가 50년 이상 보험금을 지급해야 하는 영구 상해 고객들도 있습니다. 이런 분들을 포함한 고객들에게 우리는 어떤 일이 일어나더라도 절대적인 안전을 보장한다고 약속했습니다. 금융공황, 주식시장 폐쇄(1914년에 장기간 폐쇄), 심지어 미국에 핵·화학·생물학 공격이 발생하더라도 말입니다.

우리는 대규모 위험을 기꺼이 인수합니다. 실제로 단일 재해에 대해 판매하는 보험은 우리 한도가 다른 어떤 보험사보다도 높습니다. 우리가 보유한 대규모 투자 포트폴리오도 (1987년 10월 19일 같은) 특정 상황에서는 시장가치가 단기간에 극적으로 하락할 수 있습니다. 그러나 어떤 일이 일어나더라도 버크셔는 이런 문제를 쉽게 해결할 수 있을 정도로 순자산, 이익 흐름, 유동성을 유지할 것입니다.

다른 방법은 모두 위험합니다. 그동안 수없이 많은 매우 똑똑한 사람들이 어렵게 배운 교훈이 있습니다. 장기간 연속해서 인상적인 실적을 올렸더라도 한 번만 0을 곱하면 모두 0이 된다는 사실입니다. 나 자신도 이런 경험을 하고 싶지 않지만, 내 탓에 다른 사람들이 이런 손실을 보는 것은 더더욱 원치 않습니다. 〔2005〕

⬡⬡⬡⬡⬡⬡

부채를 사용해서 큰 부자가 된 사람도 분명히 있습니다. 그러나 부채를 사용하다가 알거지가 된 사람도 있습니다. 부채를 효과적으로 사용하면 이익이 확대됩니다. 배우자는 당신이 똑똑하다고 여기고, 이웃들은 당신을 부러워합니다. 그러나 부채에는 중독성이 있습니다. 부채가 불려준 이익을 한번 맛본 사람들은 부채의 매력을 잊지 못합니다. 그러나 우리가 초등학교 3학년 시절에 배웠듯이(2008년에 다시 배운 사람도 있습니다), 아무리 큰 숫자를 여럿 곱해도 그중 0이 하나라도 있으면 곱은 0이 됩니다. 역사를 돌아보면 부채는 매우 똑똑한 사람들이 사용하더라도 0을 만들어낸 사례가 너무도 많습니다.

부채는 회사에도 치명상을 입힐 수 있습니다. 흔히 부채가 많은 회사들은 만기가 되면 다시 돈을 빌려 부채를 상환할 수 있다고 가정합니다. 이 가정이 평소에는 타당합니다. 그러나 간혹 회사에 문제가 생기거나 세계적으로 신용경색이 발생하면 만기에 돈을 빌릴 수 없습니다. 이때는 현금이 있어야만 부채를 상환할 수 있습니다.

비로소 이때 회사들은 신용이 산소와 같다는 사실을 알게 됩니다. 산소가 풍부할 때에는 사람들이 산소를 무시합니다. 그러나 산소가 부족해지면 사람들은 산소만 주목합니다. 신용도 마찬가지입니다. 회사는 신용을 잠시만 유지하지 못해도 무너질 수 있습니다. 실제로 2008년 9월 여러 산업에서 하룻밤 사이에 신용이 사라지면서 미국 전체가 하마터면 무너질 뻔했습니다.

찰리와 나는 버크셔에 조금이라도 위협이 될 만한 거래에는 전혀 관심이 없습니다(이제 둘의 나이를 더하면 167이므로 '인생 새 출발'은 우리 버킷리스트에 없습니다). 우리는 여러분이 평생 모은 돈 대부분을 우리에게 맡겼다는 사실을 언제나 의식하고 있습니다. 게다가 주요 자선 사업도 우리를 의지합니다. 끝으로 우리 보험 가입자들이 일으킨 사고로 장애인이 된 사람들도 앞으로 수십 년 동안 우리가 돈을 지급할 것으로 믿고 있습니다. 단지 추가 수익 몇 포인트를 얻으려고 이 모든 사람을 위태롭게 하는 것은 무책임한 짓입니다.

내 이력을 보면 우리가 재무 모험주의를 극도로 싫어하는 이유가 드러납니다. 찰리와 나는 내가 52년 거주한 곳으로부터 반경 100미터 이내에서 함께 자랐고 오마하 도심에 있는 같은 공립 고등학교(나의 아버지, 아내, 자녀, 두 증손도 졸업한 학교)에 다녔는데도, 찰리가 35세가 되어서야 만났습니다. 그러나 소년 시절 우리는 둘 다 나의 할아버지 잡화점에서 약 5년 간격을 두고 일했습니다. 내 할아버지 이름은 어니스트Ernest였는데, 할아버지만큼 이 이름이 어울리는 사람도 없을 것입니다. 할아버지 밑에서 일한 사람은 창고 일을 하더라도 누구나 그의 영향을 받았습니다.

할아버지는 경영대학원에 다녀본 적이 없고 사실 고등학교도 졸업하지 못했지만, 확실하게 생존하려면 유동성이 중요하다는 점을 분명히 이해했습니다. 버크셔는 할아버지의 1,000달러 해법을 조금 발전시켜, 우리 규제 대상 공익기업과 철도회사 보유분을 제외하고서도 현금을 적어도 100억 달러 보유하겠다고 맹세했습니다. 이 맹세 때문에 우리는 습관적으로 현금을 200억 달러 이상 보유하고 있는데, 이는 유례없는 보험손실(지금까지 우리의 최대 손실은 태풍 카트리나에서 입은 약 30억 달러로서, 보험업계 최대의 재해였습니다)에 대비하고, 심지어 금융대란 기간에도 기업 인수나 투자 기회를 신속하게 잡으려는 목적입니다.

우리는 현금 대부분을 단기 국채로 보유하고 있으며, 수익률이 조금 더 높은 다른 단기 증권은 피하고 있습니다. 이는 기업어음과 MMFmoney-market funds의 취약성이 명백하게 드러난 2008년 9월보다 훨씬 오래 전부터 우리가 고수해온 정책입니다. 우리는 투자저술가 레이 데보의 말에 동의합니다. "강도에게 빼앗긴 돈보다 수익률을 높이려다 날린 돈이 더 많다." 버크셔는 은행 대출에 의지하지 않으며, 거액의 담보를 제공해야 하는 계약도 하지 않습니다.

게다가 지난 40년 동안 배당이나 자사주 매입에 지출한 돈이 한 푼 도 없었습니다. 대신 현재 매달 약 10억 달러씩 들어오는 이익을 모두 유보하여 우리 사업을 강화하고 있습니다. 이렇게 해서 우리 순자산 은 지난 40년 동안 4,800만 달러에서 1,570억 달러로 증가했고, 내재 가치는 훨씬 더 증가했습니다. 이렇게 끊임없이 재무 건전성을 강화 해온 회사는 어디에도 없습니다.

부채를 이토록 경계하는 탓에 우리는 수익률 면에서 약간 손해를 봅니다. 대신 막대한 유동성 덕분에 두 다리 뻗고 편히 잡니다. 게다가 간혹 발생하는 금융대란 기간에 다른 기업들은 허둥지둥 생존을 도모 하지만, 우리는 막강한 자금과 냉정한 태도로 공세를 취할 수 있습니 다. 그래서 2008년 리먼Lehman Brothers 파산에 이은 공황 25일 동안 우 리는 156억 달러를 투자할 수 있었습니다. 〔2010〕

장기적으로는 가치가 계속 증가하더라도 단기적으로는 주가가 무 작위로 오르내리는 모습을 생생하게 보여주는 사례가 바로 버크셔입 니다. 지난 53년 동안 버크셔는 이익을 재투자하여 복리의 마법을 이 용한 덕분에 가치가 계속 증가했습니다. 버크셔의 가치는 해마다 상 승했습니다. 그런데도 버크셔 주가는 네 번 폭락했습니다. 그 끔찍한 폭락 사례는 다음과 같습니다.

기간	고가	저가	등락률
1973년 3월 ~ 1975년 1월	93	38	-59.1%
1987년 10월 2일~1987년 10월 27일	4,250	2,675	-37.1%
1998년 6월 19일~2000년 3월 10일	80,900	41,300	-48.9%
2008년 9월 19일~2009년 3월 5일	147,000	72,400	-50.7%

위 표를 근거로 나는 주식 투자에 차입금을 절대 사용하지 말라고 강력하게 주장하는 바입니다. 주가가 단기간에 얼마나 하락할지 아무도 알 수 없기 때문입니다. 차입금이 소액이어서 주가가 폭락할 때 포지션이 크게 위험해지지 않더라도, 무시무시한 주요 뉴스와 숨 가쁘게 쏟아지는 방송을 보면 사람들은 불안감에 사로잡힐 수밖에 없습니다. 그리고 불안한 마음으로는 좋은 판단을 내리지 못합니다.

향후 53년 동안에도 버크셔(그리고 다른 기업들의) 주가는 위 표처럼 폭락을 맛볼 것입니다. 언제 폭락할지는 아무도 모릅니다. 녹색인 신호등은 언제든 황색도 거치지 않고 곧바로 적색으로 바뀔 수 있습니다.

그러나 차입금에 발이 묶이지 않은 사람에게는 주가 폭락이 놀라운 기회가 됩니다. 이때가 바로 키플링의 시 '만일If'을 떠올릴 시점입니다.

만일 모두가 흥분하여 너를 비난할 때도 네가 냉정을 유지할 수 있다면…
만일 네가 기다리면서도 지치지 않을 수 있다면…
만일 네가 어떤 생각을 하더라도 그 생각에 매몰되지 않을 수 있다면…
만일 모두가 너를 의심할 때도 너는 자신을 믿을 수 있다면…
세상 전부가 너의 것이라네.   [2017]

The Essays of

WARREN BUFFETT

III. Alternatives

3장
주식의 대안

우리는 보통주 3종목을 영원히 보유할 뿐 아니라, 우리 보험사를 통해서 다른 유가증권도 대량으로 보유하고 있습니다. 이런 증권들을 고를 때 우리는 다섯 가지 주요 유형 가운데서 선택할 수 있습니다. (1) 장기 주식 투자, (2) 장기 채권 투자, (3) 중기 채권 투자, (4) 단기 현금성자산, (5) 단기 차익거래(2장 'C. 차익거래의 조건' 참조).

　우리는 이들 유형 가운데서 선택할 때 어느 쪽으로도 치우치지 않습니다. '수학적 기댓값'으로 계산했을 때 세후 수익률이 가장 높은 방법을 계속 찾되, 반드시 우리가 이해하는 투자 대안으로 범위를 한정합니다.

　우리 기준은 보고이익 극대화와는 전혀 관계가 없습니다. 우리 목표는 장기적으로 순자산가치를 극대화하는 것이니까요.　　　　　[1987]

A.   가장 탁월한 투자 유형

투자 대상은 매우 많고도 다양합니다. 그러나 크게 보면 세 가지 유형이 있으며, 각 유형의 특성을 이해해야 합니다. 이제부터 각 유형을 알아봅시다.

첫 번째는 일정 금액으로 표시되는 투자로서 MMF, 채권, 주택담보대출증권, 은행예금 등이 있습니다. 사람들은 이렇게 금액으로 표시되는 투자가 대부분 '안전'하다고 생각합니다. 그러나 실제로는 이들이 가장 위험한 자산입니다. 베타는 제로일지 몰라도 위험은 매우 큽니다.

지난 한 세기 동안 이런 상품에 투자한 여러 나라 사람들은 계속해서 지급기일에 맞춰 원리금을 받은 경우에도 구매력을 상실했습니다. 그러나 이렇게 언짢은 실적은 앞으로도 영원히 거듭 나타날 것입니다. 화폐의 가치는 결국 정부가 결정하는 것이고, 간혹 일부 세력이 정부를 조직적으로 압박하여 인플레이션 유발 정책을 이끌어내기 때문입니다. 때때로 정부의 정책은 통제 불능 상태에 빠지고 맙니다.

화폐가치 안정을 강력하게 원하는 미국에서조차 내가 버크셔 경영을 맡은 1965년 이후 달러의 가치가 무려 86%나 하락했습니다. 당시 1달러에 살 수 있었던 물건이 지금은 7달러나 합니다. 따라서 면세기관이라면 채권 투자로 매년 이자를 4.3% 벌었어야 이 기간에 구매력을 겨우 유지할 수 있었습니다. 이렇게 벌어들인 이자 중 일부를 '소득'으로 생각했다면 이는 단단히 착각한 것입니다.

당신이나 나 같은 납세투자자라면 상황이 훨씬 더 어려웠습니다.

위 47년 동안 미국 단기 국채를 계속 보유했다면 연수익률이 5.7%였습니다. 얼핏 보기에 만족스러운 수익률 같습니다. 그러나 개인 투자자의 평균 소득세율 25%를 공제하면 이 5.7%에서 나오는 실질소득은 전혀 없습니다. 눈에 보이는 소득세가 명목수익률 5.7% 중 1.4%를 떼어간 다음, 눈에 보이지 않는 인플레이션 세금이 나머지 4.3%를 삼켜버렸기 때문입니다. 이때 눈에 보이지 않는 인플레이션 '세금'이 (사람들이 주로 부담스러워하는) 눈에 보이는 소득세보다 3배 이상 많다는 사실에 주목해야 합니다. 우리 화폐에는 "우리는 하느님을 믿는다(In God We Trust)"라고 쓰였지만, 정부에서 화폐를 찍어내는 작업은 모두 사람이 합니다.

물론 고금리가 인플레이션 위험을 보상해주기도 합니다. 실제로 1980년대 초에는 고금리가 인플레이션 위험을 잘 보상해주었습니다. 그러나 현재 금리는 구매력 위험을 상쇄하기에 턱없이 부족합니다. 지금은 채권에 경고 딱지라도 붙여야 할 지경입니다.

따라서 현재 상황에서 나는 금액 표시 증권을 좋아하지 않습니다. 그렇더라도 버크셔는 금액 표시 증권을 대량으로 보유하며, 주로 단기물로 보유합니다. 금리가 아무리 낮아도 버크셔에서는 충분한 유동성 확보가 핵심 업무이며, 이 업무는 절대 소홀히 다루어지지 않습니다. 이런 필요성 때문에 우리는 주로 미국 단기 국채를 보유합니다. 이는 경제가 최악의 혼란에 빠졌을 때도 유동성을 믿을 수 있는 유일한 증권입니다. 우리가 일상적으로 유지하는 유동성 수준은 200억 달러이고, 절대적으로 유지하는 최소 수준은 100억 달러입니다.

유동성 확보 목적이나 당국의 규제로 보유하는 물량을 제외하면 우리는 수익 가능성이 이례적으로 높아 보일 때에만 금액 표시 증권에 투자합니다. 예컨대 정크본드junk bond시장이 붕괴해 일부 종목의 신용도 평가에 오류가 발생하거나, 우량등급 채권의 수익률이 크게 상승해 막대한 자본이득 실현 가능성이 보일 때입니다.

과거에는 우리가 이런 기회를 이용했고, 앞으로도 이런 기회가 있겠지만, 지금은 그런 기회가 전혀 없다고 생각합니다. 지금은 오래전에 월가의 주식중개인 셸비 컬럼 데이비스Shelby Cullom Davis가 말했던 풍자가 적절한 시점입니다. "과거에는 무위험 수익을 제공하던 채권이 지금은 가격이 터무니없이 상승하여 무수익 위험을 제공하는 채권이 되었다."

두 번째 투자 유형은 아무런 산출물도 나오지 않는 자산입니다. 사람들은 장차 다른 사람이 (산출물이 나오지 않는다는 사실을 알면서도) 더 높은 가격에 사줄 것을 기대하면서 이런 자산을 사들입니다. 17세기에는 튤립이 이런 사람들이 선호하는 투자 상품이었습니다.

이런 투자가 유지되려면 매수자 집단이 계속 증가해야 하며, 이들은 매수자 집단이 훨씬 더 증가할 것으로 믿기 때문에 매수에 가담합니다. 이들은 자산 자체에서 나오는 산출물(영원토록 전혀 나오지 않습니다)에 매력을 느껴서가 아니라, 장래에 다른 사람이 더 열광적으로 원한다고 믿기 때문에 그 자산을 삽니다.

이런 유형에 속하는 대표적인 상품이 금입니다. 현재 거의 모든 자산에 대해 걱정하며 특히 지폐를 걱정하는 사람들이 절대적으로 좋아하는 투자 대상입니다(이들이 지폐의 가치를 걱정하는 것은 타당합니다). 그러나 금에는 두 가지 중대한 결점이 있습니다. 용도가 많지 않으며, 산출물도 나오지 않는다는 점입니다. 물론 금이 산업용과 장식용으로 사용되긴 하지만, 이런 용도로는 수요가 제한적이어서 신규 생산량을 소화해낼 수가 없습니다. 그리고 금 1온스는 아무리 오래 보유해도 여전히 1온스일 뿐입니다.

금을 사는 주된 이유는 앞으로 걱정하는 사람들이 증가한다고 믿기 때문입니다. 지난 10년 동안은 이런 믿음이 옳았던 것으로 드러났습니다. 게다가 금값 상승 자체가 금 투자 논리를 정당화하는 것처럼 보였으므로 추가 매수자들을 끌어들였습니다. 시류에 편승하는 투자자들이 증가함에 따라 이들은 나름의 실상을 만들어냈습니다. 당분간은 말이죠.

지난 15년 동안 인터넷 주식과 주택 가격이 비정상적으로 과열되면서, 합리적인 가설과 가격 상승으로는 설명할 수 없는 수준으로 치솟았습니다. 이 거품에 대해 처음에는 회의적이었던 투자자들이 시장 가격 상승이라는 증거에 굴복하게 되었고, 이런 사람들이 한동안 증가하면서 이 유행도 한동안 유지되었습니다. 그러나 크게 부풀어오른 거품은 터질 수밖에 없습니다. 그리고 거품이 터지면서 옛 속담의 타당성이 다시 한번 입증되었습니다. "현자가 처음에 하는 일을 바보는 끝에 한다."

오늘날 세계의 금 보유고는 약 17만 톤입니다. 이 금을 모두 녹이면 한 변의 길이가 약 21미터인 정육면체를 만들 수 있습니다(야구장 내야에 충분히 들어가는 크기입니다). 이 글을 쓰는 현재 금 가격이 온스당 1,750달러이므로 가치는 모두 9.6조 달러가 됩니다. 이 정육면체 금덩이를 자산A라고 부릅시다.

이제 같은 금액(9.6조 달러)으로 자산B를 구성해봅시다. 이 돈이면 미국의 모든 농경지(매년 약 2,000억 달러가 산출되는 땅 4억 에이커-약 1.6조 제곱미터)를 사고 나서 엑슨 모빌(Exxon Mobil: 세계에서 가장 수익성 높은 회사로 매년 400억 달러 이상 벌어들임) 16개를 살 수 있습니다. 이렇게 사들인 다음에도 약 1조 달러나 남아돕니다(이렇게 대규모 매수를 하고 나서도 돈이 전혀 부족하지 않습니다). 이런 상황에서 9.6조 달러로 B 대신 A를 선택하는 투자자가 존재한다고 상상할 수 있습니까?

기존 금덩이의 가치도 경이적으로 높게 평가되었을 뿐 아니라, 이렇게 높은 가격 탓에 현재 금이 매년 약 1,600억 달러어치나 생산되고 있습니다. 따라서 단지 현재 가격 수준을 유지하려고 해도 이렇게 추가 공급되는 물량을 (장식용 및 산업용 사용자, 겁에 질린 개인이나 투기자 등) 금 구입자들이 계속 소화해주어야 합니다.

지금부터 100년 동안 농경지 4억 에이커는 옥수수, 밀, 면화, 기타 농산물을 엄청나게 생산해낼 것이며, 화폐가치가 어떻게 되든 값진 보상을 계속해서 산출할 것입니다. 그리고 100년 동안 엑슨 모빌은 십중팔구 수조 달러에 이르는 배당을 주주들에게 지급할 것이며, 수조 달러에 이르는 자산도 계속 보유할 것입니다(이런 회사를 16개 보유합니다). 그러나 금 17만 톤은 100년이 지나도 크기가 그대로이며, 여전히 아무것도 산출하지 못합니다. 금덩이를 정성껏 쓰다듬어도 아무 반응이 없습니다.

물론 100년 뒤에도 겁에 질리면 금을 사려고 몰려드는 사람이 많을 것입니다. 그러나 단언컨대 현재가치 9.6조 달러인 자산A가 100년 동안 증식되는 복리수익률은 자산B보다 훨씬 낮을 것입니다.

앞에서 설명한 두 유형('일정 금액으로 표시되는 투자'와 '아무런 산출물도 나오지 않는 자산')은 공포감이 극에 달할 때 최고의 인기를 누립니다. 개인들은 경제가 붕괴한다는 공포감에 휩쓸릴 때 금액 표시 자산, 특히 미국 국채를 사들이고, 통화 붕괴가 두려울 때에는 금처럼 산출물 없는 자산으로 몰려듭니다.

그러나 2008년 말처럼 "현금이 왕"이라는 소리가 들릴 때는 현금을 보유할 시점이 아니라 투자할 시점이었습니다. 마찬가지로 "현금이 쓰레기"라는 소리가 들리던 1980년대 초는 채권에 투자하기에 가장 매력적인 시점이었습니다. 두 사례에서 대중이 따라붙을 것으로 기대했던 투자자들은 값비싼 대가를 치렀습니다.

여러분도 짐작하다시피 내가 선호하는 투자 대상은 세 번째 유형으로서, 기업이나 농장이나 부동산 같은 생산 자산입니다. 이 중에서 이상적인 자산은 인플레이션 기간에도 신규 자본 투자가 거의 들어가지 않으면서 구매력 가치가 있는 제품을 생산하는 자산입니다. 이 두 가지 기준을 모두 충족하는 자산이 농장, 부동산, 그리고 코카콜라, IBM, 씨즈캔디 같은 기업들입니다.

그러나 예컨대 우리의 규제 대상 공익기업들은 인플레이션 기간에도 막대한 자본 투자를 해야 하므로 위 기준을 통과하지 못합니다. 돈을 더 벌려면 주주들이 더 투자해야 합니다. 그렇더라도 산출물 없는 자산이나 금액 표시 자산보다는 여전히 나을 것입니다.

지금부터 100년 뒤에 사용되는 화폐가 금이든 조개껍데기든 상어 이빨이든 아니면 지금처럼 지폐든, 사람들은 몇 분 일해서 번 화폐를 코카콜라나 씨즈 땅콩캔디와 기꺼이 바꿀 것입니다. 장래에도 사람들은 더 많은 상품을 운송하고, 더 많은 식품을 소비하며, 지금보다 더 넓은 주거 공간에서 살아갈 것입니다. 사람들은 자신이 생산한 것과 다른 사람들이 생산한 것을 끊임없이 교환할 것입니다.

미국 기업들은 사람들이 원하는 상품과 서비스를 계속해서 효율적으로 제공할 것입니다. 비유하자면 이런 상업용 '젖소'들이 여러 세기 살아가면서 갈수록 더 많은 '우유'를 공급할 것입니다. 젖소들의 가치는 교환 매개(화폐)가 아니라 우유 생산 능력에 따라 결정될 것입니다. 우유를 팔아서 번 돈은 복리로 증식될 것입니다. 마치 20세기에 다우지수가 66에서 1만 1,497로 증가했듯이 말입니다(게다가 막대한 배당도 지급했습니다).

버크셔의 목표는 일류 기업들의 지분을 늘려가는 것입니다. 첫 번째 선택은 일류 기업을 통째로 소유하는 것입니다. 그러나 우리는 주식을 대량으로 보유할 수도 있습니다. 장기적으로 보면 이 세 번째 유형이 압도적으로 높은 실적을 낼 것으로 나는 믿습니다. 더 중요한 점은 이 방법이 단연 가장 안전하다는 사실입니다. [2011]

B.   정크본드와 단검의 비유

정크본드 투자와 주식 투자는 어떤 면에서 비슷합니다. 둘 다 가격-가치를 추정해야 하고, 수백 개 종목을 뒤져서 위험/보상 비율이 매력적인 종목 극소수를 찾아내야 합니다. 그러나 둘 사이에는 중요한 차이도 있습니다. 주식에 투자할 때에는 모든 종목에서 좋은 성과를 기대합니다. 우리는 재무 구조가 튼튼하고, 경쟁력이 강하며, 경영 진이 유능하고 정직한 기업에 집중적으로 투자하기 때문입니다. 이런 기업의 주식을 합리적인 가격에 산다면 손실 보는 일이 드물어야 합 니다. 실제로 지난 38년 동안 버크셔(제너럴 리와 가이코 제외)가 투자 주 식에서 얻은 이익이 손실보다 약 100배 많았습니다.

우리가 정크본드를 살 때에는 훨씬 더 한계선상에 있는 기업을 다 룹니다. 이런 기업들은 대개 부채가 많으며, 흔히 그 산업의 자기자본 이익률도 낮습니다. 게다가 경영진의 자질도 종종 의심스럽습니다. 심지어 경영진의 이해관계와 채권자들의 이해관계가 정면으로 충돌 하기도 합니다. 그래서 우리는 정크본드에서 가끔 대규모 손실이 발 생할 것으로 예상합니다. 그러나 지금까지는 이 분야에서 꽤 좋은 실 적을 거두었습니다.   〔2002〕

⬛⬛⬛⬛⬛⬛

우리의 투자 스타일은 여전히 나무늘보처럼 게으르기 짝이 없습니 다. 올해에는 우리 주요 종목 6개 가운데 5개 종목에서 단 한 주도 사 거나 팔지 않았으니까요. 그 예외가 웰스 파고로서, 탁월하게 경영되 는 수익성 높은 은행입니다. 우리는 지분을 거의 10%까지 늘렸는데, 이것이 연준의 승인 없이 보유할 수 있는 최대 한도입니다. 보유 물량 의 6분의 1은 1989년에 샀고 나머지는 1990년에 샀습니다.

은행은 우리가 좋아하는 업종이 아닙니다. 자산이 자본의 20배나 되면(은행산업에서는 흔한 비율입니다) 자산 일부에서 실수가 발생해도 자본 대부분이 날아갈 수 있습니다. 게다가 실수는 예외라기보다는 주요 은행에서 일상적으로 일어나는 현상입니다. 대부분의 실수는 작년 우리가 '제도적 관행'*을 논의할 때 설명했던 경영 실패에서 비롯되었습니다. 흔히 은행 경영진은 다른 은행이 하는 행위라면 아무리 어리석은 짓이더라도 분별없이 모방했습니다. 은행들은 대출할 때도 쥐 떼처럼 선도은행을 모방했습니다. 이제 이들은 쥐 떼와 같은 운명을 맞이하고 있습니다.

부채비율이 20배나 되면 경영 능력이 미치는 효과가 증폭되므로 우리는 경영이 부실한 은행 주식을 싼값에 살 생각이 없습니다. 우리의 유일한 관심사는 건실하게 경영되는 은행의 지분을 공정한 가격에 사는 것입니다.

웰스 파고의 칼 라이카르트Carl Reichardt와 폴 헤이즌Paul Hazen은 은행 분야 최고의 경영자라고 생각합니다. 칼과 폴의 팀워크는 여러모로 캐피털시티의 톰 머피와 댄 버크의 팀워크를 연상시킵니다. 첫째, 두 팀 모두 각 파트너가 서로 이해하고 신뢰하며 존경하므로 두 사람의 능력을 단순히 합한 것보다 더 큰 능력을 발휘합니다. 둘째, 두 팀 모두 유능한 사람들을 우대하지만, 필요 이상으로 인원이 많으면 질색합니다. 셋째, 두 팀 모두 이익이 기록적으로 증가할 때나 심하게 압박받을 때나 적극적으로 비용을 삭감합니다. 끝으로 두 팀 다 자신이 이해하는 분야에 집중하며, 이기심이 아니라 능력을 앞세워 일을 처리합니다(IBM의 토머스 왓슨 1세Thomas J. Watson Sr.도 같은 원칙을 따랐습니

---

*   2장 'G. 담배꽁초 투자와 제도적 관행' 참조.

다. 그는 말했습니다. "나는 천재가 아닙니다. 그래서 일부에 대해서만 잘 압니다. 그러나 나는 그 일부를 벗어나는 일이 없습니다").

1990년 웰스 파고를 살 때 우리는 은행주 폭락 덕을 보았습니다. 은 행주가 혼란에 빠지는 것도 당연했습니다. 한때 높이 평가받던 은행 들이 저지른 어리석은 대출 업무가 다달이 드러났습니다. 흔히 경영 진이 아무 문제 없다고 장담한 직후에도 거액의 손실이 잇달아 드러 나자, 투자자들은 은행에서 발표하는 숫자를 아무것도 믿을 수 없다 고 판단했습니다. 투자자들이 은행주를 내던진 덕분에 우리는 웰스 파고 지분 10%를 2억 9,000만 달러에 사 모았는데, 이는 세후 이익의 5배가 안 되고 세전 이익의 3배에도 못 미치는 가격이었습니다.

웰스 파고는 자산이 560억 달러에 이르는 거대 은행으로서, 자기자 본이익률은 20%가 넘고 자산이익률은 1.25%가 넘습니다. 우리가 이 은행 지분 10%를 산 것은, 재무 특성이 똑같은 자산 50억 달러짜리 은행의 지분 100%를 산 것과 마찬가지입니다. 그러나 이렇게 지분 100%를 사려 했다면 우리는 웰스 파고의 가격 2억 9,000만 달러보다 2배나 치러야 했을 것입니다. 게다가 50억 달러짜리 은행은 프리미엄 말고도 다른 문제가 있습니다. 칼 라이카르트 같은 경영자를 찾을 수 없다는 것입니다. 최근 웰스 파고 임원들은 다른 어떤 은행 임원보다 도 열광적으로 스카우트되었습니다. 그러나 은행장은 아무도 스카우 트하지 못했습니다.

물론 은행에 대한 투자가 안전한 것은 절대 아닙니다. 첫째, 캘리포 니아 은행들은 지진 위험을 떠안고 있습니다. 대규모 지진이 발생하 여 기업들이 참혹한 피해를 보면 이런 기업에 대출해준 은행들도 망할 수 있습니다. 둘째, 체계적 위험이 있습니다. 경기 후퇴나 금융공황이 매우 심각해지면, 아무리 현명하게 경영했더라도 부채비율이 높은 기관은 거의 모두 위험에 처하게 됩니다. 셋째, 현재 시장에서 가장 두려워하는 것은 건물의 과잉 공급 때문에 미국 서부 해안 지역의 부동산 가격이 폭락하는 일입니다. 그러면 확장 자금을 공급한 은행들이 큰 손실을 보게 됩니다. 웰스 파고는 부동산담보대출 분야의 선도기업이므로 특히 이런 위험에 취약할 것입니다.

이런 우발 사건의 가능성을 단 하나도 배제할 수 없습니다. 그러나 첫째와 둘째 사건이 일어날 가능성은 작으며, 부동산 가격이 상당폭 하락하더라도 잘 경영되는 기관에는 큰 문제가 없을 것입니다. 한번 계산해봅시다.

웰스 파고는 현재 대손으로 3억 달러 이상을 지출하면서도 세전 이익이 매년 10억 달러를 훨씬 넘습니다. 1991년에 은행의 대출자산 480억 달러 가운데 10%에 문제가 발생하여 원금의 평균 30%를 손해 본다고 해도 대략 손익분기점에 도달하게 됩니다.

이런 실적이 나올 확률은 낮다고 생각하지만, 이런 해에도 우리는 고민하지 않을 것입니다. 사실 버크셔는 한 해 정도 이익이 안 나더라도 자기자본이익률 20%를 기대할 수 있는 기업이라면 기꺼이 투자합니다. 그런데도 투자자들이 캘리포니아에 뉴잉글랜드와 비슷한 부동산 재앙이 닥칠 것으로 두려워한 탓에 1990년 몇 달 동안 웰스 파고 주가가 거의 50%나 폭락했습니다. 우리는 폭락 전에 시가로 주식을 얼마간 샀지만, 이 폭락이 반가웠습니다. 투매 가격으로 주식을 훨씬 많이 사 모을 수 있었기 때문입니다.

평생 계속해서 주식을 사 모을 투자자라면 이렇게 주가 폭락을 반기는 태도가 필요합니다. 그러나 불합리하게도 사람들은 주가가 상승하면 도취감에 빠지고, 주가가 하락하면 언짢아합니다. 평생 사 먹을 식품 가격이 상승하면 언짢아하고, 식품 가격이 하락하면 반기면서도 말이지요(물론 식품 판매회사라면 당연히 식품 가격 하락을 반기지 않겠지요). 버펄로 뉴스도 신문 인쇄용지의 가격이 하락하면 (항상 대규모로 보유하는 재고자산의 평가액을 낮춰야 하지만, 그래도) 환호할 것입니다. 앞으로도 계속해서 신문 인쇄용지를 사야 하기 때문입니다.

버크셔의 투자에 대해서도 똑같이 생각할 수 있습니다. 내가 살아 있는 한 우리는 해마다 기업이나 주식을 사 모을 것입니다(버크셔 이사들이 내 교령회交靈會에 참석한다면 더 오래 사 모으겠지요). 따라서 주가 하락은 우리에게 이득이 되고, 주가 상승은 우리에게 손해가 됩니다.

주가를 떨어뜨리는 가장 흔한 원인은 비관론입니다. 이 비관론이 때로는 시장 전체에 퍼지기도 하고, 때로는 기업이나 산업에 나타나기도 합니다. 우리는 비관론이 있을 때 투자하고자 합니다. 우리가 비관론을 좋아해서가 아니라, 비관론 덕분에 주가가 싸지기 때문입니다. 반면에 낙관론은 합리적인 투자자에게 적이 됩니다.

그러나 단지 인기 없는 주식을 산다고 해서 현명한 투자가 되는 것은 아닙니다. 역발상 기법은 무조건 군중을 따르는 전략만큼이나 어리석은 짓입니다. 시류를 따를 것이 아니라 생각을 해야 합니다. 안타깝게도 버트런드 러셀Bertrand Russell의 인생관이 투자의 세계에도 그대로 적용됩니다. "사람들은 대부분 생각하기를 죽기보다도 싫어한다. 그래서 죽는 사람이 많다."

****

작년 우리 포트폴리오에 일어난 주요 변화 또 한 가지는 RJR 나비스코 채권을 대량으로 추가한 것입니다. 이 증권은 1989년 말에 사들이기 시작해서 1990년 말 현재 4억 4,000만 달러를 투자했으며, 현재 평가액도 투자 금액과 비슷한 수준입니다(그러나 이 글을 쓰는 시점에 평가액이 1억 5,000만 달러 이상 증가했습니다).

우리가 은행주를 산 것이 이례적이었듯이 투자등급 미만 채권을 산 것도 이례적입니다. 그러나 우리가 흥미를 느끼는 동시에 버크셔 실적에 상당한 영향을 미칠 만큼 큰 기회는 흔치 않습니다. 따라서 우리가 이해하는 기업이면서 가격과 가치의 차이가 크게 벌어진 경우라면 우리는 어떤 투자 유형이라도 주목할 것입니다(우디 앨런은 열린 마음 자세가 유리하다고 지적하면서 이렇게 말했습니다. "나는 왜 양성애자가 더 늘어나지 않는지 이해할 수가 없습니다. 토요일 밤에 데이트할 확률이 2배로 높아지는데도 말이죠").

우리는 과거에도 투자등급 미만 채권을 사서 성공을 거두었습니다. 물론 이들은 모두 구식 '추락천사(처음에는 투자등급이었으나, 발행기업이 역경에 처하면서 등급이 내려간 채권)'였습니다. 1984년 연차보고서에서 우리는 추락천사인 워싱턴공익전력공급회사WPPSS 채권을 산 이유를 설명했습니다.

1980년대에는 저질 추락천사들이 시장에 쏟아졌습니다. 발행 시점부터 투자등급보다 훨씬 낮은 '정크본드'였습니다. 10년이 흐르면서 새로 쏟아지는 정크본드의 질이 갈수록 더 떨어졌고, 결국 예상되었던 결과가 나오고 말았습니다. 정크본드가 그 이름대로 쓰레기가 된 것입니다. 경기침체가 닥치기도 전인 1990년에 금융시장에는 파산한 기업들의 시체가 산을 이루었습니다.

정크본드 신봉자들은 이 시장이 절대 무너지지 않는다고 장담했었습니다. 경영자들이 막대한 부채를 의식해서 과거 어느 때보다도 노력을 집중할 것이라고 말했습니다. 이는 운전대에 칼이 솟아 있으면 운전자가 더 조심해서 차를 몰 수밖에 없는 이치라고 했습니다.

물론 그렇게 칼이 솟아 있다면 운전자는 극도로 조심할 것입니다. 그러나 차가 살짝 파인 곳이나 살짝 결빙된 곳만 지나치더라도 치명적인 사고가 일어날 수 있습니다. 기업이 가는 길에는 움푹 파인 구덩이가 널려 있습니다. 모든 구덩이를 피해야 하는 계획이라면 그 계획은 재난을 부르는 계획입니다.

《현명한 투자자》의 마지막 장에서 그레이엄은 단검 이론을 강력하게 거부했습니다. "내가 건전한 투자의 비밀을 한마디로 요약한다면 그것은 '안전마진'이라는 좌우명이다." 그 책을 읽고 42년이 지났지만 나는 여전히 안전마진이 정답이라고 생각합니다. 이 간단한 메시지를 마음에 새기지 못한 투자자들은 1990년대 초에 엄청난 손실을 보았습니다.

부채 열풍이 정점에 달했을 때 기업들의 자본 구조는 실패가 보장된 형태였습니다. 일부 기업은 부채가 너무도 많았던 탓에, 심지어 실적이 매우 좋아도 이자조차 갚지 못했습니다.

몇 년 전 탬파 지역 TV 방송국 인수 사례는 차입금 규모가 너무 커서 이자가 방송국의 총매출액을 초과할 정도였습니다. 모든 직원이 월급 없이 무료 봉사하고 모든 프로그램을 기증받아 운영한다고 가정해도 총매출액으로 이자조차 갚을 수가 없었습니다. 방송국은 처음부터 파산할 운명이었던 것입니다(이 방송국이 발행한 채권을 저축대부조합들이 대량으로 샀고, 저축대부조합들은 문을 닫았습니다. 여러분의 세금으로 대가를 치른 셈입니다).

이런 어처구니없는 일이 지금 보면 불가능한 일 같습니다. 그러나 당시에 악행을 저질렀던 투자은행들은 단검 이론을 들먹이며 '학구적인' 분석 결과를 제시했습니다. 장기간 정크본드에서 받은 높은 이자로 높은 부도율을 보상하고도 남았다는 결과였습니다. 따라서 이들은 정크본드로 잘 분산된 포트폴리오를 구성하면 우량등급 채권 포트폴리오보다 높은 수익이 나올 것이라고 말했습니다(그러나 금융 분야에서 과거 실적을 '증거'로 내세울 때에는 조심하십시오. 역사책이 부자가 되는 열쇠라면 포브스 400Forbes 400의 대부호 명단은 사서들이 차지할 것입니다).

투자은행의 논리에는 결함이 있었습니다. 통계학과에서 1학년 때 배우는 결함입니다. 새로 발행되는 정크본드 모집단이 투기등급 추락천사 모집단과 똑같아서 추락천사 부도율로 새 정크본드 부도율을 예측할 수 있다고 가정한 것입니다(이는 쿨에이드Kool-Aid의 과거 사망률을 이용해서, 사교 집단이 음독 자살한 존스타운 쿨에이드의 사망률을 추정하려는 것과 마찬가지입니다).

물론 두 모집단은 여러 핵심 요소가 달랐습니다. 우선 추락천사 경영자들은 거의 모두 투자등급을 회복하려고 열심히 노력합니다. 그러나 정크본드 발행회사의 경영자들은 완전히 다른 사람들입니다. 마약 중독자가 약을 못 끊는 것처럼 정크본드 경영자들은 산더미 같은 부채를 없애기는커녕 추가로 얻으려고 온 힘을 기울입니다. 게다가 수탁자로서의 책임감도 대개 추락천사의 경영자들이 부채 중독에 빠진 정크본드 발행기업 경영자들보다 높았습니다.

그러나 월스트리트는 이런 차이에 무관심했습니다. 으레 그렇듯이 월스트리트는 아이디어가 주는 장점보다는 아이디어가 주는 돈벌이에 열광했습니다. 무심한 증권사들이 생각하기 싫어하는 투자자들에게 산더미 같은 정크본드를 팔아치웠습니다. 이런 증권사와 투자자는 항상 흘러넘쳤습니다.

정크본드는 가격이 발행가의 몇 분의 일로 떨어진 지금도 여전히 지뢰밭입니다. 작년에도 말씀드렸지만, 우리는 신규 발행 정크본드를 사본 적이 없습니다(신규 발행분은 절대 사면 안 됩니다). 그러나 지금은 정크본드시장이 혼란에 빠진 시점이므로 이 지뢰밭을 지켜보고 있습니다.

RJR 나비스코는 한동안 사람들이 인식했던 것보다 신용이 훨씬 좋아 보이며, 수익률이 위험을 충분히 보상하는 데다가, 자본이득의 가능성도 있습니다(그러나 위험이 없는 것은 절대 아닙니다). RJR은 자산을 유리한 가격에 매각했고, 자기자본을 대규모로 증액했으며, 전반적으로 잘 운영되고 있습니다.

그러나 시장을 조사해본 결과, 대부분 투기등급 채권은 여전히 매력이 없어 보입니다. 월스트리트에서 1980년대에 벌여놓은 짓이 우리가 생각했던 것보다도 더 악성이었습니다. 여러 주요 기업들이 치명상을 입었습니다. 하지만 정크본드시장이 계속 풀려나가면 우리는 계속해서 기회를 찾을 것입니다.

〔1990〕

웨스코Wesco Financial Corporation의 기법(거래의 질을 높이려고 의도적으로 분산 투자를 하지 않는 기법)과 마이클 밀컨Michael Milken이 정크본드를 팔려고 장기간 사용한 기법을 비교해보면 흥미롭습니다. 밀컨은 재무관리 교수들의 이론을 바탕으로 다음과 같이 주장했습니다. (1) 시장 가격은 효율적이라서 투자자들은 변동성을 감수하는 대가로 추가 보상을 받는다. (2) 따라서 정크본드의 신규 발행 가격은 확률적 관점에서 공정하며(높은 이자로 손실 기댓값을 충분히 보상하며), 변동성에 대해서도 일부 프리미엄 수익률을 제공한다. (3) 따라서 저축대부조합 등은 밀컨이 발행하는 다양한 정크본드에 잘 분산 투자하면 도박장 주인이 확률적 이점을 누리는 것처럼 평균보다 높은 수익률을 확실하게 얻을 것이다.

이런 이론을 믿고 밀컨의 정크본드를 산 기관들은 참혹한 피해를 보았습니다. 이론의 주장과는 반대로, 정크본드에 폭넓게 분산 투자한 사람들은 대부분 실적이 비참했습니다. 밀컨은 자아상을 지키기 위해서라도 그렇게 믿고 그렇게 행동할 수밖에 없었을 것입니다. 그러나 밀컨이 수수료를 무려 5%나 받고 정크본드를 떠넘기는데도 사람들은 왜 그의 말을 믿었을까요? 우리가 생각하는 이유는 이렇습니다. 어리석은 투자자와 분석가들이 재무관리 교수들이 내세우는 모델(효율적 시장 가설과 현대 포트폴리오 이론)에만 지나치게 몰두하고, 위험을 경고할 만한 다른 모델은 무시했기 때문입니다. 이는 전문가들이 흔히 저지르는 오류입니다.　〔1990 찰스 멍거의 웨스코 파이낸셜 코퍼레이션 주주 서한〕

C.　　　　제로쿠폰채권과 스키 마스크를 쓴 강도

　버크셔는 무이표 전환 후순위채권Zero-Coupon Convertible Subordinated Debentures을 상환액 기준으로 9억 260만 달러 발행하여 뉴욕증권거래소에 상장했습니다. 살로몬이 인수 업무를 맡아 유용한 조언을 제공해주었고 완벽하게 처리해주었습니다.

　대부분 채권은 정기적으로 이자를 지급해야 하며 대개 1년에 두 번 지급합니다. 그러나 장기할인채는 이자를 지급하지 않습니다. 대신 투자자들은 만기상환가치를 대폭 할인한 가격에 채권을 삽니다. 실효 수익률은 발행가, 만기상환액, 만기에 따라 결정됩니다.

　우리 채권은 만기상환액의 44.314%에 발행되었고 만기는 15년입니다. 연 2회 지급 복리 이자 기준으로는 수익률 연 5.5%에 해당합니다. 우리는 만기상환액 1달러당 44.31센트만 받았으므로 채권 발행으로 조달한 금액은 4억 달러였습니다(발행비 약 950만 달러 차감).

　채권의 액면가는 1만 달러이며, 버크셔 해서웨이 주식 0.4515주로 전환할 수 있습니다. 액면가 1만 달러의 발행가가 4,431달러이므로 버크셔 주식 1주로의 전환가격은 9,815달러이고, 이는 기존 버크셔 주가에 15% 프리미엄이 붙은 가격입니다. 버크셔는 1992년 9월 28일 이후 언제든지 이자를 가산하여(발행가격에 연 2회 5.5% 복리 이자를 가산하여) 채권을 상환할 수 있습니다. 채권 소지자도 1994년 9월 28일과 1999년 9월 28일 버크셔에 채권 원리금 상환을 요청할 수 있습니다.

　세금 면에서 보면 버크셔는 이자를 지급하지 않는데도 매년 발생

이자 5.5%를 공제받을 수 있습니다. 이렇게 세금이 감소하는 효과가 있으므로 우리 현금흐름에 이득이 발생합니다. 이는 상당히 큰 혜택입니다. 일부 불확실한 변수 때문에 실효 이자율을 정확하게 계산할 수는 없지만 5.5%보다는 훨씬 낮을 것입니다. 그러나 세법은 대칭을 이룹니다. 채권 소지자는 이자를 현금으로 받지 않더라도 매년 이자 5.5%에 대해서 세금을 내야 합니다.

한편 최근 몇 년 동안 대량으로 발행된 장기할인채는 우리나 일부 회사들(로우즈Loews, 모토롤라Motorola)이 발행한 채권과는 전혀 다릅니다. 물론 찰리와 나는 이런 채권을 거침없이 비판했고 앞으로도 비판할 것입니다. 나중에 설명하겠지만 이런 채권들은 매우 기만적인 수법을 사용했고, 투자자에게 치명적인 결과를 가져다주었습니다. 그러나 이 문제를 다루기 전에, 아담과 이브가 사과를 따 먹기 전 시점의 에덴동산으로 돌아가 봅시다.

여러분이 내 나이 또래라면 제2차 세계대전 기간에 처음으로 장기할인채를 샀을 것입니다. 역사상 가장 널리 판매된 유명한 채권인 미국저축채권U.S. Savings Bond 시리즈E를 사면서 말이죠(전쟁 이후 미국에서 두 가구 중 한 가구는 이 채권을 보유했습니다). 물론 시리즈E 채권을 장기할인채라고 부른 사람은 아무도 없었습니다. 아마도 나중에 만들어낸 용어이니까요. 그러나 장기할인채야말로 시리즈E 채권을 정확하게 표현하는 용어였습니다.

이 채권의 발행가는 겨우 18.75달러였습니다. 이 금액으로 10년 만기 미국 정부채권 25달러를 샀는데, 투자자의 수익률은 연 2.9%였습니다. 이것이 당시에는 매력적인 조건이었습니다. 일반적으로 유통되는 다른 정부채권보다 수익률이 높았고, 이자만 약간 손해 보면 언제든지 현금으로 상환받을 수 있어서 가격 변동 위험도 없었기 때문입니다.

지난 10년 동안 발행된 두 번째 장기할인채인 미국 국채도 유용하고 좋은 채권입니다. 일반 채권에서 나타나는 문제점은 예컨대 연 10% 확정 이자를 지급하더라도 투자자에게 연복리 10%가 실현된다는 보장이 없다는 사실입니다. 연복리 10%를 실현하려면 1년에 두 번 이자를 받는 시점에 연 10%로 재투자해야 합니다. 그러나 이자를 받는 시점의 이자율이 6%나 7%에 불과하다면 받은 이자를 채권 만기까지 연 10%로 증식할 수가 없습니다. 연금기금처럼 장기 부채가 있는 투자자들에게는 이런 '재투자 위험'이 심각한 문제가 될 수 있습니다.

미국저축채권에는 이런 재투자 위험이 없었지만, 개인들에게만 소액으로 발행되었습니다. 대형 투자자들은 '미국저축채권에 상응하는 채권'이 대량으로 필요했습니다.

이때 (살로몬을 필두로) 유능한 투자은행들이 천재적인 발상을 내놓았습니다. 이들은 일반 국채에서 연 2회 지급하던 이자를 벗겨내어 원하던 상품을 만들어냈습니다. 채권에서 떼어낸 쿠폰은 장래 일정 시점에 한 번 지급하는 금액이므로 미국저축채권과 성격이 똑같아집니다. 예를 들어 만기가 20년인 미국 국채에서 연 2회 지급하는 쿠폰 40개를 떼어내면 이 쿠폰은 만기가 6개월~20년에 이르는 40개의 장기할인채가 됩니다. 따라서 만기가 같은 장기할인채들을 하나로 묶어서 팔 수 있습니다. 현재 이자율이 모든 만기에 대해 10%라면 6개월

물은 만기상환가치의 95.24%에 거래될 것이고, 20년물은 14.20%에 거래될 것입니다. 따라서 채권 투자자는 만기에 상관없이 보유 기간 전체에 대해 연 10% 복리 이자를 보장받게 됩니다. 연금기금과 개인 퇴직계좌 등 장기 투자자들에게 우량등급 장기할인채가 잘 맞는 것으로 인식되면서, 최근 몇 년 동안 정부채권에서 쿠폰을 분리하는 작업이 대규모로 진행되었습니다.

그러나 월스트리트에서는 현명한 사람들이 시작한 일을 바보들이 마무리하는 경우가 너무도 많습니다. 지난 몇 년 동안 장기할인채(또는 기능상 비슷한 PIK채권*) 대규모 발행자들의 신용등급이 갈수록 형편없이 떨어졌습니다. 장기할인채(또는 PIK채권)는 신용이 낮은 발행자들에게 엄청난 이점이 있습니다. 장기간 이자를 전혀 지급하지 않으므로 부도가 날 수 없기 때문입니다. 실제로 1970년대에 신흥국 정부들이 장기할인채만 발행했었다면 지금까지도 채무 불이행이라는 오점을 남기지 않았을 것입니다.

이 원리(장기간 원리금을 전혀 지급하지 않는 채권을 발행하면 부도날 일이 없다는 원리)를 투자은행들은 부실기업의 자금 조달에 적용하기 시작했습니다. 그러나 투자자들이 이런 조건을 받아들이기까지는 다소 시간이 걸렸습니다. 몇 년 전 차입매수 열풍이 시작되었을 때도 발행기업들은 비교적 건전한 기준에 의해서만 자금을 조달할 수 있었습니다. 즉, 이자와 일부 원금을 상환할 수 있도록 보수적으로 계산한 잉여현금흐름(영업이익+감가상각+기타 상각-정상 자본적 지출)을 기준으로 사

---

* Payment In Kind bond: 현금 대신 장기할인채로 이자를 지급하는 채권.

용했습니다.

나중에 거래기업들의 아드레날린이 분출되면서 기업 인수 가격이 치솟자 잉여현금흐름은 모두 이자 지급에 충당되었습니다. 발행기업을 평가하는 기준에서 원금 상환 능력이 사라진 것입니다. 원금 상환에 대한 채권 발행자와 투자자의 태도는 〈바람과 함께 사라지다〉에서 스칼렛 오하라의 대사 "내일 걱정은 내일 하면 돼"와 같아졌습니다. 이제 부채는 상환하는 것이 아니라 다시 차입하여 연장하는 존재가 되었습니다. 이런 변화를 보면 〈뉴요커(New Yorker)〉 만평의 한 장면이 떠오릅니다. 고마워하는 차입자가 일어나 은행 대부계 간부와 악수하면서 말합니다. "언젠가 갚을 수 있을지 모르겠습니다."

곧 차입자들은 구속력이 형편없이 낮은 새 기준을 찾아냈습니다. 더 터무니없는 거래에도 자금을 끌어들이려고 이들은 기업의 이자 상환 능력 기준으로 EBDIT**라는 혐오스러운 방식을 도입했습니다. 이들은 감가상각은 현금 지출이 발생하지 않는다는 논리로 비용에서 제외한 것입니다.

그러나 이런 생각은 명백한 기만입니다. 감가상각은 미국 기업의 95%에서 장기적으로 자본적 지출과 비슷해지며, 노동비용이나 전기·수도료처럼 어느 모로 보나 현실적이고도 필수적인 비용입니다. 고등학교 중퇴자도 알듯이, 차를 소유하려면 이자와 운영 비용은 물론 현실적인 감가상각비를 감당할 만한 소득이 있어야 합니다. 자동차 융자금을 얻으려고 은행에 가서 EBDIT를 논한다면 웃음거리가 되

** Earnings Before Depreciation, Interest and Taxes: 감가상각, 이자, 세금 공제 전 이익

어 쫓겨날 것입니다.

기업에서 자본적 지출을 한 달가량 중단하는 것은 사람이 하루나 한 주 식사를 중단하는 것과 같습니다. 사람이 습관적으로 식사를 거른다면 허약해져서 결국 죽게 됩니다. 마찬가지로 기업도 자본적 지출을 습관적으로 중단한다면 기업 체질이 허약해집니다. 찰리와 나는 경쟁 기업들이 자본적 지출을 하지 못할 때 기분이 좋습니다.

이제 감가상각비를 제외하여 부실 거래를 그럴듯하게 포장하는 수준에서 월스트리트의 창의성이 한계에 부딪혔을까요? 만일 그렇게 생각한다면 당신은 최근 몇 년 동안 월스트리트에 관심이 없었던 사람입니다. 투자은행들은 고객들이 더 비싼 기업도 인수할 수 있도록 방법을 찾아내야 했습니다. 찾아내지 못하면 더 상상력이 뛰어난 경쟁자들에 거래를 빼앗기는 불상사가 일어날 테니까요.

그래서 투자은행들은 이상한 나라에 온 앨리스처럼 이제 EBDIT로는 현금으로 지출되는 이자만 측정해야 한다고 주장했습니다. 이는 거래의 재무 타당성을 평가할 때 장기할인채나 PIK채권에서 발생하는 이자는 무시해도 좋다는 뜻이었습니다.

이 기법은 감가상각비를 고려 대상에서 제외했을 뿐 아니라 대개 상당한 비중을 차지하던 이자비용까지도 무시해버렸습니다. 부끄럽게도 많은 투자 전문가가 이런 터무니없는 기법을 따랐습니다. 물론 자기 돈이 아니라 고객 돈으로만 이 방식으로 투자했지요(이런 펀드매니저들을 '전문가'라고 부르는 것은 지나치게 관대합니다. '투자은행의 들러리' 정도가 어울릴 것입니다).

이 새로운 기준을 적용하면, 예컨대 세전 이익이 1억 달러이고 이자를 9,000만 달러 지급해야 하는 기업도 몇 년 뒤 만기가 돌아오는 장기할인채나 PIK채권을 추가로 6,000만 달러 발행할 수 있습니다. 이런 채권은 이자율이 매우 높아서, 2년 차에는 기존 현금 이자 9,000만 달러에 더해서 6,000만 달러의 발생 이자가 900만 달러나 될 정도였습니다. 이 기법은 이렇게 높은 금리 때문에 몇 년 전까지만 해도 제한적으로만 사용되었지만, 곧 거의 모든 대형 투자은행이 사용하는 현대 금융의 모델이 되었습니다.

투자은행들은 이런 기법을 사용할 때 우스꽝스러운 모습을 드러냈습니다. 몇 달 전까지 이름도 들어보지 못한 회사인데도 향후 5년 추정 손익계산서나 재무상태표까지 제시했던 것입니다. 여러분이 이런 식으로 발행하는 증권을 권유받게 된다면 이렇게 응수해보시기 바랍니다. 최근 몇 년에 대해 그 투자은행이 작성한 1년 예산을 요청해서 실제 예산 집행 내용과 비교해보십시오.

얼마 전 경제학자 존 케네스 갤브레이스John Kenneth Galbraith는 재치와 통찰력이 넘치는 저서 《대폭락 1929(The Great Crash 1929)》에서 새 경제 용어 '베즐bezzle'을 만들어냈는데, 이는 현재 숨겨진 횡령의 규모를 뜻합니다. 베즐에는 마법적인 속성이 있어서, 횡령한 사람들은 숨겨진 횡령 금액만큼 부자가 되지만, 횡령당한 사람들은 아직 가난해졌다고 느끼지 못합니다.

갤브레이스 교수는 이 금액을 국부國富에 가산하여 심리적 국부를 산출해야 한다고 날카롭게 지적합니다. 그리고 어떤 사회가 엄청나게 번창한다는 자족감을 원한다면, 시민에게 횡령을 저지르되 발각되지 말라고 권장해야 합니다. 이렇게 하면 생산적인 일을 전혀 하지 않더라도 심리적 국부가 팽창할 테니까요.

이렇게 터무니없는 횡령 풍자도 현실 세계에서 발행되는 터무니없는 장기할인채 앞에서는 무색해집니다. 장기할인채를 이용하면 차입자가 이자 지급의 고통을 겪지 않아도 투자자는 이자 수령의 기쁨을 맛볼 수 있습니다. 앞서 든 예에서 연간 이익이 1억 달러에 불과한 기업도 마법적으로 '이익'을 창출하여 채권 투자자들에게 이자 1억 5,000만 달러를 지급할 수 있습니다. 주요 투자자들이 "나는 믿습니다"라고 거듭 말해주기만 한다면 장기할인채로 '이자'를 거의 무한정 창출해낼 수 있습니다.

월스트리트는 장기할인채의 개발에 대해 미개인들이 바퀴나 쟁기를 발명했을 때만큼이나 열정적으로 환영했습니다. 마침내 월스트리트가 이제는 기업의 실제 수익력에 구애받지 않고 아무리 값비싼 거래도 성사시킬 수 있는 도구를 확보하게 되었습니다. 그 결과 확실히 거래가 늘어나게 되었습니다. 터무니없는 가격은 항상 매도자들을 끌어모으는 법이니까요. 제시 언루(Jesse Unruh: 캘리포니아 의회 의장을 역임했고 "정치자금은 정치의 젖줄이다"라고 말함)라면 "거래는 금융의 젖줄"이라고 말했을 것입니다.

장기할인채나 PIK채권은 투자은행에 또 다른 매력을 제공합니다. 잘못이 드러나서 실패로 밝혀질 때까지 오랜 기간이 걸린다는 점입니다. 이것은 적지 않은 혜택입니다. 차입자가 모든 비용을 감당해야 하는 시점이 먼 훗날이라면, 투자은행들은 뿌린 씨를 거두기 전에 터무니없는 거래를 연달아 성사시켜 막대한 수수료를 챙길 수 있기 때문입니다.

그러나 연금술은 야금학에서든 금융에서든 결국 실패할 수밖에 없습니다. 회계나 자본 구조를 속여서 부실기업을 우량기업으로 만들 수는 없으니까요. 자칭 금융 연금술사가 부자가 될 수도 있습니다. 그러나 그는 대개 사업 성과가 아니라 순진한 투자자들 덕분에 부자가 됩니다.

온갖 결함이 있다고 해도 우리는 장기할인채와 PIK채권 가운데 부도나지 않는 채권도 많다는 사실을 덧붙이고자 합니다. 실제로 우리는 이런 채권을 일부 보유하고 있으며, 시장이 충분히 침체하면 더 사들일 것입니다(그러나 부실기업이 새로 발행한 증권은 전혀 생각해본 적이 없습니다). 어떤 금융상품도 그 자체가 나쁜 법은 없습니다. 일부 변형 과정에서 해악의 위험성이 커졌을 뿐입니다.

장기할인채 해악 부문의 최고 상은 현재 수입으로 이자를 지급하지 못하는 발행자에 돌아가야 합니다. 우리는 이렇게 충고합니다. 투자은행이나 금융회사 상담 직원이 EBDIT에 대해서 말을 꺼내면 즉시 지갑을 닫아버리십시오(자본적 지출을 충분히 차감하는 동시에 지급 이자와 발생 이자를 모두 고려하는 자본 구조가 아니라면 마찬가지로 거절해야 합니다). 반대로 투자은행 및 금융회사 상담 직원들에게 제로쿠폰 수수료를 지급하겠다고 제안해보십시오. 장기할인채를 모두 상환받은 다음에 수수료를 지불하겠다고 말입니다. 그러고서 거래에 대한 이들의 열정이 얼마나 가는지 보십시오.

우리가 투자은행에 대해 너무 심하게 비판했는지도 모르겠습니다. 찰리와 내가 가망 없는 구닥다리라서 그렇겠지만, 우리는 투자은행이 문지기로서의 역할을 맡아, 투자자들이 흔히 극단으로 치닫는 금융회사 상담 직원들에게 현혹되지 않도록 보호해야 한다고 믿습니다. 결국 금융회사 상담 직원들이 투자자들의 돈에 대해 지금까지 보여준 판단력과 절제력은 알코올 중독자들이 술을 대하는 태도와 다를 바가 없었습니다.

책임감 있는 바텐더가 손님의 귀갓길을 걱정해 매상이 줄더라도 한 잔 더 달라는 요구를 거절하는 것처럼, 투자은행도 책임감을 느껴야 할 것입니다. 그러나 안타깝게도 최근 몇 년 동안 선도적 투자은행들은 바텐더의 도덕성을 견디기 어려운 구속으로 생각해왔습니다. 최근 월스트리트에서 정도를 걷는 사람들은 한산한 길을 걸었을 것입니다.

고민 한 가지만 덧붙이겠습니다. 장기할인채에서 발생한 잘못의 대가는 직접 참여한 사람들에게만 돌아가는 것이 아닙니다. 일부 저축대부조합은 연방저축대부보험공사Federal Savings and Loan Insurance Corporation: FSLIC가 보장하는 예금으로 이런 채권을 대량으로 샀습니다. 이익을 무리하게 늘리는 과정에서 이런 조합들은 실제로 받지 못한 초고금리를 받은 것으로 기록했습니다.

이들 다수가 현재 심각한 문제에 빠졌습니다. 부실기업에 대한 대출을 제대로 회수할 수 있었다면 이 조합 주인들은 큰 이익을 챙겼을 것입니다. 그러나 대출이 부실화되면 납세자들이 대가를 치르는 경우가 많습니다. 코미디언 재키 메이슨Jackie Mason의 말을 빌리면 이런 조합들을 거덜낸 강도는 바로 경영자들이었습니다. 〔1989〕

D.   우선주 투자

우리는 우리가 좋아하고 존경하며 신뢰하는 사람들하고만 관계를 맺고자 합니다. 살로몬의 존 굿프렌드John Gutfreund, 질레트의 콜먼 모클러 2세Colman Mockler, Jr., US에어USAir의 에드 컬로드니Ed Colodny, 챔피언 인터내셔널Champion International의 앤디 사이글러Andy Sigler가 이런 기준에 확실히 들어맞는 사람들입니다.

이들도 우리에 대한 신뢰감을 행동으로 보여주었습니다. 이들은 우리가 보유한 우선주에 대해 모두 전환 기준으로 의결권을 행사하도록 허용해주었는데, 이는 기업금융의 표준 관행과는 동떨어진 파격적 조건입니다. 이들이 오늘은 물론 내일도 생각하는 현명한 경영자라고 생각하며, 우리가 신뢰하는 것처럼 이들도 우리가 오늘 대신 내일을 생각하는 현명한 주인이라고 신뢰한다는 뜻입니다.

우리가 협의한 우선주 구조에 의하면, 산업이 침체하여 피투자 기업들의 실적이 저조해지면 우리는 평범한 수익을 얻게 되지만, 피투자 기업들이 전반적으로 미국 산업과 비슷한 실적을 기록하면 우리는 상당히 매력적인 수익을 얻게 됩니다. 우리는 콜먼이 경영하는 질레트가 평균 실적을 훨씬 넘어설 것으로 기대하며 존, 에드, 앤디도 산업 여건이 유난히 어렵지 않으면 평균 실적을 초과할 것으로 생각합니다.

거의 모든 상황에서 우리는 이 우선주 투자로부터 원금과 배당을 회수할 것으로 예상합니다. 그러나 우리가 얻는 것이 이 정도에 그친다면 실망스러운 실적이 될 것입니다. 우리는 유연성을 포기했으며, 따라서 앞으로 10년 동안 필연적으로 등장할 커다란 기회를 놓치는 셈이기 때문입니다. 이런 시나리오라면 우리는 전혀 매력 없는 전형적인 우선주를 보유하면서 그동안 우선주 수익률만을 얻게 될 것입니다. 버크셔가 우선주 4종목으로부터 만족스러운 실적을 거두는 유일한 길은 이 피투자 기업들의 실적이 좋아져서 우선주를 보통주로 전환하는 방법뿐입니다.

이렇게 되려면 회사가 잘 경영되어야 하며, 적어도 산업 여건이 나쁘지 않아야 합니다. 그러나 우리는 버크셔의 우선주 투자가 회사에 도움이 될 것으로 믿으며, 장기적으로 피투자 기업의 다른 주주들에게도 이익이 되리라 생각합니다. 이는 버크셔의 회장과 부회장이 우선주 투자를 통해서 자신들의 막대한 자금을 간접적으로 투자했으므로 안정적이고 관심 있는 주요 주주가 되었기 때문입니다. 찰리와 나는 이 피투자 기업들을 협조적이고 분석적이며 객관적으로 대했습니다. 이들 피투자 기업의 CEO들은 회사를 탁월하게 경영하는 노련한 경영자이지만, 어느 시점에서는 산업이나 과거 결정에 얽매이지 않고 독자적인 사고를 할 수도 있습니다.

전체적으로 이들 우선주에서 나오는 수익은, 경제 전망이 탁월한데도 시장에서 저평가된 종목에 우리가 투자했을 때 나오는 수익보다는 떨어질 것입니다. 또한 (우리가 가장 좋아하는 투자 방식인) 훌륭한 경영자가 운영하는 좋은 기업의 지분을 80% 이상 인수할 때 얻는 수익만큼 매력적이지도 않을 것입니다. 그러나 이런 기회는 드물며, 특히 현재와 미래에 예상되는 우리 자산 규모를 고려하면 실제로 도움이 될 만큼 규모가 큰 거래는 더욱 드뭅니다.

요약하면 찰리와 나는 이 우선주 투자로 대부분 채권 포트폴리오보다 다소 높은 수익을 올릴 것으로 기대하며, 우리가 피투자 기업에서 작지만 유쾌하고 건설적인 역할을 할 수 있다고 생각합니다.　〔1989〕

⣿⣿⣿⣿

판단에는 실수가 따르는 법입니다. 그러나 우리는 그 판단이 확실히 어리석었던 것으로 드러나야 오늘의 실수 상을 수여합니다. 그런 면에서 1994년은 풍성한 실수들이 금메달을 놓고 치열한 경쟁을 벌였던 해입니다. 여기서는 찰리 탓에 벌어진 실수들을 설명하려고 합니다. 그러나 이런 식으로 설명하려 할 때마다 내 코가 길어지는군요.

이제부터 실수 상 후보를 소개합니다.

1993년 말 나는 캐피털시티 1,000만 주를 63달러에 팔았습니다. 1994년 말에 주가는 85.25달러가 되었습니다(여러분의 수고를 덜어드리고자 손실액을 계산해보니 차액이 2억 2,250만 달러였습니다). 1986년 이 주식을 17.25달러에 샀을 때 나는 이 종목을 1978~1980년에 주당 4.30달러에 판 적이 있으며, 이에 대해서는 드릴 말씀이 없다고 덧붙였습니다.* 이제 나는 상습범이 되었습니다. 감시자라도 임명해야 할지 모르겠습니다.

터무니없이 들릴지 몰라도 캐피털시티 건은 은메달에 불과합니다. 금메달은 5년 전에 내가 저지른 실수가 1994년에 완전히 곪아 터진 건입니다. 우리는 US에어 우선주에 3억 5,800만 달러를 투자했는데,

---

* 　2장 'E. '가치투자'는 군더더기 용어' 참조. 주가가 다른 것은 주식분할 때문임.

1994년 9월에 배당 지급이 중단되었습니다. 1990년 연차보고서에서 나는 이 거래를 '자책unforced error'으로 표현했습니다. 나에게 투자하라고 강요한 사람도 없었고, 나를 오도한 사람도 없었기 때문입니다. 이는 아마도 선순위 증권을 산다는 생각에 태도가 느슨해지면서 분석도 엉성해진 사례였습니다. 이유가 무엇이든 이 실수는 컸습니다.

이 우선주를 사기 전에 나는 항공사들이 원가가 높고 원가를 낮추기도 지극히 어려워서 필연적으로 고전하리라는 중대한 문제를 간과했습니다. 초기에는 이렇게 치명적인 원가도 큰 문제가 되지 않았습니다. 항공사들은 규제 덕분에 경쟁을 피할 수 있었고, 높은 원가를 높은 요금에 전가할 수 있었기 때문입니다.

규제 완화가 시작되었을 때에도 상황이 즉시 바뀌지는 않았습니다. 저가 항공사들의 승객 수송 인원이 매우 적어서 고가 항공사들은 기존 요금 구조를 대부분 유지할 수 있었습니다. 이 기간에 장기적 문제점들이 눈에 보이지 않게 서서히 퍼졌고, 버티기 어려운 높은 원가가 더 깊이 뿌리내렸습니다.

이후 저가 항공사들의 좌석 수가 증가하자 기존의 고가 항공사들도 요금을 인하할 수밖에 없었습니다. 이런 항공사들은 (우리가 US에어에 투자했듯이) 자본을 추가로 투입하면서 심판의 날을 연기할 수는 있었지만, 결국 경제의 기본 원칙이 시장을 지배하게 되었습니다. 규제가 없는 시장에서 동질 상품을 제공하는 기업은 경쟁자 수준으로 원가를 낮추지 않으면 망하게 됩니다. 이는 명백한 원칙이었는데도 나는 생각하지 못했습니다.

당시 US에어의 CEO 세스 스코필드Seth Schofield는 회사의 고질적인 원가 문제를 해결하려고 열심히 노력했지만, 결국 해결하지 못했습니다. 이는 그가 이동표적을 상대해야 했기 때문입니다. 그동안 일부 주요 항공사는 근로자들의 양보를 얻어냈고, 일부 항공사들은 파산 절차를 거쳐 새로 출발하면서 원가를 낮출 수 있었습니다(사우스웨스트항공Southwest Airlines의 CEO 허브 켈러허Herb Kelleher는 "파산법정은 항공사들을 회생시키는 휴양시설이 되었다"라고 말했습니다). 당연한 일이지만, 시장 평균보다 높은 급여를 받는 항공사 직원들은 회사가 망하지 않는 한 임금 삭감에 동의하지 않습니다.

이렇게 어려운 상황임에도 US에어는 장기간 생존을 유지하려면 원가를 낮춰야만 합니다. 그러나 원가를 낮출 수 있을지는 매우 불확실합니다.

이에 따라 1994년 말 우리는 US에어 투자 금액을 1달러당 25센트에 해당하는 8,950만 달러로 상각했습니다. 다만 우리 우선주가 가치를 완전히 회복할 수도 있고 반대로 휴지 조각이 될 수도 있으므로 이 평가액은 바뀔 수 있습니다. 결과가 어떻게 나오든 우리는 투자의 기본 원칙을 마음에 새길 것입니다. "손실 본 방식으로 만회할 필요는 없다."

US에어 상각이 회계에 미치는 영향은 복잡합니다. GAAP에 따라 보험사들은 재무상태표에 모든 주식을 추정 시장 평가액으로 표시합니다. 따라서 작년 3분기 말에 우리는 US에어 우선주를 취득 원가의 25%인 8,950만 달러로 기재했습니다. 다시 말해서 당시 우리 순자산 가치에는 US에어가 취득 원가인 3억 5,800만 달러보다 훨씬 낮게 평가되어 있습니다.

그러나 4분기에 우리는 이 가치 하락이 회계 용어로 '비일시적'이라고 판단했고, 이 판단에 따라 상각액 2억 6,850만 달러를 손익계산서에 반영하게 되었습니다. 이 금액이 4분기에 다른 영향은 미치지 않을 것입니다. 즉, 가치 하락이 이미 반영되었으므로 우리 순자산은 감소하지 않을 것입니다.

찰리와 나는 다가오는 주주총회에서 US에어 이사 재선에 입후보하지 않을 것입니다. 그러나 세스가 우리에게 조언을 요청한다면 우리는 기꺼이 도움을 주려고 합니다.　　　　　　　　　　　　　　　〔1994〕

XXXXXXXX

버진 애틀랜틱 항공Virgin Atlantic Airways의 리처드 브랜슨Richard Branson은 백만장자가 되는 방법이 무엇이냐는 질문을 받자 즉시 이렇게 답했습니다. "그런 방법은 없습니다. 다만 억만장자가 항공사를 사면 백만장자가 될 겁니다." 브랜슨의 말을 믿기 싫었던 나는 그 말이 맞는지 확인해보려고 1989년에 표면금리가 9.25%인 US에어 우선주에 3억 5,800만 달러를 투자했습니다.

나는 당시 US에어의 CEO 에드 컬로드니를 높이 평가했고 지금도 여전히 높이 평가합니다. 그러나 US에어에 대한 나의 분석은 피상적이었고 잘못되었습니다. 나는 이 회사가 장기간 기록한 높은 실적에 현혹되었고, 선순위 증권이라서 안전하다고 착각한 나머지 핵심 포인트를 간과했습니다. 규제가 완화되고 시장 경쟁이 치열해짐에 따라 US에어의 매출은 갈수록 큰 영향을 받게 되지만, 회사의 원가 구조는 규제가 이익을 보호해주던 시절부터 그대로 유지되었다는 사실입니다. 회사의 과거 실적이 아무리 훌륭해도 이 원가는 제대로 관리하지 못하면 재난의 전조였습니다(역사책에 모든 답이 들어 있다면 포브스 400의 대부호 명단은 사서들이 차지할 것입니다).

그러나 원가를 낮추려면 US에어는 근로계약 조건을 대폭 개선해야 하는데, 이는 회사가 파산한다고 확실하게 위협하거나 실제로 파산하지 않고서는 어느 항공사도 달성하기 매우 어려운 일이었습니다. US에어도 예외가 아니었습니다. 우리가 우선주를 산 직후부터 US에어는 원가와 매출액 사이의 불균형이 폭발적으로 커졌습니다. 1990~1994년에 US에어에 총손실액 24억 달러가 발생했고, 그 결과 보통주 지분의 순자산가치가 완전히 사라져버렸습니다.

이 기간 대부분 우리는 우선주 배당을 받았지만 1994년에 배당 지급이 중단되었습니다. 얼마 후 상황이 매우 비관적이라고 판단한 우리는 투자 금액의 75%를 상각하여 평가액을 8,950만 달러로 낮췄습니다. 이후 1995년 대부분의 기간에 나는 우리 주식을 액면가의 50%에 매물로 내놓았습니다. 다행히 팔리지 않았습니다.

나는 US에어에 관해서 많은 실수를 저질렀지만 제대로 한 일도 하나 있었습니다. 우리는 우선주 발행계약서에 '위약 배당'이라는 다소 이례적인 조항을 추가했습니다. 연체금이 발생하면 우대금리에 5% 포인트를 가산한 연체 이자를 추가 지급한다는 내용이었습니다. 즉 9.25% 배당이 2년 동안 누락되면 미지급 배당이 복리 13.25~14%로 증가한다는 뜻이었습니다.

이런 위약금 조항이 강력한 동인이 되어 US에어는 최대한 서둘러 연체금을 지급하고자 했습니다. 이어 1996년 하반기가 되자 US에어가 흑자로 돌아섰고 실제로 배당 지급을 재개하여 우리는 4,790만 달러를 받았습니다. 실적을 개선해서 이렇게 배당을 지급해준 CEO 스티븐 울프Stephen Wolf에게 깊이 감사드립니다. 그러나 US에어의 최근 실적은 아마도 경기 순환에 의해 항공산업이 순풍을 탄 덕분으로 보입니다. 회사의 근본적인 원가 문제는 아직 해결되지 않았습니다.

어쨌든 US에어 증권의 거래 가격을 보면 이제 우리 우선주도 대체로 액면가치 3억 5,800만 달러를 회복한 듯합니다. 게다가 우리는 그동안 배당으로 모두 2억 4,050만 달러를 받았습니다(1997년에 받은 3,000만 달러 포함).

발생 배당을 받기 전인 1996년 초에 나는 보유 물량을 처분하려고 다시 한번 시도했습니다. 이번에는 약 3억 3,500만 달러에 내놓았습니다. 여러분은 운이 좋았습니다. 이번에도 팔지 못했으니까요. 하마터면 승리 직전에 패배할 뻔했습니다.

한번은 친구가 내게 물었습니다. "자네는 그렇게 부자인데도 왜 그리 멍청한가?" US에어와 씨름하면서 한심한 실적을 기록한 나의 모습을 돌아보면 여러분도 친구의 말에 일리가 있다고 생각할 것입니다.

[1996]

⬚⬚⬚⬚⬚⬚⬚

내가 US에어를 산 시점이 참으로 절묘했습니다. 나는 회사가 심각한 문제에 부딪히는 바로 그 순간에 들어갔습니다(나에게 강요한 사람은 아무도 없었습니다. 테니스 용어로 나는 '자책'을 기록한 것입니다). US에어가 곤경에 빠진 것은 산업 여건이 악화한 데다가 합병 후유증을 겪었기 때문입니다. US에어는 피드먼트Piedmont와 합병했는데, 어느 항공사든 합병 뒤에는 혼란에 빠진다는 사실을 나는 예상하지 못했습니다.

에드 컬로드니와 세스 스코필드는 즉시 두 번째 문제를 해결했습니다. 이제 회사는 서비스에 대해 높은 점수를 받고 있습니다. 그러나 산업 전반적인 문제는 훨씬 심각한 것으로 드러났습니다. 우리가 투자한 이후 항공산업의 경제성은 무서운 속도로 악화했으며, 일부 항공사의 가미카제식 가격 전술이 악화 속도를 더 높였습니다. 이런 가격 경쟁으로 모든 항공사가 곤경에 처하는 모습을 보면서 우리는 중요한 진실을 깨닫게 됩니다. 동질 상품을 파는 사업에서는 가장 멍청한 경쟁자보다 똑똑해지기도 어렵다는 사실입니다.

앞으로 몇 년 동안 항공사들이 대량으로 파산하지 않는 한 우리가 투자한 US에어는 사업이 잘 풀릴 것입니다. 에드와 세스는 경영을 일신하여 현재의 혼란에 단호하게 대처했습니다. 그렇더라도 지금은 우리가 처음 투자했을 때보다 위험도가 높습니다.

우리 전환우선주는 비교적 단순한 증권입니다. 그러나 과거 사례를 돌아보면 여러분은 앞으로도 우리 증권에 대해 부정확하거나 오도하는 정보를 때때로 접하게 될 것입니다. 예를 들어 작년에 여러 신문에서 우리 우선주의 가치가 전환권을 행사하여 받는 보통주의 가치와 같은 것처럼 계산했습니다. 이 논리를 따르면 살로몬 보통주의 거래 가격이 22.80달러일 경우, 전환 기준가 38달러에 보통주로 전환되는 우리 살로몬 우선주의 가치는 액면가의 60%에 불과합니다.

그러나 이 추론 방식에는 다소 문제가 있습니다. 이는 전환우선주의 가치는 모두 전환권에서 나온다는 뜻인데, 그러면 살로몬의 비전환우선주는 표면 이자나 상환 조건이 어떻게 되든 가치가 제로라는 말입니다.

여러분이 기억해야 할 점은 우리 전환우선주의 가치가 대부분 고정 소득 속성에서 나온다는 사실입니다. 이는 우리 증권의 가치가 비전환우선주일 때의 가치보다 내려갈 수 없으며, 전환권이 붙어 있으므로 가치가 이보다 더 높다는 뜻입니다.   [1990]

✕✕✕✕✕✕✕✕

버크셔는 1987~1991년에 사모 전환우선주 5종목을 인수했습니다. 이제 그 성과를 논의할 시점이 된 듯합니다. 5종목의 세부 사항은 다음과 같습니다.

(단위: 100만 달러)

발행사	배당률	매수 연도	취득 원가	평가액
챔피언 인터내셔널	9.25%	1989	$300	$388(1)
퍼스트 엠파이어 스테이트	9%	1991	40	110
질레트	8.75%	1989	600	2,502(2)
살로몬	9%	1987	700	728(3)
US에어	9.25%	1989	358	215

(1) 1995년 전환해서 받은 보통주 매도 대금
(2) 1991년 전환해서 받은 보통주의 1991년 12월 31일 평가액
(3) 1995년 일부 상환해서 받은 대금 $140 포함

위 5종목 모두 우리는 고정소득증권 형태로 계속 보유할 수도 있었고, 보통주로 전환할 수도 있었습니다. 초기에는 위 5종목의 가치가 주로 고정소득증권 속성에서 나왔습니다. 보통주 전환권은 덤이었지요. 1991년 연차보고서에서 설명한 아메리칸 익스프레스의 사모 '누적적 지분상환 우선주Preference Equity Redemption Cumulative Stock: PERCS' 3억 달러는 위 표에 넣지 않았습니다. 이 증권은 일종의 보통주여서, 초기 가치에서 고정소득증권 특성이 차지하는 비중은 극히 작기 때문입니다. PERCS는 우리가 인수하고서 3년 뒤 자동으로 보통주로 전환되었습니다. 반면에 위 5종목은 우리가 원할 때만 보통주로 전환되는 증권이었습니다. 이는 중대한 차이입니다.

위 전환증권을 인수했을 때, 나는 이 우선주 투자로 대부분의 채권 포트폴리오보다 '다소' 높은 수익을 올릴 것으로 기대한다고 말했습니다. 실제 성과는 이 기대를 뛰어넘었습니다. 그러나 한 종목에서 나온 실적 덕분이었습니다. 나는 "전체적으로 이들 우선주에서 나오는 수익은, 경제 전망이 탁월한데도 시장에서 저평가된 종목에 우리가 투자했을 때 나오는 수익보다는 떨어질 것"이라는 말도 했습니다. 유감스럽지만 이 예측도 적중했습니다. 끝으로 나는 "거의 모든 상황에서 우리는 이 우선주 투자로부터 원금과 배당을 회수할 것으로 예상"한다는 말도 했습니다. 이 말은 취소하고 싶습니다. 윈스턴 처칠은 "나는 식언食言을 해서 체한 적이 한 번도 없습니다"라고 말했습니다. 그런데 나는 우리 우선주에서 손실 가능성이 거의 없다고 주장한 탓에 사서 가슴앓이를 했습니다.

우리 최고 종목은 내가 처음부터 우수한 기업이라고 말했던 질레트였습니다. 그러나 아이러니하게도 질레트는 내가 가장 큰 실수를 저지른 종목이기도 합니다. 하지만 재무제표에는 절대 나타나지 않는 실수입니다.

1989년 우리는 보통주 4,800만 주(주식분할 후 기준)로 전환되는 질레트 우선주를 6억 달러에 인수했습니다. 이 6억 달러로는 십중팔구 질레트 보통주 6,000만 주를 인수할 수도 있었습니다. 당시 보통주의 시장가격은 약 10.50달러였고, 이 우선주는 중요한 제약이 따르는 대규모 사모 발행 형식이었으므로, 나는 보통주를 적어도 5% 할인된 가격에 살 수 있었을 것입니다. 장담할 수는 없지만 우리가 보통주를 인수하겠다고 말했더라도 질레트 경영진은 똑같이 환영했을 것입니다.

그러나 나는 지나치게 생각이 많았습니다. 우리가 추가 배당소득(우선주 배당수익률-보통주 배당수익률)을 올린 기간은 2년에도 훨씬 못 미쳤습니다. 당연한 결정이지만, 질레트가 최대한 서둘러 조기상환권을 행사했기 때문입니다. 내가 우선주 대신 보통주를 인수했다면 '초과' 배당금 약 7,000만 달러는 받지 못했겠지만, 1995년 말 평가액이 6억 2,500만 달러 증가했을 것입니다.

챔피언 인터내셔널 우선주에 대해서는 회사가 지난 8월 우리 취득 원가의 115%에 조기상환권을 행사할 수도 있었습니다. 그래서 우리는 회사가 조기상환권을 행사하기 직전에 보통주로 전환하여 회사에 다소 할인된 가격에 팔겠다고 제안했습니다.

찰리와 나는 제지산업에 대해 확신을 가져본 적이 없습니다. 실제로 지금까지 54년 동안 투자하면서 제지회사 보통주를 보유해본 적이 없습니다. 그래서 지난 8월 우리의 선택은 시장에 파느냐 회사에 파느냐뿐이었습니다. 챔피언 인터내셔널 경영진은 항상 솔직하고 훌륭했으며 자사주 매입을 원했으므로 우리는 주식을 회사에 매도했습니다. 6년 동안 우리가 투자해서 얻은 자본이득은 세후 약 19%여서 많지 않았지만, 세후 배당수익률은 보유 기간 내내 훌륭했습니다(그렇긴 해도 언론에서는 우리 손해보험사가 얻은 세후 배당수익률을 과장 보도했습니다. 1987년 발효된 개정 세법에 의해 배당에 대한 손해보험사들의 세금 부담이 훨씬 증가했는데도 이 사실을 고려하지 않았기 때문입니다. 자세한 사항은 1986년 연차보고서를 참조하시기 바랍니다).

우리 퍼스트 엠파이어 스테이트 우선주에 대한 최초 조기상환권은 1996년 3월 31일에 행사될 것입니다. 경영 상태가 양호한 은행의 보통주라면 우리는 걱정 없이 보유할 수 있으므로 퍼스트 엠파이어 스테이트 우선주를 보통주로 전환하여 보유할 생각입니다. 우리는 탁월한 은행가인 CEO 밥 윌머스Bob Wilmers와 인연을 맺게 되어 기쁩니다.

나머지 우선주 2종목의 실적은 실망스러웠습니다. 살로몬 우선주의 수익률은 유사 고정소득증권보다 다소 높았지만 말이지요. 그동안 찰리와 내가 이 종목에 투입한 시간을 고려하면 이런 수익률은 버크셔에 아무 의미가 없습니다. 게다가 이 우선주를 인수한 탓에 내 나이 60에 새 일자리(살로몬 임시 의장)까지 맡게 될 줄은 꿈도 꾸지 못했습니다. 1987년 살로몬 우선주를 인수한 직후 나는 "투자은행업의 단기·중기·장기 경제성을 내다보는 우리의 통찰력은 여전히 신통치 않습니다"라고 썼습니다. 지극히 너그러운 해설자라도 내 말이 옳았다고 지적할 것입니다.

지금까지는 살로몬 우선주의 보통주 전환권은 가치가 없었습니다.

게다가 내가 이 우선주를 인수한 이후 다우지수는 2배가 되었고 증권 주들도 마찬가지로 실적이 좋았습니다. 이는 전환권의 가치를 인정하고 살로몬 우선주를 인수한 나의 결정이 큰 잘못이었다는 뜻입니다. 그렇더라도 이 우선주는 어려운 환경 속에서도 고정소득증권으로서 계속 배당을 지급했으며, 현재 9% 배당은 매우 매력적인 수준입니다.

우리가 전환권을 행사하지 않으면 이 우선주는 발행 조건에 따라 1995~1999년의 매년 10월 31일에 20%씩 상환됩니다. 작년에는 최초 발행액 7억 달러 중 1억 4,000만 달러가 예정대로 상환되었습니다 (일부 언론에서는 우리가 우선주를 매도했다고 표현했는데, 선순위증권의 만기가 도래했을 때는 '매도'했다고 표현하지 않습니다). 작년에는 우리가 전환권을 행사하지 않았지만 앞으로 전환권 행사 기회가 4회 남아 있습니다. 나는 우리 전환권에 가치가 생길 가능성이 크다고 믿습니다. 〔1995〕

⊗⊗⊗⊗⊗⊗⊗

우리가 우선주에서 전환한 질레트와 퍼스트 엠파이어 보통주 주가가 대폭 상승했습니다. 두 회사의 탁월한 실적 덕분입니다. 1989년 질레트에 투자했던 6억 달러가 1997년 말에는 48억 달러로 불어났고, 1991년 퍼스트 엠파이어에 투자했던 4,000만 달러는 2억 3,600만 달러로 늘어났습니다.

그동안 뒤처졌던 2종목 US에어와 살로몬도 완연히 살아났습니다. 살로몬은 최근 트래블러스 그룹Travelers Group에 합병되면서 오랜 기간 고생한 주주들에게 마침내 보상을 안겨주었습니다. 나를 포함한 버크셔 주주 모두 데릭 모건Deryck Maughan과 밥 데넘Bob Denham에게 두 가지 큰 빚을 졌습니다. 첫째, 1991년 스캔들 이후 살로몬을 파멸로부터 구해내는 데 핵심 역할을 했고, 둘째, 회사를 크게 회복시켜 트래블러스의 매력적인 인수 대상으로 만들어냈습니다. 나는 내가 좋아하고 신뢰하며 존경하는 경영자들과 함께 일하고 싶다고 자주 말했습니다. 데릭과 밥처럼 이 표현에 잘 들어맞는 사람도 없을 것입니다.

살로몬에 대한 최종 투자 실적은 당분간 분석하지 않을 것입니다. 그러나 내가 2년 전 예상했던 것보다는 훨씬 좋을 것이라고 자신 있게 말할 수 있습니다. 돌아보면 내가 살로몬에 투자하면서 얻은 경험은 황홀하면서도 교훈적이었습니다. 살로몬 회장으로 재직하던 1991~1992년에는 한때 이렇게 말한 연극 비평가와도 같은 기분이었지만 말입니다. "좌석 문제만 아니었으면 이 연극을 즐겼을 것입니다. 좌석이 무대를 향해 놓였더군요."

US에어의 회복도 기적에 가까웠습니다. 내가 US에어에 투자하는 과정을 지켜본 사람들은 내가 줄기차게 실수하는 모습을 보았습니다. 나는 처음에 주식을 살 때에도 틀렸고, 나중에 보유 물량을 1달러당 50센트에 처분하려고 거듭 시도할 때에도 틀렸습니다.

회사는 두 가지 변화가 일어나는 시점에 눈에 띄게 반등했습니다. ⑴ 찰리와 내가 이사직에서 물러났고, ⑵ 스티븐 울프가 CEO가 되었습니다. 다행히 두 번째 변화가 열쇠였습니다. 스티븐이 US에어에서 세운 업적은 경이적이었습니다.

US에어가 갈 길은 아직 멀지만 이제 생존은 문제가 되지 않습니다.

따라서 회사는 1997년 우리 우선주에 배당을 지급했고, 배당 연체에 대해서도 추가로 보상금을 지급했습니다. 게다가 저가 4달러까지 내려갔던 보통주가 최근 고가 73달러를 기록했습니다.

3월 15일 우리 우선주에 대해서 조기상환권이 행사되었습니다. 그러나 회사의 주가가 오른 덕분에, 얼마 전까지만 해도 쓸모없던 전환권에 엄청난 가치가 발생했습니다. 나는 그동안 내내 가슴앓이를 해왔지만, 이제는 US에어 주식에서도 근사한 이익이 틀림없이 나올 것이고, 이익 규모가 엄청나게 커질 수도 있습니다.

다음에도 내가 터무니없는 결정을 내리면 버크셔 주주 여러분은 어떻게 해야 하는지 아실 겁니다. **울프에게 전화하십시오.**

****

전환우선주 외에 1991년에는 아메리칸 익스프레스 사모 PERCS에 3억 달러를 투자했습니다. 이 증권은 본질적으로 3년 동안 장단점이 조화를 이룬 보통주였습니다. 우리는 이 기간에 추가 배당을 받았지만, 주가가 상승할 때 실현 가능한 이익에도 상한선이 설정되었습니다. 그러나 상한선이 있었는데도 나의 행운과 실력이 결합한 덕분에 이례적인 이익을 올렸습니다. 그런데 행운이 110%였고 나머지가 실력이었습니다.

우리 PERCS는 1994년 8월 보통주로 전환될 예정이었는데, 그 전월에 나는 전환하자마자 팔아버릴 것인지 곰곰이 생각하고 있었습니다. 보유하려고 생각한 한 가지 이유는 아멕스의 탁월한 CEO 하비 골럽Harvey Golub이 회사가 보유한 잠재력을 최대한 발휘할 것으로 보았기 때문입니다(그는 확실히 능력을 입증했습니다). 그러나 문제는 회사가 보유한 잠재력의 크기였습니다. 아멕스는 비자를 포함한 수많은 카드사와 끊임없이 경쟁을 벌이고 있었습니다. 장단점을 저울질한 다음, 내 생각은 파는 쪽으로 기울었습니다.

바로 이 무렵 나는 행운을 만났습니다. 결정을 내려야 하는 달에 나는 메인주 프라우츠넥에서 허츠Hertz의 CEO 프랭크 올슨Frank Olson과 골프를 했습니다. 프랭크는 카드사업을 깊이 아는 명석한 경영자입니다. 그래서 첫 번째 티에서부터 카드산업에 관해 물어보았습니다. 우리가 두 번째 그린에 도착할 무렵, 프랭크는 아멕스의 법인카드가 훌륭한 프랜차이즈라는 확신을 심어주었으므로 나는 팔지 않기로 했습니다. 후반 9홀을 돌 때에는 아멕스카드를 더 사겠다고 마음먹었고, 몇 달 뒤 버크셔는 지분을 10%나 보유하게 되었습니다.

이제 우리는 아멕스 주식에서 30억 달러를 벌었으므로 나는 당연히 프랭크에게 깊이 감사합니다. 그러나 우리 두 사람의 친구인 조지 길레스피George Gillespie는 내가 엉뚱한 사람에게 고마워한다고 지적하더군요. 골프를 주선하고 나와 프랭크를 한 팀에 넣어준 사람이 자기였다면서 말이지요.

[1997]

E.   파생상품에 대하여

찰리와 나는 파생상품과 그 매매 활동을 보는 관점이 똑같습니다. 우리는 파생상품이 거래당사자들과 경제 시스템을 위협하는 시한폭

탄이라고 봅니다.

먼저 기본으로 돌아가서 파생상품부터 설명하겠습니다. 그러나 파생상품은 매우 광범위한 금융계약을 포괄적으로 가리키므로 설명이 개괄적일 수밖에 없습니다. 본질적으로 파생상품은 예컨대 금리, 주가, 환율 등 기준 지표에 의해서 결정되는 금액을 미래 일정 시점에 주고받는 상품입니다. 예를 들어 S&P500 선물계약을 사거나 팔면 매우 단순한 파생상품의 거래당사자가 되며, 이 지수의 움직임에 따라 손실이나 이익을 보게 됩니다. 파생상품계약은 만기가 다양하며(만기 20년 초과도 있음) 흔히 여러 변수에 따라 가치가 결정됩니다.

담보나 보증이 없으면 파생상품계약의 가치는 거래당사자들의 신용도에 따라서도 달라집니다. 그리고 계약 만기가 오기 전에도 거래당사자들은 손익계산서에 파생상품 손익을 표시합니다.

파생상품계약의 범위를 제한하는 것은 인간의 상상력뿐입니다. 예를 들어 엔론은 만기 몇 년짜리 신문용지와 광대역 파생상품까지도 거래했습니다. 2020년 네브래스카에서 태어나는 쌍둥이 숫자를 맞히는 파생상품을 팔고 싶습니까? 문제없습니다. 가격만 적당하면 어렵지 않게 거래상대방을 찾을 것입니다.

우리가 제너럴 리를 인수할 때 파생상품 중개회사 제너럴 리 증권도 따라왔습니다. 이 증권은 찰리와 내가 위험하다고 판단해 인수하고 싶지 않았던 회사입니다. 우리는 이 회사를 매각하려고 노력했으나 실패했으므로 이제 회사를 청산하고 있습니다.

그러나 파생상품사업을 청산하기가 말처럼 쉽지 않습니다. (매일 포지션을 줄이고 있는데도) 이 사업을 청산하려면 매우 오랜 기간이 걸릴 것입니다. 실제로 파생상품사업은 재보험과 비슷합니다. 둘 다 계약을 맺기는 쉬워도 빠져나오기는 거의 불가능합니다. 둘 다 (수십 년 뒤 거액이 오가는) 계약을 일단 맺고 나면 그 계약에서 벗어날 수가 없습니다. 물론 다른 계약을 통해서 그 위험을 덜어내는 기법은 있습니다. 그러나 이런 기법을 써도 일부 채무는 남게 됩니다.

파생상품과 재보험의 또 다른 공통점은 둘 다 보고이익을 대폭 부풀리기 쉽다는 점입니다. 오늘 이익은 추정치를 기준으로 산출되지만, 그 추정치가 부정확해도 장기간 드러나지 않기 때문입니다.

사람은 누구나 자신의 포지션을 낙관하는 경향이 있으므로 오류도 흔히 발생할 수 있습니다. 그러나 파생상품 거래당사자들에게는 회계를 조작하려는 강력한 유인도 작용합니다. 파생상품 거래자들은 대개 시가평가mark-to-market 회계로 산출된 '이익'에 따라 보상받습니다. 그러나 실제로 시장이 형성되지 않으면(예컨대 쌍둥이 숫자 파생상품) 모델평가mark-to-model를 이용합니다. 이 과정에서 대규모 조작이 발생할 수 있습니다.

일반적으로 기준 지표가 많아지고 만기가 길어질수록 거래당사자들이 환상적인 가정을 세우기 쉬워집니다. 예를 들어 쌍둥이 숫자 파생상품 같으면, 거래당사자 둘 다 서로 다른 모델을 사용해서 장기간 막대한 이익이 나오는 것으로 보고할 수 있습니다. 극단적인 경우, 모델평가는 타락하여 이른바 미신평가mark-to-myth가 될 수도 있습니다.

물론 내부감사와 외부감사가 숫자를 검토하지만 찾아내기가 쉽지 않습니다. 예를 들어 연말 현재 제너럴 리 증권에 (10개월 동안 계약 청산 작업을 진행하고도) 남은 계약이 세계 전역에서 672개 상대방과 맺은

1만 4,384개에 이릅니다. 각 계약은 기준 지표에 따라 손익이 발생하는데, 일부 기준 지표는 상상을 초월할 정도로 복잡합니다. 이런 포트폴리오의 가치에 대해서는 노련한 감사들 사이에서도 의견이 천차만별로 달라질 수 있습니다.

이런 평가 문제는 탁상공론이 절대 아닙니다. 최근 몇 년 동안 파생상품 거래를 통해서 대규모 사기와 유사 사기가 촉진되었습니다. 예를 들어 에너지와 전력 섹터 기업들은 파생상품을 이용해서 이익을 늘렸으나, 장부에 표시된 파생상품 관련 매출채권을 현금화하는 과정에서 재난이 일어났습니다. 시가평가가 사실은 미신평가였음이 드러났습니다.

장담하는데 그동안 파생상품 업계에서 발생한 평가 오류는 단순한 실수가 아니었습니다. 거의 모두 수백만 달러 보너스에 눈독 들인 트레이더나 멋진 이익을 보고하려는 CEO에게 유리한 오류였습니다. CEO는 보너스를 받고 옵션에서도 이익을 보았습니다. 주주들은 오랜 세월이 지난 다음에야 보고이익이 엉터리임을 알았습니다.

파생상품의 또 다른 문제점은 곤경에 빠진 기업의 고통을 가중할 수 있다는 점입니다. 이는 대부분의 파생상품계약에서 기업의 신용등급이 하락하면 즉시 담보를 제공하라고 요구하기 때문입니다. 가령 어떤 회사가 역경에 처해 신용등급이 하락했는데, 파생상품계약 조항 탓에 갑자기 막대한 현금을 담보로 제공해야 한다고 상상해보십시오. 이 때문에 기업은 유동성 위기에 빠지게 되고, 그러면 신용등급이 더 하락하게 될 것입니다. 결국 이 기업은 악순환의 소용돌이에 휩쓸려 무너질 수 있습니다.

파생상품은 연쇄도산daisy-chain 위험도 만들어냅니다. 이는 보험사나 재보험사들이 사업상 서로 연결되는 위험과 비슷합니다. 파생상품 사업과 보험업 둘 다 세월이 흐름에 따라 매출채권이 막대한 규모로 축적됩니다(제너럴 리 증권은 거의 1년 동안 파생상품 청산 작업을 진행했는데도 남은 매출채권이 65억 달러나 됩니다). 이들은 매출채권을 광범위하게 분산했으므로 자신은 위험하지 않다고 믿습니다. 그러나 어떤 상황에서는 외생 요인에 의해서 회사A가 채무를 이행하지 못하게 되면 회사B에서 회사Z까지도 그 영향을 받을 수 있습니다. 역사를 돌아보면 위기 기간에는 평온한 시기에 전혀 상상하지 못했던 방식으로 문제가 연결된 적도 있습니다.

은행업에서는 이런 '연결' 문제를 인식했으므로 연방준비제도Federal Reserve System를 구축하게 되었습니다. 연준이 설립되기 전에는 부실한 은행이 파산하면 종종 건전한 은행까지도 갑자기 유동성 요구에 몰려 파산하기도 했습니다. 이제는 부실한 은행에서 발생한 문제가 건전한 은행으로 전파되지 않도록 연준이 차단합니다.

그러나 보험사나 파생상품에 대해서는 연쇄도산을 막아주는 연준 같은 기관이 없습니다. 이 산업에서는 거래로 연결된 다른 회사가 곤경에 빠지면 건전한 회사 역시 곤경에 빠질 수 있습니다. 산업 안에 이런 연쇄도산 위험이 존재한다면 이런 연쇄고리를 최소화하는 편이 좋습니다. 우리는 재보험사업을 그런 방식으로 운영합니다. 그리고 우리가 파생상품사업을 청산하는 이유이기도 합니다.

어떤 위험을 감당하지 못하는 사람은 파생상품을 이용해서 그 위험을 남에게 이전할 수 있으므로 파생상품이 시스템 문제를 줄여준다고 주장하는 이들도 있습니다. 이런 사람들은 파생상품이 경제를 안정시키고, 거래를 촉진하며, 개인의 충격을 제거해준다고 믿습니다. 미시적 수준에서는 이들의 말이 종종 옳습니다. 때로는 나도 대규모 파생상품 거래를 통해서 어떤 투자 전략을 실행하기도 합니다.

그러나 찰리와 나는 파생상품이 거시적 수준에서 위험하며, 갈수록 더 위험해진다고 믿습니다. 거대한 위험, 특히 신용 위험이 몇몇 파생상품 중개회사에 집중된 데다가, 이들은 서로 대규모로 거래하고 있습니다. 따라서 한 회사에서 발생하는 문제가 곧바로 다른 회사에 전염될 수 있습니다. 게다가 이런 중개회사들은 일반 기업들에 대해서도 막대한 채권을 보유하고 있습니다. 그리고 이런 기업들은 (통신산업이 붕괴하거나 상업용 발전소 프로젝트의 가치가 급락하는 등) 한 사건에 의해서 동시에 곤경에 처할 수 있습니다. 갑자기 이런 연결 문제가 드러나면 심각한 시스템 문제가 촉발될 수 있습니다.

실제로 1998년 롱텀 캐피털 매니지먼트Long-Term Capital Management: LTCM라는 헤지펀드가 레버리지 파생상품 거래로 문제를 일으키자 연준이 서둘러 개입해 구제했습니다. 나중에 연준 당국자는 의회에서 증언할 때, 만일 연준이 개입하지 않았다면 LTCM의 미결제 거래에 의해 미국 시장의 안정성이 심각한 위험에 처했을 것이라고 시인했습니다(당시 LTCM은 일반 대중에게는 알려지지 않은 회사로서 직원이 수백 명이었습니다). 다시 말해서 연준 고위 관리들은 LTCM에 의한 연쇄도산이 다른 금융기관에 미칠 파장을 두려워했다는 뜻입니다. 이 사건은 최악의 시나리오와 거리가 멀었는데도 채권시장이 몇 주 동안 마비되었습니다.

LTCM이 이용한 파생상품 중에는 토탈 리턴 스왑total-return swap이 있는데, 주식시장 등 다양한 시장에서 100% 차입 투자를 실행할 수 있는 상품입니다. 예를 들어 거래상대방A(대개 은행)가 자금을 투입하여 주식을 사면 거래상대방B는 미래 일정 시점에 은행이 실현하는 손익을 떠안기로 하는 계약입니다.

이런 토탈 리턴 스왑에서는 증거금 요건을 우습게 생각합니다. 이 밖에도 다양한 파생상품이 쏟아지는 탓에 당국은 차입거래를 규제하기가 매우 어렵고 따라서 은행, 보험사, 기타 금융기관들이 떠안은 위험을 제대로 파악하기도 곤란합니다. 마찬가지로 노련한 투자자와 분석가들 역시 파생상품계약이 많은 기업의 재무 상태를 분석할 때 커다란 문제에 부닥칩니다. 찰리와 내가 대형 은행의 파생상품 거래를 설명하는 긴 주석을 다 읽었을 때 유일하게 이해한 것은, 이 은행이 떠안은 위험이 얼마나 되는지 알 수 없다는 사실뿐이었습니다.

이제 파생상품이라는 요정이 병에서 빠져나왔으므로 틀림없이 이 상품의 종류와 숫자가 급증할 것이고, 마침내 어떤 사건을 통해서 그 유독성을 드러낼 것입니다. 전력과 가스 산업에서는 이미 파생상품이 일으킨 심각한 문제를 경험하면서 그 위험성을 깨달았으므로 파생상품 이용을 극적으로 줄였습니다. 그러나 다른 분야에서는 파생상품 거래가 전혀 억제되지 않은 채 계속 확산하고 있습니다. 지금까지 각국 중앙은행과 정부는 파생상품이 일으키는 위험을 효과적으로 통제할 방법을 찾지 못했을뿐더러 감시조차 하지 못하고 있습니다.

찰리와 나는 버크셔의 재무 구조가 요새처럼 튼튼해야 한다고 믿습니다. 우리 소유주, 채권자, 보험 계약자, 직원들을 위해서 말입니다. 우리는 어떤 종류의 대재해 위험에 대해서도 긴장을 늦추지 않습니다. 아마도 그래서 장기 파생상품계약이 급증하면서 무담보 매출채권도 따라서 증가하는 현상을 우리가 지나칠 정도로 걱정하는 것인지 모릅니다. 그러나 우리가 보기에 파생상품은 치명적 위험이 잠재된 대량 살상 금융 무기입니다.   〔2002〕

※※※※※※※

오래전 마크 트웨인Mark Twain이 말했습니다. "고양이 꼬리를 잡아 집으로 데려가려 하면 독특한 방식으로 교훈을 얻게 된다." 마크 트웨인이 지금 나타나서 파생상품사업 정리 작업을 한다면 단 며칠 만에 차라리 고양이를 선택할 것입니다.

이어지는 제너럴 리의 파생상품사업 정리 과정에서 작년에 우리가 입은 세전 손실이 1억 400만 달러입니다. 사업 정리에 착수한 이후 발생한 총손실은 4억 400만 달러입니다.

인수 당시 남아 있던 계약은 2만 3,218건이었습니다. 2005년 초에는 2,890건으로 감소했습니다. 이제는 손실이 끝났을 것으로 기대하시겠지만 아직도 출혈은 계속되고 있습니다. 작년에 남은 계약을 741건으로 축소하는 과정에서 위의 총손실 4억 400만 달러 중 1억 400만 달러가 발생했습니다.

1990년 제너럴 리가 파생상품사업부를 설립한 것은 보험 고객들의 수요를 충족하기 위해서였습니다. 그런데 2005년에 정리한 계약하나는 만기가 100년짜리였습니다! 이런 계약이 도대체 고객의 어떤 수요를 충족하려는 것인지 상상하기도 어렵습니다. 트레이더가 장기 계약으로 실적을 조작해서 성과급을 받으려는 수요가 아니라면 말이죠. 장기 계약이나 변수가 여럿인 계약은 시가평가(파생상품 회계에 사용되는 표준 절차)가 지극히 어려워서 트레이더들이 가치를 평가할 때 '창의력'을 동원할 여지가 많습니다. 트레이더들이 앞장서서 이런 상품을 다루는 것도 놀랄 일이 아닙니다.

추정 수치를 근거로 막대한 보상이 지급되는 사업은 매우 위험합니다. 두 회사의 트레이더가 난해한 변수 여러 개가 들어간 장기 계약을 체결하면 두 회사는 이후 이익을 산출할 때마다 이 계약의 가치를 평가해야 합니다. 그런데 이 계약에 대한 두 회사의 평가가 달라질 수 있습니다. 장담하는데 두 회사 모두 자사 이익이 증가하는 방향으로 평가하게 될 것입니다(나는 이런 계약이 거대한 규모로 이루어진 사례들을 잘 알고 있습니다). 지금은 서류상의 거래 한 건을 놓고 두 회사 모두 이익이 발생했다고 발표할 수 있는 참으로 희한한 세상입니다.

내가 해마다 우리 파생상품 거래를 자세히 설명하는 데에는 두 가지 이유가 있습니다. 하나는 개인적으로 불쾌한 경험 때문입니다. 나는 제너럴 리의 파생상품사업을 즉시 폐쇄하지 않은 탓에 여러분에게 막대한 손실을 입혔습니다. 제너럴 리 인수 시점에 찰리와 나 둘 다 파생상품이 문제라는 사실을 알았고, 경영진에게 이 사업을 중단하고 싶다고 말했습니다. 사업을 확실히 중단시키는 것은 내 책임이었습니다. 그러나 나는 이 상황에 정면으로 대처하는 대신, 이 사업부 매각을 시도하면서 여러 해를 허송했습니다. 이런 시도는 실패할 수밖에 없었습니다. 만기 수십 년짜리 뒤얽힌 채무를 풀어낼 현실적인 해법이 없었기 때문입니다. 우리 채무는 폭발 가능성을 측정할 수가 없어서 더욱 걱정스러웠습니다. 게다가 심각한 문제가 발생한다면 금융시장의 다른 부문에서 발생하는 문제와 연관되기 쉬웠습니다.

그래서 고통 없이 빠져나오려던 나의 시도는 실패로 끝났고, 그 사이에 파생상품 거래는 계속 쌓여갔습니다. 계속 머무적거린 나의 잘못입니다(찰리는 '손가락 빨기'라고 부르더군요). 그래서 개인의 일이든 사업이든 문제가 나타나면 즉시 대처해야 합니다.

파생상품 관련 우리 문제를 해마다 논의하는 두 번째 이유는 우리의 경험이 여러 경영자, 감사, 규제 당국에 교훈이 되길 바라기 때문입니다. 어떤 면에서 우리는 파생상품이라는 탄광 속에서 죽어가며 경고의 노래를 부르는 카나리아와 같습니다. 세계 파생상품계약의 건수와 금액은 계속 급속히 증가하면서 이제는 마지막으로 금융시장이 혼란에 빠졌던 1998년의 몇 곱절이 되었습니다.

우리 경험을 보고 정신 차려야 하는 것은, 우리는 비교적 좋은 여건이었는데도 출혈을 피하지 못했기 때문입니다. 제너럴 리는 파생상품 분야에서 사업 규모가 비교적 작았습니다. 다행히 시장이 좋았고, 파생상품의 유동성도 높았으며, 재정 압박이나 다른 압력이 없었던 덕분에 효율적으로 포지션을 청산할 수 있었습니다. 과거 회계도 전통을 따랐으므로 실제로 보수적이었습니다. 게다가 파생상품 관련 부정행위도 발견되지 않았습니다.

그러나 장래에 다른 회사에서는 전혀 다른 상황이 벌어질 수 있습니다. 우리보다 포지션이 몇 배나 많은 회사들이 혼란한 시장에서 극단적인 압박을 받으면서 포지션을 청산하려 한다고 상상해보십시오.

이는 사후보다 사전에 관심을 기울여야 하는 시나리오입니다. 뉴올리언스 제방을 점검해야 하는 시점이 카트리나가 오기 전이었던 것처럼 말입니다.

제너럴 리의 파생상품을 마지막으로 정리하는 나의 심정이 다음 컨트리송 가사에 나와 있습니다. "아내는 내 친구와 달아났지만, 나는 아직도 친구가 그립다네."(2006년 주주 서한에서 제너럴 리의 파생상품사업이 완전히 정리되었다고 밝혔다.)

〔2005〕

※※※※※※※

우리는 다른 유형의 선물계약도 맺었습니다. 이 말이 이상하게 들릴 것입니다. 우리는 제너럴 리가 맺은 파생상품계약을 해지하느라 값비싼 대가를 치렀고, 나는 파생상품 거래가 엄청나게 증가하면 구조적인 문제가 발생할 수 있다고 자주 말했기 때문입니다. 왜 이렇게 위험한 상품을 갖고 노는지 여러분은 의아할 것입니다.

이는 주식이나 채권과 마찬가지로 파생상품도 가끔 가격이 터무니없이 잘못 매겨지기 때문입니다. 따라서 우리는 오래전부터 선별적으로 파생상품을 팔았습니다(건수는 작지만 금액은 대개 큽니다). 현재 남아 있는 계약은 62건입니다. 내가 직접 관리하고 있으며, 거래상대방 위험이 없는 계약들입니다. 지금까지는 실적이 좋아서 세전 이익이 수억 달러에 이릅니다(외환 선물계약에서 얻은 이익 규모를 훨씬 넘어섭니다). 때때로 손실이 발생하겠지만, 전체적으로는 파생상품 가격 오류로부터 계속해서 상당한 이익이 나올 것입니다.

〔2006〕

파생상품은 위험합니다. 파생상품 탓에 우리 금융 시스템의 레버리지와 위험이 극적으로 높아졌습니다. 또한 대형 상업은행과 투자은행들을 이해하고 분석하기가 불가능할 지경이 되어버렸습니다. 양대 국책 모기지 기업인 패니메이Fannie Mae와 프레디맥Freddie Mac은 파생상품을 이용해서 장기간 이익을 대규모로 조작할 수 있었습니다. 이들의 조작을 파악하기가 매우 어려웠던 탓에, 100명 넘는 인력으로 두 기관만 감독하는 연방규제기관인 연방주택기업감독청Office of Federal Housing Enterprise Oversight: OFHEO조차 이들의 회계 조작을 전혀 눈치채지 못했습니다.

실제로 최근 사건들을 보면 대형 금융기관의 유명 CEO들조차 복잡하고 방대한 파생상품사업을 도저히 관리할 수 없다는 사실이 드러납니다. 찰리와 나도 이 불운한 집단에 속합니다. 1998년 버크셔가 제너럴 리를 인수했을 때 884개 거래상대방과 맺은 파생상품계약 2만 3,218건을 우리는 이해할 수가 없었습니다(전혀 들어보지 못한 계약도 많았습니다). 그래서 우리는 사업을 접기로 했습니다. 정리 과정에서 우리가 압박을 받은 것도 아니고 시장이 나빠진 것이 아닌데도, 이 작업이 대부분 완료되기까지 5년이나 걸렸고 4억 달러가 넘는 손실이 발생했습니다. 이 사업을 정리했을 때 우리의 심정을 나타내는 컨트리송 가사가 있습니다. "당신을 잘 알고 나니 나의 애정이 예전과 같지 않구려."

정치인, 해설자, 금융 규제기관들은 장래의 대형 사고를 방지하는 수단으로 '투명성' 제고를 즐겨 사용하지만, 이것으로도 파생상품이 일으키는 문제를 해결하지는 못할 것입니다. 내가 알기로는 복잡하고 거대한 파생상품 포트폴리오의 위험을 대충이나마 설명하고 측정하는 보고 시스템조차 존재하지 않습니다. 회계 감사관들도 이런 계약을 감사할 수 없으며, 규제기관도 이들을 규제할 수 없습니다. 기업들의 10-K 양식* '정보 공개' 페이지에서 파생상품 관련 정보를 읽을 때마다 나는 결국 이들의 포트폴리오가 어떻게 될지 모르겠다는 결론에 도달하게 됩니다(그리고 나서 아스피린을 몇 알 먹습니다).

파생상품 규제의 어려움을 보여주는 사례로 패니메이와 프레디맥을 더 자세히 살펴봅시다. 두 거대 기관은 의회가 만들었고, 이들의 업무 영역을 포함한 통제권도 여전히 의회가 보유하고 있습니다. 1992년 의회는 두 거대기업이 엉뚱한 행동을 하지 못하도록 감독하는 기관으로 OFHEO를 만들었습니다. 이 업무에 할당된 감독 인력으로 보면 이제 패니메이와 프레디맥은 내가 아는 기업 중 가장 강력하게 규제받는 기관이 되었습니다.

2003년 6월 15일 OFHEO는 2002년 보고서(인터넷에서 볼 수 있습니다)를 의회에 보냈습니다(사베인즈Paul Sarbanes와 옥슬리Michael Oxley를 포함해서 상원과 하원의 실권자 4인에게 보냈습니다). 127페이지짜리 보고서 표지에는 '10년에 걸친 탁월한 실적을 축하하며'라는 자축의 제목이 찍혀 있었습니다. 첨부 편지와 보고서는 프레디맥의 CEO와 CFO(최

---

* 미국에서 증권 거래의 대상이 된 기업들이 미국 증권거래위원회에 1년에 한 번씩 공시해야 하는 서류. 가장 기본적인 공시 양식으로, 한국의 사업보고서에 해당한다. -옮긴이

고재무책임자)가 불명예 퇴진하고 COO(최고영업책임자)가 해고당하고 나서 9일 뒤에 배달되었습니다. 보고서에 첨부된 편지에는 이들의 퇴진에 대한 언급이 없었고, 늘 그랬듯이 결론은 "두 기관 모두 재무 상태가 건전하고 잘 관리되고 있습니다"였습니다.

실제로 두 기관은 한동안 대규모로 회계 부정을 저질렀습니다. 2006년 마침내 OFHEO는 패니메이의 잘못을 가차 없이 기록하고 모든 관계자의 실수를 비난한 340페이지짜리 보고서를 발표했습니다. 그러나 여러분도 짐작하듯이 의회와 OFHEO에 대한 언급은 없었습니다.

베어스턴스Bear Stearns의 붕괴는 파생상품 거래에 포함된 거래상대방 위험을 극명하게 보여줍니다. 2002년 연차보고서에서 파생상품을 처음 논의할 때 나는 거래상대방 위험이 시한폭탄이라고 말했습니다. 2008년 4월 3일 당시 유능한 뉴욕 연준 총재였던 팀 가이트너Tim Geithner는 구제의 필요성을 이렇게 설명했습니다. "금융 위험에 대비하려고 베어스턴스와 맺은 주요 포지션이 무효가 되었음을 베어스턴스의 거래상대방들이 갑자기 깨달았다면 시장에 더 심각한 혼란이 촉발되었을 것입니다. 이들은 시장이 매우 취약한 상태인데도 앞다투어 이 포지션과 관련된 담보증권을 청산하고 기존과 똑같은 포지션을 만들어내려 했을 것입니다." 연준의 전형적인 표현으로는 '예측 불가능한 규모의 금융 연쇄 반응을 방지하려고 우리가 개입했다'라는 말입니다. 나는 당시 연준의 결정이 옳았다고 생각합니다.

정상적인 주식이나 채권 거래는 한쪽이 현금을 받고 다른 쪽이 증권을 받아 며칠 만에 완료됩니다. 따라서 거래상대방 위험은 금방 사라지며, 신용 문제가 누적되는 일도 없습니다. 이렇게 신속한 결제 절차가 시장의 기능을 유지하는 열쇠입니다. 그리고 바로 이런 이유로 1995년 뉴욕증권거래소와 나스닥이 결제 기간을 5일에서 3일로 단축했습니다.

반면에 파생상품계약은 흔히 몇 년이나 심지어 몇십 년 동안 결제가 이루어지지 않은 채 거래상대방에 대한 청구권이 막대한 규모로 누적되기도 합니다. 계량화하기 어려운 서류상의 자산과 부채가 재무제표에서 중요한 요소가 되었는데도 장기간 검증되지 않습니다. 게다가 거대 금융기관들 사이에 거미줄처럼 복잡한 상호 의존성이 형성됩니다. 수십억 달러 규모의 매출채권과 매입채무가 몇몇 거대 금융기관에 집중되며, 이들은 대개 다른 방식으로 막대한 부채도 일으킵니다. 파생상품 거래에서 문제를 피하려면 성병을 피하는 방식이 필요합니다. 내가 누구와 자느냐뿐 아니라 내 파트너가 누구와 자느냐도 중요합니다.

이 사람 저 사람과 잠자리를 같이하는 방식이 대형 파생상품 딜러에게는 유용할 수 있습니다. 문제가 발생하면 정부가 반드시 도와주기 때문입니다. 다시 말해서 주변 기업들을 모두 감염시킬 수 있는 문제 기업들(기업명은 언급하지 않겠습니다)만이 확실히 국가의 관심 대상이 됩니다.

이 짜증스러운 현실로부터 '기업 생존의 제1법칙'이 도출되어, 야심 찬 CEO들은 난해하고도 거대한 파생상품 포트폴리오를 구축하고 부채를 쌓아 올립니다. 적당히 망쳐놓는 것으로는 안 통합니다. 상상을 초월할 정도로 엉망을 만들어야 합니다. 〔2008〕

F. 재정적자는 괜찮지만 경상수지적자는 곤란하다

2002년 나는 난생처음 외환시장에 진입했고 2003년에는 외환 포지션을 늘렸습니다. 갈수록 달러를 비관하게 되었기 때문입니다. 그러나 예언자들의 묘지에는 특히 거시경제 예측가들에게 방대한 면적이 배정되어 있습니다. 실제로 버크셔는 거시경제를 예측한 적도 거의 없고, 거시경제 예측에 계속 성공한 사람도 거의 보지 못했습니다.

우리는 버크셔의 자산 대부분을 미국에 두고 있으며 앞으로도 계속 그럴 것입니다. 그러나 최근 몇 년 동안 미국의 무역적자 탓에 미국에 대한 막대한 청구권과 소유권이 외국으로 넘어가고 있습니다. 이렇게 공급되는 자산을 한동안은 외국인들이 왕성하게 소화했습니다. 그러나 2002년 말 외국인들은 미국 자산에 질리기 시작했고, 달러가치는 주요 통화에 대해 떨어지기 시작했습니다. 다만 현재 환율로도 미국의 무역적자는 크게 개선되지 않을 것입니다. 따라서 외국 투자자들이 원하든 원치 않든 달러는 계속 쏟아져 나올 것입니다. 그 결과가 어떻게 될지는 아무도 모릅니다. 다만 여기서 발생하는 골치 아픈 문제는 절대 외환시장에 한정되지 않을 것입니다.

나도 미국인이므로 이 문제가 순조롭게 해소되기를 바랍니다. 나는 2003년 11월 10일 〈포춘〉에 기고한 글(www.berkshirehathaway.com 참조)에서 한 가지 해결책을 제시했습니다(찰리의 관심을 끌지는 못했습니다). 이번에도 나의 경고는 필요 없을지 모릅니다. 그동안 미국은 활력과 회복력을 과시하면서 회의론자들을 거듭 웃음거리로 만들었기 때문입니다. 그러나 버크셔가 보유한 달러 표시 현금성자산은 수십억 달러에 이릅니다. 따라서 나는 외환계약을 통해서 우리 포지션 일부라도 상쇄해야 마음이 편합니다.

〔2003〕

✕✕✕✕✕✕✕✕

연말 현재 버크셔가 보유한 외환계약은 12개 통화에 걸쳐 약 214억 달러입니다. 작년에도 언급했듯이, 이러한 외환 보유는 우리의 태도가 확실히 바뀌었다는 의미입니다. 2002년 이전에는 나도 버크셔도 외환을 거래한 적이 없습니다. 그러나 미국의 무역 정책 탓에 달러의 가치가 앞으로 장기간 계속 하락 압박을 받는다는 증거가 늘어나고 있습니다. 그래서 2002년 이후 우리는 투자 방향을 설정할 때 이런 조짐에 주의하고 있습니다(구걸하는 거지에게 코미디언 겸 영화배우인 W. C. 필즈 Fields가 말했습니다. "미안해요. 가진 돈이라곤 달러뿐이라서").

한 가지는 분명히 밝혀두겠습니다. 우리는 미국의 장래가 미덥지 않아서 외환을 보유하는 것은 절대 아닙니다. 미국은 이례적인 부국으로서 시장경제, 법치, 기회의 균등을 존중하는 시스템이 만들어낸 산물입니다. 미국의 경제력은 세계 어느 나라보다도 훨씬 강하며 앞으로도 계속 그러할 것입니다. 미국에 사는 우리는 행운아입니다.

그러나 2003년 11월 10일 내가 〈포춘〉 기고문에서 주장했듯이 미국의 무역 관행이 달러를 짓누르고 있습니다. 달러의 가치는 이미 상당폭 하락했지만 앞으로도 계속 하락할 듯합니다. 정책이 바뀌지 않는다면 외환시장은 더 혼란에 빠질 수 있으며, 정치적·재정적으로 부작용이 발생할 수 있습니다. 실제로 이런 문제가 나타날지는 아무도 모릅니다. 그러나 이런 시나리오의 실현 가능성을 절대 무시할 수 없으므로 정책 입안자들은 지금부터 대안을 연구해야 합니다. 하지만 이들의 복지부동 경향이 아무래도 불길합니다. 지속적인 무역적자가 미치는 영향을 연구한 318페이지짜리 의회 보고서가 2000년 11월에 발간되었지만, 이 보고서에는 먼지만 쌓이고 있습니다. 이 보고서는 1999년 무역적자가 당시로선 충격적인 2,630억 달러를 기록하자 발간되었습니다. 작년 무역적자는 6,180억 달러로 증가했습니다.

강조하건대 찰리와 나는 '실물 무역(real trade: 국가 간 상품 및 서비스 교환 행위)'이 미국과 외국 모두에 대단히 유익하다고 믿습니다. 작년 미국의 순수 실물 무역은 1.15조 달러였습니다. 이런 무역은 많을수록 좋습니다. 그러나 미국이 외국에서 추가로 들여온 6,180억 달러 상당의 상품과 서비스는 실물 무역이 아니라 일방 거래였습니다. 이 규모가 충격적이어서 그 영향이 막대합니다.

이 일방적인 '사이비 무역pseudo trade'을 조정해주는 항목이 미국에서 외국으로 '부富의 이전移轉'입니다(거래에는 항상 대응 항목이 존재합니다). 이전은 민간 기업이나 정부기관이 외국인에게 차용증서를 써주는 형태가 되거나, 주식과 부동산 같은 자산의 소유권을 넘겨주는 방식이 됩니다. 어떤 방식이 되든 미국에 대한 소유권 중 우리의 몫은 감소하고 외국인의 몫은 증가합니다.

이렇게 미국의 부를 외국으로 떠넘기는 규모가 현재 매일 18억 달러에 이르는데, 작년보다 20% 증가했습니다. 그 결과 현재 외국인이 보유한 미국의 순자산이 약 3조 달러입니다. 10년 전에는 이들의 순자산이 무시해도 될 정도였습니다.

조 단위로 말하면 대개 감이 오지 않습니다. 그리고 흔히 경상수지 적자(세 항목의 합계로서, 단연 가장 중요한 항목은 무역적자)와 미국 재정적자를 '쌍둥이 적자'로 묶어 다루기 때문에 더 혼동하기 쉽습니다. 그러나 둘은 쌍둥이가 아닙니다. 둘은 원인이 다르고 결과도 다릅니다.

재정적자가 발생해도 미국의 순자산 중 미국인의 몫은 절대 감소하지 않습니다. 외국인이 미국의 순자산을 보유하지 않는 한, 재정적자가 아무리 크게 발생해도 미국에서 산출되는 것은 100% 미국인의 몫이 됩니다.

재화가 넘치는 부유한 가족인 미국인들은 정부의 국민생산 분배 방식(즉, 세금 징수 방식과 복지 혜택 분배 방식)을 놓고 의회 의원들을 통해서 논쟁을 벌입니다. 과거에 약속한 복지 혜택을 재검토하는 상황이 되면 '가족 구성원들'은 서로 자기가 고통받는다고 주장하면서 열띤 논쟁을 벌입니다. 그러면 세금이 인상되거나, 약속이 조정되거나, 국내에서 공채가 발행될 수 있습니다. 그래도 논쟁이 마무리되면 국민생산이라는 거대한 파이는 어떤 방식으로 분배되더라도 모두 가족 구성원들에게 돌아가게 됩니다. 한 조각도 외국으로 나가지 않습니다.

그러나 경상수지적자가 대규모로 계속 발생한다면 전혀 다른 결과가 벌어집니다. 세월이 흐르면서 우리 채무가 증가하면 국민생산 중 우리 몫은 갈수록 줄어듭니다. 실제로 미국 국민생산 중 외국인의 몫이 갈수록 증가합니다. 여기서 우리는 항상 소득보다 지출이 더 많은 가족과 같습니다. 세월이 흐를수록 우리가 벌어들이는 돈 가운데 '금융회사'로 가는 몫이 늘어납니다.

현재 규모로 경상수지적자가 이어진다면 10년 뒤에는 미국의 순자산 중 외국인의 몫이 약 11조 달러에 이를 것입니다. 이런 순자산에 대한 외국인의 투자수익률을 5% 정도로 잡아도, 우리는 그 이자만으로 해마다 0.55조 달러에 이르는 상품과 서비스를 외국으로 실어 보내야 합니다. (전혀 확실하지는 않지만, 인플레이션이 낮다고 가정하면) 10년 뒤에는 미국의 국민생산이 약 18조 달러가 될 것입니다. 따라서 10년 뒤 우리 미국 '가족'은 과거에 방종한 대가로 해마다 국민생산의 3%를 외국에 공물로 바쳐야 합니다. 재정적자일 때와는 달리, 아버지가 저지른 죗값을 아들이 치르게 됩니다.

(미국이 소비를 대폭 줄여 대규모 무역흑자를 계속 쌓아나가지 않는다면) 이렇게 해마다 외국에 바치는 조공 탓에 미국에서는 틀림없이 정치가 매우 불안해질 것입니다. 그래도 미국 경제가 성장할 것이므로 미국인들의 생활은 지금보다도 더 윤택할 것입니다. 하지만 채권자들에게 영원히 조공을 바쳐야 한다는 사실에 화가 날 것입니다. 지금 미국은 모두가 집주인이 되는 행복한 '소유자 사회Ownership Society'를 열망하고 있지만, 다소 과장하자면 불행한 '소작인 사회Sharecropper's Society'가 될 것입니다. 공화당과 민주당이 함께 지지하면서 이끌어가는 무역 정책의 종착지가 바로 이런 모습입니다.

조야朝野 금융계의 명사들은 현재와 같은 경상수지적자가 계속될 수 없다고 말합니다. 예를 들어 2004년 6월 29일 연준 공개시장위원회 회의록에는 이렇게 쓰였습니다. "대규모 대외적자가 무한정 이어질 수는 없다고 간부진이 지적했다." 그러나 전문가들은 급증하는 무역 불균형에 대해서 글은 계속해서 이렇게 쓰면서 실질적인 해결책은 제시하지 않습니다.

16개월 전 〈포춘〉에 기고한 글에서 나는 "달러가치의 완만한 하락은 답이 되지 못한다"라고 썼습니다. 그리고 지금까지 실제로 답이 되지 못했습니다. 그런데도 정책 입안자들은 여전히 '연착륙'을 희망하면서 다른 나라에 대해서는 그 나라 경제를 부양(통화 팽창)하라고 주문하고, 미국인들에게는 저축을 늘리라고 말합니다. 나는 이런 권고가 잘못되었다고 생각합니다. 막대한 경상수지적자 지속은 뿌리 깊은 구조적 문제여서, 무역 정책이 근본적으로 바뀌거나 금융시장이 불안해질 정도로 달러의 가치가 하락하지 않고서는 해결되지 않습니다.

무역 정책의 현상 유지를 옹호하는 사람들이 즐겨 인용하는 애덤 스미스의 말이 있습니다. "가구 차원에서 사려 깊은 행위가 거대 왕국 차원에서도 옳은 일이다. 어떤 외국 제품의 가격이 우리가 직접 만드는 것보다 더 싸다면, 우리가 더 싸게 생산하는 제품 일부를 주고 그 외국 제품을 사는 편이 낫다."

나도 동의합니다. 그러나 스미스는 제품을 주고 제품을 사라고 말한 것이지, 미국처럼 매년 0.6조 달러에 이르는 부富를 주고 제품을 사라고 말한 것이 아닙니다. 게다가 과소비를 유지하려고 매일 농장 일부를 팔아치우는 가정의 행태를 절대 '사려 깊다'라고 평가하지는 않았을 것입니다. 그러나 미국이라는 거대 왕국은 부를 주고 제품을 사고 있습니다.

만일 미국의 경상수지가 0.6조 달러 '흑자'라면 세계 언론은 미국의 무역 정책을 일종의 극단적 '중상주의(국가가 수출을 촉진하고 수입을 억제하여 재화를 축적하는 전략으로서, 오래전부터 불신당했던 정책)'로 간주하여 거칠게 비난할 것입니다. 나 역시 그런 정책을 비난할 것입니다. 그러나 원래 의도했던 바는 아닐지 몰라도 외국은 미국에 대해 중상주의 정책을 펴고 있습니다. 이는 미국이 축적한 자산이 막대하고 그동안 쌓아온 신용이 매우 높아서 가능합니다. 실제로 자국통화 표시 신용카드로 이렇게 끝없이 소비할 수 있는 나라는 미국을 제외하면 세계 어디에도 없습니다. 아직은 외국 투자자 대부분이 크게 걱정하지 않습니다. 이들은 미국을 소비 중독자로 간주하지만 우리가 부자라는 사실도 알고 있습니다.

그러나 우리의 낭비벽이 무한정 용인될 수는 없습니다. 그리고 언제 어떤 방식으로 무역 문제가 해결될지 예측하기는 불가능하지만, 이 문제가 해결된다고 해서 달러의 가치가 상승할 것 같지도 않습니다.

우리는 미국이 경상수지적자를 즉시 대폭 축소하는 정책을 채택하길 바랍니다. 물론 미국이 즉각적인 해결책을 채택하면 버크셔는 외환거래계약에서 기록적인 손실을 보게 될 것입니다. 그러나 버크셔의 자원은 달러 자산에 집중되어 있으므로 달러 강세와 저인플레이션 환경이 우리에게 매우 유리합니다.

통화 분야의 최근 흐름을 따라가려면 〈파이낸셜 타임스(The Financial Times)〉를 읽으십시오. 런던에서 발간되는 이 신문은 오래전부터 세계 금융 뉴스를 선도했는데 지금은 탁월한 미국판도 있습니다. 무역에 관한 보도와 논평도 일류입니다.

이번에도 경고를 덧붙입니다. 거시경제는 매우 어려운 분야라서, 찰리와 나도 마찬가지지만 능력을 입증한 사람이 거의 없습니다. 통화에 대한 우리의 판단도 얼마든지 틀릴 수 있습니다(현재 달러 약세를 예상하는 전문가가 너무 많아서 우리는 불안합니다). 우리 판단이 틀리면 우리 실수가 낱낱이 드러납니다. 역설적이지만 달러의 가치가 대폭 하락하더라도 버크셔의 자산을 모두 달러 표시로 내버려 둔다면 우리 실수를 아무도 눈치채지 못할 것입니다.

존 메이너드 케인스는 명저 《일반 이론(The General Theory)》에서 말했습니다. "세속적 지혜에 의하면 관례를 거슬러 성공하는 것보다 관례를 따르다 실패하는 쪽이 평판에 유리하다."(더 노골적으로 표현하면, 나그네쥐lemmings는 집단으로 조롱당할 뿐, 개별적으로 비난받는 일은 없습니다.) 평판 관점에서 보면 찰리와 나는 외환계약으로 명백한 위험을 떠안는 셈입니다. 그러나 우리는 버크셔가 100% 우리 소유인 것처럼 경영해야 한다고 믿습니다. 그렇다면 우리는 달러 자산만 보유하는 정책은 선택하지 않을 것입니다.

[2004]

※※※※※※

주식이나 채권에 장기 투자하면 연도별 가격 변동이 재무상태표에는 반영되지만, 자산을 매각하지 않으면 이익에는 거의 반영되지 않습니다. 예를 들어 우리가 보유한 코카콜라의 시장가치는 초기 10억 달러에서 1998년 말 134억 달러까지 상승했다가 이후 81억 달러로 감소했지만, 손익계산서에는 아무 영향도 주지 않았습니다. 그러나 장기 외환 포지션은 매일 시가평가되기 때문에 보고 기간마다 이익에 영향을 줍니다. 우리가 처음 외환계약을 맺은 시점부터 지금까지의 실적은 20억 달러 흑자입니다.

2005년에는 그동안 직접 보유하던 외환 포지션을 다소 줄였습니다. 대신 그 일부 금액으로 '국제 시장에서 대부분 이익을 내는 기업'이 발행한 다양한 외화 표시 주식에 투자했습니다. 찰리와 나는 이런 외화 포지션 보유 방식을 선호합니다. 주로 금리 변화 때문입니다. 미국 금리가 상대적으로 많이 상승한 탓에 이제는 외환을 보유하면 상당한 보유 비용이 발생합니다. 실제로 2005년에는 직접 보유한 외환 때문에 비용이 발생했고, 2006년에도 또 비용이 발생할 것입니다. 반면에 우리가 보유한 외화 표시 주식에서는 장기적으로 아마도 상당한 보유 이익이 발생할 것입니다.

미국 경상수지적자에 영향을 주는 근본적인 요소들은 계속 악화하고 있으며, 누그러질 기미가 보이지 않습니다. 경상수지에서 가장 크고 친숙한 무역적자가 2005년에 사상 최고치를 기록했을 뿐 아니라 두 번째 항목인 투자소득수지도 곧 적자로 돌아설 전망입니다. 미국인들이 외국에 투자하는 양보다 외국인들이 소유하는 미국 자산이 더 빠르게 증가하고 있습니다. 따라서 미국인들이 외국에서 벌어들이는 소득보다 외국인들이 미국에서 벌어들이는 소득이 많아질 것입니다. 끝으로 경상수지의 마지막 요소인 이전거래는 항상 적자입니다.

강조하건대 미국은 엄청난 부자이고 앞으로 더 부자가 될 것입니다. 따라서 막대한 경상수지적자가 장기간 이어지더라도 미국 경제나 시장에 큰 악영향은 없을 것입니다. 그러나 이런 상황이 영원히 유지될지는 의문입니다. 곧 미국이 스스로 선택한 방식으로 이 문제에 대처하지 않는다면, 언젠가 이 문제가 불쾌한 방식으로 우리에게 닥칠 것입니다.

〔2005〕

미국의 무역적자가 확대되고 있으므로 장기적으로 달러의 가치는 계속 내려갈 확률이 높습니다. 나는 '실물 무역'이 바람직하다고 확신합니다. 실물 무역이 증가할수록 미국과 세계 모두에 더 좋습니다. 2006년 미국의 순수 실물 무역은 약 1.44조 달러였습니다. 그러나 미국이 상품이나 서비스를 제공하지 않고 수입한 '사이비 무역'도 2006년에 0.76조 달러나 있었습니다(만일 우리가 수출은 전혀 없이 수입만 GDP의 무려 6%에 해당하는 0.76조 달러를 했다면 해설자들은 이런 상황을 어떻게 설명했을까요?). 미국은 상품과 서비스를 제공하지 않으면서 이만큼 수입했으므로 미국 자산에 대한 소유권이나 차용증을 외국에 넘겨줄 수밖에 없었습니다. 우리는 매우 부유하지만 방종한 가족처럼, 생산량보다 많이 소비하려고 재산 일부를 내놓았습니다.

미국은 대단한 부자이며 과거에 책임감 있게 처신했으므로 앞으로도 이런 '사이비 무역'을 많이 할 수 있습니다. 따라서 세계는 미국의 채권, 부동산, 주식, 기업들을 기꺼이 받아줄 것입니다. 그리고 우리는 아직 이런 재산이 엄청나게 많습니다.

그러나 이런 식의 재산 이전은 중대한 결과를 불러옵니다. 내가 작년에 예측했던 과소비의 악영향이 이미 현실로 나타났습니다. 미국의 '투자소득' 계정은 1915년 이후 항상 전년보다 증가했으나 2006년에는 감소세로 돌아섰습니다. 이제는 미국인이 외국에 투자해서 벌어들이는 돈보다 외국인이 미국에 투자해서 벌어가는 돈이 더 많습니다. 이는 우리의 은행 잔고가 바닥나서 신용카드로 소비하는 것과 같습니다. 부채를 짊어진 모든 사람과 마찬가지로 이제는 미국도 갚아야 할 이자에 대한 이자가 끝없이 증가하는 '부채 복리 효과'에 시달리게 될 것입니다.

그러나 미국인들이 이렇게 어리석은 방향으로 가고 있어도 10~20년 뒤에는 틀림없이 지금보다 더 잘살게 될 것입니다. 1인당 재산이 증가하기 때문입니다. 하지만 미국인은 막대한 부채에 대해서 이자를 갚아야 하므로 매년 우리 생산량의 상당 부분을 외국으로 실어 보내야 할 것입니다. 이렇게 우리 선조가 과소비해서 진 빚을 갚으려고 우리가 매일 일정 시간을 일해야 한다면 즐거울 리가 없습니다. 장래 어느 시점에 미국 근로자와 유권자들이 매년 외국에 바치는 '조공'에 지치면 심각한 정치적 반발이 일어날 것입니다. 그 여파가 시장에 어떤 결과를 불러올지는 예측할 수 없습니다. 그러나 '연착륙'은 희망 사항에 불과할 것입니다.

〔2006〕

G.　　　집은 구입하는 게 아니라 보유하는 것

잘 아시다시피 미국의 주택 소유 정책과 주택담보대출 정책은 정도를 벗어났고, 이 때문에 우리 경제가 지금 값비싼 대가를 치르고 있습니다. 정부, 대출회사, 차입자, 대중매체, 신용평가회사 등 우리 모두 이 파괴 행위에 가담했습니다. 그 어리석음의 핵심은 주택 가격이 큰 조정 없이 계속해서 오른다고 거의 모든 사람이 믿었다는 사실입니다. 사람들이 이 가정을 받아들였으므로, 주택 거래에서 거의 모든 가격과 관행이 정당화되었습니다. 모든 주택 소유자들이 부자가 된 기분으로, 증가한 주택 지분에 대해 서둘러 추가 대출을 받았습니다. 이렇게 뽑아낸 대규모 현금이 미국 전역에서 과소비를 부채질했습니다. 주택 가격이 상승하는 동안은 만사형통이었습니다. (잘 알려지지 않은 사실: 집을 압류당한 사람 중에는 실제로 이득을 본 사람이 많습니다. 매입 원가를 초과한 주택 가격 상승분에 대해 일찌감치 추가 대출을 받았기 때문입니다. 이 경우 집을 압류당한 사람이 승자이고, 대출해준 회사가 피해자였습니다.) 〔2011〕

※※※※※※

여기서는 우리의 자회사인 클레이턴 홈즈Clayton Homes의 모기지사업을 자세히 설명하겠습니다. 이는 클레이턴의 최근 경험이 주택 공급과 담보대출에 관한 공공 정책 토론에 유용하다고 생각하기 때문입니다. 먼저 그 배경부터 간단히 살펴보겠습니다.

클레이턴은 조립주택산업을 선도하는 최대 기업으로서 작년에 2만 7,499가구를 공급했습니다. 이는 미국 주택산업의 총공급량 8만 1,889가구의 약 34%에 해당합니다. 대부분의 주택업체가 극심한 침체 상태이므로 2009년 우리 점유율은 상승할 것으로 보입니다. 산업 전체로 보면 주택 판매량은 1998년 37만 2,843가구로 정점을 기록한 이후 계속 감소세를 유지했습니다.

그동안 대부분 주택업체의 판매 관행은 정말 형편없었습니다. 이에 대해서는 뒤에 더 설명하겠지만 '돈을 빌려서는 안 되는 고객들에게, 빌려주어서는 안 되는 기관들이 빌려준' 꼴이었습니다.

우선 어느 정도 계약금이 필요한데도 이를 무시하는 사례가 많았습니다. 때로는 속임수가 동원되기도 했습니다(대출 건당 3,000달러를 수수료로 받는 대출 모집인들 눈에는 잠재 고객이 '2,000달러짜리 먹잇감'으로 보였다고 말합니다). 게다가 고객들은 잃을 게 없다는 이유로 도저히 감당할 수 없는 막대한 금액을 매월 상환하겠다고 약정했습니다. 이렇게 이루어진 담보대출을 월스트리트 회사들은 증권화해서 순진한 투자자들에게 팔았습니다. 이런 연쇄 죄악은 실패할 수밖에 없으며, 실제로 실패했습니다.

그러나 클레이턴은 이 기간 내내 직접 대출을 제공함으로써 훨씬 합리적인 관행을 유지했습니다. 실제로 클레이턴이 창출하고 증권화한 대출에 투자한 사람들은 원리금을 한 푼도 손해 보지 않았습니다. 그러나 클레이턴의 사례는 예외에 해당합니다. 산업 전반적으로는 손실이 어마어마합니다. 그 여파가 지금까지 이어지고 있습니다.

규모가 훨씬 큰 단독주택시장은 이와 같은 1997~2000년 조립주택 파동을 '탄광 속의 카나리아'가 보내는 경고로 받아들여야 했습니다. 그러나 투자자, 정부, 신용평가회사들은 조립주택 파동에서 아무 교훈도 얻지 못했습니다. 급기야 2004~2007년에 단독주택에서도 똑같은 실수가 반복되었습니다. 금융회사들은 상환 능력이 없는 고객들에게 기꺼이 대출해주었고, 고객들은 감당할 수 없는데도 상환하겠다고 기꺼이 약정했습니다. 양자 모두 '주택 가격 상승'만 믿고 이 터무니없는 계약을 맺은 것입니다. 이는 "내일 걱정은 내일 하면 돼"라고 말한 스칼렛 오하라 방식이었습니다. 이제 그 여파가 우리 경제 구석구석까지 미치고 있습니다.

반면에 클레이턴의 고객 19만 8,888명은 주택시장 붕괴 기간에도 계속해서 원리금을 정상적으로 상환해준 덕분에 우리가 예상 못 한 손실은 없었습니다. 이는 우리 고객들의 신용도가 유난히 높아서가 아니었습니다. 신용점수(FICO score: 신용위험의 표준 척도)를 보면 전국 중앙값은 723이지만 우리 고객의 중앙값은 644이고, 35%는 흔히 '비우량sub-prime'으로 분류되는 620 미만입니다. 그러나 차입자의 신용점수가 훨씬 높은 단독주택 담보대출에서 오히려 참사가 많이 발생했습니다.

우리가 제공한 대출의 연말 연체율은 3.6%로서, 2006년의 2.9%보다 약간 증가한 수준이었습니다(우리는 다른 금융회사들로부터도 다양한 대출 포트폴리오를 대량으로 사들여 보유하고 있습니다). 2008년 클레이턴이 담보권을 행사한 비율은 3.0%였는데, 2006년에는 3.8%, 2004년에는 5.3%였습니다.

그러면 소득도 높지 않고 신용점수도 전혀 높지 않은 우리 고객들의 실적이 그토록 좋았던 이유는 무엇일까요? 답은 간단합니다. 대출의 기본을 잘 지켰기 때문입니다. 우리 고객들은 대출금 상환액 전부를 자신의 (기대 소득이 아닌) 실제 소득과 비교한 다음, 상환계약을 지킬 수 있는지 판단했습니다. 쉽게 말해서 고객들은 주택 가격이 오르든 내리든 원리금을 상환하겠다는 마음으로 대출을 받았던 것입니다.

우리 고객들이 하지 않은 행위도 마찬가지로 중요합니다. 고객들은 재융자를 받지 않고 원리금을 상환했습니다. 초기에 금리를 깎아주고 나중에 금리를 높이는 '미끼 금리'도 선택하지 않았습니다. 원리금 상환이 힘들어지면 언제든 이득을 남기고 주택을 팔 수 있을 것으로 추측하지도 않았습니다. 영화배우 지미 스튜어트Jimmy Stewart도 이런 사람들을 사랑했을 것입니다.

물론 우리 고객 중에도 곤경에 처하는 사람이 많을 것입니다. 그리고 대부분의 고객은 곤경이 닥치면 이를 극복할 저축도 많지 않을 것입니다. 주로 고객의 실직 때문에 연체나 담보권 행사가 발생하지만 사망, 이혼, 병원비도 모두 문제가 될 수 있습니다. 실업률이 상승하면(2009년에는 틀림없이 상승할 것입니다) 곤경에 처하는 클레이턴 고객이 증가할 것이며, 우리 손실도 증가할 것입니다(그래도 관리 가능한 수준일 것입니다). 그러나 이런 문제가 주택 가격 등락에 좌우되지는 않을 것입니다.

요즘 주택위기에 관한 해설을 보면 흔히 중대한 사실을 간과하고 있습니다. 담보권이 행사되는 주된 사유가 주택 가격이 대출금보다 내려가서(이른바 '깡통주택')가 아니라는 사실입니다. 담보권이 행사되는 것은 차입자가 계약에 따라 매월 원리금을 상환하지 못하기 때문입니다. 빌린 돈이 아니라 자기 돈으로 적지 않은 계약금을 치른 사람은, 단지 오늘 주택 가격이 대출금보다 내려갔다는 이유만으로 주택을 포기하는 일이 거의 없습니다. 그러나 매월 원리금을 상환할 수 없을 때에는 주택을 포기합니다.

내 집 마련은 멋진 일입니다. 우리 가족은 현재 집에서 50년 동안 행복하게 살았고 앞으로도 잘 살 것입니다. 집은 실제 거주 목적으로 사야지, 매매 차익이나 재융자를 기대하고 사서는 안 됩니다. 그리고 자신의 소득 수준에 맞는 집을 사야 합니다.

주택 구입자, 대출회사, 중개인, 정부는 현재의 주택위기로부터 교훈을 얻어 장래에는 이런 혼란이 절대 발생하지 않게 해야 합니다. 주택을 살 때에는 계약금을 반드시 10% 이상 내야 하고, 매월 상환액도 차입자의 소득으로 충분히 감당할 정도가 되어야 합니다. 차입자의 소득을 면밀하게 확인해야 합니다.

사람들이 집을 장만하는 것은 바람직하지만 미국의 주된 목표가 되어서는 안 됩니다. 사람들이 집을 유지하는 것이 주된 목표가 되어야 합니다.

[2008]

H.   멋진 합작투자

2000년 말 우리는 곤경에 빠진 금융회사 피노바 그룹FINOVA Group의 채권을 사기 시작했고 대규모 거래까지 하게 되었습니다. 당시 피노바가 발행한 채권은 약 110억 달러였는데, 그중 13%를 우리가 액면가의 약 3분의 2에 사들였습니다. 우리는 이 회사가 파산할 것으로 예상했지만, 자산을 처분해도 채권자에게 분배되는 금액이 우리 원가보다 훨씬 많을 것으로 생각했습니다. 2001년 초 파산 가능성이 엿보이자, 우리는 루카디아 내셔널Leucadia National과 협력하여 미리 준비한 파산 계획을 회사에 제시했습니다.

이후 수정한 계획에 의하면(여기서는 간단하게 설명하겠습니다) 채권자는 액면가의 70%(이자도 전액 포함)를 현금으로 받고, 나머지 30%에 대해서는 표면금리 7.5%짜리 신규 채권을 받게 됩니다. 피노바가 채권자들에게 분배할 현금을 제공하려고, 버크셔와 루카디아는 함께 버카디아Berkadia라는 감미로운 이름의 회사를 설립하여 플리트보스턴 FleetBoston으로부터 56억 달러를 차입해서 피노바에 빌려주고, 동시에 피노바 자산에 대해 우선권을 확보했습니다. 버크셔는 버카디아 차입금의 90%를 보증했고, 루카디아가 보증한 차입금 10%에 대해서도 2차 보증을 해주었습니다.(내 설명이 간단했나요?)

버카디아는 은행 차입금을 피노바에 대출해주면서 2% 가산금리를 받기로 했고, 피노바로부터 상환받은 원리금의 90%는 버크셔에, 10%는 루카디아에 분배하기로 했습니다. 이 글을 쓰는 현재 회수한 대출금은 39억 달러입니다.

2001년 8월 10일 승인받은 파산 계획의 하나로, 피노바가 새로 발행하는 7.5% 채권 32억 5,000만 달러에 대해 버크셔는 액면가의 70%까지 최대 5억 달러를 빌려주기로 합의했습니다(우리가 원래 보유하던 채권 13%에서 이미 회수한 원금이 4억 2,680만 달러였습니다). 우리 제안은 2001년 9월 26일까지 유효하지만, 여기에는 다양한 철회 조건이 붙어 있었습니다. 그중 하나가 이 기간에 뉴욕증권거래소가 문을 닫는 조건이었습니다. 그런데 9월 11일 테러 사건으로 그 주간에 이 조건이 충족되었으므로 우리는 즉시 제안을 철회했습니다.

피노바의 대출 중에는 항공기 담보가 많았는데 9월 11일 사건으로 항공기의 가치가 대폭 떨어졌기 때문입니다. 이 회사가 보유한 다른 매출채권도 이 테러 사건의 여파로 위험해졌습니다. 따라서 우리가 파산법원에 제안하던 시점보다 피노바의 전망이 어두워졌습니다.

그렇더라도 전반적으로는 이 거래에서 만족스러운 성과가 나올 것으로 생각합니다. 루카디아가 피노바의 일상 업무를 책임지고 있는

데, 핵심 임원들의 사업 감각과 관리 능력이 오래전부터 인상적이었습니다. [2001]

✕✕✕✕✕✕✕✕

버카디아는 파산한 대출회사 피노바를 인수하여 청산하고 있습니다. 원래 계획은 자본 대부분을 우리가 제공하고, 관리자 대부분을 루카디아가 제공하는 방식이었습니다. 이 사업은 계획대로 진행되었습니다. 루카디아를 함께 경영하는 조 스타인버그Joe Steinberg와 이안 커밍Ian Cumming이 피노바의 포트폴리오 청산 작업을 탁월하게 진행해준 덕분에 피노바 인수에 우리가 제공한 보증채무 56억 달러는 소멸했습니다.

그러나 성과가 이렇게 빨리 나온 부작용으로 장래 우리 소득이 대폭 감소할 것입니다. 그럼에도 전반적으로 버카디아는 우리에게 막대한 수익을 안겨주었고, 조와 이안은 훌륭한 동업자였습니다. [2003]

✕✕✕✕✕✕✕✕

2009년 말 우리는 미국 3위 상업용 모기지 서비스회사 버카디아 커머셜 모기지(Berkadia Commercial Mortgage: 과거 명칭 캡마크Capmark)의 지분을 50% 보유하게 되었습니다. 이 회사는 2,350억 달러 규모 포트폴리오를 관리할 뿐 아니라, 미국 전역에 25개 사무실을 보유한 주요 모기지 대출기관입니다. 앞으로 몇 년 동안 상업용 부동산은 큰 어려움을 겪겠지만, 버카디아는 장기적으로 기회가 풍부할 것입니다.

이 사업에서 우리 동업자는 조 스타인버그와 이안 커밍이 이끄는 루카디아입니다. 우리는 몇 년 전 곤경에 빠진 금융회사 피노바를 함께 인수하면서 좋은 경험을 했습니다. 이 상황을 해결하는 과정에서 고맙게도 조와 이안은 자신의 몫보다도 훨씬 많은 일을 해주었습니다. 이들이 캡마크를 함께 인수하자고 내게 연락했을 때 나는 당연히 기뻤습니다. 〔2009〕

하인즈Heinz를 인수하면서 우리는 장래에 대기업 인수에 적용할 동업 모델도 만들어냈습니다. 이번에 우리는 3G 캐피털3G Capital 투자자들과 동업했는데, 이 회사를 이끄는 호르헤 파울로 레만Jorge Paulo Lemann은 내 친구입니다. 그의 유능한 동료인 CEO 베르나도 히스 Bernardo Hees와 회장 알렉스 베링Alex Behring이 사업을 맡게 됩니다.

버크셔는 자금 조달을 담당합니다. 이 역할을 맡으면서 우리는 하인즈 우선주 80억 달러를 인수했습니다. 우선주의 표면금리는 9%이지만 다른 조건이 붙어 있어서 연수익률은 약 12%가 됩니다. 아울러 버크셔와 3G는 각각 42억 5,000만 달러에 하인즈 보통주 지분을 절반씩 인수했습니다.

하인즈 인수에는 '사모펀드private equity'와 비슷한 측면도 있지만 중요한 차이가 있습니다. 버크셔는 주식을 단 한 주도 팔 생각이 없다는 사실입니다. 우리는 오히려 주식을 더 사들일 생각이며, 실제로 그럴 가능성이 있습니다. 장래에 주식을 팔려는 3G 투자자가 나오면 우리는 지분을 늘릴 수 있습니다. 혹은 장래 어느 시점에 우리 우선주 일부를 (그 시점의 적정 가치로 평가하여) 보통주로 전환하면 버크셔와 3G 모두에 이로울 수 있습니다.

우리는 6월에 하인즈의 경영권을 인수했으며, 지금까지는 영업 실적이 고무적입니다. 그러나 올해 버크셔 연차보고서에는 하인즈의 이익 중 소액만 반영되었습니다. 인수와 사업 구조조정 과정에서 발생한 일회성 비용이 모두 13억 달러나 되기 때문입니다. 2014년에는 대규모 이익이 나올 것입니다.

〔2013〕

❋❋❋❋❋❋❋

2년 전 내 친구 호르헤 파울로 레만이 3G 캐피털과 함께 하인즈를 인수하자고 버크셔에 제안했습니다. 나는 생각할 필요도 없이 수락했습니다. 사람 측면에서나 자금 측면에서나 이 동업은 성공할 것으로 직감했기 때문입니다. 그리고 실제로도 확실히 성공했습니다.

하인즈는 내가 경영하는 것보다 회장 알렉스 베링과 CEO 베르나도 히스가 경영하는 편이 훨씬 낫다고 나는 서슴없이 인정합니다. 두 사람은 스스로 성과 기준을 지극히 높게 설정하며, 실적이 경쟁사들을 훨씬 뛰어넘어도 절대로 만족하는 법이 없습니다.

우리는 앞으로도 3G와 동업할 예정입니다. 최근 버거킹이 팀 호턴스Tim Hortons를 인수할 때처럼 우리는 자금만 제공하기도 합니다. 그러나 우리가 선호하는 방식은 영구 지분을 출자하여 동업자가 되는 방식입니다(때로는 지분을 출자하면서 자금도 지원합니다). 어떤 방식이든, 우리는 호르헤 파울로와 동업할 때에는 기분이 좋습니다.　　　　〔2014〕

※※※※※※

　　호르헤 파울로와 그의 동료들은 더없이 훌륭한 동업자입니다. 우리는 사람들의 기본 욕구와 욕망을 채워주는 대기업들을 함께 열정적으로 인수하여 보유하면서 키워나갑니다. 그러나 우리가 이 목표를 추구하는 방식은 그들과 다릅니다.

　　그들이 엄청나게 성공한 방식은, 개선의 여지가 많은 기업을 인수하여 불필요한 비용을 매우 신속하게 없애버린 것입니다. 그들의 방식은 생산성을 대폭 높여주는데, 생산성이야말로 지난 240년 동안 미국의 경제 성장을 이끈 가장 중요한 요소였습니다. '노동시간당 상품 및 서비스 산출량(즉, 생산성)'이 증가하지 않으면 경제는 침체할 수밖에 없습니다. 미국에는 생산성을 대폭 높일 수 있는 기업이 많으므로 파울로와 그의 동료들에게는 기회가 많습니다.

　　버크셔 역시 생산성 향상을 갈망하고 관료주의를 혐오합니다. 그러나 우리는 거품 낀 기업을 피하는 방식으로 이 목표를 추구합니다. 즉, 프리시전 캐스트파츠Precision Castparts Corp.처럼 원가의식이 투철하고 효율적인 경영자가 오랜 기간 운영한 기업을 인수합니다. 이런 기업을 인수하고 나서 우리가 하는 역할은 경영자(또는 사고방식이 비슷한 후계자)가 역량을 극대화하고 보람을 느낄 수 있는 환경을 조성해주는 것입니다(나는 간섭하지 않습니다. 찰리의 유명한 경고를 유념하기 때문입니다.

"평생 비참하게 살고 싶으면 상대방의 행동을 바꾸려는 사람과 결혼하라").

버크셔는 계속해서 전대미문의 극단적인 분권주의를 추구할 것입니다. 그러나 우리는 호르헤 파울로와 동업할 기회도 찾을 것입니다. 그가 팀 호턴스를 인수할 때처럼 우리는 자금만 빌려줄 수도 있고, 하인즈를 인수할 때처럼 주식을 사면서 자금까지 빌려줄 수도 있습니다. 우리는 버카디아와 훌륭하게 동업했던 것처럼 가끔 다른 사람들과 동업할 수도 있습니다.

그러나 버크셔는 우호적 인수에만 동업자로 참여할 것입니다. 물론 적대적 인수가 타당할 때도 있습니다. CEO 중 일부는 주주들을 섬겨야 한다는 사실조차 망각하며, 일부는 한심할 정도로 무능하기 때문입니다. 둘 다 이사들이 문제를 보지 못하거나 변화를 꺼리는 경우입니다. 이럴 때에는 새로운 인물이 필요합니다. 그렇더라도 우리는 이런 '기회'를 남들에게 넘겨줄 생각입니다. 버크셔는 우리를 환영해주는 곳에만 찾아갈 것입니다.

〔2015〕

✕✕✕✕✕✕✕✕

작년 우리가 합리적인 조건으로 인수한 기업은 하나로, 파일럿 플라잉 J Pilot Flying J의 지분 38.6%입니다. 이 회사는 연매출이 약 200억 달러에 이르며, 미국 트럭 휴게소 체인 중 압도적 1위입니다.

파일럿 플라잉 J는 해슬럼 가족이 설립해서 운영하고 있습니다. 빅짐 해슬럼"Big Jim" Haslam은 60년 전 청운의 꿈을 안고 주유소를 시작했습니다. 그의 아들 지미Jimmy는 북미 전역에 산재한 약 750개 휴게

소의 2만 7,000명 직원을 이끌고 있습니다. 버크셔는 2023년까지 파일럿 플라잉 J의 지분을 80%로 높이기로 계약했습니다. 그러면 해슬럼 가족은 나머지 지분 20%를 보유하게 됩니다. 우리는 해슬럼 가족과 동업하게 되어 매우 기쁩니다.

주 간 고속도로를 탈 때 파일럿 플라잉 J를 이용하시기 바랍니다. 휘발유와 경유도 제공하지만 음식도 훌륭합니다. 장시간 운전으로 피곤하면 5,200개에 이르는 샤워 시설도 이용하십시오. 〔2017〕

The Essays of

WARREN BUFFETT

IV. Common Stock

4장
주식

이따금 발생했던 공포와 탐욕이라는 초강력 전염병이 앞으로도 투자 세계에 영원히 발생한다는 사실만은 알고 있습니다. 이 전염병이 언제 발생할지는 예측할 수 없습니다. 그리고 이런 전염병에 의해서 시장이 얼마나 오랫동안 얼마나 심하게 궤도를 이탈할지도 마찬가지로 예측할 수 없습니다. 따라서 우리는 공포나 탐욕이 언제 왔다가 언제 떠날 것인지 예측할 생각이 전혀 없습니다. 우리 목표는 더 소박합니다. 다른 사람들이 탐욕스러워할 때 두려워하고, 다른 사람들이 두려워할 때만 탐욕스러워하고자 합니다.

　이 글을 쓰는 현재 월스트리트에는 두려움이 거의 보이지 않습니다. 대신 도취감이 널리 퍼져 있습니다. 왜 그럴까요? 느릿느릿 증가하는 기업의 실적에 구속받지 않고 대박의 기회가 넘치는 강세장에 참여하는 것만큼 신나는 일이 어디 있을까요? 그러나 안타깝게도 주가가 기업 실적을 무한정 앞지를 수는 없습니다.

실제로는 과도한 매매와 운용보수 때문에 주주 전체가 장기적으로 얻는 이익은 기업의 실적보다 떨어질 수밖에 없습니다. 미국 기업 전체의 자기자본이익률이 연 12%라면 투자자들의 이익률은 이보다 훨씬 낮을 수밖에 없습니다. 강세장이 수학 법칙을 가릴 수는 있지만, 완전히 없애버릴 수는 없습니다. 〔1986〕

A.　　　　　　결국 인덱스펀드가 승리한다

그동안 버크셔 등 미국 주식에 투자한 사람들은 어렵지 않게 돈을 벌었습니다. 예컨대 1899년 12월 31일부터 1999년 12월 31일까지 아주 오랜 기간을 보면 다우지수가 66에서 1만 1,497로 상승했습니다(이런 결과가 나오려면 연수익률이 얼마가 되어야 할까요? 그 놀라운 답은 섹션 끝에 있습니다). 이렇게 엄청나게 상승한 이유는 간단합니다. 지난 한 세기 동안 미국 기업들의 실적이 이례적으로 좋아서 투자자들이 그 번영의 흐름에 편승했기 때문입니다. 기업들은 계속해서 좋은 실적을 내고 있습니다. 그러나 요즘 주주들은 계속 자해를 하는 탓에 투자에서 얻을 수 있는 수익이 대폭 감소하고 있습니다.

이런 현상은 근본적인 진실에서 시작합니다. 회사가 파산해서 그 손실을 채권자들이 떠안게 되는 일부 사례를 제외하면 **전체 투자자가 지금부터 심판의 날까지 벌어들일 수 있는 최대 이익은 전체 기업이 벌어들이는 이익입니다.**

물론 똑똑하거나 운 좋은 투자자A가 어리석거나 운 나쁜 투자자B에게 손실을 떠안기면서 평균보다 많이 벌 수도 있습니다. 그리고 주식 시장이 전반적으로 상승하면 모든 투자자가 돈을 벌었다고 생각합니다. 그러나 투자자는 누군가 주식을 받아주어야만 팔고 시장에서 나갈 수 있습니다. 한 투자자가 비싸게 팔면 다른 투자자는 비싸게 사야 합니다. 투자자 전체로 보면 기업에서 번 돈 이상을 기업으로부터 빼내는 마법 같은 방법은 없습니다. 우주에서 돈이 소나기처럼 쏟아지지 않는다면 말이죠.

실제로는 '마찰비용' 탓에 투자자들이 버는 돈은 기업이 버는 금액에 미치지 못합니다. 요점을 말하겠습니다. 이런 마찰비용이 증가한 탓에 현재 투자자들의 수익은 과거 투자자들보다 훨씬 감소하고 있습니다.

마찰비용이 급증한 과정을 이해하기 위해서 한 가문이 모든 미국 기업을 계속 소유한다고 가정해봅시다. 이 가문을 고트락스로 부르겠습니다. 배당에 대한 세금을 제외하면 이 가문의 재산은 전체 기업이 벌어들인 이익만큼 대를 이어 계속 늘어났습니다. 오늘날 이 금액은 매년 약 7,000억 달러에 이릅니다. 당연히 이 가문은 이 돈 일부를 소비합니다. 그러나 저축한 돈은 꾸준히 복리로 증식합니다. 고트락스 가문 사람들의 재산은 모두 똑같은 속도로 증가하며, 모두가 화목하게 지냅니다.

그러나 이제 입심 좋은 조력자들이 가문 사람들에게 개별적으로 접근해서, 어떤 종목을 사고 어떤 종목을 팔면 친척들보다 더 부자가 될 수 있다고 설득합니다. 브로커 조력자들은 수수료를 받고 이런 거래를 도와주기로 합니다. 고트락스 가문은 여전히 모든 미국 기업을 보유하고 있으므로, 거래를 해도 가문 사람들 사이에서 주인이 바뀔 뿐입니다. 따라서 가문이 매년 벌어들이는 재산은 미국 기업들이 벌어들이는 이익에서 수수료만큼 감소합니다. 거래량이 많아질수록 가문의 몫은 줄어들고, 조력자들이 받아 가는 몫은 늘어납니다. 브로커 조력자들은 이 사실을 잘 알고 있습니다. 이들에게는 거래가 활발해야 유리하므로 온갖 다양한 방법을 동원해서 가문 사람들이 자주 거래하도록 부추깁니다.

얼마 후 가문 사람들 대부분은 '친척 누르기'가 쉽지 않다는 사실을 깨닫게 됩니다. 이때 새로운 조력자들이 등장합니다. 이들은 가문 사람들을 개별적으로 만나 현재 방식으로는 절대 친척들을 앞설 수 없다고 설명합니다. 그리고 해결책을 제시합니다. "우리 같은 펀드매니저를 고용해서 일을 전문적으로 해결하십시오." 이 펀드매니저 조력자들도 여전히 브로커 조력자들을 통해서 매매를 실행합니다. 심지어 브로커들이 번창할 수 있도록 거래량을 늘리기까지 합니다. 이제는 파이에서 더 큰 몫이 두 종류의 조력자들에게 돌아갑니다.

가문 사람들은 더욱 실망합니다. 가문 사람들 각자 전문가를 고용했는데도 가문 전체의 재정 상태는 더 나빠집니다. 어떤 해결책이 있을까요? 물론 조력을 더 받아야겠지요.

이번에는 재무설계사와 기관 컨설턴트들이 나타나서 펀드매니저 조력자 선정에 대해 조언해줍니다. 좋은 종목 고르기도 어렵고 유능한 펀드매니저 고르기도 어려워서 혼란에 빠진 가문 사람들은 이들의 조력을 환영합니다. 그러면 유능한 컨설턴트 고르기는 쉬울까요?

그러나 고트락스 가문 사람들에게는 이런 의문이 떠오르지 않습니다. 물론 컨설턴트 조력자들이 이런 문제를 알려줄 리도 없고요.

이제 값비싼 세 종류의 조력자들을 부양하게 된 고트락스 가문은 실적이 더 나빠졌고 더 깊은 절망에 빠졌습니다. 그러나 희망이 사라진 듯한 시점에 네 번째 집단이 등장했습니다. 이른바 허풍쟁이 조력자들입니다. 이들은 실적이 부진한 이유를 친절하게 설명해줍니다. 기존 조력자들(브로커, 펀드매니저, 컨설턴트들)에 대한 동기 부여가 부족해서, 이들이 단지 일하는 시늉만 내기 때문이라고요. 허풍쟁이 조력자들이 말합니다. "무기력한 사람들에게 좋은 실적을 기대할 수 있겠습니까?"

이들은 놀랄 만큼 단순한 해법을 제시합니다. 돈을 더 주는 방법입니다. 자신감 넘치는 허풍쟁이 조력자들은, 정말로 친척들을 누르려면 (높은 고정보수에 더해서) 막대한 성과보수를 지급해야 한다고 역설합니다.

그런데 일부 허풍쟁이 조력자가 헤지펀드나 사모펀드라는 매력적인 이름으로 옷만 갈아입은 기존의 펀드매니저 조력자라는 사실이 눈썰미 있는 몇몇 사람에게 드러납니다. 그러나 새 조력자들은 옷을 갈아입는 행위가 지극히 중요하다고 장담합니다. 온순한 클라크 켄트가 슈퍼맨 복장으로 갈아입으면 초인적인 능력을 발휘하는 것처럼 펀드도 명칭을 바꾸면 마법적인 능력을 발휘한다고 설명합니다. 이 설명을 듣고 안심한 가문 사람들은 보수를 높여주기로 합니다.

이것이 오늘날 우리의 현실입니다. 전에는 주주들이 흔들의자에 가만 앉아 있어도 기업에서 벌어들이는 이익을 모두 받았지만, 이제는 급팽창하는 조력자들에게 넘어가는 몫이 기록적인 수준에 이르고 있습니다. 특히 요즘 세계적으로 유행하는 이익 분배 방식이 문제입니다. 조력자들은 똑똑하거나 운이 좋으면 막대한 성과급을 받지만, 조력자들이 멍청하거나 운이 나쁘면(또는 사기꾼이면) 가문 사람들은 높은 고정보수에 더해서 손실까지 모두 떠안기 때문입니다.

결국 동전 앞면이 나오면 조력자들이 막대한 보수를 받고, 동전 뒷면이 나오면 고트락스 가문이 손실을 보는 계약이 증가하면서 가문 사람들은 곤경에 처했습니다. 실제로 오늘날 온갖 마찰비용은 미국 기업 이익의 20%를 훌쩍 넘어갑니다. 다시 말해서 조력자들에게 지급하는 비용 탓에 미국 주식 투자자들의 이익이 20%나 감소합니다.

오래전 아이작 뉴턴 경은 천재성을 발휘하여 세 가지 운동 법칙을 발견했습니다. 그러나 그의 재능이 투자에는 미치지 못했습니다. 그는 남해회사 거품 사건South Sea Bubble에서 막대한 손실을 보고 나서 말했습니다. "천체의 움직임은 계산할 수 있지만, 사람들의 광기는 계산할 수가 없더군요." 아이작 뉴턴이 이 손실로 엄청난 충격을 받지 않았다면 네 번째 운동 법칙을 발견했을지도 모릅니다. "투자자 전체로 보면 운동량이 증가할수록 수익은 감소한다"라는 법칙 말입니다.

이 섹션 시작 부분에서 낸 문제의 답입니다. 20세기 동안 다우지수가 65.73에서 1만 1,497.12까지 상승했는데, 이때 연복리 수익률은 5.3%였습니다(물론 투자자들은 그동안 배당도 받았을 것입니다). 21세기 동안에도 똑같은 수익률이 나오려면 다우지수는 2099년 12월 31일 정확하게 201만 1,011.23까지 상승해야 합니다. 간단히 200만이라고 해둡시다. 금세기 들어 6년이 지났지만 아직 다우지수는 전혀 상승하지 못했습니다.

[이후 추가한 글] 나는 50만 달러짜리 내기를 공개적으로 제안했습니다. 나는 그 어떤 투자 전문가가 선정한 (보수가 비싸고 인기 높은 5종목 이상의) 헤지펀드 포트폴리오도 장기적으로는 보수가 매우 낮은 S&P500 인덱스펀드의 실적을 따라갈 수 없다고 주장했습니다. 나는 10년 내기를 제안하면서 보수가 낮은 뱅가드 S&P500 펀드를 지정했습니다.

[2005]

2007년 12월 19일 나는 10년짜리 내기를 시작했고, 약 9년이 경과한 2017년 초에 그 경과를 자세히 보고했습니다(작년 연차보고서에 실린 내용 전문을 24~26페이지에 다시 실었습니다). 이제 최종 결과가 나왔는데, 여러모로 깜짝 놀랄 만한 내용입니다.

다음은 내기의 최종 결과입니다.

펀드 오브 펀드와 S&P 인덱스펀드의 수익률 비교(2008~2017년)

	펀드 오브 펀드					S&P 인덱스펀드
	A	B	C	D	E	
최종 수익률	21.7%	42.3%	87.7%	2.8%	27.0%	125.8%
연수익률	2.0%	3.6%	6.5%	0.3%	2.4%	8.5%

내가 내기를 한 이유는 두 가지입니다. (1) 내 예상이 적중한다면 2018년 초 자선단체 걸즈 잉크 오브 오마하Girls Inc. of Omaha가 받게 되는 기부금을 내 지출액 31만 8,250달러보다 대폭 늘리고 싶었습니다. (2) 장기적으로는 저비용 S&P500 인덱스펀드의 실적이, 두둑한 인센티브를 받는 '조력자들'과 투자 전문가들이 운용하는 펀드의 실적보다 높다는 나의 확신을 널리 알리고 싶었습니다.

특히 두 번째 이유가 엄청나게 중요합니다. 미국 투자자들은 흔히 여러 단계에 걸쳐 터무니없이 많은 보수를 매년 자산운용사에 지급하고 있습니다. 그러면 투자자들이 지급하는 돈은 대체로 그 값어치를 할까요? 즉, 투자자들이 실제로 얻는 수익이 지급하는 보수만큼 높아질까요?

나의 내기 상대였던 프로테제 파트너스Protégé Partners는 S&P500 대비 초과수익이 예상되는 펀드 오브 펀드(fund-of-fund: 다른 펀드에 투자하는 펀드) 5개를 선정했습니다. 이 펀드는 표본 규모가 작지 않았습니다. 이 5개 펀드에 포함된 헤지펀드가 200개 이상이었으니까요.

월스트리트 사정에 정통한 자산운용사 프로테제가 투자 전문가 5명을 선정했고, 이 5명이 투자 전문가 수백 명이 운용하는 헤지펀드에 투자했습니다. 이들은 우수한 두뇌, 아드레날린, 확신이 넘치는 엘리트 집단이었습니다.

펀드 오브 펀드 5개를 관리하는 전문가들에게는 유리한 점이 더 있었습니다. 이들은 새로 떠오르는 유망한 헤지펀드는 편입하고 기량이 떨어지는 헤지펀드는 편출하면서 10년 동안 헤지펀드 포트폴리오를 재구성할 수 있었습니다.

프로테제에 참여한 사람들은 모두 두둑한 인센티브를 받았습니다. 5개 펀드 오브 펀드의 관리자와 이들이 선정한 헤지펀드 매니저들은 단지 시장이 전반적으로 상승해서 발생한 이익에 대해서도 두둑한 보수를 분배받았습니다(우리가 버크셔를 경영한 기간을 10년 단위로 나누면 43개 기간이 나오는데, 43개 기간 모두 S&P500 상승 햇수가 하락 햇수보다 많았습니다). 단언하건대 성과보수는 푸짐한 고정보수에 딸린 덤이었습니다. 10년 동안 펀드에서 손실이 나도 펀드매니저들은 큰 부자가 될 수 있었습니다. 매년 평균 2.5%에 이르는 고정보수가 5개 펀드 오브 펀드의 관리자와 이들이 선정한 헤지펀드 매니저들에게 분배되었으니까요.

5개 펀드 오브 펀드는 출발이 좋아서 2008년에는 모두 인덱스펀드를 눌렀습니다. 그러더니 곧 지붕이 무너져 내렸습니다. 이후 9년 동안 한 해도 빠짐없이 인덱스펀드에 뒤처졌습니다. 단언하건대 지난 10년 동안 주식시장 흐름에 이상 현상은 전혀 없었습니다. 2007년 말 투자 '전문가들'을 대상으로 주식의 장기 수익률 예측치 설문조사를 했다면 이들의 예측치 평균은 S&P500의 이 기간 실제 수익률 8.5%와 비슷했을 것입니다. 이런 환경이라면 돈을 쉽게 벌 수 있었습니다. 실제로 월스트리트 '조력자들'은 거금을 벌었습니다. 그러나 펀드 오브 펀드 투자자들 다수에게는 잃어버린 10년이 되었습니다.

실적은 좋아지기도 하고 나빠지기도 합니다. 그러나 한번 지급한 보수는 절대 돌아오지 않습니다.

이 내기에서 얻은 중요한 교훈이 또 하나 있습니다. 시장은 대체로 합리적이지만 가끔 미친 듯이 움직이기도 합니다. 이때 기회를 잡는 데에는 대단한 지성이나 경제학 학위도 필요 없고, 알파와 베타 등 월스트리트 전문 용어에 익숙할 필요도 없습니다. 이때 필요한 것은 집단적 공포나 광기에서 벗어나 단순한 기본 요소 몇 개에 집중하는 능력입니다. 오랜 기간 상상력이 부족하거나 어리석은 사람처럼 보여도 괘념치 말아야 합니다.

[2017]

✖✖✖✖✖✖✖

나는 헤지펀드와 펀드 오브 펀드의 매니저들 모두 정직하고 똑똑한 사람들이라고 확신합니다. 그러나 실적은 정말 형편없었습니다. 게다가 실적으로는 도무지 정당화되지 않는 막대한 보수를 부과한 덕분에 지난 9년 동안 펀드매니저들은 보상을 넘치도록 받았습니다. 영화 〈월스트리트: 머니 네버 슬립스〉의 기업 사냥꾼 고든 게코Gordon Gekko라면 "보수는 절대 잠들지 않는다"라고 말했을 것입니다.

이 펀드매니저들이 고객에게 평균적으로 받은 보수는 유행하는 헤지펀드 표준 보수인 '2와 20'이었을 것입니다. 여기서 2%는 연간 고정보수로서 막대한 손실이 나도 받는 보수이고, 20%는 한 해 실적이 좋았다가 이듬해 실적이 나빠져도 돌려주지 않는 성과보수입니다. 이렇게 일방적인 조건 덕분에, 운용 실적이 부진하더라도 단순히 운용자산 규모를 쌓아 올려 막대한 부를 축적한 헤지펀드매니저가 많았습니다.

보수는 여기서 끝나지 않았습니다. 펀드 오브 펀드 매니저들도 보수를 받았으니까요. 이들이 추가로 받은 고정보수는 대개 운용자산의

1%였습니다. 그리고 5개 펀드 오브 펀드의 실적이 전반적으로는 형편없었지만 일부 펀드는 가끔 좋은 실적을 냈으므로 성과보수를 받았습니다. 그 결과 나는 지난 9년 동안 5개 펀드 오브 펀드가 벌어들인 모든 이익 중 무려 60%가 두 단계에 속한 매니저들에게 넘어간 것으로 추정합니다. 이들의 실적은 수많은 고객이 거의 비용 없이 수월하게 달성했을 실적에도 훨씬 미치지 못했으므로 이들은 부당한 보상을 받은 것입니다.

이 내기에서 드러난 헤지펀드의 실망스러운 실적은 장래에도 거의 틀림없이 되풀이될 것입니다. 나는 이렇게 믿는 이유를 내기가 시작될 때 롱벳longbets.org 웹사이트에 올렸습니다(지금도 웹사이트에 있습니다). 내 주장은 다음과 같습니다.

2008년 1월 1일부터 2017년 12월 31일까지 10년 동안 보수 및 각종 비용 차감 후 기준으로 실적을 평가하면 S&P500이 펀드 오브 펀드 포트폴리오를 앞설 것입니다.

시장 평균보다 높은 실적을 얻으려는 매우 똑똑한 투자자들이 있습니다. 이들을 적극적 투자자라고 부릅시다. 그 반대는 소극적 투자자로서 평균 수준의 실적을 내는 사람들입니다. 전체적으로 보면 소극적 투자자들의 실적은 인덱스펀드의 실적과 비슷합니다. 따라서 나머지에 해당하는 적극적 투자자들의 실적도 평균 수준이 되어야 마땅합니다. 그러나 적극적 투자에는 비용이 훨씬 많이 들어갑니다. 그러므로 비용까지 감안하면 적극적 투자자들의 실적은 소극적 투자자들의 실적보다 나쁠 것입니다.

적극적 투자에 높은 연간 보수, 성과보수, 빈번한 매매 비용까지 추가되면 비용이 급증합니다. 특히 펀드 오브 펀드는 비용 문제가 더 두드러집니다. 이미 높은 보수가 부과되는 헤지펀드에 추가로 펀드 오브 펀드 보수가 부과되기 때문입니다.

헤지펀드 운용에는 똑똑한 사람이 다수 참여합니다. 그러나 이들의 노력은 대부분 상쇄되며, 이들의 높은 IQ로도 비용을 극복하지 못합니다. 따라서 장기적으로는 펀드 오브 펀드보다 저비용 인덱스펀드에 투자하는 편이 대체로 유리합니다.

내가 주장한 내용을 더 간단하게 정리해보겠습니다. 투자자 전체를 그룹A(적극적 투자자)와 그룹B(소극적 투자자)로 구분한다면, B의 비용 차감 전 실적은 시장 평균이 될 수밖에 없고 A도 마찬가지입니다. 어느 그룹이든 비용이 낮은 쪽이 승리합니다. (내 학자적 기질 탓에 매우 사소한 점을 지적하면서 위 설명을 약간 수정해야겠습니다.) 만일 그룹A에서 엄청난 비용이 발생한다면 그룹B보다 실적이 훨씬 뒤처질 것입니다.

물론 장기간에 걸쳐 S&P500을 능가할 가능성이 큰 노련한 개인도 일부 있습니다. 그러나 내가 평생(초기에) 발견한 그런 전문가는 약 10명에 불과합니다.

내가 만나보지 못한 사람들 중에도 그런 능력자가 아마 수백 명, 어쩌면 수천 명 있을 것입니다. 초과수익이 불가능한 것은 아닙니다. 문제는 초과수익을 얻으려고 시도하는 펀드매니저들 중 대다수가 실패한다는 점입니다. 당신에게 투자를 권유하는 사람도 예외가 아닐 가능성이 매우 높습니다. 빌 루안Bill Ruane은 장기간에 걸쳐 거의 틀림없이 초과수익을 낼 사람으로서, 내가 60년 전 발견한 정말로 놀라운 인물입니다. 그는 이렇게 말했습니다. "자산운용업은 혁신자들로부터 모방자들을 거쳐 수많은 무능력자들에게 넘어간다."

높은 보수를 받는 만큼 좋은 실적을 내는 펀드매니저도 드물게 있긴 하겠지만, 이들도 대개 아마추어와 마찬가지로 단기간 운이 좋을 뿐입니다. 연초에 펀드매니저 1,000명이 시장을 예측한다면 9년 연속 예측이 적중하는 펀드매니저가 한 명 이상 나올 가능성이 매우 높습니다. 물론 원숭이 1,000마리가 예측해도 결과는 비슷할 것입니다. 그러나 차이는 있을 것입니다. 사람들이 그 원숭이에게 투자 자금을 맡기려고 줄을 서지는 않겠지요.

끝으로 세 가지 현실적인 문제 탓에, 성공했던 투자가 실패로 끝나기도 합니다. 첫째, 실적이 좋은 펀드에는 곧바로 막대한 자금이 몰려듭니다. 둘째, 운용자산 규모가 커지면 실적을 높이기가 어려워집니다. 규모가 100만 달러라면 운용하기 쉽지만 10억 달러가 되면 버거워집니다. 셋째, 그런데도 대부분의 펀드매니저는 신규 자금을 끌어모읍니다. 운용자산 규모가 증가할수록 자신의 수입도 증가하기 때문입니다.

이 세 가지 문제는 나도 이미 경험한 바 있습니다. 4,400만 달러를 운용하던 1966년 1월, 나는 유한파트너들에게 보내는 서한에 이렇게 썼습니다. "운용자산 규모가 급증하면 장래 실적에 걸림돌이 되기 쉽습니다. 그러면 나 개인에게는 유리할지 몰라도 여러분에게는 불리해질 것입니다. 따라서 … 나는 버핏투자조합에 더는 파트너를 받아들이지 않을 생각입니다. 나는 아내 수지에게 아이를 더 원한다면 다른 파트너를 찾아보라고 말했습니다."

결론입니다. 높은 보수가 부과되는 펀드 수조 달러가 월스트리트에서 운용되고 있지만 막대한 이익을 얻는 사람은 대개 펀드매니저들이지, 고객이 아닙니다. 큰손 투자자와 개미 투자자 모두 저비용 인덱스펀드를 고수해야 합니다.

****

그동안 나는 자주 투자 조언을 부탁받는데, 투자 조언을 해주는 과정에서 인간의 행동에 대해 많이 배우게 되었습니다. 내가 늘 추천하는 종목은 저비용 S&P500 인덱스펀드였습니다. 재산이 많지 않은 내 친구들 대부분은 다행히 내 조언을 따랐습니다.

그러나 갑부, 기관, 연금기금 중에는 내 조언을 따른 사람이 아무도 없었던 것으로 기억합니다. 이들은 내 조언에 정중하게 감사하면서도 보수가 비싼 펀드매니저의 기만에 귀를 기울이거나, 이른바 컨설턴트라는 허풍쟁이 조력자를 찾아 나섰습니다.

그러나 이런 전문가에게도 애로 사항이 있습니다. 해마다 S&P500 인덱스펀드를 계속 사 모으라고 말하는 투자 컨설턴트의 모습을 상상할 수 있습니까? 이는 자신의 밥줄을 끊는 행위가 될 것입니다. 하지만 해마다 조언을 조금씩 바꾸기만 하면 이들은 막대한 보수를 계속 받게 됩니다. 그래서 이들은 종종 쓸데없이 난해한 말로, 유행하는 투자 '스타일'이나 현재 경제 추세를 따라가라고 조언합니다.

부자들은 평생 최고의 음식, 교육, 오락, 주택, 성형수술, 스포츠 입장권 등을 누려야 한다는 생각에 젖어 있습니다. 이들은 대중이 받지 못하는 대접을 돈으로 받아야 한다고 생각합니다.

실제로 부자들은 삶의 다양한 측면에서 최고의 제품과 서비스를 마음껏 누립니다. 그래서 갑부, 연금기금, 대학기금 등 금융 '엘리트'들은 서민들도 투자할 수 있는 상품이나 서비스에는 투자하기 싫어합니다. 그 상품이 분명히 최고의 선택인데도 부자들은 마음이 내키지 않습니다. 내가 대강 계산한 바로는 금융 엘리트들이 지난 10년 동안 고급 투자 조언을 찾아다니느라 낭비한 돈이 1,000억 달러가 넘습니다. 수조 달러에 대해 보수 1%만 지급한다고 가정해도 그런 숫자가 나옵니다. 물론 10년 전 헤지펀드에 투자한 사람들의 실적이 모두 S&P500 수익률에 못 미친 것은 아닙니다. 그러나 전반적으로는 내 계산이 과하지 않다고 믿습니다.

공무원 연금기금도 막대한 피해를 보았습니다. 이들 중에는 심각한 자금 부족에 시달리는 기금이 많습니다. 투자 실적이 부진한 데다가 높은 보수까지 부담했기 때문입니다. 이 자금 부족분은 수십 년에 걸쳐 지역 납세자들이 메울 수밖에 없습니다.

인간의 행동은 좀처럼 바뀌지 않습니다. 갑부, 연금기금, 대학기금 등은 뭔가 '특별한' 투자 조언을 받아야 마땅하다고 여전히 생각할 것입니다. 이런 기대에 확실하게 부응하는 조언자들은 큰 부자가 될 것입니다. 올해에는 신비의 약이 헤지펀드이고, 내년에는 다른 상품이 될지 모릅니다. 이런 약속의 결과를 미리 알려주는 격언이 있습니다. "돈 많은 사람과 경험 많은 사람이 만나면, 경험 많은 사람은 돈을 얻게 되고 돈 많은 사람은 경험을 얻게 된다."

오래전 오마하 가축사육장에서 중개상으로 일하는 처남 호머 로저스Homer Rogers를 만났습니다. 그는 4대 육류 가공업체(스위프트Swift, 커더히Cudahy, 윌슨Wilson, 아머Armour)에 소와 돼지 판매를 대행하고 있었습니다. 나는 그에게 어떻게 목장 주인들을 설득했느냐고 물었습니다. 소와 돼지는 다 똑같고 육류 가공업체들은 그 가치를 정확하게 파악하는 전문가들일 텐데 중개상을 통한다고 해서 더 좋은 가격을 받을 수 있겠느냐는 질문이었습니다.

호머는 딱하다는 표정으로 나를 보면서 말했습니다. "워런, 관건은 어떻게 파느냐가 아니라 어떻게 말하느냐일세." 가축사육장에서 통하는 수법이 월스트리트에서도 여전히 통하고 있습니다.　　　　　〔2016〕

B.　　　　　　　　　　　　　　　　회사에 적합한 주주

몇 달 뒤 버크셔 주식이 뉴욕증권거래소에서 거래될 것 같습니다. 거래소 이사회를 통과한 새 상장 규정이 증권거래위원회의 승인을 받으면 그렇게 될 것입니다. 승인이 나면 우리는 상장을 신청할 것이고, 우리 신청은 수락될 것으로 믿습니다.

지금까지 거래소에 신규 상장하려면 해당 기업의 주식을 100주 이상 보유한 주주가 최소 2,000명 있어야 했습니다. 이런 규정을 둔 목적은 상장기업들의 투자자 저변을 확대하여 시장 질서를 높이는 것입니다. 현재 거래소에 상장된 모든 기업에 적용되는 기본 거래 단위는 100주입니다.

1988년 현재 버크셔의 발행주식 수는 114만여 주에 불과하므로

100주 이상 보유한 주주의 수가 거래소 기준에 미치지 못합니다. 그러나 버크셔 주식은 10주만 해도 금액이 매우 많습니다. 사실 버크셔 주식 10주는 뉴욕증권거래소에 상장된 어느 회사의 주식 100주보다도 금액이 많습니다. 그래서 거래소는 버크셔 주식에 대해 10주 단위 거래를 기꺼이 허용하려고 합니다.

거래소가 새로 제안한 규정에서는 100주 이상 보유한 주주 최소 2,000명을 요구하던 조건이 10주 이상 보유한 주주 2,000명으로 개정되었습니다. 버크셔는 이 개정된 기준을 쉽게 맞출 수 있습니다.

버크셔의 부회장 찰리 멍거와 나는 우리 회사의 상장에 대해 기쁘게 생각합니다. 이 상장으로 주주들에게 혜택이 돌아가기 때문입니다. 우리는 버크셔 주식에 적합한 시장인지 판단할 때 두 가지 기준을 사용합니다. 첫째, 우리는 주식이 회사의 내재가치를 기준으로 합리적인 가격에 일관성 있게 거래되기를 바랍니다. 그렇게 되면 각 주주가 거두는 투자 실적은 주식 보유 기간에 버크셔가 거둔 사업 실적과 비슷해질 것입니다.

그러나 이런 결과가 자동으로 나오는 것은 절대 아닙니다. 대부분의 주식은 심한 저평가 수준과 고평가 수준 사이에서 오르내립니다. 이렇게 되면 주주들은 주식 보유 기간에 회사가 올린 실적과는 전혀 무관하게 보상받거나 손실을 보게 됩니다. 우리는 이런 변덕스러운 결과를 피하고 싶습니다. 우리 목표는 우리 주주-동업자들이 다른 주주들의 어리석은 행동이 아니라 회사의 실적에 따라 이익을 얻게 하는 것입니다.

합리적인 주가가 계속 유지되려면 현재와 미래 주주들이 합리적이어야 합니다. 우리는 모든 정책과 소통을, 사업 지향적인 장기 주주는 끌어들이고 단기에 집중하는 시장 지향적 주주는 걸러내는 방향으로 설계했습니다. 지금까지 우리 노력이 성공하여 버크셔 주식은 내재가치를 중심으로 이례적으로 좁은 범위에서 계속 거래되고 있습니다. 우리 주식은 뉴욕증권거래소에 상장되더라도 변함없이 적정 가격에 계속 거래될 것으로 믿습니다. 우리 주주들의 높은 자질 덕분에 어떤 시장에서 거래되든 좋은 결과가 나올 테니까요.

그러나 우리 주식이 뉴욕증권거래소에 상장되면 주주들의 거래비용이 확실히 감소할 것입니다. 이것은 중요한 일입니다. 우리는 오랜 기간 함께할 사람들이 주주가 되기를 바라지만, 주주로 들어오거나 나가는 분들의 거래비용도 최소화되기를 바랍니다. 장기적으로 보면 우리 주주들에게 돌아가는 세전 보상액 합계는 회사가 벌어들인 이익에서 거래비용(중개수수료에 호가 차이를 더한 금액)을 차감한 금액과 같아질 것입니다. 이런 거래비용은 이번 상장을 통해서 대폭 감소할 것입니다.

활발하게 거래되는 주식에는 막대한 거래비용이 발생하며, 상장회사 이익의 10% 이상에 이르기도 합니다. 사실 이런 비용은 주주들에게 부과되는 과중한 세금과 같습니다. 물론 세금이 거래하는 사람들에게만 부과되고, 정부가 아니라 금융계로 간다는 차이는 있지만 말입니다. 우리 정책과 여러분의 투자 태도 덕분에 버크셔 주주들이 내는 이런 '세금'은 아마도 상장기업 가운데 최저 수준으로 내려갔습니다. 뉴욕증권거래소에 상장되면 호가 차이가 더 좁혀지면서 버크셔 주주들의 거래비용이 더 감소할 것입니다.

마지막으로 덧붙이겠습니다. 우리가 주식을 뉴욕증권거래소에 상장하는 것은 버크셔 주가를 높이려는 목적이 아니라는 점을 분명하게 이해하시기 바랍니다. 경제 환경이 크게 달라지지 않는다면 버크셔 주식은 뉴욕증권거래소에서도 장외시장에서와 비슷한 가격에 거래되어야 하고, 실제로도 그렇게 거래되기를 희망합니다.

뉴욕증권거래소에 상장된다는 이유로 여러분이 사거나 팔아서는 안 됩니다. 단지 여러분이 우리 주식을 사거나 팔 때 거래비용이 다소 감소할 뿐입니다. 〔1988년 8월 5일 주주들에게 발송한 서한〕

※※※※※※※

1988년 11월 29일 버크셔 주식이 뉴욕증권거래소에 상장되었습니다. 상장에 관해서 주주들에게 보내드렸던 서한을 50~51페이지에 다시 실었습니다.

앞서 보내드린 주주 서한에서 다루지 않은 사항 하나를 밝히고자 합니다. 뉴욕증권거래소에서 우리 주식이 거래되는 기본 단위는 10주이지만, 실제로는 1주 이상 어떤 수량으로든지 사거나 팔 수 있습니다.

앞의 서한에서도 설명드렸듯이 우리가 상장한 주요 목적은 거래비용을 낮추는 것이었으며, 이 목적은 달성되었다고 생각합니다. 일반적으로 뉴욕증권거래소에서 형성되는 매수호가와 매도호가의 차이는 장외시장보다 훨씬 작습니다.

우리 주식을 담당하는 헨더슨 브러더스Henderson Brothers, Inc.: HBI는 거래소에서 가장 오랜 기간 스페셜리스트(specialist: 해당 증권의 거래를 촉진하려고 시장을 조성하는 거래소 회원)로 활동한 회사입니다. 창업자 윌리엄 토머스 헨더슨William Thomas Henderson은 1861년 9월 8일 거래소 회원권을 500달러에 샀습니다(최근에는 회원권이 약 62만 5,000달러에 거래되고 있습니다). HBI가 담당하는 종목은 스페셜리스트로 활동하는 54개 회사 가운데 두 번째로 많은 83개 종목입니다. 우리는 버크셔가 HBI에 할당되어 기뻤으며, 이 회사가 올린 성과를 보고 더욱 기뻤습니다. HBI의 회장 짐 머과이어Jim Maguire가 손수 버크셔 주식 트레이딩을 관리하고 있으므로 더 나은 사람을 만날 수도 없을 것입니다.

우리 목표는 두 가지 측면에서 대부분의 상장회사와 다릅니다. 첫째, 우리는 버크셔 주식의 거래 가격이 지나치게 상승하는 것을 원치 않습니다. 대신 내재가치를 중심으로 좁은 범위에서 거래되기를 원합니다(그러나 내재가치는 합리적인 속도로 증가하기를 희망합니다. 터무니없이 증가하면 더 좋고요). 찰리와 나는 우리 주식이 대폭 과대평가될 때도 대폭 과소평가될 때만큼 고민스럽습니다. 어느 쪽으로든 주식이 극단적으로 평가받게 되면 주주들이 얻는 실적이 버크셔의 사업 실적과 크게 달라지기 때문입니다. 반면에 버크셔 주가가 내재가치를 일관되게 반영한다면 주주들은 주식을 보유한 기간에 회사가 올린 사업 실적과 비슷한 투자 실적을 얻게 될 것입니다.

둘째, 우리 주식은 거래가 거의 없으면 좋겠습니다. 우리가 소극적인 동업자 몇 사람과 비상장기업을 경영한다고 가정할 경우, 동업을 중단하고 떠나는 사람이 빈번하게 나온다면 우리는 실망할 것입니다. 상장기업을 경영하더라도 우리가 느끼는 기분은 똑같습니다.

우리의 목표는, 팔고 떠날 시점이나 목표 가격을 정하지 않고 주식을 사서 언제까지나 머물러 있을 장기 주주들을 모으는 것입니다. 우리는 자기 회사 주식이 활발하게 거래되기를 바라는 CEO를 이해할 수 없습니다. 이는 기존 주주들이 끊임없이 떠나야만 가능하기 때문입니다. 학교, 클럽, 교회 등 어떤 조직에도 구성원들이 떠나는 모습을 보면서 기뻐하는 지도자는 없습니다(그러나 구성원이 교체되어야 생계가 유지되는 중개업자들이 있다면 조직에 이렇게 제안하는 사람도 있을 것입니다. "한동안 기독교도의 이탈이 많지 않았으니, 다음 주에는 우리 종교를 불교로 바꿔야겠습니다").

물론 버크셔 주주들도 때때로 주식을 팔아야 하므로, 우리는 새로 들어오는 좋은 주주들이 떠나는 주주들에게 공정한 가격을 치러주면 좋겠습니다. 따라서 우리는 정책과 실적과 소통을 통해서 좋은 주주들(우리 경영을 이해하고, 시간 지평이 우리와 같으며, 우리가 자신을 평가하듯이 우리를 평가하는 새 주주들)을 모으려고 노력합니다. 우리가 이런 주주들을 계속 모을 수 있다면, 그리고 단기에 집중하거나 기대가 비현실적인 사람들을 걸러낼 수 있다면, 버크셔 주식은 내재가치를 기준으로 계속 합리적인 가격에 거래될 것입니다.[2]   [1988]

※※※※※※

버크셔는 델라웨어 회사이므로 우리 이사들은 델라웨어주 법을 따라야 합니다. 그 법 중에는 이사회 구성원들이 회사와 주주들의 이익을 위해서 일해야 한다는 조항도 있습니다. 우리 이사들은 이 원칙을 수용합니다.

물론 버크셔 이사들은 회사가 고객들에게 기쁨을 주고, 36만 종업원의 재능을 계발하고 보상하며, 대출기관들과 바른 관계를 유지하고, 영업 중인 여러 주와 도시에서 선량한 시민으로 평가받길 바랍니다. 우리는 이들 4대 구성원을 소중하게 생각합니다.

그러나 4대 구성원에는 배당, 전략 방향, CEO 선정, 기업 인수나 매각을 결정하는 의결권이 없습니다. 이런 의사결정의 책임은 오로지 버크셔 이사들의 몫이며, 이사들은 회사와 주주들의 장기 이익을 충실하게 대변해야 합니다.

찰리와 나는 버크셔의 개인 주주들에게 법 조항을 넘어서는 특별한 책임감을 느낍니다. 우리 이력을 살펴보면 우리가 왜 그런 책임감을 느끼며 왜 그렇게 행동하는지 이해할 수 있을 것입니다.

****

버크셔를 맡기 전 나는 일련의 투자조합을 통해서 여러 개인의 자금을 운용했습니다. 초기 투자조합 3개는 1956년에 설립했습니다. 그러나 시간이 흐를수록 여러 투자조합을 관리하기가 번거로워졌으므로 1962년 12개 투자조합을 합병해서 버핏투자조합 하나로 만들었습니다.

그해에 나와 아내의 자금 거의 전액이 다른 유한책임파트너들의 자금과 함께 투자되었습니다. 나는 급여나 보수를 받지 않았습니다. 대신 무한책임파트너로서 연수익률 6% 초과분에 대해서만 성과보수를 받았습니다. 연수익률이 6%에 미달하면 그 미달분을 이월하여 내 미래 성과보수에서 차감하게 되어 있었습니다(다행히 그런 사례는 전혀 발생하지 않았습니다. 투자조합의 실적은 기준수익률 6%를 항상 초과했습니다).
시간이 흐르면서 나의 부모, 형제자매, 아주머니, 삼촌, 사촌과 사촌
매부의 자금 대부분도 투자조합에 들어갔습니다.

찰리는 1962년 투자조합을 설립하여 나와 비슷한 방식으로 운영했
습니다. 찰리와 나의 고객 중에는 기관투자가가 없었고 금융 지식이
풍부한 사람도 거의 없었습니다. 투자조합에 합류한 사람들은 단지
우리가 우리 자금을 운용하듯이 자기 자금을 운용해줄 것으로 믿었을
뿐입니다.

이들 개인이 친구의 조언에 의지하거나 직관적으로 내린 판단은 옳
았습니다. 찰리와 내가 원금의 영구 손실을 지극히 싫어하며, 우리가
상당히 좋은 실적을 예상하지 않았다면 자기 돈을 받지 않았으리라는
판단 말입니다.

1965년 투자조합이 버크셔의 경영권을 인수하고 나서 나는 우연히
경영을 맡게 되었습니다. 훨씬 뒤인 1969년, 우리는 투자조합을 해산
하기로 했습니다. 연말이 지나 투자조합은 보유 현금과 주식 3종목을
지분에 비례해서 분배했는데, 평가액이 가장 큰 종목은 버크셔의 지
분 70.5%였습니다.

한편 찰리는 1977년 투자조합을 해산했습니다. 그가 분배한 자산
중에는 블루칩 스탬프의 대규모 지분도 있었는데, 블루칩은 찰리의
투자조합과 버크셔가 함께 지배하던 회사였습니다. 블루칩은 내가 투
자조합을 해산할 때 분배한 3종목 중 하나이기도 했습니다.

1983년 버크셔와 블루칩이 합병했으므로 버크셔의 등록 주주가
1,900명에서 2,900명으로 증가했습니다. 찰리와 나는 모든 주주(기존

주주, 새 주주, 잠재 주주)가 같은 생각이길 바랐습니다. 그래서 1983년 연차보고서 앞단에 버크셔의 '주요 사업 원칙'을 제시했습니다. 첫 번째 원칙은 다음과 같이 시작됩니다. "버크셔의 형식은 주식회사이지만, 우리의 마음 자세는 동업자입니다."

1983년에 이 원칙이 우리의 관계를 정의했고, 현재도 이 원칙이 우리의 관계를 정의합니다. 찰리와 나 그리고 우리 이사들은 이 선언이 수십 년 후에도 버크셔에 기여하리라 믿습니다.

****

현재 버크셔의 소유권(주식)은 5개의 커다란 '양동이'에 들어 있습니다. 한 양동이에는 나와 같은 설립자의 주식이 들어 있습니다. 내 주식은 매년 다양한 자선단체에 분배되고 있으므로 이 양동이는 틀림없이 비워질 것입니다.

나머지 네 양동이 중 2개에는 다른 사람들의 돈을 운용하는 기관투자가들의 주식이 들어 있습니다. 그러나 두 기관투자가는 다른 사람들의 돈을 운용한다는 점만 같을 뿐, 투자 방식은 전혀 다릅니다.

한 기관투자가는 인덱스펀드로서 투자 분야에서 비중이 급격하게 증가 중인 대형 펀드입니다. 인덱스펀드는 단지 추종하는 지수를 모방할 뿐입니다. 투자자들 사이에서 인기 높은 지수는 S&P500이며, 버크셔도 이 지수에 포함됩니다. 강조하건대 인덱스펀드가 버크셔 주식을 보유하는 것은 단지 보유하도록 정해져 있기 때문입니다. 인덱스펀드는 오로지 '비중'을 조절하려고 자동으로 주식을 사고파는 펀드입니다.

다른 기관투자가는 부유한 개인, 대학교, 연금 수령자 등 다양한 고객의 돈을 운용합니다. 이 전문 펀드매니저는 자신의 가치 평가와 전망을 바탕으로 종목 선정과 교체에 재량권을 행사할 수 있습니다. 힘들지만 명예로운 직업이라 하겠습니다.

이런 '액티브active' 집단이 버크셔를 선정해주면 기쁘겠지만, 이들은 항상 더 유망한 투자 대상을 탐색합니다. 일부 펀드매니저는 장기투자에 주력하므로 매매를 거의 하지 않습니다. 또 일부 펀드매니저는 컴퓨터 알고리즘을 이용해서 나노초(10억분의 1초) 단위로 주식을 매매합니다. 그리고 일부 펀드매니저는 거시경제 전망을 바탕으로 주식을 매매합니다.

네 번째 양동이에는 앞에서 설명한 '액티브' 기관투자가처럼 매매하는 개인들의 주식이 들어 있습니다. 이들 개인은 더 매력적인 종목을 발견하면 당연히 언제든 버크셔 주식을 매도하려고 생각합니다. 우리는 이런 태도에 대해 불만이 없습니다. 버크셔 역시 보유 주식을 대하는 태도가 비슷하기 때문입니다.

하지만 다섯 번째 양동이와 특별한 유대감을 느끼지 못한다면 찰리와 나는 인간 이하일 것입니다. 이들은 미래가 어떻게 되든 우리가 자신의 이익을 대변해줄 것으로 굳게 믿는 100만여 개인 투자자들입니다. 이들은 처음 우리와 합류할 때부터 떠날 생각이 없었던 사람들입니다. 우리 초기 투자조합의 파트너들처럼 말이지요. 실제로 지금도 버크셔 주주 중 상당수는 투자조합 시절에 합류했던 투자자와 그 자녀들입니다.

그 전형적인 역전의 투자자가 쾌활하고 인심 좋은 오마하의 안과 의사 스탠 트럴슨Stan Truhlsen입니다. 나의 친구이기도 한 그는 2020년 11월 13일 100세가 되었습니다. 1959년 스탠은 다른 젊은 의사 10명과 함께 나와 투자조합을 설립했습니다. 의사들은 투자조합의 이름을 엠디Emdee, Ltd.라고 지었습니다. 이후 이들은 해마다 집에서 우리 부부가 여는 기념 만찬에 참석했습니다.

1969년 우리 투자조합이 버크셔 주식을 분배했을 때 이 의사들은 모두 받은 주식을 계속 보유했습니다. 이들은 투자와 회계를 속속들이 알지는 못했지만, 버크셔에서 자신이 동업자로 대우받으리라는 점은 확실히 알았습니다.

스탠과 함께 엠디에 참여했던 동료 두 사람은 이제 90대 후반이지만 여전히 버크셔 주식을 보유하고 있습니다. 엠디 참여자들이 이렇게 장수하는 모습을 보니 (아울러 찰리는 97세이고 나는 90세이니) 흥미로운 질문이 떠오릅니다. 버크셔 주식이 장수를 촉진하는 것일까요?

****

특이하고도 소중한 버크셔의 개인 주주들을 보면 우리가 왜 월스트리트 애널리스트와 기관투자가들을 꺼리는지 이해하실 것입니다. 우리는 원하는 투자자들을 이미 보유하고 있어서, 교체되더라도 투자자의 수준이 전반적으로 개선되지 않는다고 생각하기 때문입니다.

버크셔의 주주 자리(즉, 유통주식 수)는 한정되어 있습니다. 우리는 이미 자리를 차지한 주주들을 무척 좋아합니다.

물론 일부 '동업자'는 교체될 것입니다. 그러나 찰리와 나는 교체되는 동업자의 수가 극히 적기를 바랍니다. 친구, 이웃, 배우자가 빠르게 교체되기를 바라는 사람도 있을까요?

1958년 필립 피셔는 대단히 훌륭한 투자서를 저술했습니다. 이 책에서는 상장회사 경영을 음식점 경영에 비유했습니다. 음식점은 햄버거와 코카콜라로 식사 손님을 유치할 수도 있고, 프랑스 요리와 외국산 와인으로 식사 손님을 유치할 수도 있습니다. 그러나 제공하는 음식을 변덕스럽게 바꾸면 안 된다고 피셔는 경고합니다. 잠재 고객들에게 던지는 메시지는 이들이 실제로 받는 서비스와 일치해야 합니다.

버크셔는 56년 동안 햄버거와 코카콜라를 제공했습니다. 우리는 이음식으로 유치한 고객들을 소중히 여깁니다.

미국 안팎의 수많은 투자자와 투기자들은 자신의 취향에 따라 다양한 주식을 선택할 수 있습니다. 이들은 매력적인 아이디어가 있는 CEO와 투자 컨설턴트들을 발견할 것입니다. 목표 가격, 이익 조정, '스토리'도 원하기만 하면 얼마든지 얻을 것입니다. '기술적 분석가'들은 차트에서 어떤 파동이 다음 주가 흐름을 알리는 신호인지 자신 있게 가르쳐줄 것입니다. 투자 조언은 항상 차고 넘칠 것입니다.

많은 투자자가 매우 좋은 실적을 낼 것입니다. 주식 투자는 포지티브섬 게임positive-sum game이기 때문입니다. S&P500 종목이 열거된 판자에 원숭이가 다트를 50번 던져 구성한 포트폴리오이더라도, 함부로 종목을 교체하지만 않으면 장기적으로 양호한 배당과 자본이득을 얻을 수 있습니다.

농장, 부동산, 주식 같은 생산 자산에서는 재화가 대량으로 산출됩니다. 그러므로 생산 자산 소유자 대부분은 보상을 받게 됩니다. 단지 시간, 평정심, 충분한 분산 투자, 거래비용 최소화만 필요할 뿐입니다. 그렇더라도 투자자의 비용이 월스트리트의 수익이라는 점은 절대 잊지 말아야 합니다. 그리고 원숭이는 땅콩만 줘도 다트를 던지지만, 월스트리트 사람들은 그러지 않습니다.

버크셔에 주주 자리가 나오면(거의 안 나오면 좋겠지만) 우리는 버크셔를 잘 이해하고 원하는 새 주주들이 차지하길 바랍니다. 찰리와 나는 수십 년 동안 경영을 맡았지만 여전히 실적을 약속할 수가 없습니다. 그러나 우리가 여러분을 동업자로 대우하겠다는 약속은 할 수 있으며, 실제로 그렇게 할 것입니다.

우리 후계자들 역시 그렇게 할 것입니다.　　　　　　　〔2020〕

※※※※※※※

내가 학생들에게 투자를 처음 가르친 시점은 70년 전이었습니다. 이후 나는 거의 매년 모든 연령대의 학생들에게 즐겁게 투자를 가르쳤고, 2018년 마침내 투자 교육에서 물러났습니다.

그 과정에서 내가 가르치기 가장 어려웠던 학생들은 내 손자가 포함된 5학년이었습니다. 이 11살짜리 아이들은 자리에서 계속 꼼지락거리면서 멍한 눈으로 나를 응시했습니다. 그러다가 내가 코카콜라와 그 유명한 비밀 공식을 언급하자 아이들 모두 즉시 손을 들었습니다. 나는 '비밀'이야말로 아이들의 마음을 사로잡는 비결임을 깨달았습니다.

글쓰기와 마찬가지로 가르치는 행위는 내 생각을 개발하고 명확하게 정리하는 데 유용했습니다. 찰리는 이 현상을 '오랑우탄 효과'라고 부릅니다. 오랑우탄 옆에 앉아 내가 소중히 여기는 아이디어를 정성껏 설명하면 오랑우탄은 끝까지 설명해도 여전히 어리둥절해하겠지만 내 생각은 더 명확해질 것입니다.

대학생들을 가르치면 그 효과가 훨씬 좋습니다. 나는 대학생들에게 당장 돈이 필요한 처지가 아니라면 (1) 자신이 원하는 분야에서 (2) 원하는 사람들과 근무하는 일자리를 찾으라고 권유했습니다. 물론 경제 현실 탓에 그런 일자리를 찾기 어려울 수도 있습니다. 그렇더라도 그런 노력을 절대 포기해서는 안 됩니다. 그런 일자리를 찾으면 이제는 일이 전혀 힘들지 않기 때문입니다.

찰리와 나는 초기에 몇 번 실수하고 나서 그런 일자리를 찾았습니다. 우리는 둘 다 내 할아버지의 잡화점에서 시간제로 일을 시작했는데 찰리는 1940년에, 나는 1942년에 일했습니다. 우리 일은 재미가 없었고 급여도 거의 없었으므로 우리가 생각하는 일자리가 절대 아니었습니다. 나중에 찰리는 변호사가 되었고 나는 주식중개인이 되었습니다. 그러나 직업 만족도는 여전히 낮았습니다.

마침내 우리는 버크셔에서 좋아하는 일을 발견했습니다. 이제는 (거의 예외 없이) 우리가 좋아하고 신뢰하는 사람들과 수십 년째 '일'하고 있습니다. TTI의 폴 앤드루스Paul Andrews 같은 경영자나 작년에 언급한 버크셔 가족들과 손잡는 것은 인생의 기쁨입니다. 우리 본사에서는 유능하고 품위 있는 사람들이 일하고 있으며, 얼간이는 없습니다. 이직률은 아마 연간 한 명 정도입니다.

그러나 우리가 여러분을 위해서 재미있고 만족스럽게 일하는 이유

또 하나를 강조하고자 합니다. 찰리와 내게는 오랜 기간 개인 주주들이 우리에게 보여주는 신뢰만큼 큰 보상이 없습니다. 이들은 자신의 돈을 우리가 확실하게 관리해줄 것으로 기대하면서 수십 년 동안 우리와 함께했습니다.

물론 우리가 동업자를 선택하듯이 우리 마음대로 주주를 선택할 수는 없습니다. 곧바로 되팔려는 사람도 누구든지 버크셔 주식을 매수할 수 있습니다. 실제로 그런 주주도 있습니다. 예를 들면 규정을 준수해야 하므로 버크셔 주식을 대량으로 보유하는 인덱스펀드가 그렇습니다.

그러나 버크셔에는 '죽음이 우리를 갈라놓을 때까지' 계속 보유하려는 마음으로 합류한 개인과 가족 주주가 정말 이례적일 정도로 매우 많습니다. 이들 중에는 재산 대부분(아마도 과도한 비중이겠지요)을 맡긴 사람도 많습니다.

이들도 가끔 인정하겠지만, 이들은 버크셔보다 더 좋은 주식을 선택할 수도 있었을 것입니다. 그러나 가장 마음 편하게 보유할 주식으로는 이들도 버크셔를 우선해서 꼽을 것입니다. 그리고 대개 마음 편하게 투자하는 사람들의 실적이 끊임없이 바뀌는 뉴스, 소문, 전망을 좇는 사람들의 실적보다 좋습니다.

장기간 함께하는 개인 주주들이야말로 찰리와 내가 항상 원하는 '동업자'이며 우리가 의사결정할 때 끊임없이 생각하는 사람들입니다. 이들에게 우리는 말합니다. "여러분을 위해서 일하니 기분이 좋으며, 신뢰해주셔서 고맙습니다."   〔2021〕

C.   주식분할과 보이지 않는 발

우리는 왜 주식분할을 하지 않느냐는 질문을 자주 받습니다. 이 질문에는 주식분할이 주주들에게 유리하다는 가정이 깔린 듯합니다. 그러나 우리 생각은 다릅니다. 그 이유를 설명하겠습니다.

우리 목표 중 하나는 버크셔 해서웨이 주식이 내재가치를 바탕으로 합리적인 가격에 거래되도록 하는 일입니다(그러나 '합리적인 가격'이지, '똑같은 가격'이 아닙니다. 높이 평가받는 기업의 주식들이 대부분 시장에서 내재가치보다 훨씬 낮은 가격에 거래된다면 버크셔 주식도 당연히 그렇게 되어야 합니다). 합리적인 주가를 좌우하는 열쇠는 합리적인 주주들입니다.

기존 주주나 잠재 주주들이 흔히 비합리적이거나 감정적인 결정을 내린다면 주기적으로 어이없는 주가가 나타날 것입니다. 주주들에게 조울증이 있다면 주가도 조울증을 보일 것입니다. 이런 일탈 현상이 다른 회사 주식에 나타난다면 우리가 그 주식을 거래하는 데 도움이 됩니다. 그러나 버크셔 주식에는 이런 일이 없어야 주주 여러분과 회사 모두에게 이롭습니다.

자질 높은 주주들만 모으는 일은 절대 쉽지 않습니다. 19세기 말 미국 사교계의 명사 애스터 부인Mrs. Astor 같으면 자질 높은 주주들만 모을 수도 있겠지만, 우리 주식은 아무나 살 수 있습니다. 우리 주주가 되려고 오는 사람들을 지적 능력, 정서적 안정성, 도덕성, 옷차림 등의 기준으로 걸러낼 수는 없습니다. 따라서 주주 우생학 같은 것은 시도해봐야 가망이 없어 보입니다.

그러나 우리가 사업 철학과 주주 철학을 **(상충하는 메시지 없이)** 일관성 있게 소통하고 투자자들이 스스로 선택하게 한다면, 자질 높은 주주들을 모으고 유지하는 일이 대체로 가능할 것입니다. 예를 들어 누구든지 입장권을 살 수 있지만, 오페라 광고를 할 때 모이는 청중과 록 콘서트 광고를 할 때 모이는 청중은 전혀 다를 것입니다.

우리는 정책과 소통이라는 '광고'를 통해서 우리의 사업과 태도와 기대를 이해하는 투자자를 모으려고 노력합니다(마찬가지로 우리를 이해하지 못하는 투자자는 오지 않게 하려고 노력합니다). 우리는 스스로 회사의 주인이라고 생각하면서 회사에 오래 머물려는 투자자를 원합니다. 아울러 주가가 아니라 사업 실적에 주목하는 사람을 원합니다.

이런 특성이 있는 투자자는 소수에 불과하지만, 우리 주주들은 이례적으로 이런 사람들로 구성되었습니다. 우리 주식은 5년 이상 보유 중인 사람이 발행주식의 90% 이상(아마도 95% 이상) 갖고 있습니다. 그리고 추측건대 우리 주식이 (다른 종목의 2배가 넘는) 최대 보유 종목인 사람이 발행주식의 95% 이상 갖고 있습니다. 주주가 수천 명이고 시가총액이 10억 달러를 넘는 기업 가운데 주주들이 주인처럼 생각하고 행동하는 측면에서는 우리 회사가 틀림없이 선두일 것입니다. 이런 특성을 갖춘 주주 집단의 자질을 더 높이기는 쉽지 않습니다.

우리가 기업가치 대신 주가에 초점을 맞춰 주식분할을 하거나 다른 조처를 한다면 주식을 팔고 떠나는 주주보다 자질이 떨어지는 주주들이 들어올 것입니다. 주가가 1,300달러라서 버크셔 주식을 사지 못하는 투자자는 거의 없습니다. 우리 주식을 100 대 1로 분할한다면 전에 1주를 사려던 사람이 100주를 사게 되므로 더 유리해질까요? 그렇게 생각하고 주식분할 때문에 우리 주식을 사는 사람이 있다면 우리 기존 주주 집단의 자질이 확실히 떨어지게 될 것입니다(생각이 명료한 기존 주주 일부를 보내고, 대신 100달러 지폐 1장보다 10달러 지폐 9장이 더 가치 있다고 생각하는 새 주주들을 받아들인다면 우리 주주 집단의 자질이 과연 향상될까요?). 가치와 무관한 이유로 주식을 사는 사람이라면 가치와 무관한 이유로 주식을 팔 것입니다. 이런 사람들이 주주로 들어오면 주가는 기업의 실적과 무관하게 더 변덕을 부릴 것입니다.

우리는 주가에 집착하는 단기 투자자들을 끌어들일 정책은 피하고, 기업가치에 주목하는 장기 투자자들을 끌어들이는 정책을 펼 것입니다. 여러분은 시장에서 합리적인 투자자들로부터 버크셔 주식을 샀듯이, 원하면 시장에서 합리적인 투자자들에게 버크셔 주식을 팔 수 있어야 합니다. 우리는 이런 환경이 유지되도록 노력할 것입니다.

주식시장의 역설 중 하나는 거래를 강조하는 행태입니다. 주식중개인들은 '시장성'과 '유동성' 같은 용어를 사용하면서 주식 회전율이 높은 회사를 찬양합니다(이들은 고객 주머니를 채워줄 수는 없지만 귀를 즐겁게 해줄 수는 있습니다). 그러나 도박판 딜러가 유리해지면 고객은 불리해진다는 사실을 이해하시기 바랍니다. 극도로 활발한 주식시장은 기업을 터는 소매치기입니다.

예를 들어 자기자본이익률이 12%인 회사가 있다고 가정합시다. 이 회사의 주식 회전율이 매우 높아서 연 100%라고 합시다. 이 주식이 순자산가치로 거래된다면 이 회사의 주인은 소유권 이전 대가로 매년 회사 순자산의 2%를 지출하게 됩니다. 이런 소유권 이전 활동은 회사 이익에 아무런 보탬이 되지 않으며, 이익의 6분의 1을 비용으로 잃게 됩니다(옵션 거래까지 포함하면 비용이 더 커집니다).

이는 값비싼 의자 빼앗기 놀이가 됩니다. 정부가 기업이나 투자자들의 이익에 세금 16.6%를 새로 부과한다면 얼마나 고통스러울까요? 투자자들이 활발하게 거래하는 것은 자신에게 이런 세금을 부과하는 것과 같습니다.

하루 거래량 1억 주(장외시장 거래량을 포함하면 요즘 기준으로는 비정상적으로 적은 거래량입니다)는 투자자들에게 축복이 아니라 저주입니다. 하루 거래량 5,000만 주일 때보다 의자 빼앗기 놀이에 치르는 비용이 2배가 된다는 뜻이니까요. 1년 동안 하루 거래량 1억 주가 유지되고 주식 매매 평균 비용이 주당 15센트라면 의자 빼앗기 놀이에 들어가는 비용은 모두 약 75억 달러가 됩니다. 포춘 500대 기업 중 상위 4대 기업(엑슨, GM, 모빌, 텍사코)의 1982년 이익 합계액과 대략 맞먹는 금액입니다.

1982년 말 현재 이 4대 기업의 순자산 합계액은 750억 달러이며, 4대 기업이 포춘 500대 기업 순자산 합계액과 순이익 합계액에서 차지하는 비중은 12%가 넘습니다. 그렇다면 투자자들은 단지 자신의 변덕 탓에 매년 4대 기업의 이익을 모두 빼앗기는 셈입니다. 게다가 의자 빼앗기 놀이에 조언을 듣는 대가로 매년 20억 달러가 넘는 투자관리 보수를 치르게 되는데, 이는 5대 금융회사(씨티코프, 뱅크아메리카, 체이스맨해튼, 매뉴팩처러스 하노버, JP모간)의 이익 합계액에 해당합니다. 그러나 이렇게 값비싼 거래가 파이를 나눌지는 몰라도 파이를 키우지는 않습니다(물론 활발한 거래가 자본배분 절차의 합리성을 개선하여 파이를 키운다는 주장도 있습니다. 그러나 이는 허울뿐인 주장이며, 극도로 활발한 주식시장은 합리적인 자본배분을 무너뜨려서 파이를 줄인다고 생각합니다. 애덤 스미스는 자유시장에서는 모든 개별 행동이 '보이지 않는 손'에 인도받아 경제를 최대한 발전시킨다고 생각했습니다. 그러나 우리는 카지노 같은 시장과 위험천만한 투자는 경제 발전에 딴죽을 거는 '보이지 않는 발'이라고 생각합니다).

과도하게 거래되는 주식과 버크셔 주식을 비교해봅시다. 현재 버크셔 주식의 매수-매도 호가 차이는 약 30포인트로서 2%가 조금 넘습니다. 거래량에 따라 호가 차이는 1.5(대량 거래)~4(소량 거래)%까지 벌어질 수 있습니다. 버크셔 주식은 대부분 대량으로 거래되므로 호가 차이는 십중팔구 평균 2%가 넘지 않습니다.

버크셔 주식의 실제 회전율(딜러 간 거래, 증여, 유증 제외)은 대개 연 3%입니다. 따라서 우리 주주들이 거래하면서 매년 치르는 비용은 아마 버크셔 시가총액의 0.06%일 것입니다. 이렇게 대강 추정한 금액이 90만 달러인데, 적은 비용은 아니지만 그래도 평균보다는 훨씬 적습니다. 주식을 분할하면 이 비용이 증가하고, 우리 주주 집단의 질이 낮아지며, 주가가 내재가치에서 벗어나기 쉬워집니다. 그러나 이를 상쇄할 만한 혜택은 보이지 않습니다. 〔1983〕

※※※※※※※

작년에 버크셔 주가가 1만 달러를 넘어섰습니다. 이렇게 높은 주가 때문에 문제가 생겼다고 여러 주주가 내게 말씀하셨습니다. 이들은 해마다 즐겨 주식을 증여하는데, 개인별 연간 증여 금액이 1만 달러를 넘으면 적용되는 세법이 달라지기 때문입니다. 다시 말해서 연간 증여 금액이 1만 달러 이하이면 세금이 전액 면제되지만, 1만 달러가 넘으면 '평생 증여세 및 유산세 면세 한도'를 깎아먹게 되며, 이 한도가 소진되면 증여세를 내야 합니다.

이 문제에 대처하는 방안 세 가지를 제시하겠습니다. 첫 번째는 결혼한 주주에게 유용한 방법입니다. 배우자의 서면 동의서를 첨부하여 증여세 환급신청서를 제출하면 한 사람에게 매년 2만 달러까지 증여할 수 있습니다.

둘째, 결혼 여부에 관계없이 주주는 시세보다 낮은 가격에 주식을 팔 수 있습니다. 예를 들어 버크셔 시세가 1만 2,000달러인데 1만 달러만 증여하려는 경우를 생각해봅시다. 이때는 수증자에게 2,000달러에 주식을 팔면 됩니다(주의: 판매 가격이 과세 기준과 차이 나는 부분에 대해서는 세금이 부과될 것입니다).

끝으로 수증자와 동업을 시작하여 버크셔 주식으로 출자한 다음, 매년 지분의 일정 비율을 증여하는 방법이 있습니다. 증여하는 지분의 가치는 여러분이 선택할 수 있습니다. 그 가치가 1만 달러 이하이면 면세가 됩니다.

통상적인 경고도 덧붙입니다. 더 심오한 증여 기법을 사용하시려면 세무 전문가와 상의하시기 바랍니다.

1983년 연차보고서에 제시한 주식분할에 대한 우리의 견해에는 변함이 없습니다. 전반적으로 보면 이를 포함한 주주 관련 정책들 덕분에 우리는 주주 기반이 넓은 미국 상장회사들 가운데 최고의 주주들을 모을 수 있었다고 생각합니다. 우리 주주들은 합리적인 장기 소유주처럼 생각하고 행동하며, 찰리와 내가 보는 방식으로 기업을 바라봅니다. 그 결과 우리 주식은 내재가치를 바탕으로 한결같이 합리적인 가격 범위에서 거래됩니다.

덧붙여 우리 주식의 매매 회전율은 다른 어떤 상장 대기업 주식보다도 훨씬 낮습니다. 대부분의 주식에 높은 세금처럼 작용하는 거래 관련 마찰비용이 버크셔 주식에는 거의 없습니다(우리 주식을 담당하는 뉴욕증권거래소 스페셜리스트 짐 머과이어의 시장 조성 기술도 거래비용을 낮추는 데 확실히 도움이 됩니다). 분명히 말씀드리지만 주식분할을 해도 이런 상황이 극적으로 바뀌지는 않을 것입니다. 주식분할을 보고 새로 들어오는 주주들 덕분에 우리 주주 집단의 질이 향상되는 일은 절대 없을 것입니다. 오히려 질이 다소 낮아지리라 생각합니다.   〔1992〕

D.   버크셔 B주 발행

이번 주주총회에는 주식 두 종류로 자본을 재구성하는 방안이 상정될 예정입니다. 이 계획이 채택되면 기존 보통주는 클래스A 보통주가 되며, 클래스B 보통주가 새로 발행됩니다.

'B주식'의 권리는 'A주식' 권리의 30분의 1이 되지만, 두 가지 예외 사항이 있습니다. 첫째, B주식의 의결권은 A주식의 30분의 1이 아니라 200분의 1이 됩니다. 둘째, B주식은 버크셔의 주주 지정 자선기부금 프로그램에 참여할 수 없습니다.

자본 재구성이 완료되면 A주식은 언제든지 원하면 B주식 30주로 전환할 수 있게 됩니다. 그러나 반대 방향으로는 전환되지 않습니다. 다시 말해서 B주식은 A주식으로 전환할 수 없습니다.

우리는 B주식도 A주식과 마찬가지로 뉴욕증권거래소에 상장할 예정입니다. 상장 요건에 따라 주주 기반을 창출하기 위해서(아울러 B주식의 유동성을 확보하기 위해서) 버크셔는 B 신주를 1억 달러 이상 공모할 예정입니다. 판매 수단으로는 사업설명서만 사용할 것입니다.

B주식의 가격은 결국 시장이 결정할 것입니다. 그러나 그 주가는 A주식의 30분의 1 근처가 될 것입니다.

클래스A 주주들은 이제 1~2주만 클래스B 주식으로 전환하면 편리하게 증여할 수 있습니다. 또한 B주식의 수요가 강해져서 주가가 A주식의 30분의 1보다 높아지면 차익거래 관련 전환도 일어날 것입니다.

그러나 클래스A 주식에는 의결권이 온전하게 들어 있으며, 자선기부금 프로그램 참가 자격도 들어 있습니다. 따라서 클래스A 주식이 클래스B 주식보다 우월한 주식이므로 클래스A 주주들은 대부분 그대로 유지될 것으로 기대합니다. 멍거와 버핏 가족들도 클래스A 주식을 계속 보유할 계획입니다. 물론 증여 목적으로 일부를 전환할 때에는 예외가 되겠지요. 대부분의 주주가 클래스A 주식을 계속 보유할 전망이므로 유동성은 B주식이 다소 높을 것입니다.

이 자본 변경에는 장단점이 있습니다. 그러나 이는 공모를 통해서 조달하는 자금 때문이 아니고(이 자금의 건설적인 용도를 찾아낼 것입니다), B주식의 공모가 때문도 절대 아닙니다. 이 글을 쓰는 현재 버크셔 주가가 3만 6,000달러인데, 찰리와 나는 공모가가 저평가되었다고 보지 않습니다. 따라서 이 공모가 때문에 기존 주식의 주당 내재가치가 감소하지는 않을 것입니다. 이 공모가에 대한 우리의 더 부정적인 생각도 말씀드리겠습니다. 이 가격이라면 찰리와 나는 살 생각이 없습니다.

B주식을 발행하면 수많은 주주를 관리하는 업무를 포함해서 버크셔에 비용이 추가로 발생합니다. 반면에 B주식은 증여하려는 사람들에게 편리한 수단이 됩니다. 게다가 주식분할을 원했던 사람들은 이제 손수 주식분할도 할 수 있습니다.

사실 우리가 B주식을 발행하는 이유는 다른 데에 있습니다. 투신사에서 '버크셔 주식의 저가형 복제품'이라고 주장하면서 수수료를 잔뜩 부과하는 상품을 적극적으로 판매하려는 움직임이 있기 때문입니다. 이런 상품의 아이디어는 새삼스럽지도 않습니다. 최근 몇 년 동안 '최대한 버크셔와 유사한' 저가형 펀드를 만들어 팔고 싶다고 내게 말하는 사람이 많았습니다. 그러나 최근까지도 이런 상품을 팔려는 사람들은 나의 반대에 부딪혀 포기할 수밖에 없었습니다.

나는 소액 투자자보다 거액 투자자를 선호해서 이들의 제안에 반대한 것이 아닙니다. 가능하기만 하다면 찰리와 나도 수많은 소액 투자자가 1,000달러를 3,000달러로 늘려서 시급한 문제를 해결하는 데에 도움을 드리고 싶습니다.

그러나 이렇게 주가를 3배로 높이려면 현재 우리의 시가총액 430억 달러를 즉시 1,290억 달러(대략 미국에서 가장 높이 평가받는 GE의 시가총액 수준)로 늘려야 합니다. **하지만 우리는 그 근처에도 갈 수 없습니다.** 대체로 우리가 기대할 수 있는 최선의 실적은 버크셔의 주당 내재가치를 5년마다 2배로 늘리는 것인데, 아마 이 목표에도 크게 못 미칠 것입니다.

찰리와 나는 우리 주주들이 버크셔 주식을 대량으로 보유하든 소량으로 보유하든 아무 상관이 없습니다. 우리는 단지 주주들이 보유 주식의 규모에 상관없이 버크셔의 경영 목표와 장기적 관점, 특히 자본 규모가 거대해질 때 안게 되는 한계를 이해하기 바랄 뿐입니다.

그러나 최근 떠오른 투자신탁 상품들은 이러한 목표에 역행하는 모습입니다. 이런 상품들은 두둑한 보수를 노리는 중개인이 판매하게 되고, 주주에게 다른 과중한 비용이 부과되며, 버크셔의 명성과 과거 실적에 쉽게 유혹당하는 순진한 투자자에게 대량으로 판매될 예정이었습니다. 그 결과 수많은 투자자가 실망하게 되어 있었습니다.

이제 우리는 버크셔 복제품보다 훨씬 나은 B주식을 발행함으로써 이런 복제품 판매를 막고자 합니다.

버크셔의 기존 주주와 잠재 주주 여러분은 한 가지 사항에 특별히 유의해야 합니다. 지난 5년 동안 우리 주식의 내재가치는 탁월한 속도로 증가했지만, 주가는 이보다도 더 빠르게 상승했습니다. 다시 말해서 주가 상승이 회사의 실적 증가를 앞질렀습니다.

버크셔 주식뿐 아니라 그 어떤 주식도 이렇게 주가가 실적보다 무한정 앞질러 상승할 수는 없습니다. **이제 주가가 실적보다 뒤처지는 기간도 반드시 올 것입니다.** 그 결과 나타나는 시장 특유의 가격 변동성도 우리가 좋아하는 바가 아닙니다. 대신 우리는 버크셔의 시장가격이 내재가치를 정확하게 따라가 주면 좋겠습니다. 이렇게 되면 모든 주주가 주식을 보유한 기간에 버크셔가 올린 실적만큼 혜택을 보게 될 것입니다.

물론 버크셔의 주가 흐름이 이런 이상과 일치할 수는 없습니다. 그

러나 우리의 기존 주주와 잠재 주주들이 현실을 잘 알고, 실적을 중시
하며, 수수료를 노리는 중개인들에게 휘둘리지 않는다면 이 목표에
접근할 수 있습니다. 버크셔 주식의 복제품 판매를 막을 수 있다면 이
목표에 도움이 될 것입니다. 이것이 우리가 B주식을 발행하는 이유입
니다.

〔1995〕

※※※※※※※

우리는 1996년 살로몬을 통해서 대규모 공모 2건을 시행했습니다.
첫 번째는 5월에 공모한 클래스B 주식 51만 7,500주이고, 판매 대금
으로 5억 6,500만 달러가 들어왔습니다. 전에도 말씀드렸듯이 이 공
모는 버크셔 주식의 복제품 판매를 막으려는 우리의 대응책이었습니
다. 복제품을 판매하려는 사람들은 이제는 반복될 수 없는 우리의 과
거 실적을 내세워 순진한 투자자들을 유혹한 다음 높은 보수와 수수
료를 부과하려고 했습니다.

이들은 수십억 달러에 이르는 펀드를 매우 손쉽게 팔 수 있었을 것
이며, 이런 펀드가 초기 마케팅에서 성공을 거두면 잇달아 다른 펀드
들이 설정되었을 것입니다(증권업에서는 팔 수 있는 것은 무엇이든 팝니다).
실제로 버크셔 주식은 물량이 한정되어 있는데도 이런 펀드들은 버크
셔 주식을 무차별적으로 퍼붓다시피 팔았을 것입니다. 그 결과 우리
주식에 투기 거품이 형성되었을 것입니다. 그리고 일시적으로나마 주
가는 그럴듯한 모습을 띠면서 뛰어올랐을 것입니다. 순진하고 민감한
투자자들이 잇달아 펀드에 가입하면서 버크셔 주식을 계속 사들였을

테니까요.

버크셔 주식을 팔고 떠나려는 일부 주주에게는 이상적인 기회가 되었을지도 모릅니다. 그릇된 희망을 품고 들어오는 투자자들을 희생시키면서 이득을 볼 수 있으니까요. 그러나 계속 남아 있는 주주들은 냉엄한 현실이 다시 시작되는 순간 고통을 겪었을 것입니다. 버크셔는 불행에 빠진 간접투자자 수십만 명을 떠안게 되며, 명성에도 오점이 남기 때문입니다.

우리는 B주식 발행을 통해서 복제품 판매를 저지했을 뿐 아니라 사람들이 낮은 비용으로 버크셔에 투자하는 길도 열어주었습니다. 우리 경고를 듣고서도 여전히 사고 싶어 한다면 말이죠. 우리는 중개인들이 신주를 무리하게 판매하는 일이 없도록 공모보수를 겨우 1.5%로 정했는데, 이는 아마도 보통주 인수 사례 가운데 가장 낮은 수준이었습니다. 게다가 공모 규모도 무제한으로 정했습니다. 과대 선전과 물량 부족이 겹치면 단기 급등이 발생할 수도 있는데, 이를 노리는 전형적인 공모주 투자자들을 쫓아버리려는 의도였습니다.

우리는 장기 관점을 지닌 투자자만 B주식을 사게 하려고 노력했습니다. 그리고 이런 노력은 대체로 성공을 거두었습니다. 공모 직후의 B주식 거래량('초단타' 지표)이 공모 평균치보다 훨씬 낮았기 때문입니다. 결국 주주 약 4만 명이 증가했는데, 대부분 우리 회사를 이해하며 시간 지평도 우리와 같은 분들이라고 생각합니다.

살로몬은 이렇게 이례적인 거래를 더할 나위 없이 훌륭하게 처리해주었습니다. 살로몬 담당자들은 우리의 목표를 완벽하게 이해한 다음, 이 목표를 달성하기 위해서 공모의 모든 과정을 맞춤형으로 처리해주었습니다. 우리 공모를 표준형으로 처리했다면 살로몬은 돈을 훨씬 많이(아마도 10배 정도) 벌었을 것입니다. 그러나 살로몬 관계자들은 그런 방향으로 조정하려 하지 않았습니다. 오히려 살로몬에는 손해가 되지만 버크셔의 목표 달성에 도움이 될 만한 아이디어들을 제시해주었습니다. 이번 공모 업무를 지휘한 테리 피츠제럴드Terry Fitzgerald의 노고에 감사합니다.*

이런 배경 설명을 했으므로 연말에 버크셔 증권 발행 업무를 테리에게 다시 맡긴 것도 여러분은 당연하다고 생각하실 것입니다. 이는 우리가 보유한 살로몬 주식 일부와 교환할 수 있는 증권이었습니다. 이 거래에서도 살로몬은 또다시 일류 솜씨를 발휘했고, 원금 5억 달러인 5년 만기 채권을 4억 4,710만 달러에 팔아주었습니다. 1,000달러짜리 채권은 살로몬 주식 17.65주로 전환할 수 있으며, 3년 안에 부가된 가치로 콜옵션을 행사할 수도 있습니다. 처음 발행 시점에 적용된 할인율과 1% 표면금리를 고려하면 살로몬 주식으로 전환하지 않고 계속 보유할 때 만기 수익률은 3%가 됩니다. 그러나 이 채권은 만기 전에 교환될 가능성이 매우 큽니다. 그렇게 되면 교환 시점까지 우리가 부담하는 이자비용은 약 1.1%가 됩니다.

최근 몇 년 동안 찰리와 내가 투자은행에 지불하는 모든 수수료에 대해서 불만스러워한다는 기사가 실렸습니다. 이는 전적으로 틀린 이야기입니다. 1967년에 내셔널 인뎀너티를 인수하면서 찰리 하이더

---

* 이후 버크셔가 BNSF를 인수하면서 추가로 주식분할이 이루어졌으므로 B주의 의결권은 A주의 1만분의 1이 되고, B주의 나머지 권리는 A주의 1,500분의 1이 되었다.

Charlie Heider에게 지급한 수수료를 필두로 우리는 지난 30년 동안 수많은 수수료를 지불했으며, 실적에 상응하는 수수료라면 기쁜 마음으로 지급하고 있습니다. 1996년 살로몬과의 거래는 우리가 지불한 금액보다 높은 가치를 얻은 사례였습니다. 〔1996〕

E.   자사주 매입의 조건

우리가 가장 많이 투자한 기업들은 주가와 가치가 크게 벌어질 때마다 모두 자사주 매입을 본격적으로 하고 있습니다. 이런 자사주 매입이 고무적이며 주주들에게 이득이 되는 이유는 두 가지입니다. 하나는 명확하고, 다른 하나는 미묘해서 이해하기가 다소 어렵습니다. 명확한 이유는 기본적인 계산으로 설명할 수 있습니다. 회사의 내재가치보다 훨씬 싼 가격에 주식을 대량으로 사들이면 그 회사의 가치가 대폭 높아집니다. 회사들이 자사주를 매입할 때에는 흔히 현재가치 2달러를 1달러에 사들입니다. 그러나 기업을 인수할 때에는 이렇게 실속 있는 거래를 거의 하지 못합니다. 1달러를 지출해서 사들이는 가치가 1달러 근처에도 못 미치는 경우가 너무도 많습니다.

자사주 매입이 주는 다른 이점은 정밀하게 측정할 수는 없지만 장기적으로는 마찬가지로 중요합니다. 회사의 주가가 내재가치보다 훨씬 낮을 때 자사주를 매입하면 이는 경영자가 자신의 영역을 넓히는 행동이 아니라 주주의 재산을 늘리는 행동을 하는 것입니다. 이런 행동을 보면 기존 주주와 잠재 주주들은 이 회사의 미래 수익을 더 높게 평가합니다. 이렇게 평가 가치를 높이면 시장가격이 내재가치와 더 일치하게 됩니다. 이렇게 가격이 움직이는 것은 지극히 합리적입니다. 딴전 피우는 이기적인 경영자가 맡은 기업보다 주주를 위해 행동하는 경영자가 맡은 기업에 더 높은 가격을 치르는 것이니까요(극단적인 예를 들어보겠습니다. 거물급 금융 사기꾼 로버트 베스코Robert Vesco가 경영하는 회사의 주식이라면 당신은 얼마에 사겠습니까?).

여기서 중요한 것은 경영자의 행동입니다. 분명히 주주들에게 이익이 되는데도 경영자가 자사주 매입을 계속해서 외면한다면 이 행동에서 경영자의 동기가 드러나는 것입니다. 그가 입으로 "주주 부의 극대화" 같은 홍보성 표현을 아무리 감동적으로 자주 내뱉어도 시장은 그가 경영하는 회사를 평가할 때 정확하게 에누리할 것입니다. 경영자 자신도 믿지 않는 말은 조만간 시장도 믿지 않기 때문입니다. 〔1984〕

⬛⬛⬛⬛⬛⬛

현명한 자사주 매입이 되려면 몇 가지 요건이 충족되어야 합니다. 첫째, 회사는 단기간에 사업에 필요한 자금을 제외하고도 여유 자금(현금+상당한 차입 능력)이 있어야 합니다. 둘째, 주가가 보수적으로 계산한 내재가치보다 낮아야 합니다. 여기에 주의 사항을 추가합니다. 가치 평가에 필요한 모든 정보를 주주들에게 제공해야 합니다. 그러지 않으면 실정을 모르는 다른 주주들의 주식을 내부자들이 내재가치보다 훨씬 낮은 가격에 사들일 수도 있습니다. 우리는 드물지만 이런 사례를 보았습니다. 물론 속임수는 주가를 낮출 때가 아니라 올릴 때

주로 사용됩니다.

여유 자금이 이런 자금보다 많다면 성장 지향형 주주가 많은 회사는 새로 기업을 인수할 수도 있고 자사주 매입을 할 수도 있습니다. 회사 주가가 내재가치보다 훨씬 낮다면 대개 자사주 매입이 가장 타당합니다. 1970년대 중반에는 이 방법이 현명하다고 경영자들에게 목청 높여 요구했지만 반응이 거의 없었습니다. 다른 방법을 선택했을 때보다 이렇게 자사주를 매입했을 때 대개 주주들의 순자산이 훨씬 증가했습니다. 실제로 우리는 1970년대에 자사주를 대량으로 매입하는 기업들을 찾아다녔습니다. 이는 흔히 그 회사가 저평가되었으며, 경영자가 주주를 위하는 사람이라고 알려주는 신호였으니까요.

이제 그런 시절은 지나갔습니다. 지금은 자사주 매입이 대유행이 되었습니다. 그러나 이유를 설명하지 않거나 비열한 이유로 하는 경우가 너무나 많습니다. 대개 주가를 올리거나, 떨어지지 않도록 받치려는 목적이지요. 물론 오늘 주식을 팔려는 주주라면 동기가 무엇이든 사주는 사람이 있으면 유리해집니다. 그러나 내재가치보다 높은 가격에 자사주를 매입하면 계속 남아 있는 주주들은 손해를 보게 됩니다. 1달러짜리 가치를 1.10달러에 사는 것은 남아 있는 주주들에게 도움이 되지 않으니까요.

사실 찰리와 나는 유통되는 주식 가운데 일부에 대해서만 비교적 자신 있게 내재가치를 평가할 수 있으며, 그것도 근사치를 산정하는 것이 아니라 가치 범위로 산정합니다. 그렇더라도 우리가 보기에 지금 자사주를 매입하는 기업들은 남은 주주들에게 손해를 입히면서 떠나는 주주들에게 지나치게 보상하고 있습니다. 이런 기업들을 편들자면 CEO들이 자기 회사에 대해 낙관하는 것은 당연하다고 말할 수 있습니다. 또한 이들은 자기 회사에 대해서 나보다 월등히 많이 알고 있습니다. 그렇더라도 요즘의 자사주 매입은 대개 경영자들이 '자신감을 과시'하려는 욕구이거나, 주당 가치를 높이기보다는 유행에 따르려는 모습으로 비칩니다.

훨씬 싼 가격에 제공했던 스톡옵션이 행사되면서 주식이 대량으로 발행되어 이 물량을 떠받치려고 자사주 매입을 한다고 말하는 회사도 있습니다. 이렇게 '비싸게 사서 싸게 파는' 전략은 불운한 투자자도 많이 사용하는 전략이지만, 투자자들은 일부러 이런 전략을 선택한 것이 절대 아닙니다. 그러나 경영자들은 이렇게 거꾸로 가는 전략을 무척이나 즐기는 듯합니다.

물론 옵션을 제공하고 자사주를 매입하는 행위가 이치에 맞을 수도 있습니다. 그렇더라도 두 행위가 논리적으로 일관성이 있어서 이치에 맞는 것은 아닙니다. 회사의 자사주 매입이나 주식 발행 결정은 그 자체로 타당성이 있어야 합니다. 옵션 행사에 의해서 주식이 발행된다고 해도 내재가치보다 높은 가격에 자사주를 매입해야 하는 것은 아닙니다. 마찬가지로 주가가 내재가치보다 훨씬 낮아진다면 옵션 행사로 주식이 발행되지 않았더라도 자사주를 매입해야 합니다.　〔1999〕

⬚⬚⬚⬚⬚⬚⬚⬚

자사주 매입을 논의하는 김에 주가 등락에 대한 투자자들의 비이성적인 반응에 대해서도 논의해보고자 합니다.* 버크셔는 자사주 매입을 실행하는 회사의 주식을 살 때 그 회사에 대해 두 가지를 기대합니다. 첫째, 이 회사의 이익이 장기간 빠른 속도로 증가하기를 희망합니다. 둘째, 이 회사의 주가 상승률이 장기간 지수 상승률보다 낮기를 바랍니다. 물론 우리가 보유한 주식의 상승률이 지수보다 낮으면 버크셔의 실적에는 당연히 불리할 것입니다.

IBM을 예로 들어보겠습니다. 누구나 알듯이 CEO 루 거스너Lou Gerstner와 샘 팔미사노Sam Palmisano는 20년 전 거의 파산 지경에 이르렀던 IBM을 오늘날 탁월한 기업으로 끌어올렸습니다. 이들의 업적은 정말로 대단합니다.

이들은 재무관리 능력도 마찬가지로 탁월해서, 특히 최근 몇 년 동안 회사의 재무 유연성이 개선되었습니다. 실제로 IBM만큼 재무관리를 잘해서 주주들의 이익을 크게 늘려준 대기업을 나는 알지 못합니다. IBM은 부채를 현명하게 사용했고, 거의 현금만으로 부가가치를 높이는 기업 인수를 했으며, 자사주 매입을 적극적으로 실행했습니다.

현재 IBM은 발행주식 수가 11억 6,000만 주이며, 우리가 5.5%에 해당하는 약 6,390만 주를 보유하고 있습니다. IBM이 앞으로 5년 동안 벌어들이는 이익이 우리에게는 당연히 매우 중요합니다. 이 밖에도 IBM은 5년 동안 자사주 매입에 약 500억 달러를 지출할 것입니다. 오늘의 퀴즈입니다. 버크셔 같은 장기 투자자라면 5년 동안 주가가 어떻게 되기를 바라야 하겠습니까?

여러분을 초조하게 만들지 않겠습니다. 우리는 5년 내내 IBM의 주

---

*   2장 'B. 미스터 마켓' 참조.

가가 지지부진하기를 바라야 합니다.

이제부터 계산해봅시다. 5년 동안 IBM의 평균 주가가 200달러라면 회사는 500억 달러로 2억 5,000만 주를 사들일 것입니다. 그러면 남는 주식은 9억 1,000만 주가 되며 우리 지분은 약 7%로 늘어납니다. 반면에 5년 동안 IBM의 평균 주가가 300달러로 상승한다면 회사가 사들이는 주식은 1억 6,700만 주에 불과합니다. 이때는 5년 후 남는 주식이 9억 9,000만 주여서 우리 지분은 6.5%가 됩니다.

5년 차에 IBM의 이익이 200억 달러라면 5년 평균 주가가 더 낮을 때 우리 몫의 이익이 1억 달러 더 많아집니다. 게다가 이후 언젠가는 주식의 가치도 15억 달러나 많아질 것입니다.

논리는 단순합니다. 직접적으로든 간접적으로든(자사주 매입을 실행하는 회사의 주식을 보유) 장래에 주식을 계속 사들이려 한다면, 주가가 상승할 경우 손해입니다. 오히려 주가가 폭락해야 유리합니다. 그러나 대개 감정 때문에 우리는 이렇게 생각하지 못합니다. 장래에 주식을 계속 사려는 사람까지 포함해서 사람들 대부분은 주가가 상승해야 안도감을 느낍니다. 이런 주주들은 차에 기름을 가득 채웠다는 이유만으로 유가 상승에 환호하는 사람과 같습니다.

이렇게 설명했다고 해서 우리처럼 생각하는 주주가 많아지리라고는 생각하지 않습니다. 수많은 사람의 행태를 보면 이런 기대가 헛되더군요. 그래도 여러분은 우리가 계산한 논리를 이해하시기 바랍니다.

이 대목에서 고백할 것이 있습니다. 나도 초창기에는 주식시장이 상승할 때 환호했습니다. 그 무렵 나는 벤저민 그레이엄의 《현명한 투자자》 8장을 읽었습니다. 투자자들이 주가 등락을 어떤 관점으로 보아야 하는지를 다루는 내용이었습니다. 이때 내 눈에 씌었던 콩깍지가 떨어져 나갔고, 이후 나는 낮은 주가를 더 좋아하게 되었습니다. 그 책을 선택했던 순간이 내 인생 최대의 행운이었습니다.

결국 IBM 투자의 성패는 주로 장래 이익에 좌우될 것입니다. 그러나 두 번째로 중요한 요소는 IBM이 막대한 자금으로 자사주를 얼마나 사들일 것이냐가 될 것입니다. 만일 IBM이 자사주 매입을 통해서 발행주식 수를 6,390만 주로 줄인다면 나는 근검절약으로 얻은 명성을 포기하고 버크셔 직원들에게 유급휴가를 주겠습니다.　　　〔2011〕

※※※※※※※

투자업계에서는 종종 자사주 매입에 대해 열띤 논쟁이 벌어집니다. 그러나 이런 논쟁에 참여하더라도 초조할 필요가 없습니다. 자사주 매입이 타당한지를 평가하기는 어렵지 않으니까요.

주식을 팔고 나가려는 주주들에게는 자사주 매입이 항상 유리합니다. 자사주 매입이 매일 주가에 미치는 영향은 대개 미미하겠지만, 시장에 매수자가 늘어나면 매도자에게는 항상 유리한 법이니까요.

그러나 장기 주주들에게는 내재가치보다 낮은 가격에 살 때만 자사주 매입이 유리해집니다. 이렇게 하면 남은 주식들의 내재가치가 곧바로 상승하기 때문입니다. 간단한 비유를 들겠습니다. 동업자 세 사람이 똑같이 1,000달러씩 출자하여 3,000달러짜리 회사를 세웠다고 가정합시다. 동업자 두 사람이 나머지 한 사람의 지분을 900달러에 인수하면 두 사람은 곧바로 50달러씩 이익을 얻습니다. 그러나

1,100달러에 인수하면 두 사람은 50달러씩 손실을 봅니다. 이 셈법은 기업과 주주들에게도 그대로 적용됩니다. 그러므로 자사주 매입이 장기 주주들에게 가치를 창출하느냐 파괴하느냐는 전적으로 매수가격에 달렸습니다.

그런데도 기업들이 자사주 매입 계획을 발표할 때 기준 매수 가격을 거의 언급하지 않는다는 사실은 이해하기 어렵습니다. 기업이 다른 회사를 인수할 때에는 반드시 기준 매수 가격을 언급할 것입니다. 이 가격은 인수 여부를 결정하는 필수 요소이기 때문입니다.

그러나 CEO나 이사회가 자기 회사의 일부를 매수할 때에는 가격에 무관심할 때가 너무도 많은 듯합니다. 이들은 소수가 보유한 비상장회사를 경영하다가 한 사람의 지분을 인수할 때도 이렇게 가격에 무관심할까요? 물론 아닐 것입니다.

다만 자사 주식이 저평가되었더라도 자사주 매입을 하면 안 되는 두 가지 상황이 있습니다. 첫째, 자체 사업을 보호하거나 확장하는 용도로 자금이 필요하지만 부채를 더 늘리기는 곤란한 상황입니다. 이때는 자금을 사업 용도에 우선적으로 투입해야 합니다. 물론 자금을 투입한 후에는 사업에서 근사한 실적을 기대할 수 있어야 합니다.

둘째, 흔치는 않지만 기업을 인수하거나 투자할 때 저평가된 자사주 매입보다 훨씬 많은 가치가 창출되는 경우입니다. 오래전에는 버크셔도 종종 이런 대안 중에서 선택해야 했습니다. 그러나 지금은 규모가 커진 탓에 이런 상황의 가능성이 대폭 감소했습니다.

나는 이렇게 제안합니다. 자사주 매입 논의를 시작하기 전, CEO와 이사회 구성원들은 일어나 손을 잡고 일제히 선언하십시오. "자사주 매입이 현명한가 어리석은가는 가격에 달렸다!"

****

우리 자사주 매입 정책을 요약하겠습니다. 나는 순자산가치의 120% 이하에서는 버크셔 주식을 대규모로 매입할 권한을 부여받았습니다. 이런 수준에서 자사주를 매입하면 장기 주주들이 분명히 큰 이익을 얻는다고 우리 이사회가 판단했기 때문입니다. 내재가치를 정밀하게 계산할 수는 없지만, 순자산가치의 120%라면 내재가치보다 훨씬 낮은 가격이라고 우리는 추정합니다.

그렇다고 해서 우리가 순자산가치의 120% 수준에서 우리 주가를 지지한다는 뜻은 아닙니다. 주가가 이 수준에 도달하면 우리는 시장에 과도한 영향을 미치지 않으면서 주식을 최대한 매입하고자 노력할 것입니다.

지금까지 자사주 매입을 해보았지만 쉬운 일이 아니었습니다. 아마도 우리가 자사주 매입 정책을 명확하게 설명하여, 버크셔의 내재가치가 순자산가치의 120%보다 훨씬 높다는 견해를 밝혔기 때문일 것입니다. 그렇다면 좋은 일입니다. 찰리와 나는 버크셔 주식이 내재가치에 매우 근접한 가격대에서 거래되기를 바라니까요. 부당하게 높은 가격에 거래된다면 나중에 실망하는 주주가 생길 터이므로 바라는 바가 아니고, 지나치게 낮은 가격에 거래되는 것 역시 바람직하지 않습니다. 우리 '동업자'의 주식을 헐값에 다시 사들여 돈을 버는 것은 그다지 만족스러운 방법이 아니니까요. 그렇더라도 자사주를 매입하면 장기 주주와 기존 주주들에게 유리한 시장 상황이 조성될 수 있습니다. 그러면 우리는 곧바로 실행에 나설 것입니다.

끝으로 한 가지 의견을 제시하겠습니다. 자사주 매입에 관한 논쟁이 뜨거워지자 일각에서는 자사주 매입이 비非미국적이라고 주장할 지경에 이르렀습니다. 이는 생산 활동에 투입할 자금을 전용하는 악행으로 보는 것입니다. 하지만 실제로는 그렇지 않습니다. 요즘 미국 기업과 투자자들 모두 자금이 넘쳐나고 있습니다. 근래에 나는 어떤 프로젝트가 매력적인데도 자금이 없어서 무산되었다는 말을 들어본 적이 없습니다(그런 프로젝트가 있으면 우리에게 연락하십시오).　　〔2016〕

⬚⬚⬚⬚⬚⬚⬚⬚

앞에서 나는 버크셔가 가끔 자사주 매입을 할 것이라고 말했습니다. 우리가 내재가치보다 낮은 가격에 자사주를 매입한다면(틀림없이 그럴 생각이지만) 주식을 팔고 떠나는 주주와 남아 있는 주주 모두에게 이익이 됩니다.

물론 주식을 팔고 떠나는 사람들에게 자사주 매입이 주는 이익은 보잘것없습니다. 우리는 자사주를 조심스럽게 매입하여 버크셔 주가에 미치는 영향을 최소화할 것이기 때문입니다. 그렇더라도 시장에 매수세가 추가되므로, 팔고 떠나는 주주에게 조금은 이익이 됩니다.

반면 남아 있는 주주에게는 확실히 이익이 됩니다. 떠나는 주주가 매도하는 가격이 내재가치 1달러당 90센트에 불과하다면 회사가 자사주를 매입할 때마다 증가하는 주당 내재가치는 모두 남아 있는 주주들이 차지하게 됩니다. 물론 자사주를 매입할 때에는 가격에 유의

해야 합니다. 과도한 가격에 무턱대고 자사주를 매입하면 가치가 파괴됩니다. 그러나 지나치게 낙관적이거나 홍보에 몰두하는 CEO들은 이 사실을 간과하기 쉽습니다.

자사주 매입을 고려하는 기업들은 모든 주주 동업자들이 주식의 가치를 합리적으로 추정할 수 있도록 필요 정보를 제공해야 합니다. 찰리와 나도 이 보고서를 통해서 그런 정보를 제공하려고 노력하고 있습니다. 우리는 동업자가 정보 부족이나 오해 탓에 파는 주식은 사고 싶지 않습니다.

떠나는 주주 중에는 버크셔의 가치를 우리와 다르게 평가하거나, 버크셔 주식보다 더 매력적으로 보이는 투자 대상을 발견한 주주도 있을 것입니다. 물론 버크셔보다 훨씬 많은 수익을 안겨줄 주식도 얼마든지 있습니다.

〔2018〕

⨯⨯⨯⨯⨯⨯⨯⨯⨯

1924년 당시 무명의 경제학자 겸 재무상담사였던 에드거 로렌스 스미스Edgar Lawrence Smith는 《Common Stocks as Long-Term Investments(주식 장기 투자)》를 출간했는데, 이 얄팍한 책이 투자 세계를 바꿔놓았습니다. 책을 쓰면서 스미스는 자신의 투자관을 재평가하게 되었으므로 이 책은 그 자신도 바꿔놓았습니다.

그는 인플레이션 기간에는 주식의 수익률이 채권보다 더 높고, 디플레이션 기간에는 채권의 수익률이 더 높을 것이라고 주장할 계획이었습니다. 이 주장은 매우 합리적인 듯했습니다. 그러나 스미스는 곧 충격을 받았습니다.

그래서 그의 책은 고백으로 시작되었습니다. "나의 연구는 실패를 기록한 것이다. 나의 선입견이 사실 앞에서 무너진 기록들이다." 투자자에게는 다행스러운 일입니다. 실패 덕분에 스미스가 주식 평가 방법을 더 깊이 생각하게 되었으니까요.

스미스의 핵심적 통찰을 잘 설명해주는 글이 바로 존 메이너드 케인스가 쓴 서평입니다. "요컨대 스미스가 제시한, 아마도 가장 중요하고 참신한 개념은 다음과 같다. 훌륭하게 경영되는 제조기업들은 이익을 모두 주주들에게 분배하지는 않는다. 적어도 실적이 좋은 해에는 이익의 일부를 유보해서 사업에 재투자한다. 따라서 건전한 제조기업에는 '복리 이자 요소'가 있어서 유리하다. 건전한 제조기업의 실제 자산가치는 장기적으로 복리로 증가한다. 주주들에게 배당을 지급하고서도 말이다."

케인스의 이 호평 덕분에 스미스는 유명 인사가 되었습니다.

스미스의 책이 출간되기 전까지 투자자들이 왜 유보이익의 가치를 깨닫지 못했는지 이해하기 어렵습니다. 카네기, 록펠러, 포드 등 거부들이 막대한 유보이익을 재투자하여 계속해서 이익을 더 키워왔다는 사실은 비밀이 아니기 때문입니다. 이런 방식으로 부자가 된 소자본가들은 오래전부터 미국 어디에나 있었습니다.

그런데도 기업의 소유권이 잘게 쪼개져서 '주식'으로 거래되자, 스미스의 책이 출간되기 전에는 주식이 시장의 단기 흐름에 돈을 거는 도박으로 간주되었습니다. 주식은 기껏해야 투기 대상으로 여겨졌으므로 신사들은 채권을 더 좋아했습니다.

전과는 달리 이제는 투자자들이 유보이익 재투자의 개념을 잘 이해하고 있습니다. 요즘은 초등학생들도 케인스가 '참신'하다고 말한 개념을 배웁니다. 저축이 복리로 불어나면 기적을 낳는다는 개념 말입니다.

****

찰리와 나는 오래전부터 유보이익 활용에 관심을 집중했습니다. 유보이익 활용은 쉬울 때도 있었고 매우 어려울 때도 있었습니다만, 유보이익이 막대한 상태에서도 계속 이익이 증가할 때 특히 더 어려웠습니다.

보유 자금을 배분할 때 우리는 이미 보유 중인 다양한 사업에 먼저 투자합니다. 지난 10년 동안 버크셔의 감가상각비 합계는 650억 달러였지만 보유 부동산·공장·장비에 대한 투자액 합계는 1,210억 달러였습니다. 우리 생산 자산에 대한 재투자는 앞으로도 언제나 최우선 과제가 될 것입니다.

아울러 우리는 세 가지 기준을 충족하는 기업들을 인수하려고 끊임없이 노력합니다. 첫째, 유형자기자본이익률이 높아야 합니다. 둘째, 경영자가 유능하고 정직해야 합니다. 셋째, 가격이 합리적이어야 합니다.

이런 기업을 발견하면 우리는 가급적 지분 100%를 인수하고자 합니다. 그러나 우리 기준을 충족하는 대기업을 인수할 기회는 흔치 않습니다. 대신 변덕스러운 주식시장에서 그런 상장기업의 비지배 지분을 대규모로 매수할 기회가 훨씬 더 많습니다.

어느 방법을 선택하든(지배 지분을 인수하든, 시장에서 주식을 매수하든) 버크셔의 투자 실적은 주로 그 기업의 미래 이익에 좌우됩니다. 그렇더라도 두 투자 기법은 회계 측면에서 중요한 차이가 있으며 반드시 이해해야 합니다.

우리 피지배회사(버크셔의 보유 지분이 50%를 초과하는 회사)들의 이익은 곧 우리가 보고하는 영업이익입니다. 즉, 보시는 대로입니다. 시장에서 주식을 매수한 비지배회사들에 대해서는 우리가 받은 배당만 우리 영업이익으로 기록합니다. 유보이익은 어떨까요? 이 유보이익도 많은 가치를 창출하고 있지만, 버크셔의 보고이익에 직접적으로 반영되지는 않습니다.

버크셔를 제외한 거의 모든 기관투자가들은 이러한 '이익의 미인식non-recognition of earnings'을 대수롭지 않게 생각할 것입니다. 그러나 이는 중대한 누락에 해당합니다. 아래 자료를 보시기 바랍니다(다음 페이지 표 참조). 우리 투자액이 가장 많은 10개 종목입니다. 여기서는 GAAP 회계에 따라 보고하는 이익(버크셔가 10대 투자회사로부터 받는 배당)과, 투자회사가 유보해서 활용하는 이익 중 버크셔의 몫을 구분했습니다. 보통 이들 회사는 유보이익을 이용해서 사업을 확장하고 효율성을 개선합니다. 혹은 유보이익으로 자사주를 상당량 매입하기도 하는데, 그러면 회사의 미래 이익 중 버크셔의 몫이 증가합니다.

물론 이들 주식으로 우리가 마침내 실현하는 이익이 '유보이익 중 우리 몫'과 정확하게 일치하지는 않을 것입니다. 이들 주식에서 나오는 수익이 전혀 없을 때도 있습니다. 그러나 논리적으로든 과거 우리의 경험에 비추어 보든, 이들 주식으로 우리가 실현하는 자본이득은

버크셔 투자 상위 10개 종목

(단위: 100만 달러)

투자회사	연말 지분	배당1)	유보이익 중 버크셔 몫2)
아메리칸 익스프레스	18.7%	261	998
애플	5.7%	773	2,519
뱅크 오브 아메리카	10.7%	682	2,167
뱅크 오브 뉴욕 멜론	9.0%	101	288
코카콜라	9.3%	640	194
델타항공	11.0%	114	416
JP모간체이스	1.9%	216	476
무디스	13.1%	55	137
US뱅코프	9.7%	251	407
웰스 파고	8.4%	705	730
합계		3,798	8,332

1) 현재 연간 배당률 기준

2) 2019년 이익-(보통주 배당 + 우선주 배당) 기준

십중팔구 '유보이익 중 우리 몫' 이상이 될 것입니다(주식을 매도해서 이익을 실현하면 우리는 그 시점의 세율로 소득세를 납부하게 됩니다. 지금은 연방소득세율이 21%입니다).

(다른 보유 종목들과 마찬가지로) 이들 10대 종목에서 우리가 얻는 수익도 변동이 매우 심할 것입니다. 때로는 기업 특유의 사정 탓에, 때로는 주식시장의 침체 탓에 주기적으로 손실이 발생할 것입니다. 그리고 때로는 작년처럼 대규모 이익이 발생할 것입니다. 요컨대 우리 투자회사들의 유보이익은 버크셔의 가치 성장에 매우 중요합니다.

스미스의 말이 옳습니다. 〔2019〕

　　　　⊠⊠⊠⊠⊠⊠⊠

　찰리와 나는 우리 주식 포트폴리오가 주식시장의 흐름에 따라 돈을 거는 종목들이라고 생각하지 않습니다. 따라서 '월스트리트'의 평가 등급 강등, 실적의 기대치 '미달', 연준의 조처, 정국 추이, 이코노미스트들의 예측, 기타 주요 관심사에 따라 함부로 매도하지 않습니다.

　우리는 보유 주식을 기업 일부에 대한 소유권으로 생각하며, 가중 평균 유형자기자본이익률이 20% 이상이라고 생각합니다. 앞의 기업들은 과도한 부채를 쓰지 않고서도 이익을 내고 있습니다.

　이해하기 쉽고 기반이 확고한 대기업이 내는 실적이 이 정도라면 어느 모로 보아도 놀라운 수준입니다. 특히 최근 10년 동안 사람들이 채권에 투자하면서 수용한 수익률(예컨대 2.5% 이하였던 국채 30년물의 수익률)과 비교하면 정말로 환상적인 실적입니다.

　금리 예측은 우리 전문 분야가 절대 아닙니다. 찰리와 나는 1년, 10년, 30년 뒤 금리가 어떻게 될지 전혀 알지 못합니다. 아마도 우리 편견이겠지만 금리 예측은 미래의 금리보다도 예측하는 전문가에 대해 알려주는 바가 훨씬 더 많다고 생각합니다.

　다만 금리가 향후 수십 년 동안 현재와 비슷한 수준이고 법인세율도 현재 수준과 비슷하게 유지된다면 장담컨대 장기적으로는 주식의 수익률이 장기 고정금리 채권보다 훨씬 높을 것입니다.

　하지만 이런 장밋빛 예측에는 경고가 붙는 법입니다. 내일 주가는 아무도 알 수 없으니까요. 가끔은 주가가 50% 이상 폭락할 수도 있습니다. 그러나 작년 주주 서한에도 썼듯이 미국은 순풍을 타고 있으며,

스미스가 설명한 복리의 기적도 있으므로, 차입금을 쓰지 않으며 감정을 조절할 수 있는 사람에게는 장기적으로 주식이 훨씬 유리한 선택이 될 것입니다. 〔2019〕

✕✕✕✕✕✕✕✕

우리가 버크셔의 가치를 높이는 방법은 세 가지입니다. 항상 최우선으로 생각하는 첫 번째 방법은 내적 성장internal growth이나 인수를 통해서 버크셔 자회사들의 장기 수익력을 높이는 것입니다. 지금은 인수보다 내적 성장이 훨씬 더 효과적입니다. 그러나 버크셔가 보유한 자원과 비교하면 내적 성장을 이용하는 수익력 증대 기회는 많지 않습니다.

두 번째 방법은 훌륭하거나 위대한 상장기업의 소수 지분을 사는 것입니다. 확실히 매력적인 주식을 살 기회가 넘칠 때도 가끔은 있습니다. 그러나 지금은 흥미로운 기회가 거의 보이지 않습니다.

이는 자명한 이치입니다. 낮은 장기 금리 탓에 주식, 아파트, 농장, 유정 등 모든 생산 자산의 가격이 상승했기 때문입니다. 다른 요소들도 가격에 영향을 미치지만, 금리가 항상 중대한 영향을 미칩니다.

세 번째 방법은 자사주 매입입니다. 이 단순한 방법을 통해서 버크셔가 보유한 자회사와 주식에 대한 여러분의 몫이 증가합니다. 가치 대비 가격이 적절하다면 자사주 매입이야말로 여러분의 재산을 늘리는, 가장 쉬우면서도 가장 확실한 방법입니다(자사주 매입은 계속 남아 있는 주주들의 재산도 늘려주지만, 팔고 떠나는 주주와 사회에도 어느 정도 혜택을 안겨줍니다).

다른 방법들이 매력을 상실할 때 자사주 매입은 간헐적으로 버크셔 주주들에게 매우 타당한 방법이 됩니다. 그래서 지난 2년 동안 우리는 2019년 말 기준 유통주식의 9%에 해당하는 자사주를 총비용 517억 달러에 매입했습니다. 이렇게 해서 계속 남아 있는 우리 주주들은 모든 버크셔 기업을 약 10% 이상 더 보유하게 되었습니다. BNSF와 가이코처럼 지분을 모두 소유한 기업이든, 코카콜라와 무디스Moody's처럼 지분을 일부만 소유한 기업이든 말이지요.

그러나 강조하건대 버크셔 자사주 매입이 타당해지려면 버크셔 주가가 반드시 적정 수준이어야 합니다. 다른 기업의 주식을 매입할 때 과도한 가격을 지불하면 안 되듯, 버크셔 자사주를 매입할 때도 과도한 가격을 지불하면 가치를 파괴하는 셈이 됩니다. 지난 연말부터 2022년 2월 23일까지 우리는 12억 달러를 들여 자사주를 추가로 매입했습니다. 우리의 자사주 매입 욕구는 여전히 크지만, 그래도 매입 여부는 항상 주가에 좌우될 것입니다.

버크셔는 주주들의 수준이 높아서 자사주 매입 기회가 제한되는 측면도 있습니다. 우리 주식을 단기 투기자가 많이 보유하고 있다면 가격 변동성과 거래량이 대폭 증가할 것입니다. 그렇게 되면 우리가 자사주 매입을 통해서 가치를 창출할 기회가 훨씬 많아집니다. 그렇더라도 찰리와 나는 지금처럼 훌륭하게 장기 보유 자세를 유지하는 우리 주주들이 훨씬 좋습니다. 자사주 매입을 통한 이익 기회가 감소하더라도 말이지요.

끝으로 우리 주식의 가치를 평가할 때 흔히 간과되는 버크셔 특유의 요소가 있습니다. 앞에서도 언급했지만 보험사가 창출하는 양질의 '플로트'는 가치가 매우 큽니다. 공교롭게도 자사주 매입은 '주당 플로트'도 자동으로 늘려줍니다. 지난 2년 동안 버크셔 A주의 주당 플로트는 7만 9,387달러에서 9만 9,497달러로 25% 증가했습니다. 자사주 매입에서 비롯된 의미심장한 증가율입니다.

〔2021〕

F. 배당과 자본배분

회사가 배당 정책을 주주들에게 보고하는 경우는 많지만, 자세히 설명하는 경우는 드뭅니다. 회사는 대개 이런 식으로 말합니다. "우리 목표는 이익의 40~50%를 배당으로 지급하는 것이며, 적어도 소비자물가상승률만큼 배당을 인상하는 것입니다." 이것으로 끝입니다. 왜 그 배당 정책이 주주들에게 최선인지에 대해서는 아무런 분석도 제공하지 않습니다. 그러나 자본배분은 사업과 투자 관리에 대단히 중요합니다. 따라서 경영자와 주주들은 어떤 상황에서 이익을 유보하고 어떤 상황에서 이익을 분배할 것인지에 관해서 숙고해야 합니다.

우선 우리는 모든 이익이 똑같지 않다는 사실을 이해해야 합니다. 인플레이션이 발생하면 특히 이익 대비 자산 비중이 높은 회사들은 보고이익의 일부나 전부가 가짜가 되어버립니다. 회사가 기존 상태를 유지하려면 이익의 가짜 부분(이하 '제한된 이익')은 배당으로 지급해서는 안 됩니다. 이런 제한된 이익을 배당으로 지급하면 회사는 판매량 유지 능력, 장기 경쟁력, 재무 건전성 부문에서 기반을 상실하게 됩니다. 아무리 배당 성향이 낮아도, 제한된 이익을 계속 분배하는 회사는 자본금을 추가로 투입하지 않는 한 사라질 수밖에 없습니다.

제한된 이익이 주주에게 가치가 전혀 없는 것은 아니지만 흔히 대폭 할인해서 평가됩니다. 실제로 경제성이 아무리 빈약해도 회사는 이 제한된 이익을 활용합니다(이렇게 수익률이 아무리 낮아도 무조건 이익을 유보하는 상황은 10년 전 컨솔리데이티드 에디슨Consolidated Edison 사례에서 매우 역설적인 모습으로 나타났습니다. 당시에는 주로 징벌적인 규제 정책 때문에 회사의 주가가 순자산가치의 4분의 1까지 내려갔습니다. 다시 말해서 회사가 재투자하려고 이익 1달러를 유보할 때마다 그 1달러는 시장에서 겨우 25센트로 평가받았습니다. 그러나 이렇게 형편없이 평가받았는데도 회사는 이익 대부분을 주주에게 지급하는 대신 재투자했습니다. 한편 뉴욕 전역에 걸쳐 공사장과 보수 현장마다 "우리는 땅을 파야 한다"라는 이 회사의 구호가 적힌 표지판이 꽂혀 있었습니다).

제한된 이익은 배당을 논의할 때 우리의 주된 관심사가 아닙니다. 이제부터는 훨씬 더 가치 있는 '제한 없는 이익'에 대해 논의해봅시다. 제한 없는 이익 역시 유보될 수도 있지만 분배될 수도 있습니다. 우리는 경영진이 주주들에게 더 유리한 방향으로 결정해야 한다고 생각합니다.

그러나 이 원칙이 보편적으로 인정받는 것은 아닙니다. 여러 가지 이유로 경영자들은 주주들에게 즉시 분배할 수 있는 이익도 유보하길 좋아합니다. 자신이 지배하는 기업제국의 영역을 확장하거나, 자금이 남아도는 안락한 상태에서 경영하려는 이유 등이 있습니다. 그러나 유보하기에 타당한 이유는 하나뿐이라고 봅니다. 즉, **회사가 1달러를**

유보할 때마다 주주들에게 창출되는 시장가치가 1달러 이상이라는 타당한 전망이 있을 때만 제한 없는 이익이 유보되어야 합니다(이런 전망은 과거 실적으로 뒷받침되는 편이 바람직하지만, 사려 깊은 분석으로 뒷받침될 수도 있습니다). 이런 조건은 회사가 유보이익으로 일반 투자자들이 벌어들이는 금액 이상 이익을 낼 때만 성립될 것입니다.

설명을 위해서 한 투자자가 매우 독특한 표면금리 10% 무위험 영구채perpetual bond를 갖고 있다고 가정합시다. 해마다 투자자는 이자 10%를 현금으로 받을 수도 있고, 똑같은 조건의 영구채(이자를 현금으로 받거나 재투자할 수 있는 영구채)에 재투자할 수도 있습니다. 어떤 해에 무위험 장기 채권의 이자율이 5%가 된다면 이 투자자는 이자를 현금으로 받지 않을 것입니다. 10% 영구채로 받는 편이 훨씬 가치 있기 때문입니다. 이런 상황에서 투자자가 현금이 필요하다면 10% 영구채를 받아 즉시 팔아버리면 됩니다. 이렇게 하면 직접 현금으로 받는 것보다 더 많은 현금을 손에 넣게 됩니다. 모든 채권을 합리적인 투자자들이 보유한다면 금리가 5%인 시점에는 아무도 현금을 받으려 하지 않을 것입니다. 생활비로 당장 현금이 필요한 사람조차 말입니다.

그러나 금리가 15%라면 합리적인 투자자는 아무도 10% 영구채에 이자를 재투자하지 않을 것입니다. 현금이 필요 없는 사람조차 현금으로 받을 것입니다. 현금 대신 채권을 받는다면 그 채권은 현금보다 시장가치가 훨씬 떨어질 것이기 때문입니다. 만일 10% 영구채를 원한다면 현금으로 받아서 시장에 가면 훨씬 싼 가격에 살 수 있습니다.

10% 영구채 보유자의 분석은, 주주들이 회사의 제한 없는 이익을 유보할 것인지 지급할 것인지 선택할 때도 그대로 적용됩니다. 그러

나 재투자수익률이 확정된 수치가 아니라서 불확실하므로 분석하기 훨씬 어렵고 착오가 발생할 수 있습니다. 주주들은 장차 재투자수익률이 평균 얼마가 될 것인지 추측해야만 합니다. 그러나 일단 정보를 바탕으로 추측하고 나면 나머지 분석은 간단합니다. 재투자수익률이 높을 것으로 예상하면 이익을 유보해야 하고, 낮을 것으로 예상하면 배당으로 지급해야 합니다.

경영자들이 자회사들의 이익을 모회사에 분배할 것인지 결정할 때도 이와 비슷한 방식으로 추론합니다. 이때는 경영자들도 아무 어려움 없이 현명한 주주처럼 생각합니다. 그러나 모회사 관점에서 배당 지급을 결정할 때에는 흔히 이야기가 완전히 달라집니다. 이때는 경영자들이 주주 입장에 서기가 어려워집니다.

자회사를 여럿 거느린 모회사의 CEO는 추가 자본에 대한 예상 수익률이 5%인 자회사A로부터 이익을 회수하여 추가 자본에 대한 예상 수익률이 15%인 자회사B에 투자합니다. 경영대학원에서 이 정도는 배웠기 때문입니다. 그러나 모회사의 추가자본수익률이 장기간 5%를 기록했고 시장수익률이 10%인 경우에도 흔히 모회사의 배당 정책은 단순히 과거 패턴을 따르거나 산업의 일반적인 패턴을 따를 뿐입니다. 게다가 그는 자회사가 이익을 유보하려 할 때에는 자회사 경영진에게 이유를 상세하게 설명하라고 요구하면서, 모회사가 이익을 유보할 때에는 주주들에게 이유를 좀처럼 설명하지 않습니다.

경영진이 이익을 유보해야 할 것인지 판단할 때 주주들은 최근 몇 년 동안 추가된 이익 합계액과 추가된 자본 합계액을 단순 비교해서는 안 됩니다. 핵심 사업의 진행 상황에 따라 둘의 관계가 왜곡될 수 있기 때문입니다. 인플레이션 기간에 경제성 탁월한 핵심 사업을 보유한 기업은 그 사업에 자본을 조금만 추가해도 매우 높은 수익률을 얻을 수 있습니다(작년 주주 서한의 영업권 섹션에서 논의했습니다).* 판매량이 엄청나게 증가하는 경우가 아니라면 탁월한 사업에서는 당연히 막대한 초과 현금이 창출됩니다. 이 초과 현금 대부분을 수익률이 낮은 사업에 묻어두더라도 유보된 자본의 전체 수익률은 탁월하게 나타날 수 있습니다. 핵심 사업에서 나온 이익 일부가 핵심 사업에 재투자되면서 막대한 이익을 벌어주기 때문입니다. 이런 상황은 프로-아마 합동 골프대회에 비유할 수 있습니다. 아마추어가 모두 형편없는 초보자라고 해도 프로 선수들의 탁월한 솜씨 덕분에 팀의 최고 점수는 훌륭하게 나오는 것과 같습니다.

자본은 물론 추가된 자본에 대해서도 계속해서 높은 수익률을 유지한 많은 기업이, 실제로 유보이익 대부분을 경제성이 낮거나 심지어 파멸을 불러오는 곳에 지출했습니다. 그러나 해마다 이익이 증가하는 탁월한 핵심 사업 덕분에 자본배분에서 거듭 저지른 잘못이 드러나지 않은 것입니다(대개 경제성이 신통치 않은 기업을 비싼 가격에 인수했습니다). 잘못을 저지른 경영자들은 최근의 실패로부터 교훈을 얻었다고 주기적으로 보고합니다. 그러고 나서 이들은 또 미래의 교훈을 찾아 나섭니다(실패 탓에 제정신을 잃은 듯합니다).

이런 경우라면 이익을 핵심 사업 확장에 필요한 만큼만 유보하고, 나머지는 배당으로 지급하거나 자사주 매입(신통치 않은 사업에 낭비하

---

*   6장 'D. 경제적 영업권과 회계적 영업권' 참조.

는 대신, 핵심 사업에 대한 주주들의 지분을 높여주는 조치)에 사용하는 편이 주주들에게 훨씬 유리할 것입니다. 기업 전체의 수익성이 높더라도 유보이익을 수익성 낮은 사업에 계속 낭비하는 경영자들에게는 잘못된 자본배분에 대해서 책임을 물어야 합니다.

여기서 우리는 회사의 이익 증감이나 투자 기회에 따라 분기별로 배당을 조절해야 한다고 주장하는 것이 아닙니다. 상장기업 주주들은 배당이 일관되고 예측 가능하게 지급되는 편을 당연히 선호합니다. 따라서 배당 지급은 이익과 추가자본수익률에 대한 장기 예측을 바탕으로 결정되어야 합니다. 기업의 장기 전망은 자주 바뀌는 것이 아니므로 배당 패턴도 자주 바뀌어서는 안 됩니다. 그러나 장기적으로 회사는 유보한 분배 가능 이익에 대해서도 적정 수익을 올려야 합니다. 이익이 현명하지 못하게 유보되고 있다면 그 경영자를 유보하는 것도 현명하지 못할 것입니다.

[1984]

⬚⬚⬚⬚⬚⬚⬚⬚

버크셔가 현금 배당을 지급하기 바라는 주주들이 (내 친구들을 포함해서) 많습니다. 이들은 버크셔가 자회사들로부터 배당받는 것은 좋아하면서 주주들에게는 한 푼도 지급하지 않는 점을 이상하게 생각합니다. 그러면 어떤 경우에 배당이 주주들에게 유리한지 조사해봅시다.

수익성 좋은 기업은 다양한 방법으로 이익을 분배할 수 있습니다. 그러나 경영진이 먼저 현행 사업에서 재투자 기회를 조사해보아야 합니다. 예컨대 효율성 증진, 영역 확장, 제품 라인 확장 및 개선, 경쟁자들의 추적을 따돌리는 경제적 해자 확대 프로젝트 등을 생각할 수 있습니다.

나는 우리 자회사 경영자들에게 해자 확대 기회에 주목하라고 끝없이 요청하며, 이들은 경제성 있는 해자 확대 기회를 다수 찾아냅니다. 그러나 기대했던 효과를 얻지 못할 때도 종종 있습니다. 대개 실패하는 원인은 그들이 원하는 결론을 먼저 내려놓은 다음 거꾸로 그 근거를 찾아내기 때문입니다. 물론 이 과정은 무의식적으로 진행됩니다. 그래서 더 위험합니다.

여러분의 회장도 그동안 이런 잘못에서 벗어나지 못했습니다. 버크셔의 1986년 연차보고서에서 나는 버크셔 직물사업의 경영과 자본구조 개선에 20년 동안 공을 들였지만 아무 소용이 없었다고 설명했습니다. 나는 이 사업이 성공하기를 원했지만, 나의 소망은 연속된 판단 착오로 이어졌습니다(심지어 나는 뉴잉글랜드 지역 직물회사를 하나 더 인수했습니다). 소망은 디즈니 영화에서나 실현되지, 사업에서는 독이 될 따름입니다.

과거에 이런 잘못을 저지르긴 했지만, 현재 가용자금에 대한 우리의 첫 번째 우선순위는 다양한 우리 사업에 지혜롭게 배분하여 효율적으로 사용할 수 있는지 조사하는 것입니다. 우리가 2012년에 121억 달러에 이르는 기록적인 고정자산 투자와 지분 추가 인수를 했다는 사실은 버크셔에 자본배분 기회가 풍부하다는 뜻입니다. 바로 이것이 우리의 강점입니다. 우리는 경제의 수많은 분야에서 활동하므로 다른 기업들보다 선택의 폭이 훨씬 넓습니다. 이런 선택을 통해서 잡초는 건너뛰고 화초에만 물을 줄 수 있습니다.

현행 사업에 막대한 자본을 투입한 다음에도 버크셔는 계속해서 많은 현금을 창출합니다. 따라서 다음 단계는 현행 사업과 무관한 기업 중에서 인수 대상을 찾아내는 작업입니다. 여기서 우리의 인수 기준은 간단합니다. 인수를 통해서 주주들의 주당순자산을 전보다 더 높일 수 있느냐입니다.

나는 지금까지 기업 인수에 많은 잘못을 저질렀고, 앞으로도 저지를 것입니다. 그러나 우리의 인수 실적은 전반적으로 만족스럽습니다. 이는 가용자금을 자사주 매입이나 배당에 사용했을 때보다 주당순자산이 훨씬 증가했다는 뜻입니다.

그러나 표준 경고문을 사용하자면 과거 실적이 미래 실적을 보장하지는 않습니다. 이는 특히 버크셔에 적용되는 말입니다. 그동안 우리 규모가 거대해졌으므로 이제는 회사 규모도 크고 조건도 유리한 인수 대상을 찾아내기가 전보다 어려워졌습니다.

그렇더라도 대형 인수 거래를 통해서 주당 내재가치를 대폭 높일 기회는 여전히 있습니다. BNSF가 그런 사례로서 현재가치가 장부가액보다 훨씬 높습니다. BNSF에 투자할 자금을 배당이나 자사주 매입에 사용했다면 여러분과 나는 재산이 더 감소했을 것입니다. BNSF 같은 대규모 거래는 흔치 않지만, 바다에는 아직 고래들이 어느 정도 남아 있습니다.

가용자금의 세 번째 용도인 자사주 매입은 보수적으로 계산한 내재가치보다 주가가 훨씬 낮을 때 실행해야 합리적입니다. 실제로 엄격한 원칙에 따라 자사주를 매입하면 자금의 효율성이 확실히 높아집니다. 1달러짜리 지폐를 80센트 이하에 산다면 손해 볼 일이 없기 때문입니다. 우리는 작년 연차보고서에서 자사주 매입 기준을 설명했으며, 기회가 온다면 자사주를 대량으로 매입할 것입니다. 우리는 처음에 순자산가치의 110% 이내에서만 자사주를 매입하겠다고 말했지만, 이는 비현실적인 기준으로 드러났습니다. 그래서 순자산가치의 약 116%에 대량 매물이 나온 작년 12월에 이 기준을 120%로 높였습니다.

그러나 명심하시기 바랍니다. 자사주 매입을 결정할 때에는 가격이 절대적으로 중요합니다. 내재가치보다 높은 가격에 자사주를 매입하면 가치가 파괴됩니다. 우리 임원들과 나는 순자산가치의 120% 이내에서 자사주를 매입할 때 기존 주주들이 상당한 혜택을 볼 것으로 믿습니다.

이제 배당으로 화제를 돌리겠습니다. 여기서는 몇 가지 가정을 세우고 계산도 조금 해야 합니다. 배당이 유리한지 불리한지 이해하려면 이런 숫자들을 눈여겨보아야 합니다. 이제부터 인내심을 발휘하십시오.

먼저 당신과 내가 순자산가치가 200만 달러인 회사를 반반씩 소유한다고 가정합시다. 이 회사가 순유형자산으로 벌어들이는 이익은 연 12%(24만 달러)이며, 재투자하는 이익에 대해서도 마찬가지로 12%를 벌어들인다고 가정합니다. 그리고 우리 지분을 순자산가치의 125%에 사려는 외부인들이 항상 존재합니다. 따라서 현재 당신과 내가 각각 보유한 지분의 가치는 125만 달러입니다.

당신은 회사 연간 이익의 3분의 1은 배당으로 받고, 나머지 3분의

2는 재투자하기를 원합니다. 이렇게 하면 당장 지출할 당기 소득과 장래를 위한 자본 성장이 훌륭하게 균형을 이룬다고 생각하기 때문입니다. 그래서 당신은 당기이익 중 8만 달러는 배당으로 지급하고, 16만 달러는 유보하여 회사의 미래 이익을 높이자고 제안합니다. 첫해에 당신이 받는 배당은 4만 달러이며, 이익이 증가함에 따라 이후 배당도 증가하게 됩니다. 배당과 주식의 가치 모두 해마다 8%씩 증가합니다(순자산가치의 12%를 벌어 순자산가치의 4%를 배당으로 지급).

10년 뒤 회사의 순자산가치는 431만 7,850달러(최초의 200만 달러가 연 8% 복리로 증식됨)이고, 10년 차 배당은 8만 6,357달러가 됩니다. 우리가 각각 보유한 지분의 가치는 269만 8,656달러입니다(회사 순자산가치 절반의 125%). 이렇게 배당과 주식의 가치가 계속해서 연 8% 증가할 것이므로 우리는 그 후로도 영원히 행복하게 살 것입니다.

그러나 이보다 더 행복해지는 방법이 있습니다. 이익을 모두 회사에 남겨두고, 매년 보유 주식의 3.2%를 파는 방법입니다. 주식은 순자산가치의 125%에 팔리므로 첫해에 받는 돈은 마찬가지로 4만 달러이고, 이후 매년 받는 금액이 증가하게 됩니다. 이 방법을 '매도 기법'이라고 부릅시다.

이 매도 기법을 사용하면 10년 뒤에는 회사의 순자산가치가 621만 1,696달러로 증가합니다(최초의 200만 달러가 연 12% 복리로 증식됨). 우리는 매년 보유 주식의 일정 비율을 매도하므로 10년 뒤에는 보유 지분이 각각 36.12%로 감소합니다. 그렇더라도 각자 보유한 지분의 순자산가치는 224만 3,540달러가 됩니다. 그리고 순자산가치 1달러를 외부인들이 1.25달러에 사준다는 사실을 기억하시기 바랍니다. 따라서 각자 보유한 지분의 시장가치는 280만 4,425달러가 되어 배당을 받을 때보다 약 4% 증가하게 됩니다.

게다가 매도 기법을 선택하면 매년 받는 현금도 배당을 받을 때보다 4%씩 더 증가하게 됩니다. 보십시오! 매년 소비할 현금도 더 많이 받고, 자본도 더 많이 증가합니다.

물론 이 계산에서는 회사의 연간 이익이 순자산의 12%이며, 주식이 순자산가치의 125%에 팔린다고 가정합니다. 그런데 실제로 S&P500의 수익률은 순자산가치의 12%를 훨씬 웃돌며, 주가도 순자산가치의 125%보다 훨씬 높습니다. 그리고 장담하긴 어렵지만 두 가정은 버크셔에도 적용되는 듯합니다.

게다가 실제로는 이 가정을 초과 달성할 가능성도 있습니다. 그렇다면 매도 기법이 더욱 유리합니다. 버크셔의 과거를 돌아보면(인정하건대 이와 비슷한 실적조차 되풀이되지 않을 것입니다), 배당을 받았을 때보다 매도 기법을 사용했을 때 주주들의 실적이 훨씬 좋았을 것입니다.

이렇게 유리한 숫자를 제외하고서도 매도 기법을 지지할 중요한 이유가 두 가지 있습니다. 첫째, 회사는 배당을 결정하면 모든 주주에게 똑같은 비율로 현금을 지급해야 합니다. 예를 들어 이익의 40%를 배당하기로 한다면 30%나 50%를 원하는 주주들은 좌절할 것입니다. 따라서 우리 60만 주주들이 원하는 현금 비율을 충분히 논의해야 합니다. 그러나 우리 주주 중에는 소비보다 저축이 많아서 배당 지급을 원치 않는 사람이 매우 많다고(어쩌면 대부분이라고) 말해도 좋을 것입니다.

반면에 매도 기법을 선택하면 주주들은 각자 현금 수령과 자본 증식의 비율을 원하는 대로 결정할 수 있습니다. 예컨대 연간 이익의 60%를 현금으로 받을 수도 있고, 20%를 현금으로 받을 수도 있으며, 전혀 받지 않을 수도 있습니다. 물론 배당을 선택할 때도 주주가 받은 배당으로 주식을 더 사는 방법이 있습니다. 그러나 이 과정에서 손해를 보게 됩니다. 배당에 대해 세금을 내야 하고, 배당을 재투자하는 과정에서 프리미엄 25%도 지불해야 합니다(시장에서 주식을 사는 가격은 순자산가치의 125%라는 점을 기억하십시오).

배당 기법의 두 번째 단점도 마찬가지로 중요합니다. 모든 납세 주주는 매도 기법을 선택할 때보다 배당 기법을 선택할 때 세금 면에서 (훨씬) 불리해집니다. 배당을 받으면 매년 받는 현금 전액에 대해 세금이 부과되지만, 매도 기법을 선택하면 현금 수입 중에서 이익에 대해서만 세금이 부과되기 때문입니다.

내 사례를 설명하는 것으로 수학 연습을 마칩니다. 여러분의 환호성이 들리는군요. 지난 7년 동안 나는 매년 버크셔 주식의 약 4.25%를 기부했습니다. 이 과정에서 B주식으로 환산하면 7억 1,249만 7,000주였던 내 주식이 5억 2,852만 5,623주로 감소했습니다. 회사에 대한 내 지분은 확실히 대폭 줄었습니다.

그런데도 현재 내 지분에 해당하는 회사의 순자산은 실제로 증가했습니다. 즉, 7년 전 내가 보유했던 버크셔 지분의 순자산가치보다 훨씬 많아졌습니다(2005년에는 282억 달러였으나 2012년에는 402억 달러로 늘어났습니다). 다시 말해서 버크셔에 대한 내 소유권은 대폭 감소했는데도 현재 버크셔에서 굴러다니는 내 돈은 훨씬 많아졌습니다. 그리고 내 몫에 해당하는 버크셔의 내재적 기업가치와 회사의 수익력 역시 2005년보다 훨씬 증가했습니다. 나는 현재 매년 내 주식의 4.25% 이상을 기부하고 있지만, (상당폭 변동은 있을지라도) 장기적으로 내 지분의 가치가 계속 증가할 것으로 기대합니다(최근 어떤 재단에 내가 평생 기부할 금액을 2배로 늘렸으므로 내 지분의 가치는 이미 증가했습니다). 〔2012〕

⊗⊗⊗⊗⊗⊗

버크셔의 주주들은 다른 어떤 거대기업의 주주들과도 확실히 다릅니다. 이 사실은 작년 주주총회에서 주주제안이 제출되었을 때 놀라운 모습으로 나타났습니다.

주주제안: 회사는 필요 이상의 자금을 보유 중이고 주주들은 버핏 같은 억만장자가 아니므로 이사회는 매년 상당액의 배당 지급을 검토한다.

이 주주제안을 발의한 주주는 주주총회에 나타나지 않았으므로 그는 공식적으로 발의하지도 않았습니다. 그런데도 대리투표 집계가 이루어졌는데, 그 결과가 놀라웠습니다.

비교적 적은 수의 주주가 대규모 지분을 보유한 A주에서는 당연히 배당에 대한 반대가 더 많았는데 89 대 1이었습니다.

B주 주주들의 투표 결과가 주목할 만했습니다. 주주 수십만(어쩌면 거의 100만) 중 반대가 6억 6,075만 9,855표, 찬성이 1,392만 7,026표여서 비율이 47 대 1이었습니다.

우리 이사들은 '반대' 투표를 추천했지만 회사는 주주들에게 영향력을 행사하지 않았습니다. 그런데도 투표의 98%는 사실상 "이익을 배당으로 지급하지 말고 모두 재투자하십시오"라고 말했습니다. 우리 주주들의 생각이 우리 경영 철학과 이 정도로 잘 통한다는 사실은 놀랍고도 보람 있는 일입니다.

〔2014〕

2

[1989년 주주 서한에 담긴 내용은 다음과 같다.]
뉴욕증권거래소에서 우리 주식을 담당하는 HBI의 스페셜리스트 짐 머과이어는 1년이 넘었는데도 우리 주식에 대해 여전히 탁월한 성과를 유지하고 있습니다. 거래소에 상장되기 전에는 흔히 딜러 스프레드가 시장가격의 3% 이상이었습니다. 짐은 이 스프레드를 50포인트 이하로 유지하고 있는데, 이는 시장가격의 1%에도 훨씬 못 미칩니다. 우리 주식을 거래하는 주주들은 이렇게 거래비용이 감소한 덕을 톡톡히 보고 있습니다.
우리는 HBI와 뉴욕증권거래소가 이루어준 성과에 만족하므로 뉴욕증권거래소가 연재하는 광고에 이러한 내용을 실었습니다. 나는 평소에 추천사 쓰기를 꺼리는 편이지만, 이번에는 기꺼이 거래소에 공개적으로 찬사를 보냈습니다.

The Essays of

WARREN BUFFETT

V. Acquisitions

5장
기업 인수

버크셔에서 일하면서 찰리와 내가 가장 짜릿한 흥분을 느낄 때는 우리가 좋아하고 신뢰하며 존경하는 경영진이 운영하는 경제성 탁월한 기업을 인수할 때입니다. 이런 기업을 인수하기는 쉽지 않지만, 우리는 끊임없이 찾고 있습니다. 이런 기업을 찾을 때에는 배우자를 찾을 때와 같은 태도를 유지합니다. 적극적이고 관심을 기울이며 개방적인 사고방식을 유지하면 보답받지만, 서둘러서는 보답받지 못하기 때문입니다.

　지금까지 나는 기업 인수에 굶주린 경영자들을 자주 보았는데, 이들은 어린 시절에 읽은 개구리 왕자 이야기에 홀린 사람들이 분명합니다. 이들은 공주가 키스하자 개구리가 왕자로 변한 사실을 기억하고, 기업 개구리에게 키스하면 놀라운 변신이 일어나리라 기대하면서 막대한 비용을 지불합니다. 처음에 결과가 실망스러워도 새 기업 개구리를 찾으려는 이들의 욕망은 오히려 커지기만 합니다(철학자 산타야나Santayana는 말했습니다. "목적을 망각하고 노력을 배가하면 광신이 된다"). 그러나 지극히 낙관적인 경영자도 결국 현실에 직면하게 됩니다. 개구리의 무반응 때문에 곤경에 처한 경영자는 이제 대규모 '구조조정'을 선언합니다. 이런 교육 과정을 통해서 CEO는 교훈을 얻게 되지만, 주주들은 값비싼 수업료를 치르게 됩니다.

나도 초창기에 경영자로 활동하면서 몇몇 개구리와 데이트를 즐겼습니다. 그다지 즐겁지도 않은 싸구려 데이트였지만, 그 결과는 높은 가격을 치르며 개구리에게 구애한 경영자들과 맞먹는 실패였습니다. 나는 키스했지만, 개구리는 여전히 개구리였습니다.

이런 방식으로 여러 번 실패한 다음, 나는 마침내 프로 골퍼에게 들은 조언을 기억했습니다(나와 게임을 해본 프로 골퍼가 모두 그러듯이 이 사람도 이름을 밝히려 하지 않습니다). 그는 말했습니다. "연습한다고 완벽해지는 것이 아닙니다. 연습만 영원히 계속될 뿐이지요." 이후 나는 전략을 수정했습니다. 적당한 기업을 싼값에 사는 대신 좋은 기업을 합당한 가격에 사는 방향으로요.

[1992]

A.   비싼 가격을 치르는 나쁜 동기

버크셔의 과거 실적이 말해주듯이 우리는 기업을 통째로 인수하기도 하고 지분 일부를 시장에서 사기도 합니다. 어느 방법을 쓰든 우리는 항상 대규모로 투자하고 있습니다(소액으로는 투자하지 않습니다. "잘

해도 소용없는 일은 할 필요가 없기 때문입니다"). 실제로 우리는 보험사업과 스탬프사업의 유동성 요건을 충족하려면 반드시 유가증권에 대규모로 투자해야 합니다.

우리가 기업을 인수하는 목적은 실제로 경제적 이득을 극대화하는 것이지, 경영자의 영역을 극대화하거나 회계상 보고이익을 극대화하는 것이 아닙니다(장기적으로 보면 실제 이익보다 겉으로 나타나는 회계 이익을 앞세우는 경영자들은 대개 양쪽 모두 이루지 못합니다).

보고이익에 직접 미치는 영향에 상관없이, 우리는 훌륭한 기업의 지분 100%를 2배 가격에 인수하기보다는 그 기업의 지분 10%를 1배 가격에 시장에서 사들입니다. 그러나 대부분의 경영자는 반대로 하기를 좋아하며, 이들이 내세우는 근거는 부족한 법이 없습니다.

대개 말은 않지만, 이들이 높은 프리미엄을 지불하고 기업을 인수하는 중요한 동기는 다음 세 가지로 의심됩니다.

(1) 기업 분야든 아니든 리더들은 야성적 충동이 넘치는 사람들이어서 활동과 도전을 즐깁니다. 그러나 우리 버크셔는 기업 인수를 앞둔 시점에도 심장 박동이 절대로 빨라지지 않습니다.

(2) 기업 분야든 아니든 대부분의 조직은 다른 어떤 척도보다도 주로 규모로 평가받으며, 경영자들도 기업의 규모에 따라 보상받습니다(포춘 500대 기업 경영자들에게 자신의 기업 순위를 물어보십시오. 이들은 틀림없이 매출액 기준 순위로 답할 것입니다. 포춘 500대 기업 명단은 수익성 기준으로도 작성되지만, 그 순위는 모를 것입니다).

(3) 경영자들은 감수성 예민한 어린 시절에 개구리 왕자 이야기를

너무 많이 읽은 것이 분명합니다. 개구리로 변했던 미남 왕자가 아름다운 공주의 키스를 받고 본래의 모습으로 돌아왔다는 이야기 말입니다. 그래서 이들은 공주가 키스하듯 자신의 경영 능력을 발휘하면 인수한 기업의 수익성에 기적이 일어나리라 확신합니다.

이런 낙관주의는 필수 요소입니다. 이런 장밋빛 전망이 없다면 회사A(인수회사)가 기업 T(피인수기업)의 주식을 인수하면서 시장에서 직접 살 수 있는 가격의 2배를 왜 치르려 하겠습니까?

다시 말해서 개구리는 시장에서 언제나 개구리 가격으로 살 수 있습니다. 그러나 값을 2배로 치르면서 개구리에게 키스하려는 공주들에게 투자자들이 돈을 대주게 된다면 투자자들은 결국 그 키스에 다이너마이트보다도 강한 타격을 입게 될 것입니다. 그동안 키스하는 공주는 많았지만 기적은 매우 드물었기 때문입니다. 그런데도 자신의 키스에 마법적 효능이 있다고 확신하는 경영자가 많습니다. 그런 기대로 사들인 개구리들이 뒤뜰에 무릎 높이로 쌓여 있는데도 말이죠. 공정하게 말하자면 실적이 눈부신 인수도 일부 있었음을 인정합니다. 두 가지 유형이 두드러집니다.

첫 번째 유형은 계획이든 우연이든 유난히 인플레이션 환경에 알맞은 기업만을 인수한 경우입니다. 이런 기업에는 두 가지 특성이 있습니다. (1) (제품 수요가 정체 상태이고 설비가 전면 가동이 아닌 상황에서도) 시장점유율이나 매출액 감소를 크게 우려하지 않으면서 가격을 쉽게 인상할 수 있고, (2) 자본 투자를 조금만 늘려도 (흔히 실질 성장보다 인플레이션에서 오는) 대규모 매출액 증가를 감당할 수 있습니다. 능력이 보통 수준인 경영자이더라도 이런 기준을 충족하는 기업만 인수했다면 최근 수십 년 동안 탁월한 실적을 올렸습니다. 그러나 위 두 가지 특성을 모두 갖춘 기업은 매우 드물어서, 이런 기업을 인수하려는 경쟁이 이제는 기업들을 자멸로 몰고 갈 정도로 치열해졌습니다.

두 번째 유형은 슈퍼스타급 경영자에게 해당합니다. 개구리로 변신한 왕자 기업들을 제대로 찾아내서 이들을 왕자의 모습으로 돌려놓을 능력이 있는 경영자를 말하는 것입니다. 우리가 이런 경영자로 경의를 표하는 인물로는 노스웨스트 인더스트리Northwest Industries의 벤 하인먼Ben Heineman, 텔레다인Teledyne의 헨리 싱글턴Henry Singleton, 내셔널 서비스 인더스트리National Service Industries의 어윈 자반Erwin Zaban, 캐피털시티 커뮤니케이션의 톰 머피가 있습니다(이들은 위의 두 가지 능력을 겸비한 진정한 경영자로서 첫 번째 유형에 속하는 기업들만 집중적으로 인수했고, 탁월한 경영 능력으로 두 번째 유형에서도 선두 주자가 되었습니다). 이와 같은 경영자들의 업적은 이루기도 어렵고 드물다는 사실을 우리는 직간접 경험을 통해서 알고 있습니다(정말로 그렇습니다. 이들 거장은 최근에 인수를 거의 하지 않았으며, 흔히 자사주 매입을 통해서 회사의 자본을 가장 합리적으로 활용했습니다).

안타깝게도 나는 두 번째 유형의 자질을 갖추지 못했습니다. 우리가 첫 번째 유형에 속하는 기업들의 경제 요소에 대해서는 매우 잘 이해하면서도, 실제로 이런 유형의 기업을 인수한 실적은 많지 않았고 적절하지도 않았습니다. 우리는 말하는 것만큼 실적을 올리지 못했습니다(노아의 원칙을 무시한 셈입니다. 홍수를 예측하는 일이 아니라 방주를 짓는 일이 중요하다는 원칙 말입니다).

우리는 때때로 개구리를 헐값에 인수했고, 그 결과에 대해서는 지난 보고서에 설명했습니다. 확실히 우리의 키스는 효과가 없었습니다. 왕자로 바뀐 사례도 몇 건 있었지만, 이들은 원래 살 때부터 왕자였습니다. 우리가 키스해서 개구리로 바뀐 적은 없었습니다. 끝으로 쉽게 구분되는 왕자 기업들의 일부 지분을 개구리 가격에 사들이는 일에는 종종 커다란 성공을 거두었습니다. 〔1981〕

✕✕✕✕✕✕✕✕

버크셔와 블루칩을 1983년에 합병하려고 검토하고 있습니다. 합병을 하게 된다면 두 회사에 똑같은 평가 기법을 적용하여 주식을 교환하게 될 것입니다. 우리가 경영을 맡은 동안 버크셔나 관계회사가 주식을 대량으로 발행한 주요 사례는 1978년 버크셔와 다이버시파이드 리테일링의 합병입니다.

우리가 지키는 단순한 기본 원칙은, 주는 만큼 내재가치를 받을 때만 주식을 발행한다는 것입니다. 이런 원칙은 자명해 보일지도 모릅니다. 여러분은 50센트를 받고 1달러를 줄 사람이 어디 있느냐고 생각하실 것입니다. 그러나 안타깝게도 이런 거래를 즐겨 하는 경영자가 많습니다.

이런 경영자들이 인수 과정에서 하는 첫 번째 선택은 현금을 사용하느냐 부채를 일으키느냐입니다. 그러나 CEO들은 대개 너무도 열정적인 사람이어서 (나와는 달리) 현금이나 부채로는 감당이 어렵습니다. 게다가 회사의 주가가 내재가치보다 훨씬 낮은 시점에 이런 결정을 내리는 경우가 많습니다.

이런 상황에서 경영자는 결정적 순간을 맞이하게 됩니다. 이에 대해 요기 베라는 말했습니다. "지켜보는 것만으로도 많이 배울 수 있다." 주주들은 경영자가 진정으로 추구하는 목표가 무엇인지 지켜보기만 해도 알 수 있습니다. 자신의 영역을 확장하는 것인지, 아니면 주주의 재산을 지키는 것인지를 말입니다.

경영자가 이런 목표 사이에서 선택해야 하는 이유는 간단합니다. 기업의 주가는 시장에서 종종 내재가치보다 낮아집니다. 그러나 협상을 통해서 회사 지분을 모두 팔고자 할 때, 매도자는 돈으로 받든 주식으로 받든 회사의 내재가치를 모두 받아내려 합니다. 현금으로 받을 때 매도자는 가치를 계산하기가 가장 쉽습니다. 인수회사의 주식으로 받을 때도 매도자는 가치를 계산하기가 여전히 쉽습니다. 대가로 받는 주식을 시장가치로 계산하면 되니까요.

주식을 지급하고 기업을 인수하려는 회사도 그 주식이 시장에서 내재가치 이상으로 거래되면 아무 문제가 없습니다. 그러나 그 주식이 내재가치의 겨우 절반 가격에 거래된다고 가정해봅시다. 그러면 인수회사는 매우 저평가된 화폐로 대가를 치러야 하는 불행한 상황에 직면하게 됩니다.

반면에 인수회사도 지분을 통째로 파는 처지가 된다면 내재가치를 모두 받으려 할 것이고, 실제로도 십중팔구 모두 받을 수 있습니다. 그러나 인수회사가 지분 일부만 팔 때에는 대개 시장에서 거래되는 가격보다 높은 가치를 받을 수가 없습니다. **인수 대금을 주식으로 지급할**

때가 바로 이런 경우입니다.

그래도 인수를 강행하면 회사는 결국 피인수기업의 가치는 모두 평가해주면서 시장에서 저평가된 화폐로 대가를 치르게 됩니다. 실제로 인수회사는 가치 1달러를 받고 가치 2달러를 내주어야 합니다. 이런 상황에서는 탁월한 기업을 공정한 가격에 사더라도 형편없는 거래가 되고 맙니다. 이는 내가 정당한 가격에 물건을 사더라도 내가 치르는 금이 납으로 계산되는 것과 같습니다.

그러나 회사의 규모를 키우려는 열정이 매우 강하면 인수회사의 경영자는 이렇게 가치를 파괴하는 주식 발행조차 얼마든지 합리화할 수 있습니다. 거래 증권회사들은 경영자의 결정이 건전하다고 안심시킬 것입니다(그러나 이발사에게 이발할 때가 되었는지 물어서는 안 됩니다).

주식을 발행하는 경영자가 즐겨 사용하는 합리화 논리는 다음과 같습니다.

(1) "우리가 인수하는 기업은 장차 가치가 훨씬 높아질 것입니다."(그러나 우리가 대가로 지급하는 주식도 그럴 것입니다. 이는 기업 평가 과정에서 미래 전망이 암묵적으로 반영되기 때문입니다. 피인수기업의 가치 1달러에 대해 주식 2달러를 지급한다면 두 주식의 가치가 2배로 증가해도 여전히 불균형 상태가 유지됩니다.)

(2) "우리는 성장해야 합니다."('우리'가 과연 누구일까요? 주식을 발행하면 기존 주주가 보유하는 기업의 가치는 감소하는 것이 현실입니다. 버크셔가 주식을 발행해서 기업을 인수한다면 버크셔는 기존 기업에 더해서 새로운 기업도 소유하게 되지만, 씨즈캔디나 내셔널 인뎀너티 같은 둘도 없는

기업에 대한 기존 주주의 지분은 자연히 감소하게 됩니다. 만일 (a) 가족이 농장 120에이커를 갖고 있는데, (b) 농장 60에이커를 가진 이웃과 합병해서 지분을 똑같이 나눠 갖는다면, (c) 경작 면적은 180에이커로 늘어나지만, 가족이 보유하는 지분은 농장 면적으로나 수확량 기준으로나 25%가 영원히 감소하게 됩니다. 주인을 희생하여 자신의 영역을 넓히려는 경영자라면 공직에 진출하는 편이 나을지도 모릅니다.)

(3) "우리 주식이 저평가되어 있으므로 이 거래에서 주식 사용 비중을 최소화했습니다. 그러나 피인수기업 주주들이 세금을 면제받아야 하므로 주식 51%와 현금 49%로 지급해야 합니다."(이 주장에서는 인수회사가 주식 발행을 자제하는 편이 이롭다는 사실을 인정합니다. 그러나 100% 주식 발행이 기존 주주에게 불리하다면 51% 주식 발행 역시 불리합니다. 잔디밭을 망치는 개라면 그 개가 스패니얼이든 세인트 버나드이든 골치 아프기는 마찬가지입니다. 기업 매도자들의 요구 사항 때문에 기존 주주들이 손해를 보아서는 안 됩니다. 만일 매도자들이 합병 조건으로 인수회사 CEO 교체를 요구했다면 어떻게 되었을까요?)

인수 대금으로 주식을 발행하여 지급할 때 기존 주주의 손실을 피하는 방법은 세 가지입니다. 첫째는 버크셔와 블루칩이 합병하는 경우처럼 둘 다 진정한 기업가치 기준으로 합병하는 방법입니다. 이런 합병은 내재가치 기준으로 서로 주는 만큼 받는 방식이므로 양쪽 주주 모두에게 공정합니다. 다트 인더스트리Dart Industries와 크래프트 Kraft의 합병, 나비스코Nabisco와 스탠더드 브랜드Standard Brands의 합병이 이런 유형으로 보이지만, 이들은 예외적인 사례에 해당합니다. 인수회사들은 주주가 손해 보는 방식을 피하려고 노력하는 것이 아니라 오히려 그런 방식을 열심히 추구하기 때문입니다.

두 번째 방법은 인수회사의 주식이 내재가치 이상으로 거래될 때 합병하는 것입니다. 이런 상황에서는 주식으로 인수 대금을 지급하면 인수회사 주주들의 자산가치가 실제로 증가할 수 있습니다. 1965~1969년에는 이런 방식으로 많은 합병이 이루어졌습니다. 따라서 1970년 이후 합병들과는 결과가 반대로 나타났습니다. 피인수기업의 주주들이 (흔히 의심스러운 회계 처리와 판촉 기법을 통해서) 잔뜩 부풀려진 화폐로 대가를 받았으므로 오히려 손실을 보았습니다.

최근 두 번째 방법을 쓸 수 있는 회사는 극소수 대기업에 불과합니다. 그런 예외적 기업은 주로 시장에서 일시적으로 내재가치 이상으로 평가받는, 매혹적이거나 승승장구하는 기업입니다.

세 번째는 인수를 강행하되 합병 과정에서 발행한 주식 수량만큼을 다시 사들이는 방법입니다. 이렇게 하면 원래 주식으로 주식을 산 합병이 실제로는 현금으로 주식을 산 합병으로 전환됩니다. 이런 유형의 자사주 매입은 손실을 회복하는 조처가 됩니다. 여러분도 짐작하시겠지만 우리는 단지 과거의 손실을 회복하는 자사주 매입보다는 주주의 재산을 직접 늘려주는 자사주 매입을 훨씬 선호합니다. 경기에서 실수를 만회하는 것보다는 점수를 따는 편이 훨씬 짜릿한 것처럼 말입니다. 그러나 실수를 저질렀다면 만회가 중요하므로 손실 회복용 자사주 매입을 해서라도 잘못된 주식 거래를 공정한 현금 거래로 돌려놓기 바랍니다.

합병에 사용되는 용어들은 흔히 주제를 혼동시켜 경영자들의 비합리적인 행동을 유발하는 경향이 있습니다. 예를 들어 '희석'은 대개 순자산가치와 당기이익이라는 형식적 기준에 따라 계산됩니다. 특히 당기이익이 강조됩니다. 계산 결과가 인수회사에 부정적으로(즉, 희석되는 것으로) 나오면 장래 어느 시점에 이익 추세가 역전될 것이라고 (회사 내부적으로나마) 정당화 논리가 제시됩니다(실제로 합병이 실패하는 사례는 많아도 정당화 논리가 부족한 사례는 없습니다. CEO가 합병을 갈망하면 직원과 컨설턴트들은 어떤 인수 가격이든 정당화하는 이익 추정치를 만들어냅니다). 계산 결과가 인수회사에 긍정적으로(즉, 희석되지 않는 것으로) 나오면 더 언급할 필요도 없다고 생각합니다.

그러나 이런 식으로 희석화를 강조하는 것은 도가 지나칩니다. 주당 당기이익(또는 향후 5년간 주당 이익)이 대부분 기업 평가에서 중요한 변수이기는 하지만 만능은 절대 아닙니다.

이렇게 좁은 의미에서는 희석이 아니었지만 인수회사가 즉시 손해를 본 합병이 매우 많았습니다. 그리고 주당 당기이익 기준으로는 희석이었지만 실제로는 인수회사가 이익을 본 합병도 있었습니다. 정말로 중요한 것은 기업의 내재가치 기준으로 합병이 희석이냐 아니냐입니다. 우리는 이런 관점에서 희석 여부를 계산하는 것이 매우 중요하다고 생각합니다(그러나 이렇게 계산하는 경우는 너무나 드뭅니다).

두 번째 용어 문제는 교환 등식을 표현하는 방식입니다. A회사가 주식을 발행하여 B기업을 인수한다고 발표하면 이 과정은 관행적으로 "A회사가 B기업을 인수한다" 또는 "B기업이 A회사에 팔린다"라고 표현됩니다. 그러나 다소 어색하더라도 다음과 같이 더 정확한 표현을 쓰면 이 문제에 대해 더 분명하게 생각할 수 있습니다. "A회사 일부를 팔아 B기업을 인수한다" 또는 "B기업 주주들이 기업을 넘겨주는 대신 A회사 일부를 받는다".

거래에서는 우리가 무엇을 주느냐가 우리가 무엇을 받느냐만큼이나 중요합니다. 그리고 나중에 치르게 되는 대가 역시 중요합니다. 합병 이후 보통주나 전환사채를 발행하여 인수 자금을 상환하거나 재무제표의 건전성을 회복시키는 행위도, 원래 인수 거래에 대한 기본 평가에 모두 반영해야 합니다(두 기업이 결혼한 결과 아이를 갖게 된다면 이 사실은 황홀경에 빠지기 전에 알고 있어야 합니다).

인수회사 경영자와 이사들은 회사 지분을 100% 팔 때도 인수 거래에서 일부 지분을 팔 때와 같은 기준으로 팔 것인지 자신에게 물어보면 명확하게 깨달을 수 있습니다. 지분 모두를 그런 기준으로 파는 것이 현명한 처사가 아니라면 지분 일부를 그런 기준으로 파는 것은 현명한 처사인지 자문해보아야 합니다. 경영자의 약간 어리석은 결정도 계속 쌓이면 커다란 문제를 낳습니다(라스베이거스는 사람들의 약간 불리한 거래가 쌓여서 벌게 된 돈으로 세워졌습니다).

'주는 것과 받는 것'이 얼마나 중요한지는 펀드회사의 합병 사례를 생각해보면 아주 쉽게 이해할 수 있습니다. 주가가 순자산가치의 50%에 불과한 펀드회사X가 펀드회사Y와 합병을 원한다고 가정합시다. 그래서 펀드회사X는 Y의 자산가치 100%만큼 주식을 시장가치로 발행하여 지급한다고 가정합시다.

이렇게 주식을 교환하면 X는 Y의 내재가치 1달러를 받고 자신의 내재가치 2달러를 내주는 셈입니다. X의 주주들은 즉시 항의할 것이고, 증권거래위원회는 두 펀드회사 합병의 공정성을 문제 삼을 것입니다. 이런 거래는 절대 허용되지 않을 것입니다.

제조·서비스·금융 회사 등은 대개 펀드회사처럼 가치가 정확하게 계산되지 않습니다. 그러나 우리는 이런 산업에서 일어나는 합병에서도 앞의 가상 사례처럼 인수회사 주주들의 가치가 극적으로 파괴되는 모습을 보았습니다. 경영진과 이사들이 두 회사를 똑같은 척도로 평가하여 공정하게 거래한다면 이런 가치 파괴 현상은 일어날 수 없을 것입니다.

끝으로 가치를 희석시키는 주식이 발행될 때 인수회사 주주들이 입는 '이중 타격' 효과에 대해 한마디 덧붙이겠습니다. 이런 상황에서 발생하는 첫 번째 타격은 합병 자체에서 오는 내재가치 손실입니다. 두 번째 타격은 이제 희석된 기업가치에 대해서도 시장의 평가가 더 낮아진다는 사실인데, 이는 매우 자연스러운 현상입니다. 어리석은 주식 발행으로 주주들의 재산을 축냈던 경영자가 운영하는 회사의 주가는, 경영 능력은 똑같더라도 주주들을 보호하려는 경영자가 운영하는 회사의 주가와 같을 수가 없기 때문입니다. 일단 경영자가 주주의 이익에 무심한 것으로 드러나면, 가치를 희석하는 주식 발행이 다시는 없을 것이라고 그 경영자가 아무리 보장하더라도 주주들은 상대적인 주가 하락으로 장기간 고통받게 될 것입니다.

이런 경영자의 보장에 대해 시장은 음식점 샐러드에서 바퀴벌레 한 마리가 나왔을 때 음식점이 늘어놓는 변명처럼 취급할 것입니다. 이렇게 변명하면서 웨이터를 교체하더라도 화난 고객과 이웃의 잠재 고객들은 이 음식점 샐러드를 사려 하지 않을 것이고, 따라서 샐러드 가격이 내려갈 것입니다. 다른 조건이 같다면 내재가치와 비교해서 주가가 가장 높은 기업은, 주주들에게 불리한 조건으로는 주식을 절대 발행하지 않는 기업일 것입니다. 〔1982〕

⊗⊗⊗⊗⊗⊗⊗⊗

앞에서도 언급했지만 우리는 인수 대가를 버크셔 주식보다 현금으로 지급하는 편을 훨씬 선호합니다. 우리 실적을 분석해보면 이유를 알 수 있습니다. 주식만 발행해서 합병한 사례를 모두 더해보면(다이버시파이드 리테일링과 블루칩과의 합병 2건 제외) 내가 그 거래들을 하지 않는 편이 우리 주주들에게 약간 유리했습니다. 말씀드리기 괴롭지만 그동안 내가 주식을 발행하면 주주들이 손해를 보았습니다.

한 가지는 분명히 밝혀두겠습니다. 이런 손실이 발생한 것은 우리가 매도자들에게 속아서도 아니고, 이들이 합병 이후에 불성실하게 경영했기 때문도 아닙니다. 오히려 이들은 합병 협상 과정에서 지극히 솔직했고 이후에도 내내 열정적이고 유능했습니다.

실제 문제는 우리가 보유한 기업 집단이 너무나 탁월하다는 사실입니다. 이는 새 기업을 인수하려고 이들 일부를 내주는 일이 절대 합당하지 않다는 뜻입니다. 합병 과정에서 주식을 발행하면 코카콜라, 질레트, 아메리칸 익스프레스를 비롯해서 우리가 보유한 탁월한 기업 전체의 소유권이 감소하게 됩니다. 스포츠를 예로 들어 우리 애로 사항을 설명하겠습니다. 야구팀에서 타율 3할 5푼짜리 타자를 영입하는 것은 거의 모든 경우 환상적인 일입니다. 타율 3할 8푼짜리 타자를 내주어야 하는 경우만 아니라면 말입니다.

우리 야구팀에는 3할 8푼짜리 타자가 그득하므로 그동안 우리는 인수할 때 현금으로 지급하려고 노력했고, 덕분에 우리 실적도 훨씬 좋아졌습니다. 1967년 내셔널 인뎀너티 인수를 필두로 씨즈캔디, 버펄로 뉴스, 스콧 페처, 가이코 등 많은 대기업을 현금으로 인수했고, 이들은 인수 이후 탁월한 실적을 올리고 있습니다. 이들 인수는 버크셔에 엄청난 가치를 더해주었습니다. 실제로 내가 인수할 때 기대했던 것보다도 훨씬 큰 가치를 말입니다.

우리가 현재 보유한 기업과 경영진을 '교환'해서 가치를 더 높이기는 거의 불가능하다고 믿습니다. 우리의 상황은 (아서왕 전설에 등장하는) 카멜롯의 모드레드Mordred에 대해서 귀네비어Guinevere가 논평한 것과 정반대입니다. "그에 대해 할 수 있는 말 한 가지는, 그가 결혼을 잘할 수밖에 없다는 점입니다. 모두가 그보다 나으니까요." 버크셔는 결혼을 잘하기가 지극히 어렵습니다. [1997]

✕✕✕✕✕✕✕

기업 인수 및 합병을 고려할 때 경영자들은 주당 이익(금융회사들은 주당순자산)이 당장 희석되느냐 희석되지 않느냐에 집중하는 경향이 있습니다. 그러나 이런 식으로 집중하는 것은 매우 위험합니다. 25세인 MBA 1학년생이 25세인 일용직 근로자와 장래 소득을 공유하는 합병을 검토한다고 가정합시다. 지금 한 푼도 못 버는 MBA 학생이 자신의 이익 지분을 일용직 근로자와 '일대일'로 합병한다면 단기적으로는 이익이 대폭 증가할 것입니다. 그러나 그 학생에게 이런 거래보다 더 어리석은 거래가 또 어디 있겠습니까?

기업 거래에서도 피인수기업의 전망이나 자산 구성이나 자본 구조가 다르다면 인수회사가 당기이익에만 집중하는 것은 마찬가지로 어리석은 일입니다. 우리는 당기이익이나 가까운 장래의 이익이 증가하더라도 주당 내재가치가 감소하는 경우라면 인수 및 합병 제안을 받아도 거절했습니다. 우리는 전설적인 아이스하키 선수 웨인 그레츠키 Wayne Gretzky의 조언을 따랐습니다. "지금 퍽이 있는 곳이 아니라 퍽이 있을 곳으로 가라." 그 결과 우리 주주들은 우리가 표준 교과서 방식을 따랐을 때보다 수십억 달러를 더 벌었습니다.

그러나 슬픈 사실은 대부분의 주요 인수 거래가 터무니없는 불균형 거래라는 점입니다. 피인수기업 주주들에게는 노다지 거래이고, 인수회사 경영진은 소득과 지위가 상승하며, 양측 증권회사와 인수 합병 전문가들에게도 꿀단지가 됩니다. 그러나 인수회사 주주들의 재산은 대개 대폭 감소합니다. 이는 인수회사가, 받는 것보다도 많은 내재가치를 내주기 때문입니다. 와코비아Wachovia Corp.의 전 대표 존 메들린John Medlin은 이것이 "행운의 편지를 거꾸로 돌리는 행위"라고 말합니다.

경영자가 자본을 배분하는 능력은 장기적으로 기업의 가치에 막대한 영향을 미칩니다. 당연한 이야기지만 정말로 좋은 회사는 회사 내부에서 사용하는 돈보다 훨씬 많은 돈을 벌어들입니다. 물론 회사는 배당이나 자사주 매입을 통해서 주주들에게 돈을 배분할 수도 있습니다. 그러나 간혹 CEO는 전략기획부서나 컨설턴트나 증권회사에 기업을 1~2개 인수하는 편이 합당하지 않은지 물어봅니다. 이는 실내

장식가에게 5만 달러짜리 융단이 필요한지 물어보는 것과 마찬가지입니다.

인수의 문제점은 흔히 생물학적 편향 때문에 가중되기도 합니다. CEO들은 부분적으로나마 야성적 충동과 자아가 강한 덕분에 그 자리를 차지한 사람입니다. 이런 특성이 강한 CEO들은 (때로 장점을 발휘하기도 하지만) 정상에 도달한 다음에도 달라지지 않습니다. 이런 CEO들은 조언자들로부터 인수 거래를 권유받으면 마치 아버지로부터 정상적인 성생활을 하라고 권유받은 10대 소년처럼 반응합니다.

몇 년 전 CEO인 친구 하나가 농담 삼아 말하긴 했지만 대형 거래가 성사되는 과정을 무심코 설명해주었습니다. 손해보험사를 경영하던 이 친구는 어떤 생명보험사를 인수하고 싶은 이유를 이사들에게 설명하고 있었습니다. 인수의 경제성과 전략적 타당성을 무미건조하게 읽어나가던 그는 갑자기 원고를 내려놓았습니다. 그러고는 장난스러운 표정을 지으며 말했습니다. "다른 손해보험사들은 모두 생명보험사를 갖고 있잖소?"

우리 버크셔 경영자들은 앞으로도 평범해 보이는 기업들로부터 이례적인 수익을 계속 올릴 것입니다. 먼저 이들 경영자는 이익을 자기 회사에 유용하게 사용할 것입니다. 그러고도 남는 돈이 있으면 찰리와 나에게 보낼 것입니다. 그러면 우리는 주당 내재가치를 높이는 방향으로 이 돈을 사용할 것입니다. 우리의 목표는 우리가 좋아하고 신뢰하며 존경하는 경영자가 운영하는, 기본 경제성이 좋고 안정적이며 이해할 수 있는 기업의 지분 전부나 일부를 사들이는 것입니다.　　〔1994〕

흔히 버크셔는 복합기업으로 분류되는데, 복합기업이란 다양한 자회사를 마구잡이로 보유한 지주회사를 가리킵니다. 이 표현은 버크셔에도 들어맞지만, 부분적으로만 맞습니다. 역사를 조금만 살펴보면 우리가 전형적인 복합기업과 어떻게 다르고 왜 다른지 이해할 수 있습니다.

그동안 복합기업들은 기업을 통째로 인수하는 방식에만 전념했습니다. 그러나 이 전략에는 두 가지 커다란 문제가 있습니다. 하나는 해결 불가능한 문제로서, 진정으로 위대한 기업들은 다른 기업에 인수되기를 원치 않는다는 점입니다. 따라서 기업 인수를 갈망하는 복합기업들은 영속적인 주요 경쟁력이 부족한 그저 그런 기업들을 집중적으로 인수할 수밖에 없었습니다. 그러나 이는 그다지 훌륭한 시장이 아니었습니다.

게다가 그저 그런 기업 인수에 집중한 복합기업들은 피인수기업을 유혹하려면 대개 막대한 경영권 프리미엄을 지불해야만 했습니다. 복합기업들은 이 '과도한 가격' 문제의 해법을 알고 있었습니다. 그것은 자기 회사 주식을 엄청난 고평가 상태로 만들어 '인수 대금'으로 지불하는 방법이었습니다("당신 개를 1만 달러에 사는 대가로 내 5,000달러짜리 고양이 두 마리를 주겠소").

복합기업들이 자기 회사 주식을 고평가 상태로 만드는 수단으로는 흔히 선전 기법과 '창의적' 회계 조작이 사용되었는데, 이는 좋게 보아도 속임수였고 때로는 선을 넘는 사기 행위였습니다. 이런 속임수가

'성공'하면 복합기업은 자기 회사 주가를 예컨대 기업가치의 3배로 끌어올려 피인수기업에 기업가치의 2배 가격을 지불할 수 있었습니다.

투자자들의 착각은 놀라울 정도로 오랫동안 이어질 수 있습니다. 월스트리트는 거래에서 나오는 수수료를 좋아하고, 언론은 다양한 주장이 빚어내는 스토리를 좋아합니다. 때로는 인기 주식의 치솟는 주가가 착각을 현실로 둔갑시키는 '증거'가 되기도 합니다.

물론 파티는 마침내 끝나며, 많은 기업이 '벌거벗은 임금님'으로 밝혀집니다. 금융계의 역사에는 이런 유명 복합기업이 매우 많습니다. 처음에는 언론, 애널리스트, 투자은행들로부터 천재 기업으로 찬양받았으나 결국은 쓰레기 기업으로 전락하는 복합기업 말입니다.

그래서 복합기업은 평판이 매우 나쁩니다.

****

찰리와 나는 우리 복합기업 버크셔가 경제성이 좋고 경영자가 훌륭한 다양한 기업의 전부나 일부를 보유하길 바랍니다. 버크셔가 경영권을 확보하느냐는 중요하지 않습니다.

내가 이 사실을 깨닫기까지는 오랜 세월이 걸렸습니다. 나는 버크셔의 직물사업 때문에 20년 동안 고생했습니다. 그러나 한계기업의 지분을 100% 보유하면서 고전하는 것보다 훌륭한 기업의 지분을 일부만 보유하는 편이 더 수익성 높고 재미있으며 훨씬 편하다는 사실을 찰리가 깨우쳐주었습니다.

그러므로 우리 복합기업은 피지배기업은 물론 비지배기업도 계속 보유할 것입니다. 찰리와 나는 오로지 기업의 영속적 경쟁력, 경영자의 능력과 인품, 기업의 가격을 기준으로 자본을 가장 타당하게 배분할 것입니다.

이 전략에는 노력이 적게 들어갈수록 좋습니다. 다이빙 경기에서는 '난도難度'가 높을수록 높은 점수를 받지만, 투자에서는 난도가 높다고 수익성도 높아지지는 않습니다. 로널드 레이건은 경고했습니다. "근면해서 죽은 사람은 없다고 하지만, 굳이 위험을 감수할 필요가 있겠는가?"

〔2020〕

B.   합리적인 자사주 매입과 그린메일

우리가 지지하는 자사주 매입은 주가와 가치의 관계가 합당한 자사주 매입뿐입니다. '그린메일(greenmail: 기업을 인수하겠다고 경영자를 협박하여 웃돈을 얹은 가격에 주식을 되파는 행위)'에 의한 자사주 매입은 불쾌하고도 추악한 관행에 불과합니다. 이런 거래를 통해서 두 당사자는 의지할 데 없는 순진한 제삼자를 착취하여 자신들의 목적을 달성합니다. 참여 당사자는 다음 세 종류입니다.

(1) 사들인 주식 증서의 잉크가 마르기도 전에 경영자들에게 "목숨이 아까우면 돈을 내놓아라"라고 협박하는 '주주' 착취자

(2) 대가를 다른 사람이 치르기만 한다면 어떤 대가를 치르더라도 서둘러 평화를 찾으려는 기업 내부자들

(3) (2)가 돈을 주어 (1)을 돌려보내는 과정에서 손해 보는 주주들

사태가 진정되면 착취한 철새 주주는 '자유기업'을 논하고, 착취당한 경영진은 '회사에 최선의 방안'을 논하며, 지켜보던 순진한 주주들은 말없이 대가를 치릅니다.

[1984]

C.   차입매수의 허와 실

성공적으로 기업을 인수하기가 그토록 어렵다면 최근 널리 이루어진 차입매수 대부분이 성공한 현상은 어떻게 설명해야 할까요? 답은 소득세 효과와 기타 단순한 효과에서 대부분 나옵니다. 전형적인 차입매수에서는 대부분 주식으로 구성되었던 자본이, 부채 90%와 새로 자본화한 보통주 10%로 교체됩니다.

(1) 새로 발행한 보통주와 채권의 시장가치를 모두 합하면 과거 보통주 전체의 시장가치보다 훨씬 커집니다. 과거에는 세전이익에서 내는 법인세가 주주들에게 지급하는 배당보다도 많았지만 이제는 세금을 내지 않기 때문입니다.
(2) 피인수기업 주주들에게 매우 높은 가격을 치러야 하므로 법인세 감소에 의한 가치 증가 효과가 줄어들지만, 그러고도 남는 가치가 있어서 인수 후 (이제는 조건이 유리한 투기적 워런트처럼 바뀐) 새 보통주의 가치는 원가보다 훨씬 높아집니다.
(3) 이제 새 '소유주'들은 이해하기도 어렵고 실행하기도 어려운 다음 전략에 의지합니다.

(a) 주로 인건비 등 쉽게 없앨 수 있는 비용을 대폭 없애고, (i) 우
리처럼 게으르고 어리석어서 회사의 성공에 방해가 되는 부
진한 사업부도 제거하며, (ii) 이렇게 지금 희생해야 장기적
으로 전망이 밝아진다고 우아하게 말하면서 제물을 정당화
합니다.

(b) 이들은 몇몇 사업부를 매우 높은 가격에 매각합니다. 때로
는 앞뒤 가리지 않고 직접 경쟁자에 매각하기도 하고, 때로
는 경쟁자처럼 높은 가격만 쳐준다면 고용 경영자가 운영하
는 비경쟁 회사에 매각하기도 합니다.

(4) 새 '소유주'들은 이러한 세금 효과와 기업 개편 활동을 통해서
이익을 얻을 뿐 아니라, 장기 호황에 의해 주식시장이 상승하고
있으므로 회사의 극단적인 재무 레버리지 효과 덕분에 엄청난
이익을 얻을 가능성도 있습니다.

역경에 처하지도 않은 대기업들의 부채비율이 극단적으로 높아지
는 현상을 과연 국가가 원하는지는 흥미로운 사회적 이슈라 하겠습니
다. 기업의 사회적 기능 하나가 재무 건전성을 유지하여 자본주의에
서 필연적으로 발생하는 변동기에 충격을 흡수함으로써 종업원, 공급
업자, 고객을 보호하는 것이 아닌가요?

벤저민 프랭클린의 《가난한 리처드의 달력(Poor Richard's Almanac)》
에는 "빈 자루는 똑바로 서지 못한다"라는 속담이 나옵니다. 부채비율
이 극단적으로 높은 허약한 기업은 구조가 허약한 교량과 같지 않을
까요? 차입매수가 장기적으로 효율성을 높여주는 긍정적 효과가 있

다고 인정하더라도 수천 명이나 되는 유능한 사람이 (1) 법인세를 줄이고, (2) 독점금지법의 한계를 시험하며, (3) 가혹한 부채를 상환하려고 단기 현금 창출에 몰두하게 되는 기업의 자본 변경 활동에 참여하는 것이 바람직할까요? 끝으로 컬럼비아 법학대학원 교수 루 로웬스타인Lou Lowenstein의 말을 덧붙이겠습니다. "중요한 사회기관인 기업들이 마치 돈육이 선물시장에서 거래되듯이 계속 거래되기를 우리가 진정으로 원합니까?"

이런 사회적 질문에 어떻게 답하든 현재 상황에서 다음 세 가지는 분명합니다. 첫째, 막대한 세금 효과 덕분에 차입매수 거래가 성공하기 쉽다고 하더라도 일반 기업 인수 거래도 쉽게 성공하는 것은 아닙니다. 둘째, 지금 활동하는 수많은 차입매수 전문 기관들이 인수 가격수준을 지나치게 올려놓은 탓에, 웨스코를 포함한 인수회사들이 차입을 극대화하더라도 세금 효과는 극대화되지 않을 것입니다. 셋째, 현재와 같은 관대한 법이 유지되는 한, 차입매수 전문 기관들은 사라지지 않을 것입니다. 현행법은 차입매수 전문 기관에 정말 유리합니다. 실패와 치욕을 겪으면서 이런 기관들의 수가 감소하고 차입매수 거래 가격도 내려가겠지만, 법인세 감축에서 오는 가치는 여전히 남아 있을 것입니다. 따라서 차입매수 거래를 할 합리적 동기가 여전히 많습니다. 차입매수의 요정 지니가 실패할 때도 있겠지만, 새 법이 제정되어 강제하지 않는 한 다시 램프로 들어가는 일은 없을 것입니다.

차입매수 전문 기관이 매수호가를 높이 부르는 동기는 거리낌 없이 회사를 재편하고 세금을 절감하여 얻는 이득 때문만이 아닙니다. 차입매수 전문 기관의 파트너들은 손실 위험을 거의 부담하지 않으면서도 막대한 이익을 얻기 때문입니다. 이런 거래 구조는 경마장 호객꾼의 시스템과 비슷합니다. 자신의 고객이 거액을 걸겠다는데 마다할 호객꾼이 어디 있겠습니까?

차입매수를 하지 않는 웨스코가 좋은 기업을 인수하는 게임은 항상 고된 일이었습니다. 최근 몇 년 동안 이 게임은 미네소타주 리치 호수 Leech Lake에서 하는 강꼬치고기 낚시처럼 되었습니다. 다음은 나의 초창기 동업자 에드 호스킨즈Ed Hoskins가 인디언 안내자와 나눈 대화입니다.

"이 호수에서 강꼬치고기가 잡히나요?"

"미네소타주의 다른 어떤 호수보다도 많이 잡히지요. 이 호수는 강꼬치고기로 유명하답니다."

"여기서 얼마 동안이나 낚시했나요?"

"19년 했습니다."

"강꼬치고기를 몇 마리나 잡았습니까?"

"한 마리도 못 잡았습니다."

경영자들도 우리의 관점을 갖는다면 기업 인수 빈도는 확실히 감소할 것입니다. 그 이유가 기업 인수가 누구에게나 어려워서든, 아니면 우리에게 어려워서든, 기업 인수가 감소할 때 웨스코 주주들이 얻는 실적은 마찬가지가 될 것입니다. 가치 있는 기업 인수 실적이 우리 기대에 못 미치는 것이지요. 그래도 한 가지 위안거리는 있습니다. 기업 인수를 리치 호수의 강꼬치고기 낚시처럼 생각하는 사람들은 인수 과

정에서 회복하기 어려운 심각한 문제에 빠질 일이 거의 없다는 사실
입니다. ［1989 찰리 멍거의 웨스코 파이낸셜 코퍼레이션 주주 서한］

D.   건전한 인수 정책

그동안 이 페이지에서는 주로 경영자들의 기업 인수 활동에 의문을
표시했는데, 우리가 지난 한 해 동안 세 기업을 인수했다고 기뻐해서
이상해 보일 것입니다. 그러나 안심하십시오. 찰리와 내가 회의적인
태도를 상실한 것은 아닙니다. 여전히 우리는 대부분의 인수 거래가
인수회사 주주들에게 손해라고 생각합니다. 오페레타 〈군함 피나포
(HMS Pinafore)〉의 다음 대사가 적용되는 경우가 너무도 많습니다. "탈
지유가 크림 행세를 하듯이 겉모습과 실제는 다르다네." 구체적으로
말하면 매도자 측에서 제시하는 재무 추정의 가치는 오락거리에 불과
합니다. 장밋빛 시나리오를 만들어내는 능력 면에서 월스트리트는 워
싱턴과 맞먹습니다.

아무튼 인수자들이 매도자가 작성한 추정치를 들여다본다는 사실
을 우리는 도무지 이해할 수 없습니다. 찰리와 나는 그런 추정치라면
아예 거들떠보지도 않습니다. 병든 말 이야기를 기억하기 때문입니
다. 수의사를 찾아간 사람이 말했습니다. "어떻게 하면 좋을까요? 내
가 키우는 말이 어떤 때는 제대로 걷고 어떤 때는 절름거리며 걷거든
요." 수의사의 대답이 정곡을 찔렀습니다. "걱정할 필요 없습니다. 그
말이 제대로 걸을 때 팔아버리세요." 인수 및 합병의 세계에서는 이런

말이 세크리테리어트(Secretariat: 미국 3대 경마에서 연속 우승한 명마-옮긴이) 행세를 합니다.

우리도 다른 인수자들과 마찬가지로 미래를 예측하기 어렵습니다. 또한 매도자들은 팔려는 기업에 대해 매수자들보다 훨씬 많이 알고 있으며, 매도 시점까지 선택할 수 있습니다. 기업이 '제대로 걸을 때'를 선택해서 판다는 말입니다.

그렇지만 우리에게도 몇 가지 이점이 있습니다. 아마도 가장 큰 이점은 기업 인수가 우리의 전략 계획이 아니라는 사실일 것입니다. 따라서 우리는 정해진 방향을 고수할 필요가 없습니다(방향을 고수하다 보면 십중팔구 터무니없는 가격을 치르게 됩니다). 대신 우리에게 타당한 대안을 선택할 수 있습니다. 따라서 인수 대안 수십 개를 비교할 수 있으며, 여기에는 주식시장을 통해서 탁월한 기업의 지분 일부를 사는 방법도 포함됩니다. 단지 기업 확장에만 집중하는 경영자들은 우리처럼 비교하는 방식을 사용하지 못합니다.

몇 년 전 피터 드러커Peter Drucker는 〈타임(Time)〉과의 인터뷰에서 핵심을 말했습니다. "한 가지 비밀을 말씀드리죠. 거래가 일보다 낫습니다. 거래는 짜릿하고 재미있지만 일은 지저분합니다. 어떤 회사를 경영하든 지저분한 일을 수없이 많이 해야 합니다. 그러나 거래는 낭만적이고 매력적입니다. 그래서 사람들은 그렇게 터무니없는 거래를 하게 되죠."

기업 인수 거래를 할 때 우리에게는 이점이 또 있습니다. 우리는 보기 드물게 탁월한 기업들의 주식으로 인수 대금을 지불하겠다고 매도자에게 제안할 수 있습니다. 기업을 팔더라도 개인 소득세 납부를 무기한 연기하고 싶은 사람이라면 버크셔 주식이 장기간 보유하기에 유난히 매력적일 것입니다. 바로 이 이점이 1995년 우리가 주식을 발행해서 두 기업을 인수할 때 중요한 역할을 했습니다.

또한 매도자는 유쾌하고 생산적인 근무 여건을 경영자에게 제공하면서 기업을 장기간 보유할 인수자에게 팔고 싶어 하기도 합니다. 이때도 버크셔의 제안은 특별합니다. 우리 경영자들은 이례적인 자율성을 누리고 있습니다. 게다가 우리 소유 구조를 보면 우리가 장기간 보유한다는 약속이 빈말이 아님을 알 수 있습니다. 우리도 자신의 기업과 직원들을 진정으로 아끼는 소유주들과 거래하고 싶습니다. 무조건 높은 가격에만 팔려는 매도자보다는 이런 소유주로부터 기업을 인수할 때 나중에 실망하는 일이 적으니까요.

지금까지 우리의 기업 인수 스타일을 설명했는데, 이는 우리의 노골적인 선전이기도 합니다. 세전이익이 2,500만 달러 이상이면서 앞선 기준을 충족하는 기업을 팔 생각이 있는 분은 우리에게 전화하시기 바랍니다. 협의 내용에 대해서는 비밀을 유지하겠습니다. 지금은 팔 생각이 없다면 우리의 제안을 마음속 깊이 새겨두시기 바랍니다. 탁월한 경영자가 운영하는 경제성 좋은 기업에 대해서는 우리의 열정이 절대 식지 않을 것입니다.

기업 인수에 관한 간단한 논의를 마무리하면서 작년에 한 회사 임원에게서 들은 이야기를 빠뜨릴 수가 없군요. 그 임원은 해당 산업에서 장기간 선두 실적을 기록한 훌륭한 회사에서 잔뼈가 굵었습니다. 그러나 회사의 주력 제품은 지극히 매력이 없었습니다. 그래서 수십 년 전 이 회사는 경영 컨설팅을 받았는데, 컨설팅회사는 당시 유행하던 사업다각화를 추천했습니다. 컨설팅회사가 장기간에 걸쳐 값비싼 분석을 한 다음, 이 회사는 여러 기업을 인수했습니다. 그 결과가 어땠을까요? 그 임원은 우울하게 말했습니다. "처음에는 원래 사업에서 우리 그룹의 이익 100%가 나왔습니다. 10년 뒤에는 150%가 나오더군요."(인수한 기업들에서 손실 50%가 발생했다는 뜻 – 옮긴이)　　　〔1995〕

※※※※※※※

우리는 유명한 투자은행이 매각을 담당했던 대기업 4개를 인수했지만, 투자은행이 우리에게 직접 인수를 권유한 사례는 실망스럽게도 1건뿐이었습니다. 나머지 3건은 투자은행이 다른 잠재 고객들에 인수를 권유하던 어느 시점에 내 친구나 나 자신이 인수를 제안했습니다. 이제는 투자은행이 우리를 생각해내고 보수를 받아 가면 좋겠습니다. 그래서 우리가 찾는 기업의 조건을 여기에 다시 열거합니다.

(1) 대기업(세전이익 1,000만 달러 이상)
(2) 지속적인 수익력을 입증한 기업(미래 추정 이익이나 '회생'형 기업에는 관심 없음)
(3) 부채를 거의 사용하지 않고서도 자기자본이익률이 높은 기업
(4) 경영자가 있는 기업(우리는 경영자를 발굴하지 못함)
(5) 사업 내용이 단순한 기업(기술 요소가 많으면 우리가 이해하지 못함)
(6) 매도 가격 명시(가격을 모르는 상태에서 거래를 협의하느라 시간을 낭비하고 싶지 않음)

우리는 적대적 인수는 하지 않습니다. 그러나 완벽한 비밀 유지와 빠른 답변은 약속할 수 있으며, 대개 5분 이내에 관심 여부를 밝힙니다(H H 브라운에 대해서는 답변에 5분도 걸리지 않았습니다). 우리는 현금 지급을 선호하지만, 주는 만큼 내재가치를 받는 경우라면 주식 발행도 고려할 것입니다.

우리가 가장 인수하고 싶어 하는 기업은 네브래스카 퍼니처 마트 Nebraska Furniture Mart, 펙하이머, 보르샤임Borsheim's과 비슷한 기업입니다. 이런 기업들은 소유 경영자가 자신이나 가족이나 소극적인 주주들을 위해서 막대한 현금을 창출하고자 합니다. 그러나 한편으로는 상당한 지분을 보유하면서 지금까지 그랬던 것처럼 기업을 계속 경영하려는 마음도 있습니다. 우리는 이런 소유주들에게 매우 좋은 조건을 제시할 수 있다고 생각합니다. 기업 매각에 관심 있는 분들은 과거에 우리에게 기업을 판 사람들을 만나서 우리에 대해 확인해보시기 바랍니다.

찰리와 나는 위 인수 기준의 근처에도 못 미치는 제안을 자주 받습니다. 이는 콜리(양치기 개)에 관심 있다고 광고하는데도 코커스패니얼(사냥개)을 팔고 싶다고 전화하는 것과 같습니다. 신생 벤처기업, 회생기업, 경매 방식 기업 매각에 대한 우리의 생각은 다음 컨트리송 가사 한 줄이 대변해줍니다. "전화벨이 울리지 않는다면 그것을 내 마음으로 이해해줘요."*

〔1991〕

---

* 1988년과 1989년에는 마지막 문장이 다음과 같았다. "신생 벤처기업, 회생기업, 경매 방식 기업 매각에 대한 우리의 생각은 전설적인 할리우드 영화 제작자 골드윈Goldwyn식 발상으로 표현할 수 있습니다. '나는 빼주세요.'"

≋≋≋≋≋≋≋

소중한 버크셔 이사 겸 전대미문의 위대한 경영자였던 톰 머피가 오래전 내게 기업 인수에 관해 중요한 조언을 해주었습니다. "훌륭한 경영자라는 평판을 얻으려면 반드시 훌륭한 기업들만 인수해야 한다네." 그동안 버크셔는 수십 개 기업을 인수했습니다. 처음에는 이들 모두 '훌륭한 기업'이라고 나는 생각했습니다. 그러나 일부는 실망스러운 기업으로 드러났고, 몇 개는 끔찍한 실패작이었습니다. 반면 상당수는 내 기대를 뛰어넘었습니다.

고르지 않은 인수 실적을 돌아보면서 나는 기업 인수가 결혼과 비슷하다고 판단했습니다. 물론 결혼은 행복한 결혼식으로 시작되지만, 이후 현실은 기대했던 모습에서 벗어나기 일쑤입니다. 그리고 가끔은 결혼이 두 사람의 기대를 뛰어넘는 큰 기쁨을 안겨주기도 합니다. 그러나 곧바로 환멸로 이어질 때도 있습니다. 이런 모습을 기업 인수에 적용해보면 뜻밖에 충격을 받는 쪽은 대개 인수하는 기업입니다. 인수를 시도하는 동안에는 환상에 빠지기 쉽기 때문입니다.

비유하자면 버크셔의 결혼 실적은 대체로 괜찮은 편이어서 양쪽 모두 오래전에 내린 결정에 만족하고 있습니다. 우리 배우자들 중 일부는 매우 훌륭했습니다. 그러나 일부 배우자를 보면 곧바로 내가 무슨 생각으로 프러포즈를 했는지 의심하게 됩니다.

다행히 내 실수에서 비롯된 악영향은 시간이 흐를수록 감소했습니다. 대부분의 부실한 기업이 그렇듯 이들은 사업이 계속 침체했고, 사업자본이 버크셔에서 차지하는 비중도 시간이 흐를수록 계속 감소했습니다. 반면 '훌륭한' 기업들은 성장하여 매력적인 투자 기회를 추가로 제공했습니다. 이렇게 상반된 흐름 때문에 훌륭한 기업들이 버크셔의 전체 자본에서 차지하는 비중이 점차 증가했습니다.

이런 자본 흐름의 극단적인 사례가 초기 버크셔의 직물사업입니다. 1965년 초 우리가 버크셔의 경영권을 인수했을 때, 고전하던 이 직물사업에 버크셔의 자본이 거의 모두 들어가야 했습니다. 그러므로 비수익 직물사업이 상당 기간 전체 수익률을 대폭 끌어내렸습니다. 그러나 우리는 마침내 '훌륭한' 기업들을 다양하게 인수했고, 1980년대 초에는 직물사업이 버크셔의 전체 자본에서 차지하는 비중이 미미한 수준으로 감소했습니다.

현재 우리 자본은 대부분 자회사에 투자되어 있으며, 이들의 유형 자기자본이익률은 양호하거나 탁월한 수준입니다. 그중에서 우리 보험사업이 슈퍼스타입니다. 보험사업은 성과를 측정하는 방식이 독특해서 대부분 투자자에게 생소합니다. 이에 대해서는 다음 섹션에서 논의하겠습니다.

우리는 다양한 비보험 자회사들을 이익 규모에 따라 분류합니다. 이때 이익은 이자, 감가상각비, 세금, 비현금 급여, 구조조정비용 등 성가시지만 매우 현실적인 비용(CEO와 월스트리트 사람들은 투자자들에게 무시하라고 권유하는 비용)을 모두 차감한 이익입니다.

버크셔의 비보험 그룹을 이끄는 쌍두마차인 철도회사 BNSF와 버크셔 해서웨이 에너지BHE의 2019년 이익 합계(BHE는 우리 지분 91%에 해당하는 이익만 계산)는 83억 달러로서 2018년보다 6% 증가했습니다.

두 회사 다음으로 이익을 많이 낸 우리 비보험 자회사 5개를 알파벳 순서로 열거하면 클레이턴 홈즈, IMC, 루브리졸Lubrizol, 마몬Marmon Holdings, Inc., 프리시전 캐스트파츠입니다. 이들의 2019년 이익 합계는 48억 달러로서 2018년과 거의 같습니다.

그다음으로 이익을 많이 낸 자회사 5개(알파벳 순서: 버크셔 해서웨이 오토모티브, 존즈 맨빌Johns Manville, 넷젯NetJets, 쇼Shaw, TTI)의 이익 합계는 2018년 17억 달러에서 2019년 19억 달러로 증가했습니다.

나머지 자회사들 수십 개의 이익 합계는 2018년 28억 달러에서 2019년 27억 달러로 감소했습니다.

우리 비보험 자회사들 전체의 이익 합계는 2018년 172억 달러에서 2019년 177억 달러로 3% 증가했습니다. 기업 인수 및 매각이 이 실적에 미친 영향은 거의 없습니다. 〔2019〕

※※※※※※※

지금까지 내가 전혀 생각하지 못하다가 최근 우리 회사에 대해 알게 된 사실이 있습니다. 버크셔가 미국에 보유한 설비 투자(미국의 '사업 기반시설'을 구성하는 자산 유형)의 GAAP 평가액이 미국 기업 중 최고라는 사실입니다. 이들 미국 '고정자산'에 대한 버크셔의 감가상각된 원가는 1,540억 달러입니다. 우리 다음으로 고정자산의 감가상각된 원가가 많은 기업은 AT&T로서 1,270억 달러입니다.

단지 우리가 보유한 고정자산 평가액이 최고라고 해서 우리가 투자에 성공했다고 볼 수는 없습니다. 최고의 실적을 달성하려면 최소의 자산으로 높은 이익률을 내야 하며, 약간의 추가 자본만으로도 상품이나 서비스 매출을 확대할 수 있어야 합니다. 실제로 우리도 이렇게 이례적인 기업을 몇 개 보유하고 있지만, 이들은 규모가 비교적 작고 성장성도 낮습니다.

그러나 중자산asset-heavy 기업도 훌륭한 투자 대상이 될 수 있습니다. 사실 우리는 두 거대기업 BNSF와 BHE가 있어서 매우 기쁩니다. 우리가 BNSF를 인수하고서 만 1년이 지난 2011년, 두 거대기업의 순이익 합계가 42억 달러였습니다. 2020년에는 고전하는 기업이 많았는데도 두 거대기업의 순이익 합계가 83억 달러였습니다.

BNSF와 BHE에는 향후 수십 년 동안 거액의 자본적 지출이 필요합니다. 좋은 소식은 둘 다 추가 투자에 대해 적정 수익률이 기대된다는 점입니다.

먼저 BNSF를 살펴봅시다. 이 철도회사는 철도, 트럭, 파이프라인, 바지선, 항공기 등으로 미국 안에서 운송되는 화물의 전체 장거리 톤마일 중 약 15%를 운송하고 있습니다. 운송량 면에서 BNSF는 압도적인 1위입니다.

미국 철도의 역사는 매우 흥미롭습니다. 약 150년 동안 철도 건설 광풍, 부정행위, 과잉 건설, 파산, 구조조정과 합병을 거친 후 마침내 철도산업은 수십 년 전 합리화된 성숙산업으로 부각되었습니다.

BNSF는 1850년 일리노이주 북동부에서 12마일짜리 철도로 사업을 시작했습니다. 이후 지금까지 390개 철도를 인수하거나 합병했습니다. BNSF의 유구한 역사는 다음 자료를 참고하시기 바랍니다. www.bnsf.com/bnsf-resources/pdf/about-bnsf/History_and_Legacy.pdf

버크셔는 2010년 초 BNSF를 인수했습니다. 이후 BNSF는 고정자산에 410억 달러를 투자했는데, 이는 감가상각비를 200억 달러 초과하는 규모입니다. 철도 운송은 야외스포츠와 같습니다. 극도로 춥거나 더운 날씨에도 길이가 1마일이나 되는 열차를 사막에서 산악에 이르는 온갖 지형에 걸쳐 믿음직하게 운행해야 하기 때문입니다. 대규모 홍수도 주기적으로 발생합니다. BNSF는 28개 주에 걸쳐 2만 3,000마일의 철도를 보유하고 있으며, 비용이 얼마가 들더라도 방대한 철도 시스템의 안전성과 서비스를 극대화해야 합니다.

그런데도 BNSF는 지금까지 버크셔에 상당한 배당을 지급했습니다. 모두 418억 달러입니다. 그러나 BNSF는 사업과 유지·보수에 필요한 자금을 모두 지출하고서 남은 현금이 약 20억 달러를 초과할 때만 배당을 지급합니다. 이렇게 보수적인 정책 덕분에 BNSF는 버크셔의 보증 없이 자금을 저금리로 조달할 수 있습니다.

BNSF에 관해서 한마디만 보태겠습니다. 작년 CEO 칼 아이스^{Carl} Ice와 2인자 케이티 파머^{Katie Farmer}는 심각한 경기침체에 대응하면서도 비용을 탁월하게 관리했습니다. 화물 운송량이 7% 감소했는데도 두 사람은 BNSF의 이익률을 2.9% 포인트 증가시켰습니다. 칼은 오래전 계획에 따라 연말에 은퇴했고, 케이티가 후임 CEO가 되었습니다. 여러분의 철도회사는 잘 관리되고 있습니다.

BNSF와는 달리 BHE는 배당을 지급하지 않습니다. 이는 전력산업의 관행에 비추어 보면 매우 이례적입니다. 우리가 BHE를 보유한 21년 동안 이렇게 엄격한 정책이 계속 유지되었습니다. 철도산업과 달리 미국 전력산업은 거대한 변신이 필요하므로 결국 엄청난 비용을 투입해야 합니다. 이 변신 과정에서 BHE가 향후 수십 년 동안 벌어들이는 이익을 모두 지출하게 될 것입니다. 우리는 이 도전을 환영하며, 추가 투자에 대해 적절한 보상을 받게 되리라 믿습니다.

BHE의 노력 한 가지에 관해 설명하겠습니다. BHE는 180억 달러를 투자하여 미국 서부 전역의 노후화된 배전망 상당 부분을 수리하고 확장하고 있습니다. 2006년 BHE가 시작한 이 프로젝트는 2030년에 완료될 예정입니다. 네, 2030년입니다.

재생 가능 에너지가 등장하면서 서부 송전선 건설 프로젝트는 사회에 필수적인 일이 되었습니다. 지금까지 오랜 기간 널리 보급된 석탄발전소는 인구 밀집 지역 근처에 건립되었습니다. 그러나 풍력 및 태양광 발전에 가장 적합한 장소는 대개 외딴 지역입니다. 2006년 BHE 분석에 의하면 서부 송전선에 막대한 투자가 필요했습니다. 그러나 이런 투자를 감당할 만큼 재무 상태가 건전한 기업이나 정부기관은 거의 없었습니다.

BHE는 미국의 정치·경제·사법 제도를 믿고 이 프로젝트를 진행하기로 했습니다. 우리는 수십억 달러를 투자한 뒤에야 유의미한 매출을 기대할 수 있습니다. 송전선이 여러 주의 경계선과 관할 구역을 통과해야 하는데, 저마다 규정과 선거구가 다릅니다. BHE는 수많은 토지 소유자와 거래해야 하고, 재생에너지 공급자 및 먼 곳의 전력 유통 회사와도 복잡한 계약을 체결해 고객들에게 전력을 공급해야 합니다. 곧바로 신세계가 열리길 기대하는 몽상가는 물론 기존 체제를 지키려는 사람들도 설득해야 합니다.

뜻밖의 사건과 지연도 피할 수 없습니다. 그러나 BHE는 이 프로젝트를 완수하기에 충분한 경영 능력과 의지와 자금을 보유하고 있습니다. 서부 송전 프로젝트가 완료되려면 오랜 기간이 걸리겠지만, 현재 우리는 규모가 비슷한 다른 프로젝트를 탐색하고 있습니다.

어떤 장애물이 가로막더라도 BHE는 갈수록 더 깨끗한 에너지를 공급하는 선도기업이 될 것입니다. 〔2020〕

E. 윈윈하는 기업 매각

대개 기업 소유주들은 기업을 키우면서 인생의 황금기 대부분을 보냅니다. 이들은 끝없이 반복되는 경험을 통해서 상품화, 구매, 인사관리 등의 능력을 키웁니다. 이것은 학습 과정이어서 흔히 한 해에 저지른 실수가 이후에는 능력 향상과 성공에 보탬이 됩니다.

반면에 소유주들이 기업을 파는 경험은 한 번뿐입니다. 그것도 다방면으로 많은 압박을 받으므로 대개 심리적으로 동요된 분위기에서 팔게 됩니다. 압박은 흔히 중개인들로부터 받게 되는데, 중개인들이 받는 보상은 기업 인수자나 매각자가 얻는 실적에 상관없이 거래 성사 여부에 좌우됩니다. 이 결정은 소유주들에게 금전적으로나 인간적으로나 너무도 중요하기 때문에 오히려 실수를 저지르기 쉬워집니다. 그러나 일생에 한 번뿐인 기업 매각에서 저지른 실수는 되돌릴 수가 없습니다.

가격은 매우 중요한 요소이지만, 대개 가장 중요한 요소는 아닙니다. 당신이 파는 기업은 그 분야에서 하나뿐인 탁월한 기업이며, 인수하려는 사람은 누구나 그 사실을 알고 있습니다. 게다가 이 기업은 시간이 흐를수록 가치가 더 높아질 것입니다. 따라서 지금 팔지 않는다면 나중에는 십중팔구 더 비싼 가격에 팔 수 있습니다. 이런 사실을 알면 강자의 위치에 서서 거래할 수 있으며, 충분한 시간을 갖고 원하는 인수자를 고를 수 있습니다.

기업을 팔고자 한다면 버크셔는 대부분의 인수자에 없는 이점을 드릴 수 있습니다. 실제로 대부분의 인수자는 다음 두 가지 유형 가운데 하나에 속합니다.

(1) 다른 지역에서 당신과 같거나 비슷한 사업을 하는 회사입니다. 이런 인수자는 무슨 약속을 하더라도 자신이 사업을 잘 안다고 생각하므로 언젠가 회사 경영에 관여하려 할 것입니다. 인수회사가 훨씬 큰 대기업이라면 장차 인수하는 회사의 경영을 맡긴다는 조건으로 채용한 경영자도 여럿 있을 것입니다. 이들에게는 나름의 경영 방식이 있을 것이며, 당신 회사가 이들보다 훨씬 좋은 실적을 올리더라도 어느 시점이 되면 인간의 본성상 이들은 자신의 방식이 낫다고 믿을 것입니다. 당신 주변에도 대기업에 회사를 매각한 친구가 있을 것입니다. 이들에게 물어보면 그 산업을 잘 아는 대기업들이 자회사를 경영하는 방식을 확인할 수 있습니다.

(2) 막대한 차입금을 동원하여 기업을 인수한 다음, 유리한 시점이 오면 즉시 되팔려는 회사입니다. 흔히 이런 인수자가 가장 크게 이바지하는 것은 재매각 직전에 이익이 가장 유리하게 나오도

록 회계 방식을 변경하는 작업이 될 것입니다. 주식시장이 상승하여 떠도는 자금이 대폭 증가하면서 이런 거래가 훨씬 많아지고 있습니다.

기업을 매각하려는 소유주의 유일한 동기가 주식을 현금화하고 기업에서 손을 떼는 것이라면 위 두 가지 유형의 인수자 누구라도 상관이 없습니다. 그러나 그 기업이 평생에 걸쳐 창의력을 발휘한 결과이며 인간성과 존재감을 구성하는 핵심 요소라면 두 가지 유형의 인수자 모두 심각한 결함이 있습니다.

버크셔는 전혀 다른 인수자입니다. 다소 이례적인 회사죠. 우리는 장기 보유하려고 기업을 인수하지만 모회사에는 자회사를 담당할 경영자가 없고 둘 계획도 없습니다. 우리 자회사들은 모두 이례적일 정도로 독자적으로 운영되고 있습니다. 주요 자회사 경영자들은 여러 해 오마하에 방문한 적도 없고, 서로 만나본 적도 없습니다. 우리가 기업을 인수하면 매도자들은 매각하기 전과 마찬가지로 기업을 계속 경영합니다. 이들이 우리 방식을 따르는 것이 아니라, 우리가 이들의 방식을 따릅니다.

우리는 가족에게든 최근 채용한 MBA에게든, 기업을 인수하면 경영을 맡기겠다고 약속한 적이 없습니다. 그리고 앞으로도 약속하지 않을 것입니다. 여러분은 우리의 과거 인수 사례를 아실 것입니다. 우리에게 기업을 매각한 모든 사람의 명단을 동봉하니 우리가 약속을 제대로 지켰는지 이들에게 확인하시기 바랍니다. 특히 실적이 부진한 몇몇 기업에 대해 알아보시면 기업이 곤경에 처했을 때 우리가 어떻게 행동했는지 확인할 수 있을 것입니다.

어떤 인수자라도 당신 기업이 꼭 필요하다고 말할 것입니다. 그리고 생각이 조금이라도 있는 사람이라면 실제로 당신 기업이 필요할 것입니다. 그러나 앞에서 설명한 이유로 인해 대다수 인수자는 약속을 지키지 못합니다. 우리는 약속을 정확하게 지킵니다. 우리가 약속했기 때문이기도 하지만, 최고의 실적을 올리려면 약속을 지켜야 하기 때문입니다.

우리는 기업을 매각하는 소유 경영자가 지분 20%를 계속 보유하기를 바라는데, 여기에는 이유가 있습니다. 우리는 세금 때문에 반드시 자회사 이익의 80%를 연결이익으로 보고해야 합니다. 또한 매도자가 과거와 마찬가지로 계속 소유 경영자로 남아 회사를 운영해주는 것도 똑같이 중요합니다. 간단히 말해서 현재의 핵심 경영진이 계속 남아 우리와 동업할 생각이 없다면 우리는 기업을 인수하고 싶지 않습니다. 계약서에 명기한다고 해서 당신이 계속 지분을 유지한다는 보장은 없겠지요. 우리는 단지 당신의 말을 믿을 것입니다.

내가 관여하는 분야는 자본배분과 최고경영자 선택 및 보상입니다. 기타 인사 업무와 운영 전략 등은 최고경영자의 영역입니다. 버크셔 자회사 경영자 중에는 나와 상의하는 사람도 있고 상의하지 않는 사람도 있습니다. 이는 각자의 성격과 나와의 개인적 관계에 좌우되는 문제입니다.

버크셔와 거래하기로 한다면 우리는 현금으로 지급하고자 합니다. 우리는 당신 기업을 담보로 자금을 차입하지 않을 것입니다. 인수 거래에 중개인이 개입하지도 않을 것입니다.

인수한다고 발표해놓고 철회하거나 조건 변경을 제안하는 일도 절대 없을 것입니다(은행, 변호사, 이사회 등을 탓하면서 사과와 변명을 늘어놓지 않을 것입니다). 끝으로 거래 상대가 바뀌는 일도 없을 것입니다. 몇 년 뒤 새로운 경영자가 거래 상대가 되거나, 이사회가 조건 변경을 요구한다고 말하지 않을 것입니다(모회사가 새로 지분을 취득하려고 당신 기업을 매각하는 일도 없을 것입니다).

공정하게 말하자면 당신은 기업을 매각한다고 해도 지금보다 더 부유해지지는 않을 것입니다. 당신은 좋은 기업을 보유하고 있으므로 이미 부유하며 건전하게 투자한 셈입니다. 기업을 매각하면 자산의 형태가 바뀔 뿐이지, 금액이 바뀌는 것은 아닙니다. 당신이 잘 이해하는 100% 보유 자산을 현금으로 바꾸고, 이 현금으로 아마도 당신이 잘 이해하지 못하는 다른 기업에 소액씩 분산 투자하게 될 것입니다. 기업을 매각하는 데에는 대개 건전한 이유가 있지만, 그 거래가 공정하다면 더 부자가 되려는 이유는 타당하지 못할 것입니다.

당신을 성가시게 할 생각은 없습니다. 기업을 파는 데에 관심이 있으면 전화하시기 바랍니다. 버크셔가 당신 가족과 함께 당신 기업을 보유하게 된다면 크나큰 영광이 될 것입니다. 우리는 경제적으로 큰 성공을 거두리라 믿습니다. 또한 당신이 지난 20년 동안 이 기업을 즐겁게 경영했던 것처럼 앞으로 20년 동안에도 똑같이 즐겁게 경영하리라 믿습니다.

워런 버핏 배상

〔1990 부록B. 기업을 매각할 만한 사람들에게 보낸 서한〕

다른 기업 경영자들은 투자은행들을 통해서 기업 인수에 주력하며, 지금은 표준이 된 경매 방식을 이용합니다. 이 과정에서 투자은행들은 '분석 자료'를 작성하는데, 이 자료를 보면 내가 어린 시절에 보았던 슈퍼맨 만화가 떠오릅니다. 월스트리트 투자은행의 손을 거치기만 하면 평범한 기업도 단번에 변신하여, 경쟁자들을 제치고 이익이 총알보다도 빠르게 증가하기 때문입니다. 인수에 굶주린 CEO들은 자료에 나온 기업의 위력을 읽고 흥분하여 곧바로 황홀경에 빠져버립니다.

이런 자료에서 특히 재미있는 부분은 여러 해 뒤 실적까지도 매우 정확하게 추정했다는 사실입니다. 그러나 이 자료를 작성한 투자은행에 그 은행의 다음 달 실적 추정치를 물어보면 담당자는 방어적인 자세를 취하면서 사업과 시장은 너무도 불확실하므로 감히 예측할 수 없다고 말할 것입니다.

한 가지 빼놓을 수 없는 이야기가 있습니다. 1985년에 한 대형 투자은행이 스콧 페처를 매각하려고 여러 곳에 제안했으나 실패했습니다. 매각이 실패했다는 기사를 읽자마자 나는 당시와 현재의 스콧 페처 CEO인 랠프 셰이에게 인수에 관심이 있다고 편지를 보냈습니다. 나는 랠프를 만난 적이 없지만 일주일 안에 거래가 성사되었습니다. 안타깝게도 스콧 페처가 투자은행과 맺은 계약서에 의하면, 투자은행이 인수자를 찾지 못하더라도 매각이 성사되면 즉시 250만 달러를 지급하게 되어 있었습니다. 그 투자은행은 돈을 받고 가만있기가 쑥스러웠는지, 자체 제작한 스콧 페처 자료를 우리에게 제공했습니다. 이에 대해 찰리는 특유의 재치로 응수했습니다. "250만 달러는 지급하지만, 이 자료는 읽지 않겠습니다."

버크셔가 공들여 개발한 인수 전략은 단지 전화가 오기를 기다리는 방법입니다. 다행히 가끔 전화가 오는데, 대개 우리에게 기업을 매각했던 경영자가 매각을 검토하는 친구에게 우리를 추천해준 덕분입니다.

[1999]

F. 　　　　　　　　　　　　　　　버크셔의 인수 강점

작년에 갑자기 우리 인수 거래가 활발해진 것은 십중팔구 두 가지 경제 요소의 영향입니다. 첫째, 경영자와 소유주들이 가까운 장래에 기업 실적이 침체할 것으로 내다보았습니다. 실제로 우리가 산 기업들도 올해 이익이 1999년이나 2000년에 도달했던 정점 수준보다 거의 틀림없이 감소할 것입니다. 우리는 이익이 감소해도 상관없습니다. 우리가 보유한 기업 모두 실적에 부침이 있기 때문입니다(실적이 영원히 상승하는 기업은 투자은행에서 작성한 판촉 자료에만 나타납니다). 우리는 실적 등락에 대해 걱정하지 않습니다. 중요한 것은 장기 실적입니다. 그러나 사람들은 단기 전망의 영향을 받으므로, 때로는 시장에 기업 매물이 쏟아지면서 인수 열기가 식어버리기도 합니다.

2000년에 우리에게 유리하게 작용했던 두 번째 요소는, 시간이 흐르면서 정크본드시장이 말라버렸다는 사실입니다. 앞서 2년 동안은 사람들이 정크본드 투자 기준까지 낮춰가면서 취약한 기업의 채권까지 부당하게 높은 가격에 사들였습니다. 그 결과 작년에는 부도가 눈덩이처럼 불어났습니다. 이런 여건에서 차입매수자들(주식 쪼가리만으로 기업을 인수하려는 사람들)은 필요한 자금을 조달할 수가 없었습니다. 자금을 차입할 수 있다고 해도 금리가 올라갔습니다. 따라서 작년에는 기업 매물이 나와도 차입매수자들이 매수호가를 적극적으로 제시하지 못했습니다. 우리는 인수 대상 기업을 모두 주식 기준으로만 분석하므로 우리의 평가는 달라지지 않았습니다. 이는 우리 경쟁력이 상당히 높아졌다는 뜻입니다.

이렇게 유리한 경제 요소 외에도, 이제는 매각자들이 인수자로 먼저 우리를 선택하므로 우리의 강점이 갈수록 커지고 있습니다. 물론 그렇다고 해서 거래 성사가 보장되는 것은 아닙니다. 그러나 도움이 되는 것은 분명합니다.

우리는 인수자를 신중하게 선택하여 기업을 매각하는 소유주를 높이 평가합니다. 우리는 돈만 사랑하는 사람이 아니라 자신의 기업을 사랑하는 사람과 거래하고 싶습니다. 소유주가 기업에 애착을 갖는다는 사실은 그 기업에 중요한 장점이 있다는 신호입니다. 회계가 정직하고, 제품에 긍지를 느끼며, 고객들을 존중하고, 충성스러운 직원들에게 강력한 방향의식이 있다는 뜻입니다. 대개 그 반대도 성립합니다. 소유주가 이후의 상황에 전혀 관심 없이 무조건 높은 가격에 기업을 팔아버린다면 그런 기업은 흔히 팔려고 분식한 기업이며, 특히 차입매수자가 파는 기업에 이런 경향이 심합니다. 그리고 소유주가 기업과 직원들을 존중하지 않는다면 이런 행동이 회사 전체의 태도와 관행을 오염시키기 일쑤입니다.

소유주가 평생에 걸쳐 비상한 재능과 애정을 쏟아 만들어낸 걸작 기업이라면 그 기업의 역사를 보존한다는 의미에서도 누구에게 매각하느냐는 중요한 문제가 됩니다. 찰리와 나는 버크셔가 그런 기업에 둘도 없는 거래 상대라고 믿습니다. 우리는 창업자에 대한 책임을 매우 진지하게 받아들이며, 버크셔의 소유 구조 덕분에 약속을 지킬 수 있습니다. 우리가 존 저스틴John Justin에게 그의 기업 저스틴 인더스트리Justin Industries의 본사가 텍사스주 포트워스에 그대로 유지될 것이라고 말하거나, 브리지 가족에게 그의 기업 벤 브리지 주얼러Ben Bridge Jeweler를 다른 보석회사와 합병하지 않을 것이라고 말하면 이들은 이런 약속을 확실히 믿을 수 있습니다.

경매 방식으로 기업을 팔아버리는 무관심한 소유주라면 몰라도, 걸작 기업을 만들어낸 예술가적 창업자라면 그 기업을 영원히 맡길 인수자를 선택하는 일이 얼마나 중요하겠습니까? 우리는 이러한 진실을 인식하고 자신이 만든 걸작 기업을 신중하게 매각하는 사람들과 늘 훌륭한 거래를 해왔습니다. 우리는 경매 방식에는 참여하지 않을 것입니다. 〔2000〕

⌘⌘⌘⌘⌘⌘⌘⌘

우리가 오래전부터 공언한 목표는 소유주가 기업(특히 가족이 세우고 보유해온 기업)을 매각할 때 가장 먼저 찾는 인수자가 되는 것입니다. 이 목표를 달성하려면 그만한 자격을 갖추면 됩니다. 즉, 우리가 한 약속을 지키고, 부채를 일으켜 인수하는 방식을 삼가며, 경영자들에게 이례적으로 큰 자율성을 부여하고, 실적이 좋을 때나 나쁠 때나(이왕이면 좋을 때나 더 좋을 때나) 인수한 기업을 계속 보유하는 것입니다.

우리는 실제로 이 말을 그대로 실천합니다. 그러나 우리와 경쟁하는 대부분의 기업은 그러지 않습니다. 이들에게 인수기업은 '상품'입니다. 이들은 인수계약서에 잉크가 마르기도 전에 '출구 전략exit strategy'을 구상합니다. 따라서 회사의 장래를 진정으로 걱정하는 소유주를 만나면 우리가 결정적으로 유리합니다.

몇 년 전에는 우리 경쟁자들을 '차입매수자'라고 불렀습니다. 그러나 차입매수자들은 평판이 나빠졌습니다. 그래서 이들은 조지 오웰(George Orwell:《1984》의 저자) 방식으로 이름을 바꾸었습니다. 그러나 사업의 핵심 요소들은 바꾸지 않았으므로 수수료 구조와 차입매수 기법 등은 고스란히 유지했습니다.

이들은 새 이름을 '사모펀드'로 지어 진실을 호도했습니다. 사모펀드가 인수한 기업들은 거의 예외 없이 자기자본이 형편없이 줄어들었습니다. 불과 2~3년 전에 사모펀드에 인수된 수많은 기업이 현재 심각한 위험에 처해 있습니다. 사모펀드 탓에 이들의 부채가 엄청나게 증가했기 때문입니다. 이들의 은행 부채는 흔히 1달러당 70센트 밑으로 거래되고, 채권은 이보다도 훨씬 낮은 가격에 거래됩니다. 이들 기업에 자본 투입이 절실하게 필요한데도 사모펀드는 전혀 서두르는 기색이 없습니다. 사모펀드는 남는 자금을 매우 사적으로 사용하는 듯합니다.

규제 대상 공익사업 분야에는 가족 소유 대기업이 없습니다. 이 분야에서 버크셔는 규제 당국이 가장 먼저 찾는 인수자가 되기를 원합니다. 공익기업을 인수하겠다고 제안하면 인수자가 적정한지 판단하는 주체는 주주가 아니라 규제 당국입니다.

이런 규제 당국 앞에서는 어떤 인수자도 과거 행적을 숨길 수 없습니다. 규제 당국은 현재 인수자가 공익기업을 경영하는 주의 규제 당국에 전화를 걸어, 인수자가 적정 자기자본을 투자하려는 의지가 있는지를 포함해서 그동안의 사업 행태를 낱낱이 물어봅니다.

2005년 미드아메리칸이 퍼시피코프PacifiCorp를 인수하겠다고 제안했을 때 6개 주의 규제 당국은 즉시 아이오와주에 연락해서 우리 행적을 확인했습니다. 이들은 우리 재무 계획과 능력도 세심하게 평가했습니다. 우리는 이 시험을 통과했으며 장래에도 이런 시험을 통과할 것입니다.

우리가 통과를 확신하는 이유는 두 가지입니다. 첫째, 데이비드 소콜David Sokol과 그레그 에이블Greg Abel은 어떤 회사를 경영하든 최고 수준으로 경영할 것이기 때문입니다. 이들은 편법이라곤 전혀 모르는 고지식한 경영자들입니다. 둘째, 우리는 장래에 더 많은 공익기업을 인수하려고 하며, 현재 우리의 공익기업 경영 행태에 따라 장래에 규제 당국이 승인을 결정할 것이기 때문입니다.　　　　　〔2008〕

작년에 폴 앤드루스가 세상을 떠났습니다. 폴은 포트워스에 본사를 둔 TTI의 설립자 겸 CEO였습니다. 그는 평생 사업은 물론 사생활에서도 찰리와 내가 찬탄하는 모든 자질을 조용히 보여주었습니다. 이제부터 폴에 관한 이야기입니다.

1971년 제너럴 다이내믹스General Dynamics에서 구매 담당자로 근무하던 폴에게 청천벽력 같은 일이 벌어졌습니다. 회사가 대규모 방산물자계약을 빼앗기자 폴을 포함한 종업원 수천 명을 해고한 것입니다.

첫아이 출산을 목전에 둔 폴은 자신에게 돈을 걸었습니다. 그동안 저축한 500달러로 텍스-트로닉스(Tex-Tronics: 나중에 TTI로 회사명 변경)를 설립한 것입니다. 이 회사는 소형 전자부품을 유통하여 첫해에 매출 11만 2,000달러를 달성했습니다. 현재 TTI는 100만 개가 넘는 품목으로 연매출 77억 달러를 기록하고 있습니다.

63세가 되던 2006년 폴은 자신의 사업과 동료들에게 만족하면서 가족과 행복하게 살고 있었습니다. 그러나 그를 끊임없이 괴롭히는 걱정거리가 하나 있었습니다. 한 친구가 요절하고 나서 그의 가족과 회사가 재난에 빠지는 모습을 본 것입니다. 2006년 그는 자기가 갑자기 죽으면 가족과 수많은 종업원이 어떻게 될까 생각해보았습니다.

폴은 1년 동안 여러 대안을 놓고 고심했습니다. 경쟁 회사에 매각할까? 경제적 관점으로만 본다면 이것이 가장 합리적인 선택이었습니다. 마침내 경쟁 회사는 중복 기능 축소를 통한 비용 절감으로 이른바 '시너지' 효과를 추구하겠지만 말이죠.

그리고 경쟁 회사는 틀림없이 자사의 CFO, 법률 고문, 인사팀을 남겨둘 것입니다. 그러면 TTI의 CFO, 법률 고문, 인사팀 직원들은 쫓겨나게 됩니다. 저런! 새 물류센터가 필요하면 경쟁 회사는 포트워스보다 자사의 고향 도시를 틀림없이 선호할 것입니다. 금전적 이득이 아무리 크더라도 경쟁 회사에 매각해서는 안 된다고 폴은 즉시 판단했습니다.

그다음으로 그가 검토한 대안은 한때 차입매수자로 불리던 재무적 매수자financial buyer에 매각하는 방법이었습니다. 그러나 재무적 매수자는 이른바 '출구 전략'에 집중하는 회사였습니다. 그러면 회사가 어떻게 될지 누가 알겠습니까? 곰곰이 생각해보니 35년 동안 키운 회사를 재판매업자에게 넘겨주고 싶지 않았습니다.

폴은 나를 만나자 위 두 가지 대안을 왜 포기했는지 설명했습니다. 이어서 자신의 딜레마를 이렇게 요약했습니다(실제로는 훨씬 더 재치 있게 표현했습니다). "1년 동안 숙고하고 나서 버크셔에 매각하기로 했습니다. 남은 대안은 당신뿐이라서요." 그래서 나는 조건을 제시했고, 폴은 수락했습니다. 딱 한 번 만나 점심을 먹으면서 합의에 도달했습니다.

이후 우리 둘 다 평생 행복하게 살았다는 표현으로는 부족합니다. 버크셔가 인수한 시점에는 TTI의 종업원이 2,387명이었습니다. 지금은 종업원이 8,043명입니다. 증가한 종업원 대부분이 포트워스와 그 주변에서 채용되었습니다. 이익은 673% 증가했습니다.

해마다 나는 폴에게 전화해서 그의 연봉을 대폭 인상하라고 말했습니다. 그러면 해마다 그는 대답했습니다. "그 이야기는 내년에 하시죠, 워런. 지금은 너무 바빠서요."

그레그 에이블과 내가 폴의 장례식에 참석했을 때 우리는 그의 자녀, 손주, (TTI가 처음 채용한 종업원들을 포함한) 장기근속자들, 그리고 (2000년 버크셔가 인수한 어떤 포트워스 회사의 CEO였던) 존 로치John Roach를 만났습니다. 존은 TTI가 버크셔와 잘 어울린다고 직관적으로 판단하여 친구 폴을 버크셔로 안내한 사람입니다.

장례식이 끝난 후 그레그와 내가 들은 이야기인데, 폴은 수많은 사람과 단체를 조용히 후원했습니다. 그의 후원은 보기 드물게 폭넓고 관대했습니다. 그는 항상 남들의 삶을 개선하려고 노력했으며, 특히 포트워스 사람들에게 관심을 기울였습니다.

어느 모로 보나 폴은 걸출한 인물이었습니다.

****

버크셔에는 늘 행운(가끔은 기막힌 행운)이 따랐습니다. 폴과 나에게 공통의 친구 존 로치가 없었다면 TTI는 버크셔의 자회사가 되지 않았을 것입니다. 그러나 이렇게 넘치는 행운은 시작에 불과했습니다. TTI는 곧 버크셔가 가장 중요한 기업을 인수하도록 길을 열어주었습니다.

해마다 가을이 오면 버크셔 이사들은 몇몇 이사의 발표를 들으러 모입니다. 가끔 우리는 그 모임 장소를 최근 기업을 인수한 곳으로 정하기도 합니다. 우리 이사들이 새 자회사의 CEO를 만나 그 사업 활동에 대해 듣게 하려는 취지입니다.

2009년 가을, 우리는 TTI를 방문하려고 모임 장소로 포트워스를 선택했습니다. 당시 본사가 마찬가지로 포트워스에 있었던 BNSF는 우리가 보유한 상장주식이 세 번째로 많은 기업이었습니다. 이렇게 많은 주식을 보유하고 있는데도 나는 이 철도회사의 본사를 방문한 적이 없었습니다.

내 비서 데비 보사넥이 이사회의 첫 만찬 날짜를 10월 22일로 잡았

습니다. 나는 오래전부터 성과에 탄복하던 BNSF의 CEO 매트 로즈
Matt Rose를 만나려고 그날 일찍 도착했습니다. 그런데 그를 만난 날이
우연히도 BNSF의 3분기 실적 발표일이었고, 그날 늦게 실적이 나왔
습니다.

그날 시장은 BNSF의 실적에 격한 반응을 보였습니다. 3분기에 대
침체(서브프라임 모기지 사태와 세계 금융위기로 촉발된 2008~2009년의 세계
적 경기침체)의 영향이 최고조에 달해 BNSF의 이익이 급감했기 때문
입니다. 경제 전망도 암울했으므로 월스트리트는 철도회사에 대해 비
우호적이었습니다.

이튿날 나는 다시 매트를 만나 제안했습니다. BNSF가 버크셔의 자
회사가 되면 상장회사로 남아 있을 때보다 장기적으로 더 크게 성장
할 것이라고요. 아울러 버크셔가 지불하려는 최고 가격도 알려주었습
니다.

매트는 이 제안을 이사와 고문들에게 전했습니다. 그러고서 11영업
일 뒤, 버크셔와 BNSF는 계약이 성사되었다고 발표했습니다. 이 대목
에서 나는 좀처럼 하지 않는 예측을 하고자 합니다. 지금부터 1세기
후 BNSF는 버크셔와 미국의 핵심 자산이 될 것입니다.

폴 앤드루스가 TTI의 모회사로 버크셔를 선택하지 않았다면 버크
셔의 BNSF 인수는 절대 이루어지지 않았을 것입니다. 〔2021〕

The Essays of

WARREN BUFFETT

VI. Valuation

6장
가치 평가

회계에 관심 없는 분들에게 양해를 구합니다. 내가 알기로 많은 주주가 버크셔의 실적을 분석하지 않고서도 주식을 계속 보유하는 주된 이유는 (1) 찰리와 내가 버크셔 주식에 거액을 투자했고, (2) 주주의 손익도 우리의 손익과 정확하게 비례할 것이며, (3) 지금까지 실적이 만족스러웠기 때문입니다.

이런 식으로 '믿고' 투자하는 방식에 꼭 잘못이 있는 것은 아닙니다. 그러나 '분석적' 기법을 선호하는 주주들도 있으므로 그런 분들에게 정보를 제공하고자 합니다. 우리는 두 가지 방법 어느 것을 써도 같은 답이 나오는 곳에 투자하려고 노력합니다. 〔1988〕

A.   이솝과 비효율적 숲 이론

세금을 제외하면 우리가 주식과 기업을 평가하는 공식은 똑같습니다. 사실 이득을 얻으려고 사는 모든 자산을 평가하는 공식은 기원전 600년경 매우 지혜로운 사람이 처음 제시한 이후 바뀌지 않았습니다(그는 당시가 기원전 600년인 줄은 몰랐을 것입니다).

그 말을 한 사람은 이솝이며, 다소 불완전하지만 지금까지 전해지는 그의 투자 통찰은 "손안의 새 한 마리가 숲속의 새 두 마리보다 낫다"입니다. 이 원칙을 지키려면 세 가지 질문에 답해야 합니다. (1) 숲속에 실제로 새가 있는지 어떻게 확신하는가? (2) 새가 언제 몇 마리 나타날 것인가? (3) 무위험 이자율(미국 장기 국채 수익률)은 얼마인가? 이 세 가지 질문에 답할 수 있으면 숲의 최대 가치를 알 수 있습니다. 아울러 지금 손안에 있는 새 몇 마리와 바꿀 것인지도 알 수 있습니다. 물론 문자 그대로 새로만 생각하지는 마십시오. 돈으로 생각하십시오.

이솝의 투자 격언은 다른 자산에 적용해도 바뀌지 않습니다. 농장, 석유 로열티, 채권, 주식, 복권, 공장설비 등을 살 때도 그대로 적용됩니다. 증기기관, 전기, 자동차가 등장한 이후에도 이 공식은 전혀 바뀌지 않았으며, 인터넷이 등장한 이후에도 바뀌지 않을 것입니다. 정확한 숫자만 대입하면 세계의 모든 투자 대안에 매력도 순위를 매길 수 있습니다.

배당수익률, PER, PBR 같은 일반 척도들은 물론 성장률조차 평가와는 아무 관계가 없습니다. 이것들은 기업의 현금 유출입 규모와 시점에 대한 단서를 제공할 뿐입니다. 사실 사업 초기에 들어가는 현금보다 이후 창출되는 현금의 현재가치가 작으면 성장은 오히려 가치를 파괴합니다. '성장투자'와 '가치투자'가 대조적인 투자 스타일이라고 입심 좋게 말하는 시장 평론가와 펀드매니저들은 모두 자신의 무지를 드러내는 것입니다. 성장은 가치 방정식을 구성하는 한 요소에 불과합니다(대개 플러스 요소이지만 때로는 마이너스 요소가 되기도 합니다).

이솝의 제안과 세 번째 변수인 금리는 단순하지만, 나머지 두 변수의 숫자를 찾기는 어렵습니다. 정확한 숫자를 사용하는 것은 사실 어리석은 방법입니다. 가능한 범위를 사용하는 방법이 낫습니다.

대개는 그 범위가 너무 넓어서 유용한 결론에 도달할 수가 없습니다. 그러나 장차 나타날 새를 매우 보수적으로 추정해도, 시장가격이 가치보다 놀라울 정도로 낮을 때도 있습니다(이런 현상을 '비효율적 숲 이론inefficient bush theory'이라고 부릅시다). 물론 투자자는 사업의 경제성을 전반적으로 이해해야 하며, 독자적으로 사고해서 근거가 확실한 결론에 도달할 수 있어야 합니다. 하지만 투자자는 탁월한 능력이 필요한 것도 아니고 눈부신 통찰력이 있어야 하는 것도 아닙니다.

그 반대 극단으로, 추정치의 범위가 그다지 넓지 않은데도 가장 탁월한 투자자들조차 숲속의 새에 대해 도무지 확신하지 못하는 때도 있습니다. 신규 사업이나 빠르게 변화하는 산업에서 이런 불확실성이 자주 등장합니다. 이런 상황에서 투자하는 것은 모두 투기로 간주해야 합니다.

이제 (자산의 수익률이 아니라 가격 상승에 초점을 두는) 투기는 불법이 아니고, 부도덕한 행위도 아니며, 비미국적인 것도 아닙니다. 그러나 찰리와 내가 참여하고 싶은 게임도 아닙니다. 잔치에 빈손으로 온 주제에 뭔가를 얻어 가려 해서야 되겠습니까?

투자와 투기는 절대로 명확하게 구분되지 않지만, 시장 참여자 대부분이 승리를 만끽하는 시절에는 구분하기가 더욱 어려워집니다. 거액의 불로소득처럼 이성을 마비시키는 것도 없습니다. 불로소득에 도취한 다음에는 합리적인 사람들조차 무도회의 신데렐라처럼 행태가 바뀝니다. 무도회에 너무 오래 머무르면(즉, 미래에 창출할 현금보다 지나치게 과대평가된 기업을 대상으로 계속 투기를 벌이면) 결국 마차와 말이 호박과 쥐로 돌아간다는 사실을 이들도 알고 있습니다. 그런데도 이들은 이 화려한 파티에서 단 1분도 놓치려 하지 않습니다. 그래서 이 경박한 투자자들은 모두 자정 1초 전에 떠나려고 합니다. 바로 여기에 문제가 있습니다. 무도회장에 걸린 시계에는 바늘이 없기 때문입니다.

작년에는 이상 과열에 대해서 논의하면서 투자자들의 기대가 합당한 수준보다 몇 배나 높아졌다고 지적했습니다. 1999년 12월 페인웨버-갤럽Paine Webber-Gallup이 투자자들을 대상으로 조사한 결과에서도 그런 증거가 나왔습니다. 이 조사에서는 앞으로 10년 동안 올릴 것으로 기대하는 연수익률이 얼마인지 의견을 물었는데, 응답자 평균이 19%였습니다. 이는 확실히 이상 과열이었습니다. 미국 기업 전체를 보면 2009년 숲에서는 그렇게 많은 새가 도저히 나올 수 없었기 때문입니다.

이보다도 훨씬 불합리한 현상은 가치가 없어서 파산이 거의 확실한 기업들조차 엄청난 고가에 거래되었다는 사실입니다. 그런데도 치솟는 주가에 홀린 투자자들은 다른 사실들을 모두 무시하고 이런 기업에 몰려들었습니다. 아마추어 투자자들은 물론 투자 전문가들까지 마치 어떤 바이러스에 감염된 듯, 일부 업종은 주식의 가격이 기업의 가치와 분리되었다는 망상에 빠진 것 같았습니다.

이런 초현실적 상황에는 '가치 창출'이라는 모호한 표현이 따라다녔습니다. 물론 지난 10년 동안 신생 기업들이 막대한 양의 가치를 창출한 것은 사실이고, 앞으로 훨씬 더 많이 창출할 것이라고 인정합니다. 그러나 한동안 기업의 주가가 아무리 높아도 기업이 존속 기간에 적자만 기록한다면 가치는 창출되는 것이 아니라 파괴됩니다.

이런 상황에서 실제로 발생하는 현상은 가치 창출이 아니라 가치 이전입니다. 최근 몇 년 동안 증권업계는 새도 없는 숲을 파렴치하게 팔아넘기면서 수십억 달러를 대중의 주머니에서 자신의 주머니로 이전했습니다. 실제로 거품시장 덕분에 거품 기업들이 창출되었는데, 이들은 투자자에게 돈을 벌어주는 기업이 아니라 투자자를 속여서 돈을 버는 기업들이었습니다. 이런 기업의 주요 목적은 대개 사업 이익이 아니라 공모였습니다. 이런 기업들의 '비즈니스 모델'은 옛날 유행했던 행운의 편지였으며, 수수료에 굶주린 투자은행들이 앞다투어 집배원 역할을 맡았습니다.

그러나 모든 거품은 터지게 되어 있습니다. 그리고 마침내 거품이 터지면 신출내기 투자자들은 아주 오래된 교훈을 얻게 됩니다. 첫째, 월스트리트는 팔리는 것이라면 투자자에게 무엇이든 판다는 사실입니다. 둘째, 투기는 가장 쉬워 보일 때 가장 위험하다는 사실입니다.

버크셔는 입증되지 않은 수많은 기업 중에서 몇몇 승자를 골라내려고 시도하지 않습니다. 우리가 그 정도로 똑똑하지 않다는 사실을 알기 때문입니다. 대신 2,600년 전에 이솝이 제시한 낡은 방정식을 우리가 어느 정도 확신하는 기회에 적용하여, 숲속에 새가 몇 마리나 있으며 언제 나타날 것인지를 가늠해봅니다(내 손자들이라면 "컨버터블에 함께 탄 여자 하나가 전화번호부에 있는 여자 다섯보다 낫다"라고 말할 것입니다). 분명히 말씀드리지만 우리는 기업의 현금 유출입 시점이나 그 규모를 절대로 정확하게 예측할 수 없습니다. 그래서 항상 보수적으로 추정하며, 뜻밖의 실적으로 주주들이 피해 보는 일이 없을 만한 산업에 집중합니다. 그런데도 우리는 실수를 많이 합니다. 기억하시겠지만 나는 경품권회사, 직물회사, 신발회사, 이류 백화점의 미래 경제성을 파악했다고 생각했던 사람입니다.

최근 기쁘게도 우리는 매우 유망한 '숲'에 대해 인수 협상을 진행하고 있습니다. 그러나 여러분이 분명히 이해하셔야 하는데, 이 기업의 수익률은 기껏해야 합리적인 수준에 그칠 것입니다. 기업 인수에서 정말로 수지맞는 실적은 자본시장이 심각하게 위축되고 기업계가 온통 비관론에 휩싸인 상황에서만 기대할 수 있습니다. 지금은 이와 정반대 상황입니다.

〔2000〕

B.　　　내재가치, 장부가치, 시장가격에 대하여

내재가치는 절대적으로 중요한 개념으로서 투자와 기업의 상대적 매력도를 평가하는, 유일하게 합리적인 방법입니다. 내재가치는 간단하게 정의할 수 있습니다. 기업이 잔여수명 동안 창출하는 현금을 할인한 가치입니다.

그러나 내재가치를 계산하기는 쉽지 않습니다. 정의에 드러나듯이 내재가치는 정확한 숫자가 아니라 추정치입니다. 금리가 바뀌거나 미래 현금흐름에 대한 예측이 수정되면 추정치도 바뀌어야 합니다. 게다가 똑같은 사실을 보더라도 두 사람의 내재가치 추정치는 같을 수가 없습니다. 찰리와 나도 마찬가지입니다.

바로 이런 이유로 인해 우리는 내재가치 추정치를 절대로 제공하지 않습니다. 대신 연차보고서에 제공하는 것은 우리가 내재가치 계산에 사용하는 사실들입니다.

한편 우리가 정기적으로 보고하는 주당순자산은 계산하기는 쉽지만 용도가 제한적입니다. 용도가 제한적인 이유는 우리가 장부에 시가로 기재하는 유가증권 때문이 아닙니다. 우리가 보유한 자회사들의 가치가 장부에 내재가치와는 동떨어진 금액으로 기재되기 때문입니다.

그 차이는 위아래로 움직일 수 있습니다. 예를 들어 1964년 버크셔의 주당순자산은 분명히 19.46달러였다고 말할 수 있습니다. 그러나 회사의 자산이 모두 실적이 부진한 직물사업에 묶여 있었으므로 이 주당순자산은 회사의 내재가치보다 훨씬 부풀려졌습니다. 장부에 기재된 우리 직물회사 자산은 계속기업가치도 아니었고 청산가치도 아니었기 때문입니다. 그러나 지금은 버크셔의 상황이 정반대로 바뀌었습니다. 1996년 3월 31일 현재 버크셔의 주당순자산은 1만 5,180달러로서, 버크셔의 내재가치는 이보다 훨씬 높습니다. 우리가 보유한 자회사들의 가치가 순자산가치보다 훨씬 높기 때문입니다.

버크셔의 주당순자산이 내재가치보다 훨씬 낮은데도 우리가 제공하는 이유는 버크셔의 내재가치 흐름을 대충이나마 추적할 수 있는 척도이기 때문입니다. 다시 말해서 한 해 주당순자산의 변동률은 그해 내재가치 변동률과 상당히 비슷하기 때문입니다.

대학 교육을 하나의 투자로 보면 장부가치(순자산가치)와 내재가치의 차이를 이해할 수 있습니다. 대학 교육비용을 '장부가치'라고 생각합시다. 이 비용을 정확하게 계산하려면 대학에 다니느라고 일자리를 포기한 탓에 벌지 못한 이익도 포함해야 합니다. 이 사례에서는 교육에서 얻는 비경제적 혜택은 무시하고 경제적 가치에만 초점을 맞추겠습니다. 먼저 대학생이 평생 벌게 될 돈을 추정한 다음, 여기서 대학에 다니지 않는다면 벌게 될 금액 추정치를 차감합니다. 그러면 초과이익이 나오는데, 이 금액을 적절한 이자율로 졸업 시점까지 할인해야 합니다. 이렇게 할인한 금액이 교육의 내재가치입니다.

어떤 졸업생의 내재가치가 대학 교육비용이라는 장부가치에 못 미친다면 그의 대학 교육은 돈 값어치를 못 했다는 뜻입니다. 반면에 그의 내재가치가 장부가치를 훨씬 초과한다면 이는 자본을 현명하게 사용했다는 뜻입니다. 어떤 경우든 장부가치는 내재가치를 알려주는 척도가 아님이 분명합니다. 〔1996 소유주 안내서〕

꧁꧂꧁꧂

우리가 보유한 자회사들의 보고 실적과 소수주주 지분의 실적을 비교하면 회계의 아이러니한 모습이 드러납니다. 우리가 보유한 소수주주 지분은 시장가치가 20억 달러를 넘어갑니다. 그런데도 1987년 버크셔의 세후이익에는 겨우 1,100만 달러만 잡혔습니다.

회계 규정에 의하면 소수주주 지분에 대해서는 받은 배당만 이익으로 잡아야 합니다. 1987년 현재 투자회사 이익 가운데 우리의 소수주주 지분 몫에 해당하는 금액은 1억 달러가 훨씬 넘지만, 배당으로 받은 금액은 보잘것없습니다. 반면에 (우리 보험사가 보유한) 소수주주 지분의 가치는 재무상태표에 시가로 기재해야 합니다. GAAP에 의하면 결과적으로 우리가 소수주주 지분을 보유한 기업들의 가치가 재무상태표에는 최근 실적으로 반영되지만, 그 기업들의 이익이 손익계산서에는 반영되지 않습니다.

그러나 우리가 보유한 자회사들은 정반대입니다. 이들의 이익은 손익계산서에는 모두 반영되지만, 재무상태표에 나타나는 자산가치는 (기업의 가치가 인수 이후 아무리 상승해도) 절대 바뀌지 않습니다.

회계가 이렇게 정신분열증을 보이므로 우리는 GAAP 숫자들을 무시하고 자회사와 소수주주 지분 기업들의 미래 수익력에만 초점을 맞추고 있습니다.

이 방법을 따르면 내재가치에 대한 우리 관점을 유지할 수 있습니다. 따라서 장부에 기재되는 자회사들의 회계 가치와, 소수주주 지분에 대해 가끔 시장이 매기는 터무니없는 가격에 초연할 수 있습니다. 우리가 장차 합리적인 속도로(과도한 속도면 더 좋고) 증가하기를 바라는 것도 바로 이 내재가치입니다.

[1987]

역사적으로 버크셔 주식은 늘 내재가치보다 다소 낮은 가격에 거래되었습니다. 가격이 항상 그렇게 유지된다면(할인율이 더 커지지 않는다면) 투자자들은 버크셔의 사업 실적만큼 투자 실적을 올릴 것으로 기대할 수 있습니다. 그러나 최근에는 이 할인율이 사라졌고 때때로 얼마간 프리미엄이 붙기도 합니다.

　　이렇게 할인이 사라졌다는 사실은 버크셔의 시장가치가 기업가치보다 더 빠르게 증가했다는 뜻입니다. 이는 할인이 사라지기 전부터 버크셔를 보유한 주주들에게는 좋은 소식이지만, 잠재 주주들에게는 나쁜 소식입니다. 버크셔의 새 주주들이 버크셔가 올린 사업 실적만큼 투자 실적을 올리려면 시장에서 버크셔 주식이 내재가치보다 계속 높은 가격으로 거래되어야 하기 때문입니다.

　　경영진은 정책이나 정보 공개를 통해서 시장 참여자들이 합리적으로 행동하도록 유도할 수는 있지만, 주가를 좌우할 수는 없습니다. 여러분도 짐작하시겠지만 나는 버크셔 주가가 항상 내재가치와 비슷하게 유지되면 좋겠습니다. 그러면 모든 주주가 얻는 이익은 보유 기간에 버크셔가 벌어들이는 이익과 일치하게 될 것입니다. 그러나 장기간 주가가 내재가치보다 훨씬 높아지거나 낮아지면 최종적으로 모든 주주가 얻는 이익 합계는 버크셔가 벌어들이는 이익 합계와 일치하겠지만, 주주들 사이의 이익 분포는 불공평해집니다. 각 주주의 투자 실적은 주로 운, 통찰력, 판단력에 따라 달라지니까요.

　　버크셔의 시장가치와 내재가치 사이에서 장기간 유지된 관계는 내가 아는 다른 어떤 상장회사보다도 더 일관성이 있었습니다. 이는 주주 여러분 덕분입니다. 여러분의 합리성과 관심과 장기 투자 관점 덕분에 버크셔의 주가도 늘 합리적이었습니다. 이렇게 이례적인 실적이 나온 것은 우리 주주 집단의 구성도 이례적이기 때문입니다. 우리 주주들은 거의 모두 개인이며, 기관이 없습니다. 우리 규모의 상장기업들 가운데 이런 회사는 없습니다.

기관투자가들은 노련한 고임금 투자 전문가를 다수 보유하고 있으므로 주식시장의 안정성과 합리성을 높여줄 것으로 생각하기 쉽습니다. 그러나 사실은 그렇지 않습니다. 기관투자가들이 대량으로 보유하면서 계속 추적하는 종목들의 주가가 흔히 가장 터무니없었습니다.

40년 전에 벤저민 그레이엄은 투자 전문가들의 행태를 보여주는 이야기를 했습니다.

한 석유 시굴업자가 죽은 뒤 천국으로 가서 성 베드로를 만났습니다. 성 베드로는 나쁜 소식을 전했습니다. "당신은 천국에 거주할 자격이 되지만, 보다시피 석유업자들에게 할당된 거주 지역이 만원이라오. 당신이 비집고 들어올 방법이 전혀 없겠소." 시굴업자는 잠시 생각한 다음, 현재 거주자들에게 한마디만 해도 되느냐고 물었습니다. 성 베드로가 문제없다고 허락하자 시굴업자는 손나발을 하고 거주자들에게 외쳤습니다. "지옥에서 석유가 나왔다!" 그러자 즉시 천국의 문이 열리더니 석유업자들이 모두 나와 지옥으로 몰려갔습니다. 이 모습을 본 성 베드로는 시굴업자에게 천국으로 들어와 편히 지내라고 말했습니다. 시굴업자는 잠깐 망설이더니 말했습니다. "아닙니다. 저 사람들을 따라가 볼 작정입니다. 소문이 사실일지도 모르니까요." 〔1985〕

⊗⊗⊗⊗⊗⊗⊗⊗

버크셔 주식이 3만 6,000달러에 거래되던 1995년 나는 서한에서 이렇게 말했습니다. (1) 최근 몇 년 동안 버크셔는 내재가치도 많이 증가했지만 시장가치는 더 많이 증가했고, (2) 이렇게 시장가치가 더 많이 증가하는 현상이 무한정 이어질 수는 없으며, (3) 찰리와 나는 현재 버크셔 주식이 저평가된 것으로 보지 않는다고 말입니다.

내가 이렇게 경고한 이후 버크셔의 내재가치는 (나중에 더 설명하겠지만 가이코의 놀라운 실적에 힘입어) 매우 큰 폭으로 증가했지만 시장가치는 거의 바뀌지 않았습니다. 이는 1996년에 버크셔의 주가 상승률이 사업 실적보다 뒤처졌다는 뜻입니다. 따라서 현재 주가와 가치 사이의 관계는 1년 전과 많이 달라졌으며, 찰리와 내가 보기에 더 적절해졌습니다.

장기적으로 버크셔 주주들이 얻는 이익의 합계는 회사가 벌어들이는 이익과 반드시 일치해야 합니다. 주가가 일시적으로 기업의 실적을 웃돌거나 밑돌면 일부 주주는 거래상대방에게 손해를 입히면서 과도한 이익을 얻게 됩니다. 이런 게임에서는 대개 세파에 물든 사람이 순진한 사람보다 유리합니다.

우리의 1차 목표는 버크셔 주주 전체가 얻는 이익을 극대화하는 것이지만, 일부 주주가 다른 주주들을 희생시키면서 얻는 이익은 최소화하고자 합니다. 이는 가족이 동업할 때 추구함 직한 목표지만, 상장회사 경영자에게도 마찬가지로 사리에 맞는 목표라고 생각합니다. 동업에서는 동업자가 새로 들어올 때나 나갈 때나 그의 지분을 공정하게 평가해주어야 합니다. 상장회사는 시장가격과 내재가치가 일치할 때 공정성이 유지됩니다. 물론 이 둘이 항상 일치하지는 않을 것입니다. 그러나 경영자는 정책이나 소통을 통해서 둘이 일치하도록 많은 역할을 할 수 있습니다.

주주가 주식을 보유하는 기간이 길어질수록 그의 투자 실적과 버크셔 사업 실적 사이의 상관관계가 높아질 것입니다. 아울러 거래할 때 내재가치보다 가격이 다소 높거나 낮아도 큰 문제가 되지 않을 것입니다. 이런 이유로 인해 우리는 장기 투자자들을 주주로 끌어모으고자 합니다. 우리의 이런 노력은 대체로 성공을 거두었습니다. 버크셔 주식은 미국 대기업 주식 가운데 장기 주주의 비중이 십중팔구 1위일 것입니다.

[1996]

⊗⊗⊗⊗⊗⊗⊗⊗

내가 이 보고서를 쓰는 목적은 버크셔의 내재가치 추정에 필요한 정보를 제공하는 것입니다. 나는 '추정'이라고 표현했는데, 이는 내재가치 계산이 지극히 중요한데도 부정확할 수밖에 없고 종종 심하게 틀리기 때문입니다. 사업의 미래가 불확실할수록 계산이 크게 빗나갈 가능성이 커집니다(내재가치에 대한 설명은 77~78페이지 참조). 그러나 버크셔는 내재가치 계산에 다소 이점이 있습니다. 이익 흐름이 비교적 안정적이고, 유동성이 높으며, 부채가 최소 수준인 매우 다양한 기업들로 구성되었다는 점입니다. 이런 요소들 덕분에 대부분의 기업보다 버크셔의 내재가치를 더 정확하게 계산할 수 있습니다.

이런 재무적 특성 덕분에 내재가치 계산의 정확성이 높아지기는 하지만, 이익 흐름이 매우 다양한 탓에 계산 작업은 더 복잡합니다. 우리가 소규모 직물회사만 보유하던 1965년에는 내재가치 계산 작업이 수월했습니다. 그러나 지금은 사업과 재무 특성이 매우 이질적인 기업을 68개나 보유하고 있습니다. 버크셔는 이렇게 다양한 기업을 보유한 데다 투자 유가증권 규모도 막대하므로 단지 연결재무제표 분석만으로는 합리적인 내재가치 추정이 불가능합니다.

우리는 보유 기업들을 네 그룹으로 분류하여 이런 문제를 완화하고 있습니다. 네 그룹에 대해서는 뒤에서 논의하는데, 이때 각 그룹의 핵심 실적과 주요 요소도 공개할 것입니다. 물론 버크셔의 가치는 네 그룹 가치의 합보다 클 수도 있고 작을 수도 있습니다. 이는 자회사들이 버크셔의 울타리 안에 들어와 모회사의 자본배분을 받으면서 실적이 더 좋아지느냐 나빠지느냐의 문제입니다. 다시 말해서 이런 회사들을 버크셔가 보유하는 편이 주주들에게 유리한지, 아니면 주주들이 이런 회사들의 주식을 직접 보유하는 편이 유리한지의 문제입니다. 이는 중요한 문제지만 여러분 스스로 답을 구해야만 합니다.

우리의 과거와 현재 상태를 보여주는 두 가지 실적부터 보겠습니다. 첫 번째는 버크셔의 주당 투자 금액(현금 및 현금성자산 포함)입니다. 이 계산에서 금융 자회사들의 투자 금액은 제외했는데, 대부분 차입금으로 상쇄되기 때문입니다.

버크셔의 주당 투자 금액

연도	주당 투자액*
1965	$4
1975	159
1985	2,407
1995	21,817
2005	$74,129
1965~2005년 연복리 증가율	28.0%
1995~2005년 연복리 증가율	13.0%

* 소수주주 지분 제외

이들 유가증권(보험 자회사 보유분은 불포함) 외에 우리는 다양한 비보험회사도 보유하고 있습니다. 다음은 비보험회사들의 주당 세전이익(영업권 상각 전)입니다.

버크셔 비보험사들의 주당 세전이익

연도	주당 세전이익*
1965	$4
1975	4
1985	52
1995	175
2005	$2,441
1965~2005년 연복리 증가율	17.2%
1995~2005년 연복리 증가율	30.2%

* 소수주주 지분 제외

증가율을 논의할 때에는 기간의 첫해와 마지막 해를 선택한 이유가 무엇인지 의심해볼 필요가 있습니다. 첫해나 마지막 해의 실적이 이례적이면 증가율이 왜곡되기 때문입니다. 특히 실적이 부실한 해를 기준 연도로 삼으면 놀라운 증가율이 나올 수 있지만, 이런 증가율은 의미가 없습니다. 위 표에서 기준 연도인 1965년에는 실적이 이례적으로 좋았습니다. 이전 10년 중 실적이 두 번째로 좋은 해였습니다.

두 표에 나타나듯이 지난 10년 동안 두 가치 척도(주당 투자액과 주당 세전이익)의 증가율 추세가 역전되었습니다. 우리가 기업 인수의 비중을 갈수록 높인 결과입니다. 그렇더라도 동업자인 부회장 찰리 멍거와 나는 두 척도를 모두 높이고 싶습니다. 낭만을 잃어버린 어떤 노부부처럼 되고 싶지는 않기 때문입니다.

결혼 50주년 기념 만찬을 마치고 나서 부드러운 음악과 포도주와 촛불에 모처럼 감흥이 오른 부인이 남편에게 위층으로 올라가 사랑을 나누자는 뜻을 은근히 비쳤습니다. 남편은 잠시 고민하더니 대답했습니다. "둘 중 하나는 하겠지만, 둘 다 하기는 어렵겠소."   〔2005〕

⊗⊗⊗⊗⊗⊗⊗⊗

우리 연차보고서를 오래전부터 읽은 분들은 알아챘겠지만 이 서한의 첫 단락 표현 방식이 바뀌었습니다. 거의 30년 동안 우리는 주주 서한 첫 단락에서 버크셔의 주당순자산 증가율을 언급했습니다. 이제는 이런 관행을 버려야 할 때입니다. 2페이지에 올해 마지막으로 표시한 주당순자산 연간 변동률은 이제 타당성을 상실한 척도입니다.

그 이유는 세 가지입니다. 첫째, 버크셔는 주로 시장성 지분증권(주식)에 투자하는 회사에서 주로 자회사를 보유하는 회사로 서서히 변해왔습니다. 찰리와 나는 앞으로도 이런 변화가 큰 틀에서는 계속 이어질 것으로 예상합니다. 둘째, GAAP에 따라 우리가 보유한 시장성 지분증권은 시가로 평가되지만, 우리 자회사들은 현재가치보다 훨씬 낮은 순자산가치로 평가되므로 최근 그 괴리가 커지고 있습니다. 셋째, 장래에 버크셔는 자사주를 대규모로 매입할 가능성이 있는데, 매입 가격이 순자산가치보다는 높고 내재가치 추정치보다는 낮을 것입니다. 자사주를 그 가격에 매입하는 이유는 간단합니다. 주당순자산은 하락하지만 주당 내재가치는 상승하기 때문입니다. 이렇게 되면 주당순자산이라는 척도는 갈수록 타당성을 상실하게 됩니다.

앞으로 우리가 재무 실적을 분석할 때는 버크셔의 시장가격에 초점을 맞추게 될 것입니다. 시장은 지극히 변덕스럽습니다. 2페이지에 지난 54년 동안 버크셔의 주가 흐름이 나와 있습니다. 그러나 장기적으로는 버크셔의 주가야말로 사업 실적을 평가하는 최고의 척도가 될 것입니다.

〔2018〕

C.   보고이익과 포괄이익

어떤 회사가 다른 기업의 일부 지분을 보유하면 그 지분에 대한 회계 처리 방식을 세 가지 유형 가운데서 선택해야 합니다. 그 회계 처리 방식은 주로 의결권 주식 보유 비중에 따라 결정됩니다.

GAAP에 의하면 (물론 과거 우리 은행 자회사처럼 예외도 있지만) 지분이 50%를 초과할 경우 자회사의 매출액, 비용, 세금, 이익을 모두 지배회사와 연결해야 합니다. 버크셔 지분이 60%인 블루칩이 이런 유형에 속합니다. 따라서 블루칩의 이익과 비용 항목이 모두 버크셔의 연결 손익계산서에 포함되며, 다른 사람들이 보유한 지분 40%는 손익계산서에 '소수주주 지분'으로 표시되어 차감됩니다.

지분을 20~50% 보유한 기업, 즉 피투자회사에서 발생한 이익도 우리 실적에 포함해야 합니다. 예를 들어 버크셔의 지분이 48%인 웨스코에서 발생한 이익도 버크셔의 손익계산서에 한 줄로 표시해야 합니다. 다만 지분이 50%를 초과하는 기업과는 달리, 매출액과 비용 항목은 모두 생략하고 순이익만 주식 보유 비중만큼 포함합니다. 따라서 A회사가 B기업 지분을 3분의 1 보유하고 있다면 이익이 분배되든 말든 B기업 이익의 3분의 1이 A회사 이익으로 계산됩니다. 지분이 20~50%인 기업과 50%를 초과하는 기업에 대해서는 세금과 매수 가격 등 회사 내부거래를 조정하게 되는데, 이에 대해서는 나중에 설명하겠습니다(여러분이 설명을 빨리 듣고 싶어 하시는 마음은 알고 있습니다).

끝으로 지분이 20% 미만인 기업이 있습니다. 이때는 회계원칙에 의하면 배당을 받은 경우에만 지분을 보유한 회사의 이익에 포함하게 됩니다. 미분배 이익은 무시됩니다. 따라서 우리가 지분을 10% 보유한 X기업의 1980년 이익이 1,000만 달러라면 우리의 이익은 X기업이 이익 1,000만 달러를 (1) 모두 배당으로 지급하면 100만 달러가 되고, (2) 50%인 500만 달러만 배당으로 지급하면 50만 달러가 되며, (3) 배당을 지급하지 않으면 제로가 됩니다.

우리가 이렇게 회계에 대해서 간단하게 설명하는 이유는, 버크셔의 자원이 보험 자회사에 집중적으로 배분된 탓에 투자자산도 세 번째 유형인 지분 20% 미만 기업이 많기 때문입니다. 이런 기업들은 이익 가운데서 배당으로 지급하는 비율이 비교적 낮습니다. 이는 이들의 당기이익 가운데 극히 일부만 우리 당기이익으로 잡힌다는 뜻입니다. 그러나 우리 당기이익에는 실제로 받은 배당만 나타나지만, 우리의 실제 재산은 배당이 아니라 이들이 벌어들인 이익에 따라 결정됩니다.

최근 몇 년 동안 우리는 세 번째 유형의 기업 비중을 극적으로 늘렸습니다. 우리 보험사업이 번창한 데다가 그동안 보통주에 특별히 매력적인 투자 기회가 많았기 때문입니다. 이렇게 지분 20% 미만 기업의 보유량이 대폭 늘어나고 이들의 이익도 증가한 덕분에 우리는 이례적으로 높은 실적을 올렸습니다. 작년에 이들 기업에 유보된 이익 가운데 우리 몫이 버크셔의 연간 보고이익 규모를 넘어섰습니다. 따라서 전통적인 회계상 이익은 우리 이익의 절반에도 못 미치므로 '빙산의 일각'인 셈입니다. 업계 전체로 보면 이런 사례가 매우 드물지만, 우리 회사에서는 이런 사례가 되풀이될 것입니다.

특히 인플레이션이 심하고 불확실한 상황에서는 우리가 분석하는 실제 이익이 GAAP에 의한 이익과 다소 다를 것입니다(그러나 이런 회계원칙을 비판하기는 쉬워도 개선하기는 쉽지 않습니다. 내재하는 문제가 워낙 크기 때문이지요). 우리가 지분을 100% 보유하면서 완벽하게 통제하는 기업 가운데도 회계적 관점에서 보고이익의 가치가 1달러당 100센트에 못 미치는 기업이 있습니다(여기서 '통제'는 이론일 뿐입니다. 이익을 모두 재투자하지 않으면 이미 투입된 자산의 가치가 엄청나게 하락하기 때문입니다.

이런 기업은 유보이익의 수익률이 시장의 자기자본이익률 근처도 따라가기 어렵습니다). 반면 우리가 지분을 극히 일부만 보유한 기업 가운데도 이익을 1달러 유보하면 1달러가 훨씬 넘는 이익을 벌어주는 기업이 있습니다.

유보이익이 버크셔에 주는 가치는 우리가 보유한 지분이 100%냐, 50%냐, 20%냐, 1%냐와 상관이 없습니다. 유보이익의 가치는 유보이익을 활용해서 벌어들이는 이익에 좌우됩니다. 유보이익의 용도를 우리가 선정한 경영자가 결정하든 다른 경영자가 결정하든 마찬가지입니다(중요한 것은 누가 결정하느냐가 아니라 어떻게 결정하느냐입니다). 그리고 그 유보이익이 버크셔의 보고이익에 포함되느냐 여부는 가치에 아무 영향도 미치지 않습니다. 우리가 일부 소유한 임야에서 나무가 자란다면, 나무가 얼마나 자랐는지 우리 보고서에 기록하지 않더라도 자란 몫은 우리 것입니다.

경고하건대 우리 견해는 전통적 견해가 아닙니다. 우리는 유보이익이 버크셔 보고이익에 포함되더라도 의심스러운 용도로 사용되는 것보다는, 보고이익에 포함되지 않더라도 효율적으로 활용되는 편을 선호합니다.

〔1980〕

✕✕✕✕✕✕✕✕

'이익'은 참 흥미롭습니다. 이익에 감사의 적정 의견이 붙으면 순진한 투자자는 그 이익이 소수점 이하 수십 자리까지 계산한 원주율만큼이나 정확하다고 생각할 것입니다.

그러나 사기꾼이 경영하는 기업이라면 이익은 실제로 고무줄만큼이나 유연합니다. 결국에는 진실이 드러나겠지만, 그동안 막대한 돈이 여러 사람의 손을 거칠 것입니다. 실제로 미국에서 막대한 부가 회계 조작을 통해서 창출되었습니다.

회계 부정은 새삼스러운 일이 아닙니다. 1936년 벤저민 그레이엄이 회계 관행을 풍자해서 쓴 글을 22페이지 부록A에 처음 공개했습니다. 슬프게도 당시 그레이엄이 풍자했던 것과 비슷한 부정행위가 이후 미국 대기업에 여러 번 등장했으며, 유명 회계법인들은 이를 인증해주었습니다. 기업의 진정한 이익을 평가할 때, 투자자들은 회계 숫자가 끝이 아니라 시작에 불과하다는 점을 명심하면서 항상 경계 태세를 유지해야 합니다.

한편으로는 버크셔의 보고이익도 오해하기 쉽습니다. 우리가 지분을 대량 보유한 회사 중에는 이익이 배당보다 훨씬 많은데도 우리가 받은 배당만 이익으로 보고하는 회사도 많습니다. 그 극단적인 사례가 캐피털시티입니다. 우리가 지분을 17% 갖고 있으므로 작년에 올린 이익의 17%만 해도 8,300만 달러가 넘습니다. 그런데도 약 53만 달러(배당 60만 달러에서 세금 7만 달러를 차감한 금액)만 버크셔의 GAAP 이익에 포함되었습니다. 나머지 8,200만 달러 이상은 캐피털시티에 유보이익으로 남아 있으며 우리에게 유리하게 사용되고 있지만 우리 장부에는 기록되지 않았습니다.

이렇게 '보이지 않지만 남아 있는' 이익을 바라보는 우리 관점은 단순합니다. 이런 유보이익을 어떻게 계산하느냐가 아니라, 이후 어떻게 활용되느냐가 절대적으로 중요하다는 것입니다. 우리는 감사가 임야에서 나무 쓰러지는 소리를 듣느냐에는 관심 없습니다. 그 나무가 누구 소유이며 이후 어떻게 활용되느냐에 관심이 있습니다.

코카콜라가 유보이익으로 자사주를 매입한다면 이는 (세상에서 가장 가치 있는 독점기업인) 코카콜라에 대한 우리의 지분을 높여주는 것입니다(물론 코카콜라는 가치를 높여주는 다른 분야에도 유보이익을 사용합니다). 코카콜라는 자사주를 매입하는 대신, 그 자금을 주주들에게 배당으로 지급할 수도 있습니다. 그러면 이 배당으로 우리가 코카콜라 주식을 더 살 수 있습니다. 그러나 이 방법은 효율성이 떨어집니다. 배당소득에는 세금이 부과되므로 우리는 코카콜라가 자사주를 매입할 때만큼 우리 지분 비율을 높일 수 없습니다. 그러나 이렇게 효율성이 떨어지긴 해도 이 방법을 쓰면 버크셔의 보고이익은 훨씬 증가할 것입니다.

우리 이익을 바라보는 가장 좋은 방법은 '포괄이익'이며 다음과 같이 계산합니다. 먼저 우리가 투자한 기업들이 1990년에 올린 영업이익 가운데 우리 몫이 약 2억 5,000만 달러입니다. 여기서 배당을 받았다면 우리에게 부과되었을 세금 3,000만 달러를 차감합니다. 이어서 나머지 2억 2,000만 달러를 우리가 보고한 영업이익 3억 7,100만 달러에 가산합니다. 그러면 우리의 1990년 포괄이익은 약 5억 9,000만 달러가 됩니다.

〔1990〕

※※※※※※

유보이익의 가치는 주주가 보유한 지분 비율이 아니라 회사가 유보이익을 얼마나 효과적으로 사용하느냐에 좌우된다고 봅니다. 지난

10년 동안 당신이 버크셔 지분을 0.01% 보유했더라도 회계 시스템에 상관없이 당신은 유보이익으로부터 경제적 이득을 모두 얻었을 것입니다. 그리고 당신이 지분을 20% 보유했더라도 이득을 똑같은 비율로 얻었을 것입니다. 그러나 지난 10년 동안 수많은 자본집약적 기업의 지분을 100% 보유했다면 표준 회계 규정에 따라 유보이익은 남김없이 보고이익에 포함할 수 있었겠지만, 실제로 얻은 경제적 가치는 미미하거나 마이너스가 되었을 것입니다. 우리는 회계 절차를 비판하려는 뜻이 아닙니다. 우리는 더 나은 회계 시스템을 설계할 생각이 없습니다. 다만 회계 숫자는 기업 평가의 끝이 아니라 시작이라는 사실을 경영자와 투자자들 모두 명심해야 한다는 말입니다.

대부분의 기업은 지분율 20% 미만인 기업이 중요하지 않고 회계적 이익과 경제적 이익의 구분도 중요하지 않습니다. 그러나 버크셔에는 지분율 20% 미만인 기업의 비중이 매우 크며, 갈수록 더 중요해지고 있습니다. 그래서 우리 보고이익은 그다지 중요하지 않습니다. 〔1982〕

※※※※※※

투자자들도 자신의 포괄이익에 집중하는 편이 유리할 것입니다. 이렇게 하려면 각 보유 주식에 귀속되는 이익을 계산하여 합산해야 합니다. 이때 투자자의 목표는 10~20년 뒤 포괄이익이 가장 많아지도록 포트폴리오(보유 기업)를 구성하는 것입니다.

이런 방식으로 접근하면 투자자는 단기 주식시장 전망이 아니라 장기 기업 전망을 생각하게 될 것이며, 그러면 실적도 개선될 것입니다.

물론 장기적으로 투자 실적을 결정하는 것은 시장가격입니다. 그러나 시장가격은 미래 이익에 따라 결정됩니다. 야구에서와 마찬가지로 투자에서도 점수를 올리려면 전광판의 점수가 아니라 경기 현장을 주시해야 합니다.

〔1991〕

⊗⊗⊗⊗⊗⊗⊗

경영자의 성과를 평가하는 주요 기준은 주당 이익의 증가가 아니라 (과도한 차입이나 회계 속임수 없이 올리는) 자기자본이익률입니다. 경영자와 애널리스트들이 주당 이익의 연간 증감 대신 자기자본이익률에 초점을 맞춘다면 일반 대중은 물론이고 주주들도 기업을 더 잘 이해하게 될 것입니다.

〔1979〕

D.　　　　　　　경제적 영업권과 회계적 영업권

이제는 버크셔의 내재가치가 순자산가치보다 훨씬 높습니다. 주로 두 가지 이유 때문입니다.

(1) GAAP에 의하면 우리 보험 자회사가 보유한 보통주는 장부에 시장가치로 기재하지만, 기타 보유 주식은 취득 원가와 시장가치 중에서 낮은 금액을 기재해야 합니다. 1983년 말 현재 기타 보유 주식은 시장가치가 장부가치보다 세전 기준으로 7,000만

달러, 세후 기준으로는 5,000만 달러 많았습니다. 이 차액이 우리 내재가치에는 포함되지만 순자산가치 계산에는 포함되지 않습니다.

(2) 더 중요한 사항인데, 우리가 보유한 기업 가운데 (내재가치를 계산하기 어려운) 경제적 영업권이 (재무상태표에 기재되어 순자산가치에 반영되는) 회계적 영업권보다 훨씬 큰 기업이 많습니다.

영업권이나 영업권 상각에 대해 전혀 몰라도 인생을 살아가는 데에는 지장이 없습니다. 그러나 투자와 경영을 공부하는 사람들은 이 개념을 제대로 이해해야 합니다. 나는 35년 전에는 경제적 영업권의 비중이 큰 기업을 멀리하고 유형자산의 비중이 높은 기업을 가까이하라고 배웠지만, 이제는 생각이 전혀 다릅니다. 과거에 지녔던 편견 때문에 나는 중요한 실수도 여러 번 저질렀습니다.

케인스가 나의 문제점을 깨우쳐주었습니다. "문제는 새 아이디어 때문이 아니라 낡은 아이디어를 버리지 못하는 데서 온다." 나는 오랜 세월이 흘러서야 편견에서 벗어났습니다. 내게 편견을 심어주었던 스승의 가르침이 대부분 너무도 소중했기 때문입니다. 결국 직간접 경험을 통해서 나는 이제 유형자산 비중은 아주 낮고 영업권 비중이 매우 큰 기업을 절대적으로 선호하게 되었습니다.

회계 용어에 익숙하고 영업권의 사업 측면에 관심 있는 분들은 부록을 읽어보시기 바랍니다. 이 부록을 읽든 안 읽든 버크셔는 순자산가치에 반영된 회계적 영업권보다 경제적 영업권이 훨씬 크다는 점을 말씀드립니다.

〔1983〕

이제부터는 일상적으로 사용하는 영업권이 아니라 경제적 영업권과 회계적 영업권만 다룹니다. 예를 들어 대부분의 고객이 좋아하는데도 경제적 영업권은 전혀 없는 기업이 있습니다(분할되기 전의 미국 전신전화회사AT&T는 평판은 높았어도 경제적 영업권은 한 푼도 없는 회사였습니다). 반면에 고객들은 싫어해도 경제적 영업권이 막대한 데다가 계속 증가하는 기업도 있습니다. 그러므로 이제 감정은 잠시 접어두고 경제적 영업권과 회계적 영업권에만 초점을 맞추기로 합시다.

기업을 인수하면 회계원칙에 따라 우선 취득 원가를 유형자산의 공정가치에 배분해야 합니다. 그러나 부채를 차감하고 나면 자산의 공정가치가 인수 가격에 못 미치는 경우도 종종 있습니다. 이럴 때에는 그 차액이 '인수 순유형자산에 지급한 초과 원가'라는 자산 계정에 할당됩니다. 이 용어가 복잡하므로 이제부터는 간단하게 '영업권'으로 부르겠습니다.

1970년 11월 이전에 인수한 기업에 대해서는 회계적 영업권을 적용하는 방식이 지금과 달랐습니다. 아주 드문 경우를 제외하면, 인수 기업을 계속 보유하는 동안에는 영업권을 재무상태표에 자산으로 계속 유지할 수 있었습니다. 따라서 이 자산을 점진적으로 상각하여 이익에서 차감할 필요가 없었습니다.

그러나 1970년 11월 이후에는 인수기업에 대한 영업권 처리 방식이 바뀌었습니다. 인수 과정에서 영업권이 발생하면 40년을 초과하지 않는 기간에 매년 균등 금액을 이익 계정에서 차감하여 상각해야 합니다. 40년이 최장 허용 기간이므로 경영자들은 대개 40년을 선택합니다. 이 상각액에 대해서는 세금공제가 허용되지 않으므로 세후이익에 미치는 영향이 대부분 다른 비용의 약 2배나 됩니다.

이것이 회계적 영업권을 적용하는 방식입니다. 경제적 영업권과의 차이를 파악할 수 있도록 예를 들어 설명하겠습니다. 이해하기 쉽도록 사례를 아주 단순화해서 제시하겠습니다. 또한 경영자와 투자자에게 주는 시사점에 대해서도 언급하겠습니다.

1972년 초에 블루칩은 씨즈캔디를 2,500만 달러에 인수했는데, 당시 씨즈캔디의 순유형자산은 약 800만 달러였습니다(기업 분석에 적합하도록 이제부터 매출채권은 유형자산으로 분류하겠습니다). 계절의 영향을 받는 짧은 기간을 제외하면 이 정도 자산이 부채 없이 사업하기에 적합한 수준이었습니다. 당시 씨즈캔디의 세후이익은 약 200만 달러였으며, 1972년 불변가격 기준으로 보수적으로 추정해도 이 정도 이익이 계속 유지될 것으로 보였습니다.

따라서 우리가 얻은 첫 번째 교훈입니다. "시장수익률보다 훨씬 높은 이익을 내는 기업이라면 그 기업의 가치는 유형자산의 가치보다 훨씬 높다."

이 초과수익을 자본화한 가치가 바로 경제적 영업권입니다.

지금도 그렇지만 1972년에 씨즈캔디처럼 순유형자산에 대한 세후이익률이 계속해서 25%를 유지하는 기업은 드물었습니다. 게다가 이는 차입금 없이 보수적인 회계원칙을 적용한 실적입니다. 이런 초과수익률은 재고자산이나 매출채권이나 고정자산에서 나온 것이 아니었습니다. 그 원천은 다양한 무형자산으로서, 특히 제품과 서비스를 통해서 거듭 만족한 고객들 덕분에 쌓인 좋은 평판이었습니다.

이렇게 평판으로부터 소비자 독점력을 얻게 되면 회사는 제조원가가 아니라 소비자가 느끼는 가치를 바탕으로 판매 가격을 정할 수 있습니다. 소비자 독점력은 경제적 영업권의 으뜸가는 원천입니다. 다른 원천으로는 TV 방송국처럼 이익 규제를 받지 않는 능력, 산업에서 지속적으로 낮은 생산 원가를 유지하는 능력 등이 있습니다.

다시 씨즈캔디의 사례로 돌아가 봅시다. 블루칩은 순유형자산보다 1,700만 달러 높은 가격에 씨즈캔디를 인수했으므로 영업권 계정을 설정해 이 금액을 자산으로 기재하고 40년 동안 매년 42만 5,000달러씩 이익에서 차감하여 상각하게 되었습니다. 1983년에는 11년 동안 상각했으므로 영업권이 약 1,250만 달러로 감소했습니다. 버크셔는 블루칩을 60% 보유하고 있으므로 씨즈캔디도 60% 보유하고 있습니다. 따라서 버크셔의 재무상태표에도 씨즈캔디 영업권의 60%인 약 750만 달러가 남아 있었습니다.

1983년에 버크셔는 블루칩의 나머지 지분을 모두 인수했고, 지분통합법pooling이 아니라 매수법purchase accounting을 적용하게 되었습니다. 매수법에 의해서 우리는 블루칩 주주들에게 대금으로 지급한 주식의 '공정가치'를 인수한 순유형자산에 배분해야 했습니다. 상장회사 주식을 대금으로 지급할 때에는 이런 '공정가치'는 거의 예외 없이 시장가치로 평가합니다.

우리는 블루칩 지분 40%를 인수함으로써 블루칩이 보유한 모든 자산을 40% 추가로 보유하게 되었습니다(앞에서 언급했듯이 우리는 블루칩 지분을 이미 60% 보유하고 있었습니다). 버크셔는 인수한 순유형자산보다

5,170만 달러를 더 지급했고, 그래서 영업권이 2건 발생했습니다. 씨즈캔디 약 2,840만 달러와 버펄로 이브닝뉴스 약 2,330만 달러였습니다.

결과적으로 블루칩 인수 후 버크셔가 보유하는 씨즈캔디 영업권 자산은 두 종류가 되었습니다. 1972년에 인수해서 지금까지 남아 있는 750만 달러와, 1983년에 지분 40%를 인수하면서 새로 발생한 2,840만 달러입니다. 이제부터 상각비용으로 28년 동안은 매년 약 100만 달러를, 2002~2013년의 12년 동안은 약 70만 달러를 차감해야 합니다.

다시 말해서 똑같은 자산인데도 다른 시점에 다른 가격에 인수했기 때문에 두 영업권의 자산가치와 상각비용이 대폭 달라졌습니다(다시 말씀드리지만 우리가 더 나은 회계 시스템을 제안하겠다는 뜻은 아닙니다. 이런 문제는 정말 어렵습니다).

그러면 경제적 실상은 과연 무엇일까요? 첫째, 매년 손익계산서에서 차감한 상각비용은 진정한 경제적 비용이 아니었습니다. 작년에 씨즈캔디는 순자산 약 2,000만 달러로 세후이익 1,300만 달러를 벌었기 때문입니다. 이는 처음에 인수했을 때보다도 경제적 영업권이 훨씬 커졌다는 뜻입니다. 다시 말해서 회계적 영업권은 인수 이후 계속 감소했지만, 경제적 영업권은 매우 큰 폭으로 증가했습니다.

둘째, 장래에도 상각비용은 진정한 경제적 비용과 무관할 것입니다. 물론 씨즈캔디의 경제적 영업권이 사라질 수도 있습니다. 그러나 점진적으로 감소하는 일은 없을 것입니다. 오히려 인플레이션 때문에 명목가치 기준으로라도 영업권은 증가할 가능성이 큽니다.

이는 진정한 영업권은 대개 인플레이션에 비례해서 명목가치가 증가하기 때문입니다. 그 원리를 이해하기 위해서 씨즈캔디 같은 기업과 평범한 기업을 비교해보겠습니다. 1972년에 우리가 씨즈캔디를 인수했을 때 이 회사는 순유형자산 800만 달러로 약 200만 달러를 벌어들이고 있었습니다. 당시에 이익 200만 달러를 버는 평범한 기업은 정상적으로 영업하려면 순유형자산 1,800만 달러가 필요했다고 가정합시다. 이 평범한 기업은 순유형자산 이익률이 11%에 불과하므로 경제적 영업권이 거의 없는 셈입니다.

따라서 이런 기업은 순유형자산가치 수준인 1,800만 달러에 거래될 것입니다. 반면에 우리는 씨즈캔디를 2,500만 달러에 샀습니다. 이익은 똑같았지만, 자산이 그야말로 절반에도 못 미쳤기 때문입니다. 이렇게 자산이 적다는 이유로 더 높은 가격을 치를 가치가 있었을까요? 대답은 "있었다"입니다. **심지어 두 회사의 판매량이 장래에 똑같다고 해도 그렇습니다.** 1972년이나 지금이나 세상에서는 항상 인플레이션이 진행되기 때문입니다.

이제 물가 수준이 2배로 뛰었을 때 두 회사가 받는 영향을 생각해봅시다. 두 회사 모두 인플레이션 속에서도 현상 유지를 하려면 명목이익이 400만 달러로 증가해야 합니다. 여기에는 대단한 비결 따위가 필요 없습니다. 같은 수량을 단지 2배 가격에 팔면 됩니다. 이익률이 그대로 유지된다면 이익도 2배가 될 것입니다.

그러나 두 회사가 순유형자산에 투자하는 명목 금액도 2배로 증가한다고 보아야 합니다. 인플레이션은 좋든 싫든 경제의 모든 분야에 영향을 미치기 때문입니다. 매출액이 2배로 증가하면 이에 따라 매출채권과 재고자산에 묶이는 금액도 증가하게 됩니다. 고정자산에 묶이는 금액은 인플레이션만큼 빠르게 증가하지는 않겠지만, 결국 그만큼 증가하는 것은 분명합니다. 그리고 이렇게 인플레이션 때문에 들어가는 투자는 이익률 개선에 보탬이 되지 않을 것입니다. 이렇게 투자하는 목적은 기업의 생존이지, 주주의 번영이 아닙니다.

그러나 씨즈캔디는 순유형자산이 800만 달러에 불과합니다. 따라서 인플레이션 때문에 추가 투자하는 금액도 800만 달러에 불과합니다. 반면에 평범한 기업은 순유형자산이 이보다 2배가 넘는 1,800만 달러였으므로 추가로 투자하는 금액도 1,800만 달러나 됩니다.

이제 평범한 기업은 매년 400만 달러를 벌지만, 기업의 가치는 마찬가지로 순유형자산과 비슷한 3,600만 달러 수준입니다. 즉, 주주는 새로 투자한 1달러에 대해 겨우 명목가치로 1달러를 벌었을 뿐입니다(은행에 예금했더라도 같은 실적이 나왔을 것입니다).

그러나 씨즈캔디는 똑같이 400만 달러를 벌고 있지만 인수할 당시와 같은 기준으로 평가한다면 기업가치가 5,000만 달러에 이를 것입니다. 따라서 주주가 추가로 투자한 금액은 800만 달러지만, 벌어들인 금액은 명목가치로 2,500만 달러입니다. 새로 1달러를 투자해서 명목가치로 3달러 이상 벌어들인 것입니다.

그러나 씨즈캔디 같은 회사의 주주들도 인플레이션 때문에 800만 달러를 추가로 투자할 수밖에 없었다는 사실을 명심하시기 바랍니다. 유형자산이 있어야 운영되는 기업들은 인플레이션이 발생하면 피해를 봅니다. 반면에 유형자산이 거의 필요 없는 기업들은 인플레이션이 발생해도 피해가 거의 없습니다.

사람들은 이런 사실을 잘 이해하지 못했습니다. 그동안 사람들은 천연자원, 공장설비와 기계 등 유형자산이 많은 기업에 투자하면 인플레이션을 방어할 수 있다고 믿었습니다("우리는 상품을 믿는다"라는 식이지요). 그러나 사실은 그렇지 않습니다. 자산이 많은 기업은 대개 이익률이 낮아서, 흔히 인플레이션 상황에서 현상 유지에 필요한 투자 자금조차 벌어들이기 어렵습니다. 따라서 실질 성장, 배당 지급, 기업 인수 등에 쓸 돈이 없습니다.

반면에 인플레이션 기간에 막대한 부를 쌓은 대부분의 기업은 사업에 사용하는 유형자산의 비중은 적고 무형자산의 비중은 큰 기업이었습니다. 이런 기업들은 이익이 대폭 늘어났고, 이 돈으로 다른 기업을 인수할 수 있었습니다. 통신산업에서 이런 현상이 두드러지게 나타났습니다. 통신회사들은 유형자산에 추가 투자를 거의 하지 않고서도 고객 독점권을 유지할 수 있었습니다. 인플레이션 기간에는 영업권이 돈을 벌어주는 효자입니다.

그러나 당연한 이야기지만 진정한 경제적 영업권만이 효자가 될 수 있습니다. 수없이 널려 있는 사이비 회계적 영업권은 그렇지 않습니다. 경영진이 흥분하여 터무니없는 가격에 기업을 인수하면 앞에서 설명한 영업권 상각 회계가 그대로 적용됩니다. 터무니없는 인수 가격은 달리 갈 곳이 없으므로 결국 영업권 계정에 나타나게 됩니다. 이는 경영자의 방종에서 빚어진 실수로서 진정한 영업권이 아닙니다. 이렇게 경영자가 분비한 아드레날린이 자본화되어 영업권 계정에 자산으로 올라가면 이후 40년에 걸쳐 상각 의식이 거행됩니다.

그래도 회계적 영업권으로 측정해야 경제적 실체가 잘 파악된다는 생각이 남아 있다면 마지막으로 사례 하나를 더 제시하겠습니다.

순유형자산이 주당 20달러이며 모두 유형자산인 회사가 있다고 가정합시다. 그리고 이 회사는 막강한 소비자 독점력을 확보했다고 가정합시다. 아니면 운 좋게도 연방통신위원회로부터 주요 방송국 인가를 획득했다고 보아도 좋습니다. 따라서 이 회사는 주당 5달러나 벌어들이며, 유형자기자본이익률은 무려 25%에 이릅니다.

경제성이 이렇게 높으므로 이 회사 주식은 주당 100달러 이상에 거래될 것이며, 회사를 통째로 매각할 때도 이 정도 가격에 거래될 것입니다.

한 투자자가 주당 100달러에 주식을 사서, 실제로 영업권에 주당 80달러를 지불했다고 가정합시다. 이 투자자는 (80달러를 40년 동안 상각하므로) 매년 주당 2달러씩 상각비를 차감하여 '진정한' 주당 이익을 계산해야 할까요? 만일 그래야 한다면 '진정한' 주당 이익이 3달러이므로 주식 매입에 대해 다시 생각해야 할까요?

****

경영자와 투자자들은 무형자산을 두 가지 관점에서 바라보아야 합니다.

(1) 영업 실적을 분석할 때(즉, 기업의 경제성을 평가할 때)에는 영업권 상각비용을 무시해야 합니다. 차입금 없이 순유형자산으로 벌

어들이는 이익을 평가할 때에는 영업권 상각비용을 제외해야 경제성을 가장 잘 평가하게 됩니다. 이것이 이 회사의 경제적 영업권을 가장 잘 평가하는 방법이기도 합니다.

(2) 기업 인수의 타당성을 평가할 때도 영업권 상각비용을 무시해야 합니다. 이익에서 제외해야 하고 기업의 원가에서도 제외해야 합니다. 이는 인수기업의 영업권을 항상 상각하기 전의 원가로 보아야 한다는 뜻입니다. 게다가 원가에는 장부상의 회계적 가치뿐 아니라 기업의 내재가치가 모두 포함되는 것으로 정의해야 합니다. 인수 시점의 주가가 어떠하든, 지분통합법이 허용되든 상관없이 말입니다. 예를 들어 우리가 블루칩 지분 40%를 인수할 때 씨즈캔디와 버펄로 이브닝뉴스의 영업권에 지불한 진정한 가치는 장부에 기록된 5,170만 달러보다 훨씬 많았습니다. 이런 차이가 발생한 이유는 인수 대금으로 지급한 버크셔 주식의 시장가치가 내재가치보다 낮았기 때문입니다.

(1)의 관점에서 영업 실적이 훌륭한 기업도 (2)의 관점에서 보면 매력이 떨어질 수 있습니다. 실적 좋은 기업이 반드시 인수하기에 좋은 기업은 아닙니다. 〔1983 부록〕

❈❈❈❈❈❈❈

버크셔가 GAAP 순자산가치보다 높은 가격에 기업을 인수하면 그 프리미엄은 재무상태표에 자산 항목으로 기재해야 합니다. 프리미엄을 기재하는 방식에 대해서는 여러 규정이 있습니다. 그러나 우리는 논의를 단순화하려고 '영업권'에 초점을 맞추겠습니다. 사실 버크셔가 인수할 때 지급하는 프리미엄은 거의 모두 영업권으로 분류됩니다. 예를 들어 우리가 최근 가이코 지분을 처음으로 인수할 때 장부에 기재한 영업권은 약 16억 달러였습니다.

GAAP에 의하면 영업권은 최장 40년에 걸쳐 상각해야 합니다. 따라서 가이코의 영업권 16억 달러를 상각하려면 우리는 매년 약 4,000만 달러를 이익에서 차감해야 합니다.

회계 관점에서 보면 가이코의 영업권은 매년 같은 규모로 점차 사라지게 됩니다. 그러나 장담하건대 가이코의 경제적 영업권은 이런 식으로 감소하지 않을 것입니다. 실제로는 추측건대 전혀 감소하지 않고 오히려 증가할 것입니다. 그것도 십중팔구 매우 큰 폭으로 증가할 것입니다.

1983년 연차보고서에서 씨즈캔디를 예로 들어 영업권 회계를 논의할 때도 나는 비슷한 설명을 했습니다. 당시 우리 재무상태표에 기재된 씨즈캔디의 영업권은 약 3,600만 달러였습니다. 이후 우리는 매년 약 100만 달러씩 이익에서 차감하여 영업권 자산을 상각했으며, 이제 재무상태표에 남아 있는 영업권은 2,300만 달러로 감소했습니다. 다시 말해서 회계 관점에서 볼 때 이제 씨즈캔디의 영업권은 1983년 이후 상당 부분이 사라진 것으로 나타납니다.

그러나 경제적 실상은 전혀 다릅니다. 1983년에 씨즈캔디는 순영업자산 1,100만 달러로 세전이익 약 2,700만 달러를 벌어들였습니다. 1995년에는 순영업자산 겨우 500만 달러로 무려 5,000만 달러나 벌어들였습니다. 그동안 씨즈캔디의 경제적 영업권은 감소하기는커녕 극적으로 증가한 것입니다. 마찬가지로 씨즈캔디의 가치도 장부가치보다 수억 달러나 높습니다.

우리 생각이 틀릴 수도 있지만, 가이코 역시 회계적 영업권은 감소하겠지만 경제적 영업권은 증가할 것으로 기대합니다. 이는 씨즈캔디뿐 아니라 우리 자회사 대부분에서 나타나는 패턴입니다. 바로 이런 이유로 인해 우리는 정기적으로 영업이익을 보고할 때 매수회계 조정을 무시하는 방식으로 표시합니다.

앞으로도 우리는 포괄이익에 대해 비슷한 정책을 채택하여 주요 매수회계 조정을 이익에서 제외하고 표시할 것입니다. 코카콜라나 질레트처럼 영업권이 장부에 얼마 남지 않은 기업에 대해서는 이런 정책을 적용하지 않을 것입니다. 하지만 웰스 파고와 디즈니처럼 최근에 인수하여 영업권 상각비가 이례적으로 큰 기업에 대해서는 이 정책을 확대 적용할 것입니다.

이 주제에 대한 논의를 마무리하기 전에 중요한 경고를 하고자 합니다.

CEO와 월스트리트 분석가들은 흔히 감가상각비와 영업권 상각비를 동일시하여 투자자들을 오도하기도 합니다. 이 둘은 절대 같을 수가 없습니다. 거의 예외 없이 감가상각비는 임금, 재료비, 세금처럼 어느 모로 보나 실질적인 비용입니다. 버크셔도 그러하며, 우리가 분석한 사실상 모든 기업이 그러합니다. 게다가 우리는 이른바 EBITDA가 실적을 측정하는 주요 척도라고 생각하지 않습니다. 감가상각비를 간과하는(그래서 '현금흐름'이나 EBITDA를 강조하는) 경영자는 잘못된 결정을 내리기 쉽습니다. 투자 판단을 내릴 때에는 이 사실을 명심하시기 바랍니다.

〔1996 소유주 안내서〕

⨯⨯⨯⨯⨯⨯⨯⨯

회계에 관해서 한 번 더 언급하고자 하는데, 이번에는 인수에 적용하는 회계원칙입니다. 현재 이 주제에 대해 거센 논쟁이 벌어지고 있으며, 사태가 진정되기도 전에 의회가 개입할지도 모르겠습니다(개입하려는 것은 정말이지 형편없는 생각입니다).

기업을 인수할 때 현재 GAAP가 인정하는 두 가지 매우 다른 회계 방식은 '매수법'과 '지분통합법'입니다. 지분통합법에서는 인수 대금을 주식으로 지급해야 합니다. 반면 매수법에서는 현금이나 주식으로 지급할 수 있습니다. 대금을 무엇으로 지급하든 대부분의 경영자는 매수법을 싫어합니다. 반드시 '영업권' 계정을 만들어서 상각해야 하는데, 이 때문에 수십 년 동안 매년 거액의 상각비가 발생하여 이익이 감소하기 때문입니다. 반면에 지분통합법에서는 영업권 계정을 쓰지 않으므로 경영자들이 좋아합니다.

현재 재무회계기준위원회Financial Accounting Standards Board: FASB는 지분통합법 사용을 중단하라고 제안한 상태이고, CEO들은 전쟁이라도 벌일 태세입니다. 이는 중요한 전쟁이 될 터이므로 우리도 감히 의견을 제시하고자 합니다. 먼저 우리는 영업권 상각이 잘못이라는 경영자들의 주장에 동의합니다. 이에 대한 나의 생각은 1983년 우리 연차보고서 부록(우리 웹사이트 참조)과 소유주 안내서 55~62페이지에 있습니다.

현실과 맞지 않는데도 회계원칙에 따라 억지로 상각해야 한다면 이는 심각한 문제가 됩니다. 대부분의 회계에서는 (측정이 정확하지는 않더라도) 발생하는 비용을 측정합니다. 예를 들어 감가상각비는 실물 자산의 가치 하락을 정확하게 측정하지는 못하지만, 적어도 실제로 발생하는 비용을 측정합니다. 따라서 재고진부화비용, 매출채권 대손상각비, 품질보증비 등은 진정한 원가를 나타내는 비용들입니다. 이런 비용을 매년 정확하게 측정할 수는 없지만, 그래도 추정할 필요는 분명히 있습니다.

반면에 경제적 영업권은 대개 가치가 감소하지 않습니다. 실제로는 시간이 흐르면 대부분 가치가 증가합니다. 경제적 영업권은 특성이 토지와 매우 비슷합니다. 둘 다 가치가 오르내리기는 하지만 그 방향이 정해진 것은 아닙니다. 예를 들어 씨즈캔디의 경제적 영업권은 78년 동안 불규칙적이긴 했지만 매우 큰 폭으로 증가했습니다. 우리가 이 회사를 제대로 경영한다면 앞으로도 이런 영업권은 또 78년 이상 계속 증가할 것입니다.

영업권 상각이라는 허구를 피하려고 경영자들은 지분통합법이라는 허구를 이용했습니다. 지분통합법 회계의 근거는 두 강이 합쳐지면 둘의 흐름이 구분되지 않는다는 시적 개념입니다. 이 개념을 따르면 (거액의 '매각' 프리미엄을 받았더라도) 흡수합병된 회사는 '인수'된 것이 아닙니다. 따라서 영업권이 발생하지 않으며, 번거롭게 영업권 상각비용을 이익에서 차감할 필요도 없습니다. 대신 회계적으로는 두 회사가 원래부터 한 회사였던 것처럼 처리합니다.

시적인 표현은 이 정도로 해둡시다. 합병의 실상은 이와 전혀 다르니까요. 합병에는 분명히 인수기업과 피인수기업이 있으며, 거래 구조가 어떻게 짜이더라도 피인수기업은 '인수'된 것입니다. 만일 달리 생각하신다면 쫓겨난 종업원들에게 어느 쪽이 인수기업이고 어느 쪽이 피인수기업인지 물어보십시오. 혼동의 여지가 없을 것입니다. 이런 면에서는 대부분의 합병에서 인수가 이루어진다는 재무회계기준위원회의 주장이 옳습니다. 물론 진정한 '대등 합병'도 있지만 이는 매우 드뭅니다.

이때 정확하게 인수로 기록하려는 재무회계기준위원회와 불합리한 영업권 상각에 반대하는 경영자들을 모두 만족하게 하는 현실적인 방법이 있습니다.

먼저 인수회사가 (대금을 주식으로 지급하든 현금으로 지급하든) 인수 가격을 공정가치로 기록합니다. 대개 이 과정에서 거액의 경제적 영업권이 발생할 것입니다. 그러면 이 자산을 장부에 기재하되 상각을 의무화하지는 않는 것입니다. 나중에 경제적 영업권이 손상되면 다른 자산이 손상되었을 때와 마찬가지로 상각하면 됩니다.

우리가 제안한 원칙이 채택된다면 인수 회계원칙이 미국 전반적으로 일관성을 유지하도록 소급 적용해야 할 것입니다(오늘날의 현실과는 거리가 먼 이야기입니다). 그러나 이 원칙이 발효되면 경영자들은 인수 조건을 더 합리적으로 구성하게 될 것입니다. 보고이익에 나타나는 가공의 실적 대신, 주주들에게 돌아가는 실제 실적을 바탕으로 현금이나 주식을 지급하게 될 것입니다.

[1999]

E.   주주 이익과 현금흐름 오류

스콧 페처 인수 과정에서 우리는 GAAP에 따라 매수 가격 회계 조정을 했습니다. 물론 우리 연결재무제표도 GAAP에 따라 작성했습니다. 그러나 우리가 보기에 GAAP 숫자가 투자자나 경영자들에게 가장 유용한 자료는 아닌 듯합니다. 따라서 특정 사업부에 대해서는 매수 가격 조정을 반영하지 않고 이익을 표시했습니다. 실제로 이런 이익은 우리가 그 기업을 인수하지 않았을 때 보고하는 이익입니다.

우리가 이런 방식을 선호하는 이유는 이 서한의 부록에서 설명했습니다. 이 부록은 에로 소설처럼 재미있는 내용이 아니므로 꼭 읽을 필요는 없습니다. 그러나 우리 6,000명 주주 중에는 회계에 관한 설명에 흥분하는 분도 있을 것으로, 그런 분들은 부록을 즐기시기 바랍니다.

[1986]

※※※※※※※

첫 번째 퀴즈입니다. 다음은 두 회사의 1986년 요약 손익계산서입니다. 어느 회사가 더 가치 있을까요?

짐작했겠지만 회사O와 회사N은 같은 회사로서 스콧 페처입니다. 회사O는 우리가 인수하지 않았을 경우의 1986년 GAAP 기준 이익을 나타낸 것이고, 회사N은 실제로 버크셔가 보고한 GAAP 기준 이익입니다. 둘 다 예컨대 똑같은 매출액, 노무비, 법인세 등 같은 실적을 나타낸 숫자라는 사실에 주목하시기 바랍니다. 그리고 둘 다 창출한 현

회사O와 회사N의 손익계산서 (단위: 1,000달러)

	회사O		회사N	
매출액		$677,240		$677,240
매출원가: 감가상각을 제외한 역사적 원가	$341,170		$341,170	
비현금 재고자산 특별원가			4,979(1)	
공장설비 및 장비 감가상각비	8,301		13,355(2)	
		349,471		359,504
총이익		$327,769		$317,736
판매관리비	$260,286		$260,286	
영업권 상각비			595(3)	
		260,286		260,881
영업이익		$67,483		$56,855
기타 순이익		4,135		4,135
세전이익		$71,618		$60,990
법인세비용: 이연법인세 및 현재법인세	$31,387		$31,387	
비현금 기간 배분조정		31,387	998(4)	32,385
순이익		$40,231		$28,605

* 숫자 (1)~(4)는 이 섹션 뒤에서 논의하는 항목

금도 똑같습니다. 오로지 회계 방식만 다를 뿐입니다.

　그러면 어느 쪽이 정확할까요? 경영자와 투자자들은 어느 쪽 숫자에 초점을 맞춰야 할까요? 이 문제에 답하기 전에 O와 N 사이에 이런 차이가 발생하는 이유를 살펴봅시다. 우리는 일부 논의를 단순화하겠지만, 이 때문에 분석이나 결론이 부정확해지지는 않을 것입니다.

차이가 발생하는 이유는 스콧 페처를 살 때 장부상의 순자산가치와 다른 금액을 치렀기 때문입니다. GAAP에 의하면 프리미엄이든 디스카운트든 이런 차액이 발생하면 '매수 가격 조정'으로 처리해야 합니다. 스콧 페처의 경우 우리는 장부가치가 1억 7,240만 달러인 순자산에 대해서 3억 1,500만 달러를 지불했습니다. 프리미엄으로 1억 4,260만 달러를 낸 셈입니다.

프리미엄을 회계 처리하는 첫 단계는 유동자산의 순자산가치를 현재가치로 조정하는 것입니다. 매출채권은 대개 현재가치로 장부에 기재되므로 이런 조정의 영향을 받지 않지만, 재고자산은 영향을 받습니다. 스콧 페처의 재고자산 계정은 후입선출지급준비금과 다른 복잡한 회계 과정 때문에 장부가가 현재가치보다 3,730만 달러 낮았습니다.* 그래서 우선 재고자산의 장부가치를 현재가치로 높여 우리가 지불한 프리미엄 중 3,730만 달러를 줄였습니다.

유동자산을 조정한 다음에도 프리미엄이 남으면 다음 단계로 고정자산을 현재가치로 조정합니다. 우리는 이 조정 과정에서 이연법인세에 대해서 회계로 묘기를 부려야 했습니다. 여기서는 논의를 단순화하기로 했으므로 자세한 내용은 생략하고 결론만 말씀드리겠습니다. 고정자산을 6,800만 달러 늘리고 1,300만 달러는 이연법인세부채에서 차감했습니다. 이렇게 8,100만 달러를 조정한 다음에도 배분할 프리미엄이 2,430만 달러 남았습니다.

---

* 후입선출지급준비금은 재고자산의 현행대체원가와 재무상태표에 기재된 원가의 차이를 말한다. 특히 인플레이션 기간에는 이 차이가 크게 벌어질 수 있다.

회사O와 회사N의 재무상태표 (단위: 1,000달러)

	회사O	회사N
자산		
현금과 현금성자산	$3,593	$3,593
매출채권	90,919	90,919
재고자산	77,489	114,764
기타	5,954	5,954
총유동자산	177,955	215,230
부동산, 공장설비, 장비	80,967	148,960
비연결 자회사와 합작회사에 대한 선행 투자	93,589	93,589
영업권을 포함한 기타 자산	9,836	34,210
	$362,347	$491,989
부채		
지급어음과 장기 부채의 만기 도래분	$4,650	$4,650
매입채무	39,003	39,003
미지급부채	84,939	84,939
총유동부채	128,592	128,592
장기부채와 자본화리스	34,669	34,669
이연법인세부채	17,052	4,075
기타 이연대변항목	9,657	9,657
총부채	189,970	176,993
주주 지분	172,377	314,996
	$362,347	$491,989

　상황에 따라서 두 단계 조치가 필요할 수도 있었습니다. 영업권 이외의 무형자산을 현재의 공정가치로 조정하는 일과, 부채를 현재의 공정가치로 재평가하는 일이었습니다. 이렇게 하면 대개 장기 부채와

미적립 연금채무만 영향을 받게 됩니다. 그러나 스콧 페처에는 이런 두 가지 조치가 필요 없었습니다.

모든 자산과 부채를 공정가치로 평가한 다음, 마지막으로 필요한 회계 조정은 남은 프리미엄을 영업권(인수 순자산에 지급한 초과 원가)에 할당하는 일이었습니다. 이 잔액이 2,430만 달러였습니다. 따라서 인수 직전에는 스콧 페처의 재무상태표를 요약하면 회사O와 같이 나타났지만, 인수 후에는 재무상태표가 회사N과 같이 바뀌었습니다. 실제로 두 재무상태표 모두 똑같은 자산과 부채를 표시한 것이지만, 일부 숫자는 매우 다릅니다.

회사N의 재무상태표 금액이 커질수록 앞에 나온 회사N의 손익계산서 이익이 감소합니다. 이는 자산의 장부가가 높아지면서 감가상각비나 상각비용도 증가했기 때문입니다. 자산의 가치가 높을수록 매년 이익에서 차감하는 감가상각비나 상각비용도 증가합니다. 재무상태표의 장부가 인상 때문에 손익계산서에서 추가로 차감하게 되는 항목은 앞의 손익계산서에 숫자로 표시해두었습니다.

(1) $4,979,000은 주로 1986년에 스콧 페처가 재고자산을 늘리면서 발생한 비현금 재고자산 특별원가. 이런 종류의 비용은 장래에는 적거나 없을 것입니다.

(2) $5,054,000*은 고정자산 장부가 인상 때문에 추가로 발생하는

---

* 회사N의 감가상각비 13,355,000달러에서 회사O의 감가상각비 8,301,000달러를 차감한 금액 - 옮긴이

감가상각비. 이와 비슷한 금액의 비용이 앞으로도 12년 동안 매년 발생할 것입니다.

⑶ $595,000은 영업권 상각비. 이보다 약간 높은 비용이 앞으로 39년 동안 매년 발생할 것입니다. 우리가 인수한 날짜가 1월 9일이어서 1986년에는 연간 감가상각비의 98%만 적용했기 때문입니다.

⑷ $998,000은 이연법인세부채를 처리한 것인데, 내 능력으로는 간단하게 설명할 수가 없습니다. 이와 비슷한 금액의 비용이 앞으로 12년 동안 매년 발생할 것입니다.

이렇게 새로 창출된 회계원가가 모두 1,160만 달러인데, 이 금액은 세금공제가 되지 않는다는 점에 유의해야 합니다. 따라서 두 회사의 GAAP 이익은 매우 달라도 법인세는 똑같습니다. 그리고 영업이익은 장래에도 당연히 똑같습니다. 그러나 만일 스콧 페처가 보유 기업 하나를 매각한다면 두 회사가 내는 법인세는 확연히 달라집니다.

1986년 말에는 회사O와 회사N의 순자산가치 차이가 1억 4,260만 달러에서 1억 3,100만 달러로 감소했습니다. 새 법인의 이익에서 추가로 1,160만 달러를 차감했기 때문입니다. 세월이 흐르면 이런 비용이 이익에서 차감되면서 프리미엄이 대부분 사라지게 되므로 두 재무상태표가 거의 같아질 것입니다. 그러나 새 재무상태표에서 인상한 토지 가치와 재고자산 가치는 토지가 매각되거나 재고자산이 더 감소하지 않는다면 그대로 유지될 것입니다.

****

이런 내용이 주주들에게는 어떤 의미가 있을까요? 버크셔 주주들이 1986년에 산 기업은 이익이 4,020만 달러일까요, 아니면 2,860만 달러일까요? 추가 비용 1,160만 달러는 실제로 발생하는 비용일까요? 투자자들은 회사N 주식보다 회사O 주식에 더 높은 가격을 매겨야 할까요? 기업의 가치가 이익의 배수로 평가되는 것이라면 스콧 페처의 가치는 인수된 날보다 인수 전날에 훨씬 높았을까요?

이런 질문을 곰곰이 생각해보면 이른바 '주주 이익owner earnings'에 대해 통찰을 얻을 수 있습니다. 주주 이익은 다음과 같습니다.

  (a) 보고이익
+ (b) 감가상각, 감모상각, 상각, 기타 회사N의 항목 (1)과 (4) 같은
    비현금 비용
− (c) 공장설비와 장비 등에 대한 연간 자본적 지출액(장기 경쟁력과
    판매량 유지에 필요한 금액)의 평균
    (기업의 경쟁력과 판매량 유지에 추가 운전자본이 필요하다면 이 금액도
    (c)에 포함해야 합니다. 그러나 판매량이 바뀌지 않는다면 후입선출법을
    따르는 기업들은 대개 추가 운전자본이 필요 없습니다.)

우리가 만든 주주 이익 등식으로는 GAAP 방식처럼 그럴듯하게 똑떨어지는 숫자가 산출되지 않습니다. (c)가 추정치라서 계산하기 매우 어렵기 때문입니다. 이런 문제가 있더라도 우리는 GAAP 숫자보다 주주 이익 숫자가 평가 목적에 더 적합하다고 생각합니다. 주식을 사

는 투자자에게나 기업을 인수하는 경영자에게나 똑같이 말입니다.

위에서 설명한 방식으로 회사O와 회사N의 '주주 이익'을 계산하면 똑같은 금액이 나옵니다. 이는 두 회사의 가치가 똑같다는 뜻입니다. 상식적으로 당연한 결과입니다. 이런 결과가 나오는 것은 두 회사의 (a)와 (b) 합계액이 똑같고 (c)도 필연적으로 똑같기 때문입니다.

그러면 주주이자 경영자인 찰리와 나는 스콧 페처의 어느 쪽이 주주 이익을 정확히 나타낸다고 생각할까요? 현재 상황에서 (c)는 회사O의 (b) 숫자 830만 달러와 매우 비슷하고, 회사N의 (b) 숫자 1,990만 달러보다는 훨씬 작다고 봅니다. 따라서 회사N보다는 회사O의 보고이익이 주주 이익을 훨씬 정확하게 나타낸다고 생각합니다. 다시 말해서 스콧 페처의 주주 이익은 우리가 보고하는 GAAP 이익보다 훨씬 높다고 봅니다.

이는 우리에게 분명히 기쁜 소식입니다. 그러나 이런 방식으로 계산하면 대개 이렇게 기쁜 소식이 나오지 않습니다. 장기적으로 기업의 경쟁력과 매출액을 유지하려면 (b) 이상으로 지출해야 한다는 사실을 경영자들 대부분이 인정할 것입니다. 따라서 (c)가 (b)보다 크다면 GAAP 이익은 주주 이익을 과장하는 셈입니다. 흔히 이런 과장은 정도가 심각합니다. 최근 몇 년 동안 석유산업에서 이런 현상이 두드러지게 나타났습니다. 주요 석유회사들이 매년 (b)만 지출했다면 이들은 틀림없이 실제 사업 규모가 축소되었을 것입니다.

이런 사실들을 보면 월스트리트 보고서에서 흔히 제시하는 '현금흐름' 숫자들이 얼마나 터무니없는지 드러납니다. 이런 현금흐름 숫자들은 관행적으로 (a)+(b)만 할 뿐, (c)를 차감하지 않습니다. 대부분의 투자은행에서 제공하는 홍보 소책자에도 이런 식으로 오도하는 자료가 나옵니다. 이는 피라미드와 같은 기업을 권유한다는 뜻입니다. 교체하거나 개선하거나 단장하지 않아도 영원히 최첨단 상태를 유지한다는 말이니까요. 실제로 미국의 모든 기업이 이렇다면 미국 공장설비 및 장비 지출액에 대한 정부 추정치는 90%나 감소하게 될 것입니다.

초기 투자는 많아도 이후에는 지출액이 미미한 사업이거나 부동산 사업이라면 '현금흐름'도 어느 정도 유용한 평가 척도가 될 수 있습니다. 교량 하나만 보유한 회사나 수명이 지극히 긴 가스전을 보유한 회사가 그런 예입니다. 그러나 제조·유통·채굴·공익 회사 같으면 현금흐름은 의미가 없습니다. (c)가 항상 크기 때문입니다. 물론 이런 유형의 기업들도 특정 해에는 자본적 지출을 연기할 수 있습니다. 그러나 5~10년 기간으로 보면 이들도 투자해야 합니다. 기업이 쇠퇴하지 않으려면 말입니다.

그러면 오늘날 '현금흐름'이 인기를 끄는 이유가 무엇일까요? 우리의 답은 냉소적입니다. 정당하지 않은 것을 정당화하려는(그리하여 팔아서는 안 되는 것을 팔려는) 기업과 증권회사 마케팅 담당자들이 즐겨 사용하기 때문입니다. GAAP 이익인 (a)로 정크본드의 이자를 갚지 못하거나 터무니없는 주가를 정당화하기 어려울 때 (a)+(b)에 초점을 맞추면 홍보하기가 얼마나 편해지겠습니까?

그러나 (b)를 더하면 반드시 (c)를 빼주어야 합니다. 치아는 방치하면 빠진다는 치과 의사들의 주장은 옳지만, (c)도 방치한다고 빠지는 것은 아닙니다. (a)와 (b)를 더하고 (c)를 무시해도 부채 상환 능력이나 주식의 가치를 평가할 수 있다고 생각하는 기업이나 투자자는 장차 곤경에 처하게 될 것입니다.

****

요약하겠습니다. 스콧 페처를 포함한 우리 회사들은 (b)의 역사적 원가 기준(무형자산 상각과 기타 매수 가격 조정을 제외한 기준)이 (c) 금액과 매우 비슷합니다(물론 둘이 똑같은 것은 아닙니다. 예를 들어 씨즈캔디는 단지 경쟁력을 유지하는 데 들어가는 연간 자본적 지출이 감가상각비를 50~100만 달러나 초과합니다). 우리는 이에 대해 확신하기 때문에 상각비용과 매수 가격 조정 항목들을 8페이지 표에 별도로 보고하는 것입니다. 그리고 개별 기업의 이익이 GAAP 이익보다 주주 이익에 훨씬 더 가깝다고 보는 것입니다.

GAAP 실적을 의심하는 것은 불경스러운 태도처럼 보일 수도 있습니다. 그래도 기업에 관한 '진실'을 전해주니까 우리가 회계사들에게 돈을 지불한다고 생각하는 것이지요. 그러나 회계사들의 역할은 기록하는 것이지, 평가하는 것이 아닙니다. 평가는 투자자와 경영자들이 해야 할 일입니다.

회계 숫자들은 기업의 언어이고, 따라서 기업의 가치와 실적을 평가하는 사람에게는 큰 도움이 됩니다. 찰리와 나도 이런 숫자가 없으면 길을 잃어버릴 것입니다. 회계 숫자들은 우리가 항상 기업을 평가하는 출발점입니다. 그러나 회계는 기업 분석을 도와주는 것이지, 절대로 대신해주지 않는다는 사실을 경영자와 주주들은 명심해야 합니다.

〔1986 부록〕

F.   옵션을 평가하는 방법

블랙-숄즈 공식은 금융 분야에서 성서의 지위에 올랐으며, 우리는 재무 보고 용도로 주식 풋옵션을 평가할 때 이 공식을 사용합니다. 계산할 때 입력하는 핵심 변수로는 만기와 행사가격, 그리고 분석가가 추정하는 변동성, 금리, 배당이 포함됩니다.

그러나 장기 옵션에 이 공식을 적용하면 터무니없는 결과가 나올 수도 있습니다. 공평하게 말하자면 블랙과 숄즈는 거의 틀림없이 이 사실을 잘 이해했습니다. 그러나 열성적인 추종자들은 두 사람이 공식을 처음 발표할 때 덧붙였던 경고를 무시하는 듯합니다.

이론을 시험할 때는 극단적 상황을 가정하면 종종 도움이 됩니다. 예를 들어 행사가격 903(2008년 12월 31일의 S&P500 지수)에 100년짜리 S&P500 풋옵션 10억 달러를 매도했다고 합시다. 이 장기 계약에 내재 변동성을 적용하고 적정 금리와 배당에 대한 가정을 더하면 이 계약의 '적정' 블랙-숄즈 프리미엄은 250만 달러가 나옵니다.

이 프리미엄이 타당한지 판단하려면 100년 뒤에 S&P500이 오늘보다 내려갈 것인지를 평가해야 합니다. 100년 뒤에는 달러의 가치가 틀림없이 현재가치의 몇 분의 1로 떨어질 것입니다(인플레이션이 2%만 되어도 1달러의 가치가 14센트로 떨어집니다). 이 요소 때문에 지수 값은 상승할 것입니다. 그러나 훨씬 더 중요한 점은 100년 동안 쌓인 유보이익 덕분에 지수에 포함된 대부분 기업의 가치가 엄청나게 증가한다는 사실입니다. 20세기 동안 다우존스산업평균지수는 약 175배 상승했는데, 주로 유보이익 덕분이었습니다.

모든 점을 고려할 때 나는 100년 뒤 지수가 현재보다 하락할 확률은 1%에도 훨씬 못 미친다고 믿습니다. 그러나 하락 확률을 1%로 가정하고, 가장 유망한 지수 하락률을 50%로 가정합시다. 그러면 우리 계약에서 발생하는 손실의 수학적 기댓값은 500만 달러가 나옵니다(10억 달러×1%×50%).

그러나 우리가 프리미엄 250만 달러를 선불로 받았다면 투자수익률이 연 0.7%만 나와도 이 손실을 메울 수 있습니다. 0.7%가 넘어가는 수익은 모두 이익이 됩니다. 100년 동안 대출금리가 연 0.7%이라면 당신은 돈을 빌리지 않겠습니까?

이번에는 최악의 경우를 생각해봅시다. 내 가정이 옳다면 사례 중 99%는 우리가 한 푼도 돈을 지급하지 않는다는 점을 기억하십시오. 그러나 1% 확률로 최악의 경우가 되어도(즉, 10억 달러 손실 발생) 조달비용은 연 6.2%에 불과합니다. 따라서 내 가정이 터무니없든 공식이 타당하지 않든 틀림없이 둘 중 하나입니다.

이 극단적 사례에 블랙-숄즈 공식을 적용했을 때 말도 안 되는 프리미엄이 나오는 이유는, 이 공식에 포함되는 변동성이 과거 며칠, 몇 달, 또는 몇 년 동안의 주가 변동 폭에 따라 결정되기 때문입니다. 따라서 100년 뒤 미국 기업들의 확률가중 가치 범위를 추정하기에는 이 척도가 전혀 타당하지 않습니다(조울증에 걸린 이웃에게 매일 농장 가격을 물어본 다음, 이 변동성을 주로 사용해서 100년 뒤 농장의 확률가중 가치 범위를 추정한다고 상상해보십시오).

과거 변동성historical volatility 개념이 단기 옵션을 평가할 때에는 유용하지만, 옵션의 만기가 길어질수록 효용이 급감합니다. 나는 현재 블래-숄즈 공식으로 산출한 우리 장기 풋옵션의 부채 규모가 과장되었으며, 이 과장 수준은 만기가 다가올수록 축소될 것으로 생각합니다.

그렇더라도 장기 풋옵션의 재무 보고용 부채를 추정할 때 계속 블랙-숄즈 공식을 사용할 것입니다. 이 공식이 일반 통념을 대표하므로, 내가 대안을 제시하면 사람들이 깊이 의심하기 때문입니다. 나는 이런 상황을 충분히 이해하고도 남습니다. 보수주의자들은 CEO들이 난해한 금융상품을 제멋대로 평가할 때도 수수방관했습니다. 찰리와 나는 이런 낙관주의자 집단에 가담할 생각이 전혀 없습니다. 〔2008〕

⨯⨯⨯⨯⨯⨯⨯⨯

장기 옵션 평가에는 블랙-숄즈 공식이 매우 부적절하다고 찰리와 나는 믿습니다. 2년 전에도 여기에 터무니없는 사례를 제시한 적이 있습니다. 우리는 주가지수 풋옵션계약을 체결함으로써 우리 의견을 실제 행동으로 보여드렸습니다. 이로써 우리 거래상대방이 사용한 블랙-숄즈 공식이 틀렸다고 묵시적으로 주장한 것입니다.

그렇더라도 우리는 재무제표에 보고할 때 여전히 블랙-숄즈 공식을 사용합니다. 블랙-숄즈 공식은 옵션 평가에 일반적으로 인정된 기준이어서(거의 모든 일류 경영대학원에서 가르칩니다) 이를 벗어나면 회계를 조작했다고 비난받기 때문입니다. 게다가 우리 감사를 맡은 회계법인도 엄청난 곤경에 처하게 됩니다. 회계법인의 고객 기업 중에는 우리와 주가지수 풋옵션계약을 맺은 기업도 있으며, 이들은 블랙-숄즈 공식으로 옵션을 평가합니다. 이들의 평가와 우리의 평가가 전혀 다르면 회계법인이 둘 다 정확하다고 인정할 수 없기 때문입니다.

회계법인과 규제 당국들이 블랙-숄즈 공식을 사용하는 이유는 명확한 숫자가 나오기 때문입니다. 그러나 찰리와 나는 이런 숫자를 제시하지 못합니다. 우리는 이 계약으로 떠안은 실제 부채가 블랙-숄즈 공식 계산에 의한 부채보다 훨씬 적다고 믿지만, 정확한 숫자는 뽑아낼 수 없습니다. 이는 가이코, BNSF, 버크셔 해서웨이의 정확한 가치를 산정할 수 없는 것과 마찬가지입니다. 그러나 정확한 숫자를 산정하지 못해도 우린 걱정하지 않습니다. 정확하게 틀리는 것보다는 대충이라도 맞는 편이 나으니까요.

갤브레이스 교수는 경제학자들이 아이디어를 지극히 경제적으로 활용한다고 풍자했습니다. 대학원에서 배운 아이디어를 평생 써먹기 때문이랍니다. 대학교 재무학과의 행태도 이와 비슷합니다. 이들 거의 모두가 1970년대와 1980년대 내내 효율적 시장 이론에 집착하는 고집을 보십시오. 이들은 그 이론의 오류를 밝히는 강력한 사실들조차 '예외'라고 부르면서 무시합니다(이때 내가 즐겨 쓰는 비유가 있습니다. '평평한 지구 위원회'가 지구를 한 바퀴 돌아오는 배를 보면 십중팔구 짜증을 내면서 하찮은 예외일 뿐이라고 말할 것입니다).

현재 학계에서는 블랙-숄즈가 확고한 진리인 것처럼 가르치고 있지만, 이런 관행은 재검토할 필요가 있습니다. 같은 맥락에서 학계는 옵션 평가 방법에 대해서도 숙고할 필요가 있습니다. 옵션 평가를 전혀 못하는 사람도 얼마든지 투자에 성공할 수 있습니다. 실제로 학생들이 배워야 하는 것은 기업을 평가하는 방법입니다. 이것이 투자에서 가장 중요합니다.

〔2010〕

The Essays of

WARREN BUFFETT

VII. Accounting

7장
회계

GAAP에 결함이 있긴 하지만, 내가 더 나은 원칙을 만들어낼 생각은 전혀 없습니다. 기존 회계원칙에 한계가 있더라도 사용을 금지할 정도는 아닙니다. CEO들이 주주와 채권자들에게 정보를 제공할 때 이런 원칙을 최종 형식이 아니라 출발점으로 삼을 수도 있기 때문입니다. 그리고 실제로도 그렇게 해야 마땅합니다. 만일 자회사 경영자가 모회사 CEO에게 핵심 정보를 빠뜨린 채 형식적인 GAAP 숫자를 보고한다면 그는 곤경에 빠질 것입니다. 그러면 모회사 CEO가 자신의 상사인 주주들에게 보고할 때에는 절대적으로 중요한 정보를 빠뜨려도 괜찮은 것인가요?

GAAP 기준이든 아니든 보고 자료는 재무제표를 이해하는 사람들에게 다음 세 가지 핵심 질문에 답을 주어야 합니다. (1) 이 회사의 가치가 대략 얼마나 되는가? (2) 미래에 부채를 상환할 능력이 얼마나 되는가? (3) 지금까지 실적으로 볼 때 경영자의 성과가 어느 수준인가?

GAAP의 최소 기준만 지키는 보고 자료로는 대개 이런 질문에 대한 답을 찾기가 어렵거나 불가능합니다. 기업의 세계는 너무도 복잡하여 한 종류의 원칙만으로는 모든 기업의 경제 현실을 효과적으로 파악할 수 없기 때문입니다. 특히 버크셔처럼 매우 다양한 사업을 영위하는 기업은 더욱 그렇습니다.

게다가 경영자들은 GAAP를 준수해야 하는 기준이 아니라 극복해야 하는 걸림돌로 간주하기 때문에 문제가 더욱 복잡해집니다. 흔히 회계사들은 이런 경영자들을 기꺼이 거들어줍니다(경영자가 "둘에 둘을 더하면 얼마입니까?"라고 물으면 협조적인 회계사는 "어떤 숫자를 염두에 두고 계십니까?"라고 대답합니다). 정직하고 올바른 경영자들조차 때로는 GAAP를 다소 왜곡하여 실적을 보기 좋게 포장합니다. 이익의 기복을 줄이거나, 부실을 한 시점에 과도하게 털어내는 행위big bath는 대체로 정직한 경영자들도 즐겨 사용하는 '선의의 거짓말' 기법에 해당합니다.

그 외에 GAAP를 적극적으로 이용해서 사람들을 현혹하고 속이는 경영자도 있습니다. 이는 투자자와 채권자들이 GAAP 실적을 복음처럼 받아들이기 때문입니다. 그래서 이런 사기꾼들은 GAAP를 '창의적으로' 해석하여, 기술적으로는 원칙을 준수하지만 실제로는 사람들이 착각을 일으키도록 실적을 보고합니다.

(이른바 수준 높은 기관까지 포함한) 투자자들이 꾸준하게 증가하는 '보고이익'에 환상적인 가격을 매기는 한, 일부 경영자와 증권업계 사람들은 GAAP를 이용해서 그런 숫자를 만들어낼 것입니다. 그동안 찰리

와 나는 엄청난 규모로 벌어지는 회계 속임수를 여러 번 보았습니다. 이렇게 범죄를 저지르고도 처벌받은 사람은 거의 없었습니다. 심지어 징계도 받지 않은 사람이 많습니다. 펜으로 거액을 훔치는 편이 총으로 소액을 강탈하는 짓보다 훨씬 안전했던 셈입니다.　　　　　〔1988〕

A.   US스틸에 관한 풍자

US스틸의 전면적인 현대화 계획 발표*

　오늘 US스틸 회장 마이런 테일러Myron C. Taylor는 세계 최대 제조업체를 완벽하게 현대화하는 대망의 사업 계획을 발표했습니다. 그러나 사람들의 기대와는 달리, 회사의 제조 정책이나 판매 정책에는 아무 변화가 없을 것입니다. 대신 회계 시스템이 전면적으로 개편됩니다. 여러 회계 기법과 금융 기법을 채택하고 개선함으로써 회사의 수익력이 놀라울 정도로 증대될 것입니다. 새 회계 기법을 적용하면 1935년 같은 침체 상황에서도 보통주 주당 이익이 50달러 가까이 나오게 됩니다. 이런 개선 방안은 프라이스, 베이컨, 거스리 앤드 콜핏 Price, Bacon, Guthrie & Colpitts이 광범위하게 조사한 결과 나오게 되었습니다. 개선 방안에는 다음 여섯 가지가 포함됩니다.

---

*　벤저민 그레이엄이 1936년에 작성한 미발표 자료로서 1954년 워런 버핏에게 넘겨주었다.

(1) 공장설비 계정을 -10억 달러로 상각한다.

(2) 보통주 액면가를 1센트로 낮춘다.

(3) 임금과 급여를 모두 워런트로 지급한다.

(4) 재고자산을 1달러로 유지한다.

(5) 우선주를 50% 할인하여 상환하는 무이자 채권으로 교체한다.

(6) 우발손실준비금 10억 달러를 설정한다.

이렇게 이례적인 현대화 계획을 설명하는 공식 문서 전문은 다음과 같습니다.

US스틸 이사회는 산업 환경 변화에서 오는 문제들을 집중적으로 분석한 다음, 회계 기법을 전면적으로 개편하는 종합 계획을 승인하게 되었습니다. 특별위원회가 프라이스, 베이컨, 거스리 앤드 콜핏의 제안과 조언을 받아 실행한 조사에 의하면 우리 회사는 고급 회계 기법 활용 면에서 다른 미국 기업들보다 뒤처지는 것으로 드러났습니다. 이런 기법을 이용하면 현금 지출, 운영 정책, 판매 정책을 바꾸지 않고서도 수익력을 놀라울 정도로 높일 수 있는데도 말입니다. 따라서 우리는 이런 새로운 기법들을 채택할 뿐 아니라 더욱 발전시켜 완성도를 한층 높이기로 했습니다. 이사회가 채택한 변경 사항은 다음 여섯 가지로 요약됩니다.

1. 고정자산을 -10억 달러로 상각한다

많은 대표적 기업이 공장설비 계정을 1달러까지 낮추는 방법으로 손익계산서가 떠안는 감가상각비용을 덜어냈습니다. 특별위원회의 지적에 의하면, 다른 기업들의 공장설비 계정 가치가 1달러에 불과하다면 US스틸의 고정자산 가치는 이보다도 훨씬 낮습니다. 공장설비가 자산이 아니라 부채라는 점은 이제 주지의 사실입니다. 감가상각비뿐 아니라 세금, 유지비, 기타 비용이 들어가기 때문입니다. 따라서 이사회는 1935년 보고서에서 시작한 상각 정책을 확대 적용하여 고정자산을 13억 3,852만 2,858.96달러에서 약 -10억 달러로 낮추기로 했습니다.

이 조처에서 오는 이점은 명확합니다. 공장설비가 마모됨에 따라 부채도 감소하게 됩니다. 따라서 지금까지는 공장설비에서 감가상각비가 매년 약 4,700만 달러 발생했지만, 이제는 공장설비의 5%에 해당하는 약 5,000만 달러만큼 매년 가치가 증가하게 됩니다. 이에 따라 이익이 매년 무려 9,700만 달러 증가할 것입니다.

2. 보통주 액면가를 1센트로 낮춘다

3. 임금과 급여를 워런트로 지급한다

기업들은 임원 급여 중 상당 부분을 스톡옵션으로 지급하여 간접관리비를 줄일 수 있었습니다. 스톡옵션비용은 이익에서 차감되지 않기 때문입니다. 이런 현대 기법이 제공하는 가능성이 지금까지는 충분히 활용되지 않았습니다. 이사회는 이 아이디어를 다음과 같이 진보된 방식으로 채택했습니다.

모든 임직원은 보상으로 주당 50달러에 보통주 1주를 사는 권리를 받습니다. 현재 받는 임금이나 급여 50달러당 1주씩 사는 권리를 부여받습니다. 보통주 액면가는 1센트로 낮아집니다.

이 새 계획에서 오는 놀라운 이점은 다음과 같습니다.

A. 회사의 급여 부담이 완전히 사라져서, 1935년 실적 기준으로 연 2억 5,000만 달러가 절감됩니다.

B. 모든 임직원이 받는 실질 보상은 7배 증가할 것입니다. 새 회계 기법 채택으로 보통주 주당 이익이 대폭 증가하므로, 주가가 주당 50달러인 옵션 행사 기준가보다 훨씬 상승할 것이기 때문입니다. 따라서 워런트를 언제든지 행사하여 현재 급여보다 훨씬 많은 돈을 받을 수 있습니다.

C. 회사도 이 워런트가 행사되면 매년 막대한 추가 이익을 실현할 수 있습니다. 보통주 액면가는 1센트로 고정되어 있으므로 워런트가 행사될 때마다 회사에 주당 49.99달러 이익이 발생합니다. 그러나 보수주의 회계원칙에 따라 이익은 손익계산서에 포함되지 않고 자본잉여금에 별도로 표시될 것입니다.

D. 회사의 현금 상태가 대폭 호전될 것입니다. 지금까지는 1935년 기준으로 급여 지급에 매년 현금 2억 5,000만 달러가 유출되었지만, 이제는 보통주 500만 주에 해당하는 워런트가 행사되면서 매년 현금 2억 5,000만 달러가 유입될 것입니다. 회사는 이익이 대폭 증가하고 현금이 풍족해지므로 배당을 후하게 지급할 수 있고, 따라서 높은 주가 덕분에 워런트는 발행 즉시 행사될 것이며, 그러면 회사에 현금이 더 풍족해져서 배당을 더 후하게 지급

할 수 있습니다. 이런 선순환이 무한히 이어질 것입니다.

4. 재고자산을 1달러로 유지한다

지금까지는 경기침체기마다 재고자산의 가치를 시가로 조정하는 과정에서 회사에 심각한 손실이 발생했습니다. 철강과 면직 회사를 포함해서 다양한 회사들은 재고자산의 단가를 극단적으로 낮게 유지하는 방법으로 이런 문제를 해결했습니다. US스틸은 훨씬 혁신적인 정책을 채택하여 모든 재고자산을 1달러로 유지하기로 했습니다. 그 절차로 연말에 상각을 시행할 것이며, 상각 금액은 우발손실준비금 Contingency Reserve 계정에서 차감될 것입니다.

이 새 기법으로 얻게 되는 이점은 매우 큽니다. 재고자산 상각 위험이 모두 사라질 뿐 아니라 회사의 연간 이익도 대폭 증가합니다. 연초에 1달러로 평가하여 보유 중인 재고자산이 연중에 판매되면 막대한 이익이 발생합니다. 이 기법 덕분에 우리 이익은 매년 1억 5,000만 달러 이상 증가할 것으로 추정됩니다. 우연히도 이 금액은 우발손실준비금에서 매년 상각할 금액과 비슷할 것입니다.

특별위원회가 추천한 소수 의견에 의하면 일관성을 유지하면서 앞에서 언급한 추가 이익을 얻기 위해서는 매출채권과 현금도 1달러로 상각해야 합니다. 그러나 이 제안은 당분간 받아들이지 않기로 했습니다. 우리 감사들이 매출채권과 현금의 회수액은 당기이익이 아니라 자본잉여금에 가산해야 한다고 말하기 때문입니다.

그러나 이렇게 고리타분한 감사원칙도 현대 회계 경향에 맞게 조만간 바뀔 것으로 기대됩니다. 그렇게 되면 위 소수 의견을 더 긍정적으로 검토하게 될 것입니다.

5. 우선주를 50% 할인하여 상환하는 무이자 채권으로 교체한다

최근 경기침체 기간에 자사가 발행한 채권을 대폭 할인된 가격에 재매입하여 얻은 이익으로 영업손실을 만회한 회사가 많습니다. 그러나 안타깝게도 US스틸은 항상 신용도가 너무 높아서 이렇게 수지맞는 돈벌이 기법을 쓸 기회가 없었습니다. 이제 현대화 계획을 통해서 이런 상황을 개선할 것입니다.

우리는 우선주를 액면가 300달러인 무이자 감채기금부채권으로 교환해줄 것입니다. 이 채권은 액면가에서 50% 할인된 금액으로 추첨 상환되며 10회에 걸쳐 균등 분할 상환됩니다. 이 과정에서 새 채권을 10억 8,000만 달러 발행하게 되는데, 매년 상환에 들어가는 회사의 원가는 액면가 총액의 절반인 5,400만 달러에 불과하므로 매년 같은 금액이 이익으로 발생합니다.

앞에서 급여를 워런트로 지급하는 방식과 마찬가지로 이 방식도 회사와 우선주 보유자에게 모두 이익이 됩니다. 우선주 보유자들은 평균 5년에 걸쳐 우선주 액면가의 150%를 상환받게 됩니다. 현재 단기 채권 수익률은 사실상 0에 가까우므로, 이자를 지급하지 않는 것은 중요한 문제가 아닙니다. 회사가 지금까지 매년 우선주 배당으로 지급하던 비용 2,500만 달러가 이제는 매년 채권 상환 이익 5,400만 달러로 바뀌게 됩니다. 연간 이익 합계가 무려 7,900만 달러에 이릅니다.

6. 우발손실준비금 10억 달러를 설정한다

앞으로는 상황이 어떻게 바뀌더라도 앞에서 설명한 개선 사항들 덕분에 회사는 만족스러운 수익력을 확실하게 유지할 것입니다. 이렇게 현대 회계 기법을 이용하면 영업 환경이 아무리 불리하게 바뀌더라도 회사는 손실 위험을 전혀 떠안을 필요가 없습니다. 사전에 우발손실준비금을 설정해두면 이런 위험을 모두 막을 수 있기 때문입니다.

특별위원회는 우발손실준비금을 상당한 거액인 10억 달러로 설정하라고 권고했습니다. 앞에서 설명했듯이 재고자산을 매년 1달러로 상각하는 비용이 이 준비금에서 차감될 것입니다. 또한 우발손실준비금이 고갈되는 일이 없도록 매년 자본잉여금에서 이체해 적정 금액을 채워넣기로 했습니다. 자본잉여금은 매년 워런트 행사를 통해서 2억 5,000만 달러 이상 증가할 것이므로 우발손실준비금 감소액을 곧바로 채워줄 것입니다.

그러나 이사회는 한 가지 유감스러운 사실을 밝히고자 합니다. 다른 주요 기업들은 자본금, 자본잉여금, 우발손실준비금, 기타 재무상태표 계정들 사이에서 거액을 마음대로 옮기고 있지만, 우리는 이런 수준까지는 개선하지 못했습니다. 우리 회계가 너무 단순한 탓에 고급 회계 기법의 특성인 신비화 요소가 부족하기 때문입니다. 하지만 우리는 그런 이체 기법으로 회사의 수익력을 더 높이지 못하더라도 현대화 계획을 명확하고 단순하게 수립하기로 했습니다.

현대화 계획이 회사 수익력에 미치는 영향을 종합하여 아래와 같이 두 가지 1935년 요약 손익계산서로 정리했습니다.

기존 회계 방식과 새 회계 방식에 의한 US스틸의 요약 손익계산서

	A. 기존 회계 방식	B. 새 회계 방식
총매출액(회사 내부거래 포함)	$765,000,000	$765,000,000
임금 및 급여	251,000,000	–
기타 영업비용과 법인세	461,000,000	311,000,000
감가상각비	47,000,000	−50,000,000
이자	5,000,000	5,000,000
채권 상환 이익	–	54,000,000
우선주 배당	25,000,000	–
보통주 분배 가능 이익	−24,000,000	553,000,000
평균 발행주식 수	8,703,252	11,203,252
주당 이익	−$2.76	$49.80

재무상태표라는 것이 다소 구태의연한 관행이지만, 현대화 계획에 따라 발생하는 자산과 부채의 변화를 반영하여 다음과 같이 1935년 12월 31일 기준 US스틸의 요약 재무상태표도 제시합니다.

당연한 말이지만 현대 회계 기법을 적용하면 재무상태표의 모습이 과거와 다소 달라집니다. 재무상태표가 이렇게 바뀌면서 회사의 수익력이 막강해진다는 사실로 충분하므로 자산과 부채의 세부 사항에 지나치게 관심을 기울이지는 마시기 바랍니다.

끝으로 이사회가 지적하려는 사항은 공장설비 평가액이 마이너스로 유지되고, 급여가 사라지며, 재고자산이 장부에 거의 제로로 기재됨으로써 US스틸이 산업 내에서 엄청난 경쟁력을 확보하게 된다는 사실입니다. 우리는 제품을 지극히 낮은 가격에 판매해도 여전히 근사한 이익률을 유지할 수 있습니다. 우리는 현대화 계획에 의해서 제

US스틸의 요약 재무상태표

자산	
고정자산	-$1,000,000,000
현금자산	142,000,000
매출채권	56,000,000
재고자산	1
잡자산	27,000,000
합계	**-$774,999,999**
부채	
보통주 액면가 1센트	
(액면가 총액 $87,032.52)	
표시가액*	-$3,500,000,000
자회사 채권 및 주식	113,000,000
신규 감채기금부채권	1,080,000,000
유동부채	69,000,000
우발손실준비금	1,000,000,000
기타 준비금	74,000,000
기초 잉여금	389,000,001
합계	**-$774,999,999**

* 회사가 재편될 때는 버지니아주 법에 따라 표시가액과 액면가가 달라질 수 있음.

품을 어떤 경쟁자보다도 낮은 가격에 판매할 수 있습니다. 하지만 독점금지법을 고려하여 산업을 100% 지배하는 수준까지는 낮추지 않을 생각입니다.

이사회는 경쟁 기업들이 우리와 유사한 회계 기법을 채택하여 우리의 이점을 상쇄할 가능성도 고려해보았습니다. 그렇더라도 US스틸은

새로운 회계 서비스 분야를 창출하고 개척한 기업으로서 특유의 명성
을 얻게 되므로 고객들의 충성도를 유지할 수 있다고 확신합니다. 게
다가 필요하면 우리는 더욱 발전한 회계 기법을 도입하여 우위를 유
지할 수 있습니다. 지금도 우리 실험회계연구소Experimental Accounting
Laboratory에서는 첨단 회계 기법을 연구하고 있습니다.　　〔1990 부록A〕

B.　　　　　　　　　　　　　　　　　기준 설정의 어려움

　수십 년 전 아서 앤더슨Arthur Andersen의 감사 의견은 회계 분야에서
최고의 기준이었습니다. 이 회사의 엘리트인 전문기준그룹Professional
Standards Group: PSG은 고객이 아무리 압력을 넣어도 정직한 보고를 고
집했습니다. PSG는 이 원칙을 고수하면서 1992년 스톡옵션의 원가
를 비용으로 처리해야 한다는 견해를 밝혔습니다.

　그러나 PSG의 견해가 바뀌었습니다. 현실에 상관없이 보고이익을
늘리고 싶어 하는 고객들의 마음을 앤더슨의 유력한 파트너가 이해했
기 때문입니다. CEO들도 비용 처리에 반대했습니다. 스톡옵션의 실
제 원가를 비용으로 처리하면 그들이 보유한 대규모 스톡옵션의 가치
가 폭락하기 때문입니다.

　앤더슨이 견해를 바꾼 직후, 독립기관인 재무회계기준위원회는 옵
션에 대한 비용 처리 기준을 7 대 0으로 통과했습니다. 예상대로 대형
회계법인과 CEO들이 워싱턴으로 몰려가 재무회계기준위원회가 기
준을 수정하게 하라고 상원을 압박했습니다(상원이 회계 문제를 더 잘 판

단할 수 있을까요?). 이들은 회사 자금으로 대규모 정치헌금까지 동원하여 반대 목소리를 더 키웠습니다. 결국 이들은 주주들의 돈을 주주들을 속이는 용도로 사용했습니다. 시민다운 행동이 아니었습니다.

수치스럽게도 상원은 비용 처리 기준을 88 대 9로 부결했습니다. 일부 저명한 상원의원은 견해를 포기하지 않으면 재무회계기준위원회를 없애야 한다고 주장했습니다(독립성 이야기는 더 하지 않겠습니다). 당시 증권거래위원회 위원장이자 늘 주주들을 옹호하는 인물이던 아서 레빗 2세는 의회와 기업들의 압력을 마지못해 받아들였던 자신의 행위를 이후 가장 후회한다고 말했습니다(이 탐욕스러운 사건에 대한 자세한 설명은 레빗의 탁월한 저서 《Take on the Street(월스트리트에 맞서라)》에 나옵니다).

상원을 구슬리고 증권거래위원회를 찍어누른 미국 경제계는 이제 회계를 마음대로 주무르게 되었습니다. 그리고 유명 회계법인들의 축복과 격려까지 받으면서 무엇이든 이익으로 보고하는 새로운 시대를 열었습니다. 이후 이어진 이들의 방종은 공기 펌프가 되어 거대한 거품을 만들어냈습니다.

재무회계기준위원회는 상원으로부터 위협받은 다음, 원래 견해에서 한 걸음 물러나 '명예 시스템'을 채택했습니다. 스톡옵션은 비용 처리가 바람직하지만 기업이 원하면 원가를 무시하는 것도 허용한다고 발표했습니다. 그 결과는 실망스러웠습니다. S&P500대 기업 중 498개 기업이 바람직하지 않은 기법을 채택하여 '이익'을 부풀렸습니다. 보상에 굶주린 CEO들은 이 결과에 만족했습니다. 명예는 재무회계기준위원회에 주고, 시스템은 자신들이 가졌으니까요.　　[2002]

C.   감사하지 못하는 감사위원회

감사위원회는 감사할 수가 없습니다. 회사의 외부감사만이 경영진이 주장하는 이익이 의심스러운지 판단할 수 있습니다. 이런 현실을 무시한 채 감사위원회의 구성과 규정을 바꾸는 개혁으로는 성과를 기대할 수 없습니다.

앞에서도 논의했지만 최근 몇 년 동안 (불법은 아니어도) 투자자들을 오도하는 회계와 운영 기법을 동원해서 실적을 날조한 경영자가 너무도 많습니다. 흔히 감사들은 이런 속임수를 알고 있습니다. 그러나 침묵을 유지하는 사례가 매우 많습니다. 감사위원회의 핵심 임무는 감사들이 아는 사실을 털어놓게 하는 일입니다.

위원회가 이 임무를 완수하려면 감사들이 경영진의 심기를 건드리는 것보다도 위원들을 오도하는 행위에 대해 더 걱정하게 해야 합니다. 그러나 최근 몇 년 동안 감사들은 이런 식으로 걱정하지 않았습니다. 감사들은 주주와 이사 대신 CEO를 고객으로 받들었습니다. 이는 일상적인 업무 관계에서 비롯된 자연스러운 결과였습니다. 또한 감사 보고서에 쓰인 내용과는 상관없이, 자신에게 보수를 주고 감사 자리와 다른 업무를 맡겨주는 사람이 CEO와 CFO라고 생각한 결과였습니다. 최근 제정된 법률도 이런 현실을 크게 바꾸지는 못할 것입니다. 이런 유착 관계를 깨려면 감사위원회는 감사들에게, 그들이 아는 내용을 밝히지 않으면 막대한 벌금을 물게 된다는 사실을 명백하게 전달하여 곤경에 빠뜨려야 합니다.

감사위원회는 감사들에게 네 가지 질문을 던지고 그 답변을 기록하여 주주들에게 보고하면 이 목적을 달성할 수 있다고 생각합니다. 질문은 다음과 같습니다.

1. 만일 회사의 재무제표 작성에 대해 감사가 단독으로 책임을 진다면, 그 재무제표는 경영진이 선택한 재무제표와 차이가 있을까요? 중요한 차이와 중요하지 않은 차이 모두에 대해 답해주십시오. 만일 차이가 있다면 경영진의 주장과 이에 대한 감사의 의견도 밝혀주십시오. 그러면 감사위원회가 그 사실을 평가할 것입니다.
2. 만일 당신이 투자자라면 회사의 재무 실적 파악에 필수적인 정보를 받았을까요?
3. 만일 당신이 CEO라면 현재 회사가 따르는 내부감사 절차를 그대로 유지하겠습니까? 만일 변경한다면 무엇을 변경할 것이며 그 이유는 무엇입니까?
4. 매출이나 비용을 한 보고 기간에서 다른 보고 기간으로 옮기려고 실행한 회계나 운영 활동에 대해 알고 있습니까?

감사위원회가 이런 질문을 던진다면 질문의 구성은 중요하지 않습니다. 그래도 이 절차를 따르면 시간과 비용이 절감됩니다. 감사들을 곤경에 몰아넣으면 그들은 책무를 다할 것입니다. 그러나 곤경에 몰아넣지 않으면 우리가 지금까지 보았던 결과가 되풀이될 것입니다.

위에 열거한 질문은 실적보고서가 공표되기 적어도 일주일 전에 던져야 합니다. 그래야 감사와 경영진 사이의 견해 차이를 감사위원회가 해결하고서 공표할 수 있습니다. 일정이 더 촉박하면(실적 공표가 임박한 상황에서 감사와 위원회가 소통하면) 위원회는 준비된 숫자를 형식적으로 승인해야 한다는 압박을 느낄 것입니다. 서두르면 정확성이 떨어집니다. 최근 증권거래위원회가 보고 마감 일자를 앞당겼는데, 이 때문에 주주들이 받는 정보의 질이 떨어질 것으로 나는 생각합니다. 찰리와 나는 이 규정이 잘못되었으므로 폐지해야 한다고 믿습니다.

위 네 가지 질문의 주된 장점은 예방 효과가 있다는 점입니다. 감사위원회가 경영진의 행위를 단순히 묵인하지 않고 이에 대해 감사들에게 보증을 요구하겠다고 밝히면 감사들은 경영진이 그럴듯한 숫자를 만들어내기 훨씬 전에 저항할 것입니다. 법정에 서기가 두렵기 때문이지요.

[2002]

D.   경영자의 숫자놀이

찰리와 나는 GAAP 실적에 (긍정적으로든 부정적으로든) 영향을 미치는 특이 항목들에 대해 경영자들이 논평을 통해 설명해주길 바랍니다. 우리는 장래 실적을 추정하려고 이런 과거 실적을 살펴보는 것이니까요. 그러나 '조정 주당 이익'을 강조하면서 매우 현실적인 비용에 대해서도 설명하지 않으려는 경영자가 많아서 걱정스럽습니다. 나쁜 행동은 전염되기 때문입니다. 경영자들이 공공연하게 이익을 높여 보고하려고 하면 부하 직원들도 이런 노력에 가담하는 문화가 조성되기 쉽습니다. 이런 행동 탓에 예컨대 보험사들은 손해액준비금을 과소계상할 수 있는데, 이런 관행을 따르다가 파산한 보험사가 많습니다.

어떤 경영자가 '항상 기대 실적을 달성'한다고 애널리스트들이 감탄하는 모습을 보면 찰리와 나는 당혹스럽습니다. 사업을 예측하기는 매우 어려우므로 항상 기대 실적을 달성할 수는 없습니다. 뜻밖의 사건이 필연적으로 발생하니까요. 그런데도 월스트리트의 기대를 충족시키려고 집착하다 보면 경영자는 회계분식을 생각하게 됩니다. 〔2016〕

경영자와 회계사들이 현실을 부정하는 그야말로 터무니없는 사례가 스톡옵션 분야에서 발생했습니다. 나는 1985년 연차보고서에서 스톡옵션의 오남용에 대해 의견을 밝혔습니다.* 그러나 스톡옵션은 구조가 적절한 경우조차 회계 처리 방식이 상식에 어긋납니다. 이렇게 처리 방식이 비논리적인 것도 당연합니다. 지난 수십 년 동안 기업계는 스톡옵션 원가를 이익에 반영하지 않으려고 회계규정 입안자들과 전쟁을 벌였습니다.

대개 경영자들은 스톡옵션은 평가하기 어려우므로 원가를 무시해야 한다고 주장했습니다. 스톡옵션에 원가를 배분하면 소규모 신생 기업이 타격을 입는다고 주장하는 경영자도 있었습니다. 외가격 옵션(행사가격이 현재 주가보다 높은 옵션)은 아무런 가치가 없다고 엄숙하게 선언하는 경영자도 있었습니다.

---

* 1장 'F. 경영자 보상에 대한 원칙' 참조.

희한하게도 기관투자가협의회도 이와 한목소리여서, 스톡옵션은 '회사에서 실제로 지출되는 돈이 아니므로' 원가로 보아서는 안 된다는 의견이었습니다. 이 논리를 연장하면 미국 기업들은 즉시 보고이익을 개선할 수 있습니다. 예를 들어 보험료를 옵션으로 지급하여 비용을 절감할 수 있습니다. 당신이 '현금 지출이 없으면 비용이 아니다'라는 회계 이론에 동조하는 CEO라면 당신에게 거절할 수 없는 제안을 하겠습니다. 버크셔에 전화하시면 당신 회사 주식의 장기 옵션을 보험료로 받고 보험을 기꺼이 팔겠습니다.

　꼭 현금이 아니더라도 회사가 가치 있는 무엇인가를 지급하면 회사에는 비용이 발생합니다. 단지 정확하게 계산할 수 없다고 해서 중요한 비용 항목을 무시해야 한다고 말한다면 이는 어리석고 냉소적인 태도입니다. 지금 우리 회계에는 부정확한 사항이 매우 많습니다. 보잉747을 몇 년이나 사용할 수 있는지 아는 경영자나 감사는 없습니다. 이는 보잉747의 연간 감가상각비가 얼마가 되어야 하는지 모른다는 뜻입니다. 은행의 연간 대손상각비가 얼마가 되어야 하는지를 정확하게 아는 사람도 없습니다. 게다가 손해보험사의 손실 추정치는 부정확하기로 악명 높습니다.

　그러면 이렇게 중요한 비용 항목들인데도 정확하게 계산할 수 없다는 이유로 무시해야 할까요? 물론 그래서는 안 됩니다. 그래도 이런 비용들을 정직하고 노련한 사람들이 추정해서 기록해야 합니다. 계산하기 어려우니 무시해야 한다고 회계 전문가들이 말하는 항목이 스톡옵션을 제외하고 또 무엇이 있습니까?

　게다가 옵션 평가가 그렇게 어려운 것도 아닙니다. 물론 경영자에게 부여되는 스톡옵션에는 여러 가지 제약이 있어서 평가하기 더 어려운 것은 사실입니다. 이런 제약이 가치에 영향을 미치기 때문입니다. 그러나 이런 제약 때문에 가치가 사라지는 것은 아닙니다. 사실 나는 제약이 따르는 외가격 옵션에 대해서도 거래를 제안할 생각이 있습니다. 경영자가 그런 스톡옵션을 받는 날, 버크셔는 장래에 실현될 스톡옵션 이익에 대해서 상당한 프리미엄을 지불할 용의가 있습니다. 따라서 어떤 CEO가 새로 발행되는 스톡옵션은 가치가 거의 없다고 말한다면 우리에게 전화하라고 말해주십시오. 실제로 우리는 회사 제트기의 감가상각비를 정하는 것보다 옵션 가격을 정하는 일에 훨씬 더 자신 있습니다.

스톡옵션의 실체는 매우 단순하게 요약할 수 있다고 봅니다. 스톡옵션이 보상이 아니라면 무엇입니까? 보상이 비용이 아니라면 무엇입니까? 그리고 비용을 이익 계산에 넣지 않는다면 도대체 어디에 넣어야 합니까?

회계 전문가들과 증권거래위원회는 옵션 회계에 관해서 경영자들에게 오랜 기간 휘둘렸다는 사실을 부끄러워해야 합니다. 게다가 경영자들의 옵션 관련 로비 활동은 부작용을 일으킬 수도 있습니다. 사회적으로 중요한 이슈에 대해서 터무니없는 주장을 펼치다가 기업 엘리트들이 신뢰를 상실할 위험이 있습니다. [1992]

⬛⬛⬛⬛⬛⬛

우리가 제너럴 리를 인수하는 과정에서 회계의 터무니없는 오류가 주목받게 되었습니다. 위임장 설명서를 읽어본 예리한 주주들은 60페이지에서 이례적인 항목을 발견했을 것입니다. (두 회사가 합병할 때 1997년 연결손익계산서가 받는 영향을 자세히 보여주는) 예상 손익계산서에 보상비용이 6,300만 달러 증가한다는 내용이 바로 그것입니다.

이 항목은 우리가 서둘러 추가한 것이지만, 그렇다고 찰리나 나의 인간성이 크게 달라진 것은 아닙니다(찰리는 여전히 버스 여행을 즐기며 벤저민 프랭클린을 본받으려 합니다). 제너럴 리는 늘 GAAP를 엄밀하게 준수했으므로 회계 처리에 결함이 있는 것도 아닙니다. 이런 예상 조정치가 나온 것은 제너럴 리 경영자들에 대한 스톡옵션 보상을 현금 보상으로 변경하기로 했기 때문입니다. 지금까지는 경영자들이 제너럴 리의 주가에 따라 보상받았지만, 이제부터는 회사의 실적에 따라 보상받게 됩니다.

새로 시행하는 현금 보상 제도와 폐지하는 스톡옵션 제도는 경제적 특성이 같습니다. 즉, 경영자들이 올리는 일정 성과에 대해서 받는 보상이 똑같습니다. 그러나 전에는 그 보상을 스톡옵션으로 받았지만 이제부터는 현금으로 받게 됩니다(과거에 받은 스톡옵션은 그대로 남아 있습니다).

두 제도의 경제적 특성은 같지만, 새로 도입하는 현금 보상 제도를 따르면 회계 실적은 크게 달라집니다. 스톡옵션은 실제로 막대한 비용이 발생하는 데다가 그 비용이 계속 증가하는데도, 기존 회계원칙에서는 이익을 산출할 때 그 비용을 무시했으므로 비현실적이었습니다. 경영자는 회계원칙을 선택할 수 있습니다. 하나는 스톡옵션을 지급할 때 비용을 인식하는 방법이고, 하나는 비용을 무시하는 방식입니다. 스톡옵션이 우후죽순처럼 증가한 것도 당연합니다. 그러나 경영자들이 일방적으로 선택한 방식이 주주들에게는 매우 불리합니다. 옵션은 적절하게 구성하면 경영자들에게 동기를 부여하고 보상하는 이상적인 방법이 될 수도 있지만 흔히 보상 측면에서는 매우 변덕스럽고, 동기 부여 측면에서는 매우 비효율적이며, 주주들이 부담하는 비용 측면에서는 터무니없이 비쌉니다.

옵션의 장점이 무엇이든 그 회계 처리 방식은 언어도단입니다. 가이코가 올해 광고비로 지출하려는 1억 9,000만 달러에 대해서 잠시 생각해봅시다. 광고비를 현금 대신 버크셔의 10년 만기 등가격 옵션으로 지급한다고 가정합시다. 그러면 버크셔에 광고비가 발생하지 않았다고 말하거나, 광고비를 장부에 기재하면 안 된다고 주장하는 사람이 있을까요?

버클리 주교*라면 회계사에게 보이지 않는 비용은 존재하지 않는다고 생각할 것입니다. 그러나 찰리와 나는 그다지 철학적이지 못해서 보이지 않는 비용도 무시하지 못합니다. 우리는 옵션을 발행한 회사에 대해 투자를 검토할 때 그 회사가 발행한 옵션을 동종·동량의 상장옵션으로 환산하여 보고이익을 하향 조정합니다. 또한 옵션을 발행한 회사에 대해 인수를 검토할 때도 스톡옵션 제도를 대체하는 데 들어가는 비용을 평가에 반영합니다. 이어서 거래가 이루어지면 우리는 숨겨졌던 비용을 즉시 드러냅니다.

---

*   Bishop Berkeley: 숲에서 나무가 쓰러져도 주위에 아무도 없다면 쓰러진 것이 아니라고 주장한 철학자.

옵션에 대해 내 생각에 동의하지 않는 독자들은, 임직원들에게 지급하는 옵션의 비용은 상장옵션과 다르다고 생각할 것입니다. 물론 임직원들에게 지급되는 옵션은 상장옵션과는 달리 몰수될 수도 있으므로, 이럴 때는 주주들이 입는 손해가 감소합니다. 또한 임직원들이 옵션을 행사하면 상장옵션과는 달리 회사가 세금공제를 받는 것도 사실입니다.

그러나 이런 장점을 상쇄하는 단점도 있습니다. 임직원들에게 지급하는 옵션은 상장옵션과는 달리 흔히 행사가격이 조정되므로 비용 부담이 훨씬 커집니다.

임직원들에게 지급되는 옵션은 양도가 불가능하므로 상장옵션보다 가치가 낮다는 주장도 있습니다. 그러나 양도가 불가능하다고 해서 옵션의 원가가 낮아지는 것은 아닙니다. 임직원에게 업무용으로만 사용할 수 있는 차를 제공하면 임직원에게는 그 차의 가치가 낮아지겠지만, 회사가 부담하는 비용이 낮아지는 것은 아닙니다.

최근 몇 년 동안 찰리와 나는 옵션 때문에 흔히 주당 보고이익을 5% 낮추었고, 10% 낮춘 사례도 드물지 않습니다. 때로는 이런 조정 폭이 매우 커서, 사려던 주식을 사지 않거나 보유 주식을 매각한 사례도 있습니다.

몇 년 전 우리는 다음과 같이 세 가지 질문을 던졌지만 아직 답을 듣지 못했습니다. "스톡옵션이 보상이 아니라면 무엇입니까? 보상이 비용이 아니라면 무엇입니까? 그리고 비용을 이익 계산에 넣지 않는다면 도대체 어디에 넣어야 합니까?"

[1998]

⬒⬒⬒⬒⬒⬒⬒

스톡옵션에 대한 판단을 흐리려는 시도가 여전히 이어지고 있으므로, 아무도(재무회계기준위원회도, 일반 투자자들도, 나도) 스톡옵션 사용을 제한하려 하지 않는다는 점부터 밝혀두고자 합니다. 사실 버크셔의 내 후계자가 보수의 상당 부분을 옵션으로 받을 수도 있습니다. 다만 1) 적정 행사가격, 2) 유보이익을 반영하는 행사가격 조정, 3) 옵션 행사로 취득한 주식의 조기 처분 금지 등 옵션 구조가 합리적으로 설계되어야 합니다. 현금 보너스든 옵션이든 우리는 경영자들에 대한 동기 부여를 환영합니다. 그리고 옵션을 제공하는 대가로 기업이 정말로 가치를 얻는다면 옵션을 비용으로 인식해도 그 유용성이 감소하지는 않을 것입니다.*

[2004]

⬒⬒⬒⬒⬒⬒⬒

지금까지 경영자들이 스톡옵션 회계에 미친 영향은 절대 가볍지 않습니다. 최근 몇 년 동안 수많은 CEO와 감사들이 옵션의 허구를 진실로 바꾸려는 재무회계기준위원회의 노력에 맞서 치열하게 싸웠으며, 위원회를 공개적으로 지지한 CEO는 거의 없었습니다. 반대자들은 의회까지 싸움에 끌어들여 스톡옵션이 증가해야 국익에 도움이 된다고 밀어붙였습니다.

---

* 2005년 옵션 비용 처리가 의무화되었다.

그러나 구조조정과 인수 회계에 대한 경영자들의 행태는 이보다 한 술 더 떴습니다. 경영자들은 의도적으로 숫자를 조작하여 투자자들을 기만했습니다. 미국의 정치 평론가 마이클 킨슬리Michael Kinsley는 워싱턴에 대해서 이렇게 말했습니다. "이제는 불법행위가 아니라 합법행위가 스캔들이 되었다."

전에는 회계를 분석하면 좋은 회사와 나쁜 회사를 비교적 쉽게 구분할 수 있었습니다. 예를 들어 1960년대 말에는 이른바 '대담하고 창의적인 회계'가 판쳤습니다(이런 관행은 기대를 저버리는 일이 없어서 한때 월스트리트로부터 사랑받았습니다). 그러나 당시 투자자들은 누가 그런 짓을 벌이는지 알고 있었습니다. 명예롭게도 당시 존경받던 기업들은 거의 모두 그런 방식을 멀리했습니다.

최근에는 이런 정직성이 무너지고 있습니다. 여전히 정직한 대기업도 많지만, 기꺼이 사위로 삼고 싶을 만큼 고결한 CEO 중에도 월스트리트가 원하는 대로 이익을 조작해도 괜찮다고 생각하는 사람이 부쩍 증가하고 있습니다. 심지어 이런 식의 조작은 문제없을 뿐 아니라 자신의 책무라고 생각하는 CEO도 많습니다.

흔히 이런 경영자들은 자신의 기본 직무가 주가를 항상 최대한 높이는 일이라고 생각합니다(우리 생각은 전혀 다릅니다). 주가를 올리려고 이들은 실적 향상에 매진합니다. 그러나 기대했던 실적이 나오지 않으면 이들은 회계 수법에 의지합니다. 이들은 원하는 '이익'을 만들어내거나 장차 이익을 높일 토대를 마련합니다.

이들이 흔히 제시하는 정당화 논리는 인수 대가로 지급하는 자사 주식이 저평가되면 주주들에게 피해가 돌아간다는 것이며, 남들도 모두 회계 속임수를 쓴다는 것입니다. 남들도 모두 그렇게 한다는 태도가 자리 잡으면 윤리의식은 사라집니다. 그레셤Thomas Gresham의 표현을 빌리면 이는 "나쁜 회계가 좋은 회계를 구축驅逐"하는 꼴입니다.

요즘 유행하는 회계 속임수는 '구조조정비용'입니다. 물론 합법적인 항목이지만 이익을 조작하는 수단으로 사용되는 경우가 너무도 많습니다. 이는 어차피 실적이 저조할 수밖에 없는 분기에, 여러 해에 걸쳐 배분해야 하는 비용을 한꺼번에 몰아넣는 수법입니다. 잘못 표시된 과거 이익을 바로잡으려고 이렇게 할 때도 있지만, 미래 이익을 잘못 표시하려고 이렇게 할 때도 있습니다. 다소 냉소적인 예를 들자면, 주당 이익이 장래에 계속해서 예상치보다 5센트를 초과할 수 있다면 한 분기에 예상치보다 5달러가 부족해도 월스트리트는 전혀 개의치 않는다는 것입니다.

이렇게 비용을 한 분기에 몰아넣는 '대담하고 창의적인 회계' 처리 행태는 골프에 비유할 수도 있습니다. 시즌 첫 라운드에 골퍼는 자신의 실제 점수를 무시하고 기록표에 더블, 트리플, 쿼드러플 보기 등 형편없는 점수를 써넣어 예컨대 140으로 제출합니다. 이렇게 '준비금'을 적립한 다음, 골프 교습소에 가서 프로에게 부실한 스윙을 '구조조정'하고 싶다고 말합니다. 이어서 그는 새로 배운 스윙을 코스에 적용하여, 실적이 좋은 홀에서는 점수를 기록하고 실적이 나쁜 홀에서는 점수를 기록하지 않습니다. 낡은 스윙의 잔재는 전에 적립해둔 준비금에서 차감하면 됩니다. 다섯 라운드를 마치면 그의 점수는 91, 94, 89, 94, 92가 아니라 140, 80, 80, 80, 80이 될 것입니다. 월스트리트는 (그가 이제는 과거 낡은 스윙에서 탈피했으므로) 140을 무시하고 우리의 영웅을 (절대로 사람들을 실망시키지 않는) 80짜리 골퍼로 분류할 것입니다.

사기를 앞당겨서 치려는 사람은 이 전략을 변형하면 됩니다. 협조적인 캐디(감사)와 함께 코스를 돌면서 실적이 나쁜 홀에서는 점수를 이연해 갈채를 받으며 네 번 80을 기록한 다음, 다섯 번째 기록표에 140을 적어 제출합니다. 이렇게 '빅 배스'로 앞에서 기록한 점수 오류들을 벌충한 다음에도 그는 변명만 늘어놓을 뿐, 앞에서 기록한 점수들을 철저하게 확인할 생각은 없습니다(이제 그 캐디는 확실한 후원자를 확보했습니다).

유감스럽게도 실제로 경영에 이런 변형 전략을 사용하는 CEO들은 흔히 이런 게임에 중독되며(기록표를 조작하는 편이 몇 시간씩 연습하기보다 쉬우니까요), 이 방식을 절대로 포기하지 못합니다. 이들의 행태를 보면 성관계 실험에 대한 볼테르의 말이 떠오릅니다. "한 번 하면 철학을 배우지만, 두 번 하면 변태가 된다."

기업 인수 분야에서 구조조정은 예술의 경지에 이르게 되었습니다. 이제 경영자들은 기업 인수를 이용해 자산과 부채의 가치를 조작함으로써 미래 이익을 부풀리고 매끄럽게 다듬는 수단으로 삼습니다. 실제로 주요 감사법인들은 기업 인수 과정에서 회계 마법이 가능하다고 언질을 주기도 합니다. 이렇게 전문가로부터 압력을 받으면 일류 경영자들도 삼류 전술에 굴복하기 쉽습니다. CEO들이 감사가 축복한 미래 이익 증대 전략을 거절하기란 쉽지 않습니다.

손해보험업계 사례를 보면 이런 현실이 드러납니다. 손해보험사를 인수하면 대개 인수회사는 즉시 손해액준비금을 대폭 증액합니다. 이는 이전에 적립한 손해액준비금이 부족하기 때문일 수도 있지만, 보험회계가 흔히 인수 거래에 때맞춰 조정되는 것은 불가사의한 일입니다. 아무튼 이 조처 덕분에 나중에 준비금을 풀어 '이익'을 손익 계정으로 넘길 수 있습니다.

버크셔에는 지금까지 이런 관행이 전혀 없었습니다. 우리가 여러분을 실망시킨다면 실적이 부진해서이지, 회계 때문은 아닐 것입니다. 우리는 모든 인수기업에서 손해액준비금을 원래대로 유지했습니다. 우리가 인수한 보험회사들은 경영자가 보험업을 잘 알고 재무 보고를 정직하게 한 회사들이었습니다. 기업을 인수하자마자 부채가 대폭 증가한다면 단순 논리로 볼 때 경영자가 보험업을 잘 모르거나 재무 보고가 부정직하다는 뜻입니다. 아니면 인수회사가 미래 '이익'을 부풀릴 토대를 마련하는 것입니다.

다음은 미국 기업에서 너무도 흔히 일어나는 실제 이야기입니다. 두 대형 은행의 CEO가 얼마 전부터 우호적 기업 인수에 대해 협의하고 있었습니다. 한 CEO는 인수 경험이 많은 전문가입니다(결국 이 거래는 성사되지 않았습니다). 인수 전문가 CEO가 합병의 장점을 자세히 설명하던 중 다른 CEO가 회의적인 태도로 말을 끊었습니다. "그러면 가령 10억 달러나 되는 막대한 비용을 계상한다는 뜻인가요?" 전문가 CEO는 즉시 대답했습니다. "그 금액보다도 더 키울 겁니다. 우리가 인수 거래를 하는 이유니까요."

볼티모어 RG 어소시에이츠R. G. Associates의 잠정 집계에 의하면 1998년에 차감되거나 발표된 특별 비용(구조조정, 진행 중인 연구개발, 합병 관련 항목, 상각 등)이 무려 1,369건에 합계 721억 달러에 이르렀습니다. 1997년 포춘 500대 기업의 이익 합계액이 3,240억 달러였던 점을 고려하면 이는 어마어마한 금액입니다.

오늘날 정확한 회계 보고를 경시하는 경영자들의 태도는 분명히 기업계의 수치입니다. 아울러 앞에서도 언급했지만 감사들도 제 역할을 거의 하지 못했습니다. 감사들은 투자 대중을 고객으로 받들어야 하는데도 자신에게 급여를 주는 경영자에게 머리를 조아립니다("나를 먹여주는 사람을 위해서 노래를 부른다").　　　　　　　　　　〔1998〕

E.　　　　　　　　　　　　　연금 추정치와 퇴직자 복지

수십 년 동안 활개 치던 터무니없는 옵션 회계가 이제는 잠잠해졌지만 다른 회계 기법들이 남아 있습니다. 이 중에서 중요한 것은 연금 비용을 계산할 때 회사가 가정하는 투자수익률입니다. 기업들이 이익을 실제보다 늘리려고 계속해서 무리한 가정을 세우는 것은 놀라운 일이 아닙니다. 연금 제도를 보유한 S&P 기업 363개의 2006년 투자수익률 가정은 평균 8%였습니다. 이 목표가 달성될 가능성을 살펴봅시다.

모든 연금기금의 채권 및 현금 보유 비중은 평균 약 28%이며, 이들 자산의 수익률은 5% 이내로 보아야 합니다. 물론 수익률을 더 높일 수도 있지만 그러면 손실 위험도 그만큼 증가합니다.

이는 연금기금이 8% 수익률을 달성하려면 나머지 자산 72%(대부분 주식으로서, 직접 보유하거나 헤지펀드나 사모펀드 등을 통해 간접 보유)의 수익률이 9.2%가 되어야 한다는 뜻입니다. 그것도 모든 수수료를 차감한 다음 9.2%가 나와야 하는데, 지금은 과거 어느 때보다도 수수료가 훨씬 높습니다.

그러면 이 예상 수익률은 얼마나 현실적일까요? 2년 전 내가 언급했던 데이터를 다시 살펴봅시다. 20세기 동안에 다우지수는 66에서 1만 1,497로 상승했습니다. 증가 폭이 엄청나 보이지만 연복리로 계산하면 5.3%에 불과합니다. 1세기 내내 주식을 보유한 사람은 대부분 기간에 푸짐한 배당을 받았겠지만, 마지막 몇 년 동안 받은 배당은 겨우 2% 안팎이었습니다. 그래도 멋진 한 세기였습니다.

이제는 21세기를 생각해봅시다. 이번에도 수익률 5.3%를 달성하려면 다우지수(최근 13,000 미만)의 2099년 12월 31일 종가가 200만에 육박해야 합니다. 그러나 21세기 들어 8년이 지나는 동안 달성한 실적은 다우지수 198만 8,000 중 2,000 미만입니다.

예를 들어 1만 4,000이나 1만 5,000처럼 1,000 단위로 다우지수의 상승 돌파를 전망할 때마다 해설자들이 숨 가빠 하는 모습을 보면 재미있습니다. 해설자들이 계속 이런 식으로 반응한다면 이들은 앞으로 92년 동안 1,986번 이상 숨을 몰아쉬게 될 것입니다. 세상에는 무슨 일이든 일어날 수 있겠지만, 이런 결과를 정말로 믿는 사람이 있을까요?

배당은 여전히 약 2% 수준입니다. 주식의 수익률이 1900년대처럼 연 5.3%를 달성한다고 해도 연금 자산 중 주식 부분의 수익률은 (비용 0.5%를 차감하면) 7% 정도에 불과합니다. 게다가 요즘의 고급 컨설턴트와 펀드매니저들(조력자들)을 고려하면 실제 비용은 0.5%보다 높다고 보아야 합니다.*

사람들은 누구나 평균 이상을 기대합니다. 그리고 틀림없이 조력자들은 고객들이 그렇게 믿도록 부추길 것입니다. 그러나 전체로 보면 조력자의 도움을 받는 집단은 평균을 밑돌 수밖에 없습니다. 이유는 간단합니다. 1) 필연적으로 전체 투자자의 수익률은 평균 수익률에서 비용을 차감한 값이고, 2) 인덱스 투자자(소극적 투자자)의 수익률은 평균 수익률에서 아주 적은 비용(매매를 거의 하지 않으므로)을 차감한 값인데, 3) 인덱스 투자자의 수익률이 평균 수익률이라면, 나머지 집단(적극적 투자자)의 수익률도 평균이 되지만, 적극적 투자자는 거래가 많고 운용 및 자문 비용도 많이 발생합니다. 따라서 적극적 투자자는 소극적 투자자보다 비용을 훨씬 많이 부담하여 수익률이 낮아집니다. 이는 아무것도 모르는 소극적 투자자가 승리할 수밖에 없다는 뜻입니다.

21세기 동안 주식에서 연 10% 수익률(배당 2%와 주가 상승 8%)을 기대하는 사람이 있다면 그는 2100년 다우지수가 약 2,400만이라고 암묵적으로 예측하는 사람입니다. 두 자릿수 주식 수익률을 논하는 사람이 있으면 그에게 이 숫자를 설명해주십시오(그렇다고 그 사람을 당황하게 하라는 뜻은 아닙니다). 조력자 중에는 《이상한 나라의 앨리스》에 등장하는 여왕의 후손이 많은 모양입니다. "나는 아침 먹기도 전에 불가능한 일을 6개나 믿은 적도 있어"라고 말한 여왕 말입니다. 고객의 머리에 환상을 채우면서 자기 주머니에 수수료를 채우는 입심 좋은 조

---

*   4장 'A. 결국 인덱스펀드가 승리한다' 참조.

력자를 조심하십시오.

일부 기업은 미국은 물론 유럽에서도 연금 제도를 운용 중인데, 이들의 회계에서는 거의 모두 미국 연금의 수익률이 유럽 연금의 수익률보다 높은 것으로 가정합니다. 이 차이는 수수께끼입니다. 유럽 연금도 미국 펀드매니저에게 맡겨서 환상적인 실적을 올리지 않는 이유가 무엇일까요? 나는 이 수수께끼의 답을 들어본 적이 없습니다. 그러나 수익률 가정을 조사하는 감사와 보험 회계사들은 아무 문제가 없다고 생각하는 듯합니다.

그러나 CEO들이 미국 연금의 수익률을 높게 가정하는 데에는 그만한 이유가 있습니다. 보고이익을 높일 수 있기 때문이지요. 그리고 내가 생각하는 것처럼 수익률 가정이 틀렸더라도, 그들이 은퇴하고 나서도 오랫동안 화가 미치지 않기 때문입니다.

지난 수십 년 동안 미국 기업들은 당기이익을 최대한 높이려고 무리한 시도를 해왔지만, 이제는 이런 태도를 바꿔야 합니다. 내 동업자 찰리의 말에 귀 기울여야 합니다. "지금까지 왼쪽으로 파울볼 3개를 날렸다면 다음 공은 다소 오른쪽으로 밀어 쳐라." 〔2007〕

✕✕✕✕✕✕✕

1993년 1월 1일부터 새로 시행되는 주요 회계 규정에 따라 기업들은 퇴직자건강보험 채무를 현재가치로 인식해야 합니다. 지금까지 GAAP는 미래에 지급하는 연금을 인식하도록 요구하면서도, 불합리하게도 건강보험에 대해서 기업이 부담할 비용은 무시했습니다. 이제 새 규정에 따라 기업들은 재무상태표에 거액의 부채 항목을 기재해야 하며, 연간 이익을 산출할 때도 훨씬 큰 비용을 인식해야 합니다.

기업을 인수할 때 찰리와 나는 퇴직자 관련 채무가 많은 기업은 늘 피했습니다. 그 결과 버크셔는 현재 직원이 2만 2,000명이지만, 현재 및 미래의 퇴직자건강보험비용은 대수롭지 않습니다.

그러나 하마터면 우리는 큰 실수를 저지를 뻔했습니다. 1982년에 어리석게도 퇴직자건강보험 채무가 이례적으로 많은 기업을 인수하려고 했던 것입니다. 다행히 우리가 통제하지 못하는 이유로 거래가 무산되었습니다.

1982년 연차보고서에 이 사건을 보고하면서 나는 이렇게 말했습니다. "우리의 과거 실적을 연차보고서에 그래프로 나타낸다면 이번에 무산된 거래에 대해서는 중앙 2면을 공백으로 남겨두어야 할 것입니다." 그러나 나는 그 기업이 그토록 빠르게 몰락하리라고는 예상하지 못했습니다. 이 기업은 다른 기업에 인수된 다음 곧 파산하여 문을 닫았고, 종업원 수천 명이 약속받았던 너그러운 건강보험은 공수표가 되고 말았습니다.

다른 회사가 약속한 퇴직자종신건강보험을 자기 회사가 떠안아야 한다고 꿈엔들 생각해본 CEO는 최근 몇십 년 동안 한 사람도 없을 것입니다. 의학 전문가가 아니더라도 CEO는 사람들의 기대수명이 연장되어 의료비용이 치솟으면 회사 재정에 타격이 된다는 사실을 알 수 있습니다. 그런데도 경영자들은 분별없이 이와 같은 보험 제도를 도입했고 이 부담을 주주들이 떠안게 되었습니다. 건강보험에 대한 무제한 약정이 무제한 채무를 일으킨 탓에 미국 주요 산업의 국제 경쟁력이 위협받은 사례도 있습니다.

이런 무모한 행태가 나타난 이유 중에는 회계 규정에서 퇴직자건강보험비용을 장부에 기재하도록 요구하지 않은 탓도 있습니다. 회계 규정에서는 현금 기준 회계를 허용했는데, 이 때문에 채무가 터무니없이 과소평가되었습니다. 경영자와 회계사들이 이 채무를 보는 태도는 '눈에 보이지 않으면 마음에서도 사라진다'라는 식이었습니다. 아이러니하게도 바로 이런 경영자 중 일부가, 의회가 사회보장제도나 다른 제도에 '현금 기준'을 적용하려 할 때 즉시 비난을 퍼부었습니다.

회계 문제를 생각할 때 경영자들은 링컨이 즐겨 내던 수수께끼를 절대 잊지 말아야 합니다. "개의 꼬리를 다리라고 부른다면 개의 다리는 몇 개일까요?" 정답은 "4개. 꼬리를 다리로 부른다고 다리가 되는 것은 아니므로". 감사가 꼬리를 다리로 인증해주겠다고 해도 경영자들은 링컨의 말을 기억하시기 바랍니다.

[1992]

F.   순이익은 의미 없다

이제부터 우리는 생략했지만 언론에서는 가장 중시하는 숫자인 '순이익'에 초점을 맞춰봅시다. 순이익이 대부분의 회사에 중요할지 몰라도 버크셔에서는 거의 의미가 없습니다. 실제 사업 실적과는 상관없이, 찰리와 나는 언제든지 우리가 원하는 순이익을 완전히 합법적으로 만들어낼 수 있습니다.

우리가 이렇게 융통성을 발휘할 수 있는 것은, 투자에 대한 '실현'

손익은 순이익에 포함되지만 '미실현' 손익은 포함되지 않기 때문입니다. 예를 들어 어떤 해에 버크셔의 미실현 이익은 100억 달러 증가하고 실현 손실은 10억 달러 발생했다고 생각해봅시다. 우리 순이익은 (손실만 포함되므로) 영업이익보다 적은 숫자로 보고될 것입니다. 만일 우리가 이익을 전년도에 실현했다면 신문 머리기사에는 우리 이익이 X% 감소했다고 나올 것입니다. 실제로는 실적이 대폭 개선되었을지 모르는데도 말입니다.

순이익이 정말로 중요하다고 생각한다면 우리는 보유 중인 막대한 미실현 이익을 정기적으로 실현하여 순이익을 만들어낼 수 있습니다. 그러나 안심하십시오. 찰리와 나는 곧 발표할 순이익을 높이려고 증권을 판 적이 한 번도 없습니다. 우리는 1990년대 미국 기업계에 만연했고 지금도 간혹 뻔뻔스럽게 자행되는 숫자놀음을 깊이 혐오합니다.

다소 결함은 있어도 영업이익이 우리 실적을 평가하는 대체로 합리적인 지침입니다. 순이익은 무시하십시오. 그래도 우리는 규정에 따라 순이익을 발표해야 합니다. 그러나 기자들이 순이익에 초점을 맞춘다면, 그들의 주장은 우리의 실상과는 무관한 이야기가 될 것입니다.

실현 손익과 미실현 손익은 우리 순자산가치 계산에 모두 반영됩니다. 따라서 순자산가치의 증감과 영업이익의 추세에 주목하면 우리 실적을 정확하게 추적할 수 있습니다. 〔2010〕

G.   회계의 맹점

새 규정에 의하면 우리는 보유 주식의 미실현 손익 증감분을, 보고하는 모든 순이익에 포함해야 합니다. 이 때문에 우리 GAAP 순이익이 매우 거칠게 급변할 것입니다. 우리가 보유한 유가증권은 크래프트 하인즈Kraft Heinz 주식을 제외하고도 1,700억 달러에 이르므로, 그 평가액이 분기에 100억 달러 이상 변동하기 쉽습니다. 우리 순이익이 이런 규모로 급변한다면 정작 중요한 우리 영업 실적은 흔적도 찾아보기 어려울 것입니다. 분석 목적이라면 버크셔의 순이익은 무용지물이 된다는 뜻입니다.

과거에도 회계 규정에 따라 실현 손익을 순이익에 포함해야 했으므로 실현 손익을 다룰 때마다 설명하기가 어려웠는데, 이제는 새 규정 때문에 더 어려워졌습니다. 과거에 분기 실적이나 연간 실적을 공표할 때 우리는 이런 실현 손익에 관심을 기울이지 말아달라고 자주 경고했습니다. 미실현 손익과 마찬가지로 우리 실현 손익도 무작위로 변동하기 때문입니다.

우리는 주로 적절한 시점이라고 생각될 때 유가증권을 매도하지, 순이익에 영향을 미치려고 매도하지는 않습니다. 그 결과 우리는 포트폴리오 실적이 전반적으로 부진한 기간에 대규모 이익을 실현한 적도 있고, 반대로 포트폴리오 실적이 전반적으로 양호한 기간에 이익을 실현하지 않은 적도 있습니다.

기존 규정에 의해 실현 손익이 왜곡되는 데다가 새 규정에 의해 미실현 손익마저 혼란스러워졌으므로 우리는 분기마다 실적 관련 조정 사항들을 공들여 설명할 것입니다. 그러나 TV에서는 대개 기업이 실적을 발표하는 즉시 순이익에 대해 논평하고, 신문의 주요 뉴스에서는 항상 전년 대비 GAAP 순이익 증감에 주목합니다. 따라서 대중매체에서 보도하는 실적에 주목하다 보면 사람들은 과도한 기대감이나 공포심에 휩쓸릴 수 있습니다.

우리는 이런 문제점을 완화하고자 앞으로도 금요일 장 마감 이후나 토요일 아침 일찍 재무보고서를 발표하던 관행을 유지하려고 합니다. 이렇게 하면 투자 전문가들도 월요일 개장 전까지 분석 시간을 충분히 확보하여 정확한 논평을 제공할 수 있습니다. 그렇더라도 회계에 문외한인 주주들은 상당한 혼란을 겪게 될 것입니다. 〔2017〕

The Essays of

WARREN BUFFETT

VIII. Taxation

8장
세금

우리가 보유한 증권을 연말에 모두 시장가치로 판다면 내야 할 세금은 11억 달러가 넘습니다. 이 부채 11억 달러는 15일 후에 지급해야 하는 매입채무 11억 달러와 성격이 비슷할까요?

분명히 다릅니다. 두 항목 모두 순자산을 11억 달러 감소시키는 효과는 똑같지만 말입니다.

그러면 이연법인세부채는 주식을 팔 때만 지급 의무가 발생하는데, 우리는 팔 의도가 없으므로 회계적 허상에 불과할까요?

그렇지 않습니다. 이연법인세부채는 만기를 우리가 정할 수 있는 미국 재무부의 무이자 대출과 비슷합니다(이익을 실현하기 전에 세금을 거두는 법안이 의회에서 통과되지 않는다면 말입니다). 이 '대출'에는 다른 특성도 있습니다. 이 자금으로는 이익이 발생한 특정 주식만을 보유할 수 있으며, 보유 가능한 주식 규모도 변동합니다. 주가의 등락에 따라 매일 변동하며, 주기적으로 세율이 바뀌어도 변동합니다. 사실 이연 법인세부채는 우리가 한 자산을 다른 자산으로 바꿀 때만 부과되는 대규모 양도세에 해당합니다. 실제로 우리는 1989년에 비교적 소량 을 팔아서 이익 2억 2,400만 달러를 실현했고, 이에 대해 '양도세' 약 7,600만 달러를 부담하게 되었습니다.

세법을 적용하는 방식 때문에 우리가 선호하는 립 밴 윙클(Rip Van Winkle: 20년 동안 잠을 자다 깨어난 소설 속 인물)식의 투자가 일반적으로 열광하는 투자 방식보다 확실히 유리합니다. 극단적인 사례를 비교해 봅시다.

버크셔가 보유한 자금이 1달러뿐인데, 이 돈을 주식에 투자했더니 연말에 주가가 2배로 상승하여 팔았다고 가정합시다. 우리는 세금을 차감하고 나서 이듬해 이 원리금을 마찬가지로 주식에 투자했고, 연말 에 역시 주가가 2배로 상승하여 팔았으며, 이런 과정을 모두 20회 반 복했다고 가정합시다. 그러면 자본이득세율 34%로 우리가 20년 동 안 정부에 내는 세금 합계액은 약 1만 3,000달러가 되고, 우리 손에 남 는 돈은 약 2만 5,250달러가 됩니다. 나쁘지 않은 실적입니다. 그러나 우리가 투자해서 20년 동안 계속 보유하는 종목의 주가가 해마다 2배 로 상승한다면 20년 차 말에는 주식의 시장가치가 104만 8,576달러 로 늘어납니다. 이 주식을 팔아 자본이득세 약 35만 6,500달러를 내고 나면 우리 손에 남는 돈은 약 69만 2,000달러가 됩니다.

이렇게 실적이 엄청나게 달라지는 유일한 이유는 세금을 내는 시점 이 다르기 때문입니다. 흥미롭게도 정부 역시 기다렸다가 세금을 나 중에 받는 편이 훨씬 더 유리합니다. 세금 수입이 1만 3,000달러에서

35만 6,500달러로 무려 27배나 증가하기 때문입니다.

그러나 분명히 말하지만 우리가 이런 세금 때문에 장기 투자 전략을 선택한 것은 아닙니다. 우리는 한 자산에서 다른 자산으로 빠르게 옮겨 다니면서 세후이익을 더 높일 수도 있습니다. 오래전에는 찰리와 내가 이런 방식을 사용했습니다.

그러나 이제는 수익률이 다소 낮아지더라도 가만히 있으려고 합니다. 이유는 간단합니다.

우리는 훌륭한 사업 관계가 너무도 드물고 즐겁다는 사실을 깨달았으므로, 그동안 형성된 훌륭한 관계를 모두 유지하려는 것입니다. 게다가 이런 관계를 유지하면 실적도 양호하게 나옵니다. 따라서 대개 인격이 평균 수준인 낯선 사람들을 만나느라 우리가 좋아하고 존경하는 사람들을 포기할 필요는 없다고 생각합니다. 단지 수익률을 더 높이려고 낯선 사람들과 함께 일하는 것은 돈 때문에 결혼하는 것과 같습니다. 이는 대부분의 경우에 잘못된 생각이며, 이미 부자라면 완전히 미친 짓입니다.

〔1989〕

A.   법인세는 누가 떠안는가

그동안 법인세를 실제로 부담하는 주체가 회사냐 소비자냐에 대해서 모호하고도 당파적인 논쟁이 많이 벌어졌습니다. 물론 이런 논쟁은 대개 법인세 인하가 아니라 인상을 두고 벌어졌습니다. 법인세 인상에 반대하는 사람들이 흔히 하는 주장은, 실제로 회사는 일종의 도관pipeline이 되어 자신은 법인세를 한 푼도 내지 않고 모든 세금을 소비자에게 전가한다는 것입니다. 이들의 주장으로는 법인세가 인상되면 회사는 제품 가격을 인상하여 법인세 증가분을 상쇄합니다. 이런 도관 이론 지지자들의 주장을 받아들인다면 법인세가 인하될 때도 회사의 이익이 증가하는 대신 제품 가격이 인하되어야 합니다.

반면 회사는 법인세를 낼 뿐 아니라 일부를 흡수한다는 주장도 있습니다. 소비자들은 법인세 변경으로부터 영향을 받지 않는다고 이들은 주장합니다.

그러면 실제로는 어떨까요? 법인세율이 인하되면 버크셔, 워싱턴포스트, 캐피털시티 등은 그 혜택을 회사가 누릴까요, 아니면 가격을 낮춰서 혜택을 소비자들에게 이전할까요? 이는 정책 입안자는 물론 투자자와 경영자들에게도 중요한 질문입니다.

우리의 결론은 법인세 인하 혜택이 거의 모두 회사로 가는 일도 있고, 거의 모두 고객에게 가는 일도 있다는 것입니다. 그 결과는 기업의 고객 독점력이 얼마나 강한가와, 이익에 대해서 당국의 규제를 받는가에 좌우됩니다.

예를 들어 전력회사처럼 고객 독점력은 강하지만 이익에 대해서도 엄격한 규제를 받는다면 법인세율 변경은 주로 이익이 아니라 가격에 반영됩니다. 법인세율이 인하되면 대개 가격도 즉시 인하됩니다. 법인세율이 인상되면 대개 다소 시차를 두고 가격도 인상됩니다.

고객 독점력이 약해서 가격 경쟁이 치열한 산업에서도 비슷한 결과가 발생합니다. 이런 산업에서는 자유시장이 세후이익을 '규제'하는데, 다소 시차가 발생하고 불규칙하긴 하지만 대체로 강하게 영향을 미칩니다. 공익사업위원회Public Utility Commission가 전력산업을 규제하는 것처럼 시장이 가격 경쟁이 치열한 산업을 규제합니다. 따라서 이런 산업에서도 세율 변경은 결국 기업의 이익보다 가격에 더 영향을 미칩니다.

그러나 고객 독점력도 강한 데다가 규제도 받지 않는 축복받은 기업이라면 이야기가 전혀 달라져서, 기업과 주주들이 법인세 인하의 주요 수혜자가 됩니다. 이런 기업들이 세율 인하로부터 혜택을 받는 것은, 세율이 인하되어도 가격 인하 압력을 받지 않을 때 전력회사들이 이득을 보는 것과 같습니다.

우리 기업들은 지분을 전부 보유하는 기업이든 일부만 보유하는 기업이든 대부분 이런 고객 독점력을 갖고 있습니다. 따라서 법인세율이 인하되면 주로 고객보다는 우리 주머니가 두둑해집니다. 이렇게 말하는 것이 어리석을지 몰라도 부인할 수가 없습니다. 달리 생각하고 싶다면 당신이 사는 지역에서 가장 유능한 뇌 전문 외과 의사나 변호사를 잠시 생각해보십시오. 개인의 최고 세율이 50%에서 28%로 내려간다고 해서 (해당 분야에서 고객 독점력이 있는) 이런 전문가의 보수가 인하될까요?

그러나 세율 인하로 우리 기업들이 이익을 본다는 말에 지나치게 기뻐해서는 안 됩니다. 1988년에 예정된 세율 변경은 개인세율과 법인세율 둘 다 전혀 비현실적으로 보이기 때문입니다. 이런 세율 때문에 정부 재정에 문제가 발생하고 물가가 불안해질 공산이 큽니다. 따라서 예컨대 5년 안에 거의 틀림없이 세율이 인상되거나 인플레이션이 심해질 것입니다. 우리는 세율 인상과 인플레이션 심화가 동시에

일어나더라도 놀라지 않을 것입니다.　　　　　　　　　　[1986]

✕✕✕✕✕✕✕

간혹 버크셔의 세금 문제에 대해서 오해하는 분들이 있습니다. 이에 대해 설명하자면 첫째, 자본이득은 우리에게 별다른 매력이 없습니다. 법인은 자본이득이든 경상이익이든 과세소득에 대한 세율이 35%입니다. 따라서 버크셔의 장기 자본이득에 대한 세율은 개인보다 무려 75%나 높습니다.

우리가 받는 배당 중 70%가 과세소득에서 제외된다고 오해하는 분들도 있습니다. 실제로 대부분 기업에 70%가 적용되며, 버크셔도 비보험 자회사에서 보유하는 주식에 대해서는 70%가 적용됩니다.

그러나 우리 주식은 거의 모두 보험회사가 보유하고 있으며, 이 경우에는 과세소득에서 제외되는 비율이 59.5%입니다. 그래서 배당 1달러가 경상이익 1달러보다 가치가 높긴 하지만, 흔히 사람들이 생각하는 정도는 아닙니다.　　　　　　　　　　[1998]

B.　　　　　　　　　세금이 이익에 미치는 영향

버크셔는 연방소득세로 거액을 납부합니다. 버크셔의 대주주 관점에서 말하자면 찰리와 나는 이런 세금에 대해서 전혀 불만이 없습니다. 사회에 더 크게 기여하는 사람들보다도 우리는 시장경제로부터 훨씬 더 풍족하게 보상받고 있기 때문입니다. 세금이 이런 불공정을 부분적으로나마 바로잡아야 하며, 실제로도 바로잡고 있습니다. 그런데도 우리는 여전히 이례적으로 좋은 대우를 받고 있습니다.

우리 회사 형태가 조합이거나 S 코퍼레이션(S corporation: 세무상으로만 인정되는 주주 100인 이하의 소규모 주식회사)이라면 주주들이 내는 세금이 훨씬 줄어들 것입니다. 그러나 다양한 이유로 버크셔는 그런 형태가 될 수 없습니다. 하지만 우리는 장기 투자 전략 덕분에 법인 형태에서 오는 단점이 일부 완화됩니다. 찰리와 나는 면세법인을 경영하더라도 장기 투자 전략을 사용할 것입니다. 우리는 장기 투자가 가장 건전한 투자 방법이라고 생각하며 우리 기질에도 잘 맞습니다. 그러나 장기 투자를 하는 세 번째 이유는 이익이 실현될 때만 세금을 내기 때문입니다.

나는 젊은 시절에 릴 애브너Li'l Abner의 연재만화를 즐겨 보았는데, 이 만화를 통해서 뒤늦게 납세 연기의 이점을 깨달았습니다. 도그패치 마을에 사는 주인공 애브너는 바보스러운 실수를 저지름으로써 독자들이 우월감을 느끼게 해주는 인물입니다. 한번은 그가 뉴욕의 요부 아파쇼나타 반 클라이맥스Appassionatta Van Climax에게 홀딱 빠졌습니다. 그러나 그녀는 백만장자에게만 관심이 있었고, 애브너가 가진 돈이라고는 은화 한 닢뿐이라서 좌절감에 사로잡혔습니다. 낙담한 그는 도그패치의 모든 지식의 원천인 현인, 올드맨 모세Old Man Mose를 찾아가 조언을 구했습니다. 현인은 말했습니다. "가진 돈을 2배로 20번 불리면(1, 2, 4, 8 … 1,048,576) 아파쇼나타는 자네 차지가 될 걸세."

연재만화에서 기억하는 마지막 장면은, 애브너가 술집에서 슬롯머신에 1달러를 넣고 레버를 당기자 잭팟이 터지면서 동전이 쏟아져 나오는 모습이었습니다. 그러자 그는 모세의 조언을 철저하게 준수하여, 동전 2개만 집어 들고 또 2배로 늘리러 갔습니다. 이 대목에서 나는 만화를 내던지고 벤저민 그레이엄의 책을 읽기 시작했습니다.

모세는 분명히 과대평가된 현인이었습니다. 애브너가 기계적으로 조언을 따르리라고 예상하지 못했고 세금도 생각하지 못했기 때문입니다. 애브너도 버크셔처럼 연방소득세 35%를 내야 한다면, 매년 재산을 2배로 늘린다고 해도 20년 뒤의 재산은 2만 2,370달러에 불과합니다. 이렇게 매년 재산을 2배로 늘리고 매년 세금을 35% 낸다면 그는 7.5년 더 걸려서야 100만 달러를 모으게 됩니다.

만일 애브너가 매년 2배로 늘어나는 자산에 돈을 묻어둔 다음 27.5년을 기다렸다면 어떻게 되었을까요? 그랬다면 마지막 해에 세전으로는 약 2억 달러, 세후로는 1억 3,000만 달러를 모았을 것입니다. 이 정도 재산이라면 아파쇼나타가 애브너에게 온갖 아양을 떨었을 것입니다. 물론 27.5년의 세월이 흐른 다음 1억 3,000만 달러를 손에 쥔 사내에게 아파쇼나타가 얼마나 매력적으로 보였을지는 또 다른 문제입니다.

위 이야기가 세금을 내는 투자자들에게 주는 교훈은 분명합니다. 수익률이 같다면 이리저리 자산을 옮겨 다니는 것보다 한 자산에 묻어둘 때 수익이 비교 불가능할 정도로 더 커진다는 사실입니다. 아마도 버크셔 주주들은 이 사실을 오래전에 깨달았을 것입니다. 〔1993〕

　내가 기업 인수를 선호하는 데에는 중요한 금전적 이유도 있습니다. 바로 세금입니다. 세법에 의하면 버크셔는 기업의 주식을 소량 보유할 때보다 80% 이상 보유할 때 그만큼 더 유리합니다. 우리가 주식을 100% 보유한 기업의 세후이익이 100만 달러라면 이 금액 전부가 우리 이익이 됩니다. 이 100만 달러를 모두 버크셔가 받아도 우리는 배당에 대해 세금을 내지 않습니다. 또는 이익을 유보한 상태로 이 회사를 매각하여(실제로 팔 리는 없지만!) 100만 달러 넘게 웃돈을 받더라도 우리는 자본이득세를 내지 않습니다. 기업 매각 시 발생하는 우리 '조세비용'에는 기업 인수비용과 이후 유보한 모든 이익이 포함되기 때문입니다.

　그러나 우리가 유가증권을 보유할 때는 다릅니다. 우리가 세후이익이 1,000만 달러인 회사의 주식 10%를 보유한다면 그 이익 중 우리 몫 100만 달러에 대해서 추가로 주세州稅와 연방세를 내야 합니다. (1) 배당을 받으면 약 14만 달러를 내야 하고(배당소득세율은 대개 14%), (2) 우리가 배당을 받지 않은 상태에서 자본이득을 얻으면 무려 35만 달러를 내야 합니다(자본이득세율은 대개 35%이지만 간혹 40%에 이르기도 합니다). 이익을 실현하지 않으면 35만 달러 납부를 미룰 수 있지만, 그래도 언젠가는 내야 합니다. 따라서 우리가 주식 투자로 회사 일부를 보유하면 정부가 두 번이나 우리 '동업자'가 되지만, 우리가 지분을 80% 이상 보유하면 정부는 한 번만 동업자가 됩니다.　　　　〔2000〕

※※※※※

2003년 5월 20일 〈워싱턴 포스트〉에 부시의 세금 정책에 비판적인 나의 기명 논평이 실렸습니다. 13일 뒤 미국 재무부 조세 정책 담당 차관보 파멜라 올슨Pamela Olson이 새 조세법에 관한 연설에서 이렇게 말했습니다. "이는 중서부의 어떤 현인이 지금까지 세법을 멋대로 주물러서 이익을 고스란히 챙기고 있다는 뜻입니다."

아마도 나를 두고 한 말이겠지요.

그러나 내 솜씨로는 카네기홀은커녕 고등학교 학예회에도 나가지 못합니다. 2003년에 버크셔가 납부 예정인 소득세는 33억 달러로서, 2003 회계연도 미국 전체 기업 소득세 합계액의 2.5%에 해당합니다(그러나 버크셔의 시가총액은 미국 전체 기업 시가총액의 약 1%에 불과합니다). 이제 우리는 거의 틀림없이 미국 10대 납세 기업에 들어갈 것입니다. 실제로 버크셔만큼 세금을 내는 회사가 540개만 있다면 다른 개인이나 법인은 세금을 한 푼도 낼 필요가 없습니다. 정말입니다. 2억 9,000만 미국인과 나머지 모든 기업은 소득세, 사회보장세, 소비세, 상속세로 한 푼도 낼 필요가 없습니다(한번 계산해봅시다. 2003년 연방 조세 수입은 사회보장세를 포함해서 모두 1.782조 달러였습니다. '버크셔' 같은 기업 540개가 33억 달러씩 세금을 내면 모두 1.782조 달러가 됩니다).

우리가 17억 5,000만 달러를 납부했던 2002년에는 소득신고서 분량이 겨우 8,905페이지였습니다(2003년 신고서는 아직 최종본이 나오지 않았습니다). 우리는 규정에 따라 소득신고서를 2부씩 충실하게 작성했는데, 쌓아놓으면 높이가 무려 2미터에 이르는 분량이었습니다.

15.8명에 불과한 우리 세계본부 직원들은 지치긴 했지만, 잠시나마 자부심을 느끼며 흥분했습니다. 버크셔는 미국 재정 부담 중 우리 몫을 확실히 짊어지고 있다는 생각입니다.

그러나 올슨의 생각은 다른 듯합니다. 만일 찰리와 내가 더 열심히 노력해야 한다는 뜻이라면 우리는 기꺼이 그렇게 하겠습니다.

그래도 올슨이 지금까지 내가 이룬 발전을 어느 정도 인정해주면 좋겠습니다. 1944년 13세의 신문 배달 소년이었던 나는 처음으로 1040(개인 소득신고서)을 제출했습니다. 소득신고서는 3페이지였습니다. 자전거 구입 비용 35달러 등 정당한 세액공제를 받아 내가 제출한 세금신고서 금액은 7달러였습니다. 내가 재무부에 보낸 수표는 (아무 언급 없이) 즉시 현금으로 인출되었습니다. 이후 우리는 별일 없이 잘 지냈습니다.

****

요즘 재무부가 미국 기업계에 실망하여 쉽게 분노하는 이유를 나는 이해할 수 있습니다. 그러나 바로잡을 대상은 버크셔가 아니라 의회와 행정부입니다.

2003 회계연도에 법인세가 연방 세금 수입에서 차지하는 비중은 7.4%였는데, 제2차 세계대전 이후 그 비중이 가장 높았던 1952년에는 32%였습니다. 1983년을 제외하면 1934년 데이터가 처음 발표된 이후 작년 비중이 최저 기록이었습니다.

그런데도 기업(그리고 주로 대규모 투자자들)에 대한 세금 우대가 2002년과 2003년 행정부의 주요 정책이었습니다. 이것이 미국에서 벌어지는 계급 투쟁이라면 내가 속한 자본가 계급이 확실히 승리하고 있습니다. (내가 바보처럼 보일 정도로 능수능란한 CEO들이 경영하는) 수많은 미국 대기업이 부담하는 연방소득세율이 35%에 훨씬 못 미치기 때문입니다.

1985년 버크셔가 낸 연방소득세는 1억 3,200만 달러였고, 모든 기업의 연방소득세 합계액은 610억 달러였습니다. 1995년에는 각각 2억 8,600만 달러와 1,570억 달러였습니다. 그리고 앞에서 언급한 대로 2003년에 우리가 낼 세금은 약 33억 달러이고, 모든 기업의 세금 합계액은 1,320억 달러입니다.

우리는 장래에 세금을 더 많이 내게 되길 바랍니다. 우리가 번창한다는 뜻이니까요. 하지만 나머지 기업들도 우리처럼 세금을 더 많이 내길 바랍니다. 아마도 이것이 올슨의 주요 과제가 되겠지요. 〔2003〕

※※※※※※

투자 섹션을 마무리하기 전에 배당과 세금에 대해 간략하게 설명하겠습니다. 대부분 기업들과 마찬가지로 버크셔도 자본이득에 적용되는 세율보다 배당소득에 적용되는 세율이 훨씬 낮습니다. 세금 혜택을 누리면서 수익률을 높이기에는 자본이득이 항상 유리하다고 생각한 주주들은 이 말에 십중팔구 놀랐을 것입니다.

법인세가 부과되는 방식은 이렇습니다. 법인은 자본이득 1달러를 실현할 때마다 연방소득세 35센트가 부과됩니다(대개 주소득세도 함께 부과됩니다). 그러나 법인이 미국 기업으로부터 받은 배당에 대해서는 훨씬 낮은 세율이 적용되며, 그 세율은 법인의 과세 지위에 따라 달라집니다.

(모회사인 버크셔 등) 비보험회사에 적용되는 연방소득세 실효세율은 배당 1달러당 10.5센트입니다. 게다가 보유 지분이 20%를 초과하는 피투자회사에서 받은 배당 1달러에는 7센트만 부과됩니다. 이 세율은 예컨대 버크셔가 지분 27%를 보유한 크래프트 하인즈에서 받은 거액의 배당에 적용됩니다(이렇게 피투자회사의 배당에 낮은 세율이 적용되는 것은 피투자회사가 이익에 대해 이미 법인세를 납부했기 때문입니다).

버크셔 보험 자회사들이 받는 배당에 적용되는 세율은 비보험회사보다 다소 높지만, 그래도 자본이득세율 35%보다는 훨씬 낮습니다. 손해보험사들이 받는 배당에 대해서는 대개 약 14% 세율이 적용됩니다. 그러나 보유 지분이 20%를 초과하는 미국 피투자회사에서 받은 배당에는 약 11% 세율이 적용됩니다.

이것으로 오늘의 세금 공부를 마칩니다. 〔2016〕

※※※※※※※

버크셔는 매년 막대한 연방소득세를 납부합니다. 예컨대 2021년 우리가 납부한 연방소득세는 33억 달러였습니다. 같은 해 재무부가 발표한 연방소득세 납부액 합계는 4,020억 달러였습니다. 버크셔는 주州와 외국에도 막대한 세금을 납부합니다. 버크셔 주주들은 "나는 회사에서 기부했습니다"라고 말해도 무방합니다.

버크셔의 역사는 (눈에 띄지 않아서 사람들이 인식하지 못하는) 정부와 미국 기업들 사이의 재무적 협력 관계를 생생하게 보여줍니다. 버크셔의 역사는 버크셔 파인 스피닝Berkshire Fine Spinning과 해서웨이 매뉴팩처링Hathaway Manufacturing이 합병에 합의한 1955년 초에 시작됩니다. 이들 유서 깊은 뉴잉글랜드 직물회사는 합병에 큰 기대를 걸면서 주주들에게 승인을 요청했습니다.

예컨대 해서웨이 매뉴팩처링은 주주들에게 "두 회사의 자원과 경영을 결합하면 직물업계에서 가장 강력하고 효율적인 회사 중 하나가될 것입니다"라고 장담했습니다. 자문회사였던 리먼 브러더스(네, 글로벌 금융위기에 파산한 그 투자은행입니다)도 이 낙관적 견해를 지지했습니다.

합병이 완료된 날은 버크셔가 있는 폴 리버와 해서웨이가 있는 뉴베드퍼드 양 지역에 매우 기쁜 날이었을 것입니다. 그러나 축하 행사가 끝나고 투자은행들이 돌아간 뒤 주주들이 맞이한 것은 대참사였습니다.

합병 9년 후 버크셔의 순자산은 5,140만 달러에서 2,210만 달러로 감소했습니다. 그 원인에는 자사주 매입, 무분별한 배당, 공장 폐쇄도 있었지만, 9년 동안 종업원 수천 명을 고용하면서 기록한 영업손실도 있었습니다. 사실은 버크셔만 고전한 것이 아니었습니다. 뉴잉글랜드 직물업계 전체가 돌이킬 수 없는 기나긴 죽음의 행진에 조용히 진입했습니다.

합병 후 9년 동안 재무부 역시 버크셔의 고전 탓에 힘들었습니다. 9년 동안 버크셔가 재무부에 납부한 소득세 합계액은 33만 7,359달러로서, 하루 100달러에 불과했습니다.

1965년 초부터 상황이 바뀌었습니다. 새로 구성된 버크셔 경영진은 가용현금을 재배치했고 모든 이익을 다양한 유망 사업에 투입했는데, 이들 사업 대부분이 계속 좋은 실적을 유지했습니다. 이익 재투자와 복리의 위력이 결합하자 매력적인 실적이 나왔고, 주주들은 부자가 되었습니다.

버크셔의 궤도 수정으로 혜택을 본 사람은 주주만이 아니었습니다. '조용한 동업자' 재무부도 버크셔의 소득세로 수백억 달러를 받게 되었습니다. 한때 하루 100달러에 불과했던 버크셔의 소득세가 지금은 하루 약 900만 달러에 이릅니다.

조용한 동업자 정부에 관해서 공평하게 말하자면 우리 주주들은 버크셔가 그동안 미국에서 사업을 한 덕분에 크게 번영할 수 있었다는 사실을 인정해야 합니다. 반면 미국은 버크셔가 없었더라도 1965년 이래로 크게 번영했을 것입니다. 그러나 버크셔는 미국에서 사업하지 않았다면 현재의 모습 근처에도 절대 이르지 못했을 것입니다. 그러므로 국기를 보면 감사의 뜻을 표하십시오.　　　　　〔2021〕

The Essays of

WARREN BUFFETT

IX. History

9장
역사

찰리와 나는 버크셔 성공의 상당 부분이 이른바 '순풍을 타고 가는 미국' 덕분이라고 기꺼이 인정합니다. 만일 미국 기업이나 개인이 이를 '혼자서 이룬 성과'라고 자랑한다면 도를 넘는 오만입니다. 그런 자랑은 노르망디 미군 묘지에 묻힌 전몰장병들을 모독하는 행위입니다.

　세상에는 미국 말고도 전망 밝은 나라가 많이 있습니다. 우리는 이에 대해 기뻐해야 합니다. 모든 나라가 함께 번영하면 미국도 더 번영하고 더 안전해지기 때문입니다. 버크셔는 외국에도 대규모로 투자하고자 합니다.

　그러나 향후 77년 동안에도 우리 이익 대부분은 거의 틀림없이 '순풍을 타고 가는 미국'에서 나올 것입니다. 우리는 순풍을 타고 가게 되어 정말 운이 좋습니다.

[2018]

A.   미국의 기적

우리 재임 기간 내내 그랬듯이, 활기 넘치는 미국 경제는 앞으로도 버크셔의 정상 수익력 제고에 큰 힘이 되어줄 것입니다. 그동안 미국이 이룬 성과를 한마디로 요약하면 '기적'입니다. (내 생애의 거의 3배에 해당하는) 240년 전 미국인들은 창의력, 시장 시스템, 수많은 인재, 야심 찬 이민자들, 법치주의를 결합하여 우리 선조가 꿈도 꾸지 못한 풍요를 일궈냈습니다.

경제학자가 아니어도 그동안 미국 시스템이 얼마나 효율적으로 작동했는지 이해할 수 있습니다. 단지 주위를 둘러보기만 하면 됩니다. 7,500만 채에 이르는 자가주택, 풍부한 농지, 2억 6,000만 대의 자동차, 매우 생산성 높은 공장들, 훌륭한 의료센터, 인재가 가득한 대학교 등. 이들 모두가 1776년 당시 척박한 토지, 원시적인 구조, 빈약한 생산 위에 미국인들이 쌓아 올린 성과입니다. 미국은 백지에서 시작하여 모두 90조 달러에 이르는 부를 축적했습니다.

물론 주택, 자동차, 기타 자산을 소유한 미국인 중에는 큰 부채를 진 사람이 많습니다. 그러나 이들이 파산한다고 해서 이들의 자산도 사라지는 것은 아닙니다. 대개 자산의 소유권은 미국 대출기관을 통해서 다른 미국인에게 이전됩니다. 미국의 부는 고스란히 남습니다. 시인이자 소설가인 거트루드 스타인Gertrude Stein은 말했습니다. "돈은 항상 그대로이고, 주머니만 바뀔 뿐이다."

미국의 풍요를 일궈낸 일등공신은 바로 미국의 시장 시스템입니다. 자본·인재·노동의 흐름을 능숙하게 정리해낸 일종의 교통경찰이지요. 시장 시스템은 보상을 배분하는 주역이기도 했습니다. 그리고 (연방·주·지역) 정부도 세금 등을 통해서 부의 상당 부분을 재분배했습니다.

예를 들어 미국은 생산 연령대 시민들이 노인과 어린이들을 돕기로 결정했습니다. 이런 지원을 흔히 '수급권entitlements'이라고 부르는데, 사람들은 노인층에게 제공되는 혜택이라고 생각합니다. 그러나 매년 400만 명씩 태어나는 미국 아기들에게도 공교육 수급권이 제공된다는 사실을 기억하시기 바랍니다. 이 사회적 지원에 들어가는 비용은 아기 한 명당 약 15만 달러이며, 자금 대부분이 지역에서 조달됩니다. 연간 비용 합계액은 6,000억 달러가 넘으며, GDP의 약 3.5%에 이릅니다.

미국의 부를 어떤 방식으로 분배하더라도 사방에 널린 엄청난 부는 거의 모두 미국인들의 것입니다. 물론 외국인들도 우리 부의 일정 부분을 소유하고 있습니다. 그러나 이들의 부가 미국 재무상태표에 미치는 영향은 미미합니다. 미국 시민들도 외국 자산을 비슷한 규모로 소유하고 있기 때문입니다.

강조하건대 초창기 미국인들이 그 이전 사람들보다 더 똑똑하거나 근면했던 것은 아닙니다. 그러나 이 대담한 선구자들은 사람의 잠재력을 촉발하는 시스템을 만들어냈고, 후손들은 이 시스템을 바탕으로 발전했습니다.

이 시스템 덕분에 먼 장래에도 우리 후손들의 부는 계속 증가할 것입니다. 물론 일시적으로 부가 증가하지 않을 때도 간혹 있을 것입니다. 그러나 부의 증가 추세가 중단되지는 않을 것입니다. 과거에도 거듭 말했고 장래에도 말하겠지만, 오늘날 미국에서 태어나는 아기들은 역사상 가장 운 좋은 사람들입니다.

****

미국 경제가 발전한 덕분에 주주들은 막대한 수익을 거두었습니다. 20세기에 다우지수는 66에서 1만 1,497로 상승하여, 주주들은 1만 7,320%에 이르는 자본이득은 물론 꾸준히 증가하는 배당까지 받았습니다. 이 추세는 계속되고 있습니다. 2016년 말까지 지수는 72% 더 상승하여 1만 9,763이 되었습니다.

장래에 미국 기업들(그리고 주식)의 가치는 거의 틀림없이 훨씬 더 높아질 것입니다. 혁신, 생산성 향상, 기업가 정신, 풍부한 자본이 이를 뒷받침할 것입니다. 항상 존재하는 비관론자들은 여전히 비관론을 팔면서 돈을 벌지도 모릅니다. 그러나 이들이 자신의 터무니없는 비관론을 실행에 옮긴다면 망할 것입니다.

물론 낙오하는 기업이 많을 것이고 파산하는 기업도 있을 것입니다. 이런 옥석 가리기는 역동적인 시장 시스템이 빚어내는 결과입니다. 게다가 앞으로도 간혹 거의 모든 주식이 폭락할 것이며 극심한 공포까지 발생할 수도 있습니다. 이런 충격이 언제 발생할지는 아무도 알 수 없습니다. 나도, 찰리도, 경제학자들도, 대중매체도 말이지요. 뉴욕 연준의 메그 매코널Meg McConnell이 공포의 실체를 적절하게 묘사했습니다. "우리는 체계적 위험을 찾아내려고 많은 시간을 들이고 있습니다. 그러나 실제로는 체계적 위험이 우리를 찾아냅니다."

공포가 덮칠 때 절대 잊지 말아야 할 두 가지가 있습니다. 첫째, 만

연한 공포는 투자자의 친구라는 사실입니다. 주식을 헐값에 살 기회이기 때문이지요. 둘째, 내가 공포에 휩쓸리면 공포는 나의 적이라는 사실입니다. 투자자는 공포에 휩쓸릴 필요가 없습니다. 재무 구조가 건전한 미국 대기업에 장기 분산 투자하면서 불필요한 비용만 피하더라도 거의 틀림없이 좋은 실적을 얻을 것입니다.

버크셔는 거대한 규모 탓에 탁월한 실적은 낼 수가 없습니다. 자산 규모가 증가하면 수익률은 하락하는 법이니까요. 그렇더라도 버크셔는 우량 자회사들, 철옹성처럼 건전한 재무 구조, 주주 지향적 문화를 갖추고 있으므로 꽤 훌륭한 실적은 낼 것입니다. 그래야 우리가 만족할 것입니다.

〔2016〕

B.   생산성이 번영을 이끈다

현재 미국의 1인당 GDP는 약 5만 6,000달러입니다. 작년에도 말했지만 이는 불변가격 기준으로 내가 태어난 1930년보다 무려 6배나 많은 금액입니다. 나의 부모나 당시 사람들은 꿈도 꾸지 못했던 엄청난 금액이지요. 그렇다고 오늘날 미국 시민이 1930년보다 본질적으로 더 똑똑해진 것도 아니고 더 열심히 일하는 것도 아닙니다. 단지 업무 효율성이 훨씬 높아져서 생산량이 훨씬 증가했을 뿐입니다. 이 강력한 추세는 틀림없이 계속 이어질 것이며, 미국이 달성한 놀라운 경제도 여전히 건재할 것입니다.

일부 해설자는 현재 우리 실질 GDP 성장률이 연 2%에 불과하다고 한탄합니다. 물론 우리 모두 성장률이 더 상승하길 바랍니다. 그러나 사람들이 한탄하는 2% 성장률로 간단한 계산을 해봅시다. 2% 성장률로도 경제가 놀라울 정도로 발전할 수 있습니다.

미국의 인구 증가율은 연 0.8% 정도입니다(출생률에서 사망률을 차감한 자연 인구 증가율이 0.5%이고, 이민에 의한 증가율이 0.3%). 따라서 GDP 성장률은 2%이지만 1인당 GDP 성장률은 약 1.2%입니다. 그다지 인상적인 수준은 아닌 듯합니다. 그러나 한 세대를 25년으로 계산하면 한 세대 동안 1인당 '실질' GDP 성장률은 34.4%에 이릅니다(복리 효과 때문에 성장률이 25×1.2%보다 높아집니다). 그러면 차세대의 1인당 실질 GDP는 무려 1만 9,000달러나 증가하게 됩니다. 모든 국민의 1인당 실질 GDP가 똑같이 증가한다고 가정하면 4인 가구의 실질 GDP는 연 7만 6,000달러나 증가합니다. 오늘날 정치인들은 미래의 아이들을 위해서 눈물을 흘리지 않아도 됩니다.

실제로 현재 아이들은 대부분 유복하게 지내고 있습니다. 내 이웃에 사는 상위 중산층 가구들은 모두 내가 태어나던 시절 존 록펠러 1세John D. Rockefeller Sr.보다도 높은 생활 수준을 누리고 있습니다. 록펠러는 전대미문의 대부호였지만 예컨대 운송·오락·통신·의료 서비스 등 오늘날 우리가 당연하게 누리는 혜택조차 누리지 못했습니다. 록펠러는 분명히 권력과 명성을 보유했는데도 현재 내 이웃만큼도 유복하게 살 수 없었습니다.

차세대가 함께 나눌 파이는 현재보다 훨씬 커지겠지만, 파이 분배 방식에 대해서는 여전히 치열한 논쟁이 벌어질 것입니다. 지금과 마찬가지로 사람들은 증가한 상품과 서비스를 더 차지하려고 서로 다툴 것입니다. 생산 연령층과 은퇴 연령층이 서로 다투고, 건강한 사람들과 노쇠한 사람들이 다툴 것이며, 상속인들과 자수성가한 사람들이 다투고, 투자자들과 노동자들이 다툴 것이며, 특히 시장에서 높이 평가받는 재능을 보유한 사람들과 단지 부지런히 일만 하는 사람들이 다툴 것입니다. 이런 충돌은 과거에도 항상 있었고, 앞으로도 영원히 이어질 것입니다. 그 전쟁터는 의회가 될 것이며, 그 무기는 돈과 투표가 될 것입니다. 그래서 로비산업은 계속 성장할 것입니다.

그래도 좋은 소식이 있습니다. 장래에는 패배하는 사람들조차 과거보다 상품과 서비스를 훨씬 많이 소비하게 될 거라는 점입니다(**마땅히 그래야 합니다**). 더 소비하는 상품과 서비스의 질도 극적으로 개선될 것입니다. 사람들이 원하는 상품과 서비스를 생산하는 데에는 시장 시스템이 최고입니다.

게다가 시장 시스템은 사람들이 필요성을 미처 깨닫지 못하는 상품과 서비스까지 제공합니다. 나의 부모는 어린 시절에 TV의 필요성을 깨닫지 못했고, 나는 50대에도 PC의 필요성을 깨닫지 못했습니다. 그러나 TV와 PC의 필요성을 깨닫는 순간, 사람들의 생활은 혁신적으로 바뀌었습니다. 현재 나는 매주 10시간 인터넷으로 브리지 게임을 즐깁니다. 그리고 이 주주 서한을 쓸 때도 '검색' 기능이 매우 유용합니다(그러나 데이팅 앱 틴더Tinder는 사용하지 않습니다).

지난 240년 동안 미국이 실패하는 쪽에 돈을 거는 행위는 끔찍한 실수였으며, 지금도 돈을 걸 때가 아닙니다. 사업과 혁신이라는 미국의 황금 거위는 앞으로도 계속해서 더 큰 알을 더 많이 낳을 것입니다. 미국은 사회보장제도 약속을 지킬 것이며, 아마도 더 풍요롭게 유지할 것입니다. 그리고 미국 아이들의 생활 수준은 부모보다 훨씬 높아질 것입니다.

****

1776년 건국 이후 미국인들의 생활 수준을 대폭 높여준 비결은 생산성 향상이었습니다. 그러나 생산성과 번영 사이의 밀접한 관계를 제대로 이해하는 미국인은 아직도 극소수에 불과하므로 이 '비결'이라는 표현이 여전히 어울립니다. 먼저 미국에서 가장 극적인 생산성 향상 사례인 농업을 살펴보고, 이어서 버크셔의 세 분야를 보면서 둘의 관계를 파악하고자 합니다.

1900년에는 미국의 민간 노동인구가 2,800만이었습니다. 그중에서 농업에 종사하는 인구가 무려 40%에 이르는 1,100만이었습니다. 당시 가장 중요한 작물은 지금과 마찬가지로 옥수수였습니다. 옥수수 경작 면적은 약 9,000만 에이커(36만 km²)였고 에이커당 산출량은 30부셸(816kg)이어서 연간 총산출량은 27억 부셸(7,300만 톤)이었습니다.

이후 트랙터가 등장했고 파종, 수확, 관개, 비옥화, 종자 개량 등 농업의 생산성을 획기적으로 높여주는 혁신 기법이 잇달아 나왔습니다. 현재 옥수수 재배에 사용되는 면적은 약 8,500만 에이커(34만 km²)입니다. 그러나 생산성이 증가한 덕분에 에이커당 산출량은 150부셸(4,082kg)이 넘어서 연간 총산출량은 130~140억 부셸(3.5~3.8억 톤)에 이릅니다.

산출량 증가는 이야기의 절반에 불과합니다. 산출량이 엄청나게 증가했는데도 농업 종사자 수는 오히려 극적으로 감소했습니다. 현재 농업 종사자 수는 미국 노동인구 1억 5,800만의 겨우 2%에 불과한 약 300만입니다. 이렇게 농업 기술이 개선된 덕분에 오늘날 수천만 노동인구가 시간과 재능을 다른 분야에 투입할 수 있었고, 이렇게 인적 자원이 재분배된 덕분에 현재 미국인들은 비농업 제품과 서비스를 훨씬 많이 소비할 수 있습니다.

지난 115년을 돌아보면 농업 혁신이 농민뿐 아니라 사회 전체에 얼마나 유익했는지 쉽게 이해할 수 있습니다. 만일 농업생산성이 이렇게 향상되지 않았다면 미국은 현재의 모습 근처에도 도달하지 못했을 것입니다(말에게 투표권이 없어서 천만다행이었습니다). 그러나 당시 하루하루 기준으로 보면 단순작업 효율성이 월등히 높은 기계에 일자리를 빼앗긴 농장 노동자들에게는 이른바 '공익' 이야기가 공허하게 들렸을 것입니다. 이런 생산성 향상의 이면에 대해서는 나중에 더 논의하겠습니다.

이제 버크셔 자회사들에 중대한 영향을 미친 세 가지 효율성 이야기를 하겠습니다. 이와 비슷한 변화는 미국의 모든 기업에서 흔히 일어났습니다.

■ 제2차 세계대전 직후인 1947년 미국 노동인구는 모두 4,400만 명이었고, 여기서 철도산업 종사 인구는 약 135만 명이었습니다. 그해 클래스1 철도회사의 화물 유상톤마일(revenue-ton-miles: 화물 1톤을 1마일 수송하고 얻은 수익) 합계는 6,550억이었습니다.

2014년이 되자 클래스1 철도회사들의 유상톤마일은 182% 증가하여 1.85조가 되었지만, 종업원은 1947년 이후 86%나 감소하여 18만 7,000명에 불과했습니다(종업원은 승객 부문에서도 감소했지만 대부분은 화물 부문에서 감소했습니다). 생산성이 이렇게 경이적으로 향상된 결과, 인플레이션을 감안한 화물 톤마일 요금은 1947년 이후 55%나 하락하여, 화주들의 비용을 현재 화폐가치 기준으로 연 900억 달러나 절감해주고 있습니다.

놀라운 통계가 또 있습니다. 현재 화물 수송 생산성이 1947년과 같은 수준이라면 현재의 화물 수송량 소화에 필요한 종업원은 300만 명이 훨씬 넘을 것입니다(물론 종업원이 이렇게 많다면 화물 운임이 대폭 상승할 것이며, 그 결과로 실제 수송량은 훨씬 감소할 것입니다).

우리 BNSF는 1995년 벌링턴 노던Burlington Northern과 산타페Santa Fe가 합병하여 설립되었습니다. 이 합병회사가 1996년에 만 1년 동안 수송한 화물은 4억 1,100만 톤마일이었고, 당시 종업원은 4만 5,000명이었습니다. 작년 수송한 화물은 7억 200만 톤마일(71% 증가)이었고, 종업원은 4만 7,000명(겨우 4% 증가)이었습니다. 이렇게 생산성이 극적으로 증가한 덕분에 주주와 화주 모두 이득을 보았습니다. BNSF는 안전성도 개선되었습니다. 보고된 상해가 1996년에는 20만 인시man-hours당 2.04였으나, 이후 50% 넘게 감소하여 0.95가 되었습니다.

- 100여 년 전 자동차가 발명되자 자동차보험산업도 형성되었습니다. 처음에는 보험상품이 전통적인 보험대리점을 통해서 판매되었습니다. 그러나 이 과정에서 수수료 등 보험영업비용이 큰

비중을 차지하여 수입보험료 1달러당 약 40센트나 되었습니다. 당시에는 지역 보험대리점이 여러 보험사를 대표하면서 각 보험사와 개별적으로 수수료를 협상했으므로, 주도권이 보험대리점에 있었습니다. 보험료는 카르텔 방식으로 결정되었으므로 보험 계약자를 제외하고 관계자 모두가 만족스러웠습니다.

이 무렵 미국의 독창성이 작동하기 시작했습니다. 일리노이주 머나Merna에 사는 농부 조지 메헐George Mecherle은 오로지 한 회사의 보험상품만 판매하는 전속 보험설계사라는 아이디어를 생각해냈습니다. 그는 스테이트 팜 뮤추얼State Farm Mutual이라는 보험사를 설립했습니다. 이 회사는 수수료와 비용을 절감하여 보험료를 낮추었고 곧 업계 최강자가 되었습니다. 이후 수십 년 동안 스테이트 팜은 자동차보험과 주택소유자보험 판매량을 폭발적으로 늘리면서 업계를 선도했습니다. 역시 전속 보험설계사 제도를 도입한 올스테이트Allstate가 장기간 업계 2위를 유지했습니다. 스테이트 팜과 올스테이트의 보험영업비용은 둘 다 약 25%였습니다.

1930년대 초 상호회사 형태의 도전자 유나이티드 서비스 오토 어소시에이션United Services Auto Association: USAA도 장교들에게 직접 자동차보험을 판매했습니다. 군인들은 근무지가 변경되어도 효력이 유지되는 보험이 필요하다는 사실을 바탕으로 이 회사는 혁신적인 마케팅 기법을 도출했던 것입니다. 지역 보험대리점들은 영구 거주자들을 대상으로 보험을 계속 연장하는 영업 방식을 원했으므로 군인에게는 관심이 없었습니다.

USAA의 직접 판매 방식은 영업비용이 스테이트 팜이나 올스테이트보다도 낮았으므로 장교 고객들에게 보험료를 더 깎아주었습니다. 당시 USAA 직원이었던 리오 굿윈Leo Goodwin과 그의 아내 릴리언 굿윈Lillian Goodwin은 직접 판매 대상을 더 넓혀보자는 꿈을 꾸었습니다. 1936년 이들은 자본금 10만 달러로 거번먼트 임플로이이 인슈런스Government Employees Insurance Co.를 설립했습니다(길고 복잡한 회사명을 나중에 가이코GEICO로 줄였습니다).

이 신생 기업은 1937년 영업 첫해에 자동차보험을 23만 8,000달러 판매했습니다. 작년 가이코의 매출은 USAA의 2배가 넘는 226억 달러였습니다(벌레는 먼저 일어나는 새가 먹지만, 치즈는 두 번째로 발견하는 쥐가 먹습니다). 작년 가이코의 보험영업비용은 보험료의 14.7%였는데, 대형 보험사 중 보험영업비용이 더 낮은 회사는 USAA뿐이었습니다(가이코도 USAA만큼 효율적이지만, 성장을 촉진하려고 광고비를 훨씬 많이 지출하고 있습니다).

낮은 영업비용으로 가격 경쟁력을 확보한 가이코는 여러 해 전업계 2위인 올스테이트 자동차보험을 따라잡았습니다. 그리고 아직은 격차가 크지만 스테이트 팜 자동차보험의 실적에 접근하고 있습니다. 나는 100번째 생일인 2030년 8월 30일 가이코가 정상을 차지했다고 발표할 계획입니다. 여러분 일정표에 기록해 두시기 바랍니다.

가이코는 직원 약 3만 4,000명으로 보험계약자 1,400만 명을 섬기고 있습니다. 보험대리점 시스템으로 보험계약자 1,400만 명을 섬기려면 직원이 몇 명이나 필요한지를 정확하게 알 수는 없습니다. 그러나 보험사 직원과 대리점 직원을 더해서 적어도 6만 명은 필요하다고 나는 믿습니다.

■ 우리 전력회사 BHE는 사업 환경이 바뀌고 있습니다. 과거에 지역 전력회사는 효율성이 높지 않아도 생존할 수 있었습니다. 즉, 사업을 방만하게 하면서도 수익성은 양호하게 유지할 수 있었습니다.

이는 전력회사가 대개 그 지역에서 유일한 공급자였고, 당국은 규정된 투하자본이익률이 유지되는 수준으로 전력회사의 요금 인상을 허용했기 때문입니다. 그래서 업계에는 '사장실을 개조해도 자동으로 수익이 늘어나는 회사는 전력회사뿐'이라는 농담도 있습니다. 실제로 일부 CEO는 이런 방식으로 회사를 운영했습니다.

그러나 이제는 모두 바뀌고 있습니다. 현재 우리 사회는 풍력발전과 태양광발전에 대한 연방정부의 보조금 지급이 장기적으로 국가에 이롭다고 판단합니다. 이 정책에 따라 연방정부가 세금을 공제해주고 있으므로 일부 지역에서는 재생가능 에너지가 가격 경쟁력을 유지합니다. 그러나 이런 세금공제 등 정부의 지원 탓에 기존 전력회사, 특히 원가가 높은 전력회사는 결국 경제성이 악화할 수 있습니다. 하지만 BHE는 (효율성이 낮아도 수익성을 유지할 수 있었던) 오래전부터 효율성에 역점을 두었으므로 오늘날 시장 경쟁력이 매우 강합니다(그리고 장래에도 경쟁력이 매우 강할 것입니다).

1999년 BHE는 아이오와 전력회사를 인수했습니다. 우리가 인수하기 전 이 전력회사의 직원은 3,700명이었고 전력 생산량은 1,900만 메가와트시MW·h였습니다. 현재는 직원이 3,500명이고 생산량은 2,900만 메가와트시입니다. 이렇게 생산성이 대폭 향상되었으므로 우리는 16년 동안 요금을 인상하지 않았습니다. 그러나 같은 기간 업계 요금은 44% 상승했습니다.

우리 아이오와 전력회사는 안전 기록도 탁월합니다. 인수 전 년도에는 종업원 100명당 부상자가 7명이었는데, 2015년에는 0.79명이었습니다.

2006년 BHE는 오리건과 유타가 주사업장인 퍼시피코프를 인수했습니다. 인수 전년도의 퍼시피코프는 직원이 6,750명이었고 전력 생산량은 5,260만 메가와트시였습니다. 작년에는 직원이 5,700명이었고 전력 생산량은 5,630만 메가와트시였습니다. 여기도 안전 기록이 극적으로 개선되었습니다. 2005년에는 종업원 100명당 부상자가 3.4명이었는데, 2015년에는 0.85명으로 감소했습니다. 이제 BHE의 안전 기록은 업계 상위 10%에 속합니다.

BHE의 실적이 이렇게 탁월하므로 우리가 전력회사를 인수하겠다고 제안하면 해당 지역 규제 당국이 환영합니다. 우리 운영이 효율적이고 안전해서 신뢰할 수 있으며, 타당성 있는 프로젝트라면 자본을 무제한 투자한다는 사실을 알고 있기 때문입니다 (BHE는 버크셔가 인수한 이후 배당을 한 번도 지급하지 않았습니다. 미국의 민간 전력회사 중 BHE만큼 재투자에 적극적인 회사는 어디에도 없습니다).

생산성 향상(그리고 그동안 미국이 이룬 기타 수많은 성과)은 지금까지 사회에 엄청난 혜택을 안겨주었습니다. 생산성 향상이야말로 미국인들이 더 많은 상품과 서비스를 소비하게 해준(그리고 앞으로도 계속 소비하게 해줄) 요소입니다.

그러나 생산성 향상에도 단점이 있습니다. 첫째, 최근 몇 년 동안 달성된 생산성 향상의 혜택 대부분이 부자들에게 돌아갔습니다. 둘째, 생산성 향상은 흔히 격변을 불러옵니다. 혁신과 효율성이 세상을 뒤집어 놓으면 자본가와 노동자 모두 끔찍한 대가를 치르게 됩니다.

자본가를 위해서 눈물을 흘릴 필요는 없습니다(비상장회사 소유주이든, 상장회사 주주들이든 상관없습니다). 이들은 스스로 자신을 보호해야 합니다. 이들은 투자를 잘하면 막대한 보상을 받을 수 있으므로 투자를 잘못했을 때에는 손실을 보는 것이 당연합니다. 게다가 광범위하게 분산 투자해서 계속 보유하기만 해도 틀림없이 성공합니다. 미국에서는 사람들이 투자에 성공해서 얻은 이익이 투자에 실패해서 입은 손실보다 항상 훨씬 많았습니다(20세기 100년 동안 다우존스산업평균지수에 포함된 기업들이 배당을 계속 늘렸는데도 이 지수는 66에서 1만 1,497로 치솟았습니다).

그러나 장기근속 노동자는 사정이 다릅니다. 혁신과 시장 시스템이 상호작용하면서 효율성이 높아지면 노동자들은 불필요한 존재로 전락할 수 있습니다. 다른 곳에서 괜찮은 일자리를 구하는 사람도 있겠지만 구하지 못하는 사람도 있습니다.

원가 경쟁이 벌어져 신발 생산 주도권이 아시아로 넘어가자 한때 번창했던 우리 자회사 덱스터Dexter Shoes는 사업을 접었고, 메인주 소도시에서 일하던 종업원 1,600명은 실업자가 되었습니다. 종업원 다수는 나이가 많아서 다른 기술을 배울 수가 없었습니다. 우리는 투자 액을 모두 날렸지만 버틸 수 있었습니다. 그러나 종업원들은 생계 수단을 잃었고 다른 일자리를 찾을 수 없었습니다. 똑같은 시나리오가 우리 뉴잉글랜드 직물공장에서도 20년에 걸쳐 천천히 진행되었습니다. 우리 뉴베드퍼드 공장도 가슴 아픈 사례입니다. 나이 많은 종업원 다수가 포르투갈어를 쓰고 영어를 거의 하지 못했습니다. 이들에게는 대안이 없었습니다.

그렇다고 해서 생산성 향상을 억제하거나 불법화하는 것이 답이 될 수는 없습니다. 만일 정부가 농업 부문에서 1,100만 명을 계속 고용하도록 강제했다면 현재 미국인들의 생활 수준은 훨씬 낮아졌을 것입니다.

근로 의지는 있지만 재능을 시장에서 인정받지 못하는 사람들에게는 다양한 사회안전망을 통해 괜찮은 생활을 제공하는 방식으로 이런 혼란을 해결해야 합니다(나는 근로소득세 공제를 확대 개편해서 근로 의지가 있는 사람들을 지원하는 방식에 찬성합니다). 미국인 대다수의 생활 수준을 계속 높이는 대가로 불운한 사람들이 가난해져서는 안 됩니다. 〔2015〕

C.　　　미국이 망하는 쪽에 돈을 걸지 말 것

3월 11일이면 내가 미국 기업에 처음 투자한 지 만 77년이 됩니다. 11세가 되던 1942년 나는 6세부터 모은 전 재산 114.75달러를 모두 투자했습니다. 내가 산 종목은 시티 서비스Cities Service 우선주 3주였습니다. 나는 자본가가 되어 기분이 좋았습니다.

이제 내가 주식을 산 시점에서 77×2년 과거로 거슬러 올라가 봅시다. 그러면 조지 워싱턴이 미국 초대 대통령이 되기 1년 전인 1788년이 나옵니다. 이 신생국이 불과 77×3년 후 현재와 같은 국가가 될 것으로 상상한 사람이 당시에 누가 있었을까요?

1788년부터 1942년까지 77×2년 동안 미국은 인구 400만 명(당시 세계 인구의 약 0.5%)의 신생국에서 세계 최강국으로 성장했습니다. 그러나 1942년 봄, 미국은 위기에 직면했습니다. 불과 3개월 전에 참전한 제2차 세계대전에서 미국은 연합군과 함께 고전하고 있었습니다. 매일 나쁜 소식이 들려왔습니다.

매일 걱정스러운 소식이 들렸지만 그해 3월 11일 미국인들은 거의 모두 전쟁에 승리할 것으로 믿었습니다. 미국인들의 낙관은 승리에 그치지 않았습니다. 타고난 비관론자들을 제외하고, 미국인들은 자녀와 그 이후 세대들 모두 자신보다 훨씬 더 잘살게 되리라 믿었습니다.

물론 앞길이 순탄치 않다는 사실은 알고 있었습니다. 순탄한 적이 없었으니까요. 건국 초기에 남북전쟁으로 미국 남성의 4%가 죽자, 링컨 대통령은 연설에서 "지금 우리는 자유로 잉태되어 모든 사람이 평등하다는 믿음으로 세워진 이 나라가 오래도록 유지될 수 있는지 내전을 통해서 시험받고 있습니다"라고 말했습니다. 1930년대에는 대공황이 발생하여 대량 실업으로 극심한 고통을 받았습니다.

그런데도 내가 주식에 처음 투자한 1942년, 미국인들은 전쟁이 끝나면 번영이 찾아올 것으로 믿었습니다. 이 믿음은 옳았습니다. 실제로 미국이 이룬 성과에는 '숨이 막힐 정도'라는 표현이 안성맞춤입니다.

이 주장이 맞는지 숫자로 확인해봅시다. 내가 114.75달러를 무보수 S&P500 인덱스펀드에 투자하고 배당도 모두 재투자했다면 내 돈은 (이 주주 서한 인쇄 직전인) 2019년 1월 31일 세금공제 전 60만 6,811달러가 되었을 것입니다. 투자 원금이 5,288배로 늘어난 것입니다. 같은 기간 연금기금이나 대학기금 등 비과세 기관이 100만 달러를 투자했다면 약 53억 달러로 늘어났을 것입니다.

충격적인 숫자를 하나 더 알려드리겠습니다. 만일 위 비과세 기관이 펀드매니저와 컨설턴트 등 다양한 '조력자들'에게 매년 자산의 1%만 보수로 지급했어도 원리금은 그 절반인 26억 5,000만 달러로 줄어들었을 것입니다. 지난 77년 동안 S&P500의 실제 수익률은 연 11.8%였지만, 기관의 수익률은 보수 탓에 연 10.8%로 낮아졌기 때문입니다.

재정적자 탓에 나라가 망한다고 줄곧 비관론을 펴는 사람들이 있습니다(나도 오랜 기간 그랬습니다). 실제로 미국의 국가부채는 지난 77년 동안 약 400배 증가했습니다. 무려 40,000% 증가했다는 뜻입니다! 우리가 이런 추세를 예견했고, 걷잡을 수 없이 커지는 적자와 통화가치 하락에 겁먹었다고 가정합시다. 그래서 우리 재산을 지키려고 주식 대신 114.75달러로 금 3.25온스(약 92g = 약 25돈)를 샀다고 합시다. 그러면 우리 재산이 지켜졌을까요? 지금 우리가 보유한 금의 가치는 약 4,200달러로서, S&P500 인덱스펀드에 투자했을 때의 1%에도 못 미쳤을 것입니다. 이 황홀한 금속은 '열정 넘치는 미국'의 근처에도 따라오지 못했습니다.

미국은 어느 정당이 집권해도 놀라운 번영을 이어나갔습니다.

1942년 이후 집권한 대통령 중 7명은 공화당에서 나왔고 7명은 민주당에서 나왔습니다. 이들 대통령 집권 기간에 미국은 우대 금리가 21%에 달하는 장기 인플레이션도 겪었고, 논란 많고 값비싼 전쟁도 여러 번 치렀으며, 대통령이 사임하기도 했고, 주택 가격이 전국적으로 폭락하기도 했으며, 금융위기 등 수많은 문제에 시달렸습니다. 그때마다 겁나는 뉴스가 쏟아졌지만, 이제는 모두 지나간 일입니다.

세인트 폴 대성당을 지은 건축가 크리스토퍼 렌Christopher Wren은 그 성당에 안장되어 있습니다. 그의 묘비에는 다음과 같은 글이 적혀 있습니다. "내 기념비를 찾는다면 주위를 둘러보시오."(1666년 런던 대화재 후 렌은 런던에 52개 성당을 재건했음. – 옮긴이) 미국 경제에 회의적인 사람들은 이 메시지를 마음에 새겨야 합니다.

다시 1788년으로 돌아가 봅시다. 당시 미국에는 열정 넘치는 사람들과 이들의 꿈을 실현시키고자 하는 미숙한 통치 체제를 제외하면 정말 별것이 없었습니다. 연준의 추산에 의하면 현재 미국 가계가 보유한 재산은 108조 달러로서, 가늠하기도 불가능한 수준입니다.

앞에서도 설명했지만 버크셔의 번영을 이끌어온 요소는 유보이익이었습니다. 미국도 마찬가지입니다. 국가 회계에서 유보이익에 해당하는 항목은 '저축'입니다. 미국인들은 저축을 했습니다. 만일 우리 조상이 저축하지 않고 생산물을 모두 소비했다면 투자를 못 했을 것이고, 생산성 향상도 없었을 것이며, 생활 수준도 개선되지 않았을 것입니다.

[2018]

XXXXXXX

미국은 어디에나 성공 사례가 많습니다. 미국이 탄생한 이후 개인들은 아이디어, 야망, 그리고 약간의 자본만으로도 새로운 것을 만들어내거나 고객의 경험을 개선함으로써 상상 이상으로 성공을 거두었습니다.

찰리와 나는 이런 개인이나 가족들과 손잡으려고 미국 전역을 여행했습니다. 1972년 우리는 미국 서해안 여행을 시작하여 씨즈캔디를 인수했습니다. 1세기 전 메리 시Mary See는 해묵은 제품을 특별한 요리법으로 재창조하여 제공하기 시작했습니다. 게다가 이 제품을 고풍스러운 매장에서 친근한 직원들이 판매했습니다. 처음에는 로스앤젤레스에 작은 매장 하나뿐이었으나 이후 서부 전역에 수백 개 매장이 들어서게 되었습니다.

지금도 시 여사가 재창조한 제품이 고객들에게 기쁨을 안겨주고 있으며, 종업원 수천 명에게는 평생 일자리를 제공하고 있습니다. 버크셔는 단지 잘 굴러가는 회사에 간섭만 하지 않으면 됩니다. 회사가 제공하는 제품이 재량소비재*일 때에는 고객이 왕입니다. 100년이 지난 지금도 고객이 버크셔에 전하는 메시지는 명확합니다. "내 캔디에 간섭하지 마세요."(웹사이트 www.sees.com을 참조하시고 땅콩캔디를 맛보십시오.)

---

*   Consumer Discretionary: 필수소비재의 반대 개념으로 임의소비재라고도 한다. 소비가 필수적이지 않은 상품과 서비스를 말하며, 경기가 좋을 때 소비가 늘어나는 특징이 있다. – 옮긴이

이번에는 워싱턴 D.C.로 가봅시다. 1936년 리오 굿윈은 아내 릴리언과 함께 자동차보험사업을 구상했습니다. 부부는 당시 보험대리점에서 판매하는 표준 상품이던 자동차보험을 보험사가 직접 판매하면 보험료를 훨씬 낮출 수 있다고 확신했습니다. 부부는 자본금 10만 달러로 자본금이 1,000배가 넘는 거대 보험사와 맞붙었습니다. 이렇게 해서 가이코가 설립되었습니다.

70년 전 나는 운 좋게 가이코의 잠재력을 알게 되었습니다. 가이코는 곧바로 나의 첫사랑이 되었습니다. 나머지 이야기는 여러분이 아시는 대로입니다. 버크셔는 마침내 가이코의 지분을 100% 보유하게 되었고, 84세가 된 가이코는 지금도 리오와 릴리언의 비전을 그대로 유지한 채, 미세 조정만 끊임없이 하고 있습니다.

그러나 가이코의 규모는 달라졌습니다. 1937년에는 23만 8,288달러였던 연간 수입보험료가 작년(2020년)에는 350억 달러였습니다.

****

지금은 금융, 언론, 정부, 기술회사가 해안 지역에 많이 있어서 미국 중서부에서 발생하는 기적들을 간과하기 쉽습니다. 이번에는 미국 전역에 존재하는 재능과 야망의 훌륭한 사례를 보여주는 두 지역을 주목해봅시다. 먼저 오마하부터 살펴보아도 여러분은 놀라지 않으시겠지요.

1940년 (찰리, 나의 아버지, 첫 아내, 세 자녀와 두 손주의 모교인) 오마하 센트럴 고등학교 졸업생인 잭 링월트Jack Ringwalt는 자본금 12만 5,000달러로 손해보험사를 시작했습니다.

잭의 꿈은 터무니없었습니다. 이름만 거창하게 '내셔널 인뎀너티' 라고 지은 볼품없는 회사로 자본이 풍부한 거대 보험사들과 경쟁하려 했으니까요. 게다가 경쟁 보험사들은 자금이 풍부하고 유서 깊은 지역 대리점들로 구성된 견고한 전국 네트워크를 보유하고 있었습니다. 가이코와 달리 내셔널 인뎀너티는 어느 대리점이든 거래처로 받아들이려 했으므로 고객 확보 면에서 원가 우위도 없었습니다. 이렇게 불리한 조건을 극복하려고 내셔널 인뎀너티는 거대 보험사들이 하찮게 여기는 '특이 위험odd-ball risk'에 주목했습니다. 그런데 뜻밖에도 이 전략이 성공했습니다.

잭은 정직하고 기민하며 호감 가는 인물이었지만 다소 변덕스러웠습니다. 그는 특히 규제 당국을 싫어했습니다. 주기적으로 규제 당국 때문에 화가 나면 그는 보험사를 매각하려는 충동을 느꼈습니다.

다행히 내가 잭과 가까운 곳에 있었습니다. 잭은 버크셔에 합류하려는 마음이 있었습니다. 1967년 우리는 협의 15분 만에 합병하기로 합의했습니다. 나는 회계감사를 전혀 요구하지 않았습니다.

현재 내셔널 인뎀너티는 특정 거대 위험을 인수하는 세계 유일의 보험사입니다. 물론 지금도 오마하에 있으며, 버크셔 본사에서 몇 마일 떨어진 곳입니다.

이후 우리는 오마하 가족들로부터 4개 기업을 추가로 인수했습니다. 그중 가장 유명한 기업이 네브래스카 퍼니처 마트입니다. 설립자 로즈 블럼킨(Rose Blumkin: 'B여사Mrs. B')은 러시아 이민자로서, 1915년 시애틀에 왔을 때 영어를 읽지도 말하지도 못했습니다. B여사는 몇 년 후 오마하에 정착했고, 1936년까지 모은 돈 2,500달러로 가구 매장을 열었습니다.

경쟁자와 공급업체들은 그녀를 무시했는데, 한동안은 이들의 판단이 옳은 듯했습니다. 제2차 세계대전 탓에 그녀의 사업이 침체하여 1946년 말에는 회사의 순자산이 7만 2,264달러에 불과했습니다. 계산대 서랍의 현금과 예금을 모두 합해도 50달러뿐이었습니다(오타가 아닙니다).

그러나 1946년 숫자에는 매우 귀중한 자산 하나가 빠져 있습니다. 4년 동안 미국 육군에 복무하고 돌아온 B여사의 외아들 루이 블럼킨 Louie Blumkin입니다. 루이는 노르망디 상륙작전 당시 오마하 비치에서 싸웠고, 벌지 전투Battle of the Bulge에서 부상을 입어 퍼플 하트 훈장을 받았으며, 1945년 11월 마침내 집으로 돌아왔습니다.

B여사와 루이가 재결합하자 이제는 아무도 네브래스카 퍼니처 마트를 막을 수 없었습니다. 꿈에 사로잡힌 모자는 밤낮으로 일했고 주말에도 일했습니다. 그 결과 소매업의 기적을 일으켰습니다.

1983년 모자는 회사를 6,000만 달러 규모로 키워냈습니다. 그해 내생일에 버크셔는 네브래스카 퍼니처 마트의 지분 80%를 인수했습니다. 이번에도 나는 회계감사를 요구하지 않았으며, 블럼킨 가족을 믿고 회사 경영을 맡겼습니다. 지금은 3대와 4대가 경영을 맡고 있습니다. B여사는 103세가 될 때까지 매일 근무했습니다. 찰리와 내가 판단하기에는 터무니없이 젊은 나이에 은퇴했습니다.

이제 네브래스카 퍼니처 마트는 미국 최대 가정용 가구 매장 3개를 보유하고 있습니다. 3개 모두 2020년에 매출 기록을 세웠는데, 코로나 탓에 6주 이상 영업을 중단하고서도 달성한 실적입니다.

B여사의 모든 것을 말해주는 이야기가 있습니다. B여사의 대가족이 모여 명절 음식을 먹을 때 여사는 항상 식전에 노래를 부르게 했습니다. 여사가 선택한 곡은 변함이 없었는데, 어빙 벌린Irving Berlin의 〈신이여 미국을 축복하소서(God Bless America)〉였습니다.

****

이제 동쪽으로 이동해서 테네시주에서 세 번째로 큰 도시 녹스빌로 가봅시다. 버크셔는 이곳에 놀라운 회사 둘을 보유하고 있습니다. 클레이턴 홈즈(지분 100% 보유)와 파일럿 트래블 센터(Pilot Travel Centers: 화물차 휴게소. 지금은 지분이 38%이지만 2023년에는 80% 보유 예정)입니다.

두 회사 모두 테네시대학교 졸업생이 젊은 시절에 설립했습니다. 두 사람 모두 계속 녹스빌에 살고 있으며, 처음부터 자본이 많았던 것도 아니고, 부모가 부자도 아니었습니다.

그래서 어쨌다는 말이냐고요? 현재 클레이턴과 파일럿 둘 다 연간 세전이익이 10억 달러가 넘습니다. 두 회사의 종업원을 합하면 약 4만 7,000명입니다.

짐 클레이턴Jim Clayton은 몇 번 모험사업을 하고 나서 1956년 얼마 안 되는 자본으로 클레이턴 홈즈를 설립했습니다. 빅 짐 해슬럼은 1958년 6,000달러에 주유소를 하나 인수해서 이후 파일럿 트래블 센터로 키워냈습니다. 두 사람 모두 나중에 자기처럼 열정적이고 합리적이며 총명한 아들을 사업에 끌어들였습니다. 가끔은 유전자가 신비로운 힘을 발휘하기도 합니다.

이제 90세가 된 빅 짐 해슬럼은 최근 영감을 주는 책을 출간했습니다. 이 책에 의하면 짐 클레이턴의 아들 케빈Kevin Clayton이 파일럿의 대규모 지분을 버크셔에 팔라고 해슬럼에게 권유했습니다. 모든 소매업자가 알고 있듯이 만족한 고객이 가장 유능한 영업직원입니다. 이는 기업 인수시장에도 똑같이 적용되는 말입니다.

****

다음에 녹스빌이나 오마하 상공을 지나갈 때에는 클레이턴, 해슬럼, 블럼킨에게 경의를 표하시기 바랍니다. 이들은 1789년에 만들어진 미국의 독특한 번영의 틀 덕분에 잠재력을 발휘할 수 있었습니다. 미국 역시 클레이턴, 해슬럼, 블럼킨 같은 시민 덕분에 건국의 아버지들이 추구하던 기적을 이룰 수 있었습니다.

지금은 세계 전역에서 많은 사람이 비슷한 기적으로 번영을 확산하면서 모든 인류에게 혜택을 제공하고 있습니다. 그러나 미국처럼 건국 232년 만에 사람들이 잠재력을 마음껏 발휘하도록 육성한 나라는 없었습니다. 심각한 침체기도 있었지만 미국의 경제 발전은 숨이 막힐 정도였습니다.

그리고 미국은 '더 완벽한 연방'이 되려는 근본적인 열망을 유지하고 있습니다. 그 진행 과정은 느리고 거칠며 종종 실망스럽기도 했습니다. 그러나 우리는 계속 전진했으며, 앞으로도 계속 전진할 것입니다. 우리의 확고한 결론은 "절대 미국이 망하는 쪽에 돈을 걸지 말라"입니다.

〔2020〕

The Essays of

WARREN BUFFETT

X. Coda

10장
맺는말

버크셔는 이제 끊임없이 뻗어나가는 복합기업입니다.

투자자들 사이에서 복합기업의 평판이 형편없다는 점은 인정합니다. 당연히 그럴 만합니다. 먼저 복합기업들의 평판이 나쁜 이유를 설명하고서, 복합기업 형태가 버크셔에 오래도록 매우 유리한 이유를 설명하겠습니다.

〔2014〕

A.   버크셔의 기업문화

내가 금융계에 발을 들여놓은 이후 복합기업이 크게 유행한 시기가 몇 번 있었는데, 가장 터무니없던 시기가 1960년대 말이었습니다. 당시 복합기업 CEO들이 애용한 방법은 간단했습니다. 인간적 매력, 승진, 분식회계를 이용해서 복합기업의 주가를 PER 20배 수준으로 띄워 올린 다음, 최대한 서둘러 주식을 발행하여 주가가 PER 10배 수준인 기업들을 인수하는 것이었습니다. 이들은 인수에 '지분통합법' 회계를 적용했으므로 실제로 회사에는 아무 변화가 없었는데도 주당 이익이 자동으로 증가했는데, 이를 자신의 경영 성과로 내세웠습니다. 이어서 투자자들에게 이런 복합기업의 PER은 더 상승할 수 있다고 설명했습니다. 그리고 끝으로 이 과정을 한없이 되풀이하여 주당 이익을 계속 높이겠다고 약속했습니다.

1960년대가 지나가면서 월스트리트는 이 속임수를 더 애용했습니다. 합병을 통해서 막대한 보수를 챙길 수만 있다면 월스트리트 사람들은 기업들이 의심스러운 술책으로 주당 이익을 늘려도 항상 눈감아주었습니다. 감사들은 복합기업의 회계에 성수를 뿌려 축복해주었고, 심지어 숫자를 더 짜내는 방법까지 알려주기도 했습니다. 쉽게 쏟아져 나오는 돈에 사람들의 윤리 감각이 마비되었습니다.

그 결과 합병 활동이 맹렬하게 퍼져나갔는데, 언론도 이를 찬양하면서 부채질했습니다. ITT, 리턴 인더스트리Litton Industries, 걸프 앤드 웨스턴Gulf & Western, LTV 같은 기업들이 찬양받았고, 그 CEO들은 명사가 되었습니다(그러나 한때 유명했던 이런 복합기업들은 이미 오래전에 사라졌습니다. 요기 베라가 말했듯이 "야심가들의 부정행위는 모두 폭로됩니다").

당시는 (터무니없이 속 보이는) 온갖 회계 부정도 문제 삼지 않는 분위기였습니다. 투자자들은 회계의 천재를 확보하면 복합기업의 성장에 큰 도움이 된다고 보았습니다. 회사의 영업 실적이 아무리 나빠도 보고이익은 틀림없이 만족스럽게 나올 것으로 믿었기 때문입니다.

1960년대 말 내가 참석한 회의에서 한 욕심 많은 CEO가 '대담하고 창의적인 회계 기법'을 자랑스럽게 떠벌렸습니다. 대부분의 분석가는 그의 말을 들으면서 고개를 끄덕이고 있었습니다. 분석가들은 실제 영업 실적이 어떻게 되든, 이 경영자는 자신이 제시한 추정치를 틀림 없이 충족할 것으로 믿는 표정이었습니다.

그러나 마침내 12시를 알리는 종이 울리자 모든 마차와 말이 호박과 쥐로 바뀌었습니다. 과대평가된 주식을 계속 발행하는 사업모델은 (행운의 편지 사업모델과 마찬가지로) 부의 창출이 아니라 재분배에 불과하다는 사실이 다시 밝혀졌습니다. 미국에서는 두 가지 사업모델이 겉모습만 정교하게 위장한 채 주기적으로 만발합니다(모든 기획자의 꿈이지요). 결말도 항상 똑같아서, 순진한 사람들의 돈이 사기꾼에게로 넘어갑니다. 그러나 행운의 편지와 달리 주식은 사기 규모가 엄청나게 큽니다.

버핏투자조합과 버크셔는 미친 듯이 주식을 발행하는 기업에는 투자해본 적이 없습니다. 이런 행태는 그 기업의 과장 선전, 취약한 회계, 과도한 주가, 노골적인 부정을 시사하는 확실한 조짐이기 때문입니다.

****

그러면 찰리와 내가 버크셔의 복합기업 구조에 매력을 느끼는 이유는 무엇일까요? 간단히 말해서 복합기업 구조를 현명하게 이용하면 장기 자본성장률을 이상적으로 극대화할 수 있기 때문입니다.

자본주의의 장점 한 가지는 효율적인 자본배분입니다. 즉, 시장을 통해서 자본이 유망 기업으로 배분되며, 이런 흐름을 거부하면 경제가 쇠퇴한다는 주장입니다. 옳은 주장입니다. 다소 과장된 표현일지는 몰라도 대개 시장에 의한 자본배분이 다른 대안보다 훨씬 효율적입니다.

그렇다고 하더라도 합리적인 자본 흐름이 종종 막힐 때가 있습니다. 1954년 버크셔 이사회 회의록에도 분명히 드러나듯이 경영진은 직물산업에서 자본을 회수해야 마땅했는데도 헛된 희망과 이기심 탓에 수십 년이나 꾸물거렸습니다. 실제로 나 자신도 쓸모없어진 직물 공장 포기를 너무 오랫동안 미뤘습니다. 쇠퇴하는 기업의 CEO가 새로운 사업에 대규모 자본을 재배분하는 일은 거의 없습니다. 그렇게 하려면 오랜 동료를 해고해야 하고 자신의 실수를 인정해야 하니까요. 게다가 자신이 새로운 사업의 CEO가 된다는 보장도 없습니다.

개인 투자자들 역시 여러 기업과 산업 사이에서 자본을 재배분하려면 상당한 세금과 마찰비용을 부담해야 합니다. 면세 기관투자가들도 자본을 재배분하려면 중개기관을 이용해야 하므로 막대한 비용을 부담해야 합니다. 투자은행, 회계사, 컨설턴트, 변호사, 차입매수자 등 입맛 까다로운 전문가들이 배를 채워달라고 요구합니다. 금융 전문가들은 이용료가 비쌉니다.

반면에 버크셔 같은 복합기업은 최소비용으로 자본을 합리적으로 재배분할 수 있습니다. 물론 복합기업 구조 자체가 성공을 보장하는 것은 아닙니다. 우리는 그동안 많은 실수를 저질렀고 앞으로도 더 저지를 것입니다. 그러나 우리 조직 구조의 장점은 엄청납니다.

우리 버크셔는 세금 등 큰 비용을 들이지 않고서도 막대한 자금을 추가 투자 기회가 부족한 기업에서 풍부한 기업으로 재배분할 수 있습니다. 게다가 우리는 한 산업에만 매달릴 때 나타나는 편견도 없고, 한 산업을 유지하면서 기득권을 지키려는 동료도 없습니다. 이것은 중요합니다. 옛날부터 투자 결정을 말馬이 했다면 자동차산업은 탄생하지 않았을 것입니다.

우리의 커다란 강점 또 하나는 훌륭한 기업의 일부, 즉 주식을 살 수 있다는 점입니다. 대부분의 경영진은 이런 선택을 하지 못합니다. 그동안 이 전략적 대안은 매우 유용했습니다. 다양한 선택 대안 덕분에 우리 의사결정이 더 효과적이었습니다. 주식시장이 매일 제시하는 기업 일부(주식)의 가격은, 흔히 우리가 기업을 통째로 인수할 때 치러야 하는 가격보다 훨씬 쌉니다. 게다가 우리는 유가증권으로 실현한 이익 덕분에 일부 대기업을 인수할 수 있었습니다.

실제로 세상의 무한한 기회가 버크셔에 열려 있습니다. 대부분의 기업보다도 버크셔에 훨씬 더 많은 기회가 열려 있습니다. 물론 우리는 전망을 평가할 수 있는 기업에만 투자합니다. 그래서 우리 선택 범위가 심하게 제약됩니다. 찰리와 내가 10년 뒤 모습을 전혀 내다보지 못하는 기업이 매우 많습니다. 그래도 한 산업에서만 활동하는 경영진보다는 선택 범위가 훨씬 넓습니다. 게다가 버크셔는 한 산업에서만 활동하는 기업들보다 규모를 훨씬 더 키워나갈 수 있습니다.

앞에서도 언급했지만 씨즈캔디는 자본을 적게 쓰면서도 막대한 이익을 창출했습니다. 물론 이렇게 창출한 자금을 현명하게 사용해서 캔디사업을 더 확장할 수 있었다면 좋았을 것입니다. 그러나 이런 시도는 대부분 소용이 없었습니다. 그래서 우리는 세금 등 마찰비용도 부담하지 않으면서 씨즈가 창출하는 초과 현금으로 다른 기업들을 인수했습니다. 씨즈가 독립기업으로 유지되었다면 씨즈는 이익을 주주들에게 분배하고 주주들은 이를 재배분해야 했으므로 이 과정에서 막대한 세금과 마찰비용이 발생했을 것입니다.

****

버크셔의 강점 하나는 세월이 흐를수록 더 중요해지고 있습니다. 이제 탁월한 기업의 소유주와 경영자들은 기업을 매각할 때 가장 먼저 버크셔를 선택하고 있습니다.

성공적인 기업을 보유한 가족에게는 기업 매각을 고려할 때 몇 가지 선택 대안이 있습니다. 흔히 가장 좋은 선택은 그대로 계속 보유하는 것입니다. 자신이 잘 아는 훌륭한 기업을 계속 보유하는 것보다 좋은 대안은 흔치 않습니다. 그러나 월스트리트 사람들이 기업을 계속 보유하라고 권유하는 일은 거의 없습니다(이발사에게 이발할 때가 되었는지 물어보아서는 안 됩니다).

소유주 가족 일부는 팔려고 하고 일부는 계속 보유하려고 한다면 대개 기업을 공개하는 편이 합리적입니다. 그러나 소유주 가족 모두가 기업을 팔려고 한다면 보통 두 가지 대안을 고려하게 됩니다.

첫 번째 대안은 두 기업을 결합해 '시너지'를 짜내려는 경쟁자에 파는 방법입니다. 그러나 경쟁자는 소유주 가족을 도와 회사를 키운 동료 다수를 반드시 해고하려 합니다. 그러므로 배려 깊은 소유주는 오랜 동료가 옛 컨트리송 〈그녀는 떼돈 벌고, 나는 깡통 찼네(She got the goldmine, I got the shaft)〉를 슬프게 부르며 떠나게 하지 않을 것입니다.

두 번째 대안은 월스트리트 인수자에게 파는 방법입니다. 과거에는 이들 스스로를 '차입매수자'라고 정확히 불렀습니다. 그러나 1990년 대 초 평판이 나빠지자 서둘러 '사모펀드'로 변경했습니다.(RJR 나비스코와 《문 앞의 야만인들(Barbarians at the Gate)》을 기억하십니까?)

이들은 단지 명칭만 바꿨을 뿐입니다. 예전과 다름없이 인수한 기업의 자기자본은 극적으로 줄이고 부채는 산더미처럼 쌓아 올렸습니다. 실제로 흔히 사모펀드가 제시하는 인수 가격은 인수 대상 기업을 담보로 조달할 수 있는 최대 부채액에 좌우되었습니다.

나중에 일이 순조롭게 풀려서 자기자본이 증가하면 사모펀드는 대개 추가로 자금을 조달하여 부채비율을 다시 높였습니다. 그리고 이렇게 조달한 자금으로 대규모 배당을 지급하여 자기자본을 대폭 낮추었으며 때로는 마이너스로 만들기도 했습니다.

실제로 사모펀드들은 '자기자본'을 금기어로 취급하고 부채를 사랑합니다. 지금은 부채 조달비용이 매우 낮으므로 이들은 흔히 최고 한도액을 제시합니다. 그리고 나중에 회사를 되팔 때에는 대개 다른 차입매수자에게 팝니다. 회사는 사실상 한 조각 상품이 됩니다.

버크셔는 회사를 매각하려는 소유주들에게 세 번째 대안을 제공합니다. 직원과 문화가 그대로 유지되는 영원한 집입니다(간혹 경영진은 바뀔 수 있습니다). 게다가 우리가 인수하는 기업은 재무 건전성과 성장성이 극적으로 향상됩니다. 그리고 은행이나 월스트리트 분석가들을 상대할 일도 영원히 사라집니다.

세 번째 대안에 관심 없는 소유주도 있습니다. 그러나 관심 있는 소유주에게는 버크셔 외에 다른 대안이 많지 않습니다.

****

가끔 전문가들이 어떤 자회사를 분사하라고 우리에게 제안합니다. 그러나 이런 제안은 이치에 맞지 않습니다. 우리 자회사들의 가치는 분사했을 때보다 버크셔에 속해 있을 때 더 높기 때문입니다. 우리는 세금 한 푼 내지 않으면서 자금을 자회사들 사이에서 이동하거나 새로운 사업에 직접 투입할 수 있습니다. 게다가 회사를 분리하면 일부 비용이 중복해서 발생합니다. 매우 명백한 예를 들어보겠습니다. 버크셔는 이사회가 하나뿐이며, 들어가는 비용도 아주 적습니다. 그러나 우리 자회사 수십 개를 분사하면 이사회에 들어가는 비용도 치솟을 것입니다. 아울러 관리·조정 비용도 급증할 것입니다.

끝으로 우리 자회사A는 자회사B 덕분에 세금 효율성이 대폭 높아지기도 합니다. 예를 들어 현재 우리 공익기업들은 세금공제 혜택을 받고 있는데, 이는 다른 버크셔 자회사들이 막대한 과세소득을 창출하기 때문에 가능한 것입니다. 덕분에 BHE는 풍력과 태양 에너지를 개발하는 대부분의 공익기업보다 커다란 이점을 누리고 있습니다.

거래 기준으로 보수를 받는 투자은행들은, 상장회사를 인수하려면 시장가격에 20~50% 프리미엄을 덧붙여야 한다고 주장합니다. 이들은 일단 회사 경영권을 확보하면 많은 이점을 누리게 되므로 프리미엄은 '지배권 가치'에 대한 정당한 대가라고 말합니다(인수에 굶주린 경영자라면 누가 이런 주장을 반박하겠습니까?).

몇 년 뒤 이들은 천연덕스러운 표정으로 다시 나타나서, 인수했던 회사를 분사하여 '주주 가치를 창출'해야 한다고 진지하게 주장합니다. 물론 분사하면 모회사는 아무 보상도 받지 못하고 '지배권 가치'를 상실하게 됩니다. 투자은행들은 분사회사 경영진이 모회사의 숨 막히는 관료주의에서 벗어나 기업가 정신을 발휘할 터이므로 분사회사가 번창할 것이라고 설명합니다(우리가 만나본 그 유능한 경영진에 대해서는 언급하지 않겠습니다).

나중에 그 모회사가 분사회사를 다시 인수하려 하면 투자은행들은 '지배권 가치'에 대해서 또다시 막대한 프리미엄을 요구할 것입니다(투자은행업계의 지극히 '유연한' 사고방식 덕분에 "거래가 보수를 낳는 것이 아니라, 보수가 거래를 낳는다"라는 말이 나왔습니다).

물론 버크셔도 언젠가 규정에 따라서 분사를 하게 될 수도 있습니다. 1979년 버크셔는 은행지주회사법에 관한 새 규정에 따라 우리가 보유하던 일리노이 내셔널 뱅크를 분사했습니다.

그러나 우리가 자발적으로 분사하는 것은 이치에 맞지 않습니다. 지배권 가치, 자본배분의 유연성, 중요한 세금 이점을 상실하기 때문입니다. 현재 우리 자회사들을 탁월하게 운영 중인 경영자들이 분사 후에는 이런 이점을 누리지 못하므로 높은 실적을 유지하기 어려울 것입니다. 게다가 모회사와 분사회사 운영 비용도 상당히 증가할 것입니다.

****

분사에 대한 논의를 마치기 전에 앞에서 언급한 복합기업 LTV가 주는 교훈을 살펴보겠습니다. 여기서는 간략하게 다루므로 금융 역사에 관심 있는 분은 〈디 매거진(D Magazine)〉 1982년 10월호에 실린 지미 링Jimmy Ling의 글을 읽어보시기 바랍니다. 인터넷에서 찾아보십시오.

링은 수많은 속임수를 동원해서, 1965년 매출이 3,600만 달러에 불과하던 LTV를 겨우 2년 만에 포춘 500대 기업 중 14위로 올려놓았습니다. 링은 경영 기술을 발휘한 것이 절대 아닙니다. 그러나 자신을 과대평가하는 사람을 과소평가해서는 절대 안 된다고 찰리가 오래전에 내게 말해주었습니다. 링은 자신을 과대평가하는 능력이 단연 최고였습니다.

링이 사용한 자칭 '재배치 전략'은 대기업을 인수한 다음 다양한 사업부를 개별적으로 분사하는 방식이었습니다. 그는 1966년 연차보고서에서 이 마법을 설명하며 "반드시 2 더하기 2가 5나 6이 되는 기업만을 인수해야 합니다"라고 말했습니다. 그의 이런 말에 언론, 대중, 월스트리트는 환호했습니다.

1967년 링은 대형 정육회사 윌슨Wilson & Co.을 인수했는데, 골프 장비회사와 제약회사 지분도 보유한 회사였습니다. 곧이어 그는 모회사를 3개 사업부로 분할하여 분사했고(윌슨Wilson & Co., 윌슨 스포팅 굿즈 Wilson Sporting Goods, 윌슨 파마수티컬Wilson Pharmaceuticals), 3개 회사는 또 일부 사업부를 분사했습니다. 세 회사는 곧 월스트리트에서 미트볼 Meatball, 골프볼Golf Ball, 구프볼Goof Ball: 안정제로 유명해졌습니다.

그러나 링은 이카루스Icarus처럼 태양에 지나치게 접근했던 것으로 드러났습니다. 1970년대 초 링의 제국은 녹아내렸고, 그도 LTV에서 분사(해고)되었습니다.

금융시장은 주기적으로 현실로부터 괴리됩니다. 이 말은 믿어도 좋습니다. 지미 링 같은 사람은 계속 등장할 것입니다. 그의 말은 그럴듯하게 들릴 것입니다. 언론은 그의 말을 빠짐없이 보도하고, 은행들은 그를 위해서 분투할 것입니다. 그가 하는 말은 계속해서 실현될 것이며, 일찌감치 그의 말을 따른 사람들은 뿌듯함을 느낄 것입니다. 그러나 조심하십시오. 그가 어떻게 말하더라도 2 더하기 2는 항상 4라는 사실을 명심하십시오. 누군가 이 셈법이 구식이라고 말하더라도 절대 지갑을 열지 마십시오. 몇 년 뒤 더 싼 가격에 살 수 있습니다.

****

현재 버크셔는 (1) 비길 데 없는 명품 기업들을 보유 중이며, 대부분 경제 전망이 밝고, (2) 탁월한 경영자들이 자회사 운영과 버크셔에 헌신하고 있으며, (3) 수익원은 매우 다양하고, 재무 건전성은 최고이며, 어떤 상황에서도 풍부한 유동성이 유지될 것이고, (4) 회사 매각을 고려하는 소유주와 경영자들이 가장 먼저 선택하는 협상 대상이며, (5) 지난 50년 동안 쌓아온 (대부분의 대기업과 여러모로 다른) 독특한 기업문화가 이제 굳건하게 자리 잡았습니다.

이런 강점들이 우리의 성장을 뒷받침하는 훌륭한 토대입니다.

버크셔의 다음 50년

이제 앞길을 살펴봅시다. 그러나 내가 50년 전에 미래를 예측했다면 일부 예측은 완전히 빗나갔을 것입니다. 이 점을 염두에 두고, 오늘 내 가족이 버크셔의 미래에 대해 물어보면 내가 해주고 싶은 말을 하겠습니다.

■ 가장 먼저, 버크셔 장기 주주의 영구적인 원금 손실 가능성은 다른 어떤 회사의 주주보다도 낮다고 나는 믿습니다. 버크셔의 주당 내재가치는 장기적으로 거의 틀림없이 증가할 것이기 때문입니다.

그러나 이 예측에 대해서 주의할 점이 있습니다. 버크셔의 주가가 이례적으로 높은 시점(예컨대 간혹 버크셔 주가가 순자산가치의 2배에 접근할 때)에 주주가 된다면 오랜 기간이 지나야 이익을 실현할 수 있을 것입니다. 다시 말해서 비싼 가격에 사면 건전한 투자가 무모한 투기로 변할 수도 있습니다. 버크셔도 예외가 아닙니다.

그러나 버크셔가 자사주를 매입하는 가격보다 약간 높은 가격에 산다면 적당한 기간이 지나서 이익을 얻을 것입니다. 버크셔 이사회는 주가가 내재가치보다 훨씬 낮다고 믿을 때만 자사주 매입을 승인하기 때문입니다(다른 경영진은 흔히 무시하지만, 우리는 이것이 자사주 매입의 핵심 기준이라고 생각합니다).

1~2년 후에 팔 계획으로 사는 사람이라면 버크셔 주식을 얼마에 사더라도 나는 아무것도 장담할 수 없습니다. 보유 기간이 1~2년에 불과하다면 버크셔 주식의 내재가치 변화보다는 주식시장의 전반적인 흐름에 투자 실적이 크게 좌우되기 때문입니다. 수십 년 전 벤저민 그레이엄은 말했습니다. "시장이 단기적으로는 투표소와 같지만, 장기적으로는 저울과 같다." 가끔 투자자들의 투표는 (아마추어나 전문가나 똑같이) 미친 짓에 가깝습니다.

나는 시장 흐름 예측 방법을 알지 못하므로 5년 이상 보유할 생각일 때만 버크셔 주식을 사라고 권합니다. 단기 이익을 얻으려는 분은 다른 곳에서 찾으시기 바랍니다.

주의 사항이 또 있습니다. 차입금으로 버크셔 주식을 사면 안 됩니다. 1965년 이후 버크셔 주식이 고점에서 약 50% 하락한 적이 세 번 있었습니다. 언젠가 이와 비슷한 하락이 다시 발생하겠지만 그 시점은 아무도 모릅니다. 버크셔 주식이 장기 투자자에게는 거의 틀림없이 만족스러운 실적을 안겨줄 것입니다. 그러나 차입금을 사용하는 투기자들에게는 막대한 손실을 안겨줄 수도 있습니다.

■ 나는 버크셔가 재정난에 빠질 가능성은 거의 제로라고 믿습니다. 우리는 항상 1,000년 만의 홍수에 대비하고 있으며, 만일 그런 홍수가 발생한다면 우리는 대비하지 않은 사람들에게 구명조끼를 판매할 것입니다. 2008~2009년 시장 붕괴 기간에 우리는 '응급 구조대'로서 중요한 역할을 담당했으며, 이후 우리는 재무 건전성과 수익 잠재력을 2배 이상 강화했습니다. 버크셔는 미국 기업계를 지키는 견고한 요새이며, 앞으로도 그 역할을 계속 수행할 것입니다.

이런 역할을 하려면 어떤 상황에서도 세 가지 요소를 유지해야 합니다. (1) 강력하고 안정적인 이익 흐름을 유지하고, (2) 막대한 유동자산을 보유하며, (3) 단기적으로는 거액의 현금 수요가 없어야 합니다. 그러나 기업들은 대개 세 번째 요소를 무시하다가 뜻밖의 문제에 직면하게 됩니다. 수익성 높은 기업의 CEO들은 부채 규모가 아무리 커도 만기에 부채를 다시 조달할 수 있다고 생각합니다. 2008~2009년에 경영자들은 이런 사고방식이 매우 위험하다는 사실을 깨달았습니다.

우리가 세 가지 요소를 항상 유지하는 방식은 다음과 같습니다. 첫째, 매우 다양한 사업으로부터 막대한 이익 흐름을 유지하고 있습니다. 경쟁우위가 확고한 대기업들을 다수 보유하고 있으며 장래에도 더 인수할 것입니다. 전례 없는 대형 재해가 발생해서 대규모 보험영업손실이 발생하더라도 버크셔는 잘 분산된 수익원 덕분에 수익성을 계속 유지할 것입니다.

둘째, 현금입니다. 건전한 기업들은 현금이 자기자본이익률을 낮추는 비생산적 자원이라고 생각하여 보유 현금을 최소화하려는 경향이 있습니다. 그러나 사람에게 산소가 필요하듯 기업에는 현금이 필요합니다. 풍부할 때에는 전혀 생각하지 않지만, 부족해지면 이것만 찾게 됩니다.

2008년에 그런 사례가 발생했습니다. 그해 9월, 오래도록 번영한 기업들조차 자금 결제가 제대로 이루어질지 갑자기 걱정하게 되었습니다. 하룻밤 사이에 산소가 사라진 것입니다.

버크셔는 자금 결제에 전혀 문제가 없었습니다. 실제로 2008년 9월 말부터 10월 초까지 3주 동안 우리는 미국 기업계에 156억 달러에 이르는 자금을 새로 공급했습니다.

이는 우리가 항상 최소 200억 달러에 이르는 현금성자산을 보유했기 때문에 가능했습니다. 그것도 정말로 필요할 때 현금화가 어려운 자산이 아니라 단기 국채로 보유했기 때문에 가능했습니다. 이런 상황에서 채무의 만기가 도래하면 오로지 현금으로만 상환할 수 있습니다. 현금 없이 집을 나서면 안 됩니다.

셋째, 우리는 갑자기 거액이 필요해질 수 있는 사업이나 투자는 절대 하지 않을 것입니다. 이는 거액의 단기 부채도 일으키지 않고, 우리가 대규모 담보를 제공하는 파생상품계약 등도 하지 않는다는 뜻입니다.

몇 년 전 우리는 담보 제공 부담도 가볍고 가격에 큰 오류가 있어 보이는 파생상품계약들을 체결했습니다. 이런 계약들은 수익성이 매우 좋았습니다. 그러나 최근 새로 작성된 파생상품계약서에서는 막대한 담보를 요구했습니다. 그래서 수익 잠재력이 아무리 높더라도 우리는 파생상품계약을 하지 않기로 했습니다. 우리 공익기업의 사업 목적에 필요한 몇 건을 제외하면, 우리는 몇 년 전부터 이런 파생상품계약을 하지 않고 있습니다.

게다가 우리는 계약자에게 현금 인출권을 주는 보험상품은 판매하지 않을 것입니다. 대부분의 생명보험 상품에 포함된 환매권이 극심한 공황기에는 대규모 환매 사태를 불러올 수도 있습니다. 그러나 우리 손해보험계약에는 그런 환매권이 들어 있지 않습니다. 우리 수입보험료가 감소하더라도 우리 플로트가 감소하는 속도는 매우 느릴 것입니다.

사람들이 지나치다고 생각할 정도로 우리가 보수적인 데에는 그만한 이유가 있습니다. 간혹 사람들은 틀림없이 공포감에 사로잡히지만 그 시점은 전혀 예측할 수 없기 때문입니다. 거의 모든 날이 무사히 지나가더라도 내일은 항상 불확실한 법입니다(나는 1941년 12월 6일이나 2001년 9월 10일에도 특별히 불안하지 않았습니다).

따라서 내일 일을 예측할 수 없다면 우리는 모든 가능성에 대비해야 합니다.

현재 64세이고 65세에 은퇴할 CEO라면 확률이 매우 낮은 위험은 경시할지도 모릅니다. 실제로 그의 판단은 99% 적중할 것입니다. 그러나 우리는 이런 확률에 만족하지 않습니다. 고객이 맡겨준 돈으로 우리가 러시안룰렛을 하는 일은 절대 없습니다. 약실이 100개이고 총알이 하나만 들어 있더라도 말입니다. 단지 돈을 벌려고 돈 잃을 위험을 감수하는 것은 미친 짓입니다.

■ 버크셔는 이렇게 보수적이지만 해마다 주당 수익력을 높여갈 수 있다고 생각합니다. 그렇다고 해마다 영업이익이 증가한다는 뜻은 절대 아닙니다. 미국 경제는 (대부분 성장하지만) 성장과 침체를 거듭하며, 침체할 때에는 우리 당기이익도 감소할 것입니다. 그러나 우리는 협력회사들을 인수하고 신규 분야에 진출하면서 계속해서 자연스럽게 성장할 것입니다. 따라서 버크셔의 근원적인 수익력은 해마다 증가할 것입니다.

수익력은 대폭 증가하는 해도 있고 소폭 증가하는 해도 있을 것입니다. 우리가 기회를 잡는 시점은 시장, 경쟁, 우연에 좌우될 것입니다. 우리는 현재 보유한 건실한 기업과 앞으로 인수할 새 기업들을 바탕으로 계속 전진할 것입니다. 게다가 대부분의 해에 미국 경제가 우리에게 강한 순풍을 불어줄 것입니다. 홈그라운드가 미국인 우리는 축복받은 사람들입니다.

■ 나쁜 소식은 버크셔의 장기 수익률이 극적으로 높을 수는 없으며 지난 50년 수익률의 근처에도 미치기 어렵다는 점입니다. 버

크셔는 규모가 너무 커졌습니다. 버크셔의 수익률이 미국 기업의 평균보다는 높겠지만 그 차이는 크지 않을 것입니다.

(십중팔구 10~20년 뒤) 마침내 버크셔의 이익과 자본 일부는 경영진이 합리적으로 재투자하기 어려운 수준에 이를 것입니다. 그때는 가장 좋은 초과이익 분배 방법이 배당인지, 자사주 매입인지, 아니면 둘 다인지를 우리 이사들이 결정해야 할 것입니다. 버크셔 주가가 내재가치보다 훨씬 낮다면 대규모 자사주 매입이 거의 틀림없이 가장 좋은 선택입니다. 버크셔 이사들이 올바른 결정을 내릴 것이므로 여러분은 걱정할 필요 없습니다.

■ 버크셔만큼 주주 지향적인 회사는 없을 것입니다. 항상 "버크셔의 형식은 주식회사이지만, 우리의 마음 자세는 동업자입니다"로 시작하는 주주 원칙(117페이지 참조)을 우리는 30년 넘게 해마다 재확인했습니다. 여러분과 맺은 이 약속은 더없이 확고합니다.

대단히 박식하고 사업 지향적인 우리 이사회는 이 동업 약속을 기꺼이 실행합니다. 돈 때문에 이사 업무를 맡은 사람은 아무도 없습니다. 버크셔처럼 이사 보수가 적은 회사는 거의 없으니까요. 대신 우리 이사들은 보유 중인 버크셔 주식에서 보상받고, 중요한 기업을 잘 관리한다는 사실에 만족감을 느낍니다.

우리 이사들이 가족과 함께 보유 중인 상당 규모의 버크셔 주식은 회사에서 받은 것이 아니라 시장에서 직접 산 것입니다. 게다가 다른 대기업들은 거의 모두 임원배상책임보험을 제공하지만 우리는 제공하지 않습니다. 버크셔 이사들은 주주 여러분의 처지에서 생각합니다.

나는 우리 문화를 더 잘 유지하려고 내 아들 하워드를 후임 비상임 회장으로 제안했습니다. 이렇게 제안한 유일한 이유는 CEO를 잘못 뽑았을 때 회장이 직접 나서서 교체하기 쉽게 하려는 것입니다. 장담하건대 버크셔에서 이런 문제가 발생할 확률은 매우 낮습니다. 아마도 다른 어떤 상장회사보다도 낮을 것입니다. 그러나 내가 19개 상장회사에 이사로 참여하면서 보니, 신통치 않은 CEO도 회장을 겸임할 때에는 교체하기가 매우 어려웠습니다(대개 교체가 되긴 했지만 매우 늦었습니다).

하워드가 비상임 회장으로 선출되면 보수를 받지 않을 것이며, 다른 이사들과 달리 업무도 맡지 않을 것입니다. 그는 단지 안전밸브 역할만 할 것입니다. 예를 들어 어느 이사든지 CEO에 대해 불안감을 느끼면 하워드에게 찾아가서 다른 이사들도 불안해하는지 물어볼 수 있습니다. 여러 이사가 불안해하면 하워드는 회장으로서 이 문제에 신속하고도 적절하게 대처할 것입니다.

■ 올바른 CEO 선택은 지극히 중요하므로 버크셔 이사회는 이 일에 많은 시간을 들입니다. 버크셔 경영은 주로 자본배분 작업이며, 탁월한 경영자를 선발해서 오래도록 자회사를 맡기는 일도 포함됩니다. 물론 필요하면 자회사 CEO를 교체해야 합니다. 따라서 버크셔 CEO를 맡을 사람은 합리적이고, 침착하며, 단호하고, 사업을 폭넓게 이해하며, 사람들의 행동을 깊이 통찰할 수 있어야 합니다. 자신의 한계를 인식하는 것도 중요합니다(IBM의 토머스 왓슨 1세는 말했습니다. "나는 천재가 아닙니다. 그래서 일부에 대해서만 잘 압니다. 그러나 나는 그 일부를 벗어나는 일이 없습니다").

인격도 매우 중요합니다. 버크셔 CEO는 그 자신이 아니라 회사에 모든 것을 걸어야 합니다(편의상 남성형 대명사로 표현하지만 CEO 선발에 성차별이 있어서는 절대 안 됩니다). 그는 틀림없이 매우 많은 돈을 벌 것입니다. 그러나 자신의 업적이 아무리 크더라도 자존심이나 탐욕에 이끌려 소득이 가장 높은 동료만큼 보수를 받으려 해서는 안 됩니다. CEO의 행동은 경영자들에게 엄청난 영향을 미칩니다. CEO가 주주들의 이익을 가장 중시한다고 분명하게 이해하면 경영자들도 모두 이런 사고방식을 받아들이게 됩니다.

내 후계자는 다른 능력도 갖춰야 합니다. 회사를 쇠퇴시키는 기본 요소인 오만, 관료주의, 자기만족을 물리칠 수 있어야 합니다. 이런 암이 회사에 퍼지면 가장 강력한 회사도 흔들립니다. 이를 입증할 사례는 무수히 많지만, 우정에 금이 가지 않도록 먼 과거 사례만 공개하겠습니다.

전성기에 GM, IBM, 시어스 로벅, US스틸은 거대 산업을 선도했습니다. 이들은 난공불락의 강자처럼 보였습니다. 그러나 오만, 관료주의, 자기만족이 결국 이들 회사를 경영진이 상상도 못했던 나락으로 떨어뜨렸습니다. 한때 강력했던 재무 구조와 수익력도 아무 소용이 없었습니다.

버크셔의 규모가 끊임없이 증가함에 따라 오로지 빈틈없고 단호한 CEO만이 이런 쇠퇴 요소들을 물리칠 수 있습니다. CEO는 찰리의 기도를 절대 잊어서는 안 됩니다. "제가 죽을 장소를 말씀해주시면 그곳에는 절대 가지 않겠나이다." 우리가 문화적 가치를 상실하면 버크셔의 경제적 가치도 붕괴합니다. 'CEO가 하는 말'이야말로 버크셔의 독특한 문화를 유지하는 열쇠입니다.

다행히 우리 문화 구조는 확고하게 자리 잡았으므로 장차 CEO 들이 성공하도록 강력하게 뒷받침할 것입니다. 현재 버크셔의 놀라운 권한 위임이 관료주의를 방지하는 이상적인 해결책입니다. 사업 측면에서 보면 버크셔는 하나의 거대기업이 아니라 대기업들의 모임입니다. 우리 본부에는 위원회가 설치된 적이 없고, 자회사에 예산을 제출하라고 요구한 적도 없습니다(내부 용도로 예산을 수립하는 자회사는 많습니다). 우리 본부에는 법무실도 없고, 다른 기업들이 당연히 보유하는 인력관리·홍보·투자자관리·전략·인수 담당 부서 등도 없습니다.

물론 감사 기능은 활발합니다. 감사가 무감각하면 바보가 되니까요. 그러나 우리는 경영자들이 수탁자로서 투철한 사명감으로 회사를 운영한다고 매우 깊이 신뢰합니다. 사실 우리가 자회사들을 인수하기 전부터 이들은 똑같은 일을 하고 있었습니다. 게다가 우리가 복잡한 관료제를 도입하여 계속해서 지시하고 끝없이 검토할 때보다 우리가 이들을 신뢰할 때 더 좋은 실적이 나옵니다. 찰리와 나는 처지가 바뀌어 우리가 경영자라면 원할 만한 방식으로 경영자들과 소통하려고 노력합니다.

■ 우리 이사들은 버크셔 이사회가 잘 아는 내부자 중에서 미래의 CEO가 나와야 한다고 믿습니다. 또한 오랜 기간 일할 수 있도록 비교적 젊은 사람이어야 한다고 생각합니다. CEO들의 평균 재임 기간이 10년을 훨씬 넘어갈 때 버크셔가 가장 잘 돌아갈 것

입니다(새 개에게는 낡은 수법을 가르치기 어렵습니다). 그리고 이들은 65세에 은퇴하지도 않을 것입니다(눈치채셨나요?).

버크셔가 기업을 인수하거나 대규모 맞춤형 투자를 진행할 때 우리 상대들이 버크셔 CEO를 친밀하면서 편안하게 대할 수 있어야 합니다. 이렇게 신뢰를 쌓고 관계를 다지는 데에는 시간이 걸립니다. 그러나 그 보상은 막대합니다.

이사회와 나는 이제 적합한 후임 CEO를 찾았다고 믿습니다. 내가 죽거나 물러나면 다음 날 바로 책임을 떠맡을 후계자입니다. 일부 주요 분야에서는 그가 나보다 더 나을 것입니다.

- 투자는 항상 버크셔에 매우 중요하며 여러 전문가가 담당하게 될 것입니다. 이들은 CEO에게 보고하게 됩니다. 넓은 의미에서 투자 결정은 버크셔의 사업 및 인수 계획과 조정이 필요하기 때문입니다. 그렇더라도 투자 담당자들은 커다란 자율성을 누릴 것입니다. 투자 분야 역시 앞으로 다가올 수십 년에 잘 대비하고 있습니다. 버크셔 투자팀에서 여러 해 근무한 토드 콤즈Todd Combs와 테드 웨슐러Ted Weschler는 모든 면에서 일류이며, 기업 인수를 평가할 때 CEO에게 큰 도움이 될 것입니다.

전반적으로 말해서 버크셔는 찰리와 내가 떠난 이후에 대해서도 이상적인 대응 태세를 갖추었습니다. 이사, 경영자, 경영자들의 후계자 등 우리는 인재를 적재적소에 배치했습니다. 게다가 우리 문화도 모든 사람에게 깊이 뿌리내렸습니다. 우리 시스템은 재생력도 있습니다. 대체로 좋은 문화와 나쁜 문화 모두 계속 이어지는 속성이 있습니다. 우리와 가치관이 비슷한 기업 소유주와 경영자들은 버크셔에 매력을 느껴 계속해서 합류할 것입니다.

■ 버크셔를 특별하게 해주는 핵심 구성 요소인 주주들에게도 경의를 표하지 않을 수 없습니다.

여러분을 동업자로 둔 나는 행운아입니다.

워런 버핏

〔2014 주주 서한 중 버핏이 쓴 50주년 기념 섹션〕

B.   찰리 멍거가 말하는 '버크셔 시스템'

부회장의 생각 – 과거와 미래

버크셔 해서웨이 주주 귀하:

나는 워런 버핏이 이끄는 버크셔가 50년 동안 비범하게 성공하는 모습을 자세히 관찰했습니다. 이제부터 버핏의 축사에 내 독자적인 생각을 덧붙이고자 합니다. 내가 추구하는 목표는 다음 다섯 가지입니다.

(1) 망해가던 자그마한 직물회사를 오늘날의 막강한 버크셔로 바꿔 놓은 경영 시스템과 정책을 설명하고,

(2) 경영 시스템과 정책이 개발된 과정을 설명하며,

(3) 버크셔가 크게 성공한 원인을 설명하고,

(4) 조만간 버핏이 떠나더라도 이렇게 뛰어난 실적이 유지될지 예측하며,

(5) 지난 50년 동안 버크셔가 거둔 탁월한 실적이 다른 사람들에게도 유용한 시사점을 주는지 검토하는 것입니다.

버핏이 이끄는 버크셔의 경영 시스템과 정책(이하 '버크셔 시스템')은 초기에 확정되었으며, 다음과 같습니다.

(1) 버크셔는 복합기업으로서 사업을 확장해나가되, 장래를 예측하기 어려운 사업은 피한다.

(2) 모회사는 별도 자회사를 통해서 거의 모든 사업을 영위하며, 자회사 CEO에게 매우 극단적으로 자율권을 부여한다.

(3) 복합기업 본부는 작은 사무실에 회장, CFO, CFO의 내부 통제 업무를 주로 지원하는 소수 직원만 둔다.

(4) 버크셔는 항상 손해보험사들을 우선하여 인수한다. 손해보험사들은 상당한 플로트를 창출하여 투자 자금을 확보하면서 안정적으로 보험영업이익을 올려야 한다.

(5) 자회사들은 각자 고유의 시스템으로 운영되므로 버크셔의 전반적인 인사 시스템, 스톡옵션 시스템, 성과보수 시스템, 은퇴 시스템 등은 도입하지 않는다.

(6) 버크셔 회장은 다음 활동을 담당한다.

(ⅰ) 거의 모든 증권 투자를 관리하며, 주로 버크셔의 손해보험 자회사들을 이용한다.

(ⅱ) 주요 자회사의 모든 CEO를 선정하고, 이들의 보수를 결정하며, 갑자기 후계자가 필요해지면 비공식적으로 후계자 추천도 받는다.

(ⅲ) 자회사들이 경쟁우위를 확보한 다음에는 이들의 초과 현금을 재배분한다. 이상적인 용도는 새 자회사 인수다.

(ⅳ) 자회사 CEO가 접촉을 원하면 즉시 응해야 하며, 회장이 추가 접촉을 요구하는 일은 거의 없어야 한다.

(ⅴ) 회장은 자신이 소극적인 주주라면 알고 싶은 내용을 길고 논리적이며 유용한 서한으로 작성하여 연차보고서에 싣는다. 그리고 주주총회에서 여러 시간 질문에 답한다.

(ⅵ) 회장은 자신이 버크셔를 떠난 다음에도 고객, 주주, 임직원들 사이에서 문화가 장기간 유지되도록 본보기가 된다.

(ⅶ) 최우선적으로 충분한 시간을 확보하여 조용히 책을 읽고 사색한다. 아무리 나이가 많아져도 학습을 통해서 발전해야 하기 때문이다.

(ⅷ) 많은 시간을 들여 임직원의 성과를 열렬히 칭찬한다.

(7) 신규 자회사는 원칙적으로 주식이 아니라 현금으로 인수한다.

(8) 유보이익 1달러로 창출되는 시장가치가 1달러를 초과하는 한, 버크셔는 배당을 지급하지 않는다.

(9) 버크셔는 매우 잘 이해하는 훌륭한 기업을 적정 가격에 인수하도록 노력한다. 이 회사에는 본부의 지원 없이도 잘 경영하면서

장기간 근무할 훌륭한 CEO도 있어야 한다.

(10) 버크셔는 자회사의 CEO를 선정할 때, 신뢰할 수 있고 기술과 활력을 갖췄으며 회사와 자신의 환경을 사랑하는 사람을 찾는다.

(11) 버크셔의 중요한 원칙은 자회사를 절대 매각하지 않는 것이다.

(12) 버크셔는 한 자회사의 CEO를 전혀 관계없는 자회사의 CEO로 절대 보내지 않는다.

(13) 버크셔는 단지 나이가 많다는 이유로 자회사 CEO에게 절대 은퇴를 강요하지 않는다.

(14) 버크셔는 부채가 거의 없도록 할 것이며, (i) 어떤 상황에서도 거의 완벽한 신용도를 유지하고, (ii) 흔치 않은 기회가 오면 투입할 수 있도록 현금과 신용을 유지한다.

(15) 버크셔는 대기업을 매각하려는 사람이 언제든 편리하게 접촉할 수 있어야 한다. 대기업 인수 제안을 받으면 즉각 관심을 기울인다. 거래가 성사되지 않더라도 제안을 아는 사람은 회장과 한두 사람으로 한정된다. 외부에도 절대 발설하지 않는다.

버크셔 시스템과 버크셔의 규모 둘 다 매우 이례적인 요소입니다. 내가 아는 대기업 중에는 두 요소를 절반 정도 갖춘 기업도 없습니다. 버크셔는 어떤 과정을 거쳐 이렇게 독특한 기업이 되었을까요?

버핏은 겨우 34세에 버크셔의 지분 약 45%를 보유했고, 나머지 모든 대주주에게 완벽하게 신임받았습니다. 그는 원하는 시스템을 무엇이든 도입할 수 있었으므로 원하는 대로 버크셔 시스템을 구축했습니다.

버핏은 버크셔의 성과 극대화에 도움이 될 만한 요소들만 선택했습니다. 그는 모든 회사에 적합한 시스템을 구축하려 한 것이 아닙니다. 실제로 버크셔 자회사들조차 버크셔 시스템을 사용하지 않아도 됩니다. 일부 자회사는 다른 시스템을 사용하면서 번창하고 있습니다.

버핏이 버크셔 시스템을 개발한 목적은 무엇이었을까요? 그동안 내가 진단한 주요 주제는 다음과 같습니다.

(1) 그는 자신을 포함해서 가장 중요한 사람들의 합리성, 기술, 헌신을 계속해서 극대화하고 싶었습니다.

(2) 그는 모든 분야에서 양쪽 모두에게 유리한 결과를 원했습니다. 예를 들면 상대에게 충실함으로써 상대가 충성하게 하는 방식입니다.

(3) 그는 장기 실적이 극대화되는 의사결정을 원했으므로 의사결정자들이 오래 근무하면서 자신이 뿌린 씨를 거두게 했습니다.

(4) 그는 비대한 본부의 관료주의에서 비롯되는 악영향을 최소화하고자 했습니다.

(5) 벤저민 그레이엄 교수처럼 그는 자신이 얻은 지혜를 널리 나누어주고자 했습니다.

버핏이 버크셔 시스템을 개발할 때, 앞으로 얻게 될 혜택을 모두 내다보았을까요? 아닙니다. 그는 관행을 개선하는 과정에서 우연히 혜택을 맛보았습니다. 그러나 이런 혜택을 맛본 다음에는 그 관행을 더욱 개선했습니다.

버크셔가 이렇게 성공한 원인은 무엇일까요?

주요 요소 4개만 떠오릅니다.

(1) 버핏의 건설적 특성

(2) 버크셔 시스템의 건설적 특성

(3) 행운

(4) 일부 주주와 (언론을 포함한) 숭배자들의 헌신이 이상할 정도로 강렬했으며 널리 확산함

나는 4개 요소 모두 도움이 되었다고 믿습니다. 그러나 중요한 원인은 건설적 특성, 이상한 헌신, 그리고 둘의 상호작용이었습니다.

특히 버핏은 몇몇 분야에만 관심을 집중하고 노력을 극대화했으며, 놀랍게도 이런 상태를 50년 동안 유지했습니다. 버핏이 성공한 방식은 로저 페더러Roger Federer가 훌륭한 테니스 선수가 된 방식과 같습니다.

실제로 버핏이 사용한 것은 유명한 농구 코치 존 우든John Wooden의 승리 기법이었습니다. 우든은 최고 선수 7명에게 경기 시간을 거의 모두 할당하면서부터 매우 빈번하게 승리를 거두었습니다. 즉, 항상 최고 선수들이 상대 팀과 싸운 것입니다. 그리고 최고 선수들은 경기 시간이 늘어나면서 실력이 더 빨리 향상되었습니다.

버핏은 우든의 기법을 우든보다도 더 효과적으로 활용했습니다. 우

든은 선수 7명의 기술을 개발했으나 버핏은 자기 한 사람의 기술을 집중적으로 개발했고, 농구 선수들의 기술은 세월이 흐를수록 쇠퇴했으나 버핏의 기술은 50년 동안 나이가 들어갈수록 더욱 향상되었기 때문입니다.

게다가 버핏은 주요 자회사에 장기간 근무하는 CEO들에게 막강한 권한을 집중적으로 부여했으므로 자회사에서도 강력한 우든 효과를 창출했습니다. 이런 우든 효과는 CEO들의 기술과 자회사들의 실적을 높여주었습니다.

이렇게 버크셔 시스템이 자회사와 CEO들에게 자율성을 부여하자 버크셔는 성공을 거두면서 유명해졌고, 그 결과 더 훌륭한 자회사와 훌륭한 CEO들이 버크셔로 몰려들었습니다. 그리고 더 훌륭한 자회사와 CEO들에 대해서는 본부가 관심을 기울일 필요성이 감소했으므로 이른바 '선순환'이 형성되었습니다.

버크셔가 항상 손해보험사를 우선하여 인수한 정책은 얼마나 효과적이었을까요?

놀라울 정도로 효과적이었습니다. 버크셔의 야망은 불합리할 정도로 거대한데도 그 야망이 충족될 정도였습니다. 흔히 손해보험사들이 보통주에 투자하는 금액은 대략 자기자본 규모인데, 버크셔 보험 자회사들도 그렇게 했습니다. 그리고 지난 50년 동안 S&P500 지수의 수익률이 세전 연 10% 수준이었으므로 버크셔는 줄곧 순풍을 받았습니다.

그리고 버핏이 예상했던 대로 초기 수십 년 동안 버크셔 보험 자회사들의 주식 투자수익률이 지수 수익률보다 훨씬 높았습니다. 나중에 버크셔가 보유한 주식과 평가이익 규모가 거대해지면서 지수 초과수익률이 전체 실적에 미치는 영향이 미미해지자 더 훌륭한 강점을 얻게 되었습니다. 아지트 자인Ajit Jain이 거대한 재보험사업을 신설해 막대한 플로트를 창출하면서 거액의 보험영업이익을 올렸습니다. 그리고 버크셔가 가이코 지분을 모두 확보하고 나서 가이코의 시장점유율이 4배로 증가했습니다. 버크셔의 나머지 보험사업들도 대폭 개선되었습니다. 주로 평판을 높이고, 보험영업 원칙을 고수하며, 좋은 틈새시장을 발굴하여 지켜내고, 탁월한 사람들을 모집하여 유지한 덕분입니다.

이후 버크셔가 거대하고 매우 신뢰할 만한 거의 유일한 기업으로 널리 알려지자, 버크셔 보험 자회사들은 사모증권 등 남들은 살 수 없는 매력적인 증권도 사들일 수 있었습니다. 사모증권은 대부분 만기가 있었으며 탁월한 실적을 안겨주었습니다.

버크셔 보험 자회사들이 올린 놀라운 실적은 당연한 결과가 아니었습니다. 일반적으로 손해보험사들은 경영을 매우 잘해도 실적이 평범한 수준에 그칩니다. 그리고 실적이 평범한 손해보험사는 쓸모가 없습니다. 그러나 버크셔 보험 자회사들의 실적은 놀랍도록 뛰어났으므로, 버핏이 현재 능력을 그대로 유지한 채 회춘하여 다시 보험사를 경영하더라도 따라가지 못했을 것입니다.

버크셔는 사업을 확장해가는 과정에서 아무 문제가 없었을까요?

없었습니다. 사업을 확장할수록 좋은 기회도 확대되었습니다. 확장 과정에서 흔히 나타나는 악영향은 버핏이 막아냈습니다.

버크셔는 왜 주식 대신 현금으로 기업을 인수했을까요? 버크셔 주식을 내주고 인수할 만큼 가치 있는 기업이 드물었기 때문입니다.

일반적으로 기업을 인수하면 인수한 회사의 주주들이 손해를 보는데, 왜 버크셔가 기업을 인수했을 때에는 버크셔 주주들이 큰 이익을 보았을까요?

버크셔가 기업을 인수하는 시스템이 우수했기 때문입니다. 버크셔에는 '인수부' 같은 부서가 없으므로 인수 실적을 달성해야 한다는 압박도 없었습니다. 거래를 성사시켜야 돈을 버는 '조력자'들에게 조언을 들은 적도 없습니다. 버핏은 장기간 주식 투자 경험을 통해서 기업에 대해 대부분의 경영자보다 뛰어난 지식을 쌓았는데도 망상에 빠져 전문 지식을 과시하는 일도 없었습니다.

끝으로 버핏은 그동안 남들보다 훨씬 좋은 기회를 접했는데도 초인적인 인내심을 발휘하여 인수를 자제했습니다. 예를 들어 버크셔를 맡은 초기 10년 동안 직물사업은 거의 망해가고 있었고 새로 인수한 기업이 둘이었으므로 순수하게 늘어난 기업 수는 하나였습니다.

그동안 버핏이 저지른 큰 실수는 무엇일까요? 대개 사람들은 일을 실행하는 과정에서 실수를 저지르지만, 버핏이 저지른 거대한 실수는 거의 모두 인수를 실행하지 않은 실수였습니다. 예를 들어 월마트가 크게 성공할 것으로 확신하면서도 월마트 주식을 사지 않았습니다. 누락도 매우 중요한 실수입니다. 성공이 거의 확실한 여러 기회를 놓치지 않았다면 현재 버크셔의 순자산이 500억 달러 이상 늘어났을 것입니다.

이번에는 조만간 버핏이 떠나더라도 버크셔가 이렇게 뛰어난 실적을 유지할 것인지 예측해보겠습니다.

나는 유지한다고 봅니다. 버크셔의 자회사들은 경쟁우위가 확고하므로 사업 추진력도 강하기 때문입니다. 게다가 철도 자회사와 공익 자회사 덕분에 이제는 신규 고정자산에 막대한 자금을 투자할 기회도 있습니다. 현재 여러 자회사가 '협력회사 인수'를 진행하고 있습니다.

버크셔 시스템이 대부분 유지된다면 (1) 내일 버핏이 떠나고, (2) 능력이 보통 수준인 사람이 후계자가 되며, (3) 버크셔가 다시는 대기업을 인수하지 못하더라도, 현재 보유한 기회와 추진력이 매우 크므로 틀림없이 아주 오랜 기간 초과 실적을 유지할 것입니다.

그러나 버핏이 곧 떠나더라도 '능력이 보통 수준'인 사람이 후계자가 되지는 않을 것입니다. 예를 들어 아지트 자인과 그레그 에이블은 실력이 입증된 인물로서 '세계적인' 경영자라는 표현으로도 부족합니다. 나는 '세계를 선도하는' 경영자라고 부르겠습니다. 두 사람은 일부 주요 분야에서 버핏을 능가하는 경영자들입니다.

그리고 자인과 에이블은 (1) 누가 어떤 제안을 해도 버크셔를 떠나지 않을 것이며, (2) 버크셔 시스템을 많이 변경하지 않을 것이라고 나는 믿습니다.

버핏이 떠난 다음에도 신규 기업 인수가 중단되는 일은 없을 것입니다. 현재 버크셔는 거대하면서도 활력이 넘치므로 유망한 인수 기회들이 찾아올 것이고, 버크셔는 보유 현금 600억 달러를 건설적으로 사용할 것입니다.

끝으로 지난 50년 동안 버크셔가 거둔 탁월한 실적이 다른 사람들에게도 유용한 시사점을 주는지 검토해보겠습니다.

답은 분명히 예스입니다. 초기에 버크셔가 직면한 커다란 과제는,

작고 이름 없는 기업을 크고 유용한 기업으로 변화시키는 일이었습니다. 버핏은 관료주의를 피하고 아주 오랜 기간 사려 깊게 사업을 개선해가면서 자신과 같은 사람들을 영입하여 이 문제를 해결했습니다.

반면에 일반 대기업에서는 관료주의가 본부를 지배하고, CEO들은 59세쯤 잠시 경영을 맡아 생각에 잠겼다가 정년에 도달하면 곧바로 쫓겨납니다.

나는 다른 기업에서도 일종의 버크셔 시스템을 더 자주 시도하고, 나쁜 관료주의 속성을 암처럼 취급해야 한다고 믿습니다. 조지 마셜George Marshall은 관료주의를 바로잡는 훌륭한 사례를 만들었습니다. 그는 의회에 요청하여 연공서열을 무시하고 장군을 선택할 권한을 획득했으며, 이는 제2차 세계대전을 승리로 이끈 한 요소가 되었습니다.

찰리 멍거

〔2014 주주 서한 중 멍거가 쓴 50주년 기념 섹션〕

C.　　　　　　　　　　　　　　　　　　　　　　　므두셀라의 기록

두둑한 지갑은 좋은 투자 실적을 가로막는 적입니다. 버크셔의 순자산이 찰리와 내가 경영을 시작했을 때에는 2,200만 달러였지만 지금은 119억 달러입니다. 지금도 예전처럼 좋은 기업이 많지만, 규모가 보잘것없는 기업은 인수해도 소용이 없습니다. 버크셔의 자본금이 워낙 크기 때문입니다(찰리가 늘 나를 일깨워주는 말이 "잘해도 소용없는 일은 할 필요가 없다"입니다). 우리는 이제 1억 달러 이상 투자할 수 있는 증권만을 매수 대상으로 고려합니다. 최소 투자 금액을 이렇게 정하자 버크셔의 투자 영역이 극적으로 축소되었습니다.

그렇더라도 우리는 지금까지 사용해온 전략을 고수할 것이며 기준을 낮추지 않을 것입니다. 테드 윌리엄스는 《The Story of My Life(내 인생 이야기)》에서 그 이유를 설명합니다. "좋은 타자가 되려면 좋은 공을 쳐야 합니다. 이것이 가장 중요한 첫 번째 원칙입니다. 내가 좋아하는 코스에서 벗어난 공을 쳐야 한다면 내 타율은 3할 4푼 4리가 될 수 없습니다. 아마도 겨우 2할 5푼 정도 될 것입니다." 찰리와 나도 동의합니다. 그래서 우리는 '좋아하는 코스'로 들어오는 기회를 기다릴 것입니다.

우리는 정치와 경제에 대한 예측을 계속 무시할 것입니다. 이들은 투자자와 사업가들의 마음을 흐트러뜨리는 값비싼 요물이기 때문입니다. 베트남전 확대, 임금과 가격 통제, 두 번의 석유 파동, 대통령 사임, 소련 해체, 다우지수의 하루 508포인트 폭락, 단기 국채 수익률 2.8~17.4% 변동을 30년 전에 예측한 사람은 아무도 없습니다.

그러나 놀랍게도 이렇게 거대한 사건들조차 벤저민 그레이엄의 투자 원칙에는 전혀 영향을 미치지 못했습니다. 합리적인 가격에 인수한 좋은 기업은 이런 사건들 속에서도 여전히 건전한 투자였습니다. 만일 우리가 알지 못하는 두려움 때문에 투자를 연기하거나 취소했다면 대가가 얼마나 컸을까요? 실제로 우리는 거시적 사건에 대한 두려움이 절정에 이르렀을 때 가장 좋은 조건으로 기업을 인수했습니다. 두려움이 변덕쟁이에게는 적이지만, 원칙주의자에게는 친구입니다.

앞으로 30년 동안에도 이와 같은 거대한 사건이 반드시 일어날 것입니다. 우리는 이런 사건을 예측할 생각도 없고, 이용할 생각도 없습니다. 우리가 지금까지 인수한 기업과 비슷한 기업들을 찾아낼 수 있다면 계속 사건이 발생하더라도 우리 장기 실적에는 거의 영향이 없을 것입니다.

(버크셔의 장래 실적이 과거 실적에 못 미친다는 예측에 더해서) 우리가 약속하는 것은 여러분이 버크셔 주식을 보유하는 동안 얻는 실적이 찰리와 내가 얻는 실적과 똑같으리라는 점입니다. 여러분이 손해를 보면 우리도 손해를 볼 것이고, 우리가 돈을 벌면 여러분도 돈을 벌 것입니다. 실적이 좋아질 때 우리가 더 많이 보상받는 조항을 만들어 형평성을 깨뜨리는 일은 없을 것입니다.

아울러 우리의 개인 재산 대부분을 여전히 버크셔 주식에 집중적으로 투자한다는 약속도 드립니다. 여러분에게 투자해달라고 부탁해놓고 우리 돈은 다른 곳으로 빼돌리는 일도 없을 것입니다. 우리 가족들의 포트폴리오는 물론, 1960년대에 찰리와 내가 운영한 투자조합에 참여했던 수많은 친구의 포트폴리오에서도 버크셔 주식이 압도적인 비중을 차지합니다. 우리는 온 힘을 기울이지 않을 도리가 없습니다.

다행히 이제 우리는 훌륭한 사업 기반을 확보했습니다. 10년 전인 1984년, 버크셔 보험 자회사들이 보유한 증권은 평가액이 17억 달러로서 주당 약 1,500달러였습니다. 이 증권에서 나온 소득과 자본이득을 제외하면 그해 버크셔의 세전이익은 600만 달러에 불과했습니다. 물론 다양한 제조업, 소매업, 서비스업에서도 이익이 나왔지만 우리 보험영업손실, 간접비, 이자비용을 차감하면 남는 것이 거의 없었습니다.

지금은 우리가 보유한 증권의 평가액이 180억 달러로서 주당 1만 5,000달러가 넘습니다. 역시 증권에서 나온 소득과 자본이득을 제외하면 1994년 버크셔의 세전이익은 3억 8,400만 달러입니다. 지난 10년 동안 종업원도 5,000명에서 2만 2,000명(세계본부 직원 11명 포함)으로 증가했습니다.

우리는 평범해 보이는 기업으로부터 탁월한 실적을 올려준 훌륭한 경영자들의 노력 덕분에 높은 이익을 거두었습니다. 케이시 스텡걸 Casey Stengel은 야구팀을 관리하는 것은 "다른 사람들이 친 홈런 덕분에 월급 받는 일"이라고 표현했습니다. 버크셔에서 내가 하는 일도 마찬가지입니다.

우리가 소수 지분을 보유한 기업들도 우리 성과에 똑같이 중요합니다. 통계 숫자로 설명하겠습니다. 1994년 코카콜라는 8온스(230cc) 콜라 2,800억 개를 판매했는데 이익은 개당 1센트에도 약간 못 미쳤습니다. 그러나 티끌 모아 태산입니다. 버크셔가 보유한 코카콜라 지분은 7.8%여서, 이 '청량음료'의 매출 중 우리 몫은 210억 개이고, 이익 중 우리 몫은 2억 달러에 육박합니다. 마찬가지 원리로 버크셔는 질레트 주식을 통해서 세계 면도기시장 점유율의 7%(매출액 기준)를 차지하고 있으므로 1994년 매출 중 우리 몫은 약 2억 5,000만 달러에 이릅니다. 그리고 우리는 자산이 530억 달러인 웰스 파고의 지분 13%를 보유하고 있으므로 1994년 이 은행의 자산 중 우리 몫은 70억 달러이고, 이익 중 우리 몫은 약 1억 달러입니다.

모조 다이아몬드를 100% 소유하는 것보다 호프 다이아몬드의 일부를 소유하는 편이 훨씬 낫듯이 기업도 희귀 보석처럼 훌륭한 기업들을 보유해야 합니다. 무엇보다도 좋은 소식은, 우리가 현재 보유한 탁월한 기업에 그치지 않고 앞으로도 계속 보유 기업 수를 늘려간다는 점입니다.

주가는 앞으로도 계속 등락을 거듭할 것이고 경기도 부침을 되풀이할 것입니다. 그러나 세월이 흘러도 우리가 보유한 기업들은 십중팔구 가치가 만족스러운 속도로 증가할 것입니다. 〔1994〕

※※※※※※※

문제는 내가 기력이 쇠퇴했을 때 이사회가 CEO를 교체할 준비가 되어 있느냐는 것입니다. 특히 내가 노망이 들어서 내 경영 능력이 새로 절정에 이르렀다고 착각하는 상황이 벌어지면 어떻게 될까요? 이 문제는 나에게만 국한되지 않을 것입니다. 찰리와 나는 이런 상황을 우리 자회사에서 가끔 보았습니다. 노령화 속도는 사람에 따라 천차만별입니다. 그러나 조만간 재능과 활력은 쇠퇴합니다. 80대에도 여전히 능력을 발휘하는 경영자가 있는가 하면(찰리는 82세인데도 능력이 놀랍습니다), 60대에 기력이 현저히 떨어지는 사람도 있습니다. 업무능력이 쇠퇴하면 대개 자신에 대한 평가 능력도 쇠퇴합니다. 누군가 경고를 해주어야 합니다.

내게 그런 시점이 온다면 이사회가 나서게 될 것입니다. 금전 측면에서 우리 이사들은 나설 동기가 이례적으로 강한 사람들입니다. 내가 알기로 미국에서 버크셔만큼 이사들의 이해관계가 주주들의 이해관계와 완벽하게 일치하는 이사회는 없습니다. 심지어 버크셔 근처에 따라오는 이사회조차 거의 없습니다. 그러나 개인적 차원에서 누군가에게 (특히 친구라면) 그가 능력을 상실했다고 말해주기는 지극히 어렵습니다.

만일 내가 그런 말을 들어야 할 처지가 된다면 우리 이사회는 내게 그렇게 말해주어야 나를 도와주는 것입니다. 내가 보유한 주식은 모두 자선단체로 가게 되어 있으며, 나는 우리 사회가 이 선물과 유산으로부터 최대한 수익을 거두길 바라기 때문입니다. 내 동료가 나의 해고를 게을리한 탓에 자선사업 여력이 감소한다면 정말 비극입니다. 그러나 걱정하지 마십시오. 우리 이사들은 탁월하며 항상 주주들에게 옳은 일을 할 것이기 때문입니다.

〔2005〕

✕✕✕✕✕✕✕✕

작년에 나는 내가 보유한 버크셔 주식 대부분을 5개 자선재단에 기부하는 약정을 체결했습니다. 이로써 내 주식을 모두 자선 목적에 사용하기로 한 평생 계획 중 일부를 실행했습니다. 약정의 근거와 자세한 내용은 웹사이트 www.berkshirehathaway.com에 올려놓았습니다. 세금은 나의 결정이나 시점 선택과 관계가 없다는 점을 덧붙입니다. 지난여름에 첫 기부를 하지 않았더라도 2006년에 나의 연방 및 주 소득세는 전혀 달라지지 않았을 것입니다. 2007년 기부에 대해서도 마찬가지일 것입니다.

나는 유언장에, 내가 죽으면 현재 보유 중인 버크셔 주식에서 나오는 돈을 결산 후 10년 이내에 자선 목적에 모두 사용해야 한다고 명기했습니다. 내 재산은 구성이 복잡하지 않으므로 결산에 걸리는 기간이 최대 3년일 것입니다. 내가 예상하는 수명 12년(당연히 더 오래 살고 싶지만)에 이 13년을 더하면 내가 보유한 모든 버크셔 주식에서 나오는 돈은 앞으로 약 25년에 걸쳐 사회적 목적에 분배된다는 뜻입니다.

내가 일정을 이렇게 잡은 이유는, 내가 아는 유능하고 활기차며 의욕적인 사람들이 이 돈을 비교적 신속하게 사용하길 바라기 때문입니다. 이런 관리 특성은 (특히 시장의 영향을 받지 않는) 기관이 노화함에 따라 약해질 수 있습니다. 현재 5개 재단은 훌륭한 분들이 관리하고 있습니다. 따라서 내가 죽은 다음, 이들이 남은 자금을 사려 깊게 지출하도록 서두를 필요가 있습니다.

영구 재단을 지지하는 사람들은 장래에 크고 중요한 사회문제가 반드시 일어날 것이므로 그때 자선 활동이 필요하다고 주장합니다. 나도 동의합니다. 그러나 장래에도 현재 미국의 거부들보다 부유한 거부가 많을 것이므로 자선단체들은 이들로부터 기부받을 수 있습니다. 어떤 사업을 지원해야 그 시점에 존재하는 주요 사회문제를 집중적으로 활기차게 해결할 수 있는지는 장래의 기부자들이 그때 직접 판단할 것입니다. 이런 방식을 적용하면 자선 아이디어와 그 효과성을 시장이 검증할 수 있습니다. 거액을 지원받는 단체도 있을 것이고, 유용성을 상실하는 단체도 나올 것입니다. 땅 위에 사는 사람들의 결정이 항상 완벽하지는 않겠지만, 땅속에 묻힌 사람들이 수십 년 전에 정해놓은 것보다는 더 합리적으로 자금을 배분할 수 있을 것입니다. 물론 나는 언제든 유언장을 다시 쓸 수 있습니다. 그러나 내 생각이 크게

바뀔 가능성은 매우 낮습니다. 　　　　　　　　　　　　　　　[2006]

　우울한 이야기로 끝맺을 수 없어서 확실히 말씀드리는데, 지금 내 건강은 더할 나위 없이 좋습니다. 나는 버크셔 경영을 즐깁니다. 인생을 즐기는 사람이 장수한다면 내가 므두셀라(969세까지 살았다는 창세기 인물)의 기록을 깰지도 모릅니다. 　　　　　　　　　[1996 소유주 안내서]

각 장의 요약

로렌스 커닝햄

워런 버핏이 쓴 버크셔 해서웨이 연차보고서의 주주 서한을 읽었다면 엄청나게 소중한 비공식 교육을 받은 것이다. 이 서한에는 건전한 기업 관행의 모든 기본 원칙이 쉬운 말로 농축되어 있다. 경영자 선택과 투자, 기업 평가, 재무 정보 활용 등에 대해 서한은 폭넓은 관점으로 풍부한 지혜를 제공한다. 이 책에서는 일반 대중이 이해하기 쉽도록 주주 서한을 주제별로 분류했다.

버핏의 명료한 주주 서한을 관통하는 중심 주제는 (그의 스승 벤저민 그레이엄과 데이비드 도드David Dodd가 처음으로 체계화한) 기본적 분석의 원칙에 따라 투자해야 한다는 것이다. 이 주제와 관련해서 경영자는 투자 자본을 적절하게 관리해야 하고, 주주들은 자본의 공급자이자 주인으로서의 역할을 해야 한다고 주장한다. 이런 주제를 중심으로 주주 서한에서는 회계, 합병, 평가 등 온갖 중요한 사안에 대해 실제적이고 합리적인 가르침을 제공한다.

버핏은 1800년대 초 직물업으로 출발한 버크셔 해서웨이의 CEO가 되어 이 회사에 전통적 투자 원칙을 적용했다. 1965년 버핏이 버크셔의 경영을 맡았을 때 이 회사의 주당순자산은 19.46달러였고 내재가치는 이보다도 훨씬 낮았다. 그러나 오늘날에는 주당순자산이 20만 달러가 넘고, 내재가치는 이보다도 훨씬 높다. 이 기간에 주당순자산이 무려 연 19%로 증가했다.

버크셔는 이제 80개 사업을 영위하는 지주회사가 되었다. 가장 중요한 사업은 보험으로서, 미국 최대 자동차보험사 중 하나인 100% 자회사 가이코와 세계 최대 재보험사 중 하나인 제너럴 리를 보유하고 있다. 또한 버크셔는 대형 전력회사를 오래전부터 보유하고 있으며, 2010년에는 북미 최대 철도회사인 BNSF를 인수했다.

버크셔가 보유한 일부 자회사는 규모가 매우 커서, 독립회사라면 포춘 500대 기업 명단에 포함될 회사가 10개나 된다. 또한 버크셔는 매우 다양한 기업의 지분을 보유하고 있으므로 "버크셔를 들여다보면 미국 경제계를 들여다보는 것과 같습니다"라고 버핏은 말했다. 예를 들면 식품, 의류, 건축 자재, 공구, 장비, 신문, 도서, 운송 서비스, 금융 회사가 있다. 또한 아메리칸 익스프레스, 코카콜라, 무디스 등 주요 대기업 지분도 상당량 갖고 있다.

버핏과 버크셔의 부회장 찰리 멍거는 탁월한 경영진이 운영하는 경제성 뛰어난 기업에 투자하여 거대 사업을 일구어냈다. 이들은 기업의 지분 100%를 공정한 가격에 인수하는 방법을 선호하지만, 훨씬 싼 가격에 살 수 있다면 공개시장에서 일부 지분을 사들이기도 하는 이른바 '이중 전략'을 구사한다.

버크셔의 가치는 버핏이 과수원으로 지칭한 다음 5개 부문의 가치를 합산하면 근사치를 추정할 수 있다.

- 풍부한 투자 자금(조달 원가가 마이너스인 플로트 약 1,150억 달러)을 창출하는 수십 개 보험사 집단
- 약 3,000억 달러에 이르는 수십 개 자회사
- 약 2,000억 달러에 육박하는 대기업 주식
- 1,000억 달러가 넘는 국채 등 현금성자산
- 약 150억 달러인 합작투자(크래프트 하인즈 등) 몇 건

위 과수원들의 가치에서 보험사 플로트(와 이연법인세 추정치)를 차감하면 버크셔 가치의 근사치를 추정할 수 있다. 그러나 버크셔는 전체가 부분의 합보다 훨씬 크다. 이는 저원가 자금, 유연한 자본배분, 낮은 사업 위험, 미미한 간접비, 높은 세금 효율성, 독특한 기업문화 덕분이다.

버핏은 이것이 종합 계획이 아니라 집중 투자에서 나온 실적이라고 말했다. 즉, 일류 경영진이 운영하는 경제성이 뛰어난 기업에 자본을 집중적으로 배분한 결과로 보았다.

×××××××

버핏은 멍거 및 다른 주주들과 자신이 버크셔를 공동으로 경영한다고 생각하며, 사실상 전 재산을 버크셔 주식으로 보유하고 있다. 그의 장기 목표는 수익률이 평균을 초과하는 기업에 투자하여 버크셔의 주당 내재

가치를 극대화하는 것이다. 이 목표를 달성하기 위해 버핏은 확장을 위한 확장을 삼가고, 유능한 경영진이 수익을 창출하는 한 투자를 회수하지 않는다.

버핏은 이익을 유보하여 재투자했을 때 그 비율 이상으로 주당 내재가치가 상승한다면 이익을 계속 재투자한다. 부채를 좀처럼 사용하지 않으며, 주가가 내재가치보다 높을 때만 주식을 판다. 그는 회계 관행을 꿰고 있고, 특히 실제 '경제적 이익'('회계적 이익'의 대응 개념)을 숨기는 회계 관행에 정통하다.

'소유주 관련 사업 원칙'이 주주 서한을 일관하는 핵심 주제다. 버핏의 주주 서한은 경영, 투자, 금융, 회계에 관한 우아하고도 유익한 지침이다. 버핏이 주주 서한에서 제시하는 기본 원칙들은 사업의 모든 영역에 걸쳐 다양한 과제를 다루는 틀이 된다. 단지 추상적이고 상투적인 말에 그치지 않는다. 버핏은 자신이 실제로 준수하여 성과를 거둔 구체적인 원칙을 바탕으로 주주 서한에서 조언을 제공한다.

1장. 기업 지배구조

버핏은 경영진이 주주 자본을 관리하는 청지기라고 간주한다. 최고의 경영진은 의사결정을 할 때 주주처럼 생각한다. 이들은 주주의 이익을 최우선으로 생각한다. 그러나 일류 경영진조차 이해관계가 주주와 충돌할 때가 있다. 이러한 갈등을 해결하고 경영진의 책임의식을 함양하는 일이 버핏이 오랫동안 끊임없이 추구한 목표였으며 주주 서한의 가장 중요한 주제였다.

주주 서한에서는 기업 지배구조의 가장 중요한 문제들을 다룬다. 첫째는 경영진과 주주들이 솔직하게 소통해야 한다는 점이다. 버핏은 사실을 있는 그대로 말하거나 적어도 자신이 생각하는 대로 말한다. 그는 이렇게 하는 경영진이 소수에 불과하다는 현실에 통탄한다. 버크셔의 연차보고서는 화려하지 않다. 버핏은 평범한 사람들도 이해할 수 있는 말과 숫자로 내용을 채운다. 그리고 모든 투자자에게 같은 정보를 같은 시점에 제공한다. 버핏은 예측을 좀처럼 하지 않는다. 경영진의 예측은 흔히 재무보고서 분식으로 이어지는 나쁜 관행이기 때문이다.

또한 버핏은 조직의 일반적인 관리 체계를 따르지 않는다. 그는 조직 행동 교과서에 나오는 지휘계통 조직도가 아무 소용이 없다고 생각한다. 중요한 것은 유능하고 정직하며 근면한 사람들을 뽑는 일이다. 조직도를 설계하고 지휘 계통을 명확하게 정의하는 것보다 일류 인재를 확보하는 일이 더 중요하다고 본다.

버핏은 CEO 선발에 특히 관심을 기울여야 한다고 말하는데, 이는 CEO가 일반 근로자들과 크게 다른 점이 세 가지 있기 때문이다. 첫째, CEO의 성과는 측정 기준이 모호하거니와 조작하기 쉬우므로 대부분의 근로자보다 평가하기가 어렵다. 둘째, CEO보다 높은 사람은 없으므로 역시 성과를 측정하기 어렵다. 셋째, 이사회는 CEO와 전통적으로 우호적인 관계를 유지하고 있으므로 CEO를 감독할 수가 없다.

흔히 경영진의 이익과 주주의 이익을 일치시키거나, 이사회의 CEO 감독 권한을 강화하는 방향으로 대규모 개혁이 이루어지기도 한다. 경영진에게 스톡옵션을 제공하자는 제안도 나오고, 이사회 절차 강화 방안이 거론되기도 한다. 이사회 의장과 CEO의 역할 구분, 상근감사 선임, 보상위원회 위원 지명 등도 유력한 개혁안으로 기대를 모은다. 그러나 이러한 개혁안으로는 지배구조 문제가 전혀 해결되지 않았으며 오히려 더 악화하기도 했다.

버핏이 제시하는 최고의 해결 방안은 구조적인 제약이 없어도 유능하게 임무를 수행하는 CEO를 찾아내는 것이다. CEO가 기업의 청지기로서 역할을 제대로 하지 못하면 기관투자가들이 권한을 행사하여 CEO를 쫓아내야 한다. CEO가 훌륭하면 주주들이 직접 나설 필요가 없다. 이사회만 잘 구성하면 된다. 따라서 경영 능력, 이해관계, 주주에 대한 태도를 기준으로 이사를 선임해야 한다. 그러나 버핏에 의하면 미국 이사회의 가장 큰 문제는 다양성 제고나 명사 영입 등 다른 기준으로 이사들이 선임된다는 점이다.

버핏은 회사마다 이사회의 활동이 대체로 비슷해서 큰 차이가 나타나지 않는다고 지적한다. 예를 들어 경영진 가운데 지배주주가 있을 때 이사회의 힘이 가장 약해진다. 이사와 경영진의 의견이 맞서면 사안이 심각한 경우 이사는 반대 의사를 표시하고 사임하는 수밖에 없다. 반면에 이사 가운데 지배주주가 있을 때에는 이사회의 힘이 가장 강해진다. 이사와 경영진의 의견이 맞서면 이사는 곧바로 지배주주인 이사를 찾아간다.

그러나 가장 흔한 상황은 어느 쪽에도 지배주주가 없는 경우다. 버핏은 이때 가장 심각한 문제가 발생한다고 말한다. 이럴 때 이사회가 기강을 잡으면 좋지만, 경영진과 전통적으로 우호적인 관계를 유지해온 터라 그러지 못한다. 이런 상황에서 이사회의 역할이 극대화되려면 이사의 수가 적어야 하고 대부분 사외이사로 구성되어야 한다. 여기서 이사가 휘두를 수 있는 가장 강력한 무기는 사임하겠다고 위협하는 것이다.

CEO와 이사회가 맞설 때 나타나는 공통점이 있다. 평범한 경영자보다는 형편없는 경영자가 맞서거나 제거하기가 훨씬 쉽다는 점이다. 모든 지배구조의 주요 문제는 CEO가 참석하는 정규 회의에서 CEO에 대한 평가가 이루어진다는 사실이다. CEO를 배제하고 정규 회의를 열어 성과를 평가한다면 기업 지배구조가 크게 개선될 것이다.

버크셔 자회사의 CEO들은 업계에서 독특한 지위를 누린다. 이들은 기업 경영에 대해 다음 세 가지 단순한 지시만 받기 때문이다. (1) 자신이 유일한 주인인 것처럼 경영하라, (2) 이 회사가 유일한 자산인 것처럼 경영하라, (3) 앞으로 100년 동안 회사를 팔거나 합병하지 못한다고 생각하라. 이런 지시 덕분에 버크셔 자회사 CEO들은 장기적인 관점에서 회사를 경영할 수 있다. 그러나 다른 상장회사 CEO들은 분기 실적 예측치에 집착하는 근시안적 주주들 때문에 장기적인 관점을 유지할 수가 없다. 물론 단기 실적도 중요하지만, 버크셔는 장기 경쟁우위를 약화하면서까지 단기 실적을 압박하는 법이 없다.

단기 실적만이 중요하다면 사업이 침체기로 접어든 기업들은 의사결정이 훨씬 쉬워질 것이다. 버핏이 저지른 최악의 투자인 버크셔 매입 사례를 살펴보자. 버크셔의 구식 직물사업은 1970년대 말에 침체하기 시작했다. 버핏은 이런 침체 추세를 뒤집고 싶었다. 버크셔의 직물사업이 종업원들과 뉴잉글랜드 지역사회에 대단히 중요하며, 유능하고 이해심 많은 경영진과 종업원들이 그동안 경제적 난관에 잘 대처해왔기 때문이다. 버핏은 1985년까지 무리해서 공장을 계속 가동했지만, 재무 상태를 개선할 수가 없어서 결국 폐쇄하고 말았다. 기업의 단기 실적과 지역사회를 고려한 장기 전망을 조화시키는 일이 쉽지 않았던 것이다. 인터넷 시대를 맞이한 신문사업에서도 비슷한 교훈을 얻을 수 있다. 한편 전력과 철도 같은 규제산업에서는 민간 기업과 규제 당국 사이에 사회적 합의가 중요하다고 버핏은 생각한다.

때로는 경영진과 주주들의 이해 상충이 교묘하게 숨겨지기도 한다. 예를 들어 자선사업을 생각해보자. 대부분의 대기업에서는 경영진이 이익 일부를 자선사업에 할당한다. 그리고 경영진은 흔히 기업의 이익이나 주주들의 이익과 무관하게 자선사업 대상을 선정한다. 대부분의 주법에 의하면 연간 기부 금액이 예컨대 연간 순이익의 10%를 넘지 않는 범위에서는 경영진이 이런 결정을 내릴 수 있다.

버크셔는 방식이 다르다. 버크셔 모회사 차원에서는 기부하지 않으며, 자회사들은 버크셔에 인수되기 이전의 관행에 따라 자선 정책을 펴고 있다. 다만 버크셔는 20년 동안 창의적인 방식으로 주주들이 직접 자선사업 대상과 금액을 지정했었다. 매년 거의 모든 주주가 참여해서 수백만 달러에 이르는 자선기금 수혜기관 수천 개를 직접 선택했다. 그러나 낙태에 대한 논란과 버크셔 자회사 제품 불매운동 등으로 인해 이 주주 지정 기부금 프로그램을 중단할 수밖에 없었다.

한편 경영진에게 스톡옵션을 제공하여 경영진의 이익과 주주의 이익을 일치시키려는 계획은 그 효과가 과장되었을 뿐 아니라 오히려 둘 사이의 틈새만 더 키운다. 대부분의 기업이 경영진에게 제공하는 스톡옵션은 단순히 기업에 이익을 유보하기만 해도 가치가 상승한다. 따라서 경영진은 실제로 자본이익률을 높이려는 노력은 전혀 하지 않으면서도, 단지 이익을 유보하고 재투자하여 실적을 높일 수 있다. 이런 스톡옵션은 주주들의 재산을 강탈해서 경영진에게 나누어주는 셈이다. 게다가 스톡옵션은 일단 제공한 다음에는 대개 취소가 불가능하고, 조건이 없으며, 개인 성과에 상관없이 혜택을 부여한다.

물론 스톡옵션을 이용해서 경영진이 주주처럼 생각하도록 유도하는 경영 문화를 조성할 수도 있다. 그러나 스톡옵션이 완벽한 방법이 될 수는 없다. 주주들은 회사의 실적이 부진하면 손실을 떠안게 되지만, 스톡옵션을 받은 경영진은 아무 손실도 보지 않기 때문이다. 그래서 버핏은 위임장 설명서에서 제안하는 스톡옵션 계획에 이런 불균형이 존재한다고 주주들에게 경고한다. 대개 주주들은 이런 스톡옵션에 무관심하지만 이제는 스톡옵션 남용에 대해 큰 관심을 기울여야 하며, 특히 기업 지배구조 개선 작업에 참여하는 기관투자가들이 주된 관심사로 삼아야 한다.

버핏은 성과가 경영진에 대한 보상 기준이 되어야 한다고 강조한다. 경영진의 성과는 수익성으로 측정해야 하며, 사업에 투입한 자본과 유보이익을 이익에서 차감해야 한다. 그리고 만일 스톡옵션을 제공한다면 기업의 실적이 아니라 개인의 성과와 연계해야 한다. 그러나 버크셔는 경영진에 대한 보상으로 스톡옵션을 제공하지 않는다. 탁월한 경영진은 성과에 대해 현금 보너스를 받아 주식을 사면 된다고 보기 때문이다. 그렇게 한다면 그들은 '진정으로 주주의 입장에 서는 사람들'이다. 위험관리, 규정 준수, 재무 보고와 마찬가지로 경영진에 대한 보상도 지극히 중요한 기업 지배구조 요소라고 버핏은 강조한다.

기업문화는 정량화가 매우 어렵지만 경영에 지극히 중요한 요소다. 버크셔에는 뿌리 깊은 기업문화가 본사와 모든 자회사에 깊숙이 스며 있다. 버핏은 멍거와 자신이 떠난 뒤에도 기업문화가 버크셔를 오랫동안 지탱해줄 것이라고 말한다.

2장. 투자

지난 40년 동안 가장 혁신적인 투자 아이디어는 이른바 '현대 재무 이론'이었다. 이 아이디어는 요컨대 개별 종목을 연구하는 것은 시간 낭비라는 말이다. 이 이론에 따르면 투자 타당성을 연구해 개별 종목을 발굴하는 것보다 주식 시세표에 다트를 던져 투자 종목을 선정하는 편이 낫다.

현대 재무 이론의 주요 교리가 현대 포트폴리오 이론이다. 이 이론에서는 잘 분산된 포트폴리오를 보유하면 개별 증권의 고유한 위험을 제거할 수 있다고 말한다. 즉 "달걀을 한 바구니에 담지 말라"라는 격언을 공식적으로 인정한다. 그러므로 투자자들은 나머지 위험에 대해서만 보상받게 된다고 말한다.

이 나머지 위험은 그 증권이 시장보다 변동성이 얼마나 높은지를 보여주는 '베타'로 측정할 수 있다. 베타는 효율적 시장에서 거래되는 증권의 변동성 위험을 잘 나타낸다. 여기서 효율적 시장이란 상장증권에 관한 정보가 가격에 신속하고 정확하게 반영되는 시장을 말한다. 현대 재무 이론에서는 효율적 시장이 기본 가정이다.

이런 아이디어는 대학, 경영대학원, 법학대학원 등 학계로부터 숭배받았을 뿐 아니라, 지난 40년 동안 미국 금융계 전체의 표준 교리가 되었다. 지금도 이 교리를 믿는 사람이 많아서 이들은 주가에 기본 가치가 항상 정확하게 반영되고, 가격 변동성만이 중요한 위험이며, 이 위험을 관리하는 최고의 방법은 분산 투자라고 생각한다.

그러나 논리와 경험으로 이 표준 교리의 허구성을 밝힌 그레이엄과 도드의 뒤를 이어, 버핏도 시장은 대개 효율적이지 않으며 변동성과 위험은 같을 수가 없다고 생각한다. 따라서 버핏은 경영대학원과 법학대학원 출신들이 현대 재무 이론 때문에 잘못된 교육을 받아 중요한 실상을 놓칠 위험이 있다고 우려했다.

특히 포트폴리오 보험(시장 하락 시 포트폴리오를 자동으로 조절하는 기법)이 확산하면서 사람들은 현대 재무 이론으로부터 값비싼 교훈을 얻게 되었다. 포트폴리오 보험이 마구잡이로 사용된 탓에 1987년 10월 주식시장이 붕괴했고, 1989년 10월에도 폭락했다. 그래도 다행인 것은 이 사건을 계기로 학계와 금융계가 추종하던 현대 재무 이론이 산산조각 났다는 사실이다.

현대 재무 이론으로는 계속 이어지는 시장 변동성을 설명할 수 없고 소형주, 고배당주, 저PER주 등의 가격 움직임도 설명할 수 없다. 시장의 비효율성을 보여준 백미는 1990년대 말~2000년대 초에 불어닥친 기술주와 인터넷주 거품이었다. 당시 주가는 기업의 가치와는 전혀 관계없이 천국과 지옥 사이에서 발작적으로 요동쳤다. 이제는 갈수록 많은 사람이 베타가 투자 위험을 제대로 측정하지 못하며, 자본시장도 그다지 효율적이 아니어서 베타가 의미 없다고 말한다.

이후 사람들은 버핏의 탁월한 투자 실적에 주목하기 시작했고, 그레이엄-도드의 투자 방식으로 돌아가야 한다고 주장했다. 버핏은 40년 넘게 평균 수익률이 연 20% 이상이었는데, 이는 시장수익률의 2배였다. 그보다 20여 년 전 벤저민 그레이엄의 투자회사 그레이엄-뉴먼도 마찬가지로 탁월한 실적을 올렸다. 버핏이 강조하듯이 그레이엄-뉴먼과 버크셔의 탁월한 실적은 존중받아 마땅하다. 표본 규모가 크고, 장기간에 걸친 실적이라서 일부 행운에 의해 편향되지 않았으며, 데이터마이닝 기법을 사용하지도 않았고, 사후적으로 데이터를 가려낸 것도 아니기 때문이다.

버핏의 실적에 위기감을 느낀 현대 재무 이론 옹호자들은 버핏의 성공을 이상하게 설명했다. 버핏은 단지 운이 좋았거나(우연히 타자기로《햄릿》을 친 원숭이처럼 말이다) 내부 정보를 입수했을지도 모른다는 것이다. 현대 재무 이론 옹호자들은 버핏의 실적을 부인하면서 최고의 전략은 '다트 던지기'나 베타를 이용한 분산 투자이며, 끊임없이 포트폴리오를 재조정해야 한다고 여전히 주장한다.

버핏은 재치와 조언으로 응수한다. 효율적 시장 교리를 영원히 가르치려면 대학이 버핏의 투자 철학 옹호자들로부터 연구 자금을 기부받아야 할 것이라고 받아친다. 그리고 현대 재무 이론과 기타 복잡한 견해 따위는 무시하고 투자에 전념하라고 조언한다. 일반인이라면 인덱스펀드에 장기 투자하는 방법이 최선이다. 그리고 능력이 되는 투자자라면 기업을 철저하게 분석해서 평가하는 방법이 있다. 이때 중요한 위험은 베타나 변동성이 아니라 투자에서 발생하는 손실 가능성이다.

이런 투자 위험을 평가하려면 기업의 경영진, 제품, 경쟁자, 부채 수준 등을 검토해야 한다. 기업의 세후이익이 초기 투자 금액의 구매력에 적정 수익을 더한 규모 이상인지 확인해야 한다. 사업의 장기 경제성, 경영진의 자질, 미래의 세율과 인플레이션 수준도 중요한 요소다. 이런 요소들은 구체적인 숫자로 제시되는 베타보다 모호하지만, 이런 요소에 대한 판단을 내리지 않고서는 투자에 성공하기 어렵다.

버핏은 베타의 불합리성을 다음과 같이 날카롭게 지적한다. "어떤 주식은 시장보다 주가가 가파르게 하락하여 전보다 훨씬 싸졌는데도 베타 기준으로는 더 위험하다고 평가받는다. 또한 애완용 돌이나 훌라후프 한 가지만 판매하는 완구회사가 더 위험한지, 아니면 모노폴리나 바비 인형 한 가지만 판매하는 완구회사가 더 위험한지도 베타로는 구분하지 못한다." 그러나 소비자 행동이나 기업들의 경쟁 양상을 생각해보면 평범한 투자자들도 어느 회사가 더 위험한지 구분할 수 있으며, 주가가 큰 폭으로 하락하면 매수 기회가 된다는 것도 알 수 있다.

현대 재무 이론과는 반대로 버핏은 분산 투자를 권하지 않는다. 오히려 집중 투자를 권한다. 버핏이 집중 투자를 논하는 모습을 보면 탁월한 경제학자이자 예리한 투자자였던 케인스를 떠올리게 된다. 케인스도 투자자는 사업을 잘 알고 경영진도 믿을 만한 회사 2~3군데에 집중 투자해야 한다고 믿었다. 그의 견해에 의하면 감당하기 어려울 정도로 투자를 펼쳐놓을 때 위험이 발생한다. 그러나 자금과 관심을 집중하는 전략을 사용하면 기본 속성을 안심할 수 있는 회사에 투자하여 집중적으로 관리하게 되므로 위험이 낮아진다.

버핏은 현재 유행하는 베타의 결점을 다음과 같이 지적한다. "베타는 기본 원칙 같은 것을 모른다. 정밀하게 맞히려다 완전히 빗나가는 것보다 대강이라도 맞히는 편이 낫다." 투자에 장기적으로 성공하려면 베타를 연구하고 분산 투자를 유지할 것이 아니라 회사의 주인이 된다는 생각으로 투자해야 한다. 원하는 베타 수준을 유지하려고 주식을 계속 사고팔면서 포트폴리오를 조절하면 장기적으로 투자에 성공할 수 없다. '이 꽃에서 저 꽃으로 날아다니는' 투자 방식을 쓰면 세금은 물론 수수료와 호가 차이 때문에 막대한 거래비용이 발생한다. 버핏은 "빈번하게 매매하는 사람을 '투자자'라고 부른다면 바람둥이의 하룻밤 관계도 낭만적 사랑이 될 것"이라고 말한다. 우리는 현대 재무 이론의 가르침과 반대 방향으로 가야 한다. "달걀을 한 바구니에 담지 말라"를 따를 것이 아니라, 마크 트웨인의 《얼간이 윌슨(Pudd'nhead Wilson)》에 나오는 "달걀을 한 바구니에 담아서 잘 관리하라"라는 조언을 따라야 한다.

※※※※※※※

버핏은 1950년대 컬럼비아 경영대학원 학생 시절에 벤저민 그레이엄에게 투자 기법을 배웠고 이후 그레이엄-뉴먼에서 일했다. 그레이엄은 《현명한 투자자》를 포함한 여러 고전에서 역사상 가장 심오한 투자의 지혜를 소개했다. 그는 가격과 가치를 동일시하던 당시의 착오적 발상을 배격했다. 그는 가격은 지불하는 것이고 가치는 받는 것이라고 말했다. 가격과 가치는 전혀 다른데도 대부분의 사람들은 그 차이를 거의 인식하지 못한다.

그레이엄은 '미스터 마켓'이라는 매우 독특한 인물을 만들어냈다. 미스터 마켓은 가상의 거래 상대로서, 매일 시장가격에 당신에게 주식을 팔거나 당신의 주식을 사고 싶어 한다. 그는 변덕이 심해서 조울증 환자처럼 환희와 절망 사이를 수시로 오간다. 가치보다 훨씬 높은 가격을 제시하기도 하고, 가치보다 훨씬 낮은 가격을 제시하기도 한다. 그의 조울증이 심해질수록 가격과 가치의 차이가 더 벌어지므로 더 큰 투자 기회가 발생한다. 버핏은 그레이엄이 비유한 미스터 마켓을 다시 소개하면서, 현대 재무이론 옹호자들은 미스터 마켓을 이해하지 못하겠지만 자제력 있는 투자자들에게는 지극히 소중한 존재라고 강조했다.

'안전마진' 원칙도 그레이엄이 남긴 소중한 유산이다. 이 원칙에 의하면 우리는 증권의 가격이 그 증권의 내재가치보다 훨씬 낮을 때에만 투자해야 한다. 그레이엄은 건전한 투자의 비밀을 한 단어로 요약하면 안전마진이라고 말했고, 버핏은 이 원칙을 철저하게 지켰다. 버핏은 이 말을 들은 지 40년도 더 지났지만 이 말이 여전히 옳다고 생각한다. 현대 재무 이론 옹호자들은 효율적 시장을 내세워 (우리가 지불하는) 가격과 (우리가 받는) 가치가 다르지 않다고 주장하지만, 버핏과 그레이엄은 가격과 가치의 차이야말로 세상에서 가장 중요한 차이라고 간주한다.

가격과 가치의 차이를 인식하지 못하면 '가치투자'라는 용어도 군더더기 말이 되고 만다. 진정한 가치투자가 되려면 가격과 가치 사이의 관계를 평가해야 한다. 가격과 가치를 비교하지 않는 전략은 절대 가치투자가 될 수 없다. 단지 가격이 상승하리라 희망하는 투기에 불과하다. 버핏은 '성장투자'와 '가치투자'를 구분하는 행위도 전문가들이 흔히 저지르는 실수라고 지적한다. 그는 성장과 가치가 다르지 않다고 말한다. 성장도 가치의 한 요소이므로 완전히 연결되어 있다는 뜻이다.

버핏은 '관계 투자relational investing' 역시 다르지 않다고 말한다. 관계 투자는 1990년대 중반에 널리 퍼진 용어로서, 주주와 경영이 분리되면서 발생하는 비용을 줄이려는 투자 스타일이며, 주주가 경영에 참여하여 경영진을 감시해야 한다고 강조한다. 사람들은 버핏의 투자 방식이 관계 투자의 전형이라고 생각하지만 이는 정확한 인식이 아니다. 버핏은 실제로 몇몇 기업의 주식을 대량으로 사서 장기간 보유한다. 또한 믿음이 가는 사람이 경영하는 회사에만 투자한다. 그러나 관계 투자의 모습은 딱 여기까지다. 버핏의 투자 스타일을 한마디로 압축해야 한다면 그것은 '집중 투자' 정도가 될 것이다. 그러나 이 말도 군더더기처럼 들린다. 아무 수식어도 없이 그냥 '투자'로 부르는 편이 가장 어울릴 것이다.

사람들은 투기와 차익거래의 차이에 대해서도 흔히 혼동한다. 차익거래는 버크셔에 커다란 이익을 안겨주는 매우 중요한 투자 기법이다. 현금이 넘치면 기업어음 같은 현금성자산으로 보유할 수도 있지만 투기나 차익거래에 사용할 수도 있다. 투기는 소문이나 예측을 바탕으로 기업의 사건에 돈을 거는 행위를 말한다. 차익거래의 원래 의미는 같은 물건이 다른 시장에서 다른 가격으로 거래될 때 차액을 버는 방식인데, 버핏은 공식적으로 발표된 정보를 바탕으로 단기 투자하는 것을 차익거래로 부른다. 버핏은 같은 물건이 다른 시점에 다른 가격에 거래되는 현상을 이용한다. 이런 차익거래를 하려면 소문이 아니라 정보를 바탕으로 네 가지 상식적인 질문에 답해야 한다. 1) 사건이 발생할 확률, 2) 자금이 묶이는 기간, 3) 기회비용, 4) 사건이 발생하지 않을 때 떠안는 손실.

'능력범위'는 미스터 마켓과 안전마진에 이어 그레이엄과 도드가 제시한 세 번째 원칙이다. 상식적으로 생각하면 투자자들은 쉽게 이해할 수 있는 기업에만 투자해야 한다. 사람들은 자신이 이해하지도 못하면서 기술주 열풍과 새 시대가 약속하는 일확천금의 환상에 빠진 나머지, 오랜 세월 주기적으로 투기에 휩쓸렸다. 그러나 버핏은 능력범위라는 원칙을 고수한 덕분에, 사람들이 거듭해서 저질렀던 실수를 피할 수 있었다.

'제도적 관행'도 투자자들이 경계할 대상이다. 제도적 관행 때문에 기업들은 변화에 저항하고, 가용 자금을 소진하며, 차선의 전략을 채택한다. 경영대학원이나 법학대학원에서 가르치는 바와 달리 제도적 관행은 종종 기업의 합리적 의사결정을 방해하기도 한다. 제도적 관행을 따르다 보면 결국 무리를 따르게 되고, 산업을 선도하는 기업이 아니라 모방하는 기업이 된다. 버핏은 이를 '기업의 군중심리'라고 부른다.

3장. 주식의 대안

정크본드, 제로쿠폰채권, 우선주 등 주식 이외의 대체투자에 대해서도 버핏은 주주 서한에서 생생하게 투자 원칙을 제시한다. 버핏은 그레이엄 이 사용한 '단검의 비유'를 이용해서 월스트리트와 학계의 정크본드 옹호 논리에 도전한다. 단검의 비유란 과도한 부채를 지고 회사를 경영하는 것은 운전대에다 가슴을 향한 칼을 꽂은 채 운전하는 것과 같다는 뜻이다. 운전자는 더 조심해서 차를 몰겠지만, 사소한 실수로도 목숨이 위태로워진다.

학계에서는 정크본드의 이자율이 높아서 부도를 모두 보상하고도 남는다고 주장하지만, 버핏은 1990년대 말 경기침체기에 많은 기업이 과도한 부채 때문에 파산했다는 사실을 지적한다. 버핏은 학계가 세운 가정에 통계학과 1학년생도 알아챌 만한 오류가 있다고 말한다. 조사 기간에 유지되었던 조건이 미래에도 똑같이 유지된다는 가정이다. 그러나 이런 조건은 대개 유지되지 못한다.

월스트리트에서는 재무 구조를 무시하고 수익력만을 강조하다가 좋은 아이디어를 타락시키는 경우가 많다. 예를 들어 제로쿠폰채권을 사면 일반 채권과 달리 매입 시점의 수익률을 만기까지 확정할 수 있다. 그리고 기업은 제로쿠폰채권을 발행하면 이자를 지급할 필요가 없으므로 더 많은 자금을 조달할 수 있다. 그러나 제로쿠폰채권을 발행하는 기업들의 신용도가 갈수록 낮아지면서 이들은 계속 증가하는 채무 부담을 감당할 수 없게 된다. 버핏은 "월스트리트에서는 늘 현명한 자들이 시작한 일을 어리석은 자들이 마무리한다"라고 한탄했다.

2008년 금융위기를 일으킨 원인 중 하나가 현대 금융공학이 폭발적으로 양산한 파생상품이다. 버핏은 그 여러 해 전부터 주주 서한에서 파생상품의 위험성을 경고했다. 파생상품 옹호자들은 파생상품이 위험관리에 유용하다고 주장한다. 실제로 버핏도 상대가 가격을 잘못 책정했다고 판단하면 때때로 대규모 파생상품계약을 체결하기도 했다. 그러나 버핏은 파생상품이 오히려 위험을 키운다는 사실을 내다보았다. 파생상품은 평가하기 어렵고, 가치가 급격하게 바뀔 수 있으며, 금융기관들의 상호의존성을 높여 연쇄도산을 유발할 수 있기 때문이다. 다시 말해 버핏은 한 섹터에서 문제가 발생하면 다른 섹터로도 연쇄적으로 문제가 파급되어 금융 시스템이 파괴될 수 있다고 경고했다. 2008년 금융위기가 바로 그런 사례였다.

버핏이 파생상품을 경계하는 이유 하나는 파생상품이 버크셔의 건전한 재무 구조를 위험에 빠뜨릴 수 있기 때문이다. 실제로 버핏은 제너럴 리를 인수하면서 떠안은 파생상품 포지션을 정리하느라 여러 해 고생했다. 그는 제너럴 리의 파생상품사업을 매각하려고 파생상품 포지션 청산을 미루다가 장기간 막대한 손실을 떠안았던 뼈아픈 경험을 설명한다.

버핏은 대규모 합작투자도 여러 건 실행했다. 루카디아 내셔널과 함께 버카디아를 설립하여 경영했고, 사모펀드 3G 캐피털과 함께 하인즈를 인수하여 크래프트와 합병했다. 이들 사례를 통해서 합작투자에 따르는 난제 등을 설명한다.

4장. 주식

1988년 버크셔 주식이 뉴욕증권거래소에 상장되던 날, 버핏은 버크셔 주식 담당 스페셜리스트 짐 머과이어에게 말했다. "지금부터 2년 안에 이 주식이 한 번이라도 거래된다면 나는 당신이 엄청난 성과를 올렸다고 생각할 거요." 버핏의 농담이 머과이어에게는 달갑지 않았을 것이다.

버핏은 주식을 살 때의 마음 자세에 대해 이렇게 말한다. "폐장 시간 중에 보유해서 마음이 불편한 주식이라면 개장 시간 중에 보유해도 마음이 불편하다." 버핏은 장기 투자자다. 버크셔의 자본 구조와 배당 정책이 이를 뒷받침한다.

주식을 빈번하게 매매하다 보면 이 과정에서 기업 이익의 상당 부분이 마찰비용으로 사라진다. 매매는 주주가 바뀌는 현상에 불과하다. 그러나 이 과정에서 주식중개인에게 수수료가 지급되고, 펀드매니저에게 보수가 지급되며, 재무설계사와 자문사에 비용이 지급된다. 최근에는 헤지펀드와 사모펀드 등 다양한 펀드가 등장하여 막대한 마찰비용을 거두고 있다. 버핏은 이렇게 발생하는 마찰비용 합계가 전체 기업 이익의 20%에 이를 것으로 추산한다.

다른 CEO들은 자사 주식이 최대한 높은 가격에 거래되기를 원하지만, 버핏은 내재가치 근처에서 거래되기를 원한다. 이렇게 되면 주주들은 보유한 기간에 회사에서 발생한 이익만큼 혜택을 받게 된다. 이런 관계가 형성되려면 주주들이 시장 중심의 단기 투자 전략이 아니라 사업 중심의 장기 투자 철학을 유지해야 한다.

버핏은 필립 피셔가 제시한 음식점 비유를 인용한다. 기업은 음식점과 같아서 개성 있는 메뉴로 특정 취향의 고객을 끌어모아야 한다는 말이다. 버크셔가 제시하는 장기 메뉴는 거래가 너무 많으면 장기 실적이 나빠진다는 아이디어다. 실제로 버핏의 추산에 의하면 활발하게 거래되는 주식의 거래비용(매매 수수료와 호가 차이)은 흔히 이익의 10% 이상이다. 장기적으로 투자에 성공하려면 이런 비용을 최소화해야 하며, 버크셔는 뉴욕증권거래소에 상장되면서 이런 비용이 감소했다.

버핏은 주식분할도 주주의 이익을 해치는 행위라고 지적한다. 주식분할은 세 가지 결과를 불러온다. 1) 주식의 회전율이 높아져서 거래비용이 증가하고, 2) 주가 등락에 집중하는 시장 중심적 단기 투자자들을 주주로 끌어모으며, 3) 그 결과 주가가 기업의 내재가치로부터 크게 벗어난다. 그러나 이를 상쇄할 만한 혜택은 없으므로 주식분할은 어리석은 짓이다. 게다가 장기 투자자들을 버크셔의 주주로 끌어모으려고 50년 동안 들였던 노력이 물거품이 될 위험도 있다.

저평가된 가격에 자사주를 매입하는 것도 자본의 가치를 높이는 방법이 된다. 1980년대와 1990년대 초에는 자사주 매입이 흔치 않았는데, 일부 경영자들은 가치가 2달러인 자사주를 1달러에 사들여 자본의 가치를 크게 높였다. 그러나 이제는 다른 기업들이 모방 대열에 합류하면서 가치가 1달러에 불과한 자사주를 2달러에 사들이는 모습도 흔해졌다. 이렇게 가치 파괴적인 자사주 매입을 실행하는 이유는 대개 스톡옵션 등으로 하락하는 주가를 떠받치려는 것이다.

버핏은 버크셔 주가가 내재가치보다 훨씬 낮을 때에만 자사주를 매입하겠다고 기준을 명확하게 밝혔다. 이렇게 하면 기존 주주의 가치는 확실히 높아지지만, 주식을 팔고 떠나는 주주는 손실을 보게 된다. 그래서 버핏은 떠나는 주주도 합리적으로 판단할 수 있도록 정보를 투명하게 공개한다.

기업의 배당 정책은 주주들의 관심이 집중되는 중요한 사안이지만 제대로 설명해주는 경우가 많지 않다. 버핏은 "자본배분이 사업과 투자에 중대한 사안"이라고 말하면서 주주 서한에서 명확하게 밝힌다. 1998년 버크셔 주식의 시장가격은 5만 달러가 넘었고 회사의 순자산가치, 이익, 내재가치도 매년 꾸준하게 상승했다. 그런데도 버크셔는 30년이 넘도록 주식분할도 하지 않았고 현금 배당도 하지 않았다.

버핏이 생각하는 배당 지급 기준은 하나다. 배당 지급을 유보할 때 기업의 내재가치가 그 이상으로 상승한다면 이익을 유보해야 한다는 것이다. 그렇지 않다면 배당을 지급해야 한다. '이익 유보는 그 금액 이상으로 이익을 벌어들일 때만' 정당하다.

다른 경영자들은 버핏의 이런 원칙을 무시한다. 물론 자회사의 배당 정책을 결정할 때는 예외다. 이들은 사업을 확장하거나 경영진의 경영 편의를 제공하는 등 흔히 주주와 무관한 목적으로 이익을 유보한다.

반면에 버핏은 심포지엄에서 배당 지급 기준에 따라 버크셔가 "이익의 100% 이상도 분배할 수 있습니다"라고 말했고, 찰리 멍거는 "전적으로 옳소!"라며 장단을 맞췄다. 그러나 버핏이 경영하는 기간 내내 버크셔는 배당 이상으로 이익을 냈으므로 그럴 필요가 없었다.

버크셔의 고주가와 무배당 정책은 두 가지 중요한 결과를 낳았다. 첫째, 버크셔는 주가가 이례적으로 높아서 주주들이 주식을 가족이나 친구들에게 증여할 수가 없었다. 수증자에게 주식을 염가 판매하는 등 합리적인 전략을 버핏이 제시했으나 여전히 어려움이 있었다. 둘째, 월스트리트의 금융공학자들이 버크셔의 실적을 추적하는 펀드를 개발하여 버크셔의 사업과 투자 철학을 이해하지 못하는 사람들에게 팔려고 했다.

이에 대응해서 버핏은 독창적인 해결책을 내놓았다. 1996년 중반에 버크셔는 자본을 변경하여 클래스B 주식을 새로 발행하고 대중에게 판매했다. 클래스B 주식의 의결권은 기존 클래스A 주식의 1만분의 1이고, 나머지 권리는 1,500분의 1이다. 따라서 클래스B 주식은 클래스A 주식 시가의 1,500분의 1 근처에서 거래되어야 한다.

클래스A 주식은 클래스B 주식으로 전환할 수 있으므로 이제 버크셔 주주들은 스스로 주식을 분할하여 증여 등을 할 수 있게 되었다. 또한 버크셔 모방자들의 마케팅 활동을 막아 버크셔의 기본 원칙을 지킬 수 있게 되었다. 이런 모방자들은 버크셔 주식으로 펀드를 구성하여 판매함으로써 주주들에게 비용을 부과하려 했었다. 버크셔의 사업과 철학을 이해하지 못하는 사람들에게 이런 펀드가 판매되었다면 버크셔의 주가가 큰 폭으로 요동치면서 내재가치로부터 멀리 벗어날 수도 있었다.

5장. 기업 인수

버크셔는 탁월한 경영진이 운영하는 경제성 뛰어난 기업에 투자하되 지분 전부를 사거나 일부를 사는 이중 전략을 구사한다. 시장 관행과 달리 버핏은 기업을 통째로 인수하더라도 프리미엄을 지불할 이유가 거의 없다고 주장한다.

다만 독점적 성격을 지닌 기업에 대해서만 예외적으로 프리미엄을 지불할 수 있다고 본다. 이런 회사는 가격을 인상해도 매출이나 시장점유율이 감소하지 않으며, 추가 자본을 투입하면 매출과 시장점유율을 높일 수 있기 때문이다. 독점기업은 평범한 경영자가 운영해도 높은 자본이익률이 나오는 회사다. 프리미엄을 지불할 만한 두 번째 유형은 탁월한 경영자가 비상한 재능을 발휘하여 숨겨진 가치를 찾아내는 회사다.

이 두 가지 유형에 속하는 기업은 지극히 드물어서, 높은 프리미엄을 지불하면서 매년 수백 건씩 진행되는 기업 인수는 여기에 해당하지 않는다. 버핏은 이렇게 높은 프리미엄을 제공하는 기업 인수의 동기를 세 가지로 설명한다. 인수기업의 경영자가 1) 기업 인수에 전율을 느끼거나, 2) 회사의 규모 확장에 희열을 느끼거나, 3) 시너지 효과를 지나치게 낙관하기 때문이다.

버크셔는 대금으로 인수하는 기업의 가치만큼만 주식을 지급한다. 그러나 버크셔의 이러한 인수 거래는 갈수록 어려워지고 있다. 이는 버크셔가 그동안 루브르박물관의 소장품 같은 명품 기업들을 수집해왔기 때문이다. 보티첼리의 작품 하나를 추가해서 기존 소장품의 가치를 높이기는 매우 어려우며, 이 과정에서 렘브란트의 작품 일부를 포기해야 한다면 이는 더더욱 어려운 일이다.

그러나 다른 회사들은 명품 기업들을 수집한 것이 아닌데도 프리미엄 없이 기업을 인수하기가 어려웠다. 기업의 거래 가격은 기업을 사들이는 회사 주식의 내재가치가 아니라 시장가격으로 평가된다. 그 주식의 시장가격이 예컨대 내재가치의 절반에 불과하다면 회사는 가격을 2배나 지불하는 셈이다. 이에 대해 경영자는 대개 시너지 효과에 대한 지나친 낙관 등으로 인수 거래를 정당화한다.

이렇게 주식을 지불하고 기업을 인수하는데도 사람들은 늘 "기업을 획득한다"라고 표현한다. 버핏은 더 명확한 표현으로 "자신의 일부를 팔아 기업을 인수한다"라고 말한다. 이렇게 표현하면 기업을 인수하면서 회사가 어떤 대가를 치르는지 더 정확하게 평가할 수 있다.

기업 인수 과정에는 커다란 비용이 발생하므로 회사의 가치를 높이기가 매우 어렵다. 실제로 대부분의 기업 인수는 회사의 가치를 떨어뜨린다. 기업 인수로 가치를 높이려면 기회비용에 주목해야 하는데, 주로 시장에서 소량으로 주식을 사들이는 방법과 비교해보아야 한다. 시너지 효과와 기업 규모에 집착하는 경영자들은 이런 방법을 외면하지만, 이중 전략을 구사하는 버크셔에는 핵심적인 대안이 된다.

버크셔는 기업 인수에 남다른 이점을 보유하고 있다. 고급 주식으로 대가를 지급하고, 경영진에게 상당한 자율권을 부여한다는 점이다. 버핏은 자신이 한 말을 실제 행동으로 보여주는 사람이다. 그래서 인수를 협의할 때 버핏은 버크셔에 기업을 매각한 사람 누구에게든지 자신이 기존의 약속을 지켰는지 확인해보라고 권유한다. 요컨대 버크셔는 회사 매각을 고려하는 소유주들이 가장 먼저 선택하는 협상 대상이 되려고 한다. 그래서 버핏은 인수한 기업이 고전하더라도 매각하지 않고 계속 보유하려고 한다.

6장. 가치 평가

버핏의 주주 서한은 회계 정보를 이해하고 활용하도록 가르쳐주는 재미있는 교재다. 버핏은 GAAP가 중요하긴 하지만 한계도 있다고 지적한다. 회계적 이익과 경제적 이익의 차이, 회계적 영업권과 경제적 영업권의 차이, 장부가치와 내재가치의 차이를 구분해서 설명한다. 이들은 투자자나 경영자가 평가에 사용할 핵심 도구다.

이솝이 우화로 고대인들을 일깨워준 것처럼 버핏은 주주 서한으로 현대인들을 일깨워준다. 두 사람을 보면 수천 년이 지났어도 평가의 원칙은 변함이 없는 듯하다. 이솝은 "손안의 새 한 마리가 숲속의 새 두 마리보다 낫다"라고 말했고, 버핏은 이 원리를 돈에 적용했다. 평가는 꿈이나 희망이 아니라 돈을 계산하는 일이다. 1990년대 말 사람들이 숲속에 새가 없다는 사실을 마침내 깨달았을 때 기술주 거품이 붕괴했다. 그런데도 사람들이 교훈을 얻었을지는 의심스럽다. 이솝의 시대 이후에도 사람들은 똑같은 교훈을 수없이 다시 배우고 있기 때문이다.

버핏이 사용하는 전문적 도구가 내재가치다. 이는 '기업이 잔여수명 동안 창출하는 현금을 할인한 가치'다. 말은 간단하지만 내재가치를 계산하기는 쉽지도 않고 객관적이지도 않다. 미래 현금흐름과 금리를 어떻게 추정하느냐에 따라 달라지기 때문이다. 그러나 기업을 평가하려면 결국 두 요소가 중요하다. 반면에 장부가치는 계산하기는 쉽지만 용도가 제한되어 있다. 시장가격도 마찬가지다. 내재가치, 장부가치, 시장가격의 차이를 명확하게 정의하기는 쉽지 않다. 이들은 같아질 때도 있지만 거의 항상 차이가 난다.

버핏은 유용한 재무제표가 되려면 세 가지 질문에 답을 제공해야 한다고 말한다. 1) 기업의 가치는 대략 얼마이고, 2) 미래 부채를 감당할 능력은 얼마나 되며, 3) 경영진이 회사를 얼마나 잘 운영하고 있는가이다. 그러나 GAAP로는 이런 판단을 내리기 어렵고, 사업이 복잡하면 어떤 회계 기법을 적용해도 정확한 답을 얻기가 어렵다. GAAP보다 나은 회계 시스템을 개발하기가 지극히 어렵다는 점을 인정하면서 버핏은 재무 정보의 유용성을 높여주는 개념들을 제시한다.

버핏이 말하는 포괄이익 개념을 살펴보자. GAAP에 의하면 과반수 지분을 보유한 자회사에 대해서는 모든 항목이 포함된 연결재무제표를 작성해야 한다. 지분이 20~50%이면 피투자회사의 이익을 그 비율만큼 재무제표에 반영해야 한다. 지분이 20% 미만이면 실제로 받은 배당만 기록하면 된다. 그러나 이런 원칙을 따르면 버크셔의 실적에서 주요 요소가 모호해진다. 버크셔는 자회사의 미분배 이익이 회사 가치에서 막대한 비중을 차지하는데도 재무제표에 보고하지 않기 때문이다.

그래서 버핏은 포괄이익 개념을 도입하여 버크셔의 경제적 이익을 측정한다. 버크셔의 순이익에 자회사들의 미분배 이익을 더한 다음 법인세를 차감하는 방식이다. 대부분의 기업은 포괄이익과 GAAP 이익이 다르지 않다. 그러나 버크셔와 대부분의 개인 투자자들은 포괄이익과 GAAP 이익이 다르다. 따라서 개인 투자자들은 이 방법을 포트폴리오에 적용하여 장기적으로 포괄이익이 극대화되도록 포트폴리오를 조정할 수 있다.

회계적 영업권과 경제적 영업권의 차이는 잘 알려졌지만, 버핏은 이 차이를 다시 명쾌하게 설명한다. 회계적 영업권은 기업을 인수할 때 공정한 자산가치를 초과해서 지불한 금액을 말한다. 이 영업권은 재무상태표에 자산으로 기재되며, 대개 40년에 걸쳐 매년 비용으로 상각된다. 따라서 회계적 영업권은 시간이 흐르면 상각액만큼 감소한다.

경제적 영업권은 이와 다르다. 이는 브랜드 인지도와 같은 무형자산으로서, 공장과 설비 같은 유형자산에서 평균을 초과하는 이익이 나오게 해준다. 이 초과이익을 자본화한 가치가 바로 경제적 영업권 금액이다. 경제적 영업권은 대개 시간이 흐를수록 증가하는데, 평범한 기업이라도 적어도 인플레이션 수준으로 증가하고, 경제성이나 독점력이 강한 기업은 그 이상으로 증가한다. 실제로 유형자산보다 경제적 영업권의 비중이 큰 기업은 인플레이션의 영향을 훨씬 적게 받는다.

이러한 회계적 영업권과 경제적 영업권의 차이로부터 다음과 같은 통찰을 얻게 된다. 첫째, 기업의 경제적 영업권을 평가하는 가장 좋은 방법은 영업권 상각비용을 제외하고 차입금 없이 순자산에서 나오는 이익을 계산하는 것이다. 따라서 기업을 인수하여 자산 계정에 영업권이 기재되면 이 기업을 분석할 때 상각비용을 무시해야 한다. 둘째, 경제적 영업권은 상각 전 기준으로 평가해야 하므로 기업 인수를 사전에 평가할 때에도 상각비용을 제외해야 한다.

그러나 감가상각비는 실제 경제적 비용이므로 무시해서는 안 된다. 바로 이런 이유로 인해 버크셔는 주주들에게 인수기업과 관련된 실적을 보고할 때 항상 감가상각비를 반영한다.

월스트리트에서는 현금흐름을 계산해서 기업을 평가할 때 흔히 '영업이익(a)'+'감가상각비와 기타 비현금비용(b)'을 사용한다 버핏은 이 계산이 완벽하지 않다고 보고 다음과 같이 대안을 제시한다. '영업이익(a)+감가상각비와 기타 비현금비용(b)-공장설비 등에 대한 연간 자본적 지출액(장기 경쟁력과 판매량 유지에 필요한 금액)의 평균(c)'. 버핏은 (a)+(b)-(c)에서 나온 결과를 '주주 이익'이라고 부른다.

(b)와 (c)가 다르면 현금흐름 분석 결과와 '주주 이익'도 달라진다. 대부분의 기업은 (b)보다 (c)가 크므로 현금흐름 분석 결과는 과장되기 일쑤다. 따라서 주주 이익을 계산하면 실적을 더 정확하게 평가할 수 있다. 그

래서 버크셔는 주주들에게 인수기업에 대해 GAAP에 의한 현금흐름 분석 결과뿐 아니라 주주 이익도 보고한다.

7장. 회계

회계에 관해서 우리가 알아두어야 할 요점은 회계가 형식에 불과하다는 사실이다. 회계는 형식이므로 조작될 수 있다. 버핏은 벤저민 그레이엄이 1930년대에 쓴 풍자를 예시하면서 회계가 얼마나 심각하게 조작될 수 있는지 보여준다. 그레이엄이 제시하는 첨단 회계 기법을 사용하면 현금 지출, 영업 조건, 매출액 등을 바꾸지 않고서도 US스틸의 이익을 경이적으로 증가시킬 수 있다. 그레이엄이 풍자적으로 예시한 회계 속임수는 현재 미국 기업들이 흔히 사용하는 속임수와 그다지 다르지 않다.

GAAP에는 문제가 많다. 그리고 두 집단 때문에 문제가 더욱 악화하고 있다. 한 집단은 회계적 상상력을 발휘해서 GAAP의 요구 사항들을 벗어나려 하고, 한 집단은 GAAP를 이용해서 금융 사기를 벌이려 한다. 특히 전자가 상대하기 어려운데, 스톡옵션의 회계 처리에 관한 논쟁에서 경영진과 회계사들의 편협한 시각이 드러난다. 이들은 스톡옵션을 비용으로 처리하지 않으려 하는데, 버핏은 이에 대해 의미심장한 주장을 펼친다. "스톡옵션이 보상이 아니라면 무엇입니까? 보상이 비용이 아니라면 무엇입니까? 그리고 비용을 이익 계산에 넣지 않는다면 도대체 어디에 넣어야 합니까?" 이들은 아직도 대답이 없다.

재무보고서를 조작하려는 시도는 끝없이 이어지고 있다. CFO들은 주기적으로 새로운 회계 기법들을 만들어내고 있다. 최근 등장한 기법은 '구조조정' 회계로서, 이를 이용하면 교묘하게 이익을 관리할 수 있다. 연금 채무 산정과 자산 매각 시점을 조정해서 손익에 영향을 미치기도 한다. 투자자들은 조심하기 바란다.

버핏의 논의가 주는 명백한 교훈은 회계 정보에 타고난 한계가 있다는 사실이다. 그렇더라도 회계 정보는 투자자들에게 대단히 유용하다. 버핏은 매일 회계 정보를 이용하며 이를 바탕으로 수십억 달러를 배분한다. 따라서 회계에 정통하면 회계 정보를 바탕으로 중요한 투자 결정을 내릴 수 있다. 회계에 정통하다는 것은 포괄이익, 주주 이익, 내재가치, 스톡옵션의 실질 원가 등 GAAP가 요구하지 않는 회계 사항도 파악한다는 뜻이다.

8장. 세금

세금은 투자자와 경영자들의 판단에 큰 영향을 미친다. 대응 방법을 잘 선택하면 비용을 절감하고 투자수익을 높일 수 있기 때문이다. 예컨대 연방소득세에 대한 과세 당국의 장기 정책은 증권의 평가이익에 대해서는 매각으로 이익이 실현될 때까지 과세를 유보하는 것이다. 그러므로 보유 기간 투자자의 법인세 채무는 '이연법인세'가 된다. 그동안 버크셔의 이연법인세는 꾸준히 증가하여 약 600억 달러가 되었다. 버핏은 립 밴 윙클과 릴 애브너의 연재만화를 이용해서 세금 문제를 재치 있게 설명한다.

9장. 역사

버핏은 현재와 미래에 대응하려면 과거를 이해하는 것이 중요하다고 말한다. 2016~2018년 서한에서 그는 미국 경제사를 논의하면서 미국 기업들은 거의 3세기 동안 '순풍을 타고 가는 미국' 덕분에 크게 번영했다고 강조한다.

10장. 맺는말

2015년 버핏과 멍거는 버크셔 경영 50주년을 기념하면서 버크셔의 과거를 돌아보고 미래를 내다보았다. 버핏은 지난 50년 동안 버크셔가 이룬 업적을 평가하고, 이른바 '버크셔 문화' 덕분에 먼 미래에도 버크셔는 이상적인 지위를 유지하리라 낙관했다. 멍거는 이른바 '버크셔 시스템'이 조기에 확립된 덕분에 버크셔가 성공했으며, 앞으로도 매우 오랜 기간 평균을 초과하는 기업으로 유지되리라 확신했다.

그런 다음 원점으로 돌아와서, 주주 서한에서는 종종 간과되는 장기 투자의 이점에 대해 논의한다.

마지막 주주 서한에서 버핏은 자신의 수명에 관해 농담을 던진다. 인생을 즐길 때 수명이 늘어난다면 자신이 므두셀라의 기록을 깰지도 모른다는 것이다. 한 심포지엄에서 버핏이 죽으면 버크셔 주식에 어떤 영향이 있느냐는 질문이 나왔다. 누군가 "주주에게 손해겠지요"라고 대답했다. 이때 버핏이 재치 있게 대답했다. "그래도 나만큼이야 손해겠습니까?"

자료

버크셔와 S&P500의 실적 비교

연도	연간 변동률	
	버크셔 주가 상승률	S&P500의 상승률(배당 포함)
1965	49.5	10.0
1966	−3.4	−11.7
1967	13.3	30.9
1968	77.8	11.0
1969	19.4	−8.4
1970	−4.6	3.9
1971	80.5	14.6
1972	8.1	18.9
1973	−2.5	−14.8
1974	−48.7	−26.4
1975	2.5	37.2
1976	129.3	23.6
1977	46.8	−7.4
1978	14.5	6.4
1979	102.5	18.2
1980	32.8	32.3
1981	31.8	−5.0
1982	38.4	21.4
1983	69.0	22.4
1984	−2.7	6.1
1985	93.7	31.6
1986	14.2	18.6
1987	4.6	5.1
1988	59.3	16.6
1989	84.6	31.7
1990	−23.1	−3.1
1991	35.6	30.5
1992	29.8	7.6

1993	38.9	10.1
1994	25.0	1.3
1995	57.4	37.6
1996	6.2	23.0
1997	34.9	33.4
1998	52.2	28.6
1999	−19.9	21.0
2000	26.6	−9.1
2001	6.5	−11.9
2002	−3.8	−22.1
2003	15.8	28.7
2004	4.3	10.9
2005	0.8	4.9
2006	24.1	15.8
2007	28.7	5.5
2008	−31.8	−37.0
2009	2.7	26.5
2010	21.4	15.1
2011	−4.7	2.1
2012	16.8	16.0
2013	32.7	32.4
2014	27.0	13.7
2015	−12.5	1.4
2016	23.4	12.0
2017	21.9	21.8
2018	2.8	−4.4
2019	11.0	31.5
2020	2.4	18.4
2021	29.6	28.7
연복리수익률(1965~2021)	20.1%	10.5%
총수익률(1964~2021)	3,641,613%	30,209%

* 실적은 역년(曆年: 1월 1일~12월 31일) 기준. 단, 1965년과 1966년은 9월 30일 결산 기준이고, 1967년은 12월 31일 결산이되 15개월의 실적임.

편역자 후기

　온라인 서점 사이트에서 '워런 버핏'으로 책을 검색해보니 국내 도서에서 182권이 쏟아졌고, 경제경영 부문에서만 143권이 나왔다. 그러나 내가 알기로 워런 버핏이 일반 독자를 대상으로 쓴 책은 단 한 권도 없다. 버핏을 제대로 이해하고 싶다면 이 많은 책 중 과연 어떤 책을 골라 읽어야 할까?

　내가 양서를 선택하는 기준은 두 가지다. 첫째, 저자가 객관적으로 실력이 입증된 사람인가? 다시 말해서 그 책을 쓸 만한 능력과 권위를 갖춘 사람인가를 보아야 한다. 맹인이 맹인을 인도할 수는 없는 노릇이기 때문이다. 둘째, 저자가 사심 없이 조언할 사람인지 보아야 한다. 버핏은 주주 서한에서 "이발사에게 이발할 때가 되었는지 물어서는 안 됩니다"라고 말했다. 찾아온 손님을 돌려보낼 이발사는 없기 때문이다. 사심 있는 저자가 과연 독자에게 얼마나 도움이 될지는 매우 의심스럽다.

나는 이 책을 번역하고 나서 버핏이 일반 독자를 대상으로 책을 쓰지 않은 이유를 짐작할 수 있었다. 그의 투자 인생과 투자 철학이 고스란히 주주 서한에 담겨 있으므로 따로 책을 쓸 필요가 없었던 것이다. 이 책(2022년 개정판)의 원서는 2021년 발간된 《The Essays of Warren Buffett: Lessons for Investors and Managers(Sixth Edition)》이며 1979~2018년의 40년 동안 버크셔 해서웨이 연차보고서에 실렸던 주주 서한이 주제별로 정리되어 있다. 나는 여기에 2019~2021년의 3년 동안 발표된 주주 서한에서 주요 내용을 정리해 추가했으므로, 이 개정판에는 1979~2021년의 43년 동안 버핏이 쓴 주주 서한이 실려 있다(2015년 출간된 구판에는 1979~2011년의 33년 분 주주 서한이 실려 있다).

이는 버핏이 멍거와 함께 매년 운용한 내용을 정리하여 그 핵심 사항을 주주들에게 소상하게 설명한 자료들이다. 출판사의 원고 독촉에 쫓겨 서둘러 써낸 책도 아니고, 일시적 기분에 휩싸여 일필휘지로 써내려간 글도 아니다. 43년에 걸쳐 매년 공들여 운용한 내용을 돌아보고 핵심을 간추려 정성껏 정리한 자료다. 게다가 솔직 담백한 필체로 유머와 속담을 곁들여 가며 재치 있게 풀어나간 글이다. 특히 건전한 상식, 확고한 윤리의식, 인재를 가려내는 날카로운 통찰력이 내게 인상적이었다. 아마도 이런 요소들 덕분에 버핏이 장구한 세월에 걸쳐 경이적인 실적을 유지할 수 있지 않았나 생각한다.

이 책에서 단편적인 기법이나 투자 비결을 기대한다면 실망하기 십상이다. 그러나 자신의 투자 철학을 돌아보고 장기 전략을 가다듬고자 하는 사람이라면 버핏으로부터 풍성한 지혜를 얻을 수 있을 것이다.

커닝햄은 주주 서한을 주제별로 정리하는 과정에서 원문 일부를 생략하고 문단 구성을 바꾸기도 했다. 그러나 원문 형태를 그대로 유지하는 편이 낫다고 판단될 때도 있었으므로 나는 생략된 문장이나 바뀐 문단 구성을 주주 서한 원문 형태로 되살리기도 했다. 따라서 이 번역서는 커닝햄이 편집한 원서와 미세한 차이가 있음을 밝혀둔다.

이건

찾아보기

워런 버핏의 주주 서한

초판 1쇄 | 2022년 8월 1일
    6쇄 | 2024년 2월 1일

원저 | 워런 버핏
편저 | 로렌스 커닝햄
편역 | 이건

펴낸곳 | 에프엔미디어
펴낸이 | 김기호
편집 | 양은희, 송은심
기획관리 | 문성조
마케팅 | 박종욱, 이제령
디자인 | 채홍디자인

신고 | 2016년 1월 26일 제2018-000082호
주소 | 서울시 용산구 한강대로 295, 503호
전화 | 02-322-9792
팩스 | 0303-3445-3030
이메일 | fnmedia@fnmedia.co.kr
홈페이지 | http://www.fnmedia.co.kr

ISBN | 979-11-88754-64-9 (03320)
값 | 32,000원